新世纪法学教材

Contract Law
3rd edition

合同法学

(第三版)

郑云瑞 著

图书在版编目(CIP)数据

合同法学/郑云瑞著.—3版.—北京：北京大学出版社，2018.3
（新世纪法学教材）
ISBN 978-7-301-29377-5

Ⅰ.①合⋯　Ⅱ.①郑⋯　Ⅲ.①合同法—法的理论—中国—高等学校—教材　Ⅳ.①D923.61

中国版本图书馆CIP数据核字(2018)第037392号

书　　　名	合同法学（第三版） HETONGFAXUE
著作责任者	郑云瑞　著
责 任 编 辑	尹　璐　朱梅全
标 准 书 号	ISBN 978-7-301-29377-5
出 版 发 行	北京大学出版社
地　　　址	北京市海淀区成府路205号　100871
网　　　址	http://www.pup.cn
电 子 信 箱	sdyy_2005@126.com　　新浪微博　@北京大学出版社
电　　　话	邮购部 62752015　发行部 62750672　编辑部 021-62071998
印 刷 者	三河市北燕印装有限公司
经 销 者	新华书店
	787毫米×1092毫米　16开本　29.25印张　610千字 2007年3月第1版　2012年6月第2版 2018年3月第3版　2019年6月第2次印刷
定　　　价	68.00元

未经许可，不得以任何方式复制或抄袭本书之部分或全部内容。
版权所有，侵权必究
举报电话：010-62752024　电子信箱：fd@pup.pku.edu.cn
图书如有印装质量问题，请与出版部联系，电话：010-62756370

第三版序

《合同法》由"总则"和"分则"两部分内容组成,"总则"的内容由合同订立和合同履行两个部分构成。合同订立部分涉及合同、合同分类、合同主体、合同形式、合同内容(条款)、合同订立方式(要约与承诺)、合同效力等;合同履行部分涉及合同履行规则与原则、合同抗辩权、合同保全与担保、合同变更与转让、合同解除与终止以及合同违约责任等内容。合同订立是合同履行的前提和基础,而合同履行则是合同订立的延续和归宿。《合同法》"总则"是合同法教材研究的对象和主要内容,也是本次修订的重点内容。

《合同法学》(第二版)出版已有五年,在这期间我国经济高速发展,虽然近两年国内生产总值增速呈减缓趋势,如2012年为7.65%、2013年为7.67%、2014年为7.4%、2015年为6.9%、2016为6.7%,但仍远高于世界同期2.4%(世界银行数据)的平均水平,明显高于美、欧、日等发达经济体和巴西、俄罗斯、印度、南非等其他金砖国家。经济的发展与合同制度息息相关。合同纠纷伴随我国经济高速发展保持高增长的势头,合同纠纷案成为最高人民法院公报案例的主导案例。最高人民法院公报案例中有超过半数的案例是涉及合同问题,这为合同法的理论研究提供了极为丰富的案例研究资料。

本次修订有两个方面的特点:一是教科书内容的增加。对教科书的总则部分的内容进行了大幅度的增加,对《合同法》总则制度的论述更为详尽、充分,其中原第一章一分为二,分为两章,总则部分由原来十一章变为十二章。二是教科书实践性增强。教科书引入了176个典型案例,其中有125个最高人民法院公报案例、10个指导案例,通过典型案例说明、论证、解释合同制度和理论的合理性,将合同法理论与合同审判实践密切联系在一起,增加教科书的可读性和实践性,实现合同法律理论与合同法律实践相结合,以缩短法学院与法院审判实践的距离,从而使法学院的毕业生能够尽快适应我国法律实践。

由于我国缺少完整系统的案例库,收集整理相关案例有一定的难度。在案例资料的收集过程中,得到诸多友人、同学以及学生的帮助,在此深表感谢!

郑云瑞
上海·苏州河畔
2017年冬

第二版序

　　现代社会主义市场经济环境下,合同是民商事交往最重要的形式,法院处理的民商事案件中有相当比例的是合同纠纷。合同法是市场经济的产物,合同法的发展程度与市场经济的发展程度密切相关。工业革命之前,物权法在民法中的地位优于债法。如 1765 年英国布莱克斯通爵士(Sir William Blackstone)的著作《英国法释义》(Commentaries on the Law of England)中,不动产法有 380 页之多,而合同法仅有 28 页。工业革命之后,债法的地位不断提升。国际商品、海运、保险、货币市场的兴旺繁荣均离不开合同,合同法的发展也促进了国际商品、资本以及人力的正常合理的流动。

　　《合同法学》出版五年来,社会主义市场经济的快速发展丰富和完善了我国合同法制度。在总结司法审判实践的基础上,最高人民法院在 2009 年初发布的《合同法》第二个司法解释,标志着我国合同法制度的重大发展。因此,在完成《民法总论》第四版的修订工作之后,我们着手开始《合同法学》的修订。为保证教科书的体例格式和表述方式的统一,本次再版由主编对总则(第一章至第十一章)进行了全面的修订,部分章节(第一章至第四章)进行了实质性修改,部分章节(第五章至第十一章)进行重写;对分则(第十二章至第二十六章)也进行了部分修订。

郑云瑞　于上海·新桥·馨庭
2012 年 6 月

第 一 版 序

　　人类社会的存在和发展离不开交易,人们的日常衣食住行必须借助于各种各样的交易。在社会主义市场经济条件下,交易是社会经济发展的基础和手段。因此,市场经济是一种交易经济,而形形色色的交易需要规范和规则来调整,这是民法要解决的问题。民法主要由确认交易对象归属关系的规范即物权法和调整流转关系规范的合同法构成。两者相辅相成,交易对象权属的确定是交易的前提,通过交易(流转)使交易对象的权属发生变动,完成交易行为,实现交易目的。交易行为对交易目的的实现,至关重要。为保障交易双方当事人的合法权益,法律确定了一系列交易行为规则来规范交易双方当事人的交易行为,鼓励交易。因此,合同法在社会主义市场经济法律体系中具有重要的地位,对促进社会经济的发展具有重要的作用。

　　新中国成立后,我们长期实行计划经济,生产资料和重要的生活资料以计划调拨的方式进行分配,物资的倒买倒卖视为投机倒把,将交易限定在一个非常狭小的范围内,因此没有交易规则的存在。20世纪70年代,我们实行"对外开放、对内搞活"的政策后,为适应对内搞活经济的需要,首先制定颁布了《中华人民共和国经济合同法》,调整国内法人之间、法人和自然人之间的交易,但该法包含大量计划经济色彩的内容。为适应对外开放经济活动的需要,其后又制定颁布了《中华人民共和国涉外经济合同法》,其规范较为符合国际通行的交易惯例。此外,还颁布了以合同交易对象为内容的《中华人民共和国技术合同法》。这个时期的合同立法是以合同主体的性质为基础,其缺陷在于违反了私法的平等性。近二十年的发展,我国交易规则不断趋于完善,在20世纪90年代末,终于颁布了体现交易内在逻辑的《中华人民共和国合同法》。该法的颁布,不仅标志着市场交易规则的统一,而且合同法的研究也步入一个新阶段,涌现了大量的研究成果,但专著性质的研究成果较少,与西方国家的研究水平相比还存在较大的差距。例如,美国合同法的研究形成了许多理论和学派,有允诺和非允诺理论、信守允诺理论、合同主义理论、语境主义理论、新形式主义理论、批判法学合同理论、经济分析法学合同法理论、经验主义和关系主义合同理论等,这些理论的碰撞不但不断完善合同法理论,而且还对合同法规则作出新的诠释,为合同立法和司法提供了理论依据。

　　合同法规则是行为规则,更是裁判规则。根据私法自治原则,合同当事人只要不违反合同法的强制性规定,其约定可以与合同法规则不同。实际上,合同法规则在很大程度上是不起作用的,在大多数情形下,只有在当事人发生合同纠纷诉诸法律时,合同法的规则才发生效力。由于大量的商业交易是发生在非常熟悉的缔约伙伴之间的,为保持良好的商业合作关系,并维持他们之间的商业往来,因而通常通过非正式的安排完成交易,以降低交易成本。美国的"一些学者基于经验主义的研究得出这样的结论,即在很大程度上,商人忽视与商人社会格格不入的合同法"[①]。

《合同法学》是我们为满足教学的需要组织编写的一部合同法教材,参加编写的作者均获得博士学位,大多数毕业于北京大学,此外还有中国人民大学、武汉大学和西南政法大学。作者主要在上海地区高校从事教学科研工作或者在上海法院从事审判工作,具有一定的理论水平和司法实践经验。由于作者人数较多,各人的论述方式和风格存在较大的差异,尽管在后期的定稿中作了较大的努力,这种差异仍然非常明显。

本书的写作分工如下:

郑云瑞:第1—4章、第12—14章、第24—26章;付荣:第5章;伍治良:第6章;袁秀挺:第7章;魏玮:第8—9章、第21—23章;邹碧华:第10—11章;毛国权:第15—19章;吴波:第20章。

郑云瑞

2006年8月

---

① 〔美〕罗伯特·A.希尔曼:《合同法的丰富性:当代合同法理论的分析与批判》,郑云瑞译,北京大学出版社2005年版,第238页。

法律、法规及司法解释缩略语

《宪法》——《中华人民共和国宪法》
《合同法》——《中华人民共和国合同法》
《物权法》——《中华人民共和国物权法》
《公司法》——《中华人民共和国公司法》
《票据法》——《中华人民共和国票据法》
《海商法》——《中华人民共和国海商法》
《农业法》——《中华人民共和国农业法》
《担保法》——《中华人民共和国担保法》
《婚姻法》——《中华人民共和国婚姻法》
《继承法》——《中华人民共和国继承法》
《收养法》——《中华人民共和国收养法》
《保险法》——《中华人民共和国保险法》
《信托法》——《中华人民共和国信托法》
《专利法》——《中华人民共和国专利法》
《商标法》——《中华人民共和国商标法》
《旅游法》——《中华人民共和国旅游法》
《拍卖法》——《中华人民共和国拍卖法》
《民法总则》——《中华人民共和国民法总则》
《民法通则》——《中华人民共和国民法通则》
《招投标法》——《中华人民共和国招投标法》
《著作权法》——《中华人民共和国著作权法》
《电子签名法》——《中华人民共和国电子签名法》
《经济合同法》——《中华人民共和国经济合同法》
《技术合同法》——《中华人民共和国技术合同法》
《劳动合同法》——《中华人民共和国劳动合同法》
《侵权责任法》——《中华人民共和国侵权责任法》
《合资企业法》——《中华人民共和国合资企业法》
《合伙企业法》——《中华人民共和国合伙企业法》
《企业破产法》——《中华人民共和国企业破产法》

《民事诉讼法》——《中华人民共和国民事诉讼法》
《民用航空法》——《中华人民共和国民用航空法》
《土地管理法》——《中华人民共和国土地管理法》
《矿产资源法》——《中华人民共和国矿产资源法》
《涉外经济合同法》——《中华人民共和国涉外经济合同法》
《农村土地承包法》——《中华人民共和国农村土地承包法》
《城市房地产管理法》——《中华人民共和国城市房地产管理法》
《涉外民事关系法律适用法》——《中华人民共和国涉外民事关系法律适用法》
《中外合资经营企业法实施条例》——《中华人民共和国中外合资经营企业法实施条例》
《担保法司法解释》——《最高人民法院关于适用〈中华人民共和国担保法〉若干问题的解释》
《民法通则司法解释》——《最高人民法院关于贯彻执行〈中华人民共和国民法通则〉若干问题的意见(试行)》
《合同法司法解释一》——《最高人民法院关于适用〈中华人民共和国合同法〉若干问题的解释(一)》
《合同法司法解释二》——《最高人民法院关于适用〈中华人民共和国合同法〉若干问题的解释(二)》
《技术合同司法解释》——《最高人民法院关于审理技术合同纠纷案件适用法律若干问题的解释》
《民间借贷案件解释》——《最高人民法院关于审理民间借贷案件适用法律若干问题的规定》
《涉台民商事案件解释》——《最高人民法院关于审理涉台民商事案件法律适用问题的规定》
《买卖合同纠纷案件解释》——《最高人民法院关于审理买卖合同纠纷案件适用法律问题的解释》
《物业服务纠纷案件解释》——《最高人民法院关于审理物业服务纠纷案件具体应用法律若干问题的解释》
《独立保函纠纷案件解释》——《最高人民法院关于审理独立保函纠纷案件若干问题的规定》
《人身损害赔偿司法解释》——《最高人民法院关于审理人身损害赔偿案件适用法律若干问题的解释》
《建设工程施工合同纠纷案件解释》——《最高人民法院关于审理建设工程施工合同纠纷案件适用法律问题的解释》
《旅游纠纷案件解释》——《最高人民法院关于审理旅游纠纷案件适用法律若干问题的规定》

《海上货运代理纠纷案件解释》——《最高人民法院关于审理海上货运代理纠纷案件若干问题的规定》

《融资租赁合同纠纷案件解释》——《最高人民法院关于审理融资租赁合同纠纷案件适用法律问题的解释》

《商品房买卖合同纠纷案件解释》——《最高人民法院关于审理商品房买卖合同纠纷案件适用法律若干问题的解释》

《城镇房屋租赁合同纠纷案件解释》——《最高人民法院关于审理城镇房屋租赁合同纠纷案件具体应用法律若干问题的解释》

《国际商事合同通则》——《国际统一私法协会国际商事合同通则》(UNIDROIT Principles of International Commercial Contracts 2016)

《国际货物销售合同公约》——《联合国国际货物销售合同公约》(United Nations Convention on Contracts of International Sales of Goods)

《欧洲合同法》——《欧洲合同法原则第一、第二和第三部分》(The Principles of European Contract Law (Parts I, II, and III))

目录 | Contents

第一部分　总则

第一章　合同 / 003

- 003　第一节　合同的概念
- 011　第二节　合同的分类

第二章　合同法 / 022

- 022　第一节　合同法的历史发展
- 032　第二节　合同法
- 036　第三节　合同法的基本原则
- 052　第四节　合同法体系

第三章　合同的订立 / 055

- 055　第一节　合同的成立
- 059　第二节　合同的一般订立方式
- 073　第三节　合同的特殊订立方式

第四章　合同的形式与内容 / 084

- 084　第一节　合同的形式

| 090 | 第二节 合同的内容 |

第五章　合同效力 / 103

103	第一节 合同效力概述
111	第二节 合同的生效要件
120	第三节 可撤销合同
131	第四节 效力待定合同
135	第五节 无效合同
141	第六节 附条件和附期限合同

第六章　合同履行 / 146

146	第一节 合同履行的概念
148	第二节 合同履行原则
159	第三节 合同履行规则
172	第四节 合同履行抗辩权
180	第五节 预期违约制度

第七章　合同不履行 / 185

| 185 | 第一节 合同不履行 |
| 190 | 第二节 不当履行 |

第八章　合同保全与合同担保 / 197

| 197 | 第一节 合同保全制度 |
| 209 | 第二节 合同担保制度 |

第九章　合同的变更与转让 / 225

| 225 | 第一节 合同的变更 |
| 228 | 第二节 合同的转让 |

第十章 合同的解除与终止 / 239

- 239 | 第一节 合同消灭
- 242 | 第二节 合同解除
- 249 | 第三节 合同终止

第十一章 合同责任 / 267

- 267 | 第一节 合同责任体系
- 274 | 第二节 违约行为
- 278 | 第三节 归责原则
- 286 | 第四节 违约责任的形式
- 299 | 第五节 责任竞合

第十二章 合同解释 / 304

- 304 | 第一节 合同解释的概念和性质
- 306 | 第二节 合同解释的原则和方法
- 310 | 第三节 格式条款的解释

第二部分 分则

第十三章 买卖合同 / 315

- 315 | 第一节 买卖合同概述
- 317 | 第二节 买卖合同的效力
- 324 | 第三节 特种买卖合同

第十四章 供用电、水、气、热力合同 / 334

- 334 | 第一节 供用电、水、气、热力合同概述
- 335 | 第二节 供用电、水、气、热力合同的效力

第十五章　赠与合同 / 337

337 | 第一节　赠与合同概述
338 | 第二节　赠与合同的效力
339 | 第三节　赠与合同的撤销

第十六章　借款合同 / 342

342 | 第一节　借款合同概述
347 | 第二节　借款合同的效力

第十七章　租赁合同 / 351

351 | 第一节　租赁合同概述
355 | 第二节　租赁合同的效力

第十八章　融资租赁合同 / 361

361 | 第一节　融资租赁合同概述
364 | 第二节　融资租赁合同的效力

第十九章　承揽合同 / 369

369 | 第一节　承揽合同概述
372 | 第二节　承揽合同的效力

第二十章　建设工程合同 / 375

375 | 第一节　建设工程合同概述
378 | 第二节　建设工程合同的订立
381 | 第三节　建设工程合同的效力
385 | 第四节　其他相关问题

第二十一章　运输合同 / 387

387 | 第一节　运输合同

389 | 第二节　客运合同
392 | 第三节　货运合同

第二十二章　技术合同 / 396

396 | 第一节　技术合同
404 | 第二节　技术开发合同
408 | 第三节　技术转让合同
413 | 第四节　技术咨询合同
415 | 第五节　技术服务合同

第二十三章　保管合同 / 418

418 | 第一节　保管合同概述
419 | 第二节　保管合同的效力

第二十四章　仓储合同 / 425

425 | 第一节　仓储合同概述
427 | 第二节　仓储合同的效力

第二十五章　委托合同 / 432

432 | 第一节　委托合同概述
434 | 第二节　委托合同的效力

第二十六章　行纪合同 / 437

437 | 第一节　行纪合同概述
438 | 第二节　行纪合同的效力

第二十七章　居间合同 / 441

441 | 第一节　居间合同概述
443 | 第二节　居间合同的效力

案例索引表 / 445

第一部分

总　则

概论

第一章 合　　同

　　合同是各种交易的方式和手段,是最为古老的交易制度。自古以来,人类社会的各种交易活动均离不开合同,合同维持人类的繁衍和社会经济的发展,生生不息。合同充斥现代社会生活的方方面面,不仅各种商事交易活动离不开合同,而且人们的日常生活也离不开合同。合同是合同法的基本要素,构成合同法的基础。

第一节　合同的概念

　　社会资源通过市场机制实现资源的优化配置,市场又以合同的方式实现资源配置的优化。合同种类繁多,有民事合同、商事合同、行政合同和劳动合同等不同的种类,每种合同有不同的含义和内容。民事合同又有债权合同、物权合同和身份合同等不同种类,但《合同法》明确将身份合同和劳动合同排除在外。

一、合同的概念

　　合同(contract)是一种能够产生法律强制执行力或者为法律所认可的一种协议。① 换言之,合同是一种具有法律约束力的允诺(promise),一旦合同一方当事人违反允诺,另一方当事人可以获得法律强制执行力。在合同概念中强调强制执行力,主要是借鉴英美法系合同法的理念。在商事交易中,各种交易活动采取正式合同方式的仅占非常少的一部分,而发生纠纷的合同就更少了。合同法名义上是规范合同行为,为各种商事或者民事交易活动提供行为规范,指导商事主体(法人或者非法人组织)或者民事主体(自然人)的缔约行为,但实际上主要是应对合同纠纷的处理。合同一旦发生纠纷,对于合同纠纷的处理便成为合同法的核心任务。因此,法律的强制执行力是合同纠纷处理中所不可或缺的。

　　合同概念(concept of contract)是现代民法中最为重要的法律概念之一,是所有民事活动和商事活动的基础。在民法上的合同之外,还有公法上的合同,如行政合同、国际条约等,且合同概念还超越了法学领域,扩展到政治学领域。在资产阶级革命时期,托马斯·霍布斯(Thomas Hobbes)、约翰·洛克(John Locke)、让-雅克·卢梭

---

① See G. H. Treitel, The Law of Contract(10th ed.), Sweet & Maxwell 1999, p.1.

(Jean-Jacques Rousseau)等启蒙思想家把合同(契约)概念运用到政治学领域,解释政治现象和社会现象,为民主政治的建立提供理论依据。[①]

在私法领域,合同有民事合同和商事合同之分。在民法领域,合同有债权合同、物权合同和身份合同之分。民事合同与商事合同相对,债权合同与物权合同相对。债权合同是指使当事人之间的债权债务关系产生、变更或者消灭的合同。《合同法》"分则"所规定的合同均为债权合同,如买卖合同、租赁合同、借款合同、赠与合同、承揽合同、建设工程合同、运输合同、保管合同、技术合同、仓储合同、委托合同、行纪合同、居间合同等均属于债权合同。债权合同既有民事合同,又有商事合同。身份合同是指使当事人身份关系产生、变更或者消灭的合同,如婚姻、收养、监护等。物权合同是指使当事人之间的物权产生、变更或者消灭的合同,这是《德国民法典》以及受其影响的国家或者地区所特有的概念。《合同法》规定的合同显然包括民事合同和商事合同,但仅规定了债权合同却未直接规定物权合同。《物权法》第14条和第15条的规定,实际上肯定了物权合同,而司法审判实践也对《物权法》的规定进行了积极的回应。例如,在成都讯捷通讯连锁有限公司房屋买卖合同纠纷案中,[②]最高人民法院的判决也肯定了物权合同的存在。

当然,立法者也许无意肯定物权合同,之所以作出这种规定是因为,长期以来在我国司法审判实践中,对于不动产买卖合同,当事人没有进行物权变更登记的,一律被宣告合同无效,并未确认买卖合同的有效性,即债权合同的生效问题。实际上,对于物权合同问题,在理论界对物权合同是否存在争论不休时,司法界已经以判决书的形式肯定了物权合同的效力。

大陆法系国家的合同概念起源于罗马法。罗马法的合同为"得到法律承认的债的协议"[③],有实物合同与合意合同之分,[④]前者有消费借贷、使用借贷、寄托和质押四种;后者有买卖、租赁、合伙和委托四种。但是,罗马法并未出现近现代意义上的合同概念,只有一些具体的合同,还没有形成一个抽象的合同概念。近代合同概念是由罗马法合同概念发展而来的,法国的波蒂埃(Pothier)在《合同之债(续)》(1761年)中将合同定义为"由双方当事人相互承诺或由双方之一的一方当事人自行允诺给予对方某物

---

① 卢梭提出"社会契约论"(Social Contract),认为国家起源于人民与君主所缔结的合同。社会契约理论集中反映了资产阶级上升时期的民主理想,倡导自由、平等,要求建立资产阶级的民主共和国。社会契约论直接影响了美国《独立宣言》和法国《人权宣言》及两国的宪法。
② 在成都讯捷通讯连锁有限公司与四川蜀都实业有限责任公司、四川友利投资控股股份有限公司房屋买卖合同纠纷案([2011]成民初字第936号、[2012]川民终字第331号、[2013]民提字第90号)中,法院裁判摘要认为,根据《物权法》第15条规定的精神,处分行为有别于负担行为,解除合同并非对物进行处分的方式,合同的解除与否不涉及物之所有权的变动,而仅与当事人是否继续承担合同所约定的义务有关(2015年最高人民法院公报案例)。
③ 〔意〕彼德罗·彭梵得:《罗马法教科书》,黄风译,中国政法大学出版1992年版,第307页。
④ 在现代合同法中,合同有实践性合同和诺成性合同之分,前者以交付标的物为合同的成立要件;后者则以当事人的合意为合同的成立要件。

品或允诺不做某事的一种契约"①。波蒂埃的合同定义不仅为《法国民法典》所采纳，而且在现代大陆法系合同法中仍然具有普遍的适用性。②《法国民法典》第1101条规定："合同是一人或者数人对其他一人或者数人承担给付、作为或者不作为义务的合意。"该合同的概念表明合同包含两个要素：一是合同是一个双方的合意；二是合同是债发生的原因或者依据。《德国民法典》在总则第三章第三节中规定了合同，将合同纳入"法律行为"的范畴，视为一种法律行为，但并未对合同进行定义。法律行为概念是德国学者在合同理论基础上创设的，而意思表示是法律行为的基本要素。根据法律行为理论，合同可以定义为权利主体之间以设立、变更或者消灭权利义务关系为目的的双方一致的意思表示。《德国民法典》采纳了广义的合同概念，包括债权合同、物权合同以及身份合同等。

美国《第二次合同法重述》(Restatement (Second) of the Law of Contracts)对合同的定义，是英美法系关于合同的经典性定义，为英美法系国家的理论和实践所广泛接受。③《第二次合同法重述》规定："合同是一个或者一系列允诺，一旦违反允诺，法律则给予救济；或者一定意义上法律承认允诺的履行是一种义务。"④该定义强调允诺的作用，忽略了双方的合意要素，抛弃了古典合同法理论中的约因(consideration)要素。英国合同法学者阿蒂亚(P. S. Atiyah)甚至认为，强制执行合同的观念是错误的，某种意义上是一种误导。法院既不主动强制合同履行，也不命令当事人履行合同。⑤ "总的说来，法律不强制合同的履行；仅对违约损害赔偿给予救济。"⑥

《国际货物销售合同公约》仅以国际货物买卖合同为对象，如该公约第1条明确规定为货物销售合同，第2条和第3条又进一步规定了排除适用的情形，将证券、船舶、飞机、电力和劳务等销售合同排除在外，如中化国际(新加坡)有限公司国际货物买卖合同纠纷案。⑦《国际商事合同通则》涵盖的合同范围更为广泛，即以所有的国际商事合同为调整对象，以弥补《国际货物销售合同公约》的不足。

---

① 转引自〔德〕海茵·克茨：《欧洲合同法》(上卷)，周忠海等译，法律出版社2001年版，第3页。
② 同上书，第4页。
③ See J. Beatson, Anson's Law of Contract(28th ed.), Oxford University Press 2002, p. 2; P. S. Atiyah, An Introduction to the Law of Contract(5th ed.), Clarendon Press 2002, p. 37.
④ "A contract is a promise or set of promises for the breach of which the law gives a remedy, or the performance of which the law in some way recognises as a duty."
⑤ See P. S. Atiyah, An Introduction to the Law of Contract(5th ed.), Clarendon Press 2002, p. 37.
⑥ Ibid.
⑦ 在中化国际(新加坡)有限公司与蒂森克虏伯冶金产品有限责任公司国际货物买卖合同纠纷案(〔2009〕苏民三初字第0004号、〔2013〕民四终字第35号)中，最高人民法院裁判摘要认为：(1)关于准据法的适用问题。该国际货物买卖合同纠纷的双方当事人营业地分别位于新加坡和德国，当事人在合同中约定适用美国法律。新加坡、德国、美国均为《国际货物销售合同公约》缔约国，当事人未排除公约的适用，从而本案的审理应首先适用《国际货物销售合同公约》。对于审理案件中涉及的问题公约没有规定的，如合同效力问题、所有权转移问题，应当适用当事人选择的美国法律。(2)适用《国际货物销售合同公约》对根本性违约的认定问题。在国际货物买卖合同中，卖方交付的货物虽然存在缺陷，但只要买方在不存在不合理的麻烦的情况下，能使用货物或转售货物，甚至打些折扣，质量不符不应视为构成《国际货物销售合同公约》规定的根本违约的情形(2015年最高人民法院公报案例)。

《合同法》第 2 条规定,合同是平等主体的自然人、法人、其他组织之间设立、变更、终止民事权利义务关系的协议。我国学界大多以《合同法》第 2 条的规定来定义合同的概念,但该定义过于烦琐、宽泛,未能说明《合同法》所规定的合同内涵。首先,从合同主体看,自然人、法人、其他组织可以权利主体取代之,则更为简洁、明了。其次,合同定位于民事权利义务,是一个广义的合同概念,而实际上《合同法》规定的合同是一个狭义的合同概念,将婚姻、收养及监护等有关身份关系的合同排除在外,此外,劳动合同也排除在外,即《劳动合同法》单独立法。合同定位于债权债务关系则更为准确,[①]更符合《合同法》规定的合同内涵。最后,"协议"是"合同"的同义语。《民法通则》和《民法总则》均承认合同是一种法律行为。换言之,《合同法》应从法律行为的角度来定义合同,以保持法律体系内在的统一性。因此,合同是指双方当事人之间设立、变更、终止债权债务关系一致的意思表示。

从《合同法》第 2 条合同概念中的"权利义务关系"看,实际上包含了债权合同和物权合同,债权合同是以发生债的关系为目的的,而物权合同则是以发生物权或者其他权利变动为目的的,但《合同法》将身份合同排除在外。如果《合同法》中的前述"权利义务关系"是"债权债务关系",则可以明确排除物权合同。否则,对物权合同的否定仅为理论上的臆断。

二、合同与契约

"契约"是"合同"的另一种称谓。我国现存最早的契约是近三千年前镌刻在青铜器皿上的《周恭王三年(公元前 919 年)裘卫典田契》等四件土地契,将契约文字刻写在器皿上是为使契文中规定的内容得到多方承认、信守,"万年永宝用"。

古代中国的契约有三种形式:"傅别""书契""质剂"。"傅别"是指息借贷契约;"书契"是指无息借贷、互易或赠与契约;"质剂"是指买卖契约。《周礼·地官·质人》记载:"听买卖以质剂","大市以质,小市以剂"。大宗的交易(如土地等)以"质"的契约形式,小宗的交易则以"剂"的契约形式。《周礼·地官·司市》记载:"以质剂结信而止讼。"这表明人们已经认识到书面契约的作用,以减少违约,防止纠纷。《周礼·秋官·朝士》记载:"凡有责者,有判书以治,则听。"

从古代到新中国成立初期,我国一直使用"契约",我国台湾地区现在仍然使用"契约"。新中国成立后废弃了"契约"而使用"合同",其原因可能是"契约"是封建社会遗留的糟粕。从 20 世纪 80 年代以来,"合同"与"契约"两个术语经常交互使用,两者的含义并不存在任何差异。但是,从词源学角度看,"合同"是指由同一内容的数个意思表示的合致(平行的合致)而成立的法律行为;"契约"是指双方意思表示一致而成立的法律行为。前者的意思表示方向是相同的,如合伙合同、投资合同等;后者的意思表示

[①] 实际上,学者的合同法建议稿将合同定位于"债权债务关系",即采纳了狭义的合同概念,而且立法机关在《合同法》的起草过程中也采纳了狭义的合同概念。参见胡康生:《中华人民共和国合同法释义》,法律出版社 1999 年版,第 3 页。

方向是相反的,如买卖合同、租赁合同等。

我国民法的著作均使用合同的概念,如《合同法》《合同法学》和《合同法论》等,但在政治学和法理学的领域内仍然继续沿用契约的概念,如《社会契约论》等。在人们的日常社会和商事交易中,合同的概念已经深入人心,已经完全取代了契约的概念。

三、合同的功能

合同的功能(functions of contract)体现合同的价值和作用。合同是合理配置社会资源的方式和手段,社会资源通过合同方式实现优化配置。合同无处不在,无时不有。人们每天都在与合同打交道,只是有时浑然不知而已,如运送合同(乘坐汽车、火车或者飞机等)、买卖合同(购买各种食物、果蔬、衣物、日用品等)、服务合同(医疗、技术、电信、理发等),或者既包含买卖又包含服务的合同(餐馆就餐等)。但是,合同法所规定的合同并非简单的消费交易合同,而主要是商业交易合同。商业交易通常涉及土地买卖、货物买卖以及金融服务,这些交易并非即时完成的,通常发生在将来。合同的重要功能就是确保合同义务的履行,或者违约损害赔偿能够得到及时合理的救济。以建造写字楼为例,投资人签订投资合同设立房地产开发公司(开发商),再由开发商与政府签订土地使用权出让合同以获得土地的使用权,且通常是以银行贷款(信贷合同)来支付购买土地的价款。在向银行贷款时,开发商与银行签订担保合同以保证在约定的时间偿还贷款本息,可能涉及保证合同、定金合同、抵押合同、质押合同等。然后,开发商委托设计师设计写字楼(委托设计合同)、勘测现场(委托勘察合同);委托律师处理与开发相关的法律事务(法律服务合同);对写字楼的工程进行招标,与招标中介公司签订委托招标合同,与作为主承包商的中标的投标人签订建筑工程合同;主承包商将合同分包给分包商,并与分包商分别签订分包合同;开发商在写字楼的建造完成之前,在符合法律规定的条件下,可对外发售写字楼(楼宇预售合同)。所有这些关系均建立在有关当事人在将来履行其义务的基础上。毫无疑问,通常情形下,当事人无须任何法律干预,能够适时地履行各自的合同义务。作为最后一个法律救济手段,一方当事人违反合同义务,另一方当事人可以向司法审判机关寻求法律救济。

合同的另一个重要功能是建设性的,即促进交易、准备日后之需。复杂的商业交易需要制订详细的计划与细致的合同条款,规定当事人各自的责任和履行义务的标准,分配未来的经济风险,规定当事人的违约责任。实际上,合同是相互独立且利益冲突的当事人为实现共同目标的工具而已,具体表现在四个方面:首先,合同要确定交易的价值,即通过合同方式所提供的土地(土地使用权)、商品或者劳务的价值。其次,合同要确定债权人和债务人各自的义务以及合同的履行标准。再次,合同要在债权人和债务人之间确定合理的风险分配,即平衡双方之间的权利义务关系。最后,合同要确立纠纷解决的措施和方式,一旦出现合同纠纷,能够得到及时的处理,以保证合同顺利履行和交易的顺畅。①

四、合同纠纷

在现代社会中,合同的作用越来越大。伴随我国社会经济的快速发展、高速铁路网和高速公路网的建立、物流和人流的加速和增加,我国各种合同纠纷急剧上升。合同纠纷处于高发态势,一定程度上表明我国经济社会发展充满活力,也恰好说明了合同的重要性。近年来的合同纠纷案呈高发态势,且合同纠纷案在民商事纠纷案中占比较大,如2012年全国法院受理各类案件1324万件,民商事案件782万件,占总案件数的59.06％,其中合同纠纷案件412万件,占民商事案件数的52.69％。② 2013年全国法院共受理1422万件,民商事案件共816万件,占总案件数的57.38％。③ 2014年全国法院共受理1566万件,民商事案件共900万件,占总案件数的57.47％,其中合同纠纷案件507万件,占民商事案件数的56.33％。④ 2015年全国法院新收案件近1800万件,新收民商事案件1104万件,占总案件数的61.33％,其中合同纠纷案件663万件,占民商事案件数的60.05％。⑤

图1-1　2004—2014年民商事收案情况

资料来源:http://www.chinacourt.org/article/detail/2015/05/id/1617615.shtml。

---

① See J. Beatson, Anson's Law of Contract(28th ed.), Oxford University Press 2002, p.3.
② 参见《2012年全国法院司法统计公报》,载《中华人民共和国最高人民法院公报》2013年第4期。
③ 参见《2013年全国法院司法统计公报》,载《中华人民共和国最高人民法院公报》2014年第4期。
④ 参见《2014年全国法院司法统计公报》,载《中华人民共和国最高人民法院公报》2015年第4期。
⑤ 在合同纠纷中,2015年全国法院新收民间借贷纠纷案件1536681件、金融机构同业拆借案件9873件、企业之间借款案件12278件、其他借款合同纠纷802738件;新收土地使用权出让合同纠纷案件1368件,商品房预售合同纠纷案件172372件,合资、合作开发房地产合同纠纷案件1946件,房屋拆迁合同纠纷案件24871件,其他房地产开发经营合同纠纷案件33605件。参见《2015年全国法院司法统计公报》,载《中华人民共和国最高人民法院公报》2016年第4期。

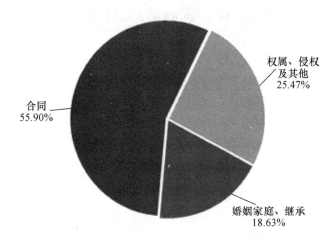

图1-2 2014年民商事案件类型构成情况
资料来源：http://www.chinacourt.org/article/detail/2015/05/id/1617615.shtml。

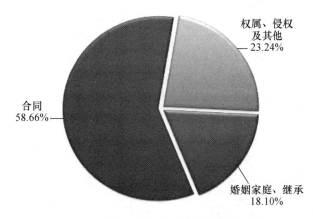

图1-3 2015年一审民商事案件类型构成情况
资料来源：http://www.360doc.com/content/16/0321/00/22419104_543944065.shtml。

各级法院所受理的逐年增加的合同纠纷数量，与我国社会经济发展密切相关。我国经济在过去20年取得了引人瞩目的发展，名义GDP增长年平均高达12.87%。2015年我国的GDP已经是美国的64%，经济总量占全球GDP的第二名。经济的快速发展，对内对外贸易额的增加，导致合同纠纷的同步增加，使经济发达地区基层法院不堪重负。[①]

---

① 例如，上海市浦东新区法院近年来受理的案件数量呈显著上升态势，如2012年85289件、2013年91639件、2014年104277件、2015年110335件、2016年132548件。2016年上海浦东新区法院、闵行法院、静安法院、徐汇法院、黄埔法院，北京朝阳法院、海淀法院、西城法院、通州法院、丰台法院，广东广州越秀法院、深圳宝安法院、龙岗法院、罗湖法院、福田法院，东莞第一法院，中山第一法院，佛山顺德法院和南海法院，天津滨海新区法院，郑州金水法院，以及浙江义乌法院等22家法院受理案件数量均超过4万件，其中上海浦东新区法院和北京朝阳法院均超过10万件。

表 1-1　1978—2016 年我国进出口贸易额

年份	人民币（亿元）				美元（亿元）
	进出口总额	进口总额	出口总额	进出口差额	进出口总额
1978 年	355.0	167.6	187.4	−19.8	20640.0
1979 年	454.6	211.7	242.9	−31.2	29330.0
1980 年	570.0	271.2	298.8	−27.6	38140.0
1981 年	735.3	367.6	367.7	−0.1	44030.0
1982 年	771.3	413.8	357.5	56.3	41610.0
1983 年	860.1	438.3	421.8	16.5	43620.0
1984 年	1201.0	580.5	620.5	−40.0	53550.0
1985 年	2066.7	808.9	1257.8	−448.9	69600.0
1986 年	2580.4	1082.1	1498.3	−416.2	73850.0
1987 年	3084.2	1470.0	1614.2	−144.2	82650.0
1988 年	3821.8	1766.7	2055.1	−288.4	102790.0
1989 年	4155.9	1956.0	2199.9	−243.9	111680.0
1990 年	5560.1	2985.8	2574.3	411.5	115440.0
1991 年	7225.8	3827.1	3398.7	428.4	135700.0
1992 年	9119.6	4676.3	4443.3	233.0	165530.0
1993 年	11271.0	5284.8	5986.2	−701.4	195700.0
1994 年	20381.9	10421.8	9960.1	461.7	236620.0
1995 年	23499.9	12451.8	11048.1	1403.7	280860.0
1996 年	24133.8	12576.4	11557.4	1019.0	289880.0
1997 年	26967.2	15160.7	11806.5	3354.2	325160.0
1998 年	26849.7	15223.6	11626.1	3597.5	323950.0
1999 年	29896.2	16159.8	13736.4	2423.4	360630.0
2000 年	39273.2	20634.4	18638.8	1995.6	474290.0
2001 年	42183.6	22024.4	20159.2	1865.2	509650.0
2002 年	51378.2	26947.9	24430.3	2517.6	620770.0
2003 年	70483.5	36287.9	34195.6	2092.3	850988.0
2004 年	95539.1	49103.3	46435.8	2667.5	1154550.0
2005 年	116921.8	62648.1	54273.7	8374.4	1421910.0
2006 年	140974.1	77597.2	63376.9	14220.3	1760440.0
2007 年	166863.7	93563.6	73300.1	20263.5	2176570.0
2008 年	179921.5	100394.9	79526.5	20868.4	2563255.0
2009 年	150648.1	82029.7	68618.4	13411.3	2207535.0

(续表)

年份	人民币(亿元)				美元(亿元)
	进出口总额	进口总额	出口总额	进出口差额	进出口总额
2010年	201722.1	107022.8	94699.3	12323.5	2973998.0
2011年	236402.0	123240.6	113161.4	10079.2	3641860.0
2012年	244160.3	129359.3	114801.0	14558.3	3867119.0
2013年	258168.9	137131.4	121037.5	16093.9	4158993.0
2014年	264241.8	143883.8	120358.0	23525.8	4301527.0
2015年	24756.8	14288.6	10468.2	3820.4	39586.0
2016年	24342.6	10493.6	13849.0	−3355.4	36849.0

资料来源：https://wenku.baidu.com/view/59fb18ce561252d380eb6eb2.html。

第二节　合同的分类

伴随社会经济的不断发展和人们生活方式的变化，各种新的合同形式不断涌现出来，同时又有旧的合同形式被社会所废弃。合同的种类(contract type)是指按照一定的标准将合同分为不同的类型。交易内容和交易方式的多样性决定了合同种类的多样性，各种合同有各自不同的内容和特征，有各自的适用范围。对合同种类区分有助于认识合同的特征，不同类型合同的成立和生效的要件存在差异，从而有助于合同立法和理论的进一步完善，保证法律适用的正确性。

一、有名合同与无名合同

以合同在法律上是否有规定并赋予特定的名称为标准，合同可以分为有名合同与无名合同。有名合同又称为"典型合同"，无名合同又称为"非典型合同"。

(一) 有名合同

有名合同(well-known contract)是指法律规定名称和具体规则的合同。法律、行政法规和司法解释有明确规则和确定名称的合同，均属于有名合同。有名合同主要有两种情形：

(1)《合同法》"分则"所规定的合同。《合同法》"分则"规定了15种基本合同类型：买卖合同(分期付款买卖合同、凭样品买卖合同、试用买卖合同)，供用电、水、气、热力合同，赠与合同，借款合同，租赁合同，融资租赁合同，承揽合同，建设工程合同(包括工程勘察合同、设计合同及施工合同)，运输合同(包括客运合同、货运合同及多式联运合同)，技术开发合同(包括技术开发合同、技术转让合同、技术咨询合同及技术服务合同)，保管合同，仓储合同，委托合同，行纪合同，居间合同。

(2)《合同法》之外的其他法律所规定的合同。《合同法》之外的其他法律、行政法规和司法解释确立的合同,也属于有名合同,如《保险法》规定的保险合同,保险合同又分为财产保险合同、人身保险合同和再保险合同;《担保法》规定了保证合同、定金合同、抵押合同、质押合同和留置合同;《合伙企业法》规定的合伙合同,合伙合同包括普通合伙合同和有限合伙合同;《物权法》规定的建设用地使用权出让合同、抵押权合同、质押合同、留置权合同等;《农村土地承包法》规定的农村土地承包合同;《信托法》规定的信托合同;《旅游法》规定的旅游服务合同;《储蓄管理条例》规定的储蓄合同;《商业特许经营管理条例》规定的特许经营合同等。

有名合同纠纷应首先适用《合同法》"分则"关于有名合同的具体规范,但在适用"分则"的规范可能导致合同当事人的权利义务严重失衡时,应适用《民法总则》和《合同法》"总则"的相关规范以妥善处理相关纠纷。合同法制度是在买卖合同规则基础上构建的,买卖合同规则对双务合同具有准用性,其他合同可以参照适用。

(二)无名合同

无名合同(unknown contract)是指法律没有明文规定的合同,即有名合同之外的所有合同。根据合同自由原则,在不违反法律强制性规定和公序良俗的前提下,当事人任意创设合同类型,体现了合同类型的自由原则,如太原东方铝业有限公司清算委员会定作与租赁电解槽合同欠款纠纷案。[①] 伴随社会经济和科学技术的高速发展,各种交易活动日趋频繁和复杂,在法律规定的合同之外创设新类型的合同,是顺应交易发展的需要。新型合同随着交易形式的固定化和类型化,逐渐从无名合同转化为有名合同,推进合同法的新发展。合同法的发展史是一部无名合同不断变为有名合同的历史。无名合同有纯粹无名合同、合同联立和混合合同三种类型:

(1)纯粹无名合同。纯粹无名合同是以法律完全没有规定的事项为内容,即合同的内容不合乎任何有名合同的构成要件。纯粹无名合同是真正的无名合同,如美容美发合同、肖像权使用合同等。除《民法总则》关于法律行为的规范和《合同法》"总则"的规定适用于纯粹无名合同之外,可根据合同的目的、交易惯例和当事人意思确定纯粹无名合同的内容,并类推适用与其类似的有名合同的规定,如交通运输部南海救助局海滩救助合同纠纷案。[②]

[①] 在太原东方铝业有限公司清算委员会与山西好世界保龄球娱乐有限公司定作与租赁电解槽合同欠款纠纷案([2004]晋民初字第7号、[2006]民二终字第43号)中,最高人民法院裁判摘要认为,双方当事人之间签订的协议包含了加工定作与租赁、回购三层意思,既不同于融资租赁合同,也不同于借贷合同,属于定作与租赁电解槽欠款纠纷。双方当事人之间签订的协议是双方当事人的真实意思表示,并不违反法律和行政法规的禁止性规定,且这种合作方式有利于企业的生产和经济发展,应当认定合法有效,合同双方应当依照合同约定履行义务。

[②] 在交通运输部南海救助局与阿昌格罗斯投资公司、香港安达欧森有限公司上海代表处海滩救助合同纠纷案([2012]广海法初字第898号、[2014]粤高法民四终字第117号、[2016]最高法民再61号)中,最高人民法院裁判摘要认为,海难救助合同的双方当事人明确约定,无论救助是否成功,投资公司均应支付报酬,且以救助船舶每马力小时和人工投入等作为计算报酬的标准。这种救助合同并非《1989年国际救助公约》和《海商法》规定的"无效果无报酬"的救助合同,而是属于雇佣救助合同。在《1989年国际救助公约》和《海商法》均允许当事人对救助报酬的确定另行约定,而又对雇佣救助合同没有具体规定的情况下,应适用《合同法》的相关规定确定当事人的权利义务(2016年最高人民法院公报案例)。

(2) 合同联立。合同联立是指数个合同(有名合同或者无名合同)在不失去个性的情形下的相互结合。① 合同联立不是一种独立的合同类型,是学理对这种事实状态的描述而已。例如,在产权式酒店或者商铺的交易中,投资人向开发商购买一个或者数个酒店客房或者商铺,投资人在取得产权后又将酒店客房或者商铺转托或者转租给开发商或者第三方经营管理并获得相应的回报,是较为典型的合同联立。购买产权式酒店或者商铺的买卖合同,与委托合同、租赁合同之间有依存关系。

数个合同之间的依存关系是合同联立的基础和前提,依存关系可以是一方依存另一方,也可以是彼此之间的相互依存。如果数个合同之间缺乏依存关系,则合同联立没有存在的必要。合同联立的意义在于合同的效力,数个合同是否生效应各自独立判断,但其中一个合同的无效、撤销或者解除,则会影响到其他合同的效力,如大连羽田钢管有限公司物权确认纠纷案。②

(3) 混合合同。以两个以上有名合同的构成要件混合而成的合同,或者由一个有名合同和一个无名合同混合而成的合同。混合合同在性质上属于一个合同,而合同联立则是数个独立的合同,彼此独立。混合合同在法律适用上有三种情形:一是吸收型。混合合同的主要部分吸收非主要部分,适用主要部分有名合同的规范。二是结合型。对混合合同的构成部分进行分解,分别适用各构成部分有名合同的规范。三是类推适用型。混合合同的各个部分分别类推适用其类似有名合同的规范,如在伙食供给的住宿合同中,食物部分可以类推适用买卖合同的规定,而住宿部分则可以类推适用租赁合同的规定。

有名合同与无名合同区分的意义在于适用法律时有名合同可以直接适用《合同法》"分则"的有关内容,或者其他法律的相关内容;无名合同则根据合同的目的及当事人的意思,类推适用与之类似的有名合同的规定。当然,无论是有名合同还是无名合同,均适用《民法总则》关于法律行为的规定及《合同法》"总则"的规定。例如,在吕斌彩票纠纷案中,③湖北荆门中院判决指出,彩票合同作为无名合同应适用《合同法》"总则"的规定及"分则"的相关规定。

---

① 参见史尚宽:《债法总论》,中国政法大学出版社2000年版,第11页。
② 在大连羽田钢管有限公司与大连保税区弘丰钢铁工贸有限公司、株式会社羽田钢管制造所、大连高新技术产业园区龙王塘街道办事处物权确认纠纷案(〔2008〕大民二初字第63号、〔2010〕辽民三终字第28号、〔2011〕民提字第29号)中,最高人民法院判决表明两份转让合同和租赁合同共三份合同之间具有关联性,构成合同联立(2012年最高人民法院公报案例)。
③ 在吕斌诉湖北省体育彩票管理中心彩票纠纷案(〔2008〕东民初字第576号、〔2009〕荆民二终字第00004号)中,法院裁判要旨认为,彩票合同是一种无名合同,在法律适用上,应适用《合同法》"总则"的规定,并参照《合同法》"分则"或者其他法律最相类似的规定。从《合同法》"总则"规定来看,除法律、行政法规规定或者当事人约定以订立书面合同为合同成立的要件外,合同双方当事人就合同标的、数量、质量、价款或报酬及履行期限、地点和方式达成意思表示一致时,合同即成立。

二、双务合同与单务合同

以合同的当事人是否对待给付为标准，合同可以分为双务合同与单务合同。① 合同以双务合同为典型，以单务合同为例外。

（一）双务合同

双务合同（bilateral contract）是指合同当事人互负对价关系的债权债务合同，即合同当事人互为债务人和债权人的合同。在双务合同中，有方向相反的两项债务，且互为对价关系。合同的双方当事人既为债权人，也为债务人，任何一个当事人既享有债权又承担债务，且债权的享有是以承担债务为对价的，但对价不必与客观价值对等。有名合同中的买卖、互易、租赁、承揽、运送、保险、合伙、有偿委托等，均为双务合同，如兰州滩尖子永昶商贸有限责任公司合作开发房地产合同纠纷案。②

（二）单务合同

单务合同（unilateral contract）又称为"片务合同"，是指由一方当事人承担债务，另一方当事人享有债权，且债权债务没有对价关系，如赠与、借用、消费借贷、无偿委托等。在单务合同中，一方当事人为债务人，另一方当事人为债权人。双务合同之外的其他合同，均为单务合同。单务合同主要有两种情形：一是单方承担义务。在借用合同中，借用人负有按约定使用并如期返还借用物的义务，出借人不承担合同义务。二是一方承担合同主要义务，另一方仅承担附属义务，双方义务不存在对待给付关系。在附条件赠与合同中，赠与人所要交付的赠与财产与对方的附属义务之间不存在对价关系，赠与合同仍属于单务合同。

双务合同与单务合同区分的意义在于适用的法律不同。双务合同适用同时履行抗辩权、先履行抗辩权和不安抗辩权，而单务合同则不能适用前述抗辩权。此外，双务合同原则上为诺成合同，单务合同原则上为实践性合同。

三、有偿合同与无偿合同

以给付有无对价为标准，合同可以分为有偿合同与无偿合同。合同以有偿合同为典型，以无偿合同为例外。

有偿合同（onerous contract）是指双方当事人因给付而取得对价的合同。对价是指一方当事人为获得对方当事人提供的利益而支付的代价。在特定的法律关系中，双

---

① 大陆法系的双务合同与单务合同的分类同英美法系的双方合同与单方合同不同。在英美法系的单方合同中，一方当事人所作出的允诺（promise）是对另一方当事人的作为或者不作为的回报。例如，房屋所有权人向地产代理商允诺，如果代理商为其房屋找到买家，则支付佣金。See P. S. Atiyah, An Introduction to the Law of Contract(5th ed.), Clarendon Press 2002, pp.42—43.

② 在兰州滩尖子永昶商贸有限责任公司等与爱之泰房地产开发有限公司合作开发房地产合同纠纷案（〔2010〕甘民一初字第 2 号、〔2012〕民一终字第 126 号）中，法院裁判摘要认为，在双务合同中，双方均存在违约的情况下，应根据合同义务分配情况、合同履行程度以及各方违约程度大小等综合因素，判断合同当事人是否享有解除权（2015 年最高人民法院公报案例）。

方当事人均为一定的给付,这种给付是一种财产利益的交换。一方当事人在为给付之后,有权要求另一方当事人进行相应的给付。财产利益上的交换,以等价有偿为原则,但不以等价为限。有偿合同是典型的合同,如买卖、互易、租赁、承揽、保险等。无偿合同(nude contract)是指没有对价的合同。一方当事人获得对方的利益而无须支付任何代价,如赠与、借用等。

有偿合同与无偿合同、双务合同与单务合同,均以是否有对价关系为标准。两种分类表面上似乎没有区别,但仍然存在差异,有偿合同与无偿合同是从给付角度区分,而双务合同与单务合同则是从债务负担角度区分。双务合同必定是有偿合同,单务合同原则上是无偿的,而有偿合同则未必是双务合同,即使单务合同也有可能是有偿的,如附利息的消费借贷。

有偿合同与无偿合同区分的意义主要有以下三个方面:

(1) 责任不同。有偿合同债务人的责任比无偿合同债务人的责任更重。例如,《合同法》第374条规定:"保管期间,因保管人保管不善造成保管物毁损、灭失的,保管人应当承担损害赔偿责任,但保管是无偿的,保管人证明自己没有重大过失的,不承担损害赔偿责任。"第406条规定:"有偿的委托合同,因受托人的过错给委托人造成损失的,委托人可以要求赔偿损失。无偿的委托合同,因受托人的故意或者重大过失给委托人造成损失的,委托人可以要求赔偿损失。受托人超越权限给委托人造成损失的,应当赔偿损失。"

(2) 效力不同。限制行为能力人实施有偿行为时,合同属于效力待定,须经法定代理人同意或者追认;限制行为能力人实施纯获利的无偿行为时,则合同有效。

(3) 性质不同。对于某些合同,法律规定既可以是有偿的,也可以是无偿的。例如,买卖行为是有偿的,而赠与行为是无偿的。但是,有些合同,法律规定只能是有偿的,无偿行为无效。例如,保险合同必须是有偿的,没有保险费约定的保险合同无效。[1]

四、诺成合同与实践合同

以合同的成立是否需要交付标的物为标准,合同可以分为诺成合同和实践合同。诺成合同,又称为"不要物合同";实践合同,又称为"要物合同"。合同以诺成合同为典型,以实践合同为例外。

(一) 诺成合同

诺成合同(consensual contract)是指仅以双方当事人的意思表示合致为成立要件的合同。[2] 合同的成立是以当事人的意思表示合致为准。换言之,意思表示合致,合

---

[1] 保险是多数人分摊少数人损失的互助计划,保险费则是保险的参与人所负担的分摊份额,如果不收取保险费,就不可能有保险基金。如果没有保险费的约定,保险合同则不发生法律效力,保险人以保险单为赠与物,该赠与行为无效。参见郑云瑞:《保险法论》,北京大学出版社2009年版,第40页。

[2] 意思表示合致是指有数个相对立的意思表示在内容上客观地趋于一致。

同成立。诺成合同是典型的合同,大多数合同属于诺成合同,如买卖合同、租赁合同、承揽合同、运输合同、委托合同等。

（二）实践合同

实践合同(practical contract)是指除了意思表示之外,还必须交付标的物作为成立要件的合同。合同的成立不但要意思表示合致,而且还要交付实物。否则,即使双方当事人的意思表示合致,也不能产生债权债务关系,合同仍然不能成立。在小件物品的寄存合同中,即使双方当事人对寄存合同的内容达成合意,在交付所要寄存的物品之前,寄存合同仍然没有成立。只有寄存人将所要寄存的物品交付给保管人,寄存合同才成立。例如,在李杏英存包损害赔偿案中,①上海二中院判决确认保管合同是实践合同,但涉案当事人之间是借用合同关系而不是保管合同关系。此外,自然人之间的借贷合同②、借用合同均为实践合同。

诺成合同与实践合同区分的意义在于合同成立的要件与时间不同。诺成合同仅依当事人的意思表示一致而成立；实践合同除意思表示一致外,还需交付标的物才能成立。诺成合同与实践合同的确定,通常应根据法律的规定以及交易惯例,在我国的《合同法》中,诺成合同是典型的合同,只要法律没有明文规定,均属于诺成合同。

五、要式合同与不要式合同

以合同的成立是否具备某种特定的形式为标准,合同可以分为要式合同和不要式合同。合同以不要式为原则,以要式为例外。

（一）要式合同

要式合同(formal contract)是指构成合同的意思表示必须满足一定的形式。合同在意思表示之外,还必须履行一定的方式,须具有口头方式以外的其他形式,才能成立。例如,不动产买卖合同,如果不符合法律规定的形式,买卖合同无效。要式合同有法定要式合同与约定要式合同之分,前者是基于法律的规定。例如,《合同法》第10条第2款规定:"法律、行政法规规定采用书面形式的,应当采用书面形式。当事人约定采用书面形式的,应当采用书面形式。"第197条规定:"借款合同采用书面形式"。古代法强调合同的形式主义,重形式而轻意思。近代社会之后的法律逐渐抛弃了合同的形式主义,以不要式合同为原则,以要式合同为例外。现代社会的法律规定要式合同,主要是从交易安全的角度考虑。

---

① 在李杏英诉上海大润发超市存包损害赔偿案（〔2002〕沪二中民一（民）初字第60号）中,法院裁判认为,保管合同是保管人保管寄存人交付的保管物并返还该物的合同,保管合同自保管物交付时成立。保管合同是实践合同,保管合同的成立不仅要有当事人双方对保管寄存物品达成的一致意思表示,而且还需寄存人向保管人移转寄存物的占有。如果消费者借助自助寄存柜存储购物,因未与超市经营者产生交付保管物的行为,寄存财物实际仍处于消费者的继续控制和占有下,则消费者和超市经营者不具备保管合同成立的必备要件,即保管物转移占有的事实。二者就使用自助寄存柜形成的不是保管合同关系,而是借用合同关系(2002年最高人民法院公报案例)。

② 《合同法》第210条规定:"自然人之间的借款合同,自贷款人提供借款时生效。"

(二) 不要式合同

不要式合同(informal contract)是指构成合同的意思表示不需要满足任何形式要件。凡是法律没有规定或者当事人没有约定，必须具备口头方式以外的合同，即为不要式合同。不要式合同并非排除当事人采取书面形式，仅表现为法律对合同的形式不要求特定的形式而已，当事人可以自主选择合同形式，体现了合同自由原则。当事人既可以采取普通书面形式的合同，也可以采取其他特殊书面形式的合同。

要式合同与不要式合同区分的意义在于不要式合同只要当事人的意思表示一致，合同即宣告成立；要式合同除了当事人意思表示一致之外，还需满足一定的形式要件，合同才宣告成立。①

六、主合同与从合同

以是否具有主从关系为标准，合同可以分为主合同与从合同。主合同(principal contract)是不以其他合同存在为条件而独立存在的合同。例如，在抵押合同与贷款合同关系中，贷款合同是主合同。从合同(accessory contract)是指以其他合同的存在为前提的合同。从合同不能独立存在，存在的前提是主合同，一旦主合同不存在，从合同就失去了存在的依据。例如，在通常情况下抵押合同、质押合同、保证合同等相对于贷款合同，属于从合同。但在朱俊芳商品房买卖合同纠纷案中，②最高人民法院判决认为所涉案件的借款合同是主合同，商品房买卖合同是从合同。

区分主合同与从合同的意义在于从合同因其所具有的从属性，命运从属于主合同。换言之，主合同无效或者被撤销，从合同也随之无效或者消灭。例如，在江北中行信用证垫款纠纷案中，③最高人民法院判决确认了主合同无效，从合同也无效。

七、利己合同与利他合同

以合同相对性为标准，合同可以分为利己合同与利他合同。合同以利己为典型，以利他为例外。

---

① 关于法律对合同的形式要件的规定是属于成立要件还是生效要件，学者有不同的观点，但是多数观点认为是成立要件。

② 在朱俊芳与山西嘉和泰房地产开发有限公司商品房买卖合同纠纷案(〔2007〕小民初字第1083号、〔2007〕并民终字第1179号、〔2010〕晋民再终字第103号、〔2011〕民提字第344号)中，法院裁判摘要认为，双方当事人基于同一笔款项先后签订《商品房买卖合同》和《借款协议》，并约定如借款到期，偿还借款，《商品房买卖合同》不再履行；若借款到期，不能偿还借款，则履行《商品房买卖合同》。借款到期，借款人不能按期偿还借款。对方当事人要求并通过履行《商品房买卖合同》取得房屋所有权，不违反《担保法》第40条、《物权法》第186条有关"禁止流押"的规定(2014年最高人民法院公报案例)。

③ 在江北中行与樊东农行等信用证垫款纠纷案(〔1999〕渝高法经二初字第12号、〔2005〕民四终字第21号)中，法院判决摘要认为，因主合同无效而导致担保合同无效，担保人无过错，不承担民事责任；担保人有过错的，应当依法承担民事责任。担保人的过错是指担保人明知主合同无效仍为之提供担保，或者明知主合同无效仍促使主合同成立或为主合同的签订做中介等情形(2006年最高人民法院公报案例)。

(一) 利己合同

利己合同(self-interest contract)是指遵循合同相对性原则,合同仅在当事人之间产生法律效力,第三人不得向合同当事人主张权利或者追究责任。大多数合同属于利己合同,利己合同是典型合同。

(二) 利他合同

利他合同(third-party beneficiary contract)是指合同的一方当事人为第三人设定权利,并约定另一方当事人向第三人履行合同义务。合同是双方当事人意思表示一致的结果,合同的效力通常不及于合同之外的第三人。利他合同突破了合同的相对性原则,赋予了合同当事人之外的第三人享有合同权利。罗马法在原则上不承认利他合同的效力,利他合同是大陆法系发展过程对罗马法上的"不得为他人缔约"规则逐渐的突破。近代自然法学逐渐突破了罗马法对合同意思不合理限制的规则,承认了利他合同的效力。根据罗马法的"约定必须严守"(pacta sunt servanda),且合同法律效力来自当事人受到自己允诺约束的意志,从而否认利他合同的效力就缺乏合理的依据。在这种理论的影响下,在受到教会法和后期经院哲学思想直接影响的欧洲国家中开始承认利他合同的效力。1348年的西班牙是欧洲最早承认利他合同效力的国家,立法首次明确承认合同当事人可以通过合同有效地赋予第三人以权利,从而开启了立法承认利他合同的效力。

《合同法》并未规定利他合同,但学界存在相反的观点。[①]《保险法》第18条规定的内容属于利他合同,而《合同法》第64、65条规定的内容并非利他合同,第三人并不享有合同权利,属于向第三人履行的合同。[②] 在利他合同中,利他合同生效后,即对第三人、债权人、债务人发生效力:

(1) 对于第三人的效力。利他合同生效后,第三人享有合同的权利。合同当事人可以为第三人设定权利,但不能强迫第三人接受该权利。第三人接受权利的意思表示,可以采取明示的方式,也可以采取默示的方式。第三人表示接受权利后,在合同所规定的范围内,享有债权人的权利,有权直接请求债务人履行义务,有权请求不履行义务的债务人承担违约责任。第三人不接受权利的,应向债务人或者债权人作出不接受的意思表示。

(2) 对债权人的效力。债权人有权请求债务人向第三人履行,但不能请求债务人向自己履行。在债务人不履行义务时,第三人可以请求债务人承担违约责任。但债务人不履行义务给债权人造成损害的,债务人应向债权人承担违约责任。

(3) 对债务人的效力。债务人应向第三人履行利他合同义务。如果债务人不履行义务,应向第三人承担违约责任。因债务人向第三人履行的义务是由合同产生的,

---

[①] 参见王利明:《合同法研究》(第2卷),中国人民大学出版社2003年版,第5页。
[②] 参见薛军:《论〈中华人民共和国合同法〉第64条的定性与解释——兼与"利他合同论"商榷》,载《法商研究》2010年第2期。

债务人对因合同所产生的一切抗辩,均可以对抗第三人。

八、一时性合同与持续性合同

以合同所发生的债的关系,在时间上有无持续性为标准,合同可以分为一时性合同与持续性合同。

(一)一时性合同

一时性合同(transactional contract)是指债的关系的内容一次即可实现,如买卖合同、赠与合同、承揽合同等。一时性合同有一次给付和分期给付两种,其中分期给付又分为分期付款和分期交货两种类型。一次性付清购买价款的汽车买卖合同为一次给付合同;以分期付款方式购买汽车的合同为分期给付合同。一时性合同有两个特点:一是当事人仅订立单一的合同,如在分期付款购买的手机合同中,只有一个购买手机的合同;二是合同总给付是确定的,以分期给付(分期付款或者分期交货)的方式履行的,时间因素并未影响给付的内容和范围。

(二)持续性合同

持续性合同(relational contract)是指债的关系的内容须持续不断地实现,如租赁合同,供电、水、气合同,借用合同,保管合同,仓储合同,保险合同等。在持续性合同中,一方当事人在一定或者不定期限内向另一方当事人持续提供一定数量或者不定数量的货物或者服务,并以一定标准支付价款。持续性合同与分期付款的一时性合同的区别是,分期付款合同有一个确定的总给付,仅为分期履行,每期的给付仅为部分给付;在持续性合同中,按照一定时间所履行的给付义务并非总给付的部分,而是履行当期所承担的债务。例如,甲居民与煤气公司订立了一个 100 立方米的天然气供应合同,乙居民与煤气公司订立了一个天然气的供应合同。甲居民的燃气供应合同是分期交付的一时性合同,乙居民的燃气供应合同则是持续性供应合同。

一时性合同与持续性合同区别的意义在于,由于持续性合同履行期限较长,难以预测将来发生的各种问题,一旦情势发生变更,则可适用情势变更原则。此外,持续性合同强调信赖基础,原则上合同不得任意转移。合同一旦消灭,一时性合同可以恢复原状,具有溯及既往的效力,而持续性合同则不具有溯及既往的效力。

九、确定合同与射幸合同

以合同是否具有补偿性为标准,合同可以分为确定合同与射幸合同。合同以确定合同为典型,以射幸合同为例外。

确定合同(certain contract)是指合同的给付及给付的范围已经确定的合同。一般的有偿合同属于典型的确定合同。射幸合同(aleatory contract)是指合同的给付是不确定的,即合同一方当事人的给付取决于合同生效之后特定事由的发生。保险合同(财产保险、人寿保险和意外保险)、有奖销售(附赠式有奖销售和抽奖式有奖销售)、体育彩票(超级大乐透、排列 3、排列 5、七星彩、地方体彩、足球彩票、竞彩、顶呱刮)、福利彩票(双色球、福彩 3D、七乐彩、刮刮乐、开乐彩)均属于射幸合同,而保险合同是典型的射幸合同。但是,赌博合同因违反法律的禁止性规定或者公序良俗而无效。

区分确定合同与射幸合同的意义在于确定合同通常遵循等价有偿原则,而射幸合同则要求有偿但不等价,通常是以小博大。

十、本合同与预约合同

以合同订立是否有事先的约定为标准,合同可以分为本合同与预约合同。预约合同(pre-contract)是指当事人约定将来订立某种特定合同的合同。本合同是指为履行预约合同所订立的合同。合同以本合同为典型,以预约合同为例外。预约合同始于《法国民法典》第 1589 条和《德国民法典》第 610 条的规定,《日本民法典》采纳了法国和德国民法典的预约制度。虽然我国立法中没有预约制度,但司法审判实践却承认预约制度,如仲崇清合同纠纷案[①]和俞财新商品房买卖(预约)合同纠纷案[②]。

预约合同的内容使当事人负有订立本合同的债务,如果是当事人双方承担这种缔约债务的,则称为双方预约或者双务预约,如商品房买卖预约合同。例如,在张励商品房预售合同纠纷案中,[③]徐州泉山法院判决双方当事人承担缔约义务。如果仅为当事人一方承担这种缔约债务的,则称为一方预约或者片务预约,[④]如试用买卖合同。《合同法》并未对预约合同有任何规定,而合同实践中却被广泛使用。《商品房买卖合同纠纷案件解释》第 4、5 条的规定涉及预约合同,《商品房买卖合同纠纷案件解释》第 2 条和《买卖合同纠纷案件解释》第 2 条直接规定了预约合同,预约合同通常表现为认购书、订购书、预订书、意向书、备忘录等形式。

根据合同自由原则,任何合同均可订立预约,但对本合同与预约合同的判断,应根据当事人的意思表示来确定,如仲崇清合同纠纷案[⑤]。换言之,本合同与预约合同区

[①] 在仲崇清诉上海市金轩大邸房地产项目开发有限公司合同纠纷案(〔2007〕虹民三(民)初字第 14 号、〔2007〕沪二中民二(民)终字第 1125 号)中,上海二中院裁判摘要认为,预约合同是指双方当事人为将来订立确定性本合同而达成的合意。预约合同生效后,双方当事人均应当按照约定履行自己的义务。一方当事人未尽义务导致本合同的谈判、磋商不能进行,构成违约的,应当承担相应的违约责任(2008 年最高人民法院公报案例)。

[②] 在俞财新与福建华辰房地产有限公司、魏传瑞商品房买卖(预约)合同纠纷案(〔2009〕闽民初字第 8 号、〔2010〕民一终字第 13 号)中,最高人民法院裁判摘要认为,根据合同的相对性原则,涉案合同一方当事人以案外人违约为由,主张在涉案合同履行中行使不安抗辩权的,法院不予支持(2011 年最高人民法院公报案例)。

[③] 在张励与徐州市同力创展房地产有限公司商品房预售合同纠纷案(〔2010〕泉民初字第 2427 号)中,法院裁判摘要认为,预约合同是一种约定将来订立一定合同的合同。当事人一方违反预约合同约定,不与对方签订本约合同或无法按照预约的内容与对方签订本约合同的,应当向对方承担违约责任。判断商品房买卖中的认购、订购、预订等协议究竟是预约合同还是本约合同,最主要的是看此类协议是否具备《商品房销售管理办法》第 16 条规定的商品房买卖合同的主要内容,即只要具备了双方当事人的姓名或名称,商品房的基本情况(包括房号、建筑面积)、总价或单价、付款时间、付款方式、交付条件及日期,同时出卖人已经按照约定收受购房款的,就可以认定此类协议已经具备了商品房买卖合同本约的条件;反之,则应认定为预约合同。如果双方当事人在协议中明确约定在具备商品房预售条件时还需重新签订商品房买卖合同的,该协议应认定为预约合同(2012 年最高人民法院公报案例)。

[④] 参见郑玉波:《民法债编总论》(修订二版),中国政法大学出版社 2004 年版,第 30 页。

[⑤] 仲崇清诉上海市金轩大邸房地产项目开发有限公司合同纠纷案(〔2007〕虹民三(民)初字第 14 号、〔2007〕沪二中民二(民)终字第 1125 号)。

分的重要标准是当事人是否有意在将来订立一个新的合同,以最终明确双方当事人之间合同关系的具体内容,如成都讯捷通讯连锁有限公司房屋买卖合同纠纷案①。预约合同作为一种独立的合同类型得以确立的根本原因是法律对当事人缔约自由的尊重。如果预约合同的内容包含了本合同的主要内容,即当事人有明确将来订立本合同的意思,但同时又符合本合同的内容确定性要求,这类合同仍然是名为预约合同实为本合同(《商品房买卖合同纠纷案件解释》第5条)。

  预约合同的成立与效力原则上适用本合同的规定。预约合同的内容是将来订立本合同的行为,性质上仅是诺成合同,即预约合同仅须当事人意思表示一致即可成立。在当事人未交付其标的物之前,要物合同的意思表示可以解释为预约合同。例如,自然人之间借贷的合意、寄存的合意等。

---

① 在成都讯捷通讯连锁有限公司与四川蜀都实业有限责任公司、四川友利投资控股股份有限公司房屋买卖合同纠纷案(〔2011〕成民初字第936号、〔2012〕川民终字第331号、〔2013〕民提字第90号)中,最高人民法院裁判摘要认为,判断当事人之间订立的合同系本约还是预约的根本标准应当是当事人的意思表示。换言之,当事人是否有意在将来订立一个新的合同,以最终明确在双方之间形成某种法律关系的具体内容。对于当事人之间存在预约还是本约关系,不能仅孤立地以当事人之间签订的协议之约定为依据,而是应当综合审查相关协议的内容以及当事人嗣后为达成交易进行的磋商和有关的履行行为等事实,从中探寻当事人的真实意思,并据此对当事人之间法律关系的性质作出准确界定(2015年最高人民法院公报案例)。

第二章 合同法

民法由财产法和人身权法组成,而财产法又由物权法与债权法组成。民法是调整市场经济的法律,即调整交易关系的法律规范,财产法是民法的主要组成部分。物权法属于财产归属法,以调整财产归属关系为宗旨,旨在规范财产归属秩序,确认财产的权属。债权法属于财产流转法,以调整财产流转关系为宗旨,旨在规范财产流转秩序,鼓励财产的交易。债权法由合同法、侵权行为法、不当得利和无因管理等构成,合同法是债权法的核心内容。

合同法的指导思想和具体的法律规则应以市场经济价值为取向,体现在尊重当事人的意思自治即合同自由,排除和弱化行政权、司法权等公权力对合同效力和合同内容等外部干预,充分保障当事人依法自愿缔结合同的效力,司法应当从严掌握合同无效的认定标准和构成要件,以提高经济运行的效率,避免和减少无效率和低效率的交易产生。

第一节 合同法的历史发展

合同法是指调整合同关系的法律规范总称,是调整平等权利主体即自然人、法人、非法人组织之间交易关系的法律规范,是民法的基本组成部分。在大陆法系国家中,合同法通常是民法典债权编的主要内容,而在我国民法典颁布之前,《合同法》则是以单行法的形式出现。在英美法系中,合同法通常表现为判例法,是通过一系列的判例逐渐发展演变而成。世界各国合同法的形成和发展大致经历了三个阶段:

一、古代合同法

在民法的发展史上,先有物权法,后有合同法。在人类社会早期,生产力低下,物质贫乏,人们所关心的是对财产的占有和保护。伴随私有制的确立及物质的不断丰富,出现了剩余产品的交易,从而形成了一些简单的交易规则。这些交易规则最初表现为习惯,后来逐渐上升为法律,形成了调整交易关系的合同法。

合同法是调整交易关系的法律规范,以商品的交换、流转关系的形成为前提,合同法是在私有制产生之后相当长的一段时间内逐步形成的。人类社会的三次大分工[①],极大地促进了商品交易的发展。古代罗马合同法的形成和发展揭示了世界各国合同法形成和发展的历程。罗马法上的合同经历了要式口约(stipulation)、要物合同(real contract)和诺成合同三个发展阶段。要式口约是罗马合同法发展的最初阶段,合同的效力取决于法律行为的形式,双方当事人必须亲自到场,遵循既定的提问和回答程式。[②] 要物合同是在要式口约之后出现的一种合同形式,合同的效力取决于标的物的交付。诺成合同是罗马合同法发展的最高阶段,与要式口约不同,诺成合同没有任何形式要求;与要物合同不同,诺成合同无须给付标的物,双方合意即可产生合同效力。但是,在罗马法中,诺成合同仅限于买卖、租赁、合伙和委托四种形式。[③] 从要式口约到诺成合同的发展过程,经历了从严格的形式主义到双方当事人的合意,具有典型意义,代表了整个古代合同法的发展过程。然而,古代罗马法并未形成完整、抽象的合同概念,仅规定了一些具体的合同,在这些具体的合同之外实际上不存在一个抽象的合同概念。尽管如此,建立在前资本主义商品经济之上的罗马合同法,已经形成合同法理论的雏形,强调个人的意志自由,是以个人为本位的法律,为近代合同法的形成奠定了基础。

罗马合同法之后的日耳曼合同法是农业社会的产物,是封建时代的法律规范。日耳曼合同法主要表现为日耳曼民族的习惯,以具体的生活关系为依据,朴实粗俗,缺乏合理精神,以身份约束为立法宗旨,强调团体本位。但是,这种团体本位思想对现代社会的法律产生了深远的影响。

中国古代未能形成发达合同制度的原因是多方面的,既有制度方面的因素,也有思想文化方面的因素。中国古代社会在政治上实行专制制度,缺乏罗马社会中的民主因素,残酷地压制人性;在经济上实行"重农抑商"的政策,扼杀了商品经济的发展。自然经济使合同制度失去赖以产生和发展的经济基础。宗法制度的"礼"主张人与人之间的贵贱上下、尊卑长幼亲疏,造就了民法上的家族本位主义,使个人本位缺乏发展的条件。实际上,古代东方国家的商品经济和合同制度的出现远远早于罗马,但由于过早出现的专制制度未能使商品经济得到充分的发展,从而使合同法失去了制度上的保障和赖以生存的经济条件。因此,东方国家没有形成完整、系统的合同制度。

二、近代合同法

近代合同制度的形成,是资本主义自由竞争的市场经济的内在要求。两大法系的合同法发展呈现不同的发展道路。大陆法系国家的合同法是通过立法形式得以逐步

---

① 人类社会第一次大分工是畜牧业与农业的分离,第二次大分工是手工业与农业的分离,第三次大分工是商业与农业的分离。
② 参见〔意〕彼德罗·彭梵得:《罗马法教科书》,黄风译,中国政法大学出版社1992年版,第355页。
③ 同上书,第371—383页。

确立,而英美法系国家的合同法则是通过判例逐渐得以确立,其发展是一个渐进和缓慢的过程。

普通法系合同法的形成与诉讼形式(form of action)即令状制度(writ system)密切相关。普通法系合同法源于可强制执行的允诺(enforceable promise),但在 13 世纪初,普通法系的合同法仍然极不发达。12 世纪末,英国的格兰维尔(R. de Glanvill)在《论英格兰王国的法律和习惯》(Treatise on the Laws and Customs of the Realm of England)第十章第八节对合同的表述为:"王室习惯不保护私人之间的协议,甚至不在乎可以视为私人协议的合同。"英国普通法法院通过扩张自己的管辖权和诉讼形式,形成了强制执行允诺的一般理论,即形成了合同法的雏形。12 世纪末英国普通法的诉讼形式——违反盖印合同(covenant)之诉即以蜡封盖印形式作出对债务的承认,盖印合同是中世纪与现代合同最相近的一个概念;① 另一种诉讼形式是金钱借贷(debt)之诉,其中债务令状(debt of writ)即请求支付一定数额的金钱或者给付一定数量的种类物(fungible goods)。② 在违反盖印合同和债的基础上,普通法出现了简式合同(assumpsit)。简式合同来源于间接侵权行为(trespass on the case),是指对简单合同的违约行为或者不履行行为给予损害赔偿救济的普通法诉讼形式。③ 15 世纪初,简式合同仅在履行这种允诺过程中当事人有不当行为(misfeasance)时才可以适用,④ 而合同的不履行行为(nonfeasance)则不能适用简式合同。⑤ 为改变这种局面,普通法法院在三个方面扩大了简式合同的适用范围:

(1)允诺的不履行。普通法法院将简式合同扩大适用到允诺的不履行。合同当事人因信赖允诺而受到损害的,即当事人因信赖允诺而改变其状况,且由于对方当事人不履行允诺而受到损害。

(2)交换允诺的不履行。普通法法院将简式合同扩大到双方当事人均未履行的允诺的交换(即纯粹允诺的交换)。16 世纪末,普通法法院认为,一方当事人为获得另一方当事人的允诺所作出的允诺,当事人行为因允诺而受到限制,其利益仍然受到损害,因而双方当事人应受到各自允诺的约束。

(3)简式合同。普通法法院以简式合同代替债务令状。在 16 世纪中叶之前,普通法法院在能够适用债务令状时,就不适用简式合同。这种做法对债权人极为不利,在简式合同中的原告有权获得陪审团的审判,而在金钱借贷之诉中的被告则可以援用

---

① See J. Beatson, Anson's Law of Contract(28th ed.), Oxford University Press 2002, p. 11.
② Ibid.
③ Assumpsit is a form of action at common law for the recovery of damages caused by the breach or non-performance of a simple contract, either express or implied, and whether made orally or in writing. See Assumpsit, http://en.wikipedia.org/wiki/Assumpsit.
④ 参见〔美〕E. 艾伦·范斯沃思:《美国合同法》,葛云松、丁春艳译,中国政法大学出版社 2004 年版,第 15 页。
⑤ 同上。

宣誓断讼法(wager of law)。① 在 16 世纪中叶,普通法法院认为,在被告已经存在金钱债务(indebitatus)且又明示允诺支付特定金额的情形下,可以对被告适用简式合同。这种诉讼形式(indebitatus assumpsit)被称为普通简式合同(general assumpsit)以区别于先前的"assumpsit",即特殊简式合同(special assumpsit)。在 16 世纪末,普通法法院确立了金钱债务的债权人可以直接适用"general assumpsit"而无须证明存在明示的允诺。

在 15 和 16 世纪,英国普通法法院通过将简式合同发展成为强制执行的允诺的一般基础而成功地构建了普通法的合同制度。约因开始成为合同法的一个技术性术语,来表示支持简式合同。合同只要有约因的存在,即使没有盖印的允诺也可强制执行。

1760 年英国开始了工业革命,以机器代替人工,②经过几代人的努力,劳动生产力极大提高,使整个社会的面貌发生了根本的改观,社会制度也发生了根本性变化,从此人类社会的发展步入一个新的发展阶段。在资本主义战胜封建主义之后,社会生产力迅速提高,工业逐渐获得了优势地位,进入市场交易的商品大大增加;封建制度的崩溃,使广大农奴摆脱了人身束缚,获得了人身自由,劳动力成为可以自由买卖的商品;民族国家和统一市场的逐渐形成,使商品交易自由更为通畅、便利。

近代合同法对资本主义的发展有着极其重要的意义,自始至终促进资本主义经济的成长。市场在法律上表现为合同法,合同法主导了 19 世纪的法律秩序。作为允诺强制执行基础的约因原则形成,普通法系的约因交易理论得以确立。③ 资产阶级在思想上以古典自然法理论为指导思想,在经济上奉行自由放任主义,在法律上以私法自治原则为准则。④ 近代合同法的形成和发展,得益于近代合同理论。近代合同理论是以合意或者约因为中心构建的理论体系。大陆法系合同法理论认为,合意(consensus)是理性的同义词,人类凭借理性可以建立正确的合同关系;英美法系合同法理论则认为,约因是理性的外在表现形式,合同是否有效成立取决于当事人的允诺是否具有一个表明等价交换关系的约因。总之,当事人的意思是检验合同关系存在与否的唯一准则。

近代合同法以意思自治原则为基础,确立了合同自由原则。合同自由原则成为世

---

① A procedure for defending oneself that could be used in a trial before one of the ancient courts of England. A defendant who elected to "make his law" was permitted to make a statement before the tribunal, swear an oath that it was true, and present one or more individuals who swore that they believed he had told the truth under oath. This was the predominant form of defense in the feudal courts, and it persisted for a time in the common-law courts. 参见维基百科网站,http://en.wikipedia.org/wiki/wager_of_law。

② 第一次工业革命开始了蒸汽机时代,蒸汽机作为动力机器代替了人力。第二次工业革命标志着电气时代的开始,以电动机和内燃机代替了蒸汽机。

③ 参见〔美〕E. 艾伦·范斯沃思:《美国合同法》,葛云松、丁春艳译,中国政法大学出版社 2004 年版,第 21 页。

④ See P. S. Atiyah, An Introduction to the Law of Contract(5th ed.), Clarendon Press 2002, p. 7.

界各国近代合同法的最高原则。合同自由原则以经济上的自由主义思想[①]与哲学上的理性主义思想为其理论基础。合同自由原则具体表现为缔结合同的自由、选择相对人的自由、确定合同内容的自由、变更合同的自由、合同形式的自由以及解除合同的自由。1804年的《法国民法典》所规定的合同制度是近代合同法的典范。

三、现代合同法

20世纪之后,由于社会经济生活条件发生了重大变化,从自由资本主义过渡到垄断资本主义,世界各国的经济政策和社会伦理观念经过调整和转变,近代合同理论主张绝对的合同自由和合同责任,已不能适应现代社会发展的需要。整个社会的价值观念从个人本位转变为社会本位,法律思想方法也从强调抽象个人的抽象意志转变为强调具体个人的具体要求。这对现代合同法产生了深刻的影响,合同从形式到内容均受到了越来越多的限制。

20世纪的社会经济条件的巨变,导致现代合同关系已不能简单理解为单纯的权利义务对立关系,经济上的强者往往利用其自身优势,欺压经济上的弱者。当事人之间经济地位的巨大差异造成讨价还价能力的悬殊,使经济上的强者与经济上的弱者在合同利益上存在严重的不平衡。合同法保护交易中的弱者,力图使合同成为达到公平、实现正义的手段。西方各国对合同自由原则的限制是合同自由原则发展到一定阶段的必然,对合同自由的限制并不是对合同自由的否定,而是真正地实现合同双方当事人的自由意志,避免一方当事人对自由的滥用以践踏相对人的自由,使自由与平等、公正有机地结合起来,从而使合同自由从形式上的自由走向实质上的自由。实际上,对合同自由的限制是对合同自由原则的发展和完善,并使其作为合同法的基石更加稳固。对合同自由的限制并非要从根本上取消合同自由原则,而是要消除这个原则的缺陷,使其更好地适应现代社会经济生活的需要。现代合同法的发展情形主要表现在以下三个方面:

(一)从形式正义走向实质正义

合同正义是指合同法应当保障合同当事人在平等自愿的基础上订立合同及履行合同,并保障合同的内容体现公平、诚实信用的要求。近代的理性主义哲学认为,自由意志可以自然导向正义和公正。合同自由原则能够充分地保障双方当事人所认可给付的合理性和平衡,因而合同自由与合同正义是一致的。近代合同法所强调的是形式意义上的正义而不是实质意义上的正义。形式意义上的正义仅强调当事人必须根据法律规定订立合同,并严格按照合同的约定履行合同规定的义务,从而实现合同的形式正义。合同双方当事人是否平等、一方是否利用了自己的优势地位,或者履行

[①] 以亚当·斯密(Adam Smith)为代表的自由主义经济思想是合同自由原则的经济理论基础。18世纪中叶,英国已经由农业国转变成为工业国,形成了典型的资本主义社会结构,正在强大起来的资产阶级力求扫除封建残余,取消一切不利于资本主义发展的束缚,以确保资本主义制度的完全确立。实现经济自由,提倡自由竞争成为资产阶级的愿望和要求。亚当·斯密的学说适应了这种愿望和要求。

合同时是否因一定的情势变化而使合同的履行显失公平等情形,近代合同法均不予考虑。

近代合同法强调合同绝对的自由,排斥国家对合同的干预。但是,从20世纪以来,社会经济结构发生巨变,社会生产和消费大规模化,公用事业飞速发展,消费者、劳动者等弱势群体保护的问题凸显出来,由于市场经济的高度发展造成了权利主体之间在交易过程中实质上的不平等,已经成为一个严重的社会问题,从而必须正视当事人间经济地位不平等的现实,抛弃形式正义而追求实现实质正义。合同法对实质正义的追求,主要体现在以下四个方面:

(1)附随义务的产生。附随义务是指合同当事人根据诚实信用原则所产生的义务,即根据合同的性质、目的和交易习惯所应当承担的通知、协助、保密等义务。由于这种义务是附随于主给付义务的,因而被称为附随义务。附随义务不是由当事人在合同中明确约定的义务,而是根据诚实信用原则产生的,是诚实信用原则的具体体现。附随义务不仅仅表现在合同成立之后及履行过程中,在合同成立以前及合同终止之后,均可能产生附随义务。相对于给付义务而言,附随义务只是附随的,但这并非意味着附随义务是不重要的。违反附随义务有可能会给另一方造成重大损害,甚至可能构成根本违约。实际上,附随义务的产生意味着商业道德规范在合同法领域的进一步强化,并使这种道德规范以法定的合同义务的形式表现出来,从而有助于维护合同的实质正义。

(2)对格式条款的限制。格式条款的产生和发展是20世纪合同法发展的重要标志之一。[1] 19世纪中叶以来,由于垄断的加剧和公用事业的发展,现代工商企业为降低及控制生产成本,减少交易费用,通常预先设定合同条款,对所有的交易相对人适用相同的交易条件,从而普及了格式条款的使用。20世纪之后,银行、保险、运输等企业的服务交易行为日渐频繁,格式条款的适用范围不断扩大,构成了当代合同法中的一个重要发展趋向,反映了现代化的生产经营活动的高速度、低耗费、高效益的特点。格式条款的使用虽然降低了交易成本,但格式条款的广泛运用,限制了合同自由原则,如刘超捷电信服务合同纠纷案[2]。20世纪中叶以来,世界各国的立法和判例对格式条款采取限制的态度,已经成为各国合同法发展的重要趋势。

(3)对消费者权益保护的加强。从19世纪以来,随着市场经济的发展,大公司、大企业对生产和经营的垄断不断加强。这些大企业拥有强大经济实力,消费者在交换

---

[1] See P. S. Atiyah, An Introduction to the Law of Contract(5th ed.), Clarendon Press 2002, p. 16.
[2] 在刘超捷诉中国移动通信集团江苏有限公司徐州分公司电信服务合同纠纷案(〔2011〕泉商初字第240号)中,江苏徐州泉山法院裁判摘要认为,经营者在格式合同中未明确规定对某项商品或服务的限制条件,且未能证明在订立合同时已将该限制条件明确告知消费者并获得消费者同意的,该限制条件对消费者不产生效力(2012年最高人民法院公报案例)。

关系中明显处于弱者的地位,如张莉买卖合同纠纷案①。20 世纪五六十年代,伴随着经济的繁荣,西方国家爆发了消费者权利保护运动,各国立法均加强了对消费者权利的保护。对格式条款和免责条款的限制、强制缔约规则的建立等均为对消费者权利保护的措施;甚至对一些特殊合同的形式的特殊要求,以及将不正当影响作为合同撤销的原因等均视为对消费者权利保护的加强。强制缔约制度的建立,是消费者权利保护的特别措施。例如,在厦门瀛海实业发展有限公司国际海上货运代理经营权损害赔偿纠纷案中,②最高人民法院判决认为,马士基公司并非公用运输承运人,因而不承担强制缔约义务。

(4) 对于劳工保护的加强。为加强对劳工的保护,一些国家的法律对于雇佣合同规定了一系列限制性的规则,如最低工资标准、资方解除合同的限制及相应的补偿、对格式条款和免责条款的限制等。这些措施在一定程度上保障了作为弱势群体的劳工的利益。此外,许多国家法律还承认了集体合同的效力,这使得集体合同作用日益突出。在签订劳动合同时,劳动者处于弱势地位无法与资方抗衡,不可避免地接受资方所规定的各种不合理条件。由工会代表全体劳动者与资方签订集体劳动合同,就可以改善在劳动关系中单个劳动者的弱势地位,便于双方平等协商。

(二) 对合同自由原则的限制

20 世纪以来,由于资本主义自由竞争不断走向垄断,资本主义社会发生了世界性的危机,凯恩斯主义的国家干预经济政策应运而生。凯恩斯主义的基本经济观点是,承认资本主义制度存在着失业、分配不均等缺陷,认为自由主义的经济理论和经济政策是产生危机的原因。主要资本主义国家在其经济政策中相继采纳了凯恩斯主义,以扩大政府职能,加强对经济活动的干预。在法律领域,合同自由原则因国家干预经济的加强而受到越来越多的限制,对合同自由的限制成为 20 世纪以来合同法发展的一个主要趋势。现代合同法对合同自由原则的限制表现在如下三个方面:

(1) 意思主义的衰落。19 世纪大陆法系合同法深受理性主义哲学的影响,采纳意思主义理论,认为意思表示的实质在于明确行为人的内心,意思表示行为只不过是实现行为人意思自治的手段而已。然而,从 19 世纪末期开始,国家对社会生活的干预

---

① 在张莉诉北京合力华通汽车服务有限公司买卖合同纠纷案([2007]朝民初字第 18230 号、[2008]二中民终字第 00453 号)中,北京二中院裁判摘要认为,为家庭生活消费需要购买汽车,发生欺诈纠纷的,可以按照《消费者权益保护法》处理,汽车销售者承诺向消费者出售没有使用或者维修过的新车,消费者购后发现系使用或者维修过的汽车,销售者不能证明已履行告知义务且得到消费者认可的,构成销售欺诈,消费者要求销售者按照《消费者权益保护法》赔偿损失的,法院应予支持(2014 年最高人民法院公报案例)。

② 在厦门瀛海实业发展有限公司诉马士基(中国)航运有限公司国际海上货运代理经营权损害赔偿纠纷案([2005]厦海法事初字第 48 号、[2008]闽民终字第 381 号、[2010]民提字第 213 号)中,法院裁判摘要认为,公共运输履行着为社会公众提供运输服务的社会职能,具有公益性、垄断性等特征。为维护社会公众利益,《合同法》第 289 条规定:"从事公共运输的承运人不得拒绝旅客、托运人通常、合理的运输要求。"国际海上集装箱班轮运输是服务于国际贸易的商事经营活动,不属于公用事业,不具有公益性,也不具有垄断性,故不属于公共运输。托运人或者其货运代理人请求从事国际海上集装箱班轮运输的承运人承担强制缔约义务,没有法律依据,应予驳回(2011 年最高人民法院公报案例)。

不断加强,意思主义逐渐衰落,表示主义理论应运而生。20世纪以来,大陆法系合同法更注重意思表示的客观意义,即外在表示的客观内容,在合同解释方面出现客观化的趋势以及对一些特殊交易必须符合形式要件的要求。另外,大陆法系各国还普遍赋予法官极大的自由裁量权,对合同进行干预。法官自由裁量权的扩大,使其可以根据公平和善意的观念来干预当事人的合同关系,调整当事人之间的合同内容。此外,诚实信用原则和公序良俗原则也是对合同自由原则的限制。

(2) 强制缔约与格式合同的出现。在市场交易中,一些天然垄断性质的行业,如邮政、供电、供水、供气、公共交通等公用事业,如果听任其自由决定是否缔约以及选择缔约的相对人,必然损害消费者利益。世界各国通过法律规定公用事业、医疗服务等行业,负有强制缔约的义务,没有正当理由,不得拒绝客户或者用户的缔约请求。例如,在厦门瀛海实业发展有限公司国际海上货运代理经营权损害赔偿纠纷案中,[①]最高人民法院的判决体现了公用事业单位的强制缔约义务。

现代社会工商业的集中化以及相应生活的城市化和标准化,为节约交易成本和便利交易出现了大量格式合同。格式合同的提供方通常是大企业、财团,涉及金融、保险、旅游、运输等行业,对格式合同,合同相对人一般只有"要么接受,要么放弃"(take it or leave it)的选择,这在很大程度上限制了弱势一方当事人的缔约自由。合同法对格式条款进行了适当的规制,以避免极端不公现象的发生,使合同相对人获得相对的公正。

(3) 电子合同的出现。伴随网络技术对人们生活方式与人际沟通交流方式、商品与劳务交易方式所产生的革命性变革,日常普通的交易方式也发生了根本性的变化。基于互联网、以交易双方为主体、以网络银行结算为手段、以客户数据信息为依托的新型交易模式——电子商务(electronic commerce)应运而生。电子商务是以数据电文的方式传输的,由此产生了一种新的合同形式——数据电文,即电子合同。电子合同(electronic contract)是一种应用新技术手段签订的合同形式。电子合同有广义和狭义之分,广义的电子合同是指利用电子手段或者其他类似手段拟订的约定当事人之间权利与义务的协议,包括通过电报、电传、传真、计算机处理系统等所订立的合同。我国《合同法》和《联合国国际贸易法委员会电子商务示范法》(UNCITRAL Model law on Electronic Commerce)上的电子合同都是广义的合同。在电报、电传和传真等电子合同中,只是传输合同文本信息的方式不同,表现形式仍然是传统的纸面介质,与传统的合同形式没有本质的区别。狭义的电子合同是指以电子计算机为依托,以互联网作为交易平台拟订的合同,即利用处理系统通过数字信息的传输所签订的数字合同。这种合同由于传输、记录和表现合同文本信息均通过计算机完成,与传统的合同形式在订立方面有很大的区别。

(三) 诚实信用原则的发展

20世纪以来,诚实信用原则在大陆法系国家合同法中得到迅速发展,已经成为合

---

① 厦门瀛海实业发展有限公司诉马士基(中国)航运有限公司国际海上货运代理经营权损害赔偿纠纷案(〔2005〕厦海法事初字第48号、〔2008〕闽民终字第381号、〔2010〕民提字第213号)。

同法中至高无上的原则。1907年《瑞士民法典》第2条规定："任何人都必须诚实、信用地行使权利并履行义务。"该规定将诚实信用原则确定为现代合同法的最高原则。诚实信用原则的确立,不仅打破了以意思自治为核心构建的封闭的合同体系,而且还由此产生了情势变更、禁止权利的滥用等一系列新的一般条款,从而以一般条款作为一个整体,把利益衡量原则引入了合同法的理论和实践。诚实信用原则对合同法的影响主要体现在如下三个方面:

(1) 合同义务的扩张。诚实信用原则成为合同法的基本原则,扩大了合同义务的内容,形成了先合同义务和后合同义务。先合同义务与后合同义务的确立,有助于在商业交易中强化商业道德和商业信用,同时通过诚实信用原则的适用强化了国家对私法关系的干预。合同当事人违反先合同义务的,应承担缔约过失责任;合同当事人违反后合同义务的,应承担违约责任。

(2) 合同解释的客观化。在大陆法系国家随着国家对社会经济干预的不断加强,意思自治逐步受到限制,合同的解释也逐渐趋于客观化,诚实信用原则逐渐成为解释合同的重要规则。20世纪以来,大陆法系的合同法强调意思表示的客观化,即外在表示的客观内容,要求依据诚实信用原则对合同进行解释。特别是对格式条款的解释,法官不仅可基于诚实信用原则宣告格式条款违法,而且可基于当事人之间利益的平衡,来确定格式条款应有的含义。诚实信用原则是合同解释的基本准则,如在厦门东方设计装修工程有限公司商品房包销合同纠纷案[1]和广州珠江铜厂有限公司加工合同纠纷案[2]中,最高人民法院判决认为对合同条款的解释应当遵循诚实信用原则。

(3) 情势变更原则的出现。《德国民法典》在制定时坚持"信守合同"原则,认为合同缔结以后,一方或双方当事人所享有的权利或者承担的义务,非基于法律的规定,不得变更或者解除。尽管在《德国民法典》公布之前的普鲁士普通法已经包含了部分有关情势变更原则的立法,而且司法实践也采纳了这一观点,但《德国民法典》却明确排斥了情势变更原则。《德国民法典》的这种做法在一战以后受到了极大的挑战。当时德国经济陷入困境,货币大幅度贬值,货物奇缺、物价暴涨,导致许多合同经济上不能履行的问题,而《德国民法典》又明确排除了经济上的履行不能。从现实需要出发,法院充分发挥法律解释的功能,通过对现有法律规则进行扩大解释或者类推解释,以暂时解决情势变更原则所要解决的问题。二战以后,德国通过颁布一系列特别立法及对

---

[1] 在厦门东方设计装修工程有限公司与福建省实华房地产开发有限公司商品房包销合同纠纷案([2004]闽民初字第59号、[2005]民一终字第51号)中,法院裁判摘要认为,当事人签订的合同中,对某一具体事项使用了不同词语进行表述,在发生纠纷后双方当事人对这些词语的理解产生分歧的,法院在审判案件时应当结合合同全文、双方当事人经济往来的全过程,对当事人订立合同时的真实意思表示作出判断,在此基础上根据诚实信用原则,对这些词语加以解释,而不能简单、片面地强调词语文义上存在的差别(2006年最高人民法院公报案例)。

[2] 在广州珠江铜厂有限公司与佛山市南海区中兴五金冶炼厂、李烈芬加工合同纠纷案([2010]佛中法民二重字第1号、[2011]粤高法民二终字第23号、[2012]民提字第153号)中,法院裁判摘要认为,当事人对合同条款的理解有争议的,应当按照合同所使用的词句、合同的有关条款、合同的目的、交易习惯以及诚实信用原则,确定该条款的真实意思。当事人基于实际交易需要而签订合同,在特定条件下会作出特定的意思表示,只要其意思表示是真实的,且不违背法律的强制性或者禁止性规定,即应当予以保护(2014年最高人民法院公报案例)。

民法典债编的修订,确立了情势变更原则。

总之,现代合同法的发展趋势是强化对消费者的保护。[1] 尽管合同自由原则仍然是现代合同法的基本原则,但是由于产品或者服务的专业化、销售方式的多元化和电子商务的应用等,给消费者带来了更多的风险,法律强化了对处于弱者地位的消费者的保护,必然地要限制合同自由,强化生产者和经营者合同附随义务,社会公正思想在合同法中得以体现。

四、中国合同法的形成和发展

中国近代意义上的合同立法始于 1908 年起草的《大清民律草案》债编,但因 1911 年清政府被推翻而未能颁布施行。1925 年北洋政府在《大清民律草案》的基础上,完成《民国民律草案》的编纂,虽然这部民法典未能正式颁布,但北洋政府的司法部曾通令全国各级法院,将草案作为条理在法院审判中援用。1929 年南京国民政府开始起草民法典,1931 年的《中华民国民法》债编包含了合同法。1949 年中华人民共和国成立时,中央人民政府废除了包括《中华民国民法》在内的"六法全书"。

1954 年,我国开始第一部民法草案的起草,1958 年因故中断。1962 年,我国又重新开始了民法草案的起草工作,并于 1964 年 7 月完成了第二部民法草案。[2] 1966 年,民法的立法工作又被迫中断。

1979 年我国开始第三次民法的起草,并于 1982 年完成了起草工作。草案曾四易其稿,但最后还是因民法与经济法的大争论而舍弃了民法典的立法,确立成熟一个制定一个单行法的立法思路。我国先后相继颁布了《经济合同法》(1982 年)、《涉外经济合同法》(1985 年)、《民法通则》(1986 年)、《技术合同法》(1987 年),合同法形成了三足鼎立的局面。这个阶段的合同立法具有很强的时代性,体现了计划经济的特征,与建立社会主义市场经济制度的愿望相违背。三足鼎立的合同法主要存在如下四个方面的问题:

(1) 调整的对象不同。《经济合同法》是专门调整国内的合同,且并非国内合同的全部,而是国内的经济合同。经济合同是指法人之间、法人和农村的承包经营户、个体工商户之间的合同。《技术合同法》是专门调整国内的技术合同,是以技术关系,如技术开发、技术转让等特殊的合同关系为规范对象的。《涉外经济合同法》专门调整涉外经济合同关系。

(2) 适用的主体不同。《经济合同法》的合同主体只限于法人、农村承包经营户和个体工商户,而将自然人排除在外;《技术合同法》的合同主体既包括法人也包括自然人;《涉外经济合同法》的合同主体包括中国的企业和其他经济组织与外国的企业、其

---

[1] See P. S. Atiyah, An Introduction to the Law of Contract(5th ed.), Clarendon Press 2002, p.25.
[2] 1959 年中苏关系的破裂导致了民法草案在新中国成立之初确定的摒弃资本主义法的基础上又摒弃了苏联的法律,该草案采取了全新的体例和概念,废弃了传统民法应有的概念和术语,如"权利""义务""物权""债权""自然人""法人""法律行为"等术语。

他经济组织和外国的自然人,而将中国的自然人排除在外。

(3) 合同的归责原则不同。《经济合同法》规定的是过错责任,因过错违反合同或者不履行合同,或者履行合同不符合条件的,应当承担违约责任,强调过错;《技术合同法》和《涉外经济合同法》中规定不履行合同或者履行合同不符合约定的,应当承担违约责任,根本不存在过错的问题,属于无过错责任。

(4) 合同的形式不同。《经济合同法》承认口头合同,即时清结的合同可以采取口头形式,不是即时清结的采取书面形式;《技术合同法》和《涉外经济合同法》严格要求必须采用书面形式。

1992年,我国开始了统一合同法的起草工作并于1995年形成了合同法草案。1999年,我国颁布了《合同法》。《合同法》将先前的三部合同法合而为一,结束了合同法三足鼎立的局面。《合同法》立法精神上最显著的变化是引入意思自治原则,即尊重当事人的意志,对当事人的合同交易给予了最为宽泛的制度边界。《合同法》的规定大多数是任意性、选择性规定,旨在指导、引导权利主体的行为,而非指定性、命令性的规定。

三足鼎立时期的合同法是计划经济制度的体现,是国家过度干预经济的外生制度。《合同法》采用了大量的示范性的交易规则,来源于真正的市场交易过程,体现了市场交易的规律。以意思自治为精髓的《合同法》体现了当事人主义,是对经济理性主义的回归,是内生的制度,有效地降低了交易成本,促进了交易的发展。

除了《合同法》之外,国际货物买卖合同还受到《国际货物销售合同公约》的约束,即当事人分属不同国家的国际货物买卖合同应适用公约的规定。此外,国际统一私法协会制定的《国际商事合同通则》反映了两大法系的共同观念以及合理的解决方案。当事人可以协议适用《国际商事合同通则》的规定,国际商事合同仲裁也经常适用《国际商事合同通则》的规定。因此,国际合同公约也是我国合同制度的重要组成部分。

第二节 合 同 法

合同法是调整平等权利主体基于意思自治原则所形成的权利义务关系,为各种交易提供规范和行为准则,保护合同双方当事人的合法权益,维护正常的交易秩序、保障交易安全。例如,在国际华侨公司影片发行权许可合同纠纷案中,[①]最高人民法院判决认为影片发行权许可合同充分体现了意思自治原则。

一、合同法的概念

合同法是指调整合同关系的法律规范总称,是调整平等权利主体的自然人、法人、

---

① 在国际华侨公司诉长江影业公司影片发行权许可合同纠纷案(〔1999〕苏知初字第4号、〔2001〕民三终字第3号)中,法院裁判摘要认为,电影著作权人可以依照《著作权法》的规定,自己行使或者许可他人行使其著作权。在电影著作权许可使用合同中,著作权人与他人关于按比例分成收入和违约赔偿责任的约定,如不违反《民法通则》等法律或有关行政法规的禁止性规定,应认定有效(2004年最高人民法院公报案例)。

非法人组织之间交易关系的法律规范,即规范合同的订立,合同的效力,合同的履行、变更、转让、解除、终止,以及合同的责任等问题,是民法的基本组成部分。

合同法有广义和狭义之分。狭义的合同法是指形式意义上的合同法,即以合同法名义颁行的调整合同关系的法律规范,如《合同法》。狭义的合同法通常包括合同的概念、合同的范围、合同的种类、合同的条款、合同的订立、合同的成立与生效、合同的履行与不履行、合同的担保与保全、合同的变更与转让、合同的解除与终止、合同解释与合同责任等内容。广义的合同法是指所有调整合同关系的法律规范总称,既有狭义的合同法,又有《民法总则》《物权法》《担保法》《保险法》《信托法》《合伙企业法》《农村土地承包法》《城市房地产管理法》等法律所包含的合同规范,以及最高人民法院有关合同法的司法解释。

在大陆法系国家中,合同法通常是民法典债权编的主要内容,而我国《合同法》则以单行法的形式出现。在我国民法典编纂成功后,《合同法》将成为民法典债权编的主要内容,是民法典的核心组成部分。在英美法系中,合同法主要表现为判例法,是通过一系列的判例逐渐发展演变而成。现代英美合同法逐渐发展演变为成文法,以弥补判例法的缺陷和不足,如美国《第二次合同法重述》等。

合同法在两大法系中的地位不同。在英美法系中,没有民法的概念,只有合同法、财产法、侵权法等具体的部门法律,合同法是一个独立的法律部门。在大陆法系中,民法是债法的上位法,债法又是合同法的上位法,因而合同法从属于民法,是民法的主要组成部分,构成民法的核心内容。

《国际货物销售合同公约》和《国际商事合同通则》也是我国合同法的组成部分。《国际货物销售合同公约》是由联合国国际贸易法委员会主持制定的,1986年我国交存了公约的核准书。截止到2015年年底,包括我国、美国、法国、德国、意大利、挪威、瑞典和瑞士等世界主要的贸易国在内的84个国家核准和参加了该公约。公约专门调整国际货物买卖合同关系,充分考虑了国际货物买卖合同关系的特征,为世界上主要贸易大国所接受,并成为参加国合同法的组成部分。在国际商事合同纠纷中,我国法院直接适用《国际货物销售合同公约》的规定,如中化国际(新加坡)有限公司国际货物买卖合同纠纷案[1]和上海申合进出口有限公司国际货物买卖合同纠纷抗诉案[2]。

---

[1] 在中化国际(新加坡)有限公司与蒂森克虏伯冶金产品有限责任公司国际货物买卖合同纠纷案(〔2009〕苏民三初字第0004号、〔2013〕民四终字第35号)中,最高人民法院裁判摘要认为,涉案的国际货物买卖合同纠纷的双方当事人营业地分别位于新加坡和德国,当事人在合同中约定适用美国法律。新加坡、德国、美国均为《国际货物销售合同公约》缔约国,当事人未排除公约的适用,从而案件的审理应首先适用《国际货物销售合同公约》。对审理案件中涉及的问题公约没有规定的,如合同效力问题、所有权转移问题,应当适用当事人选择的美国法律(2015年最高人民法院公报案例)。

[2] 在上海申合进出口有限公司诉日本国伊藤忠商事株式会社国际货物买卖合同纠纷抗诉案(〔2001〕苏民再终字第027号)中,江苏省高院裁判要旨认为,国际货物买卖合同中,在出口港装船时的质检报告即表明货物不符合合同要求的,应认定货物越过船舷时货物质量就不符合约定。《国际货物销售合同公约》规定,卖方应保证货物与合同相符,对风险转移到买方时所存在的任何不符合合同的情形负有责任;一方当事人违反合同应负的损害赔偿额,应与另一方当事人因他违反合同而遭受的包括利润在内的损失额相等。因此,卖方提供货物不符合合同约定的质量要求的,构成违约行为,应赔偿买方降价损失、可得利润损失、仓储费损失等。

《国际商事合同通则》是国际统一私法协会于1994年制定的,2004年、2010年、2016年三次进行了修订,是一部具有现代性、代表性、权威性与实用性的商事合同统一示范法。《国际商事合同通则》旨在为国际商事合同制定一般规则,不具有强制性,当事人可以选择适用《国际商事合同通则》。例如,在厦门象屿集团有限公司确认仲裁条款效力案中,[1]厦门中院判决确认了合同当事人选择《国际商事合同通则》作为合同准据法的效力。在当事人约定适用法律的一般原则、商人习惯法或者甚至未选择适用的法律时,也可适用《国际商事合同通则》。《国际商事合同通则》既可用于解释或者补充《国际货物销售合同公约》,也可用于解释或者补充国内法。合同当事人可以选择《国际商事合同通则》为合同的准据法,作为解释合同、补充合同、处理合同纠纷的法律依据。

《欧洲合同法》(The Principles of European Contract Law)旨在促进欧洲各国合同法的统一,是由非政府性的组织——欧洲合同法委员会(the Commission on European Contract Law)制定的。欧洲合同法委员会由来自15个成员国的22名法律专家组成,其中大多数是学者,由丹麦哥本哈根商学院奥里·兰多(Ole Lando)教授担任主席,成员均非政府任命,经费来源于各种基金和企业资助,体现了学术中立。《欧洲合同法》分为三个部分:第一部分在1985年出版,包括合同履行、不履行和对不履行的救济等规则;第二部分包括合同的订立、合同的解释、合同的内容、合同的效力等内容,在修订第一部分中关于总则、履行、不履行和对不履行救济部分内容的基础上,《欧洲合同法》第一和第二部分合并修订版在1999年出版;第三部在2003年出版。

二、合同法的适用范围与除外

《合同法》第2条规定了适用范围,《合同法》"分则"规定了具体的合同类型。《合同法》规定的合同有买卖合同、租赁合同、借贷合同、赠与合同、承揽合同、加工合同、建设工程合同、运输合同、保管合同、技术合同、仓储合同、委托合同、行纪合同、居间合同等15种合同类型。在前述合同中,既有民事合同,又有商事合同,《合同法》仅将身份关系的民事合同排除在外。

《合同法》第2条明确将婚姻、收养和监护等有关身份关系的合同排除在外,婚姻、收养和监护关系不适用《合同法》的规定。此外,劳动合同基于自身的特殊性,有单行的《劳动合同法》。因此,劳动、婚姻、收养和监护等合同不属于《合同法》的调整对象。

(一)劳动合同

劳动合同是公司、事业单位和国家机关等用人单位与劳动者建立劳动关系,订立、履行、变更、解除或者终止劳动关系的协议。劳动合同并非普通的民事合同,有其特殊

---

[1] 在厦门象屿集团有限公司与米歇尔贸易公司确认仲裁条款效力案([2004]厦民认字第81号)中,法院判决摘要认为,《国际货物销售合同公约》及《国际商事合同通则》是有关实体争议所应适用的法律,而以《国际商事合同通则》的规定补充《国际货物销售合同公约》的不足。

性,如包利英劳动合同纠纷案①。《劳动合同法》对劳动合同的订立、履行、变更、终止和解除等作出了特别规定,且劳动纠纷争议的解决有特别的程序和争议解决机构。劳动合同争议的解决适用《劳动争议调解仲裁法》的规定。

但是,雇佣合同是普通民事合同,应当适用《合同法》的规定。雇佣合同是指一方当事人向另一方当事人提供劳动力以从事某种工作、由其提供劳动条件和劳动报酬的协议。雇佣合同是以雇工为雇主提供劳务为标的,雇工提供劳务,雇主支付报酬的合同。劳动合同与雇佣合同的区别包括以下四个方面:

(1) 主体不同。劳动合同的主体有用人单位和劳动者。用人单位仅指《劳动合同法》规定的在中华人民共和国境内的企业、个体经济组织、国家机关、事业单位、组织、社会团体,而雇佣合同的雇主则主要是指自然人。在劳动合同中,劳动者与用人单位提供的生产资料相结合,实现劳动的社会化,且劳动者成为该经济组织中的一员,与用人单位具有身份上的从属性和依附性。在雇佣合同中,雇佣合同主体之间的法律地位完全平等,相互独立,不具有身份上的隶属性和依附性。凡平等主体的自然人之间、自然人与法人之间均可以形成雇佣关系,如家庭雇佣保姆、请家教、农忙雇人抢收庄稼等雇佣劳动,均属于雇佣关系。

(2) 合同形式不同。雇佣合同是由雇主与雇工通过双方自愿协商确立雇佣关系签订合同,合同形式由双方当事人自行决定,可以是书面的也可以是口头的,属于不要式合同。劳动合同是要式合同,必须以书面形式订立。但劳动者与用人单位之间未签订书面合同而形成了事实劳动关系,仍可认定劳动关系的存在。劳动合同则由用人单位与劳动者签订,或者是由工会代表职工签订或者由劳动者推举的代表与劳动力使用者签订,劳动合同应当以国家法定的工资、劳动时间、劳动保护等条款为内容。

(3) 权利义务不同。在劳动合同中,劳动关系的存在具有相对的稳定性,用人单位负有为劳动者交纳养老保险、医疗保险、失业保险、生育保险等社会保险的义务。在雇佣合同中,雇佣关系稳定性较差,雇主没有为受雇人缴纳社会保险的义务。

(4) 争议处理方式不同。因雇佣合同发生纠纷,当事人可以直接向法院起诉,也可以先向仲裁委员会申请仲裁,对仲裁裁决不服的,再向法院提起诉讼。在雇佣合同纠纷中仲裁不是必经程序。因劳动合同纠纷引起的劳动争议案件,劳动仲裁是提起民事诉讼的前置条件,不经过仲裁,法院不予受理劳动纠纷。

(二) 身份关系合同

有关婚姻、收养和监护等身份关系的合同适用《婚姻法》《收养法》等法律规定,不

---

① 在包利英诉上海申美饮料食品有限公司劳动合同纠纷案(〔2013〕浦民一(民)初字第 45116 号、〔2014〕沪一中民三(民)终字第 1258 号)中,上海一中院判决摘要认为,劳动者仍在原工作场所、工作岗位工作,劳动合同主体由原用人单位变更为新用人单位的,应当认定属于"劳动者非因本人原因从原用人单位被安排到新用人单位工作",工作年限应当连续计算。劳动者用人单位发生变动,对如何界定是否因劳动者本人原因,不应将举证责任简单地归于新用人单位,而应从该变动的原因着手,查清是哪一方主动引起了此次变动(2016 年最高人民法院公报案例)。

适用《合同法》的规定。婚姻协议是双方当事人按照《婚姻法》《民法总则》等法律的规定,对婚姻关系及其成立、变更、终止等一系列问题所作的约定。《婚姻法》允许夫妻双方自己约定财产的处理方式,拥有对财产的处理权。婚姻协议包括婚前协议、婚后协议和离婚协议等。婚前协议和婚后协议的区别,仅在于协议签订的时间不同,如果是预备结婚的当事人签订的,则是婚前协议;结婚后签订的,则是婚后协议,如《婚姻法》第19条的规定。离婚协议是离婚时当事人对债务的处理、财产的分割及抚育子女等事项达成一致的约定。

收养合同是指收养人与送养人达成的有关收养人的权利义务关系的协议,应适用《收养法》第15条的相关规定。《收养法》规定了送养人、被送养人以及收养人应具备的条件。收养必须符合法律规定的各项条件,履行法定的手续,才能合法有效,才能受到法律的确认和保护。收养应当向县级以上人民政府民政部门登记,收养关系自登记之日起才成立。合法的收养关系对收养和被收养人间以及被收养人与其生父母间的人身关系和财产关系发生一系列法律效力。

监护合同是指监护人与受托人之间对委托监护事宜所订立的合同。监护人将监护权委托给受托人,受托人根据监护合同取得了对被监护人的监护权。监护合同对合同双方当事人的权利义务作出了明确的规定,特别是受托人的监护责任和报酬等问题,如张琴撤销监护人资格纠纷案[①]。

劳动合同、婚姻合同、收养合同以及监护合同等在相关的法律没有明确规定的情形下,可以适用合同法的基本原则和理念。

第三节 合同法的基本原则

合同法的基本原则是制定和适用合同法的总的指导思想,是合同法的灵魂,体现了合同法的基本特征,贯穿于整个合同法的始终。《合同法》的第3条至第7条规定了合同法的基本原则,但该规定仍然不完整,存在与《民法总则》同样的问题。[②] 学界关于合同法的基本原则归纳存在种种不同认识,[③]但是,合同自由原则、诚实信用原则和公序良俗原则是公认的合同法基本原则,是商事交易活动和商事审判实践应遵循的基

---

① 在张琴诉镇江市姚桥镇迎北村村民委员会撤销监护人资格纠纷案(〔2014〕镇经民初字第0744号)中,法院裁判摘要认为,认定监护人的监护能力,应当根据监护人的身体健康状况、经济条件,以及与被监护人在生活上的联系状况等综合因素确定。未成年人的近亲属没有监护能力,也无关系密切的其他亲属、朋友愿意承担监护责任的,法院可以根据对被监护人有利的原则,直接指定具有承担社会救助和福利职能的民政部门担任未成年人的监护人,履行监护职责(2015年最高人民法院公报案例)。

② 参见郑云瑞:《民法总论》(第八版),北京大学出版社2018年版,第51页。

③ 例如,有的认为有合同自由原则、诚实信用原则、鼓励交易原则。参见王利明、崔建远:《合同法新论·总则》,中国政法大学出版社1996年版,第98页。有的认为有合同自由原则、合同正义原则、鼓励交易原则。参见崔建远主编:《合同法》,法律出版社2003年版,第15页。

本原则。例如,在苏州工业园区海富投资有限公司增资纠纷案中,①最高人民法院判决肯定了合同自由原则和诚实信用原则为合同的基本原则。合同法作为民法的核心组成部分,民法的基本原则与合同法的基本原则具有同一性,只是侧重点不同所产生的表述方式上的差异而已。

一、合同自由原则

合同自由原则是私法自治原则在合同法领域的体现。私法自治是私法领域的表述,意思自治是民法领域的表述,合同自由则是合同法领域的表述,前述表述内涵有差异,但基本内容是一致的。

(一) 合同自由原则的起源及形成

合同自由原则(the doctrine of freedom of contract)最早起源于罗马法。在查士丁尼《民法大全》有关诺成合同的规定中,已基本包含合同自由的思想。诺成合同不注重合同形式,缔约人之间的合意是合同成立和生效的唯一要件。这表明一个崭新的、富有生命力的合同法原理孕育而生:合同的成立与否,取决于缔约人的意志;合同之债的效力,来源于缔约人的合意。这个原理被后世概括为合同法的一项基本原则——合同自由。因此,诺成合同开创了合同制度发展史上的新阶段。②

罗马法的合同自由思想并未随罗马帝国的灭亡成为历史的陈迹,而是伴随资本主义的兴起获得了极大的发展。从15世纪开始,封建身份关系逐步解体,封建等级观念受到了强烈的冲击,个人冲破封建羁绊的束缚,成为自由、平等的商品生产者和交换者,因而实现了梅因(Henry Maine)所说的"从身份到契约的运动"。由于罗马法的复兴以及资本主义生产关系的确立,合同自由观念得到了广泛的传播并为近代国家所接受。这是由于资本主义商品经济的发展,要求彻底废除封建等级制度和行会制度,开展自由贸易,而且资本主义生产方式赖以存在和发展的前提条件是自由买卖和自由雇佣劳动力。资本家通过自由缔结合同获得了劳动力、原材料、机器设备等,然后再次通过自由缔结合同销售商品,实现财富的增值。正是通过合同这种方式,资本家实现了

---

① 在苏州工业园区海富投资有限公司与甘肃世恒有色资源再利用有限公司、香港迪亚有限公司、陆波增资纠纷案([2010]兰法民三初字第71号、[2011]甘民二终字第96号、[2012]民提字第11号)中,法院裁判摘要认为,民间融资投资活动中,融资方和投资人设置估值调整机制(即投资人与融资方根据企业将来的经营情况调整投资条件或给予投资人补偿)时要遵守《公司法》和《合同法》的规定。投资人与目标公司本身之间的补偿条款如果使投资人可以取得相对固定的收益,则该收益会脱离目标公司的经营业绩,直接或者间接地损害公司利益和公司债权人利益,应认定无效。但目标公司股东对投资人的补偿承诺不违反法律法规的禁止性规定,是有效的。在合同约定的补偿条件成立的情况下,根据合同当事人意思自治、诚实信用的原则,引资者应信守承诺,投资人应当得到约定的补偿(2014年最高人民法院公报案例)。

② 罗马是一个奴隶社会,公开实行人与人之间的不平等,后来虽随罗马经济的发展,取得公民权的人越来越多,但就整个罗马社会而言,在法律上享有平等地位的人仍非常有限。享有公民权的人是诺成合同的主体,而广大奴隶、妇女以及处于家父权之下的家子虽占罗马社会的绝大多数,却不是诺成合同的主体。诺成合同的适用范围很小,没有成为罗马合同的普遍形式,罗马市民法合同仍然广泛适用。诺成合同主体范围的局限性决定了合同自由在罗马社会并不具有普遍意义。因此,合同自由在罗马法上仅表现为一种思想而未上升为一项基本原则。

追求利润的欲望。合同自由原则反映了资本主义商品经济的内在本质要求,促进了资本主义制度的巩固和发展。① 1804 年以《法学阶梯》为蓝本制定的《法国民法典》和 1896 年以《学说汇纂》为蓝本制定的《德国民法典》,关于合同自由原则的规定,不仅是对罗马法合同自由思想的系统化和规范化,而且还是将其视为合同制度中至高无上的基本原则。这两部民法典对合同自由原则的表述虽有所不同,但都一致认为,合同是缔约人自由意志的产物,合同的成立取决于缔约人的意思表示是否合致。这种合同自由原则极大地促进了资本主义经济的发展,丰富了资本主义社会的物质财富,巩固了资本主义制度,为资本主义战胜封建主义奠定了雄厚的物质基础。

合同自由原则成为近代合同法的基本原则,②是资本主义市场经济发展的必然产物。从资本原始积累以后,资本主义经济得到了充分的发展,劳动力成为自由交换的商品,各种产品无阻碍地进入市场进行交换,快速地增加了资本主义社会的物质财富。国际贸易的发展以及殖民地市场的建立,极大地拓宽了合同自由的范围。这为合同自由观念的形成提供了良好的生长土壤。近代世界各国相继以立法形式确立了合同自由原则,③如 1804 年《法国民法典》第 6 条、第 1101 条、第 1119 条和第 1134 条的规定蕴涵合同自由原则,④第 1387 条有关夫妻关系的规定也蕴涵合同自由原则。⑤

从《法国民法典》的规定可以看出,"公共秩序"和"善良风俗"对合同自由原则的范围进行了界定,即合同自由不应违反公共秩序和善良风俗。⑥ 然而,由于当时法学家尽可能以狭义的方式来解释公共秩序和善良风俗的概念,从而最大限度地保证当事人之间的合同自由不受到限制。⑦ 但是,现代合同法的合同自由原则受到善良风俗的限制。⑧ 合同是两个或者两个以上缔约人意思表示的合致,这既是合同的定义,也是合

---

① "合同自由原则有助于确保平等和维护社会正义。"〔美〕罗伯特·A. 希尔曼:《合同法的丰富性:当代合同法理论的分析与批判》,郑云瑞译,北京大学出版社 2005 年版,第 10 页。

② 合同自由原则不仅是近代合同法的基本原则,而且是近代民法三大原则之一。合同自由原则与所有权绝对原则和过错责任原则息息相通、密切配合、相互促进,是一个有机的整体,共同构成了西方近代民法的三大原则。这三大原则为资本主义经济的发展提供了法律制度上的保障。

③ 英国合同法学者阿蒂亚先生认为,合同自由原则鼎盛时期为 1770—1870 年,衰退期为 1870—1980 年。See P. S. Atiyah, An Introduction to the Law of Contract(5th ed.), Clarendon Press 2002, p. 15.

④ 《法国民法典》第 6 条规定:"个人不得以特别约定违反有关公共秩序和善良风俗的法律。"第 1101 条规定:"合同为一种合意,依此合意,一人或数人对于其他一人或数人负担给付、作为或不作为的债务"。第 1119 条规定:"任何人,在原则上,仅得为自己接受约束并以自己名义订立合同"。第 1134 条规定:"依法成立的合同,在缔结合同的当事人间有相当于法律的效力。前项合同,仅得依其当事人相互的同意或法律规定的原因取消之。前项合同应以善意履行之。"

⑤ 《法国民法典》第 1387 条:"夫妻间的财产关系,仅在无特别约定时,始适用法律的规定;夫与妻只需不违背善良风俗,并依后述各条规定的限制,得随意订立合同"。

⑥ "从某种意义上说,合同是缔约人之间的法律。只要合同不违反法律的禁止性规定,他们可以随心所欲地议定合意的标的规则,而法律将赋予其效力。"J. Beatson, Anson's Law of Contract(28th ed.), Oxford University Press 2002, p. 1.

⑦ 德国学者茨威格特和克茨甚至认为:"《法国民法典》的债法中首先贯穿着契约自由原则;这一原则几乎不受强制性法规(法国称之为'公共秩序法')的限制"。〔德〕K. 茨威格特、H. 克茨:《比较法总论》,潘汉典等译,贵州人民出版社 1992 年版,第 173 页。

⑧ 参见〔德〕迪特尔·梅迪库斯:《德国债法总论》,杜景林、卢谌译,法律出版社 2004 年版,第 111 页。

同有效成立的条件。这表明法律赋予缔约人的合意以法律效力,缔约人之间的合意约定产生法律上的强制力。合同是缔约人本人自由意志的体现,而不是他人自由意志的体现;缔约人只接受自己意思表示的约束,而不是接受他人意思表示的约束,合同对缔约人以外的第三人没有约束力。合同对缔约人具有相当于法律的效力。① 在英美法中,合同法的基本目标就是实现个人的意志,合同法赋予个人缔结合同的权利,并确保个人目标的实现。对于自愿形成的合同关系来说,合同法就像一部宪法,而具体的合同就像在宪法下颁布的法律。② 有关国际公约、惯例和示范法也确认了合同自由原则,如《国际商事合同通则》第1条开宗明义地确认了合同自由原则,即"双方当事人自由订立合同及确定合同内容"③。《欧洲合同法》第1条也确认了合同自由原则,④且与《国际商事合同通则》的文字表述完全一致。

我国已经实行了市场经济体制,合同自由原则对市场经济体制的确立至关重要。合同自由原则的确立,必然使合同法的具体规则发生变化。我国《合同法》草案明文规定了合同自由原则,但是正式颁布的《合同法》第4条仅规定:"当事人依法享有自愿订立合同的权利,任何单位和个人不得非法干预。"《民法总则》则表述为自愿原则,如第5条规定:"民事主体从事民事活动,应当遵循自愿原则,按照自己的意思设立、变更、终止民事法律关系。"可见,《合同法》虽然贯彻了合同自由的思想,但是并未明确使用合同自由的概念。⑤

(二) 合同自由原则的内容

合同自由原则是私法自治的主要内容和基本表现形式,主要体现为当事人依法享有合同的缔结、相对人的选择、合同内容的确定、合同的变更和解除、合同形式的选择等方面的自由。合同自由原则表明合同是以当事人相互之间的协议为基础的,且合同的缔结不受任何外部力量的控制和干预,是当事人自由选择的结果。⑥ 合同成立之后,即具有约束力,法律的职责在于通过法院以保证合同的强制执行,只要合同不违反法律的强制性规定,国家不应该干涉当事人之间的合同。⑦ 只有在相当特殊的情况下,如基于不实陈述、不当影响或者违法等,在当事人请求的情况下,国家才进行必要

---

① "法国民法典编纂时代的哲学其实从未将合同提高到法律的地位。与此相反,它所做的唯一事情,只不过将法律降低到了合同(即契约)的地位!"尹田:《法国现代合同法》,法律出版社1995年版,第19页。

② 参见〔美〕罗伯特·考特、托马斯·尤伦:《法和经济学》,张军等译,上海三联书店、上海人民出版社1994年版,第314页。

③ Article 1.1(Freedom of contract) The parties are free to enter into a contract and to determine its content.

④ Article 1:102(Freedom of contract) (1)Parties are free to enter into a contract and to determine its contents, subject to the requirements of good faith and fair dealing, and the mandatory rules established by these Principles.

⑤ "这一矛盾的现象令人深思,是中国人'实际肯定,表面否定'的传统思维、保守思想的体现。"隋彭生:《合同法要ル》,中国政法大学出版社2003版,第12页。

⑥ 参见〔英〕P. S. 阿蒂亚:《合同法概论》,程正康等译,法律出版社1982年版,第5页。

⑦ See J. Beatson, Anson's Law of Contract(28th ed.), Oxford University Press 2002, p.1.

的干预。例如,在深圳市启迪信息技术有限公司股权确认纠纷案中,①最高人民法院的判决充分体现了合同自由原则。合同自由在法律上表现为如下五个方面:②

(1) 合同的订立自由。合同的订立自由是指当事人有权决定是否订立合同,合同的订立自由即表现为要约自由和承诺自由。要约与承诺是订立合同的必经程序,充分体现了当事人的意思自治。这是合同自由其他四个方面内容的前提和基础,如果当事人不享有订立合同的自由,也就没有其他四个方面的合同自由。

(2) 合同相对人的选择自由。合同当事人有权自由地决定与谁缔结合同,没有必须与某个特定的人缔结合同的义务,从另一个角度来说,任何人都可以作为合同的主体而享有与他人缔结合同的权利。但在现代社会的公用事业服务领域,公用事业组织利用其垄断地位,以标准合同方式从事交易时,合同的相对人别无选择,不享有选择合同当事人的自由。

(3) 合同内容的自由。合同当事人有权按照自己意思自由决定合同的条款,确定相互间的权利义务,但合同的内容不得违反法律的强制性规定。在法律规定的范围内,当事人可以自由地商定合同条款的内容并改变法律的任意性规定,但合同内容违反法律的强制性规定的,合同则归于无效。例如,在成都讯捷通讯连锁有限公司房屋买卖合同纠纷案中,③最高人民法院认为,判断当事人之间订立的合同系本约还是预约的根本标准应当是当事人的意思表示。如果当事人存在明确的将来订立本约的意思,那么即使预约的内容与本约已经十分接近,即便通过合同解释,从预约中可以推导出本约的全部内容,也应当尊重当事人的意思表示,排除这种客观解释的可能性。

(4) 合同形式的选择自由。古代合同法非常注重合同形式,如果合同的订立没有采取法律规定的方式,则合同无效。现代合同法抛弃了合同形式的强制性规定,赋予当事人充分享有决定合同形式的自由。在法律没有强制性规定的情形下,当事人有选择合同形式的自由,可以协商决定采用书面方式、口头方式和其他方式。现代合同法注重交易形式的简化、便捷,在合同形式的选择上是以不要式为原则,要式为例外,法律仅规定不动产买卖等重要的交易应采取书面方式。

(5) 合同变更或者解除的自由。在合同生效后,合同当事人有权通过协商方式变更或者解除合同,这种自由实际上是合同订立自由和合同内容确定自由的延续。《合同法》对债权转让、债务承担进行了较为全面的规定,使当事人充分享有变更合同的自

---

① 在深圳市启迪信息技术有限公司与郑州国华投资有限公司、开封市豫信企业管理咨询有限公司、珠海科美教育投资有限公司股权确认纠纷案([2007]汴民初字第 69 号、[2009]豫法民二终字第 20 号、[2011]民提字第 6 号)中,法院裁判摘要认为,在公司注册资本符合法定要求的情况下,各股东的实际出资数额和持有股权比例应属于公司股东意思自治范畴。股东持有股权比例一般与其实际出资比例一致,但有限责任公司全体股东内部也可以约定不按实际出资比例持有股权,这种约定并不影响公司资本对公司债权担保等对外基本功能的实现。该约定是各方当事人真实意思表示,且未损害他人利益,不违反法律和行政法规的规定,应属有效约定,股东按照约定持有的股权应当受到法律的保护(2012 年最高人民法院公报案例)。
② 参见[德]迪特尔·梅迪库斯:《德国债法总论》,杜景林、卢湛译,法律出版社 2004 年版,第 61—62 页。
③ 成都讯捷通讯连锁有限公司与四川蜀都实业有限责任公司、四川友利投资控股股份有限公司房屋买卖合同纠纷案([2011]成民初字第 936 号、[2012]川民终字第 331 号、[2013]民提字第 90 号)。

由。当事人既然可以自由协商决定合同内容,当然享有协商变更合同内容或者解除合同的自由。

上述五个方面始终贯穿两个方面的意思:其一,尊重缔约人的意思,真实的意思是合同成立的先决条件,因而缺乏真实的意思或者意思上有缺陷,合同均不能成立。其二,合同的解释应力求寻求缔约人的真实意思表示,而不应拘泥于书面文字。①

(三) 合同自由原则的缓和

合同自由原则对资本主义经济的发展起到了巨大的推动作用,通过自愿交换使各种资源达到最有效的配置和利用,而且自由竞争机制极大地激发了个人的主观能动性,这为资本主义经济的发展注入了无穷的活力。在19世纪,合同自由原则标志着"从身份到契约"的社会进步运动。尽管合同自由原则顺应了自由资本主义发展的需要,促进了自由资本主义的进一步发展,但由于合同自由原则的内在缺陷,当资本主义发展到一定阶段时,便对其构成了严重的危害,破坏了社会安定,影响了经济的健康发展,从而国家不断地干预合同。② 在近代合同法时期,人们之所以没有认识到这种缺陷,主要有以下两个方面的原因:

(1) 近代法哲学对合同制度的影响。近代合同法是18世纪个人主义和自由主义精神在法律领域的忠实体现,而这种个人至上的哲学思潮是资产阶级战胜封建主义的有力武器,在当时无疑是有进步意义的。在社会契约论等自然法理论和自由经济理论的指导下,合同自由原则的产生和存在是历史的必然。既然人生而平等、自由,那么社会就应当最大限度地承认和保障个人的权利与自由;既然人与人之间的合同能够创立一个社会和法律上的一般义务,那么个人之间的合意就能创设当事人之间特定的权利义务。因此,任何对合同自由的干涉和限制都是不必要的,而且也是不公平的。

(2) 合同自由原则对近代资本主义的影响。合同自由原则极大地促进了早期资本主义的发展,因而在一定程度上掩盖了其内在的缺陷与不足。合同自由原则的形成与确立阶段正值资本主义形成与发展时期,垄断还没有形成,大公司尚未出现,在各种交易中,双方当事人之间的经济地位的差异还不足以引起不公正结果的产生。在司法实践中,少数涉及合同双方缔约能力不平等的案件,也没有引起立法机关的关注。③ 在19世纪末20世纪初,随着资本主义的高度发展,人们之间经济地位的差异不断加剧,缔约能力不平等的现象日益突出,导致社会矛盾的激化,人们认识到对合同自由限制的必要性。然而,对合同自由的限制不是彻底否定或者取消合同自由原则,而是消除合同自由的绝对性,避免一方对自由的滥用践踏了相对方的自由,使自由与平等、公正有机地结合起来。这表明合同自由原则已从单纯注重形式上的平等与自由步入注重实质上的平等与自由。对合同自由的限制,为合同自由原则注入了新的活力,是对

---

① 参见王家福等:《合同法》,中国社会科学出版社1986年版,第49—50页。
② "合同自由与诸如信赖与不当得利等,非允诺原理之间的张力,使司法对合同的干预合法化……"〔美〕罗伯特·A. 希尔曼:《合同法的丰富性:当代合同法理论的分析与批判》,郑云瑞译,北京大学出版社2005年版,第8页。
③ 参见〔英〕P. S. 阿蒂亚:《合同法概论》,程正康等译,法律出版社1982年版,第11页。

该原则的发展和完善,使其能更好地为社会经济的发展服务。

随着社会经济的飞速发展,合同自由原则所赖以确立的经济基础发生了深刻变化,对合同自由的绝对放任,就会使合同自由背离合同正义,甚至是对合同正义的侵害;对合同自由的过分干预可能侵害私人权利。在合同自由和实质正义之间的关系问题上,既要承认合同自由,又要防止私人权利的滥用导致事实上的不平等、不公正现象的产生。当合同自由原则所赖以产生的基础发生变化时,合同自由就越来越偏离自身的正义价值而徒具形式,这种情况下,对合同自由进行必要的限制,不是合同自由的衰落,而是强制其归位,以恢复其本来的价值。对合同自由实质正义的强调,并为实现这一正义而对已偏离自身轨迹的合同自由进行规制,如通过诚实信用原则和公序良俗原则对合同自由原则进行规制。

二、诚实信用原则

诚实信用原则(the principle of good faith)直接语源来自拉丁文"Bona Fides",法语为"Bonne Foi",英语为"Good Faith",德语为"Treu und Glauben"。诚实信用原则不仅是合同法的基本原则,而且还是民法的基本原则,在民法中的地位至高无上,是民事和商事活动的基本准则。

(一)诚实信用原则的起源及形成

诚实信用原则起源于古代罗马法,[①]由于当时并未明确地被确认为一项原则,后人对其来源于罗马法的何种制度,众说纷纭。我国台湾地区有学者认为,诚实信用原则起源于罗马法的"一般的恶意抗辩"。根据罗马裁判官法的规定,当事人对误信有债的原因而承认的债务,但实际上原因并不存在时,可以提起诈欺抗辩,以拒绝履行。同时,依据市民法的规定,当事人因错误履行该项债务时,可以提起不当得利之诉,请求法院宣告其不受该项债务的约束。[②]德国学者普朗克(Planck)等人也主张诚实信用原则与罗马法的"一般的恶意抗辩"制度在含义上是相同的。[③]还有学者认为,诚实信用原则起源于罗马法的诚信合同和诚信诉讼。根据诚信合同,债务人不仅应承担合同规定的义务,而且还应承担诚实、善意等补充义务。在诚信诉讼中,裁判官不受合同字面含义的约束,可以根据当事人的真实意思对合同进行解释,并可根据公平原则对当事人的约定进行干预,以消除某些不公正的约定。[④]实际上,无论"一般的恶意抗辩"还是"诚信合同"与"诚信诉讼",都体现了衡平与公正的精神,蕴涵了现代诚实信用原则的本质属性,都可以看作现代诚实信用原则的起源。大陆法系诚实信用原则的确立

---

① 参见〔德〕迪特尔·梅迪库斯:《德国债法总论》,杜景林、卢谌译,法律出版社2004年版,第124页。
② 参见何孝元:《诚实信用原则与衡平法》,三民书局1977年版,第14页。
③ 参见王利明、崔建远:《合同法新论·总则》,中国政法大学出版社1996年版,第119页。德国学者罗伯特·霍恩指出:"正是通过《德国民法典》第242条,古罗马法中的'诈欺抗辩'才被引进德国法律制度。"〔德〕罗伯特·霍恩等:《德国民商法导论》,楚建译,中国大百科出版社1996年版,第149页。
④ 参见徐国栋:《民法基本原则解释》,中国政法大学出版社1992年版,第80页。

经历了三个发展阶段：

（1）合同关系阶段。在合同关系阶段，诚实信用原则仅适用于合同义务的履行。进入近代之后，诚实信用原则作为对成文法的补充而对合同关系起某种调整作用。资产阶级夺取政权之后，在理性主义思潮的影响下，立法作为理性的体现，几乎被认为是无所不能。三权分立的政治体制使立法与司法活动严格地区别开来，法官只能将法律的规定适用于具体的案件，不能创设新的法律。新兴的资本主义国家致力于制定完备的法典，力图将包罗万象的社会关系都纳入法典的范畴。① 法官的活动是机械性的，且《法国民法典》明文禁止法官以创立规则的方式进行判决。《法国民法典》的制定正处在自由资本主义时期，资本主义生产关系的发展，要求抛弃道德规范的约束，毫无限制地榨取剩余价值，而自由放任主义政策是这个要求的体现。《法国民法典》第1134条规定："合同应依善意履行之"。所谓的"善意"，即诚实信用。1863年的《撒克逊民法典》第157条规定："合同之履行，除依特约或法规外，应遵守诚信，依诚实人之所应为者为之"。但是，这些规定在自由主义思潮的影响下，只对当事人的意思自治起补充作用，在法律实践中很难有实际意义，而且根据《撒克逊民法》，当事人的约定还可以排除诚实信用原则的适用。

（2）债务关系阶段。在债务关系阶段，诚实信用原则适用于债务的履行，大陆法系国家扩大了诚实信用原则的适用范围。到19世纪末，资本主义从自由竞争发展到垄断阶段，没有限制的合同自由和自由放任主义，造成了种种弊端，激化了社会矛盾，使社会经济生活动荡不安。为协调各种社会矛盾和冲突，立法者开始注重道德规范在法律调整中的作用，将诚实信用等道德规范引入法典，成为合同法的原则。这是一种由于社会经济生活的剧变引起的法律思想的变迁，即由个人本位的法律思想转变为社会本位的法律思想。社会本位的法律思想，在于谋求协调大资产阶级与中小资产阶级之间的利益冲突，调和资产阶级与无产阶级之间日益尖锐的阶级矛盾，调节混乱不堪的经济关系，缓和各种社会矛盾，巩固资产阶级统治，促进资本主义的繁荣。为此，立法者不得不加强道德规范的调节作用，制定一些伸缩性大、适应性强的原则性条款，赋予法官较大的自由裁量权，以便更好地协调各种矛盾和调节社会经济关系。

《德国民法典》第242条②被德国学者誉为"适用于整个《德国民法典》的'超级调整规范'"③，"在整个法律体系中处于支配地位"④，第242条的立法目的在于"使人们明白契约债务的真实内涵"⑤。《德国民法典》将诚实信用原则扩大到债法的所有领域，"即一切债务关系均受这一原则约束"⑥，表明诚实信用原则是合同履行的基本原

---

① "在实证主义时期（这一时期一直延续到第一次世界大战），法官们非常严格地恪守着民法典的条文。"〔德〕罗伯特·霍恩等：《德国民商法导论》，楚建译，中国大百科出版社1996年版，第148页。
② 《德国民法典》第242条规定："债务人须依诚实与信用，并照顾交易惯例，履行其给付"。
③ 〔德〕罗伯特·霍恩等：《德国民商法导论》，楚建译，中国大百科出版社1996年版，第147页。
④ 同上书，第148页。
⑤ 同上书，第147页。
⑥ 〔德〕迪特尔·梅迪库斯：《德国债法总论》，杜景林、卢谌译，法律出版社2004年版，第119页。

则。世界各个国家也在不断扩大诚实信用原则的适用范围。

（3）权利义务关系阶段。在权利义务关系阶段,诚实信用原则的适用范围扩大到权利的行使,突破了《德国民法典》的债务关系的限制。《瑞士民法典》第 2 条的规定进一步将诚实信用确立为所有民事活动的基本准则。[①] 诚实信用原则作为一项基本原则在法典中出现,标志着现代意义上的诚实信用原则的确立,不再是仅仅约束债务人的原则,而是债务人和债权人必须共同遵守的原则。诚实信用原则不仅是一项仅适用于债法的原则,而且扩大到所有民商事活动,适用于所有的法律关系,从而成为民法的一项基本原则。

《瑞士民法典》关于诚实信用原则的规定,满足了现代社会经济生活的需要,这种立法方法为大陆法系各国所效仿。法国和德国在司法实践中通过法官的解释使原有的诚实信用原则上升到基本原则的地位,并日益频繁地适用诚实信用原则来解决各种现实问题。大陆法系各国通过诚实信用原则赋予法官自由裁量权,而法官通过运用其自由裁量权以判例形式将诚实信用原则具体化,使诚实信用原则的一些成熟的运用固定下来,成为可以把握的规则。

在英美法中,尽管早期并没有通过制定法的形式来确认诚实信用原则,但判例法很早就确认了这个原则。[②] 衡平法院法官主要根据"衡平与良心"的原则来处理案件,而衡平法院管辖的案件中有大量的诈欺案件。[③] 虽然英国普通法法院对诈欺案件与衡平法院享有共同管辖权,但由于普通法法院对于诈欺案件仅给予有限的救济,不能满足被害人的愿望,而衡平法院可以给予特殊的救济以满足被害人的要求。20 世纪之后,美国以成文法的形式确认了诚实信用原则。[④] 根据《美国统一商法典》第 1—102 条的规定,依诚实信用原则所产生的义务,属于强制性规范,当事人不得通过其协议加以改变。在英美合同法中,诚实信用原则同样是一个重要的原则。《国际货物销售合同公约》将诚实信用规定为解释公约、解释合同的一般原则,[⑤]且还具体规定了由诚实信用原则演化而来的情势变更制度,从而拓展了近代合同法的责任形式。《国际商事合同通则》也明文规定了诚实信用原则。[⑥]

[①] 《瑞士民法典》第 2 条规定:"无论何人行使权利履行义务,均应依诚实信用原则为之。"
[②] 参见徐炳:《买卖法》,经济日报出版社 1991 年版,第 18 页。
[③] "诚信原则,乃裁判诈欺案件之准则,处理诈欺案件,即有诚信原则之适用。"何孝元:《诚实信用原则与衡平法》,三民书局 1977 年版,第 19 页。
[④] 《美国统一商法典》第 1—203 条规定:"本法所涉的任何合同和义务,在其履行或执行中均负有遵守诚实信用原则之义务。"
[⑤] Article 7　(1) In the interpretation of this Convention, regard is to be had to its international character and to the need to promote uniformity in its application and the observance of good faith in international trade. (2) Questions concerning matters governed by this Convention which are not expressly settled in it are to be settled in conformity with the general principles on which it is based or, in the absence of such principles, in conformity with the law applicable by virtue of the rules of private international law.
[⑥] Article 1.7 (Good faith and fair dealing)　(1) Each party must act in accordance with good faith and fair dealing in international trade. (2) The parties may not exclude or limit this duty.

《合同法》明确规定了诚实信用原则,根据第6条、第60条、第92条的规定①,诚实信用原则是合同订立和履行的基本原则。合同的订立、履行、变更、终止、解释的整个过程,均应遵循诚实信用原则。例如,在西安市商业银行借款担保合同纠纷案中,②最高人民法院判决认为债务人和担保人主张合同无效的理由违反诚实信用原则。

20世纪之后,诚实信用成为合同法的基本原则,具有深刻的社会经济和政治原因。首先,诚实信用蕴涵对他人利益的尊重,这与20世纪从个人本位向社会本位的法律思想相吻合。法律中道德因素的加强以及实质正义的重视是20世纪法律发展的主要特征。其次,由于社会经济生活的快速变化,僵化的法律无法适应社会生活的需要,这促使立法机关放弃单纯注重法律的稳定性与可预见性,适度增加了法律的灵活性。诚实信用的内涵与外延的不确定性,使其具有较强的适应性,因而能够较好地适应法律的稳定性与灵活性的需要。最后,自由裁量主义在20世纪的复活是诚实信用原则制度上的保障,它为诚实信用这个弹性条款的具体运用创造了司法制度上的条件。

(二)诚实信用原则对现代合同法的重构

近代合同法理论是以合意或者约因为中心构建的,有效成立的合同是产生合同损害赔偿责任的前提条件。合意是近代大陆法系合同法理论的核心,根据合意论的合同法理论,合意决定合同的成立与否以及合同的权利义务。合意是合同责任产生的基础,没有合意就没有合同责任。约因是英美法系合同法理论的核心,由于英美合同法的发展更为注重形式要件,约因是确定合同有效成立与否的标准。合同的损害赔偿责任确定的前提是合同的有效成立。这种以内部规则有机联系的理论模式所形成的封闭合同法体系,被认为是在任何情况下可以不加任何改变地反复循环发挥作用,并且在相似的情况下得出相似的法律结果。诚实信用原则对合同法的重构表现在如下三个方面:

(1)法律规范与道德规范合一。二战之后,随着各国经济的恢复和发展,科学技术的突飞猛进,西方发达资本主义国家纷纷进入现代市场经济时期,社会关系日益复杂,各种新的案件层出不穷,使立法机关穷于应付,不得不赋予法官以广泛的自由裁量权,发挥法官的主观能动性,因而诚实信用原则的地位不断提高。诚实信用原则是一个极富伦理道德色彩的弹性条款,将法律规范与道德规范合而为一,具有双重的调节功能,因而使法律条文具有很大的灵活性,法官因此享有较大的裁量权。法官能够以诚实信用原则排除当事人的意思自治,直接调整合同当事人之间的权利义务关系。诚

---

① 《合同法》第6条规定:"当事人行使权利、履行义务应当遵循诚实信用原则。"第60条规定:"当事人应当按照约定全面履行自己的义务。当事人应当遵循诚实信用原则,根据合同的性质、目的和交易习惯履行通知、协助、保密等义务。"第92条规定:"合同的权利义务终止后,当事人应当遵循诚实信用原则,根据交易习惯履行通知、协助、保密等义务。"

② 在西安市商业银行诉健桥证券股份有限公司、西部信用担保有限公司借款担保合同纠纷案([2005]陕民二初字第2号、[2005]民二终字第150号)中,最高人民法院裁判要旨认为,债务人无正当理由未在合同约定的期限内还款,担保人未按照合同约定承担保证责任,均构成合同履行中的违约,本应承担违约责任,而债务人、担保人反以不正当理由主张合同无效的,有违诚实信用原则,依法不应支持(2006年最高人民法院公报案例)。

实信用原则的确立旨在谋求利益的公平,防止权利的滥用,从而达到消除近代合同自由原则缺陷的目的。

诚实信用原则的内容极为概括抽象且不确定。诚实信用原则内容的不确定性不仅表现在外延方面,而且更重要的是内涵具有不确定性。诚实信用原则所涵盖的范围极大,大大超过了其他一般条款。诚实信用原则是空白的法规,有待于法官在司法实践中的填补。实际上,这是立法机关在制定法律时难以包容诸多不可预料的情况,不得不将补充和发展法律的部分权力授予法官,以便法官能够应付层出不穷的新情况和处理不断出现的新问题。

诚实信用原则不仅适用于合同的缔结,而且适用于合同的履行和解释。诚实信用原则是伦理道德规范在法律上的表现,要求合同当事人诚实守信,以善意方式履行其义务,不得滥用权利,规避法律或者合同规定的义务。诚实信用原则试图平衡当事人之间的利益冲突和矛盾,平衡当事人的利益与社会利益之间的冲突,这就要求当事人应充分尊重他人利益和社会利益,不得滥用权利,损害他人利益或者社会利益。在法律和合同的规定不明确或没有规定时,法官应依据诚实信用原则,准确地解释法律和合同,以弥补法律和合同规定的不足。

(2) 对合同自由原则的限制。诚实信用原则对合同法的重构,表现在对合同自由原则的限制和片面的法律进化主义的否定。诚实信用原则以诚实、善良、平等、公平、正义等实质性的法律伦理观替代了绝对的理性主义以及形式上的平等与合同自由。近代合同法把伴随合同而来的社会关系从法的世界中屏除,以规则的形式加以抽象化,达到了形式上的合理性。换言之,近代合同法理论将从事具体商品和服务的交换的当事人抽象为债权人和债务人这种抽象的人格概念,从而使法律上的人与社会上从事具体交易的合同当事人相互分离。在法律上,人与人之间是完全平等的,没有贫富强弱贵贱之分,每个人都平等地享有法律赋予的权利和自由。在社会生活中,人与人之间不是完全平等的,有贫富强弱贵贱之分,不可能完全平等地享有法律赋予的权利和自由。法律的规定与社会的现实之间存在巨大的差异,建立在这样抽象概念基础上的合同法不能非常有效地促进商品的流通以及服务的交换,妨碍了公平交易目的的实现。社会现实要求道德法律化,法律本质应该体现伦理道德的要求。诚实信用原则这个古老的概念焕发了生机,被现代各国纷纷确立为合同法的基本原则,以修正合同自由原则的缺陷,更好地体现社会要求,促进经济活动顺畅地进行。

(3) 合同责任的扩大。现代合同法通过诚实信用原则推导出近代合同法所不具有的新的合同责任。以一战后的通货膨胀为契机,德国合同法上的诚实信用原则在扩大合同上的债权债务方面发挥了重要作用。法国合同法承认合同缔结过程中的诚实信用原则的作用,但不采取直接适用诚实信用原则的形式,而是通过对既存法的扩张和创造新法理的方法。尽管诚实信用原则因法系的不同表现的方式也各不相同,因国家的不同而存在程度上的差异,但是,近代合同理论无法解释的合同责任扩大化的现象,是世界各国共同面临的问题。这种合同法的新发展不仅在实践上,而且在理论上提出了重大的课题。西方各国纷纷展开了理论上的探讨,争论扩大的责任是合同责任还是侵权责任,试图用现存的理论去解释这种现象。在现代合同法上,伴随正义原则的回归和法官自由裁量权的正当化,诚实信用原则已经发展成为合同法根本性的指导原则,使现代合同法建立在当事人之间的实质平等基础上,强调合同人格的具体化、相对化以及合同活动的过程化,从而导致合同关系和合同责任的扩大。

诚实信用原则在英美法系的发展路径不同于大陆法系。英美法通过信赖利益理论,将诚实信用原则引入合同法。20世纪30年代,富勒(Lor L. Fuller)发表的《合同损害赔偿中的信赖利益》在世界各国特别是普通法国家产生了巨大的反向。富勒提出了合同法中的信赖关系理论,认为在缔约过程中当事人基于对相对人的信赖而遭受的损害应得到赔偿。从开始为缔结合同谈判时,合同当事人就进入了一种确定的地位,并通过诚实信用原则相互制约而形成一个共同体。当事人的权利义务不仅取决于合同的内容,而且还取决于因各自地位的具体要求而应承担相应的诚实信用义务。可见,信赖利益损害赔偿确立的基础是当事人在缔约过程中应遵循的诚实信用原则。

1980年,富勒的弟子、法社会学的代表人麦克尼尔(Ian R. Macneil)出版了《新社会契约论》,将社会关系作为合同法的基础,从而以诚实信用原则为基石建立起一个现代的合同法理论。诚实信用原则作为现代合同法的最高指导原则,其作用在于补充和修正现行法律的不足。[①] 过分地夸大它的作用将与古典合同法过分强调合同自由原则的绝对性一样,是非常有害的。诚实信用原则不能成为创设合同当事人全部权利义务的依据,它的作用在于指导当事人行使权利与履行义务,[②]解释和补充法律,[③]即对于抽象的法律条文适用于具体的案件时,应按诚实信用原则进行解释;对法律上明显欠缺或者不足的,应按诚实信用原则进行修正和补充。诚实信用原则发挥作用需要依赖已经存在的法律行为与法律条款。在合同领域,诚实信用原则的适用,是建立在合同双方当事人的意思自治、合同自由的基础上的,对某种特定的具体情形而扩张某种特别的义务,或者取消某种特别的权利。可见,诚实信用原则的适用并不能创设合同的全部义务或者消灭合同的全部权利,不会在当事人之间形成完全不同的合同关系。

总之,诚实信用原则是为了修正现行法律的不足,消除当事人之间既存关系中过于苛刻的因素,协调特定合同当事人之间的利益冲突以及双方当事人与社会公共利益冲突的问题,旨在谋求利益之公平。诚实信用原则无意而且也不可能取代合同自由原则在合同法中的地位。合同自由原则在极大地促进了资本主义经济的蓬勃发展之后,承受了诚实信用原则的修正和限制,克服了自身的缺陷和不足,丰富了自身的内涵,一

---

① 关于诚实信用原则能否修正现行法的规定,在理论上有两种主张:第一,否定说。认为诚实信用原则只有法律漏洞补充的功能,没有修正制定法的功能。即不得以诚实信用原则排除现行法规定之适用。第二,肯定说。认为诚实信用原则不仅有漏洞补充的功能,而且有修正现行法规定的功能。

② 《瑞士民法典》第2条规定:"无论何人行使权利履行义务,均应依诚实信用原则为之。"

③ 《德国民法典》第157条规定:"合同之解释应斟酌交易上习惯,依诚实信用原则为之。"

如既往地为现代社会的经济活动提供基本的行为模式。诚实信用原则对合同自由原则的修正是人类法律制度的进步，合同自由原则依赖诚实信用原则的修正而获得发展，诚实信用原则依赖合同自由原则的存在而发挥其功能。合同自由原则与诚实信用原则，共同构成了现代合同理论的两大基本原则。

（三）诚实信用原则的适用

根据诚实信用原则的规定，合同当事人在合同订立、履行、变更、解除以及终止后的全过程中，均应遵循诚实信用原则行使权利和履行义务。在审理合同纠纷时，法院也要遵循诚实信用原则对合同进行解释以及裁判违约责任。就当事人履行义务而言，包括先合同义务、合同义务、后合同义务三个方面的内容：

（1）先合同义务。先合同义务表现为当事人在订立合同过程中不得进行恶意磋商，故意隐瞒重要事实或者提供虚假情况，损害对方利益及国家、集体、他人的利益；无论合同是否成立，对在订立合同过程中知悉的商业秘密，不得泄露或者不正当地使用。违背先合同义务将承担相应的责任，即缔约过失责任。《合同法》第42条和第43条等，对先合同义务及缔约过失责任均作出了明确的规定。

（2）合同义务。合同义务表现为根据《合同法》第60条的规定，在履行合同时，双方当事人应当遵循诚实信用原则，根据合同的性质、目的和交易习惯履行及时通知①、协助②、提供必要的条件；防止损失扩大；对在履行合同过程中获悉的对方当事人的有关商业秘密、技术资料等负有保密义务等。③ 例如，在杨艳辉客运合同纠纷案中，④上海徐汇区法院判决认为，航空公司负有及时通知的附随义务。

---

① 在合同履行过程中出现或发生涉及一方利益的重大事项时，另一方负有告知或通知对方的义务。这种通知义务内容是广泛的，也是不固定的，因合同类型的不同会有所不同。例如，在合同关系中，一方对另一方因疏忽以及专业知识或识别、鉴别能力限制等因素造成合同重大缺陷或明显违背其真实意志的情形，应负有善意地告知另一方的义务，不能利用对方的这些缺点，损害对方的利益。买卖合同中，对产品的使用方法、危险品的注意事项等，出卖人应负有将真实情况告知买受人的义务。租赁或者出借合同中，对租赁物或出借物品的瑕疵、安全使用事项等，出租人或出借人应负有将真实情况告知承租人或借用人的义务。

② 在合同履行过程中，当事人一方在履行合同义务时，需要对方提供适当的协助或给予一定的方便条件的，对方应予配合。协助义务同时要求合同的一方当事人不能故意履行其已知对合同对方不利的合同。例如，房地产买卖合同中，卖方要求买方提供相关资料、共同向房屋产权登记机关办理转移手续时，买方应予协助；合同中约定的履行期间不明确的，依照法律规定，一方可以随时向对方履行，但应当给予对方一定的准备时间；合同履行过程中，由于主客观原因，造成合同不能履行或不能完全履行，致使一方遭受损失时，受损一方在有条件、有能力的情况下应当采取必要的措施控制损失，防止损失扩大等。

③ 在合同履行过程中，当事人一方通过合同关系可能会了解或已经实际了解到对方的技术秘密、商业秘密等，在这种情况下，了解他人技术秘密、商业秘密的一方应负有为对方保密的义务。该等保密义务往往不因合同的终止、解除而终止或解除。例如，技术实施许可合同中，使用他人技术秘密的一方负有不得向第三人泄露该技术秘密的义务等。

④ 在杨艳辉诉中国南方航空股份有限公司等客运合同纠纷案（〔2003〕徐民一（民）初字第1258号）中，上海徐汇区法院裁判摘要认为，合同义务有给付义务和附随义务之分。给付义务是债务人根据合同应当履行的基本义务，附随义务是在给付义务以外，为保证债权人利益的实现而需债务人履行的其他义务。《合同法》第60条第2款对附随义务作出人民规定。在客运合同中，明白无误地向旅客通知运输事项，是承运人应尽的附随义务。只有承运人正确履行了这一附随义务，旅客才能于约定的时间到约定的地点集合，等待乘坐约定的运输工具。承运人履行附随义务不当，应承担相应的责任（2003年最高人民法院公报案例）。

（3）后合同义务。后合同义务表现为根据《合同法》第 92 条的规定,在合同终止后,当事人应当遵循诚实信用原则,根据交易习惯履行通知、协助、保密等附随义务。后合同义务的目的是维护给付效果或者妥善处理合同终止事务,违反后合同义务给对方当事人造成损失的,应当承担赔偿责任。

三、公序良俗原则

公序良俗原则(the principle of public order and good custom)是由公共秩序和善良风俗两个独立的概念构成的。公共秩序和善良风俗是两个极为抽象的概念,内涵和外延均不确定,含义却极为丰富,并随时代的发展变化而有所不同。以公序良俗规制合同的内容,是罗马法以来的法律所公认的做法。[①] 大陆法系国家或地区民法典规定了公序良俗,但各国或地区规定不一,大致有四种不同的立法例:

（1）公共秩序和善良风俗。这种立法例同时规定公共秩序和善良风俗。例如,《法国民法典》第 6 条、《日本民法典》第 90 条、我国澳门地区《澳门民法典》第 273 条和台湾地区"民法"第 72 条同时规定了公共秩序和善良风俗,学理上称为"公序良俗"。

（2）善良风俗。这种立法例仅规定善良风俗,如古代罗马法、《德国民法典》第 138 条和《瑞士债法》第 20 条等仅规定了善良风俗而未规定公共秩序。

（3）公共秩序。这种立法例仅规定公共秩序,如《泰国民法典》第 12 条仅规定公共秩序而未规定善良风俗。

（4）公序良俗。这种立法例直接规定公序良俗,如《民法总则》第 8 条规定:"民事主体从事民事活动,不得违反法律,不得违背公序良俗。"

我国公序良俗立法经历了一个发展变化的过程。《民法通则》第 7 条和第 58 条、《合同法》第 7 条和第 52 条仅有"社会公德"和"社会公共利益"两个概念。民法中的"社会公共利益"相当于大陆法系民法中的"公共秩序","社会公德"相当于"善良风俗"。《民法通则》和《合同法》的规定,基本体现了大陆法系民法中的公序良俗的立法精神。《民法总则》则引入了公序良俗原则概念,直接规定了公序良俗原则,是我国民事立法的一个巨大进步。

（一）公序良俗原则的演变

公序良俗的概念起源于罗马法,早期罗马法重形式、轻意思,强调合同的形式主义,公序良俗既没有存在的必要,也没有存在的可能。罗马法后期的《国法大全》有许多公序良俗的规定,[②]但并未形成一个明确的法律原则,而是散见于人法、物法及继承

[①] 参见史尚宽:《民法总论》,中国政法大学出版社 2000 年版,第 40 页。
[②] 乌尔比安《萨宾评注》第 42 卷:"总之,我们创造了[这样的新规则]:不道德的要式口约,无任何效力"。参见〔意〕桑德罗·斯契巴尼选编:《民法大全——法律行为》,徐国栋译,中国政法大学出版社 1992 年版,第 71 页。

法的具体规定中。合同的标的不得违反公序良俗,否则合同无效。① 例如,《学说汇纂》规定,如果约定终身不结婚或者结婚不离婚、必信奉某宗教或者不信奉某宗教、不立某人为继承人或者立某人为继承人等限制婚姻、宗教和遗嘱自由,以及以赌博、娼妓为标的的伤风败俗行为,均属于违反公序良俗而归于无效。②

以《法国民法典》和《德国民法典》为代表的近代民法确立了公序良俗原则。公序良俗原则仅作为对私法自治的限制,③私法自治仅在不违反公序良俗的前提下,才能实现当事人预期的法律后果,但适用范围非常有限。大陆法系国家或地区对公序良俗有不同的规定,法国和日本将公共秩序和善良风俗合并使用。德国仅有善良风俗概念,而无公共秩序概念,但将暴利行为作为违反善良风俗的一个特例来加以规定。《德国民法典》第138条规定的善良风俗是指占统治地位的伦理道德,而不是普通的社会伦理道德。④

20世纪以后,公序良俗原则以维护社会的一般利益和一般社会道德观念,渐次被大陆法系国家或地区立法和实践提升为民法领域的原则,⑤不仅对契约自由原则进行限制,而且还对权利的行使、义务的履行、自力救济的界限、合同的解释等进行限制。⑥

(二)公序良俗原则的内容

公序良俗是公共秩序和善良风俗的合称。公共秩序是指社会存在和发展所必需的社会秩序。公共秩序不仅是公共生活的基本前提和公共利益实现的基础,而且还是公共政策的价值追求。公共秩序的概念是指现存的社会秩序,是统治集团强加于个人的一种压制,属于强制性规范。公共秩序有立法上的公共秩序与司法上的公共秩序、政治上的公共秩序与经济上的公共秩序之分,经济上的公共秩序是直接调整财产关系,即私法领域的公共秩序。从《法国民法典》颁布以来,公共秩序的范围不断扩大,伴随国家对经济活动干预的加强、契约自由的衰落,公共秩序的内容呈现多样化的倾向。⑦ 例如,在中国银行(香港)有限公司担保合同纠纷案中,⑧广东高院一审判决认为,宏业公司、新业公司向国华银行的担保未经国家有关主管部门批准或者登记而违反了公序良俗原则,不具有法律效力。

善良风俗是指社会所公认的道德规范。善良风俗所确认的道德规范是社会普遍接受的道德规范,与法律的基本精神相一致,成为法律化的概念。善良风俗所包含的

---

① 参见周枏:《罗马法原论》(下册),商务印书馆1996年版,第599页。
② 同上。
③ 参见〔德〕卡尔·拉伦茨:《德国民法通论》(下册),王晓晔等译,法律出版社2003年版,第603页。
④ 同上书,第600页。
⑤ 参见郑玉波:《民法总则》,中国政法大学出版社2003年版,第472页。
⑥ 参见史尚宽:《民法总论》,中国政法大学出版社2000年版,第334页。
⑦ 参见尹田:《法国现代合同法》,法律出版社1995年版,第173页。
⑧ 在中国银行(香港)有限公司诉汕头宏业(集团)股份有限公司、汕头经济特区新业发展有限公司担保合同纠纷案(〔2000〕粤法经二初字第5号、〔2002〕民四终字第6号)中,最高人民法院裁判摘要认为,涉外合同的当事人选择解决合同争议所适用的法律,规避了我国的强制性或者禁止性法律规范的,其约定不发生法律效力。对外担保合同未按规定在行政管理机关办理批准登记手续的,依法应认定无效(2005年最高人民法院公报案例)。

伦理道德观念,是维持人类社会生活所不可或缺的伦理道德准则。与公共秩序呈现扩大倾向相反,善良风俗所包含的伦理道德准则呈现较为宽容的倾向,如离婚、穿比基尼等。由于德国民法没有公共秩序的概念,公共秩序包含在善良风俗之中,违反公共秩序即违反了善良风俗,①现代德国民法的公序良俗被赋予了更为广泛的含义和调整机能。善良风俗是一种对合同的要求,而这种对合同的要求来源于对法律伦理标准的具体化。公序良俗一方面体现了占统治地位的社会伦理道德,另一方面其所反映的法律伦理要求已经存在于现行的法律制度之中。②

对善良风俗的尊重,也符合公共秩序的要求;对公共秩序的维护,也符合善良风俗的要求。公共秩序和善良风俗,不仅范围相同,而且理论上也没有太大的差异。③ 因此,公共秩序与善良风俗合称为公序良俗。

(三)公序良俗原则的适用

我国公序良俗原则第一案是四川泸州纳溪遗赠案④,学界对遗赠行为是否适用公序良俗存在肯定和否定两种不同的观点,争议的核心问题围绕如何适用公序良俗。公序良俗的适用对象是特定的合同,公序良俗适用于特定的合同应考虑两个方面的因素:

(1)客观要素。客观要素,即合同的内容。根据德国民法理论和司法实践,公序良俗的适用对象是合同,而不是当事人的其他行为。⑤ 合同的内容违反公序良俗的,合同无效。也就是说,行为主体的行为违反公序良俗,其所实施的合同却可能是有效的;行为主体的行为是善意的,而其所实施的合同却可能因违反公序良俗而无效。例如,被继承人(父亲)将儿子立为继承人,条件是儿子必须与儿媳离婚,原因是儿媳与他人通奸。该遗嘱因违反公序良俗而无效。

(2)主观要素。主观要素,即合同的意图。判断合同是否违反公序良俗,关键是行为主体实施合同的意图是否具有不法内容。行为人实施合同的意图违反公序良俗的,则合同无效。例如,被继承人立情妇为继承人是为其将来的生活提供保障或者对其过去照顾自己生活的感谢,则遗赠行为有效;被继承人立情妇为继承人的目的是为酬谢性方面的满足或者为继续维持不正当的性关系,则遗赠行为因违反公序良俗而无效。

四川泸州纳溪遗赠案的核心在于判断遗赠人黄某所立的遗赠是否具有法律效力,

---

① 参见[德]卡尔·拉伦茨:《德国民法通论》(下册),王晓晔等译,法律出版社2003年版,第596页。
② 同上书,第601页。
③ 参见郑玉波:《民法总则》,中国政法大学出版社2003年版,第467页。
④ 在四川省泸州市张某诉蒋某遗赠纠纷案([2001]纳溪民初字第561号、[2001]泸民一终字第621号)中,黄某与被告蒋某于1963年结婚,1994年黄某与原告张某同居,1996年以夫妻名义共同生活并生育一女。2001年4月黄某去世后,张某以黄某书写并经过公证的遗嘱向蒋某要求获得黄某的遗产。遗嘱中黄某将住房补贴金、公积金、抚恤金和一处住房的售房款遗赠给张某。遭蒋某拒绝后,张某起诉至法院。一审法院以遗嘱违反公共秩序、社会公德为由,宣告黄某的遗赠无效,驳回了原告张某的诉讼请求,二审法院维持原判。
⑤ 参见[德]卡尔·拉伦茨:《德国民法通论》(下册),王晓晔等译,法律出版社2003年版,第514页。

即遗赠行为是否违反公序良俗。遗赠人黄某与受遗赠人张某的同居行为以及黄某将遗产遗赠给张某的遗赠行为是两个不同的法律行为。对黄某遗赠行为是否有效的判断,应对遗赠行为本身是否违反公序良俗以及黄某实施遗赠行为的动机和目的作出判断,而不能仅对当事人的同居行为作为判断的对象,并作为评判遗嘱行为是否有效的依据。一审、二审法院均未能辨识公序良俗所判断的对象,以同居行为违反公序良俗为由,否定了遗嘱行为的效力,不当地干涉了当事人的私人自治,侵害了张某的权益。

在上海石化金佳公司案中,二审法院区分了同居行为与赠与行为的效力。公司董事长朱某与陆某有婚外情,朱某为结束与陆某的关系签订了一份补偿协议,约定补偿陆某损失共计50万元,该公司的一辆轿车归陆某所有。该公司起诉要求陆某归还轿车,朱某承担连带责任。一审法院判决补偿协议违反公序良俗而无效,要求陆某返还轿车,朱某承担连带责任。二审法院并未认定补偿协议无效,仅判决陆某不承担返还责任。

第四节　合同法体系

合同法是合同法体系的核心,合同法体系是以合同法为基础所构建的调整合同关系的法律规范体系的总和。在我国合同法体系中,有关合同的司法解释占据一定的地位,合同法的司法解释补充、完善并发展了我国合同法体系。

一、合同法体系的概念

合同法体系是指调整各种合同关系所形成的不同效力等级规范的合同法律制度体系。合同法体系是以合同法为核心构建的合同法律制度体系,《合同法》是我国合同法体系的核心和基础,与《民法总则》、其他法律法规中的合同法规范以及有关合同的司法解释共同构成我国合同法体系。

我国合同法体系的确立经历了一个从无到有的过程,20世纪80年代我国先后颁布实施了《经济合同法》《涉外经济合同法》和《技术合同法》三部合同法。在《经济合同法》和《涉外经济合同法》的基础上,我国又先后制定了若干合同单行条例,初步形成了以《民法通则》为主导、三部合同法为主干、单行条例为补充的合同法体系。这一合同法制度对改革开放初期的社会经济发展发挥了很大的作用,为我国合同法立法积累了有益的经验,也为合同法体系的建立奠定了一定基础。

在前述三部合同法的基础上,20世纪末我国颁布了《合同法》,宣告了统一合同法的确立,结束了合同法三足鼎立的局面。《合同法》顺应了市场经济发展的内在要求,即形成统一的国内和国际市场规则,建立有序的市场秩序,完善的市场规则。具体来说,合同法体系应包括如下三个方面的内容:

(1) 合同法体系是以合同法制度为基础。合同法体系是建立在合同法规范和合同法律制度基础上的,我国合同法体系是以《民法总则》为主导,以《合同法》为核心,辅之以法律、行政法规、司法解释中的合同法规范所构建的合同制度体系。合同法体系涉及现实社会生活和经济生活各个方面的合同关系,各个方面的合同关系均有较为完备的合同规范,才能形成合同法体系。

(2)合同法体系是有内在逻辑关系的。合同法体系是由多种效力等级不同的合同规范构成的,涉及法律、行政法规、司法解释,其中法律又涉及普通法与特别法的关系、原则性规范与普通规范的关系。合同法体系是各种合同规范有序的排列、结构合理的组合,即由一定数量的合同规范按照内在的逻辑结构构建的制度体系。

(3)合同法体系是开放的体系。合同是随着社会生产方式的发展而不断变化的,合同法体系不能是一个封闭僵化的体系,应随社会经济发展而不断发展,以顺应经济发展的需要。合同法体系的稳定性和适应性是合同法发展过程中应当把握好的问题,合同具体的制度和合同类型应具有较大的适应性,应根据社会发展的需要适时调整,以顺应社会经济发展和交易发展的需要。

二、合同法体系的构成

在合同法体系中,《民法总则》具有最高的效力等级;《合同法》次之;《合同法》之外的其他法律中的合同规范属于第三效力等级;司法解释中的合同规范属于补充前述效力等级合同法规范的不足;有关合同的国际公约也是合同法体系的组成部分。

(一)《民法总则》中的合同规范

《民法总则》是民事立法的基本法,是合同法体系中效力等级最高的法律。《民法总则》之前的《民法通则》第四章的法律行为和第五章的债权均涉及合同法律制度。《民法总则》第五章的权利和第六章的法律行为的相关规定,构成合同法的基本规范,特别是法律行为和意思表示是合同的基础性规范,任何合同法律规范均不得违反法律行为制度的规定。

(二)《合同法》

《合同法》是合同法体系的核心和基础,详尽、全面地规定了合同法的基本制度,涉及合同概念、合同类型、合同形式、合同的订立、合同的成立与生效、合同的履行、合同的变更与转让、合同的保全与担保、合同的解除与终止、合同责任等内容。在民法典颁行之后,《合同法》将成为民法典债编的重要组成部分,与《民法总则》共同构成合同法的基干和核心。

(三)法律中的合同规范

法律中的合同规范是合同法体系的重要组成部分,涉及面广泛,扩展到社会生活的各个方面,难以罗列详尽,涉及主要的民法和商法。例如,《物权法》涉及土地承包经营权合同、建设用地使用出让合同、地役权合同、担保合同、抵押合同、质押合同;《担保法》涉及保证合同、抵押合同和质押合同;《著作权法》涉及著作权许可使用和转让合同；《商标法》涉及商标权的转让和许可使用合同；《计算机软件保护条例》涉及软件著作权的许可使用合同和软件著作权转让合同；《合伙企业法》涉及合伙合同；《保险法》涉及人身保险合同、财产保险合同和再保险合同；《信托法》涉及信托合同。

(四) 合同法司法解释

在合同法体系中，合同法的司法解释占据独特的地位。由于有关合同的司法解释自身的特点，即实用性、具体性、针对性，以及颁布司法解释的机构独特的地位，使得司法解释在合同纠纷处理中发挥了极其重要的作用。合同法司法解释可以分为两大类：

(1)《合同法》"总则"的司法解释。最高人民法院针对《合同法》"总则"审判实务中出现的问题，对"总则"进行了解释，以适应审判实践的需要。《合同法司法解释一》涉及法律适用范围、诉讼时效、合同效力、代位权、撤销权、合同转让中的第三人以及请求权竞合七个方面的问题；《合同法司法解释二》涉及合同的订立、合同的效力、合同的履行、合同权利义务终止以及违约责任五个方面的问题。

(2)《合同法》"分则"的司法解释。最高人民法院针对《合同法》"分则"审判实践中出现的问题，对"分则"作出了一系列的解释，以指导和规范各级法院正确处理合同纠纷，维护交易当事人的正当权益。《合同法》实施以来对"分则"的司法解释主要有：《独立保函纠纷案件解释》《旅游纠纷案件解释》《涉台民商事案件解释》《海上货运代理纠纷案件解释》《买卖合同纠纷案件解释》《融资租赁合同纠纷案件解释》《民间借贷案件解释》《物业服务纠纷案件解释》《城镇房屋租赁合同纠纷案件解释》等。

(五) 有关合同的国际公约

有关合同的国际公约也是合同法体系的组成部分，根据《民法通则》第142条的规定，我国缔结或者参加的国际公约与我国法律有不同规定的，应适用国际公约的规定，而国际公约没有规定的，则适用国际惯例。《民法总则》删除了《民法通则》的前述规定，遗漏了我国参加或者缔结的有关国际公约和国际惯例的规定，而《涉外民事关系法律适用法》中却又无相关规定。在《民法总则》生效后到民法典编纂完成并规定国际公约和国际惯例适用之前，法院是否援引适用已经缔结或者参加的国际公约和国际惯例，缺少相应的民事基本法律规范。

实际上，《国际货物销售合同公约》是我国参加的国际公约，构成我国合同法体系的一部分。《国际商事合同通则》虽然是没有约束力的国际公约，但已成为国际商事合同惯例，在世界各国被广泛使用。我国司法审判实务也适用《国际商事合同通则》的规范处理合同纠纷，如厦门象屿集团有限公司确认仲裁条款效力案[①]。因此，有关合同的国际公约也是我国合同法体系的重要组成部分。

---

① 厦门象屿集团有限公司与米歇尔贸易公司确认仲裁条款效力案（〔2004〕厦民认字第81号）。

第三章　合同的订立

合同的订立是合同双方当事人的意思表示达成合致的过程,是合同当事人从接触、协商直到双方当事人达成合意的全过程,是静态与动态的统一。合同的订立可以通过对要约的承诺或者以其他能够充分表明双方当事人合意行为的方式实现,①即合同双方当事人可能要经过要约邀请、要约、反要约、承诺等过程,合同才宣告成立。在合同订立阶段,双方当事人可能承担先合同义务和缔约过失责任。

双方当事人就合同的订立意思表示合致,即合同的条款或者合同的主要条款达成合意(mutual assent or meeting of minds),意味着合同成立。合同的成立与生效是两个不同的法律概念,合同的成立体现了当事人意思自治,强调当事人之间的合意;合同的生效则体现了国家意志,是法律对当事人合意的肯定评价。合同的成立是合同生效的前提条件,在法律没有规定或者当事人没有约定的情况下,合同成立的同时,也宣告生效。

第一节　合同的成立

合同是一种法律行为,合同的成立应具备法律行为成立的一般要件。②合同当事人的意思表示达成合致是合同成立不可或缺的要件。意思表示的合致,有主观的合致和客观的合致之分。在通常情况下,合同的订立采取要约与承诺方式,《合同法》第13条有明文规定,合同的订立采取要约、承诺的方式,如李德勇储蓄存款合同纠纷案。③但是,伴随社会经济的发展,缔约方式也有很大的发展,除了要约与承诺这种传统的订立合同的方式之外,还有交叉要约、意思实现、附合缔约、事实过程合同等方式。这些缔约方式的出现丰富和发展了合同的订立方式,从而促进了交易的发展。

---

① Principles of International Commercial Contracts Article 2.1.1 (Manner of formation) A contract may be concluded either by the acceptance of an offer or by conduct of the parties that is sufficient to show agreement.
② 参见郑云瑞:《民法总论》(第八版),北京大学出版社2018年版,第355页。
③ 在李德勇与中国农业银行股份有限公司重庆云阳支行储蓄存款合同纠纷案(〔2012〕渝高法民终字第00014号、〔2013〕民提字第95号)中,最高人民法院裁判摘要认为,依照《合同法》第13条和第25条的规定,储蓄人主张与银行成立储蓄存款合同,应当证明其与银行分别作出要约和承诺,符合合同成立要件(2015年最高人民法院公报案例)。

一、合同成立的概念

合同成立(establishment of contract)是大陆法系合同法的概念,而合同订立(conclusion of contract)则是英美法系合同法的概念。在英美法系合同法中,没有合同成立的概念。合同成立是大陆法系特有的概念,是合同生效的前提和基础。合同订立与合同成立关系密切,合同订立是一个动态的过程,即从缔约人的接触、磋商到合意的全过程;合同成立则是一个静态的结果,即合同订立一系列行为的结果(缔约人达成合意的事实),如陈呈浴合同纠纷案。①

合同成立是指双方当事人对合同的主要内容达成一致的意思表示,即合同主要条款的合意。当事人意思表示一致,合同即告成立。例如,在云南福运物流有限公司财产损失保险合同纠纷案中,②最高人民法院判决认为,意思表示一致,合同宣告成立。合同通常是以书面形式订立的,当事人是否达成协议是显而易见的事实。但在合同实务中,不时会出现难以确定合同当事人之间是否存在合同关系的情形,当事人之间的合同可能是以口头方式或者默示方式订立的。这种事实问题不是合同法所要讨论的,合同法要讨论的是对当事人所说或者所做的没有异议而又经常发生的一些问题。③判断合同是否存在,通常应明确在合同订立的过程中要约人是否提出明确的合同条款,且受要约人对要约人所提出的合同条款予以明确的承诺。

通过对要约进行承诺的分析,大多数合同可以得到还原。例如,在张莉买卖合同纠纷案中,④张莉从北京合力华通汽车服务有限公司以 138000 元的价格购买上海通用雪佛兰景程轿车一辆。这个订立买卖合同的过程可以还原为这样的要约和承诺过程,北京合力华通汽车服务有限公司对张莉说:"你愿意以 138000 元的价格购买我的通用雪佛兰景程轿车吗?"张莉回答说:"我愿意。"要约和承诺的过程也可能是这样的,张莉对北京合力华通汽车服务有限公司说:"你愿意以 138000 元的价格将通用雪佛兰景程轿车卖给我吗?"北京合力华通汽车服务有限公司回答道:"我愿意。"

---

① 在陈呈浴与内蒙古昌宇实业有限公司合同纠纷案(〔2013〕宁民初字第 188 号、〔2013〕闽民终字第 1266 号、〔2014〕民提字第 178 号)中,最高人民法院裁判摘要认为,协议形成行为与印章加盖行为在性质上具有相对独立性,协议内容是双方合意行为的表现形式,而印章加盖行为是各方确认双方合意内容的方式,二者相互关联又相对独立。在证据意义上,印章真实一般即可推定协议真实,但在有证据否定或怀疑合意形成行为真实性的情况下,即不能根据印章的真实性直接推定协议的真实性(2016 年最高人民法院公报案例)。

② 在云南福运物流有限公司与中国人寿财产保险股份有限公司曲靖中心支公司财产损失保险合同纠纷案(〔2011〕曲中民初字第 114 号、〔2012〕云高民二终字第 110 号、〔2013〕民申字第 1567 号)中,法院裁判摘要认为,保险合同以当事人双方意思表示一致为成立要件,即保险合同以双方当事人愿意接受特定条件拘束时,保险合同即为成立。签发保险单属于保险方的行为,目的是对保险合同的内容加以确认,便于当事人知晓保险合同的内容,能产生证明的效果。根据《保险法》第 13 条关于"投保人提出保险要求,经保险人同意承保,保险合同成立。保险人应当及时向投保人签发保险单或者其他保险凭证。保险单或者其他保险凭证应当载明当事人双方约定的合同内容"之规定,签发保险单并非保险合同成立时所必须具备的形式(2016 年最高人民法院公报案例)。

③ See J. Beatson, Anson's Law of Contract(28th ed.), Oxford University Press 2002, p. 27.

④ 张莉诉北京合力华通汽车服务有限公司买卖合同纠纷案(〔2007〕朝民初字第 18230 号、〔2008〕二中民终字第 00453 号)。

对合意的判断有主观主义与客观主义之分。合意是指当事人内在意思的一致,是对合意的主观主义(意思主义)的判断标准;合意是指当事人外在表示的一致,是对合意的客观主义(表示主义)的判断标准。对合意的判断标准经历了从主观主义到客观主义的发展过程,现代合同法为保护交易安全和鼓励交易,大多数采纳了客观主义标准,我国合同法也不例外。

合意是双方当事人对合同必要条款的一致,合同必要条款是决定合同主给付义务的条款。《合同法》第12条仅规定了合同的一般性条款,即当事人、标的、数量、质量、履行期限与地点、违约责任和争议解决方式等内容。但司法实践认为,合同的主体、标的、数量是合同的必要条款(《合同法司法解释二》第1条规定),应由当事人明确约定。在合同实践中,由于当事人在交易习惯、法律素养和文化水平等方面的差异,经常遗漏价款、质量、履行期限等重要合同条款。司法审判实践围绕前述的遗漏合同条款经常发生合同是否成立的争议,合同必备条款的界定和遗漏条款的填补,是解决合同成立与否的关键性问题。[①] 合同具备当事人名称、标的和数量条款的,司法审判机关应认定合同成立。根据《合同法》第61条、第62条和第125条对合同条款进行补充,应当遵循下列补充规则:

(1)当事人补充合同条款。当事人决定合同内容是合同自由原则的体现,对合同遗漏条款应由当事人协议补充,以体现当事人的共同意志,是贯彻意思自治原则的必然要求。《合同法》第61条明确规定,合同中的质量、价款或者报酬以及履行地点、期限等条款均可由当事人补充。在合同审判实践中,审判机关不得代替当事人补充协议的遗漏条款,而应首先由当事人自行协商补充合同遗漏条款。

(2)以交易习惯或者任意性条款补充合同条款。在当事人对合同遗漏条款协商不成时,审判机关应按照合同有关条款或者交易习惯来推定当事人的意思,对合同遗漏条款进行补充。在有关合同条款和交易习惯仍不能确定合同遗漏条款时,应根据《合同法》第62条的规定,对质量、价款、履行地点、履行期限、履行方式和履行费用等条款进行补充确定。

(3)争议条款的确定规则。在合同遗漏条款的补充过程中,当事人对原有条款理解有争议的,司法审判机关应当按照合同所使用的词句、合同的相关条款、合同的目的、交易习惯以及诚实信用原则,确定合同条款的真意,实现合同条款的补充。《合同法》第61条和第62条所确立的合同遗漏条款的补充规则应优先于《合同法》第125条规定的合同解释规则。

二、合同的成立要件

要约与承诺仅仅说明了合同的订立过程和缔约程序,而没有充分说明合同成立的构成要件。合同的成立要件是判断合同是否成立的标准,有一般要件和特别要件之

---

① 《合同法司法解释二》第1条和《买卖合同纠纷案件解释》第1条的规定符合现代合同法鼓励交易的目的。

分。合同成立的一般要件是指所有合同成立所应具备的共同要件,即当事人的合意。合同成立的特别要件仅适用于某些特定类型的合同,合同成立的一般要件比特殊要件更为重要。

（一）合同成立的一般要件

合同成立的一般要件是任何一个合同成立所应具备的条件,即双方当事人对合同必要条款达成合意。换言之,合同成立意味着合同当事人对合同主要条款达成一致的意思表示。当事人的合意是合同成立的一般要件,如在云南福运物流有限公司财产损失保险合同纠纷案中,[1]最高人民法院判决强调双方当事人意思表示一致是合同的成立要件。

合意是两个或者两个以上一致的意思表示,而意思表示的内容有要素、常素和偶素之分。[2]三个要素在意思表示中的地位和作用不同,意思表示中的要素是判断合同成立的关键。

（1）要素。要素是每个合同所必备的因素,只有在意思表示的要素一致时,合同才能成立。例如,在买卖合同中,买卖标的物、数量和价格意思表示一致,买卖合同即告成立。

（2）常素。常素是合同应具备的因素,如果当事人没有相反的约定,即构成合同的基本内容。例如,在买卖合同中,当事人没有相反的约定,瑕疵担保义务是合同的基本内容。

（3）偶素。偶素通常并非合同必备的内容,而是合同当事人以特别的约定构成合同的组成部分。例如,所有权保留条款、买回条款、附期限和附条件合同条款等。

根据《合同法司法解释二》的规定,当事人的名称、标的和数量是合同成立要件,而标的和数量是意思表示的要素,是合意的必备内容。任何意思表示均为人的意思表示,意思表示不能缺乏主体要素,从而合同当事人也是合意的必备内容。因此,合意应当包含合同主体、标的和数量三个方面的内容:

（1）合同主体。合同主体是合同关系的主体,即合同的当事人。合同应当有两个或者两个以上当事人,当事人是通过意思表示订立合同并承担合同后果的行为主体,即享受合同权并承担合同义务的主体。合同是双方行为,合同当事人通常是双方当事人,在仅有一方当事人的情形下,合同不可能成立。

（2）合同标的。合同是双方当事人通过意思表示设立、变更或者消灭一定法律关系的合意。当事人的合意应当具有设立、变更或者消灭一定法律关系的内容。法律关系的内容不仅包括物,而且还包括各种权利、利益以及作为和不作为。合同标的是合同的核心内容,也是合意的必备内容。

---

[1] 云南福运物流有限公司与中国人寿财产保险股份公司曲靖中心支公司财产损失保险合同纠纷案(〔2011〕曲中民初字第114号、〔2012〕云高民二终字第110号、〔2013〕民申字第1567号)。

[2] 参见郑云瑞:《民法总论》(第八版),北京大学出版社2018年版,第329页。

(3) 标的物的数量。标的物的数量是合同的必要条款,也是合意的必备内容。合同缺少数量条款,无法按照《合同法》规定的合同漏洞填补方法予以补充,必然造成合同无法履行。但是,在商事交易活动中,当事人可能是长期的商业合作伙伴,即使合同未约定标的物的数量,也并不影响合同的履行。标的物的数量可以通过合同漏洞补充的方式予以确定,从而在特定情形下标的物的数量缺失并不影响合同的成立。

(二) 合同成立的特别要件

合同成立的特别要件是指某些合同成立所应具备的特别要件。换言之,某些合同的成立除了必须具备普通合同成立的一般要件之外,根据法律的规定还须具备其他特别的要件。合同的特别成立要件有两种情形:①

(1) 实践性合同成立的特别要件。合同有诺成合同和实践合同之分。实践合同是以交付标的物为成立要件的合同,除了当事人意思表示合致之外,还需一方当事人交付标的物,合同才宣告成立。合意与交付行为,在时间上是可以分离的。②从世界各国立法看,实践合同适用的范围非常小,主要有借贷(《合同法》第 210 条)、借用、保管(《合同法》第 367 条)等少数几种合同,但我国借贷合同仅限于自然人之间的合同。

(2) 要式合同成立的特别要件。合同有要式合同与不要式合同之分。要式合同是以意思表示符合法律规定的方式为成立要件的合同,要式合同的特别形式要件主要有以下两种情形:③第一,以书面形式为成立的特别要件的合同。基于保护交易安全的需要,法律规定某些类型的合同应采取书面形式,如保证合同(《担保法》第 13 条)、抵押合同(《担保法》第 38 条、《城市房地产管理法》第 50 条和《物权法》第 185 条)、质押合同(《担保法》第 64 条和《物权法》第 210 条)等。第二,以特别书面形式为成立要件的合同。这种合同不仅要有书面形式,而且还必须符合特定的格式要求,如票据(《票据法》第 9 条)、提单(《海商法》第 71 条和第 73 条)等。

第二节 合同的一般订立方式

要约与承诺是合同订立的通行方式,④《合同法》第 13 条规定合同的订立采取要约与承诺的方式。大陆法系民法典大多规定,要约与承诺是合同订立的唯一方式,如《德国民法典》《瑞士债法》《荷兰民法典》和《希腊民法典》等均规定只能通过要约与承

---

① 学界有观点认为,合意行为也是合同的特别成立要件,这种观点值得商榷。由于民法是调整交易关系的法律规范,在合同中,具有典型意义的合同是双方合同,而不是单方合同。合同成立的核心要件是当事人的合意,这是所有合同成立的要件,属于合同成立的一般要件,而不是特别要件。

② "……标的物的所有权或占有之转移,无须与意思之一致同时存在,得于其以前或以后为之。然必须两者完成,契约始生效力。立法上承认要物契约是否必要,甚有争论。"史尚宽:《债法总论》,中国政法大学出版社 2000 年版,第 9 页。

③ 参见童安生:《民事法律行为》,中国人民大学出版社 1994 年版,第 196 页。

④ 要约与承诺的订立合同规则,来源于 18 世纪大陆法系民法。参见〔德〕海茵·克茨:《欧洲合同法》(上卷),周忠海等译,法律出版社 2001 年版,第 23 页。

诺方式订立合同。[①]但实际上,要约与承诺并非合同订立的唯一方式。当事人对要约进行承诺时应当有表示必要的同意。但是,双方当事人的行为能够充分说明愿意受到合同约束,则这种行为构成合同的订立。《国际商事合同通则》的合同订立方式就不局限于要约与承诺方式,即合同的订立可通过对要约的承诺或者可充分表明当事人各方合意的行为实现。[②]可见,《国际商事合同通则》的规定更符合合同订立的实践。

一、要约

要约是合同订立的初始阶段和必经程序。在通常情形下,合同的订立不经要约阶段,合同就不可能成立。要约作为一种订立合同的意思表示,对要约人和受要约人均有法律约束力。在要约的有效期限内,要约人应当受到要约内容的约束。

（一）要约的概念

要约（offer）是要约人（offeror）希望与受要约人（offeree）订立合同的意思表示。《国际货物销售合同公约》[③]和《国际商事合同通则》[④]对要约的定义与《合同法》第14条的规定基本相同,说明《合同法》采纳和借鉴了国际公约中要约的定义。在商业实践中,要约可以称为发盘、出盘、报价、发价和出价等。

要约是合同订立的起始阶段,发出要约的一方当事人称为要约人,接受要约的一方当事人称为受要约人。根据《合同法》第14条的规定,[⑤]一个有效的要约必须具备如下三个方面的要件：

(1) 要约人对象的特定性。任何一个自然人或者法人均可向潜在的承诺人发出订立合同的要约。要约通常是对特定的对象发出的,接受要约的一方当事人是特定的(要约的接收人),且仅有特定人(要约的接收人)才能对要约人的要约进行承诺。特定人可以是一个,也可以是数个。向不特定的人所发出的订立合同的意思表示,属于要约邀请,而不是要约。

(2) 要约内容的确定性。要约的内容应具体且确定,包含足以确定合同内容的必要条款。如果要约的内容模糊不清,合同双方当事人之间的权利义务就无法确定,合同则无法履行,缔约目的就不能实现。此外,要约内容不确定或者不明确,受要约人也无法对要约进行承诺。《合同法》对"内容具体确定"缺少进一步的规定,但《国际货物

---

① 参见〔德〕海茵·克茨：《欧洲合同法》(上卷),周忠海等译,法律出版社2001年版,第23—24页。
② Article 2.1.1(Manner of formation) A contract may be concluded either by the acceptance of an offer or by conduct of the parties that is sufficient to show agreement.
③ Article 14(1) A proposal for concluding a contract addressed to one or more specific persons constitutes an offer if it is sufficiently definite and indicates the intention of the offeror to be bound in case of acceptance. A proposal is sufficiently definite if it indicates the goods and expressly or implicitly fixes or makes provision for determining the quantity and the price.
④ Article 2.1.2(Definition of offer) A proposal for concluding a contract constitutes an offer if it is sufficiently definite and indicates the intention of the offeror to be bound in case of acceptance.
⑤ 《合同法》第14条规定："要约是希望和他人订立合同的意思表示,该意思表示应当符合下列规定：(一)内容具体确定；(二)表明经受要约人承诺,要约人即受该意思表示约束。"

销售合同公约》第 14 条对此却有明确的解释,即"具体确定"(sufficiently definite)是指要约明确了货物且明示或者默示地确定了标的数量和价格,或者规定了确定数量和价格的方法。《合同法司法解释二》第 1 条规定的当事人名称、标的和数量,可以作为解释"具体确定"的依据。

(3) 要约效力的有效性。要约必须表明一经受要约人的承诺,要约人即受该意思表示约束。要约必须具有订立合同的目的。换言之,要约人发出要约,是希望与受要约人订立合同,要约人应当在要约的意思表示中表明具有订立合同的意思。不以订立合同为目的的意思表示,则不构成一个有效的要约。要约人发出要约的方式有两种:一是口头方式,即要约人以直接对话或者电话等方式向对方提出要约。口头要约方式,通常适用于即时清结的合同。二是书面方式,即要约人采用交换信函、电报、电子邮件、微信、电传和传真等文字形式向对方发出要约。

(二) 要约的效力

关于要约的约束力,两大法系的合同法规定不同。英美法系采取发信主义(postal rule),大陆法系采取到达主义(arrival rule)。在英美法中,虽然要约一旦为相对人接受,合同即宣告成立,但要约原则上对要约人却没有约束力。从要约到达受要约人之时起,要约均处于可能被承诺的状态,但在受要约人接受要约之前,要约人可以随时撤回要约。[①] 要约不具有法律上的约束力,主要有三个方面的原因:

(1) 约因理论。根据约因理论,除了包含在"签封"文件(sealed document)中的允诺外,允诺是不具有法律意义的意思表示,只有在受要约人已经作出承诺的情况下,才产生有约束力的义务。在被接受以前,要约通常没有相对人的任何对应履行行为。因此,要约人有权撤销要约。

(2) 承诺生效规则。英美法系的承诺生效采取了发信主义,又称为"投邮主义"(mail-box rule),即承诺一经发出立即生效。英美法系的发信主义比大陆法系的到达主义生效规则更早,从而减少了受要约人承担要约人撤销要约所产生的风险,平衡了要约人与受要约人之间的权利义务。

(3) 法官的自由裁量权。在英美法系国家,法官拥有较大的裁量权,运用衡平理念使法律制度具有较大的弹性。即使撤销要约在法律上是允许的,但如果法官认为可能产生不公平的结果,法官可能会抛弃约因理论而主张要约不能撤销。

在大陆法中,要约具有法律上的约束力。大陆法系要约的法律约束力实际上经历了一个逐步加强的过程。早期的法国合同法理论认为,不存在合意,则不存在义务,这成为要约可自由撤销的理论基础。由于在实践中对受要约人产生不公平,司法实践不断对此进行修正,确立了要约具有约束力。德国法认为,要约对要约人具有约束力。要约是不可撤销的,撤销要约的声明没有任何法律效果,一旦受要约人接受要约,合同即告成立。要约具有约束力的规则具有更大的优越性,因为一项法律制度要兼顾各方

---

① See G. H. Treitel, The Law of Contract(10th ed.), Sweet & Maxwell 1999, p. 8.

的利益,平衡双方当事人的利益。否则,显失公平,产生不正义的现象。

在要约约束力问题上,核心问题是要在要约人与受要约人双方之间合理地分配缔约风险。由于要约人在合同订立过程中处于主动地位,可以通过排除其要约约束力的方式来规避风险,因而在没有对要约的约束力进行限制的情形下,要约人应承担相应的风险。要约采取到达主义的生效规则,在一定程度上限制了受要约人的风险,平衡了双方当事人的利益。对要约约束力的肯定,有利于防止要约人随意撤销要约对受要约人造成的损害,让作为主动方的要约人慎重地发出要约,使处于被动地位的受要约人对自己的行为能有确定的预期,产生更大的安全感,从而既有利于提高合同订立的效率,又有利于达到交易安全与交易效率的统一。《国际货物销售合同公约》第15条第1款的规定采纳了大陆法系的到达生效规则。①

《合同法》第16条明确规定了要约的效力,要约从到达受要约人之时起生效。②《合同法》承认要约具有约束力,但在受要约人承诺之前,要约人仍然可以撤销要约,③同时又规定有些要约是不能撤销的。④《合同法》在对要约的生效规则采纳了大陆法系的到达主义原则的同时,又承认要约的撤回权、撤销权,但承诺一经发出即产生阻止要约人撤销要约的效力。《合同法》关于要约的规则,既有大陆法系的规则,又有英美法系的规则,吸纳了两大法系的合理要素,较好地平衡了要约人和受要约人之间的利益,合理地分配了风险,为交易安全提供了保障。

要约到达是指要约到达受要约人可控制的地方,如要约送达受要约人的信箱或者要约的邮件到达受要约人的邮件系统,而不是直接到达受要约人或者其代理人的手中;以口头方式或者电话方式作出的要约,一旦对方听到,则视为到达受要约人。《合同法》规定的要约生效的时间主要有如下三种情形:

(1)对话方式的要约。以对话方式发出的要约,在受要约人了解到要约时,要约生效,要约对要约人产生法律约束力。对话方式的要约是常见和传统要约的方式,适用了解主义生效规则。

(2)信件或者电报方式的要约。以信件或者电报方式发出的要约,应当以信件或者电报到达受要约人的时间为要约的生效时间,即要约到达受要约人信箱或者邮箱。信件或者电报方式的要约生效规则应适用到达主义,而不能按照《合同法》第24条推定适用发信主义,以信件或者电报交邮或者交发的时间作为要约的生效时间。

(3)数据电文方式的要约。以数据电文方式发出的要约,要约生效时间有两种情形:一是收件人指定特定系统接收数据电文要约的,该数据电文的要约进入该特定系统的时间,视为到达时间,要约生效;二是收件人没有指定特定系统接收数据电文要约

---

① Article 15(1) An offer becomes effective when it reaches the offeree.
② 《合同法》第16条第1款规定:"要约到达受要约人时生效。"
③ 《合同法》第18条规定:"要约可以撤销。撤销要约的通知应当在受要约人发出承诺通知之前到达受要约人。"
④ 《合同法》第19条规定:"有下列情形之一的,要约不得撤销:(一)要约人确定了承诺期限或者以其他形式明示要约不可撤销;(二)受要约人有理由认为要约是不可撤销的,并且已经为履行合同作了准备工作。"

的,该数据电文进入收件人的任何系统的首次时间,视为到达时间,要约生效。数据电文方式的要约适用到达主义生效规则。

(三)要约的撤回与撤销

要约的撤回与撤销,是两个不同的法律概念。根据《合同法》的规定,要约既可撤回,也可撤销,但要约的撤回与要约的撤销适用的条件不同。

要约的撤回(withdrawal of offer)是指在要约生效之前,要约人使要约不发生法律效力的意思表示。① 由于要约一旦送达受要约人,要约即告生效,产生法律约束力。撤回要约的通知应当在要约到达受要约人之前或者与要约同时到达受要约人。要约的撤回仅存在以书面形式发出要约的情形中,且撤回要约的通知应快于要约。否则,是要约的撤销而不是要约的撤回。在以对话方式、数据电文方式的要约中,要约人无法撤回要约。

要约的撤回对要约人具有重大意义,要约人在要约发出之后,如果情势的重大变化对要约人极为不利或者要约人发现要约的意思表示欠妥当,允许要约人撤回要约以维护其权益不受损害,且要约的撤回也不损害受要约人的利益,从而现代合同法承认要约撤回制度,如《国际货物销售合同公约》和《国际商事合同通则》均承认要约撤回制度。《合同法》第17条规定了要约的撤回。要约的撤回还有以下两个方面的问题:

(1)受要约人的通知义务。撤回要约的通知应当先于或者同时到达受要约人,撤回要约的通知发生法律效力,要约被撤回,要约不生效。但撤回要约的通知迟到的,受要约人应当告知要约人发送撤回要约通知迟到。否则,受要约人丧失承诺资格。在要约人撤回要约的通知迟到时,撤回要约的通知不能产生消灭要约的法律效果,要约仍然是一个有效的要约,受要约人可以对要约进行承诺。我国台湾地区"民法典"规定了受要约人的通知义务,而《合同法》却缺少相关的规定。

(2)撤回要约的通知方式。要约是一种意思表示,撤回要约的通知也是一种意思表示,意思表示的方式可以是口头、书面或者其他方式。《合同法》并未规定撤回要约通知的方式,《国际商事合同通则》则规定通知可以采取适合具体情况的任何方式。撤回要约的通知应当在要约到达受要约人之前或者与要约同时到达受要约人,即撤回通知在传达的方式上应当快于要约到达受要约人。否则,撤回通知不能达到撤回要约的法律效果。以对话方式作出的要约,具有即时生效的效果,这类要约不能撤回。以数据电文方式作出的要约,实际上也无法撤回。只有以对话方式和数据电文方式之外的其他方式作出的要约,才有撤回的可能。

---

① United Nations Convention on Contracts of International Sales of Goods Article 15 (2) An offer, even if it is irrevocable, may be withdrawn if the withdrawal reaches the offeree before or at the same time as the offer.

Principles of International Commercial Contracts Article 2.1.3 (Withdrawal of offer) (1) An offer becomes effective when it reaches the offeree. (2) An offer, even if it is irrevocable, may be withdrawn if the withdrawal reaches the offeree before or at the same time as the offer.

但是,由于网络文本的传输速度极快,几乎在要约人发出电子要约指令的同时,该电子要约即可到达接收地点,从而不可能撤回电子要约。因为撤回电子要约的通知不可能与电子要约同时发出或者先于电子要约发出。

要约的撤销（revocation of offer）是指要约已经生效，要约人使该要约的法律效力终止的意思表示。[1]《合同法》允许要约的撤销，并规定了撤销要约的条件，即受要约人发出承诺之前，撤销要约的通知应到达受要约人。否则，合同成立。《合同法》对要约撤销的限制表现为以下两个方面：

（1）时间上的限制。要约的撤销在时间上有限制，即撤销要约的通知应当在受要约人发出承诺通知之前到达受要约人。如果受要约人在收到撤销通知之前已经对要约发出承诺通知的，则要约人撤销要约的通知不发生效力。但是，受要约人应当证明承诺的通知是在收到撤销要约通知之前发出的。否则，撤销要约的通知生效，要约消灭。《合同法》对要约撤销通知在时间上的限制采纳了《国际货物销售合同公约》和《国际商事合同通则》的规则。

（2）要约撤销的特别限制。要约撤销除了在时间上的限制之外，还有三种特别限制情形：一是要约有明确的承诺期限。要约中有明确的承诺期限，在承诺期限到期之前，要约人不得撤销要约。二是要约明确表示是不可撤销的。要约以其他方式明确表示，要约是不可撤销的。三是对要约的合理信赖。受要约人有理由认为要约是不可撤销的并为履行合同进行了充分的准备。在前述三种情形中，要约是不能撤销的。

在英美合同法上，要约人原则上可以随时撤销要约。在受要约人对要约作出承诺之前，要约人随时可以撤销要约，即使要约有明确的有效期限，要约人也可以撤销要约。在英国法中，要约可以撤销是基于普通法的约因理论。[2]约因是合同强制执行的基础，没有约因的合同是不能强制执行的，从而要约可以随时撤销要约。为保护受要约人的利益，英美法系确立了投邮规则。以信件或者电报方式作出的承诺，在受要约人发出承诺通知的信件或者电报时承诺生效。投邮规则缩短了要约人撤销要约的时间，即受要约人一旦发出承诺，要约人则不能撤销要约。

在大陆法系合同法上，要约人原则上不能撤销要约。要约一旦到达受要约人，在要约确定的有效期限内或者在合理期限内，要约人不能撤销要约。要约人在要约中明确表明要约是没有约束力的，法院则认为这种要约不构成法律上的要约，仅为协商

---

[1] United Nations Convention on Contracts of International Sales of Goods Article 16(1) Until a contract is concluded an offer may be revoked if the revocation reaches the offeree before he has dispatched an acceptance. (2) However, an offer cannot be revoked: (a) if it indicates, whether by stating a fixed time for acceptance or otherwise, that it is irrevocable; or (b) if it was reasonable for the offeree to rely on the offer as being irrevocable and the offeree has acted in reliance on the offer.

Principles of International Commercial Contracts Article 2.1.4(Revocation of offer) (1) Until a contract is concluded an offer may be revoked if the revocation reaches the offeree before it has dispatched an acceptance. (2) However, an offer cannot be revoked: (a) if it indicates, whether by stating a fixed time for acceptance or otherwise, that it is irrevocable; or (b) if it was reasonable for the offeree to rely on the offer as being irrevocable and the offeree has acted in reliance on the offer.

[2] 约因理论表现为交易约因理论（bargain theory of consideration），即合同的成立以当事人之间的交换关系为基础，允诺人（promisor）从允诺中获得法律利益（legal benefit），承诺人（promisee）必须为允诺遭受"法律受损"（legal detriment），也就是付出某种东西作为该允诺的"约因"时，该允诺才有法律强制力。

邀请。①

《国际货物销售合同公约》规定要约人可以撤销要约,但撤销要约的通知应当在承诺发出之前到达受要约人。受要约人一旦发出承诺,则要约人不能撤销要约。可见,《合同法》采纳了《国际货物销售合同公约》的规则。

(四)要约的失效

要约失效(invalidation of offer)是指要约丧失法律效力。要约失效后,要约人不再受要约的约束,也终止了受要约人对要约承诺的权利。要约失效后,合同即失去了成立的基础,受要约人即使对要约作出承诺,也不能成立合同。根据《合同法》第20条的规定,②要约失效有以下六种情形:

(1)要约的拒绝(rejection of the offer)。③ 拒绝要约的通知到达要约人时,要约失效。拒绝要约,既指部分拒绝,也指全部拒绝。对要约的部分拒绝是指对要约的修改、限制或者扩张,即构成反要约(counter-offer)。④ 要约人收到受要约人不接受或者部分接受要约的通知,要约即因被拒绝而导致要约效力的终止。受要约人拒绝要约后在承诺期限内又表示同意的,该同意要约的意思表示,构成一个新要约。

(2)要约的撤回(withdrawal of the offer)。⑤ 要约的撤回是指要约在生效之前,要约人撤回发出的要约,从而使要约不发生法律效力。根据大陆法系的要约生效规则,在要约到达受要约人之前,要约人可以撤回要约。根据英美法系的要约生效规则,要约在受要约人发出承诺通知之前,要约并未生效,要约人可以撤回要约。

(3)要约的撤销(revocation of the offer)。⑥ 根据大陆法系的要约规则,在受要约人发出承诺通知之前,要约人可以撤销要约。要约的撤销行为,符合法律所规定的条件的,要约即告失效。《国际货物销售合同公约》和《国际商事合同通则》确立的规则是

---

① 参见〔德〕海茵·克茨:《欧洲合同法》(上卷),周忠海等译,法律出版社2001年版,第33页。

② 《合同法》第20条规定:"有下列情形之一的,要约失效:(一)拒绝要约的通知到达要约人;(二)要约人依法撤销要约;(三)承诺期限届满,受要约人未作出承诺;(四)受要约人对要约的内容作出实质性变更。"

③ Principles of International Commercial Contracts Article 2.1.5(Rejection of offer) An offer is terminated when a rejection reaches the offeror.

④ United Nations Convention on Contracts of International Sales of Goods Article 19(1) A reply to an offer which purports to be an acceptance but contains additions, limitations or other modifications is a rejection of the offer and constitutes a counter-offer.

⑤ Principles of International Commercial Contracts Article 2.1.3 (Withdrawal of offer) (1) An offer becomes effective when it reaches the offeree. (2) An offer, even if it is irrevocable, may be withdrawn if the withdrawal reaches the offeree before or at the same time as the offer.

《合同法》第17条规定:"要约可以撤回。撤回要约的通知应当在要约到达受要约人之前或者与要约同时到达受要约人。"

⑥ Principles of International Commercial Contracts Article 2.1.4(Revocation of offer)(1) Until a contract is concluded an offer may be revoked if the revocation reaches the offeree before it has dispatched an acceptance. (2) However, an offer cannot be revoked:(a) if it indicates, whether by stating a fixed time for acceptance or otherwise, that it is irrevocable; or (b) if it was reasonable for the offeree to rely on the offer as being irrevocable and the offeree has acted in reliance on the offer.

《合同法》第18条规定:"要约可以撤销。撤销要约的通知应当在受要约人发出承诺通知之前到达受要约人。"

在受要约人发出承诺之前,要约是可以撤销的。

(4) 要约有效期届满(lapse of the offer)。要约仅在有效期限内有效,一旦有效期届满,要约失效。要约的有效期限,即为受要约人可以承诺的有效期限。在承诺期限届满之后,受要约人没有作出承诺的,要约失去效力。在要约有效期届满后,受要约人又表示接受要约的,该意思表示并不构成承诺,而是一个新要约。

(5) 要约内容的重大变更(variation of the offer)。①受要约人对要约内容的实质性变更,视为受要约人对要约人发出的要约,从而构成一个新要约,是对要约人要约的拒绝,导致要约的失效。从要约制度的历史发展看,早期要约和承诺要求完全一致,不得有任何差异。英美法系的合同法中的"镜像规则"(mirror image rule)是这一要求的体现。但是,世界各国现代合同法已经不要求要约与承诺完全一致。

(6) 要约人死亡或者丧失行为能力(death of the offeror or incapacitation of the offeror)。原则上,要约人死亡或者丧失行为能力并不影响要约的效力,但基于要约人个人原因所订立的合同,这种合同因要约人的死亡而失去存在的意义,这种要约应当无效。如果受要约人死亡或者丧失行为能力,则要约确定无效。

(五) 要约与要约邀请

要约邀请(invitation to make offer)是指一方当事人邀请相对人向自己发出要约。② 与要约不同,要约邀请仅仅是预备订立合同的行为,对发出人并没有法律拘束力,相对人对要约邀请的回应并非承诺,因而合同没有成立,如周益民股权转让纠纷案。③ 要约邀请在性质上是一种事实行为,而不是意思表示。④如果要约邀请是意思表示,要约邀请则可构成法律行为。⑤

根据《合同法》第 15 条对要约邀请的界定,一方当事人邀请对方当事人向自己发出要约,是要约邀请的通常效果,但这仅仅表现为一种事实,通常不具有法律效力。但是,要约邀请在法律上还是可能会产生一定效果。在某些特殊情形下,要约邀请的内

---

① Principles of International Commercial Contracts Article 2.1.11(Modified acceptance) (1) A reply to an offer which purports to be an acceptance but contains additions, limitations or other modifications is a rejection of the offer and constitutes a counter-offer. (2) However, a reply to an offer which purports to be an acceptance but contains additional or different terms which do not materially alter the terms of the offer constitutes an acceptance, unless the offeror, without undue delay, objects to the discrepancy. If the offeror does not object, the terms of the contract are the terms of the offer with the modifications contained in the acceptance.

② United Nations Convention on Contracts of International Sales of Goods Article 14(2) A proposal other than one addressed to one or more specific persons is to be considered merely as an invitation to make offers, unless the contrary is clearly indicated by the person making the proposal.

③ 在周益民诉上海联合产权交易所、华融国际信托有限责任公司股权转让纠纷案([2010]黄民二(商)初字第 72 号、[2010]沪二中民四(商)终字第 842 号)中,上海二中院裁判要旨认为,根据《合同法》第 15 的规定,要约邀请是指希望他人向自己发出要约的意思表示。要约邀请是当事人订立合同的预备行为,只是引诱他人发出要约,不能因相对人的承诺而成立合同。产权交易所发布的股权转让信息公告,是向不特定主体发出的以吸引或邀请相对方发出要约为目的的意思表示,应认定为要约邀请(2011 年最高人民法院公报案例)。

④ 参见史尚宽:《债法总论》,中国政法大学出版社 2000 年版,第 120 页。

⑤ 法律行为是根据当事人意思表示,即可发生私法效果的行为。

容进入合同之中,成为合同内容的一部分。例如,《商品房买卖合同纠纷案件解释》第3条规定:"商品房的销售广告和宣传资料为要约邀请,但是出卖人就商品房开发规划范围内的房屋及相关设施所作的说明和允诺具体确定,并对商品房买卖合同的订立以及房屋价格的确定有重大影响的,应当视为要约。该说明和允诺即使未载入商品房买卖合同,亦应当视为合同内容,当事人违反的,应当承担违约责任。"在缔约过程中,如果当事人对要约邀请中的相关内容没有另行再进行磋商或有相反意思表示,且相对人对此有合理信赖的,该内容可以作为默示条款而成为合同的组成部分。①在发出要约邀请之后,表意人和相对人实际上已经进入了缔约阶段。如果要约邀请违反了依据诚实信用原则所确定的先合同义务,造成对方当事人信赖利益的损失,当事人可能构成缔约过失行为,从而承担相应的缔约过失责任,如时间房地产建设集团有限公司土地使用权出让合同纠纷案。②

在实践中,判断是要约还是要约邀请往往不是一个简单的过程,各国的立法和实践存在差异。从我国立法、司法实践看,可从下列四个方面来区分要约和要约邀请:

(1) 以法律的规定作为区分标准。法律明确规定了某种行为为要约或者要约邀请,即应按照法律的规定作为区分的标准。例如,《合同法》第15条明确规定寄送的价目表、拍卖公告、招标公告、招股说明书、商业广告等为要约邀请。③

(2) 以当事人的意思作为区分标准。要约应明确包含当事人受要约拘束的意思且有明确的订立合同的意思表示,而要约邀请则是希望对方当事人主动向自己提出订立合同的意思表示。此外,当事人以自己的行为或者意思表示明确表示是要约还是要约邀请,应当以行为人的意思为区分标准。

(3) 以交易习惯作为区分标准。交易习惯充分体现了行为人的意思,可用以区分要约与要约邀请。例如,出租车显示空车灯,按照行业惯例应当视为向不特定人发出要约,而非要约邀请。出租车司机将出租车停在路边招揽顾客,如果根据当地的规定或者习惯,出租车司机可以拒载,则这种招揽行为是要约邀请;如果出租车司机不能拒载,则是要约。

(4) 以发出的对象为区分标准。要约通常是向特定人发出的,只有向特定人发出才能确定承诺人并使承诺人作出承诺,而要约邀请则是向不特定人发出,以引起不特定人对要约邀请的关注并向发出人发出要约。例如,向不特定人发出的商业广告、声明等,属于要约邀请。

---

① 参见王利明:《合同法研究》(第一卷)(修订版),中国人民大学出版社2011年版,第228页。
② 在时间房地产建设集团有限公司诉浙江省玉环县国土资源局土地使用权出让合同纠纷案([2003]浙民一初字第1号、[2003]民一终字第82号)中,最高人民法院裁判摘要认为,根据《合同法》第15条第1款的规定,国有土地使用权出让公告属于要约邀请,竞买人在竞买申请中提出报价,并按要约邀请支付保证金的行为,属于要约,双方当事人尚未形成土地使用权出让合同关系。国有土地使用权出让方因出让公告违反法律的禁止性规定,撤销公告后,造成竞买人在缔约阶段发生信赖利益损失的,应对竞买人的实际损失承担缔约过失责任(2005年最高人民法院公报案例)。
③ 《合同法》第15条规定:"要约邀请是希望他人向自己发出要约的意思表示。寄送的价目表、拍卖公告、招标公告、招股说明书、商业广告等为要约邀请。商业广告的内容符合要约规定的,视为要约。"

根据《合同法》的规定及司法审判实践,属于要约邀请的行为如下:

(1) 商品陈列待售行为。英美法系认为商品陈列待售行为属于要约邀请,[①]而大陆法系则认为商店橱窗所陈列的明码标价商品的待售行为及自动售货机中的待售行为,属于要约。但是,商品的陈列仅仅是为招徕顾客、吸引顾客并未明码标价的,则属于要约邀请而不是要约。

(2) 商品价目表的寄送行为。在通常情形下,商品价目表的寄送仅仅为商品推销行为,意在引出对方能主动同自己订立合同的要约,是一种要约邀请。[②]但是,如果价目表的内容符合要约条件,并表达出愿意受价目表的约束,则属于要约。

(3) 商业广告。商业广告通常属于要约邀请而不是要约。商业广告是为宣传、推广商品,如果广告的目的是为诱导顾客选购商品,则属于要约邀请;如果广告内容既有合同成立的主要条款,又有订立合同并接受约束的意思,则属要约,如鲁瑞庚悬赏广告纠纷案[③]。

(4) 拍卖行为。拍卖(auction)是以竞买方式订立买卖合同。[④]拍卖通常先由拍卖人宣布一个最低价,然后由竞买人根据拍卖条件规定的额度竞相加码,直到无人再加码时,由拍卖人击槌拍定,当场成交。拍卖人宣布最低价是要约邀请,竞买人出价是要约,拍卖人击槌拍定为承诺。例如,在曾意龙拍卖纠纷案中,[⑤]最高人民法院判决认为,竞买人的出价行为是要约而不是承诺。

(5) 招标公告。招标是指订立合同的一方当事人采取招标公告的形式,向不特定人发出的,以吸引或者邀请潜在的投标人向招标人发出要约的意思表示。招标有公开招标与邀请招标之分。[⑥]投标人根据招标公告的规定,制作标书,以标书的形式向招标人发出要约。招标人评标之后,确定中标人并与中标人订立合同。招标公告是招标人向潜在投标人发出的要约邀请,投标人的投标行为是要约,招标人确定中标人的行为

---

① See G. H. Treitel, The Law of Contract(10th ed.), Sweet & Maxwell 1999, p. 12.
② 在所寄送的商品价目表中,商家通常保留了价格变更的权利。
③ 在鲁瑞庚诉东港市公安局悬赏广告纠纷案([2001]丹民初字第15号、[2002]辽民一终字第38号)中,辽宁高院裁判要旨认为,发布悬赏广告是一种法律行为,即广告人以广告的方式发布声明,承诺对任何按照声明的条件完成指定事项的人给予约定的报酬。任何人按照广告公布的条件,完成了广告所指定的行为,即对广告人享有报酬请求权。发出悬赏广告的人,则应该按照所发布广告的约定,向完成广告指定行为的人支付承诺的报酬(2003年最高人民法院公报)。
④ 《拍卖法》第3条规定:"拍卖是指以公开竞价的形式,将特定物品或者财产权利转让给最高应价者的买卖方式。"
⑤ 在曾意龙与江西金马拍卖有限公司、中国银行股份有限公司上饶市分行、徐声炬拍卖纠纷案([2004]赣民一初字第4号、[2005]民一终字第43号)中,法院裁判摘要认为,根据《合同法》《拍卖法》的有关规定,拍卖是以公开竞价的形式,将特定物品或者财产权利转让给最高应价者的买卖方式,拍卖活动必须遵守法律规定和行业惯例,必须符合公平、公正的原则。在拍卖活动中,拍卖师的拍卖行为违反法律规定和行业习惯做法,侵害有关竞买人的合法权益的,应认定其拍卖行为无效(2006年最高人民法院公报案例)。
⑥ 《招投标法》第10条规定:"招标分为公开招标和邀请招标。公开招标,是指招标人以招标公告的方式邀请不特定的法人或者其他组织投标。邀请招标,是指招标人以投标邀请书的方式邀请特定的法人或者其他组织投标。"

是承诺。关于招标范围,法律有明确的规定,①属于强制性的规定。违反法律的强制性规定,采取招标之外的其他方式订立的合同无效。例如,在时间房地产建设集团有限公司土地使用权出让合同纠纷案中,②最高人民法院判决认为土地使用权出让招标公告属于要约邀请,土地使用权的出让人对竞买人承担缔约过失责任(而不是违约责任)。

(6)招股说明书。招股说明书是指拟公开发行股票的人经批准可以公开发行股票后,根据法律规定,在法定的日期和证券主管机关指定的报刊上刊登的全面、真实、正确地披露发行股票人的信息以供投资者参考的法律文件。招股说明书属于要约邀请。

在英美法系中,拍卖、陈列待售商品、商业广告、客运时刻表、招标、股票认购等为要约邀请。③

二、承诺

承诺是接受要约的意思表示,是合同订立的最后阶段和必经程序。承诺通常以通知的方式作出,但也可以根据交易习惯或者要约表明可以通过行为方式作出。承诺生效,合同即告成立。

(一)承诺的概念

承诺(acceptance)是指受要约人接受要约人要约的意思表示,即受领要约的意思表示。换言之,承诺是受要约人以文字或者行为方式同意按照要约规定的条件与要约人订立合同的意思表示。受要约人一旦作出接受要约的意思表示并将通知送达要约人,受要约人与要约人之间的合同即宣告成立,如李德勇储蓄存款合同纠纷案④。在合同的订立过程中,受要约人对要约的承诺是合同成立的关键。在要约被承诺之前,要约仅对要约人有一定的约束力,而对受要约人却没有任何约束力。一旦受要约人向要约人发出对要约的承诺,则该要约在要约人与受要约人之间产生法律约束力。承诺是合同订立的最后阶段。一个有效的承诺应当符合以下要件:

(1)承诺的主体。承诺的主体应当是受领要约的人,即受要约人或者其代理人同意接受要约人的要约,可向要约人发出同意接受要约的通知。换言之,只有受要约人或者其代理人向要约人发出同意接受要约的通知,才能构成一个有效的承诺。受要约

---

① 《招投标法》第3条规定:"在中华人民共和国境内进行下列工程建设项目包括项目的勘察、设计、施工、监理以及与工程建设有关的重要设备、材料等的采购,必须进行招标:(一)大型基础设施、公用事业等关系社会公共利益、公众安全的项目;(二)全部或者部分使用国有资金投资或者国家融资的项目;(三)使用国际组织或者外国政府贷款、援助资金的项目。前款所列项目的具体范围和规模标准,由国务院发展计划部门会同国务院有关部门制订,报国务院批准。法律或者国务院对必须进行招标的其他项目的范围有规定的,依照其规定。"

② 时间房地产建设集团有限公司诉浙江省玉环县国土资源局土地使用权出让合同纠纷案([2003]浙民一初字第1号、[2003]民一终字第82号)。

③ See G. H. Treitel, The Law of Contract(10th ed.), Sweet & Maxwell 1999, pp.12—15.

④ 李德勇与中国农业银行股份有限公司重庆云阳支行储蓄存款合同纠纷案([2012]渝高法民终字第00014号、[2013]民提字第95号)。

人或者其代理人作出的承诺，体现了合同自由原则，也是要约本身具有约束力的根源所在。承诺人是合同的一方当事人，是要约人的自由选择；同样，要约人作为合同的另一方当事人，也是承诺人的自由选择，从而体现了合同自由原则。第三人对要约人要约的同意，是对合同自由原则的违反，从而并不构成一个有效的承诺。例如，在佛山市人民政府担保纠纷案中，①最高人民法院判决认为第三人对债权人的承诺函并未构成一个有效的担保承诺。

（2）承诺的方式。②承诺的方式是指承诺人将承诺通知送达要约人的方式。承诺通常以通知或者要约规定的其他方式发出，③如果要约对承诺的方式有明确规定的，承诺人应当遵循要约的规定。承诺有明示方式和默示方式两种：

一是明示方式。《合同法》第21条和第22条前半段规定了明示方式的承诺，即通知方式。承诺是受要约人接受要约的意思表示，目的在于使要约人知晓受要约人已经接受要约，表明双方之间的合同关系已经成立。通知是承诺的主要方式，有口头、书面及电子文件等形式。但是，如果要约对承诺的方式有明确规定，受要约人必须按照要约规定的方式承诺。否则，受要约人同意要约的行为并不构成一个有效的承诺。

二是默示方式。《合同法》第22条后半段规定了默示方式的承诺，即承诺也可以行为的方式作出，④而以行为方式进行承诺的，仅适用于按照交易习惯或者要约表明可以行为方式作出承诺的情形。承诺的方式通常应当与要约的方式相同，或者比要约更为快捷的方式。

国际公约和惯例对承诺方式也有明确的规定，《国际货物销售合同公约》⑤《国际商事合同通则》⑥和《欧洲合同法》⑦对承诺方式的规定基本一致，前两个公约表述完全相同，即"受要约人的表示同意要约的陈述或者其他行为是承诺。沉默或者不作为本身并不构成承诺"。

---

① 在佛山市人民政府与交通银行香港分行担保纠纷案（〔2001〕粤法经二初字第1号、〔2004〕民四终字第5号）中，法院裁判摘要认为，根据《担保法》第3条的规定，担保活动应当遵循平等、自愿、公平、诚实信用的原则。与借贷合同无关的第三人，向合同债权人出具承诺函，但未明确表示承担保证责任或者代为还款的，不能推定其出具承诺函的行为构成《担保法》意义上的保证（2005年最高人民法院公报案例）。

② Principles of International Commercial Contracts Article 2.1.6(Mode of acceptance)(1) A statement made by or other conduct of the offeree indicating assent to an offer is an acceptance. Silence or inactivity does not in itself amount to acceptance.(2) An acceptance of an offer becomes effective when the indication of assent reaches the offeror.(3) However, if, by virtue of the offer or as a result of practices which the parties have established between themselves or of usage, the offeree may indicate assent by performing an act without notice to the offeror, the acceptance is effective when the act is performed.

③ 《合同法》第22条规定："承诺应当以通知的方式作出，但根据交易习惯或者要约表明可以通过行为作出承诺的除外。"

④ See G. H. Treitel, The Law of Contract(10th ed.), Sweet & Maxwell 1999, p.17.

⑤ Article 18(1) A statement made by or other conduct of the offeree indicating assent to an offer is an acceptance. Silence or inactivity does not in itself amount to acceptance.

⑥ Article 2.1.6(Mode of acceptance)(1) A statement made by or other conduct of the offeree indicating assent to an offer is an acceptance. Silence or inactivity does not in itself amount to acceptance.

⑦ Article 2:204 (ex art. 5.204)—Acceptance (1) Any form of statement or conduct by the offeree is an acceptance if it indicates assent to the offer.(2) Silence or inactivity does not in itself amount to acceptance.

(3) 承诺的内容。承诺应包含明确同意要约人要约的意思表示。受要约人同意接受要约人的要约,即表明要约人与承诺人就交易达成合意,合同宣告成立。早期各国法律和实践要求承诺的内容与要约的内容完全一致,不得有任何变更,英美法系的"镜像规则"是这一要求的具体体现。现代各国法律和实践允许承诺的内容与要约的内容存在一定的差异,即受要约人可以变更要约的部分内容,但不能对要约的实质性内容进行变更。如果承诺是对要约的实质性变更,即包含了新的条款或者以某种方式改变了原要约中的条款,则构成了反要约,反要约是一项新的要约,而不是有效的承诺。反要约构成对原要约的拒绝,使原要约终止而丧失法律效力。《国际商事合同通则》第2条的相关规定体现了上述内容。①《合同法》第30条规定了承诺应当与要约内容一致,对要约内容的实质性变更为新的要约而不是有效承诺;第31条规定了承诺对要约内容的非实质性变更为有效的承诺。

(4) 承诺的期限。承诺的期限是指承诺人对要约作出承诺的有效期限。承诺人应当在要约的有效期限内作出承诺。承诺的期限有两种情形:

一是有明确承诺期限的要约。要约中有明确的承诺期限的,受要约人应当在承诺的有效期限内作出承诺,且承诺的通知应当在要约确定的期限内到达要约人。否则,受要约人的承诺无效,其行为构成一个新的要约。②

二是没有有效期的要约。没有规定有效期限的两种情形,即对话方式和非对话方式。对话方式的要约,受要约人应当即时作出承诺,但当事人另有约定的除外;非对话方式的要约,受要约人则应在合理的期限内作出承诺。《国际商事合同通则》第2条的相关规定基本反映了上述内容。③

(二) 承诺的效力

承诺的效力是指承诺人作出承诺所产生的法律上的约束力,包括承诺的生效、效力的内容、承诺的撤回及消灭等内容。

承诺的生效是指承诺人对要约的承诺所产生的法律约束力。承诺是一种意思表

---

① Article 2.1.11(Modified acceptance)(1) A reply to an offer which purports to be an acceptance but contains additions, limitations or other modifications is a rejection of the offer and constitutes a counter-offer. (2) However, a reply to an offer which purports to be an acceptance but contains additional or different terms which do not materially alter the terms of the offer constitutes an acceptance, unless the offeror, without undue delay, objects to the discrepancy. If the offeror does not object, the terms of the contract are the terms of the offer with the modifications contained in the acceptance.

② 受要约人在超过要约规定的有效期之后向要约人发出承诺的,为逾期承诺。逾期承诺虽为受要约人向要约人发出的同意接受要约的意思表示,但因其超过要约所规定的承诺期限,不符合有效承诺的全部要件,不能发生承诺的法律效力。在到达要约人时,逾期承诺对要约人没有拘束力,视为一个新的要约。要约人可以对该要约作出承诺,也可置之不理。

③ Article 2.1.7(Time of acceptance) An offer must be accepted within the time the offeror has fixed or, if no time is fixed, within a reasonable time having regard to the circumstances, including the rapidity of the means of communication employed by the offeror. An oral offer must be accepted immediately unless the circumstances indicate otherwise.

示,承诺生效的规则适用意思表示生效的规则,①具体有两种情形:

(1) 对话方式的承诺。以对话方式作出的承诺,要约人知晓时承诺生效。对话方式作出承诺有对话和电话两种方式,承诺人的承诺通知即时为要约人所了解。

(2) 非对话方式的承诺。以非对话方式作出的承诺,根据《合同法》的规定,在承诺通知到达要约人时承诺生效。②以非对话方式作出的承诺,大陆法系和英美法系在承诺的生效时间上存在差异。英美法系采取投邮生效规则,即发信主义,受要约人将承诺通知交邮时,承诺即告生效,合同成立。大陆法系则采取到达主义生效规则,承诺到达要约人可控制的范围内才告生效。③《合同法》采纳了大陆法系的到达主义的生效规则。

承诺效力的内容表现为承诺与要约相结合,合同即告成立。④在诺成合同中,受要约人发出承诺通知,合同即告成立;在要物合同中,虽然物的交付是合同的成立时间,但承诺生效仍然是合同成立的必要前提;在要式合同中,虽然承诺生效并非合同的成立时间,但也是合同成立的必要条件。由于诺成合同是典型的合同形态,而要物合同和要式合同仅为特殊的合同形态。因此,承诺生效通常意味着合同成立。

承诺的撤回(withdrawal of acceptance)是指在承诺生效之前承诺人阻止承诺发生法律效力的行为。英美法系采纳发信主义,承诺人发出承诺通知,承诺即告生效,承诺不可能再撤回。大陆法系采纳到达主义,承诺通知到达要约人之前,承诺还未生效,承诺人有撤回承诺的可能性。《国际货物销售合同公约》⑤和《国际商事合同通则》⑥采纳了大陆法系的规则,承诺可以撤回。我国立法采纳了大陆法系的规则,《合同法》第27条规定:"承诺可以撤回。撤回承诺的通知应当在承诺通知到达要约人之前或者与承诺通知同时到达要约人。"

承诺的撤回是《合同法》规定的承诺消灭的唯一原因。⑦承诺的撤回应以通知的方式由承诺人向要约人发出,撤回承诺的通知应明确表示撤回承诺,放弃订立合同的意思表示。撤回承诺的通知应当先于承诺的通知到达要约人,才能产生阻止承诺生效的效力。由于口头形式的承诺,一经发出即告生效,因而承诺的撤回仅限于书面形式的承诺。

承诺可以撤回,但不能撤销。承诺一经生效,意味着合同成立。《合同法》第25条

---

① 参见郑云瑞:《民法总论》(第八版),北京大学出版社2018年版,第343—344页。
② 《合同法》第26条第1款规定:"承诺通知到达要约人时生效。"
③ 即承诺通知到达要约人的邮箱或者进入要约人的邮件系统。
④ "承诺效力之内容,只有一点,即与要约相结合而成立契约是也。"郑玉波:《民法债编总论》(修订二版),中国政法大学出版社2004年版,第49页。
⑤ Article 22 An acceptance may be withdrawn if the withdrawal reaches the offeror before or at the same time as the acceptance would have become effective.
⑥ Article 2.1.10 (Withdrawal of acceptance) An acceptance may be withdrawn if the withdrawal reaches the offeror before or at the same time as the acceptance would have become effective.
⑦ 但是,郑玉波先生认为,合同的成立也是承诺消灭的原因。参见郑玉波:《民法债编总论》(修订二版),中国政法大学出版社2004年版,第50页。

规定:"承诺生效时合同成立。"《国际货物销售合同公约》第 23 条也有类似的规定。①如果承诺能够被撤销的话,承诺的撤销意味着撤销合同。显然,承诺的撤销问题,已经超越了承诺制度本身,涉及合同的撤销制度。

三、合同成立的时间与地点

关于合同成立的时间和地点,两大法系有不同的规定。关于合同的成立时间,英美法系实行发信主义规则,大陆法系则实行到达主义规则。显然,英美法系的发信主义要比大陆法系的达到主义成立合同时间早些。

在网络环境下订立合同,英美法系的发信主义遇到无法逾越的障碍。发信主义主要适用于通过传统邮寄方式订立的合同,而不适用于以对话方式和即时通信方式订立的合同。通过网络方式订立的合同,如以电子邮件、QQ、微信等即时方式订立的合同,发信主义规则难以适用。

根据大陆法系的到达主义规则,以电子邮件、QQ、微信等即时方式订立合同的,承诺文件进入收件人指定系统即为到达。《合同法》采纳了大陆法系的到达主义规则,明文规定采用数据电文形式订立合同,收件人指定特定系统接收数据电文的,该数据电文进入该特定系统的时间,视为到达时间。《电子签名法》继受了《合同法》的规定。承诺文件到达收件人指定系统,承诺即告生效。承诺生效,合同成立。

以传统邮寄方式订立的合同,承诺通知到达要约人时生效,承诺生效时合同成立。承诺生效的时间即为合同成立的时间。承诺通知到达的地点是合同的成立地点,如《合同法》第 34 条规定,承诺生效的地点为合同成立的地点。

第三节 合同的特殊订立方式

要约与承诺是合同订立的一般方式,大多数合同是通过要约与承诺方式订立的,但也有少数合同并非采取要约与承诺方式订立,简化了缔约程序,改变了缔约方式,主要有交叉要约、意思实现、事实合同和格式条款等特殊的合同订立方式。

一、交叉要约

交叉要约(cross-offer)是指要约人以非直接对话的方式,相互不约而同地向对方发出了以订同一合同为目的的要约。交叉要约是当事人订立合同的特殊方式。在证券市场的上市公司的股票买卖和期货市场上的期货商品买卖中,股票和期货商品的竞价大多是以交叉要约方式实现的。交叉要约有以下三个方面的内容:

(1)要约时间。交叉要约最大的特点是两个要约人同时向对方发出要约,要约发

---

① Article 23 A contract is concluded at the moment when an acceptance of an offer becomes effective in accordance with the provisions of this Convention.

出的时间是交叉要约的核心要素,有两种情形:一是要约人同时向对方发出要约。要约人同时向对方发出要约,并非要求时间上的完全一致,时间上允许有一定的差异,如同城的两个要约人在同一天的上午向对方发出要约,或者异地的两个要约人在同一天向对方发出要约。二是要约人先后向对方发出要约。要约人向对方发出要约有先有后,但最后发出要约的要约人应当在收到对方要约之前发出要约,如同城的甲要约人在上午九点向同城的乙以快递的方式发出要约,乙在下午两点向甲以快递方式发出要约后,在三点收到甲的要约。以 QQ、微信等即时方式发出的要约,不适用前述情形,且通常难以构成交叉要约,除非两个要约人在同一时间向对方发出要约。

(2) 要约方式。要约方式是构成交叉要约的基础。要约人以口头方式发出要约,要约人应即时对要约作出回应,不可能出现交叉要约的情形。交叉要约通常出现在以信件方式发出的要约中。在以信件方式的要约中,两个要约有时间差,有可能出现交叉要约的情形。以 QQ、微信等即时方式发出的要约,两个要约难以出现时间差,通常不大可能出现交叉要约的情形。此外,要约必须到达对方当事人,只有要约到达当事人,才会出现合同是否成立的问题。

(3) 要约内容。要约内容是交叉要约构成的前提,如果两个要约的内容在合同的必要条款上存在较大的差异,根据镜像规则,这两个要约不可能成立一个合同,就没有必要讨论合同成立的问题。即交叉要约内容的一致性是讨论合同成立的前提。

在交叉要约中,两个要约的内容是一致的,但要约的当事人彼此之间没有任何协商,即双方当事人之间并未形成合意。对于交叉要约能否成立合同有两种截然不同的观点:

(1) 合同不成立说。合同不成立说认为,交叉要约本身并不能成立合同。由于双方当事人同时向对方发出要约,只有当双方当事人正式表示接受要约时,双方当事人的意思表示才达成合致。即使在交叉要约的情形下,当事人也可以拒绝对方所发出的要约。如果交叉要约可以成立合同,将否定要约人的撤回权和撤销权。如果要约同时到达对方,当事人均丧失要约的撤销权。英美法系采纳了合同不成立说,认为交叉要约不能构成对彼此要约的承诺,合同不成立。①

(2) 合同成立说。合同成立说认为,交叉要约导致合同的成立。在交叉要约中,双方当事人均有订立合同的意思,双方当事人意思表示合致,发出要约的时间也几乎相同,法律可推定有相互承诺的结果,从而认定合同成立。合同成立的时间应以后一个要约到达对方当事人时为准。大陆法系主流的观点采纳了合同成立说,认为交叉要约的意思表示相同,从鼓励交易原则出发,推定双方已经作出承诺,合同成立。

前述两种观点体现了不同的法律价值,合同不成立说更为有利于保护缔约双方当事人的利益,赋予双方当事人撤回要约和撤销要约或者拒绝承诺的权利,更为充分地体现了合同自由原则。但是,如果在两个要约的有效期内,双方都不作拒绝要约的明

---

① See G. H. Treitel, The Law of Contract(10th ed.), Sweet & Maxwell 1999, p.35.

确表示,则极易发生纠纷。为鼓励交易,可推定为互有承诺,使内容一致的要约达成合意,合同得以成立。合同成立说为通说,①通过交叉要约成立合同,有利于促进交易,提高交易的效率,降低交易成本。但是,《合同法》及其司法解释均未规定交叉要约的法律效力。交叉要约并未损害要约人的利益,且订立合同也体现双方当事人的意思,并未违反合同自由原则。为保护当事人的权利,立法可以赋予要约人对交叉要约的撤销权,充分体现意思自治原则,以填补交叉要约的法律漏洞和法律空白。

二、意思实现

意思实现(realization of will)是指按照习惯或者事件的性质,不需要承诺通知或者要约人预先声明承诺无须通知,要约人如有客观事实可以推定受要约人有承诺的意思,则合同成立。②《合同法》第22条的但书条款对此有明确规定,③是意思实现的法律依据。按照习惯或者事件的性质无须作出承诺通知的有以电报方式预订旅馆房间等,不需要表明承诺,如不承诺则需要告知。有受要约人承诺的客观事实的推定,是指受要约人不进行口头或者书面承诺但按照要约人的要求履行合同义务,如受委托开始处理委托事务、发运要约人欲购货物等。受要约人以行为实际履行对要约的承诺,而不是以意思表示等通知方式进行承诺。

合同通常包含两个意思表示,即一个要约的意思表示和一个承诺的意思表示共同构成一个有效的合同,但某些合同在意思表示之外还有一种意思实现,即意思表示(即要约的意思表示)加意思实现(即承诺行为)构成一个合同。意思实现是相对于意思表示而言的,行为人并非通过表达法律行为的意思方式产生法律后果,而是以创设相应状态的方式产生行为所要实现的法律后果。换言之,意思实现是一种实施行为,而不是一种表示行为。④意思实现应具备以下两个构成要件:⑤

(1) 有可确认的承诺事实。有可确认的承诺事实是客观上推定受要约人有承诺意思存在的基础。在实务中,有承诺的事实主要有两种情形:

一是受领行为。受要约人的受领行为是构成承诺的事实,如受要约人拆封要约人因要约所送的书刊,即视为承诺的事实。出版商或者图书经销商将图书或者杂志直接邮寄给读者,读者拆封即视为同意购买所邮寄图书或者杂志。

二是履行行为。受要约人直接履行合同的行为构成承诺的事实,如受要约人(网店店主)直接向要约人(网购人)邮寄所购的物品。受要约人为履行合同作准备,如旅店老板将旅客(要约人)姓名登记为预定房客名单。

(2) 无须承诺通知。根据交易习惯或者事件的性质或者要约人在发出要约时预

---

① 参见郑玉波:《民法债编总论》(修订二版),中国政法大学出版社2004年版,第50页。
② 参见史尚宽:《债法总论》,中国政法大学出版社2000年版,第30页。
③ 《合同法》第22条规定:"承诺应当以通知的方式作出,但根据交易习惯或者要约表明可以通过行为作出承诺的除外。"
④ 参见〔德〕卡尔·拉伦茨:《德国民法通论》(下册),王晓晔等译,法律出版社2003年版,第429页。
⑤ 参见郑玉波:《民法债编总论》(修订二版),中国政法大学出版社2004年版,第51—52页。

先声明,承诺无须通知。意思实现与默示承诺的区别在于,意思实现无须通知,因而无所谓到达要约人,只需有可认为承诺的事实即可;默示承诺,既然是意思表示的一种方式,则应有意思表示且还应到达要约人,否则合同不成立。无须承诺通知有以下三种情形:一是根据交易习惯,受要约人的承诺无须通知要约人;二是根据事件的性质,受要约人的承诺无须通知要约人;三是根据要约人的声明,受要约人的承诺无须通知。《合同法》第22条的但书条款规定了第一、第三种情形。

合同因意思实现而成立,并非合同成立的变异现象或者例外情形。在商业伙伴之间通常采取意思实现的方式订立合同。例如,商品制造商在收到经销商的订单之后,一般不发出承诺通知,而是采取直接按照订单的数量发货的方式订立合同。在现代交易条件下,为满足商业伙伴之间交易的便捷、快速,合同当事人通常以商品连同发票等商业单据一同送交相对人,合同因意思实现而成立。以意思实现方式而成立合同的模式,其重要性不会逊色于以要约与承诺方式而意思表示一致成立的合同。在商事活动中,大量的交易发生在长期合作伙伴之间,一个生产商(如手机制造商、汽车制造商、飞机制造商等)少则几十、上百家供应商,多则上千家甚至更多的供应商,以意思实现方式订立合同具有便利、快捷的优势,有效地降低了交易成本。因此,意思实现在现代商事交易中被广泛使用。

三、事实合同

事实合同是指因事实行为而在当事人之间形成的合同关系。人们在乘坐地铁或者公共汽车,使用水、电、气等,或者租用收费停车场等情形,是按照事先规定的费率进行交易。消费者对这些服务需要的迫切性,表明他们会接受这些交易条件。因此,当事人之间形成合同关系。

作为合同成立要素的合意,已经被"典型的社会行为"所代替。在《论事实合同关系》(1941年)中,德国学者豪普特(Gunter Haupt)根据这种社会现象提出了事实合同(factual contract)的概念。[1]事实合同理论抨击了传统的意思表示理论,挑战了传统合同法的合意理论,撼动了传统民法理论。事实合同理论否定了以意思合意为本质的整个合同法理论,动摇了传统合同法理论的基本理念和制度。

由于强制缔约制度的存在尤其是格式条款的广泛使用,在很多情形下合同的订立不必采取要约与承诺的缔约方式,而是通过事实行为的方式来完成的。合同关系因一定的事实行为而成立,当事人的意思表示如何,则在所不问。豪普特认为,以事实行为订立合同有三种情形:

(1)基于社会接触。基于社会接触产生的事实合同关系,主要表现为缔约过失问题和以默示方式成立的合同关系两种情形。德国反对者认为,应由缔约过失责任解决。

---

[1] 参见〔德〕罗伯特·霍恩等:《德国民商法导论》,楚建译,中国大百科出版社1996年版,第85页。1956年德国联邦最高法院在审理的首例停车场案的判决中指出,当汽车停放在停车场时,事实上的合同关系已经发生。

(2) 基于团体关系。基于团体关系所产生的事实合同关系,如事实上的合伙、事实上的劳动关系。德国反对者认为,在德国,事实上的合伙关系已经为有瑕疵合同理论所替代,事实上的劳动关系已经为有瑕疵的劳动关系所替代。

(3) 基于典型社会行为。基于典型社会行为所产生的事实合同关系,如电、煤气、自来水、公共汽车等现代经济生活不可或缺的给付,通常由大企业垄断经营。大企业详细规定了使用条件及由此产生的权利义务,缔约的相对人既没有选择自由,也没有变更合同条款的可能,从而产生了事实合同关系。这种类型的事实合同经德国学者卡尔·拉伦茨(Larenz)的改造,形成了社会典型行为理论。①该理论曾为德国联邦法院作为判决的理由而为世人所知晓。

事实合同关系理论,对传统的合同法理论形成了冲击和挑战。根据传统合同法理论,合同是当事人意思表示一致的产物,合同的本质是合意,合意的形成必须经过要约和承诺两个阶段。按照事实合同理论,合同成立不需要经过订立阶段,也不必考虑当事人的意思表示是否一致,仅以事实行为为合同的成立依据。

事实合同关系理论解决了现实存在的一些问题,但对传统民法理论的价值体系提出了挑战,否定了法律行为理论。法律行为是以双方当事人的意思表示一致为内容,如果没有合意,则合同在性质上不属于一种法律行为。事实合同关系理论的提出有助于对传统民法理论的反思,并不断地丰富和发展现代民法理论。实际上,事实合同关系理论是现代合同理论的有益补充,并不可能彻底否定现代合同法制度。

四、格式条款

格式条款(standard terms)是当事人一方为重复使用而预先拟订的且另一方当事人只能同意这些预先拟订的条款所设立的合同。对于格式条款的称谓,各国或地区有较大的差异。法国称为"附合合同",德国称为"一般交易条件",英美法称为"标准合同",我国台湾地区称为"定型化契约"。《合同法》第 39 条明确规定了格式条款制度。格式条款的产生和发展,是 20 世纪合同法发展的主要标志之一。19 世纪中期以来,伴随着科技和社会经济迅速发展,特别是消费领域和公用事业领域的发展,作为日常交易法律表现形式的格式条款,广泛地出现在社会经济生活中。

(一) 格式条款的特征和意义

随着计算机技术的发展与广泛应用,网络时代、电子商务的到来,一些网络公司纷纷使用拆封合同(shrink-wrap contract)和点击合同(click-warp contract)。水、电、热力、燃气、邮电、电信、保险、银行、铁路、航空、公路、海运等具有一定规模垄断性行业、公用事业单位,大量地使用格式条款。格式条款的广泛应用,不可避免地出现了一系列法律和社会问题,成为商家垄断的工具,损害消费者权益。

一般来说,格式条款包含三个方面的特点:

---

① 参见〔德〕卡尔·拉伦茨:《德国民法通论》(下册),王晓晔等译,法律出版社 2003 年版,第 745—746 页。

(1) 拟订的单方性。格式条款是由格式条款的提供方在订立合同前事先拟订的。格式条款的提供方通常是提供特定商品或者服务的机构，也有格式条款是由政府部门制定的，如商品房预售合同、商品房买卖合同、旅游服务合同。由于格式条款是提供方事先拟定的，格式条款的提供方总是处于要约人的地位。

(2) 使用的重复性。格式条款是为重复使用而不是为一次使用制定的。由于提供特定商品或者服务的当事人向所有的顾客提供特定商品或者服务将实行相同条件，当事人将合同条件标准化而拟定出格式条款。格式条款的重复使用，决定了使用格式条款有减少谈判时间和费用从而节省交易成本的优点。

(3) 订立的附合性。在合同订立过程中，格式条款的提供方并不与相对方对格式条款的内容进行协商，即格式条款的内容是不能改变的，相对方只能同意格式条款的内容与提供方订立合同，而不可能与格式条款的提供方协商修改格式条款的内容。当事人在订立合同时是否可以对合同条款进行协商，是格式条款与其他条款的根本性区别。

格式条款以高效快捷的缔约优势，逐渐代替普通合同而成为现代经济生活中最主要的合同形式。随着经济的发展，格式条款作为经济交易手段的重要性将更加明显，作用也必将更加突出，格式条款的价值在于：

(1) 降低交易成本。降低缔约成本，提高交易活动的效益，节省交易时间这一点体现了格式条款的交易价值。随着市场经济的发展，各行各业都在追求效率，力争以最少的投入取得最大的利润，现代的商业环境中交易高速地进行，特别是在交易频繁的商品、服务、运输行业，不可能与个别的消费者逐一订立合同。格式条款内容上的格式化、特定性精简了缔约的程序，适应了现代商业发展的要求。

(2) 维护交易安全。格式条款可以维护交易安全，预先分化风险，预测潜在的法律责任，将风险转移给第三人。现代市场交易活动中，随着高新技术在生产和生活各个领域的广泛应用，格式条款当事人不可能对未来作出完全的预测，加之不确定或偶发事件，激烈市场竞争、内在变化的市场行情，以及各种促销手段及宣传媒介往往缺乏诚信与职业道德，经济生活的健康安全的发展需要选择一种相对安全的合同形式，以保障交易的安全性。格式条款本身具有的安全价值，以及预先性、确定性、稳定性的特点，适应了市场交易的需要，保障了交易的安全性。

(3) 保障交易公平。在现代商品交易与交换合同中，公平是一个最基本的原则，倡导公平是法律的价值所在。由于格式条款是为大量重复使用而事先拟订未与对方协商的条款，同时又具有确定性与连续性，不会因当事人的合同地位、履行能力以及社会地位的不同而修改条款，为不同条件的人提供了自由交易的公平机会，体现了法律的公平价值。在现代合同关系中，合同当事人的经济地位、协商能力、经验、法律知识层次，以及拥有的交易信用同样是不均衡的，特别是公用事业的发展，造成了不可能单独订立合同的情形，如果允许单独订立合同，反而会造成不公平情形的出现。

(二)格式条款的弊端

在现代社会经济生活中,格式条款的使用非常普遍,如保险合同、航空或者旅客运输合同、供电、供水、供热合同和邮政电信服务合同等。格式条款简化了缔约手续,减少了缔约时间,从而降低交易成本,提高生产经营效率。但是,格式条款大多以垄断为基础,而格式条款的普遍使用又在一定程度上加剧了垄断,限制了合同自由,极易产生不公平的结果。由于格式条款提供者处于垄断地位,相对人又处于别无选择的境地,从而格式合同提供方可以将不公平条款强加于相对人,如不合理地扩大自己的免责范围,规定对方必须放弃某些权利等。可见,格式条款虽然具有节省交易成本、增进交易安全、提高交易效率、保障交易公平等价值,但是也有一些严重的负面影响,主要表现为:

(1)对合同自由原则的限制。格式条款排除了相对人选择与协商的可能性,在事实上形成了对相对人的强制,使缔约地位在法律上的平等掩盖了事实上的不平等,使当事人处于更加不利的地位,违背了合同法的基本原则,最典型的就是契约自由、平等公平、诚信原则,损害了消费者的正当权益。此外,格式条款的提供方在经济方面具有绝对的优势,将合同条款强加给对方当事人从而使对方失去了讨价还价的机会。例如,在孙宝静服务合同纠纷案中,①上海二中院判决认为,根据法律规定,经营者不得以格式合同、通知、声明、店堂告示等方式作出对消费者不公平、不合理的规定(即霸王条款),格式合同、通知、声明、店堂告示等包含有上述内容的,该内容无效。

(2)对法律的不合理规避。格式条款出现大量的免除格式条款提供方主要义务、排除相对人主要权利的条款,直接损害相对人的利益,造成利益失衡,引发一系列法律纠纷问题。例如,在来云鹏服务合同纠纷案中,②北京海淀法院判决认为,案件所涉的格式条款不存在违反法律规定,侵害国家、集体或其他人的合法权益,未损害社会公共利益或者免除义务人的法律责任,也未加重权利人的责任,排除权利人的主要权利等

---

① 在孙宝静诉上海一定得美容有限公司服务合同纠纷案([2012]黄浦民一(民)初字第95号、[2012]沪二中民一(民)终字第879号)中,法院裁判摘要认为,在消费者预先支付全部费用、经营者分期分次提供商品或服务的预付式消费模式中,如果经营者提供的格式条款载明"若消费者单方终止消费,则经营者对已经收费但尚未提供商品或服务部分的价款不予退还",该类格式条款违反我国合同法、消费者权益保护法的相关规定,应属无效。在预付式消费中,如果消费者单方终止消费,经营者并无违约或过错行为的,应结合消费者过错程度、经营者已经提供的商品或服务量占约定总量的比例、约定的计价方式等因素综合确定消费者的违约责任(2014年最高人民法院公报案例)。

② 在来云鹏诉北京四通利方信息技术有限公司服务合同纠纷案([2001]海民初字第11606号)中,法院裁判要旨认为,网站采用电子文本的格式条款合同方式,供用户选择并确定双方有关信息服务的权利义务关系,不违反法律的规定。对于格式条款合同,只要合同的约定内容不存在侵害国家、集体或其他人的合法权益,损害社会公共利益或者免除义务人的法律责任,加重权利人的责任,排除权利人的主要权利等法律禁止的内容,应视为有效。网络信息服务提供商为用户提供免费邮箱服务,由于免费信箱服务是网络信息服务提供商单方面向用户无偿提供的,网络信息服务提供商在提供该项服务时,有权根据服务条款对如何提供这项服务予以说明或者保留,并要求使用免费邮箱的用户遵守,在不违反法律的强制性规定的情况下,根据约定或者在网站发布声明的方式,属于履行了服务条款中的说明和提示义务,有权对该项免费服务内容进行合理变更,其行为合法有效,不构成违约(2002年最高人民法院公报案例)。

法律禁止的内容的,对双方当事人应具有法律上的约束力。

(3)对合同相对人不利。格式条款具有预先拟订性和单方决定性,为追求利益的最大化,很少或完全不考虑相对人的利益,成为经营者垄断和强制压迫消费者的工具。例如,在广东直通电讯有限公司电话费纠纷案中,①广州中院判决认为,格式条款仅强调格式条款提供方的权利,损害相对人的权益,违背公平原则,该格式条款应属无效。

(三)《合同法》对格式条款的规制

鉴于上述情形的存在,各国的立法均对格式条款进行规制,我国的立法也不例外,包括《合同法》在内的一系列立法从不同方面对格式条款进行了规制,如《合同法》第39条、第40条及第41条对格式条款进行了细致规定,体现了国家对合同的干预、对弱势一方当事人利益的保护。《合同法》对格式条款的规制体现在以下三个方面:

(1)提示、说明的义务。格式条款的免除或者限制提供方责任的内容,通常会严重损害格式条款接受方的合法权利。在订立合同时,格式条款的提供方应当对这部分内容向接受方进行提示或者说明。提示说明的方式有两种:一是按照接受方提出的要求对有关条款予以说明;二是以能够引起接受方注意的文字、符号等进行标识。格式条款的提供方应将前述两种方式结合,以避免格式条款被宣告无效。例如,在段天国保险合同纠纷案中,②南京江宁法院判决强调了格式条款的提供方对免除或者限制责任条款的说明义务,未履行说明义务的,该条款无效。又如,在刘超捷电信服务合同纠纷案中,③徐州泉山法院判决认为,格式条款的提供方应当遵循公平原则确定当事人之间的权利和义务,并采取合理的方式提请对方注意免除或者限制其责任的条款,按照对方的要求对该条款予以说明。格式条款提供方未能证明在订立合同时已将该限制条件明确告知消费者并获得消费者同意的,该限制条件对消费者不产生效力。

合同对格式条款中的相关词语有明确的说明,在订立合同之时,对方当事人知晓

---

① 在广东直通电讯有限公司诉洪分明电话费纠纷案(〔1999〕海法民字第765号、〔1999〕穗中法民终字第2259号)中,法院裁判要旨认为,《民法通则》中并没有对格式条款作出明确规定,但根据《民法通则》第4条的规定,民事活动应当遵循自愿、公平、等价有偿、诚实信用的原则。由此可见,在有格式条款的合同中,提供合同的一方当事人也不能违背《民法通则》中的公平原则,只强调自己的权利利益,忽略对方的利益。根据《民法通则》第59条、第61条的规定,民事行为显失公平的,一方有权请求法院或者仲裁机关予以变更或者撤销。被撤销的民事行为从行为开始起无效。民事行为被确认为无效或被撤销后,当事人因该行为取得的财产,应当返还给受损失的一方。有过错的一方应当赔偿对方因此所受的损失,双方都有过错的,应当各自承担相应的责任。因此,《合同法》实施以前所签订的格式条款有损对方当事人的利益,应当承担相应的民事责任(2001年最高人民法院公报案例)。

② 在段天国诉中国人民财产保险股份有限公司南京市分公司保险合同纠纷案(〔2010〕江宁商初字第5号)中,法院裁判摘要认为,根据《保险法》的规定,保险人在订立保险合同时应当向投保人说明保险合同的条款内容。保险合同中规定有关于保险人责任免除条款的,保险人在订立保险合同时应当向投保人明确说明,未明确说明的,该条款不产生效力。据此,保险人有义务在订立保险合同时向投保人就责任免除条款作出明确说明,前述义务是法定义务,也是特别告知义务。如果保险合同当事人对保险人是否履行该项告知义务发生争议,保险人应当提供其对有关免责条款内容作出明确解释的相关证据,否则该免责条款不产生效力(2011年最高人民法院公报案例)。

③ 刘超捷诉中国移动通信集团江苏有限公司徐州分公司电信服务合同纠纷案(〔2011〕泉商初字第240号)。

相关内容且未提出任何异议,接受并签署了合同文本的,该格式条款有效。例如,在天津开发区家园房地产营销有限公司特许经营合同纠纷案中,①天津二中院判决认为,虽然合同属于格式条款提供方提供的格式文本,但对于合同条款中的相关词语,如竞业禁止条款中的"关系人""关联企业"的含义,合同均有明确的说明。在订立合同之时,格式条款的接受方对相关内容是明知的,且未提出任何异议并实际上接受、签署了合同文本。因此,加盟特许经营合同是当事人意思自治的体现,合同成立即对双方当事人产生法律约束力。

(2)无效格式条款。格式条款仅存在法律规定的无效情形时,才能被宣告无效,而并非只要是格式合同即一律无效。例如,在成路教学合同纠纷案中,②无锡中院判决认为,原告以格式合同为合同的内容虚假,并非自己的真实意思表示而主张合同无效的理由不能成立。

实践中,在消费领域存在着大量侵害消费者合法权益的不平等格式条款,一些商家利用不平等格式条款,以逃避法定义务,减免法律责任。在格式合同中,格式条款提供方免除自己责任、加重对方责任、排除对方主要权利三种情形的格式条款无效:

一是免除自己责任。免除自己责任是指格式条款的提供方在格式条款中已经不合理或者不正当地免除其应当承担的责任。例如,在周显治、俞美芳商品房销售合同纠纷案中,③宁波中院判决认为,双方当事人签订的补充协议的格式条款系格式条款提供方提供,并没有采取合理的方式提请对方当事人注意,而其内容显然对对方当事人利益不利,导致对方当事人权益处于不确定状态,免除了格式条款提供方按时交付房地产权属证书的义务,应当为无效。

二是加重对方责任。即格式条款的提供方把应由自己承担的责任强加给对方当

---

① 在天津开发区家园房地产营销有限公司诉天津森得瑞房地产经营有限公司特许经营合同纠纷案(〔2005〕南经初字第1108号、〔2006〕二中民二终字第179号)中,法院裁判摘要认为,双方签订的合同中设定了某些看似对一方明显不利的条款,但设立该条款是双方当事人真实的意思表示,实质恰恰在于衡平双方的权利义务。在此情形下,合同一方当事人以显失公平为由请求撤销该合同条款的,不予以支持(2007年最高人民法院公报案例)。

② 在成路诉无锡轻工大学教学合同纠纷案(〔1999〕锡郊民初374号、〔2000〕锡民终55号)中,法院裁判要旨认为,格式条款是当事人为了重复使用而预先拟订,并在订立合同时未与对方协商的条款。双方当事人如果对格式合同条款的理解发生争议,按照通常的理解予以解释;如果解释有两种以上,应当采用不利于提供格式条款一方的解释。格式合同也是法律所允许的一种书面合同。根据《民法通则》第85条和第88条的规定,合同是当事人之间设立、变更、终止民事关系的协议。依法成立的合同,受法律保护。合同的当事人应当按照合同的约定,全部履行自己的义务。格式条款在双方当事人签字后,就成为双方当事人一致的意思表示,合同即告成立。如果没有出现法律规定的合同无效的事由,该格式条款是有效的。学校提供的规章制度的内容若没有存在法律规定的无效情形,当事人不能主张其无效(2002年最高人民法院公报案例)。

③ 在周显治、俞美芳与余姚众安房地产开发有限公司商品房销售合同纠纷案(〔2014〕甬余民初字第90号、〔2014〕浙甬民二终字第470号)中,法院裁判摘要认为,在商品房买卖中开发商的交房义务不仅仅局限于交钥匙,还需出示相应的证明文件,并签署房屋交接单等。双方当事人签订的合同中分别约定了逾期交房和逾期办证的违约责任,但同时又约定开发商承担了逾期交房的责任之后,逾期办证的违约责任就不予承担的,应认定该约定属于免除开发商按时办证义务的无效格式条款,开发商仍应按照合同约定承担逾期交房、逾期办证的多项违约责任(2016年最高人民法院公报案例)。

事人,加重对方当事人的责任和义务,免除自己的义务。例如,在顾骏储蓄合同纠纷案中,①上海二中院判决认为,"凡是通过交易密码发生的一切交易,均应视为持卡人亲自所为,银行不应承担责任"加重了储户的责任,免除了银行自己的责任,该条款因违反法律的强制性规定而无效。

三是排除对方主要权利。格式条款的提供方排除了对方当事人的主要权利,合同的主要权利应根据合同的性质本身予以确定。例如,在上海中原物业顾问有限公司居间合同纠纷案中,②法院判决认为,双方当事人签订的房地产求购确认书属于居间合同性质,其中禁止"跳单"格式条款,旨在防止买方利用中介公司提供的房源信息却"跳"过中介公司购买房屋,从而使中介公司无法得到应得的佣金,该约定并不存在免除一方责任、加重对方责任、排除对方主要权利的情形,应认定有效。

(3) 格式条款的解释规则。格式条款的解释是合同审判实务中经常出现的问题。对格式条款的理解发生争议的,应按通常理解予以解释。对格式条款有两种以上解释的,应当作出不利于格式条款提供方的解释。例如,在段天国保险合同纠纷案中,③南京江宁法院判决认为,在涉案保险合同争议条款的含义不明确的情况下,应作出对保险公司不利的解释。案件涉及对"保险人按照国家基本医疗保险的标准核定医疗费用的赔偿金额"条款的理解,涉案保险合同是一份商业性的保险合同,保险人收取的保费金额远高于国家基本医疗保险,投保人对加入保险的利益期待也远高于国家基本医疗保险。如果按照保险公司"医保外用药不予理赔"的主张对争议条款进行解释,明显降低了保险公司的风险,减少了保险公司的义务,限制了投保人段天国的权利。保险公司按照商业性保险收取高额的保费,却按照国家基本医疗保险的较低标准理赔,有违诚实信用原则。又如,在中国工商银行股份有限公司义乌分行租赁合同纠纷中,④浙江金华中院判决遵循了格式条款解释原则,作出对格式条款提供方不利的解释。

---

① 在顾骏诉交通银行上海分行储蓄合同纠纷案(〔2004〕沪二中民一(民)初字第 19 号)中,法院裁判要旨认为,储户在借记卡上设立自己能掌握和控制的密码,是保障储户存款安全和防范犯罪的手段。在技术不断进步且犯罪手段也不断变化的今天,不具体分析失密的原因,不考虑储户是否存在过错,以"凡是通过交易密码发生的一切交易,均应视为持卡人亲自所为,银行不应承担责任"的格式条款作为银行的免责理由进行抗辩,将本应由银行承担的责任推向储户,无疑加重了储户责任,有违公平原则,银行以这个理由抗辩难以成立(2005 年最高人民法院公报案例)。

② 在上海中原物业顾问有限公司诉陶德华居间合同纠纷案(〔2009〕虹民三(民)初字第 912 号、〔2009〕沪二中民二(民)终字第 1508 号)中,法院裁判要点认为,房屋买卖居间合同中关于禁止买方利用中介公司提供的房源信息却绕开该中介公司与卖方签订房屋买卖合同的约定合法有效。但是,当卖方将同一房屋通过多个中介公司挂牌出售时,买方通过其他公众可以知悉的正当途径获得相同房源信息时,买方有权选择报价低、服务好的中介公司促成房屋买卖合同成立,其行为并没有利用先前与之签约中介公司的房源信息,故不构成违约(2012 年最高人民法院公报案例)(指导案例 1 号)。

③ 段天国诉中国人民财产保险股份有限公司南京市分公司保险合同纠纷案(〔2010〕江宁商初字第 5 号)。

④ 在中国工商银行股份有限公司义乌分行与义乌中金投资管理有限公司、浙江齐飞家电销售有限公司等租赁合同纠纷(〔2015〕金义商初字第 2271 号、〔2015〕浙金商终字第 1965 号)中,法院裁判要旨认为,当事人对专业性较强的术语类合同概念产生分歧时,应遵循格式条款解释原则,作出不利于格式条款提供一方的解释,并结合合同中的计价单位、关联借款等相关细节,对裁判结论进行佐证。

(四)其他法律对格式条款的规制

对格式条款的法律规制主要体现在《合同法》中,但《合同法》之外的《保险法》《消费者权益保护法》和《海商法》等法律也对格式条款进行了规制。例如《消费者权益保护法》禁止的行为有:经营者不得以格式合同、通知、声明、店堂告示等方式作出对消费者不公平不合理的规定,或者减轻免除其损害消费者合法权益应当承担的民事责任;格式合同、通知、声明、店堂告示等包含前述所列内容的,其内容无效,如孙宝静服务合同纠纷案。①《海商法》规定的条款无效有:免除承运人对旅客应当承担的法律责任;降低承运人的法定责任限额;限制旅客提出赔偿请求的权利。

---

① 孙宝静诉上海一定得美容有限公司服务合同纠纷案〔(2012)黄浦民一(民)初字第 95 号、(2012)沪二中民一(民)终字第 879 号〕。

第四章 合同的形式与内容

合同形式(form of contract),即合同方式,是当事人意思表示一致的外在表现形式,是合同内容的外在表现方式。作为合同内容表现方式的合同形式,在不同的历史时期,其地位和作用不同,反映了人们对合同形式的不同态度与不同的合同观念。合同形式与合同内容关系密切,合同形式是当事人合意的外在表现形式,是合同内容的载体;合同内容则通过合同的形式表现出来。由于合同内容既体现为当事人的权利义务,又表现为合同条款。因此,当事人的权利义务是通过合同条款表现出来的。

第一节 合同的形式

在人类社会不同的历史发展阶段,合同形式在法律上有不同的意义。古代合同法对合同形式的要求非常严格,合同形式决定合同效力。近代合同法放弃了对合同形式的要求,而现代合同法对合同形式则以不要式为原则,以要式为例外。

一、合同形式的历史演变

古代罗马法合同制度经历了从形式主义向非形式主义的漫长的、渐进的演变过程。在这个演变过程中,合同中的合意因素缓慢地从古代要式交易中逐渐分离和独立出来。[1] 合同的形式主义,不仅是早期罗马合同法的特点,而且也是贯穿罗马合同法始终的基本原则。[2] 由于罗马人非常注重传统,即使早期的形式主义已不再适应形势发展的需要,仍然被视为产生法律效力所必需的要件,无须具体的原因,只具有抽象行为的意义。[3]

注重合同形式而轻视意思表示作为罗马法的一般原则,在早期罗马法中表现尤为明显,缔约必须说复杂固定的套语和履行烦琐约定的行为。当事人没有按规定的方式缔结的合同,不受法律保护。依照规定的方式缔结的合同,即使是基于胁迫或者欺诈,

---

[1] 在古代罗马社会,债务口约(Nexum)是最早的要式契约。在形式上,债务口约是与要式买卖(Mancipium)相对应的一种适法行为。与要式买卖一样,债务口约需要采用铜和秤、五名见证人、一名司称,双方当事人亲自到场,并按照特定程式和套语以表示买卖及交付合意的方式订立合同。参见郑云瑞:《民法总论》(第八版),北京大学出版社2018年版,第349页。

[2] 参见童安生:《民事法律行为》,中国人民大学出版社1994年版,第10页。

[3] 参见〔意〕朱塞佩·格罗索:《罗马法史》,黄风译,中国政法大学出版社1994年版,第117页。

仍然受到法律保护。在罗马市民法理论中,"合同"和"协议"①不是同一概念,当事人之间仅有"协议"仍不足以构成一个合同。市民法的合同是一个"协议"加上一个"债",通过履行特定的仪式和手续,把债附加于协议之上。如果一个协议没有被法律附加上债,则称之为"裸体简约"或者"空虚简约"。②可见,在罗马市民法中,当事人之间的合意是合同成立的一个重要因素,但并非唯一的、决定性因素。

诺成合同的出现,标志着罗马合同制度趋于完备。诺成合同仅以缔约人的合意为合同成立要件,既无须履行任何固定的形式和烦琐的手续,也无须交付标的物。③诺成合同是罗马合同法发展到较成熟阶段的产物,④是近现代合同的主要模式和渊源,近现代合同无不渗透着罗马诺成合同的影响。

近代合同法是在罗马法复兴的基础上逐步形成和发展起来的。在近代自然法理论的影响下,《法国民法典》奉行自由资本主义的法制原则,充分体现意思自治,即双方当事人意思表示一致是合同成立的唯一要件,合同的形式要件是例外情形。合同形式自由是合同自由原则的应有之义。合同形式的自由化,基于当事人意思表示一致,合同的形式和权利义务的约定即具有法律拘束力,导致大量合同的出现,在便利交易、提高交易效率的同时,也降低了交易成本,在一定程度上确实促进了资本主义经济发展。《德国民法典》则体现了垄断资本主义法制原则,强调国家对合同形式的干预。合同形式打上了国家干预的烙印,并将合同形式与合同效力挂钩,⑤将合同形式作为合同生效的必要条件。合同形式从《法国民法典》到《德国民法典》的变化,表明从自由资本主义到垄断资本主义的转变过程中,国家对合同形式干预力度的增强。⑥现代欧洲国家在兼顾交易的安全与效率的基础上,对合同形式均采取了以不要式主义为原则,以要式为例外的立法模式,⑦且合同形式也不构成合同的生效要件。

我国合同立法也反映了现代合同法的要求,合同形式制度反映了合同形式自由原

---

① "合意,或称协议,即双方当事人意思表示的一致。"王家福等:《合同法》,中国社会科学出版社1986年版,第36页。

② "简约"是指缺乏形式且不是依据某一债因而达成的协议。在法律上,简约不产生完备的债,不存在以简约为依据而提起的法律诉讼。在万民法时期,简约已具法律效力,即从"裸体简约"发展为"穿衣简约"。"穿衣简约"具有法律诉讼权利,有法定简约、附加简约和裁判官简约三种形式。

③ "买卖、租赁、合伙、委托中的债是通过合意而形成的。"[古罗马]盖尤斯:《法学阶梯》,黄风译,中国政法大学出版社1997年版,第246页。

④ "'诺成契约'在数量上是极端有限的。但是,毫无疑义它在'契约'法史上开创了一个新的阶段,所有现代契约概念都是从这个阶段发轫的。意志的运动构成合意,它现在完全孤立了,成为另外一种考虑的主题;在契约的观点上,形式全部被消除了,外部行为只是看作内部意志行为的象征。"[英]梅因:《古代法》,沈景一译,商务印书馆1959年版,第189页。

⑤ 《德国民法典》第125条规定:"如果法律规定或者当事人约定,合同应采取书面形式的,当事人未采取书面形式,合同无效。"

⑥ 英国早期合同法强调合同形式,合同形式要件是合同效力依据,规定采取蜡封合同(contract under seal)。在英国资本主义发展的初期,为保证交易的安全,防止诈欺的发生,1677年《防止诈欺法》(The Statute of Frauds 1677)要求标的额较大的合同均采取书面形式,1893年《货物买卖法》(Sale of Goods Act)第4条再次确认了1677年《防止诈欺法》的内容。美国的《统一商法典》(Uniform Commercial Code)关于合同形式沿袭了英国《防止诈欺法》的规定。

⑦ 参见[德]海因·克茨:《欧洲合同法》(上卷),周中海等译,法律出版社2001年版,第112页。

则的基本要求,将选择合同形式的权利交给合同当事人,如《民法通则》第56条规定法律行为可以采取书面形式、口头形式或者其他形式。法律规定用特定形式的,应依照法律的规定。《合同法》沿袭了《民法通则》的规定,合同有书面形式、口头形式和其他形式,法律有特别规定或者当事人有约定的,从其规定或者约定。① 我国合同立法对合同形式采纳了以不要式为原则,以要式为例外的合同观念。《民法总则》肯定了前述立法的规定,采纳了先前的规则。《国际货物买卖合同公约》②《国际商事合同通则》③以及《欧洲合同法》④等国际公约对合同形式也采纳了前述观念,即以不要式为原则,以要式为例外。

在不同历史时期,合同形式在合同法中的地位和作用存在巨大的差异,合同形式经历了从重形式到重合意的发展过程。现代社会以合同的形式自由为原则,以要式为例外。这种合同观念在保证交易安全的前提下,注重提高交易的效率,从而兼顾了交易的安全与效率。

二、合同形式的种类

合同形式有不同的分类标准。根据合同形式产生的依据不同,合同形式有法定形式和约定形式之分。法定形式是指法律明确规定当事人订立合同时应采取的形式;约定形式是指在法律没有特定规定的情形下,当事人协商一致确定的合同形式。合同当事人不能以约定形式改变或者对抗法定形式,只有在没有法定形式的情形下,合同可以采取约定形式。法定形式体现了国家对合同的干预,约定形式则体现了合同自由。

根据合同的具体表现形式的不同,合同形式有书面形式、口头形式和其他形式之分。《合同法》第10条第1款规定:"当事人订立合同,有书面形式、口头形式和其他形式。"《国际商事合同通则》第1.2条规定:"通则不要求合同必须以书面形式订立或者由书面文件证明。合同可以通过包括证人在内的任何形式证明。"

(一) 口头形式

口头形式(oral contract)是指以语言为当事人之间的意思表示的方式。换言之,口头形式是指合同双方当事人以直接对话或者电话通信等方式对合同内容达成一致的协议,没有任何书面的或者其他有形载体来表现合同内容。以口头形式订立的合同,为口头合同。凡是法律没有规定、当事人没有明确约定的,当事人均可以采取口头

---

① 《合同法》第10条规定:"当事人订立合同,有书面形式、口头形式和其他形式。法律、行政法规规定采用书面形式的,应当采用书面形式。当事人约定采用书面形式的,应当采用书面形式。"

② Article 11 A contract of sale need not be concluded in or evidenced by writing and is not subject to any other requirement as to form. It may be proved by any means, including witnesses.

③ Article 1.2 (No form required) Nothing in these Principles requires a contract, statement or any other act to be made in or evidenced by a particular form. It may be proved by any means, including witnesses.

④ Article 2:101(ex art. 5.101)—Conditions for the Conclusion of a Contract ……(2) A contract need not be concluded or evidenced in writing nor is it subject to any other requirement as to form. The contract may be proved by any means, including witnesses.

形式订立合同。口头形式简便易行,效率高、成本低,在实践中广泛使用,即时清结合同和消费合同大多采取口头形式。

口头形式是合同形式中一种重要的表现形式,广泛应用于社会生活的各个领域,与人们日常的衣食住行密切相关,如自由市场柴米油盐酱醋茶的买卖,超市日用品的买卖,公交、地铁等公共交通的乘坐等。合同的口头形式,无须当事人约定。凡当事人没有约定或者法律没有规定特定形式的合同,均可以采取口头形式。在日常生活中,合同采取口头形式仍然可能产生文字凭据,如购物商城的购物小票等购物凭证,但这类文字凭证仅为合同成立的证明,而不是合同成立的条件。口头形式合同的优点是简便快捷,但其致命的缺点是发生纠纷时取证困难。对即时清结、关系较为简单的合同,适于采用口头形式;但是,对非即时清结合同、较为复杂重要的合同,则不宜采用口头合同形式。

口头形式简化了订立合同的方式及手续,使交易变得简便易行,适应了现代市场经济对交易方式迅速便捷的内在要求。口头形式无须缔约成本或者缔约成本极低,从而有利于鼓励交易,促进社会经济的发展。此外,口头合同仅须以直接对话方式或者电话方式即可缔约,只要具有能够正常表达意思的自然人,不管当事人的学历、知识水平以及是否识文断字,均可成为口头合同的当事人。

(二)书面形式

书面形式(written contract)是指以文字等有形方式表现当事人之间的意思表示,即当事人的意思表示具有一定的载体。例如,在陈呈浴合同纠纷案中,[1]最高人民法院判决认为协议内容是双方合意行为的表现形式。在商事交易中,如果交易双方当事人通过口头或者函电磋商,在主要交易条件达成协议之后,签订合同或者成交确认书,以书面形式确定双方当事人的权利和义务,是有约束性的法律文件。书面形式合同的特点是当事人之间的权利义务关系清楚明了,一旦发生纠纷,易于举证,便于分清各方当事人各自的责任。

根据《合同法》第 11 条规定,书面形式是指合同书、信件和数据电文(包括电报、电传、传真、电子数据交换和电子邮件)等可以有形地表现所载内容的形式。合同书、信件和数据电文是三种主要的书面合同形式:

(1)合同书(contract)。合同书是指通常载明合同条款以及双方当事人签名或者签章的文书,是最为典型和传统的也是最为重要的书面形式合同,通常适用于大宗商品或者成交金额大的交易,合同条款和内容全面详细,合同条款涵盖了交易的主要条件,如商品名称、品质规格、包装数量、价格(单价与总价)、交货期限、支付方式、保险、商检、索赔、仲裁和不可抗力等。合同书具有如下三个方面的含义:一是以文字凭据方式作为合同内容的载体。合同书是以文字凭证作为合同内容的载体,文字凭证是合同

---

[1] 陈呈浴与内蒙古昌宇石业有限公司合同纠纷案〔〔2013〕宁民初字第 188 号、〔2013〕闽民终字第 1266 号、〔2014〕民提字第 178 号〕。

书的核心要素,既可是打印的,也可是手写的。二是合同条款完备。合同书应载明合同全部条款或者主要条款,合同书是一个完整的合同。要约通知与承诺通知或者收据等文字凭证可以证明合同的存在,但未载明合同的条款,不构成合同书。三是双方当事人签字或者签章。双方当事人在合同书上签章表明对合同内容的确认,仅有一方当事人的签章不构成一个有效的合同书。

(2) 信件(letter)。信件是指合同当事人以书信的方式协商订立合同并具有合同条款的文书。合同当事人以信件的方式进行缔约的协商和沟通,信件的内容应当包含合同的主要条款,能够作为证明合同关系和合同内容的凭证。由于信件通常仅有一方当事人的签字或者签章,因而可以要求对方当事人签订确认书。《合同法》第33条规定,当事人采用信件、数据电文等形式订立合同的,可以在合同成立之前要求签订确认书。[①] 签订确认书时合同成立。

(3) 数据电文(data message)。数据电文是指当事人之间在网络条件下为实现一定目的以电子邮件和电子数据交换方式明确相互权利义务关系的协议。数据电文是通过电子手段形成的各种信息,包括但不限于电子数据交换、电子邮件、电报、电传或者传真,是一种新型的书面形式合同,在现代社会中被广泛应用。例如,在沈海星房屋买卖合同纠纷案中,[②]北京二中院判决认为网签合同有效。

书面形式的合同内容通常由三个部分构成:

(1) 约首。约首是合同的第一部分,即合同的首部,包括合同名称、合同号码、买卖双方当事人的名称和地址以及序言等内容。序言主要是写明双方订立合同的意义和执行合同的保证,对双方当事人均有约束力等内容。

(2) 文本。文本是合同的第二部分,即合同的主体部分,包括全部合同条款,规定了双方当事人的权利和义务,涉及各种交易条款,如商品名称、品质规格、数量包装、单价和总值、交货期限、支付条款、保险、检验、索赔、不可抗力和仲裁条款等。合同纠纷大多来源于合同文本部分,合同争议的解决有赖于文本内容的确定。

(3) 约尾。约尾是合同的第三部分,即合同的尾部,包括合同文字的效力、份数、缔约时间和地点、合同生效的时间、附件的效力、纠纷解决方式以及双方签字等内容,是合同不可缺少的组成部分。合同的订约地点涉及合同纠纷的管辖地和准据法的问题。

书面形式的合同要求当事人起草合同文本,双方当事人在合同文本上签字。书面

[①] 《欧洲合同法》也有类似规定。The Principles of European Contract Law Article 2:210(ex art. 5.211): Professional's Written Confirmation If professionals have concluded a contract but have not embodied it in a final document,and one without delay sends the other a writing which purports to be a confirmation of the contract but which contains additional or different terms, such terms will become part of the contract unless:(a)the terms materially alter the terms of the contract,or(b)the addressee objects to them without delay.

[②] 在沈海星诉安香云房屋买卖合同纠纷案([2009]朝民初字第24866号、[2010]二中民终字第05439号)中,法院裁判摘要认为,当事人双方虽然尚未签订书面合同,但双方已经进行了网签,且明确了合同的价款、标的物等房屋买卖合同的主要条款,则应当认定双方当事人之间的房屋买卖合同已经生效。

形式合同存在两个方面的价值：一是证据意义，书面形式合同明确双方当事人的权利义务，从而有效地减少或者避免争议的发生；二是特别保护一方当事人的需要，现代立法越来越多地要求合同以书面方式订立，如建设用地使用权出让合同、土地承包经营权合同、商品房预售合同、房屋买卖合同、抵押合同、质押合同等。

（三）其他方式

其他方式是指以口头和书面方式以外的其他行为方式订立合同的形式。由于《合同法》第 10 条并未列举其他方式的种类，学界对其他方式存在不同的理解和观点。通说认为，其他方式是指以行为方式订立合同，即当事人并不直接采取口头和书面方式进行意思表示，而是以实施某种作为或者不作为的行为方式进行意思表示。当事人采取其他方式订立合同有两种情形：

（1）明示方式。合同当事人以积极的作为方式实施意思表示，即当事人通过实施某种行为方式进行意思表示。例如，在超市购物，顾客拿取货架上的商品，到收银台支付价款后合同即告成立，当事人无须以口头或者书面形式而是直接以实施某种行为（取货）方式形成双方之间的合同关系。合同当事人以行为构建双方之间的合同关系，这种交易方式是一种便捷、高效的方式，符合现代社会交易方式发展的需要。例如，在李杏英存包损害赔偿案中，①上海二中院判决认为，超市自助寄存合同是双方当事人以行为的方式达成合意而成立的合同，即当事人以行为方式作出意思表示是一种积极的作为。

（2）默示方式。合同当事人以消极不作为的方式实施意思表示，不作为的意思表示仅在有法定或者约定、有交易习惯的情况下，才被视为同意的意思表示。例如，租赁合同期满之后，出租方继续收取承租方所交纳的租金，则表示双方当事人之间的租赁合同继续有效。又如，在有长期业务关系商业合作伙伴之间，一方当事人在收到对方发出的订货单或者提供的货物时，如不及时向对方表示拒绝接受，则推定为同意接受。这种交易方式在商事交易中非常普遍，也很受欢迎。

《合同法》承认"其他形式"的合同，符合我国社会经济的发展、交易形态日益多样化的实际需要。实际上，交易仅拘泥于书面形式和口头形式，可能使一些交易变得过于烦琐，不利于鼓励交易，阻碍了社会经济的发展。

英国合同法仅承认签印合同（contract by deed）和简单合同（simple contract）两种，但简单合同以约因为生效条件。② 英国的签印合同与简单合同相当于大陆法系的书面合同与口头合同。大陆法系国家承认合同的形式不限于书面合同和口头合同两种，如《法国民法典》承认合同当事人的意思表示既可以是明示的，也可以是默示的，其中明示的意思表示主要包括口头和书面两种形式，还包括某些根据习惯通常被视为表达意愿的行为，如用身体做出的某种示意（如拍卖场上的举手）或者某种行动，也同样

---

① 李杏英诉上海大润发超市存包损害赔偿案（〔2002〕沪二中民一（民）初字第 60 号）。
② See J. Beatson, Anson's Law of Contract(28th ed.), Oxford University Press 2002, p.73.

能够产生意思表示的效果。默示的意思表示是指可从当事人的某些行为推断出当事人某种意愿的存在,但是单纯的沉默不能使合同生效,仅特定条件下某些情形可以被解释为一种"同意"的沉默,才可以使合同生效。

三、合同形式的效力

合同形式的效力因其种类不同而存在差异。合同约定形式的效力取决于当事人的约定,违反当事人约定形式所产生的法律效果,应根据当事人之间的约定来处理,属于意思自治的范畴,法律没有必要进行干预。[①] 关于合同法定形式的效力,理论上主要有以下三种学说:

(1) 成立要件说。[②] 成立要件说认为,合同的法定形式仅仅表明合同形式是合同成立的特别要件,即合同的订立除了当事人的合意之外,还应具有某种法律规定的形式要件。如果不具备法定要件,则合同不成立。

(2) 生效要件说。[③] 生效要件说认为,法律明文规定了合同的形式要件,则属于法律的强制性规定。合同形式一旦违反法律强制性规定,则自然归于无效。合同违反法定形式,则合同无效。因此,法定形式属于合同的生效要件。

(3) 证据效力说。[④] 证据效力说认为,合同的法定形式仅为合同成立的证据而已,并非合同的成立要件或者生效要件。合同不具备法定的形式要件,仅表明当事人没有足够的证据证明合同的存在而已。如果认定合同的法定形式是合同的成立或者生效要件,则《合同法》第36条的规定与第10条的规定产生了冲突。因此,合同法定形式属于合同成立的证据较为妥当。

当事人的合意是合同成立的一般要件,而法定形式并非合同成立的一般要件,是法律行为成立的特别要件。《合同法》第36条对第10条的法定书面合同进行了补充性规定,即当事人应当采用书面形式订立合同而未采用书面形式,一方当事人已经履行了合同的主要义务且对方当事人接受的,合同成立。当事人不得以合同形式欠缺认定合同不成立。

第二节 合同的内容

合同内容是指合同当事人所享有的权利和承担的义务,即根据法律规定或者当事人约定所产生的权利义务。当事人权利义务是通过合同条款体现出来的,合同条款是合同当事人权利义务的表现形式。换言之,合同内容通过合同条款表现出来,合同条

[①] "由于意定的形式要求只是当事人的创造物而已,因此他们掌握着决定(违反形式要求之)法律后果的权力。"〔德〕迪特尔·梅迪库斯:《德国民法总论》,邵建东译,法律出版社2000年版,第477页。

[②] 参见余延满:《合同法原论》,武汉大学出版社1999年版,第161页。

[③] 参见唐德华主编:《合同法审判实务》,人民法院出版社2000年版,第749页。

[④] 参见王利明:《合同法研究》(第一卷)(修订版),中国人民大学出版社2011年版,第516页。

款是确定当事人权利义务的依据,如海南海联工贸有限公司合作开发房地产合同纠纷案。[①]

一、合同条款

合同条款(contractual clause)是合同内容的表现形式,是合同内容的载体。合同是双方当事人意思表示一致的产物,合同内容则是当事人协商一致的结果。在不违反法律强制性规定的前提下,当事人可以自由协商决定合同条款的内容,这是意思自治原则在合同内容方面的体现。

(一) 合同条款的种类

合同条款是当事人合意的产物,是确定合同当事人权利义务的根据。根据合同条款的性质和重要性的不同,合同条款主要有以下分类:

(1) 必要条款和普通条款。以合同条款的作用为标准,合同条款可以分为必要条款和普通条款。[②] 必要条款(essential clause)(又称为"主要条款")是指合同成立必须具备的条款。合同必要条款的缺失,必然导致合同的不成立。合同当事人只有在必要条款达成合意时,合同才能成立,如长治市华茂副食果品有限公司合作开发房地产合同纠纷案。[③] 合同必要条款应依合同的性质、法律规定和当事人的特别约定确定,包括三个方面的内容:

一是合同性质确定的必要条款。根据合同性质应当具备的条款有合同中的当事人、标的和数量,如《合同法司法解释二》第1条规定的当事人名称、标的和数量,即属于合同必要条款。

二是法律规定的必要条款。根据法律规定合同应当具备的条款,如《合同法》第197条规定的借款币种,即属于合同必要条款。

三是当事人特别约定的必要条款。即根据当事人特别约定合同应当具备的条款。根据合同性质并非合同必要条款,但当事人约定合同必须具备的条款,也是合同必要条款。

[①] 在海南海联工贸有限公司与海南天河旅业投资有限公司、三亚天阔置业有限公司等合作开发房地产合同纠纷案(〔2010〕三亚民一初字第22号、〔2012〕琼民一终字第50号、〔2015〕民提字第64号)中,最高人民法院裁判摘要认为,合作开发房地产关系中,当事人约定一方出地、一方出资并以成立房地产项目公司的方式进行合作开发,项目公司只是合作关系各方履行房地产合作开发协议的载体和平台,合作各方当事人在项目公司中是否享有股权不影响其在合作开发合同中所应享有的权益;合作各方当事人在合作项目中的权利义务应当按照合作开发房地产协议约定的内容予以确定(2016年最高人民法院公报案例)。

[②] 在英国合同法中,合同条款也分为必要条款(condition)和普通条款(warranty)。See J. Beatson, Anson's Law of Contract(28th ed.), Oxford University Press 2002, p.134.

[③] 在长治市华茂副食果品有限公司诉长治市杰昌房地产开发有限公司合作开发房地产合同纠纷案(〔2005〕晋民初字第1号、〔2005〕民一终字第60号)中,最高人民法院裁判摘要认为,合作开发房地产合同是指当事人之间订立的以提供土地使用权、资金等方式共同出资、共享利润、共担风险,合作开发房地产项目的合同。土地使用权投入方将土地使用权变更为合作各方共有或者归于项目公司名下,是这类合同的必要条款(2007年最高人民法院公报案例)。

合同必要条款与合同其他条款具有不可分性和紧密的牵连关系,必要条款无效导致合同目的无法实现的,不能成为相对独立的合同无效部分,必要条款无效应导致合同整体无效,如亚洲证券有限责任公司委托理财合同纠纷案。①

普通条款(general clause)(又称为"次要条款")是指根据合同性质并非合同成立必须具备的条款。换言之,即使普通条款不具备,合同仍然可以成立,当事人的权利义务仍然可以确定。普通条款包括通常条款和偶尔条款。② 通常条款是指不必经当事人协商而当然成为合同内容的条款,通常根据法律和交易习惯确定。例如,买卖合同中出让人对出让的标的物的品质瑕疵担保义务。偶尔条款是指应经当事人协商一致才可成为合同内容的条款。例如,对货物包装的特别约定或者运输的特别约定等。

(2) 明示条款和默示条款。以合同条款的表现形式是否明示为标准,合同条款可以分为明示条款与默示条款。明示条款(express clause)是指以口头或者书面方式明确表现出来的合同条款。合同必要条款通常表现为明示条款,明示条款是合同存在的基础,没有明示条款,当事人的权利义务通常无法确定。

默示条款(implied clause)是指在合同中没有明确规定,但根据法律规定和交易习惯,合同应当包含的条款。默示条款实际上是对意思自治原则的某种限制,源于英美法系合同制度,是一种合同解释制度,实际上是一种合同漏洞补充制度。在大陆法系,对合同漏洞的补充,通常是以任意法和补充合同解释来完成的。合同的补充解释大多以合同的目的、性质,当事人在缔约过程中的某些事实,以及交易习惯、行业惯例等为依据,实际上相当于英美法系合同的默示条款。

只有在合同条款没有明文规定的情形下,默示条款方可适用。换言之,默示条款不具有优先于明示条款的效力。在明示条款与默示条款发生冲突时,应以明示条款确定合同当事人的权利义务。

默示条款可分为法定默示条款和推定默示条款。③ 法定默示条款是指根据法律规定而确定的合同条款,如《合同法》第 60 条、第 61 条、第 62 条及第 125 条承认的默示条款。推定默示条款是指根据已有的事实通过推定而确定的条款,英美法称为"事实上的推定条款"(terms implied in fact)。推定默示条款通常包含以下三种:

一是根据明示条款或者缔约事实与过程推定的默示条款。在合同履行过程中因

---

① 在亚洲证券有限责任公司与湖南省青少年发展基金会、长沙同舟资产管理有限公司委托理财合同纠纷案(〔2005〕湘高法民三初字第 3 号、〔2009〕民二终字第 1 号)中,最高人民法院裁判摘要认为,案件所涉的委托理财协议所约定的年 10%的固定回报率属于保底条款。尽管该保底条款是资金委托管理协议双方以意思自治的形式对受托行为所设定的一种激励和制约机制,但该条款致使双方权利义务严重失衡,既不符合民法上委托代理的法律制度构成,也违背民法的公平原则。按照《合同法》的规定,该保底条款无效。一般而言,合同中部分条款无效并不导致整个合同的无效。但是,保底条款应属委托理财协议之目的条款或核心条款,不能成为相对独立的合同无效部分。换言之,该项保底条款的无效使得整个委托理财协议的目的无法达成。因此,保底条款无效应导致委托理财协议整体无效。

② 参见郭明瑞、房绍坤:《新合同法原理》,中国人民大学出版社 2000 年版,第 130—131 页。

③ 英国合同法的默示条款分为三类:一是当事人意思表示的推定;二是法律的直接规定;三是交易惯例。See G. H. Treilel, The Law of Contract(10th ed.), Sweet & Maxwell, 1999, p.185.

合同订立的不完善而发生的纠纷,可以通过对合同既有条款的文字含义进行解释。如果仅通过对明示条款解释仍不能解决问题,则可将其与缔约事实与过程相结合,推断出相应的默示条款。缔约事实与过程作为推断的依据是当事人作出意思表示的背景,对这种背景的探究可以发现当事人的真实意思,以补充合同漏洞。

二是根据合同目的、性质所推定的默示条款。合同目的是双方当事人从事合同行为所要实现的基本目标。以双方当事人的共同目的,或者为对方当事人已知或应知的一方当事人的目的,作为推定默示条款的依据。此外,合同的性质也可以作为推定默示条款的依据。

三是根据交易惯例、行业习惯以及当事人之间惯有的规则所推定的默示条款。首先,根据交易习惯推定默示条款,主要问题是交易习惯的认定。主张交易习惯存在的当事人承担举证责任,其证明程度要比证明行业惯例严格。其次,根据行业惯例推定的默示条款,实际上是某种特定的行业规则,除当事人明确予以排除外,这些规则在行业内具有默示效力,对行业惯例的证明较为宽松。最后,当事人之间通过一系列交易确定的某些惯有规则,除有相反的意思表示外,对当事人之间后续的相同交易也具有默示效力。

惯有规则的效力虽然在一般情况下不如交易习惯和行业惯例的效力,但惯有规则对特定的当事人则更具有效力。交易习惯和行业惯例仅为一种习惯法,当事人可以通过约定予以排除,而惯有规则可视为当事人的默示约定,是意思自治原则的体现。

(3) 格式条款和非格式条款。格式条款(standard clause)是指合同一方当事人为反复使用而事先拟订的,另一方当事人不能通过协商改变的条款。① 格式条款在现代社会中广泛使用,有利于降低交易成本,但也有可能成为压制弱势一方当事人的手段。为保护弱势一方当事人的利益,有效地制止大企业、大公司滥用经济上的优势地位,世界各国对格式条款均进行了规制。格式条款具有以下三个方面的特征:

一是事先拟订。格式条款是由一方当事人在订立合同前拟订的,而不是双方当事人在协商基础上形成的。事先拟订是指合同当事人在合同磋商前已经事先拟订好合同条款的具体内容,在判断是否存在事先拟订时,应当注意如下问题:首先,格式条款是由格式条款的提供方还是第三人拟订并不影响对事先拟订因素的判断,即在合同订立时提供方使用第三人的格式条款并不影响对该合同条款性质的认定。格式条款的提供方使用第三人拟订的推荐性的范式合同,同样满足格式条款的事先拟订标准。其次,格式条款在整个合同中的范围大小,均不影响对格式条款性质的认定。整个合同文本均为标准合同,或者合同中仅有一部分或者一个条款是格式条款,均为格式条款。

二是重复使用。格式条款是为重复使用而不是为一次使用拟订的。重复使用性

---

① Principles of International Commercial Contracts Article 2.1.22(Battle of forms)Where both parties use standard terms and reach agreement except on those terms, a contract is concluded on the basis of the agreed terms and of any standard terms which are common in substance unless one party clearly indicates in advance, or later and without undue delay informs the other party, that it does not intend to be bound by such a contract.

反映了格式条款适应大规模重复性交易的特点,提供某种特定商品或者服务的当事人向所有人提供该种商品或者服务将遵行同样的条件,商品或者服务的提供方将该条件标准化而拟订出格式条款。使用者主观意图是判断合同条款多次使用的关键,如使用者从一开始即将合同条款设定为多次使用的,即使在现实中仅使用一次,也可将该条款认定为具有格式条款重复性特征。

三是未经磋商。格式条款是未经磋商并由单方提出的。在缔约过程中,提供格式条款一方当事人并不与相对方协商格式条款的内容而由其单方面决定,且相对方不能改变格式条款的内容,只能同意格式条款的内容与提供方订立合同,或者拒绝接受格式条款的内容而不与提供方订立合同。《合同法》并未区分格式条款的单方提出和未经磋商两个特征,在实践中,双方当事人可能同时指定使用某格式条款,但该格式条款并非某合同当事人单方面提出,不能认定其具有格式条款的性质。

以格式条款订立合同的,提供格式条款的一方当事人应当遵循公平原则确定当事人之间的权利和义务。从维护公平、保护弱者出发,《合同法》在三个方面对格式条款进行了规制:

一是提示义务。《合同法》第 39 条明确规定,格式条款的提供方应采取合理的方式,提请相对方注意免除或者限制其责任的条款,如海南丰海粮油工业有限公司海运货物保险合同纠纷案。①

二是权利的限制。《合同法》第 40 条明确规定,法律禁止格式条款的提供方利用格式条款免除自己的责任、加重相对人的责任等。

三是解释规则。《合同法》第 41 条明确规定,对格式条款的理解发生争议的,应按通常理解予以解释。对格式条款有两种以上解释的,应作出不利于格式条款提供方的解释。

非格式条款(non-standard clause)是指双方当事人通过协商确定的合同条款。非格式条款的内容则完全由当事人双方协商确定并可视情况约定变更,法律对格式条款规制的目的旨在保障处在弱势地位的相对人利益。格式条款与非格式条款区分的意义在于,法律对格式条款的规制和干预,体现了国家对意思自治原则的限制。

(二) 合同的提示性条款

合同的提示性条款是合同法规定的,法律通过对提示性条款的规定为合同当事人提供合同的必要条款,以避免合同必要条款的遗漏。当事人可以根据提示性条款,确定合同条款的内容,如交通运输部南海救助局海滩救助合同纠纷案。②《合同法》第 12

---

① 在海南丰海粮油工业有限公司与海南人保海运货物保险合同纠纷案(〔1997〕琼经终字第 44 号、〔2003〕民四提字第 5 号)中,最高人民法院裁判摘要认为,保险单是典型的格式合同。保险人作为提供格式合同的一方,应当遵循公平原则确定合同的权利和义务,并采取合理方式提请对方注意免除保险人责任的条款,否则该免责条款无效(2006 年最高人民法院公报案例)。

② 交通运输部南海救助局与阿昌格罗斯投资公司、香港安达欧森有限公司上海代表处海滩救助合同纠纷案(〔2012〕广海法初字第 898 号、〔2014〕粤高法民四终字第 117 号、〔2016〕最高法民再 61 号)。

条规定:"合同的内容由当事人约定,一般包括以下条款:(一)当事人的名称或者姓名和住所;(二)标的;(三)数量;(四)质量;(五)价款或者报酬;(六)履行期限、地点和方式;(七)违约责任;(八)解决争议的方法。当事人可以参照各类合同的示范文本订立合同。"该条规定仅表明了合同通常应包括的条款,并非所有合同均应具备的条款,当事人可以选择适用,但其中的某些条款充当必要条款的角色。

(1)当事人的名称或者姓名和住所。合同主体是合同的必要条款,任何一个合同均有两个主体。否则,合同不可能成立。以合同书的方式订立的书面合同,应当明确规定合同当事人的名称和住所。当事人住所在法律上有重大意义,当事人的住所用以确定债务的履行地、诉讼管辖地、准据法的选择依据、法律文书的送达地等。

(2)合同标的。关于合同标的,理论上存在两种不同的认识:一是认为合同标的为行为。合同标的是指合同当事人的行为,即债权人的请求行为和债务人的履行行为。[①] 二是认为合同标的为权利义务所依附的对象。合同标的是指合同法律关系的客体,是双方当事人权利义务所共同指向的对象。[②] 合同标的是合同的必要条款,所有合同均须有标的,一旦合同标的缺失,合同无法成立。合同的标的有三种:一是有形财产,如汽车、电冰箱等能够看得见、摸得着的物;二是无形财产,如专利、商标等;三是劳务,如建筑工程合同的标的、运输合同的标的、加工承揽合同的标的等。合同的标的必须合法、具体、明确。合同标的不合法,则合同无法生效;合同标的不具体、明确,则合同不能成立。

(3)数量与质量。数量与质量是确定合同标的物的依据,是合同标的的具体化。数量是标的确定的基本条件,数量条款直接决定了当事人的基本权利和义务。数量是标的计量,是以数字和计量单位来衡量标的。合同价款是以数量为计算基础的,单价乘以标的的数量即为合同价款(总价)。因此,当事人在订立合同时应明确计量单位和计量方法。

合同的质量条款与当事人的缔约目的和权利义务关系密切。质量是标的物的内在特性,是确定单价的基础。质量通常包括品种、规格、型号、技术标准等,质量标准有企业标准、行业标准、国家标准(GB)和国际标准。如果当事人对标的物的质量没有约定,则按照《合同法》第62条第1项的规定确定。[③]

标的的数量和质量直接决定双方当事人的基本权利义务,数量和质量不确定或者无法通过其他方式确定,当事人无法履行合同。

(4)价款或者报酬。价款和报酬是有偿合同必不可少的条款,由于合同法是调整交易关系的法律,价款或者报酬成为绝大多数合同的必要条款。无偿合同并不反映交

---

① "债的标的(德 Objekt,法 objet),谓构成债的关系之内容之债务人行为,即债权人所得谓请求及债务人所应实行者是也。"史尚宽:《债法总论》,中国政法大学出版社2000年版,第231页。
② 参见王利明:《合同法研究》(第一卷)(修订版),中国人民大学出版社2011年版,第376页。
③ 《合同法》第62条第1项规定:"质量要求不明确的,按照国家标准、行业标准履行;没有国家标准、行业标准的,按照通常标准或者符合合同目的的特定标准履行。"

易关系,并非典型合同。价款的合同标的通常表现为物,如买卖合同的标的物应规定价款;报酬的合同标的则表现为行为,如服务合同的标的应规定报酬。价款或者报酬条款的缺失,通常不会影响合同的成立。合同价款或者报酬约定不明确的,可按照《合同法》第 62 条第 2 项的规定确定。①

(5) 履行期限、地点及方式。履行期限是指合同当事人履行合同的时间,即债务人向债权人履行合同的义务的时间。合同的成立和生效,并不意味着债务人应立即履行义务。在履行期限届满之前,债权人不得要求债务人履行义务。履行期限没有确定或者约定不明确的,可按照《合同法》第 62 条第 4 项的规定确定。② 履行地点是指债务人根据合同规定履行其义务的场所。履行地点与合同的权利义务密切相关,是所有权是否发生转移的依据,同时也是验收地点以及保险费、运输费和风险负担的依据。当事人对履行地点没有约定或约定不明确的,可按照《合同法》第 62 条第 3 项的规定确定。③ 履行方式是指债务人履行合同义务的方法。合同的履行方式多种多样,包括一次履行与分次履行、买受人提货出让人送货上门、现实交付与观念交付、海运与空运等。当事人对履行方式没有约定或者约定不明确的,按照《合同法》第 62 条第 5 项的规定确定。④ 可见,合同的履行期限、地点和方式并非合同的必要条款,当事人没有约定,或者约定不明确的,可以通过《合同法》第 62 条的规定进行合同漏洞的填补。

(6) 违约责任。违约责任是指当事人违反合同义务所应承担的法律责任。违约责任是促使债务人履行合同义务,保护履约方合法利益的重要手段。违约责任属于合同的普通条款,即使当事人没有约定,也不影响合同的成立。关于合同的违约责任,当事人有约定的从约定;没有约定的,根据法律规定承担违约责任。当事人明确规定违约责任,有利于及时解决合同纠纷,保护当事人的利益。

(7) 争议解决的方法。争议解决的方法是指通过何种方式解决合同的纠纷。解决争议方法属于合同普通条款,即使当事人没有约定,也不影响合同的成立。如果当事人在合同订立时没有约定,在纠纷发生后,也可就解决方式进行协商。争议解决的方法包括两个方面的内容:

一是纠纷解决方式的选择。当事人应当对合同纠纷解决方式作出选择。合同纠纷解决方式主要有仲裁(arbitration)和诉讼(litigation)两种方式。如果当事人选择仲裁方式解决纠纷,必须在纠纷发生前有事先约定的仲裁条款,或者在纠纷发生之后双

---

① 《合同法》第 62 条第 2 项规定:"价款或者报酬不明确的,按照订立合同时履行地的市场价格履行;依法应当执行政府定价或者政府指导价的,按照规定履行。"
② 《合同法》第 62 条第 4 项规定:"履行期限不明确的,债务人可以随时履行,债权人也可以随时要求履行,但应当给对方必要的准备时间。"
③ 《合同法》第 62 条第 3 项规定:"履行地点不明确,给付货币的,在接受货币一方所在地履行;交付不动产的,在不动产所在地履行;其他标的,在履行义务一方所在地履行。"
④ 《合同法》第 62 条第 5 项规定:"履行方式不明确的,按照有利于实现合同目的的方式履行。"

方商定仲裁条款。否则,任何一方当事人不得提起仲裁。^① 仲裁方式在商务活动中被广泛采用,在某些领域或者行业内,由于专业性非常强,不适宜以诉讼方式解决,通常适用仲裁方式,如保险领域内的再保险合同纠纷。在对解决争议的方式没有约定的情形下,任何一方当事人均可直接提起诉讼。仲裁机构之间不存在级别管辖问题,仲裁实行一裁终局规则。

二是诉讼管辖地的选择。当事人可以根据《民事诉讼法》的规定选择被告住所地、合同履行地、合同签订地、原告住所地、标的物所在地法院,作为合同纠纷的诉讼管辖地。[②] 当事人对诉讼管辖的选择不得违反级别管辖和专属管辖的规定。

二、合同权利义务

合同权利义务是合同内容的表现,以合同条款为外在表现形式。合同权利义务是合同法的核心内容。由于双务合同、有偿合同是典型合同,合同权利义务是对等的,表现为一方当事人的权利是另一方当事人的义务,反之亦然。

（一）合同权利

合同权利是指债权人按照法律规定或者合同约定所享有的请求债务人为一定的行为或者不为一定行为以实现合同利益的权利。合同权利表现为债权,是与物权相对应的权利,是民法上的基本权利,具有平等性、相对性的特点,主要有以下四种权能：

（1）请求权。由于债权具有相对性,债权的实现须借助债务人的作为或者不作为,债权表现为一种请求权,与物权的绝对性相对应。债权人不直接支配标的物,而只有通过债务人才能实现对标的物的控制。债权与债权请求权并非同时产生,债权在合同生效之时产生,而债权请求权在债务履行期届满而债务人仍然未清偿债务时产生,债权请求权是债权实现的保障。因此,请求权是合同权利的核心。

（2）给付受领权。给付受领权是指债权人接受债务人给付的权利。换言之,在债务人清偿债务时,债权人有受领给付的权利。由于权利人只有受领债务人的给付,才能实现自己的合同利益,从而表明受领给付权是合同权利的基本权能,是合同权利的基本效力。受领给付权是权利人保持从义务人的给付取得利益的根据。但是,关于给付受领权的性质,学界存在不同的认识,有的认为是权利,有的认为是义务。

（3）保护及保全债权的权利。在债权受到侵害时,债权人可以请求法律保护。当

---

① 仲裁是指由双方当事人约定将争议提交第三方,由该第三方对争议进行评判并作出裁决的争议解决的方法。仲裁既不同于诉讼,仲裁是基于自愿原则;仲裁也不同于调解,是一种特殊调解,是自愿型公断。仲裁有国内仲裁和国际仲裁。我国国内仲裁机构由全国性的和地方性的两种,全国性的仲裁机构有中国国际经济贸易仲裁委员会、上海国际经济贸易仲裁委员会（上海国际仲裁中心）、华南国际经济贸易仲裁委员会（深圳国际仲裁院）；地方性的仲裁机构有省级行政区划和地市级行政区划的仲裁委员会,如北京仲裁委员会、沈阳仲裁委员会、深圳仲裁委员会、无锡仲裁委员会等。

② 《民事诉讼法》第34条规定："合同或者其他财产权益纠纷的当事人可以书面协议选择被告住所地、合同履行地、合同签订地、原告住所地、标的物所在地等与争议有实际联系的地点的人民法院管辖,但不得违反本法对级别管辖和专属管辖的规定。"

债务人不履行债务或者履行不当时,债权人通过各种途径获得救济,现代各国法律均以公力救济为原则,以私力救济为例外。换言之,在债权受到侵害时,债权人有权请求法律保护,请求法律保护是债权的一项权能,是合同的对内效力的体现。

除了保护权能之外,债权还具有保全权能。债务成立之后,债务人原则上是以其全部财产对债权人承担责任,债务人的财产成为债权的一般担保,债务人财产的减少可能有害于债权人债权的实现。债务人财产的减少有积极的作为,也有消极的不作为。债权保全是指法律为防止债务人的财产不当减少而危害债权的实现,允许债权人对债务人或者第三人行使撤销权或者代位权制度,以维护其债权。债权保全是合同对外效力的体现,是源于法律的直接规定。

(4) 处分权。债权人享有处分债权的权利,即债权处分权。债权人的处分权充分体现了意思自治原则,有债权的转让和债务的免除两种形式。

一是债权转让。债权转让是指债权人有权将债权转让给第三人。债权人与第三人订立债权转让合同,将债权的全部或者部分转移给第三人。债权全部让与第三人,第三人取代原债权人成为原合同关系的新债权人,原合同债权人因合同转让而丧失合同债权人的权利;债权部分让与第三人,第三人成为合同债权人加入到原合同关系之中,成为新债权人,合同中的债权关系由一人变数人,新加入合同的债权人与原债权人共同分享债权。债权的转让应具备以下三个方面的条件:首先,债权的有效性。债权的有效性是债权人转让债权的前提,债权的转让应以有效的债权为条件,且转让不得改变债权的内容。其次,债权的可让与性。债权应具有可让与性,不具有可让与性的债权不得转让。《合同法》第79条规定了三种不得转让的债权:根据合同性质不得转让的合同债权,如雇佣、委托、租赁等基于个人信任关系而发生的债权;按照当事人的约定不得转让的债权;依照法律规定不得转让的债权。最后,债权转让的通知。债权的转让应当通知债务人。转让通知是债权转让的一个必备条件。转让通知应当送达对方当事人。否则,债务人无法知道债权人的债权转让行为。例如,在何荣兰清偿债务纠纷案中,①最高人民法院判决认为,债权人以登报形式通知债务人转让债权的行为有效。

二是债务免除。债务免除是指债权人有权通过免除债务人的债务而抛弃债权,从而消灭合同关系及其他债的关系。关于债务免除的性质有双方行为说和单方行为说两种学说:双方行为说认为债务免除是债权人与债务人的双方行为。债务免除为双方行为的理由如下:首先,债的关系是债权人与债务人之间的法律关系,不能仅根据一方当事人的意思表示成立。其次,债权人免除债务可能有其他动机和目的,为防止债权

---

① 在何荣兰诉东营市海科化学工业有限责任公司等清偿债务纠纷案([2003]鲁民一初字第 4 号、[2003]民一终字第 46 号)中,法院裁判要旨认为,《合同法》第 80 条第 1 款规定,债权人转让权利的,应当通知债务人。未经通知,该转让对债务人不发生法律效力。但由于法律法规对通知的具体方式没有规定,债权人以登报的形式通知债务人,如并未加重债务人履行债务的负担,也未损害债务人的利益,则债务人仅以债权人在报纸上登载债权转让通知不当为由,否认债权转让对其发生法律效力,法院不应支持。只要债权人实施了有效的通知行为,债权转让就应对债务人发生法律效力(2004 年最高人民法院公报案例)。

人滥用免除权损害债务人利益,免除应经债务人同意。单方行为说认为债务免除是债权人的单方行为。债务免除为债权人抛弃债权单方行为的理由是,债权人的债务免除行为使债务人单方享受利益,从而不需要债务人的同意。

债务免除应由债权人向债务人以意思表示的方式进行。债务免除的意思表示构成法律行为。债务免除的意思表示不得撤回。债务免除是单方行为,从债权人向债务人表示后,即产生债务消灭的效果。债务免除发生债务绝对消灭的效力,债的从债务如利息债务、担保债务等,也同时归于消灭。债务免除是债权人的权利,但债务的免除不得有害第三人的权利。

(二)合同义务

合同义务,即合同债务,是指合同当事人根据法律规定或者合同约定而产生的义务。合同义务的重要性表现在,合同义务不仅是确认违约责任的前提,而且是债权人实现债权的保证。合同义务是合同当事人之间存在的法定约束力,一方当事人可以请求另一方当事人为一定的行为。合同义务直接决定债务人的履行内容,有利于保障债权人的利益以及实现债权人的缔约目的。合同义务主要是合同当事人的约定义务,合同义务的内容应当由当事人依法自由约定。现代合同法虽然增加了一些法定义务,但并未从根本上改变合同义务主要来源于当事人约定的状况,如《合同法》第12条规定合同内容由当事人约定。合同义务与合同责任是密切相关的,合同义务是合同责任的前提和基础,合同责任是违反合同义务的法律后果。

合同义务有多种分类,包括先合同义务与后合同义务、约定义务与法定义务、主要义务与次要义务、给付义务与附随义务以及真正义务与非真正义务。

(1)先合同义务与后合同义务。以合同的生效和终止为标准,合同义务可以分为先合同义务和后合同义务。先合同义务(pre-contract obligation)是指在缔约过程中合同当事人根据诚实信用原则所承担的义务。先合同义务是建立在诚实信用原则基础上的,是诚实信用原则的具体化,主要有合同当事人之间的互相保护、通知、保密、协作等义务。当事人违反先合同义务,应当承担缔约过失责任。后合同义务(post-contract obligation)是指在合同终止之后合同当事人根据诚实信用原则所承担的义务。后合同义务同样是建立在诚实信用原则基础上的,是诚实信用原则的具体化,即根据交易习惯履行通知、协助、保密等义务。先合同义务与后合同义务是相对合同义务而言的,不是以当事人之间的合同关系为前提的,是根据诚实信用原则产生的一种附随义务,是合同义务的扩张。例如,在国美电器控股有限公司合同纠纷案中,①北京高院判决认为,国美前董事长因违反公司签订的保密协议而承担违约责任。

---

① 在国美电器控股有限公司诉陈晓合同纠纷案([2014]二中民初字第1464号、[2016]京民终297号)中,法院裁判摘要认为,高级管理人员竞业限制协议由陈晓与国美控股公司自愿签署,是双方的真实意思表示,内容也不违反法律、行政法规的强制性规定,应认定合法有效,对双方当事人具有约束力。该协议签订后,国美控股公司已按约定向陈晓支付了1000万元对价,陈晓即应按该协议约定,遵守其所作出的各项承诺。陈晓违反了该协议约定的承诺义务,应当依据该协议第4.1条的约定,向国美控股公司全额退还协议对价款1000万元。

(2) 约定义务与法定义务。以合同义务产生的依据为标准,合同义务可以分为约定义务和法定义务。约定义务(contractual obligation)是基于当事人约定所产生的合同义务。合同是基于当事人约定产生的,约定义务构成主要的合同义务,也是合同自由原则的体现。在不违反法律、行政法规的强制性规定及公序良俗原则的前提下,[①]合同当事人之间的约定不仅在当事人之间产生法律约束力,[②]而且还产生优于合同法任意性规定的效力。

法定义务(legal obligation)是指合同当事人基于法律、行政法规的规定而应当承担的合同义务。根据《合同法》的规定,法定义务有以下两类:

一是根据法律、行政法规所确立的合同义务。即当事人基于法律、行政法规规定所产生的作为和不作为的义务。《合同法》主要体现为任意法,大多数规范属于任意性规范,而并非强制性规范。但《合同法》仍然包含一些强制性规范,当事人应无例外必须遵守。例如,《合同法》第80条规定,债权人转让权利的,应当通知债务人;第119条规定,守约方应当采取适当措施以避免损失的进一步扩大。前述两个条款均为强制性规定,当事人不得排除适用,而应当依据法律规定,履行相应的义务。否则,当事人将承受不利的法律后果。

二是根据诚实信用原则所产生的附随义务。附随义务是指当事人在合同履行过程中为协助实现主给付义务,遵循诚实信用原则,根据合同的性质、目的和交易习惯而履行的通知、协助、保密等义务,如国美电器控股有限公司合同纠纷案。[③] 附随义务主要有以下三个方面的含义:首先,基于法律原则产生的。附随义务是基于诚实信用原则产生的,而并非由当事人在合同中约定的。其次,附随于主给付义务。主给付义务确定后,附随义务则随之产生,且附随义务不能独立于主给付义务而存在。最后,对当事人利益和缔约目的有不良的影响。当事人违反附随义务,可能损害对方当事人重大利益或者导致缔约目的不能实现。

(3) 主要义务与次要义务。以合同义务的重要性为标准,合同义务可以分为主要义务与次要义务。主要义务(principal obligation)是指直接影响合同成立及合同目的实现的义务。《合同法》第36条、第94条的规定涉及"主要义务"和"主要债务"。主要义务包含以下三个方面的内容:

首先,与合同成立或者缔约目的关系密切。主要义务是根据合同性质所必备的和不可缺少的义务,主要义务的缺失直接影响合同的成立和缔约目的的实现。合同主要义务的缺失,直接导致合同不能成立。当事人未能履行合同主要义务,构成根本违约,直接使合同目的不能实现。

---

① 《合同法》第7条规定:"当事人订立、履行合同,应当遵守法律、行政法规,尊重社会公德,不得扰乱社会经济秩序,损害社会公共利益。"
② 《合同法》第8条规定:"依法成立的合同,对当事人具有法律约束力。当事人应当按照约定履行自己的义务,不得擅自变更或者解除合同。依法成立的合同,受法律保护。"
③ 国美电器控股有限公司诉陈晓合同纠纷案(〔2014〕二中民初字第1464号、〔2016〕京民终297号)。

其次,法律规定或者当事人约定。法律对各种有名合同均规定了合同的主要义务,如《合同法》第130条的买卖合同,第176条的供用电、水、气、热力合同,第196条的借款合同,第212条的租赁合同,以及第251条的承揽合同等。在法律没有规定的情况下,当事人可以根据合同性质来约定主要合同义务,如保理合同是一个无名合同,法律没有规定当事人的主要义务,保理商提供资金融通、买方资信评估、销售账户管理、信用风险担保、账款催收等为合同的主要义务。

最后,抗辩权的行使。在双务合同中,一方当事人未履行合同主要义务的,另一方当事人可以行使同时抗辩权。但一方当事人未履行合同次要义务的,另一方当事人不得行使同时抗辩权。

次要义务(subordinate obligation)是指不影响合同成立和合同目的实现的义务。次要义务包含两个方面的内容:首先,次要义务不影响合同成立。合同的主要义务决定合同是否成立,合同缺少次要义务不影响合同的成立,当事人可以通过协商方式补充合同次要义务,以便利于合同的履行。其次,次要义务不影响合同目的的实现。次要义务与合同目的无关,当事人违反合同的次要义务,不构成根本违约,当事人不得要求解除合同。

合同的主要义务与次要义务的区别有三个方面:一是影响合同的成立。主要义务是根据合同的性质所必须具备的基本的、固有的义务,该义务的缺失将导致合同的不成立;次要义务并非根据合同性质必须具备的基本的、固有的义务,次要义务的缺失,并不影响合同的成立。二是同时履行抗辩权的行使。主要义务的不履行或者履行不当,可以适用同时履行抗辩权;次要义务的不履行或者履行不当,不能适用同时履行抗辩权。三是合同解除权的行使。对主要义务的违反构成根本违约,另一方当事人有权解除合同;违反次要义务,虽然构成违约,但另一方当事人无权解除合同。

(4)给付义务与附随义务。以是否为一定的给付为标准,合同义务可以分为给付义务与附随义务。给付义务(payment obligation)是指当事人应当按照合同约定从事一定行为或者不从事一定行为的义务。给付既有积极的作为,即积极地从事一定的行为(积极给付);也有消极的不作为,消极地不为一定的行为(消极给付)。积极给付与消极给付构成给付义务。

给付义务有主给付义务与从给付义务之分。主给付义务是指构成某种类型合同所必须具备的固有义务,即直接影响当事人订立合同目的的义务。主给付义务通常表现为合同的主要条款。例如,在买卖合同中标的物的交付和价款的支付,即出让人交付标的物并转移标的物的所有权的义务与受让人支付价款的义务,均属于主给付义务。在租赁合同中,出租人交付租赁物的义务,承租人支付租金的义务。主给付义务的不履行或者不完全履行,可适用同时履行抗辩权。一方当事人违反主给付义务,导致合同目的不能实现,另一方当事人有权要求解除合同。

从给付义务是指辅助主给付义务以实现合同目的的义务。从给付义务不决定合同的类型,不具有独立意义,仅辅助主给付义务的功能,确保债权人债权的圆满实现。

从给付义务既可根据法律规定或者当事人的约定产生,也可根据交易惯例产生。例如,《合同法》第 136 条规定:"出卖人应当按照约定或者交易习惯向买受人交付提取标的物单证以外的有关单证和资料。"

附随义务(collateral obligation)是指根据诚实信用原则,在合同履行过程中根据合同性质、目的和交易习惯而产生的合同义务。附随义务不是由当事人约定产生的,而是根据诚实信用原则产生的,是附随于主给付义务的合同义务。例如,在周显治、俞美芳商品房销售合同纠纷案中,[①]宁波中院判决认为相关证明文件的提交、房屋交接单的签署等属于附随义务。附随义务不以给付为内容,而是为履行给付义务提供便利,包括通知义务、协助义务、保密义务、告知义务、保护义务及照顾义务等,如杨艳辉客运合同纠纷案。[②]

附随义务与从给付义务的区别在于,附随义务根据诚实信用原则产生,属于法定义务;从给付义务则根据当事人的约定或者交易惯例产生,大多属于约定义务,当事人可以排除适用。

(5) 真正义务与非真正义务。真正义务(real obligation)是指根据法律规定或者当事人约定的合同义务。前述四种分类中的合同义务,即先合同义务与后合同义务、约定义务与法定义务、主要义务与次要义务、给付义务与附随义务,均属于真正义务。非真正义务(no real obligation)是指合同关系中非违约方的损害减损义务,即一方当事人违约造成对方损害的,对方当事人如果没有采取措施以防止损害的进一步扩大,无权就扩大部分的损害要求违约方承担责任。[③]《合同法》第 119 条规定了非真正义务。非真正义务的法理依据是诚实信用原则,在交易活动中,当事人应诚实守信,对自己的利益负有照顾义务。非真正义务的主要特征是权利人通常不得请求履行,违反非真正义务不会产生损害赔偿责任,仅使负担该义务的一方当事人遭受权利减损。法律上设置非真正义务条款旨在尽可能减少由违约所造成的损失,实现合同公平和公正的目标,平衡合同双方当事人的利益,避免社会财富不必要的损失和浪费。

非真正义务与附随义务的区别主要是,附随义务是向对方当事人所承担的义务,违反该义务应向对方当事人承担责任;非真正义务并非向对方当事人承担的义务,违反不真正义务不会产生向对方当事人承担责任的情形,仅使自己遭受不利益。例如,在孟元旅游合同纠纷案中,[④]北京一中院判决认为,拒绝对方提出减少其损失的建议,致使自身利益受到损害的,应自负全部责任。

---

① 周显治、俞美芳与余姚众安房地产开发有限公司商品房销售合同纠纷案(〔2014〕甬余民初字第 90 号、〔2014〕浙甬民二终字第 470 号)。
② 杨艳辉诉中国南方航空股份有限公司等客运合同纠纷案(〔2003〕徐民一(民)初字第 1258 号)。
③ 参见郑云瑞:《民法总论》(第八版),北京大学出版社 2018 年版,第 165 页。
④ 在孟元诉中佳国际合作旅行社旅游合同纠纷案(〔2004〕宣民初字第 3100 号)中,法院裁判摘要认为,一方当事人提出解除合同后,在未与对方协商一致的情况下,拒绝对方提出减少其损失的建议,坚持要求对方承担解除合同的全部损失,并放弃履行合同,致使自身利益受到损害的,应自负全部责任(2005 年最高人民法院公报案例)。

第五章 合同效力

合同效力(validity of contract)是指已经成立的合同发生当事人预期的法律上的效力。合同是一种典型的法律行为,是当事人合意的产物。合同的成立是一个事实问题,是当事人之间的私行为,体现了私法自治原则;合同的生效则是法律对已经成立的合同的肯定性评价,反映了国家对合同关系的干预。合同成立是合同生效的前提条件,在没有法定或者约定情形,合同成立的同时即告生效,即对双方当事人产生法律上的约束力。在合同效力认定方面,最高人民法院司法解释严格适用合同无效的法定条件,效力上坚持从宽认定有效。

此外,当事人的犯罪行为并不影响合同的效力,如在吴国军民间借贷、担保合同纠纷案中,①湖州中院判决认为,合同效力的认定应尊重当事人的意思自治,只要订立合同时各方意思表示真实,且未违反法律、行政法规的强制性规定,应确认合同有效。

第一节 合同效力概述

法律对当事人的合意既有肯定性的评价,也有否定性的评价。合同效力则反映了法律对当事人之间合意的肯定性评价,如在招商银行股份有限公司无锡分行委托合同纠纷管辖权异议案中,②最高人民法院判决对当事人的合意(已经成立的合同)予以肯定性的评价。

当事人的合意具备合同生效要件的,则合同有效;当事人的合意不具备合同生效要件的,则合同不生效;当事人的合意违反法律强制性规定的,则合同无效。例如,在

---

① 在吴国军诉陈晓富、王克祥及德清县中建房地产开发有限公司民间借贷、担保合同纠纷案(〔2009〕浙湖商终字第276号)中,法院裁判摘要认为,民间借贷涉嫌或者构成非法吸收公众存款罪,合同一方当事人可能被追究刑事责任的,并不当然影响民间借贷合同以及相对应的担保合同的效力。如果民间借贷纠纷案件的审理并不必须以刑事案件的审理结果为依据,则民间借贷纠纷案件无须中止审理(2011年最高人民法院公报案例)。

② 在招商银行股份有限公司无锡分行与中国光大银行股份有限公司长春分行委托合同纠纷管辖权异议案(〔2015〕苏商初字第00031号、〔2015〕民二终字第428号)中,最高人民法院裁判摘要认为,合同效力是对已经成立的合同是否具有合法性的评价,依法成立的合同,始对当事人具有法律约束力。《合同法》第57条关于"合同无效、被撤销或者终止的,不影响合同中独立存在的有关解决争议方法的条款的效力"的规定适用于已经成立的合同,"有关解决争议方法的条款"应当符合法定的成立条件(2016年最高人民法院公报案例)。

湘财证券有限责任公司借款合同代位权纠纷案中,[①]最高人民法院判决认为,合同保底条款因违反《证券法》的禁止性规定而归于无效。

一、合同效力的概念

合同效力,即合同法律效力,是指已经成立的合同在当事人之间及对第三人产生法律上的约束力。[②] 生效合同不仅在当事人之间产生法律约束力,而且还对当事人之外的第三人产生法律约束力。[③] 合同效力并非当事人之间的合意所固有的,而是由于当事人的合意符合国家意志和社会利益。换言之,国家通过法律赋予当事人的合意以法律上的约束力。依法生效的合同所规定的权利义务已经为法律所确认,成为法律上的权利义务。

关于合同效力,不同的视角有不同的内容。对债权人而言,合同效力主要表现为对债务人给付请求权;对债务人而言,合同效力表现为对债权人承担的给付义务;对合同目的实现而言,合同效力表现为合同的履行或者不履行效果。合同效力通常表现为对内效力和对外效力两个方面内容。

(一)合同的对内效力

合同的对内效力表现为对合同当事人的效力,由于合同是合同当事人合意的结果,合同效力主要表现为对合同当事人的效力。《合同法》第8条规定,依法成立的合同对当事人具有法律约束力。当事人应当按照约定履行自己的义务,不得擅自变更或者解除合同。这是合同对当事人效力的一般规定。合同对当事人的效力主要表现在合同的履行与合同的不履行两个方面:[④]

(1)合同的履行。合同效力最直接的表现是合同生效后所产生的权利义务关系,即当事人根据合同规定享有权利和承担义务。合同的权利义务既是合同的内容,又是合同效力的体现。合同效力主要体现在合同当事人按照合同规定履行合同义务,即合

---

① 在湘财证券有限责任公司与中国光大银行长沙新华支行、第三人湖南省平安轻化科技实业有限公司借款合同代位权纠纷案(〔2005〕湘高法民二初字第14号、〔2006〕民二终字第90号)中,法院裁判要旨认为,委托理财合同是指单位或者个人将其自有资金委托金融、非金融投资机构或者专业投资人员投资于证券、期货市场,所获收益按双方约定进行分配的一种合同法律关系。在委托理财合同中,如委托方为减弱合同风险,与受托方订立保证本息固定回报的保底条款,因该条款是严重违背市场经济规律和资本市场规则的,且违反我国《证券法》第144条的禁止性规定,即证券公司不得以任何方式对客户证券买卖的收益或者赔偿证券买卖的损失作出承诺,应属无效条款,因保底条款是委托理财合同的目的条款或核心条款,保底条款无效则委托理财合同整体无效(2007年最高人民法院公报案例)。

② 在英美法系,合同要产生法律效力,能够得到强制执行,通常要求有对价存在。"没有对价的非正式允诺,无论从这个术语的哪种意义上讲,都是不产生法律上的义务和不能够强制执行的。"〔美〕A. L. 科宾:《科宾论合同》(一卷版)上册,王卫国等译,中国大百科全书出版社1997年版,第211页。

③ 合同相对性原则是两大法系传统合同法的基本原则,合同相对性是指合同仅对合同当事人具有法律约束力,对合同关系以外的第三人不产生法律约束力。随着商品经济的发展和市场经济体制的建立与完善,合同相对性原则严重影响了交易的效率和安全。两大法系合同法均突破了合同相对性原则。

④ 债的效力"广义的谓使实现给付或填补其给付利益之作用,包括债之履行及债务不履行之效果而言;狭义的,则单指债务不履行之效果而言。"史尚宽:《债法总论》,中国政法大学出版社2000年版,第327页。

同债务人按照合同的规定实施一定的行为或者不行为的过程,是合同的履行。合同债务履行则合同债权实现,意味着合同关系的消灭。合同的履行既是合同内容实现的过程,也是合同关系消灭的原因。在合同履行过程中,债权人对债务人享有请求力和保持力,要求债务人全面、及时、正确履行合同义务。请求力表现为债权人请求债务人按照合同约定履行债务的效力;保持力表现为债权人有保持根据债权取得利益而被给付的效力。

(2) 合同的不履行。债务人对债权人承担一定的给付义务。债务人在出现给付不能、给付拒绝、给付不完全、给付迟延等情形时,债权人对债务人享有执行力。执行力表现为债务人不履行债务时,债权人有权通过执行程序强制实现其给付效力。债务人应按照合同的约定,全面履行合同约定的义务和附随义务。否则,债务人应向债权人承担违约责任。

(二) 合同的对外效力

合同的对外效力表现为对合同当事人之外的第三人效力。合同的对外效力是合同效力扩张的体现,主要表现在合同保全合同效力和合同相对性原则的突破两个方面。合同保全制度赋予债权人以代位权和撤销权,以保护债权人的正当权益不受侵害,如《合同法》第73条规定的代位权和第74条规定的撤销权。合同相对性原则的突破更好地维护了债权人的正当权益,进一步优化了市场环境。

根据合同相对性原则,只有合同当事人才能享有基于合同所产生的权利及承担合同所产生的义务,如大连渤海建筑工程总公司建设工程施工合同纠纷案。[①] 合同相对性原则仍然是合同法的基本准则,合同相对性包含主体相对性、合同内容相对性和合同责任相对性三个方面的内容。合同法与物权法的根本区别就在于合同的相对性,如上海闽路润贸易有限公司买卖合同纠纷案。[②]

合同相对性原则最早起源于罗马法。在罗马法中,债被称为"法锁",仅对债权人和债务人产生拘束力,是债权人请求债务人为一定行为或者不为一定行为的法律关系,对债权人和债务人之外的第三人没有任何约束力。罗马法的债的相对性对近代大

---

① 在大连渤海建筑工程总公司诉大连金世纪房屋开发有限公司等建设工程施工合同纠纷案([2006]辽民一初字第3号、[2007]民一终字第39号)中,最高人民法院裁判摘要认为,债权属于相对权,相对性是债权的基础,故债权在法律性质上属于对人权。债是特定当事人之间的法律关系,债权人和债务人都是特定的。债权人只能向特定的债务人请求给付,债务人也只对特定的债权人负有给付义务。即使因合同当事人以外的第三人的行为致使债权不能实现,债权人也不能依据债权的效力向第三人请求排除妨害,更不能在没有法律依据的情况下突破合同相对性原则要求第三人对债务承担连带责任(2008年最高人民法院公报案例)。

② 在上海闽路润贸易有限公司与上海钢翼贸易有限公司买卖合同纠纷案([2012]闽民终字第647号、[2015]民申字第956号)中,最高人民法院裁判摘要认为,受托人以自己的名义与第三人订立合同时,第三人不知道受托人与委托人之间的代理关系的,合同约束受托人与第三人。受托人因第三人的原因对委托人不履行义务,受托人向委托人披露第三人后,委托人可以选择是否行使介入权:委托人行使介入权的,则合同直接约束委托人与第三人,委托人可以要求第三人向其承担违约责任;委托人不行使介入权的,根据合同的相对性原则,合同仍约束受托人与第三人,受托人可以向第三人主张违约责任,受托人与委托人之间的纠纷根据委托合同的约定另行解决(2016年最高人民法院公报案例)。

陆法系的合同法产生了深远的影响,而英美法系则没有债的概念,债的相对性称为"合同相对性"(privity of contract)。在1842年的温特波顿诉赖特(Winterbottom v. Wright)案中,英国法院确立了合同主体的相对性,①并通过特韦德尔诉阿特金森(Tweddle v. Atkinson)案确立了合同相对性原则。②根据合同相对性原则,债权人仅对债务人享有权利,合同效力仅及于债务人。只有自愿订立合同之后才可以产生"法锁",但不可能约束合同当事人之外的第三人。

随着产品责任的发展,世界各国的法律和判例为保护消费者利益扩大了合同关系对第三人的保护,要求产品的生产者和销售者对与其没有合同关系的第三人承担保证责任。世界各国基于社会实际的需要与合同自由原则,逐渐承认第三者利益的合同,即债权人与债务人约定,由债务人向第三人履行债务,且第三人有权直接请求债务人履行给付义务。各国的立法及判例学说突破了合同相对性原则,进一步扩大了合同对第三人的效力。以美国的"第三人利益担保责任"(Third Party Beneficiaries of Warranties Express or Implied)③、德国的"附保护第三人作用的合同"④、英国的第三人侵害债权制度最具有代表性。

---

① In 1842, the law's only recognition of "negligence" was in respect of a breach of contract. As the plaintiff was not in a contract with the defendant the court ruled in favour of the defendant on the basis of the doctrine of privity of contract(Winterbottom v. Wright(1842)10 M & W 109;152 ER 402).

② Tweddle v. Atkinson [1861] EWHC QB J57,(1861) 1 B & S 393,121 ER 762 is an English contract law case concerning the principle of privity of contract and consideration.
Facts:The groom's father, John Tweddle, agreed with the bride's father, William Guy, to pay the groom, William Tweddle, £200. William Guy died, and the estate would not pay. So William Tweddle sued.
Judgment:The courts ruled that promisee cannot bring an action unless the consideration from the promise moved from him. Consideration must move from party entitled to sue upon the contract. No legal entitlement is conferred on third parties to an agreement. Third parties to a contract do not derive any rights from that agreement nor are they subject to any burdens imposed by it.

③ 《美国统一商法典》(Uniform Commercial Code)第2-318条规定:"卖方明示或者默示的担保责任及于买方的家庭成员、共同居住者、家中的客人,如果合理期待上述自然人会使用、消费或者受到商品影响,而其人身因担保义务的违反遭受损害。出卖人不得排除或者限制本项的适用。"(A seller's warranty whether express or implied extends to any natural person who is in the family or household of his buyer or who is a guest in his home if it is reasonable to expect that such person may use, consume or be affected by the good sand who is injured in person by breach of the warranty. A seller may not exclude or limit the operation of this section.)这项制度确立的目的主要在于规范商品制造人和销售人的责任,保护消费者的利益,在法律的发展史上具有重要意义。

④ 德国的"附保护第三人作用的合同"是指特定的合同一经成立,不但在当事人之间产生债权债务关系,而且债务人对债权人有特殊关系的第三人也负有保护义务,债务人一旦违反这项义务,该第三人可对损害请求赔偿。德国法的这个制度是通过判例和学说得以确立的,其目的在于加强保护与债权人有特殊关系的第三人的利益,是建立在基于诚实信用原则所产生的附随义务基础上的。
合同债务人不仅对债权人负有照顾与保护等附随义务,而且这个附随义务还应扩张到债权人对其负有特别照顾与保护义务的特定第三人,从而在债务人与该第三人之间产生了一种以诚实信用原则为基础,以照顾与保护为内容的法定债务关系。当债务人违反这项照顾与保护义务致使第三人遭受损害时,该第三人可以对债权人主张合同上债务不履行的损害赔偿请求权。德国帝国法院在创设这项制度之初,是适用《德国民法典》第328条的规定,扩张解释该条款第三人范围,认为其属于"第三人利益合同"的一种形态,当事人缔结合同时,应兼顾特定范围第三人的利益,故与债权人具有特殊关系的第三人因债务人未履行附随义务而遭受损害时,该第三人可根据债权人与债务人之间缔结的合同直接请求债务人为损害赔偿。

第五章 合同效力

英国的侵害合同权利制度(interference with contract right)起源于1853年莱姆利诉格伊案(Lumley v. Gye)。① Benjamin Lumley(原告)与 Johanna Wagner(歌剧演员)签订了在女王陛下剧院(Her Majesty's Theatre)为期三个月的演出合同,Frederick Gye(被告)在明知 Lumley 与 Wagner 有演出合同的情况下,仍然诱使 Wagner 毁约而为其演出。法院判决被告 Gye 承担损害赔偿责任。在前述案件中,Gye(第三人)引诱 Wagner(合同一方当事人)违约并取得不当利益的情况下,Lumley(合同另一方当事人)可以对 Gye(第三人)提出损害赔偿。但是,在很长一段时间内,案件判决并没有影响英国普通法上的合同相对性原则,在合同关系存在的情况下,法院仍然以原告与被告之间不存在合同关系为由,驳回原告的损害赔偿请求权,直到在1932年的 Donoghue v. Stevenson 案中,②英国法院确立了过失责任原则,突破了合同相对性原则,确认了消费者可以对与其没有合同关系的产品制造者提起诉讼。法院和议会不断突破合同相对性原则,对非合同当事人赋予权利或者负担义务。1999年英国议会通过《合同第三人权利法案》(Contracts (Rights of Third Parties) Act 1999),以成文法形式较为系统地规定了合同第三人的权利,以立法形式突破了合同相对性原则。

在现代社会,如果过分地强调合同相对性原则,可能会由于第三人对合同的影响,造成对当事人权利的限制。按社会连带法学派的观点,任何人对自由的行使,不能影响他人的自由,对他人的自由构成侵害。否则,自由的行使会受到限制。合同相对性原则的突破主要表现为:

(1) 债权的物权化。"买卖不破租赁"是债权物权化的典型,是指出租人将租赁标

---

① Lumley v. Gye [1853] EWHC QB J 73 is a foundational English tort law case, heard in 1853, in the field of economic tort. It held that one may claim damages from a third person who interferes in the performance of a contract by another.

Facts: The singer Johanna Wagner was engaged by Benjamin Lumley to sing exclusively at Her Majesty's Theatre for three months. Frederick Gye, who ran Covent Garden Theatre, induced her to break her contract with Mr. Lumley by promising to pay her more. Although an injunction was issued to prevent her singing at Covent Garden, Gye persuaded her to disregard it. Lumley therefore sued Gye for damages in respect of the income he had lost.

Judgment: Crompton J held that Lumley could claim damage from Gye. He observed that although the general law is there is no action, by then it had become clear that a claim lay for wrongfully and maliciously enticing a person to break their contract with another.

② Facts: On the 26 August, 1928, May Donoghue and a friend were at a café in Glasgow (Scotland). Donoghue's companion ordered and paid for her drink. The café purchased the product from a distributor that purchased it from Stevenson. The ginger beer came in a Dark bottle, and the contents were not visible from the outside. Donoghue drank some of the contents and her friend lifted the bottle to pour the remainder of the ginger beer into the tumbler. The remains of a snail in a state of decomposition dropped out of the bottle into the tumbler. Donoghue later complained of stomach pain and her doctor diagnosed her as having gastroenteritis and being in a state of severe shock. Donoghue sued the David Stevenson, the manufacturer of the drink, for negligence. She was unsuccessful at trial and appealed the decision to the House of lords. Finally, her claim was successful.

Ratio: Manufacturers owe the final consumer of their product a duty of care (at least in the instance where the goods cannot be inspected between manufacturing and consumption). There need not be a contractual relationship, or privity, in order for the final consumer to sue in negligence (Donoghue v. Stevenson(1932)UKHL 100).

的物让于第三人时,原租赁合同对租赁标的物受让人继续有效。在租赁合同中,根据合同相对性,租赁合同应仅对出租人和承租人有效,第三人受让租赁标的成为所有人时,买受人并非租赁合同当事人,不应受到合同约束。租赁合同的物权化,承租权可以对抗所有权,租赁合同对第三人(受让租赁物的所有权人)产生法律约束力。《合同法》第229条规定:"租赁物在租赁期间发生所有权变动的,不影响租赁合同的效力。"

(2) 债权不可侵性。不法侵害债权指第三人故意实施以损害他人债权为目的而妨害债务人履行债务的行为。物权是对标的物直接支配的绝对权,可对任何人主张权利,并可排除任何人对物权的侵害;债权是仅向特定当事人请求给付的相对权,不能向第三人主张权利,没有排除他人干涉的效力。1853年莱姆利诉格伊案(Lumley v. Gye)确立的规则为世界各国所接受。根据债权不可侵性理论,债权遭到不法侵害后,债权人可以债权为由提起损害赔偿诉讼,将债的效力扩张到所有侵害债权的第三人。《侵权责任法》虽然没有明文规定第三人侵害合同债权,但通过对该条款的"民事权益"的扩张解释方式确立了债权不可侵性。

(3) 附保护第三人作用的合同。"附保护第三人作用的合同"是德国判例学说所独创,是对合同相对性和合同责任的新发展,标志着德国合同责任的扩张化。《德国民法典》第328条规定了"有利于第三人的合同",当事人得以合同约定向第三人为给付,受益第三人不是缔约人,却有直接请求给付的权利,并在债务人违约时,有权以自己的名义向法院直接起诉合同的债务人,请求强制执行合同。为第三人利益的合同主要体现在人身保险合同、运输合同中为第三人利益订立的条款、信托合同等,如《保险法》第22条、《信托法》第2条的规定,但《合同法》第64条、65条规定的合同责任的效力并不涉及第三人。

合同相对性包含主体相对性、合同内容相对性和合同责任相对性三个方面的内容。合同相对性的突破也应当体现在主体、内容和责任三个方面,即合同的主体、合同的内容和合同责任是否涉及第三人。《合同法》第272条的总包合同与分包合同、第309条的货物运输合同和第313条的多式联运合同等体现了合同的对外效力。

二、合同生效的概念

合同生效(effectiveness of contract)是指已经成立的合同符合法律规定的生效要件所产生的法律上的约束力。合同成立是合同生效的前提和基础。当事人意思表示一致即告合同成立,合同成立是当事人合意的产物。在法律没有特别规定或者当事人没有特别约定的情形下,合同成立的同时意味着合同生效,如重庆索特盐化股份有限公司土地使用权转让合同纠纷案。① 生效的合同在当事人之间产生法律约束力,即为

---

① 在重庆索特盐化股份有限公司与重庆新万基房地产开发有限公司土地使用权转让合同纠纷案([2008]渝高法民初字第2号、[2008]民一终字第122号)中,最高人民法院裁判摘要认为,根据《物权法》第15条的规定,当事人之间订立有关设立、变更、转让和消灭不动产物权的合同,除法律另有规定或者合同另有约定外,自合同成立时生效;未办理物权登记的,不影响合同效力。该规定确定了不动产物权变动的原因与结果相区分的原则。物权转让行为不能成就,并不必然导致物权转让合同无效(2009年最高人民法院公报案例)。

合同效力。合同成立、合同生效和合同效力等概念既相联系,又相区别。

(一) 合同成立与合同生效

合同成立是指合同当事人对合同的主要条款达成合意。合同成立要经过要约和承诺两个阶段,要约是希望和他人缔约的意思表示,要约内容必须具体、确定;承诺是受要约人同意要约的意思表示,承诺生效时合同成立,承诺内容应当与要约的内容一致。① 如果受要约人对要约内容进行实质性变更,就不能构成一个有效的承诺,而应构成一个新要约。在缔约过程中,通常可能要在多次要约与反要约之后合同才宣告成立。

合同生效是指已经成立的合同发生法律效力,即具有法律拘束力,合同当事人的行为受合同的约束,如招商银行股份有限公司无锡分行委托合同纠纷管辖权异议案。② 在通常情形下,合同在成立的同时即告生效,但以下两种情形除外:一是法定情形,即法律、行政法规规定应当办理批准、登记等手续生效的;二是约定情形,即当事人在合同中约定了合同生效的条件或者期限的。

在合同司法审判实践中,合同成立应当以当事人的合意为标准,而合同生效则应当以已经成立的合同符合法律规定的生效要件为标准。例如,在云南福运物流有限公司财产损失保险合同纠纷案中③,最高人民法院判决对合同成立与合同生效问题进行了区分。

合同成立与合同生效的主要区别,主要体现在如下三个方面:

(1) 判断标准不同。合同成立是一事实问题,旨在识别某一合同是否已经存在、

---

① Uniform Commercial Code § 2-207. Additional Terms in Acceptance or Confirmation. (1) A definite and seasonable expression of acceptance or a written confirmation which is sent within a reasonable time operates as an acceptance even though it states terms additional to or different from those offered or agreed upon, unless acceptance is expressly made conditional on assent to the additional or different terms. (2) The additional terms are to be construed as proposals for addition to the contract. Between merchants such terms become part of the contract unless: (a) the offer expressly limits acceptance to the terms of the offer; (b) they materially alter it; or (c) notification of objection to them has already been given or is given within a reasonable time after notice of them is received. (3) Conduct by both parties which recognizes the existence of a contract is sufficient to establish a contract for sale although the writings of the parties do not otherwise establish a contract. In such case the terms of the particular contract consist of those terms on which the writings of the parties agree, together with any supplementary terms incorporated under any other provisions of this Act.

② 招商银行股份有限公司无锡分行与中国光大银行股份有限公司长春分行委托合同纠纷管辖权异议案([2015]苏商初字第00031号、[2015]民二终字第428号)。

③ 在云南福运物流有限公司与中国人寿财产保险股份公司曲靖中心支公司财产损失保险合同纠纷案([2011]曲中民初字第114号、[2012]云高民二终字第110号、[2013]民申字第1567号)中,法院裁判摘要认为,(1)当事人就货物保险算是达成的赔偿协议书以货运险赔偿确认书是对财产损害赔偿金额的自认,是真实意思表示,是有效的民事法律行为。(2)保险合同以当事人双方意思表示一致为成立要件,即保险合同以双方当事人愿意接受特定条件拘束时,保险合同即为成立。签发保险单属于保险方的行为,目的是对保险合同的内容加以确立,便于当事人知晓保险合同的内容,能产生证明的效果。根据《保险法》第13条第1款之规定,签发保险单并非保险合同成立时所必须具备的形式。(3)保险费是被保险人获得保险保障的对价。根据《保险法》第13条第3款之规定,保险合同可以明确约定以交纳保险费为合同的生效要件。如保险合同约定于交纳保险费后保险合同生效,则投保人对交纳保险费前所发生的损失不承担赔偿责任(2016年最高人民法院公报案例)。

合同类型及合同行为与事实行为、侵权行为之间的区别。合同成立的规则是合同关系的法律事实构成规则,根据这种规则仅能作出合同成立与否的事实判断;合同生效的规则是对已经成立的合同法律价值判断问题,旨在识别已经成立的合同是否符合法律的规定,从而是否能够取得法律认可的效力。根据合同生效规则所作出的判断为法律评价性判断,即合同有效、无效、效力待定、可撤销。

(2)构成要件不同。意思表示一致即合意是合同成立的判断标准,而意思表示真实则是合同生效的判断标准。合同成立作为一个意思表示的事实构成,旨在确定合同是否存在,法律对成立规则的要求是当事人的意思表示必须具体、明确,合同成立的具体要求体现在:一是当事人的意思表示应具备设立、变更、终止合同关系的内容,即权利义务关系;二是当事人的意思表示应包含合同的必要内容,即主体、标的和数量;三是当事人的意思表示应以特定的形式表现出来,即明示、默示和其他形式。合同生效规则是对当事人意思表示作出评价的更高的价值标准,合法性是这个价值标准的基本要求。合法性对合同效力规则的要求体现在:一是合同的当事人应具有相应的行为能力;二是意思表示真实;三是内容不违反法律、不违背公序良俗。例如,在上海闽路润贸易有限公司买卖合同纠纷案中,[1]最高人民法院裁判认为法律和行政法规是判断合同有效的依据。

(3)法律后果不同。合同成立是当事人的合意,合意的标志是承诺人对要约的承诺。承诺生效,合同即告成立。合同成立产生一定的法律效力,但这种法律效力与合同生效的法律效力不同。合同成立的法律效力是要约人不得撤销要约,承诺人不得撤销承诺,但要约人与承诺人的权利义务仍没有获得法律的认可,合同中的权利义务仍处于不确定状态。如果合同成立之后被宣告无效或者被撤销,合同虽已成立,但合同所设定的权利义务对双方当事人没有约束力。合同生效的法律效力则不同,生效是法律对当事人意思表示的肯定性评价,表明当事人的意思表示符合国家意志,当事人所设定的权利义务得到国家强制力的保护。当事人违反生效合同的规定,应承担违约责任。例如,在招商银行股份有限公司无锡分行委托合同纠纷管辖权异议案中,[2]最高人民法院判决认为,合同生效是法律对已经成立合同的肯定性评价。

(二)合同生效与合同效力

合同效力与合同生效是两个密切相关的概念,既相互联系,又相互区别。合同生效是从当事人意思表示单纯的合意到对双方当事人产生法律约束力的动态过程的法律确认,标志着合同成立的终结、合同效力的开端。合同生效是合同关系发生法律效

---

[1] 在上海闽路润贸易有限公司与上海钢翼贸易有限公司买卖合同纠纷案([2012]闽民终字第647号、[2015]民申字第956号)中,法院裁判摘要认为,在判定合同的效力时,不能仅因合同当事人一方实施了涉嫌犯罪的行为而当然认定合同无效,仍应根据《合同法》等法律、行政法规的规定对合同的效力进行审查判断,以保护合同中无过错一方当事人的合法权益,维护交易安全和交易秩序。在合同约定本身不属于无效事由的情况下,合同中一方当事人实施的涉嫌犯罪的行为并不影响合同的有效性(2016年最高人民法院公报案例)。

[2] 招商银行股份有限公司无锡分行与中国光大银行股份有限公司长春分行委托合同纠纷管辖权异议案([2015]苏商初字第00031号、[2015]民二终字第428号)。

力的临界点,在合同生效之前,合同对当事人并未产生合同约束力;合同生效之后,合同对当事人产生合同有效的结果。合同效力是合同对当事人及第三人的效力,是合同当事人受到合同关系约束的一种持续状态。① 合同效力始于合同生效,终于合同消灭,伴随合同履行的全过程。合同效力强调合同法律约束力的内容,合同当事人的权利义务,即债权人权利的行使和债务人义务的履行。合同效力是合同生效的后果,合同生效的目的是要产生合同效力,两者之间的关系为:

（1）合同生效是合同效力的前提和基础。合同效力不同于合同缔约过程中基于缔约关系双方当事人之间基于诚实信用原则所形成的前合同责任,合同效力的起点是合同生效,即使合同双方当事人达成合意,即合同成立,但未满足合同生效的基本要件之前,当事人因合同未生效而不应受到合同的约束,如果一方当事人过失而给对方当事人造成损害的,承担的是缔约过失责任而非违约责任。

（2）合同效力是生效合同所产生的法律效力。合同生效对合同当事人产生权利义务关系,即法律约束力,且合同权利的行使和合同义务的履行均应遵循诚实信用原则。一旦一方当事人违反合同义务,即构成违约,应承担违约责任。违约责任是根据合同效力所产生的,是合同效力的具体表现。

合同效力与合同约束力是否为等同的概念,理论上有争议。肯定说认为两个概念是等同的,肯定说是通说。否定说认为,合同效力是指合同对当事人及第三人产生约束力,而合同约束力则仅指对合同当事人产生约束力,不包括当事人之外的第三人。② 肯定说较为合理、清晰,从语义上,两个概念难以区分,缺乏明确、清晰的区分标准;从法律上,两个概念也没有区分的必要和意义。

第二节　合同的生效要件

合同生效要件是判断合同是否具有法律效力的准则。合同成立要件与合同生效要件是两个不同的概念,合同的成立要件是认定合同存在的准则,而合同的生效要件则是认定合同效力的准则。已经成立的合同,在符合法律规定的合同生效要件时,即产生法律约束力。

大陆法系与英美法系对合同生效要件有不同的规定。以法国为代表的大陆法系国家认为,原因是合同生效的要件。③ 法国合同法上的原因概念来源于罗马法和宗教法,④ 如果合同没有原因,合同则不得强制执行。⑤《法国民法典》第 1108 条规定,合同

---

① Principles of International Commercial Contracts Article 3.1.2 (Validity of mere agreement) A contract is concluded, modified or terminated by the mere agreement of the parties, without any further requirement.
② 参见王利明:《合同法研究》(第一卷)(修订版),中国人民大学出版社 2011 年版,第 534 页。
③ 在意大利、西班牙等国,原因也是合同生效的第一要因。参见〔德〕海茵·克茨:《欧洲合同法》(上卷),周忠海等译,法律出版社 2001 年版,第 78 页。
④《法国民法典》第 1131 条规定:"无原因的债……不发生任何效力。"
⑤ 参见〔德〕海茵·克茨:《欧洲合同法》(上卷),周忠海等译,法律出版社 2001 年版,第 77 页。

的生效要件为当事人的同意、当事人的行为能力及债产生的原因。英美法系国家则以约因为合同生效的要件,如果合同没有约因,则合同不得强制执行。①

我国合同生效要件采纳了大陆法系的生效要件规则,但不要求有原因的存在。我国合同法理论认为,已经成立的合同仅在符合法律规定的条件时,才能在当事人之间及对第三人产生法律约束力。合同的生效要件有一般要件和特别要件之分。合同生效的一般要件是指合同发生法律效力通常应具备的条件。

合同生效通常应当具备的一般要件有:合同当事人适格;意思表示真实;不违反法律、行政法规和公序良俗;标的合法、可能、确定和妥当。例如,在中国工商银行长沙市司门口支行欠款纠纷案中,②最高人民法院判决认为,双方当事人的约定意思表示真实,不违反法律、行政法规的禁止性规定,应当认定合法有效。

合同生效应当同时满足前述四个要件,否则合同不生效,但不能简单地反面解释为合同不符合前述四个要件即为无效。合同违反前述两个生效要件的,合同可能无效,也可能效力待定,还可能可撤销;但违反前述第三个生效要件的,则是合同无效。

一、合同当事人适格

合同当事人适格,是合同生效的要件之一。自然人的行为能力和法人的行为能力存在差异,自然人的行为能力与其智力发育程度密切相关,而法人的行为能力取决于其权利能力(即经营范围)。《合同法》第9条规定了缔约能力制度,缔约人应具备相应的权利能力和行为能力。但实际上,缔约能力主要是指行为能力,即当事人能够订立合同的资格。合同是以当事人意思表示为基础,以产生一定法律效果为目的,且为当事人希望产生的法律效果,从而当事人应当具有正确理解自己行为的性质和后果并独立表达自己意思的能力。

(一) 自然人的缔约能力

自然人的缔约能力取决于其行为能力,而自然人的行为能力又与其智力发育程度密切相关,自然人的行为能力有完全行为能力、限制行为能力和无行为能力三种情形:

(1) 完全行为能力自然人。《民法总则》规定,18周岁以上的自然人为完全行为能力人,16周岁以上不满18周岁的自然人以自己的劳动收入为主要生活来源的,视为完全行为能力人。具有完全行为能力的自然人,有完全的缔约能力。

(2) 限制行为能力自然人。法律对限制行为能力人的缔约能力进行了适当的限制。《民法总则》规定,8周岁以上的未成年人是限制行为能力人,可以进行与他的年龄、智力相适应的民事活动;其他民事活动由其法定代理人代理或者征得其法定代理

---

① See J. Beatson, Anson's Law of Contract(28th ed.), Oxford University Press 2002, p.89.
② 在中国工商银行长沙市司门口支行与中国农业银行汨罗市支行欠款纠纷案([2004]湘高法民二初字第35号、[2005]民二终字第167号)中,法院裁判摘要认为,当事人应当按照约定全面履行自己的义务,当事人一方不履行合同义务或者履行合同义务不符合约定的,应当承担相应违约责任。案件所涉承诺函意思表示真实,不违反法律、行政法规的禁止性规定,应当认定合法有效。

人的同意。《合同法》则明确规定限制行为能力人订立的合同为效力待定合同,但纯获利益的合同,与其年龄、智力相适应的合同有效。① 具有限制行为能力的自然人,有部分缔约能力。

(3) 无行为能力自然人。《民法总则》规定,不满8周岁的未成年人是无民事行为能力人,由他的法定代理人代理民事活动。但是,无行为能力人可以订立纯获利益的合同。具有无行为能力的自然人,没有缔约能力。

法律设定自然人的缔约能力主要是为保护无行为能力人和限制行为能力人的利益。无行为能力人和限制行为能力人对自己所订立的合同,缺乏合理和正常的理解和判断能力,通常使自己的利益受到损害。但有两种例外情形:一是纯获利益的合同的订立。《合同法》第47条规定,在仅享受权利或者利益,如接受奖励、赠与、报酬等,而不承担任何义务的合同中,限制行为能力自然人和无行为能力自然人可以作为受益的一方当事人。二是日常生活必需的合同行为。限制行为能力自然人可以从事一些与其年龄和智力状况相适应的缔约行为,以便利其生活和学习,符合社会生活的内在逻辑。

但是,在现代网络环境下,电商无法识别网络买家的缔约能力,无行为能力人和限制行为能力人的网购行为应视为具有缔约能力,一方面有助于维护正常的交易秩序和保护交易安全;另一方面,无行为能力人和限制行为能力人的法定监护人由于疏于管理,应承担相应的法律后果。

(二) 法人的缔约能力

法人的缔约能力取决于法人的行为能力。法人的权利能力和行为能力是一致的,而权利能力是由法人被核准的经营范围决定。超越经营范围在公司法中表现为越权规则(ultra vires),越权规则是早期公司法上的一项重要原则。在阿希伯里诉理查"(Ashbury Railway Carriage and Iron Co. Ltd. v. Riche)"案中,②英国上议院认为超越了公司章程规定的经营范围被视为超出了公司的权利能力,越权即超越了公司的权利能力。越权行为无效是早期世界各国公司法的通例,美国早期公司法也强调越权规则,认为超越经营范围的缔约行为无效。③ 公司作为一种营利性的法人,应当以法人章程为基础,在法人章程所规定的经营范围内开展经营活动。对公司超越章程从事经营范围以外的经营活动,赋予无效的法律后果,即公司法上的越权规则。传统的越权

---

① 《合同法》第47条规定:"限制民事行为能力人订立的合同,经法定代理人追认后,该合同有效,但纯获利益的合同或者与其年龄、智力、精神健康状况相适应而订立的合同,不必经法定代理人追认。"

② The House of Lords, agreeing with the three dissentient judges in the Exchequer Chamber, pronounced the effect of the Companies Act to be the opposite of that indicated by Mr Justice Blackburn. It held that if a company pursues objects beyond the scope of the memorandum of association, the company's actions are ultra vires and void (Ashbury Railway Carriage and Iron Co. Ltd. v. Riche (1875)LR 7 HL 653).

③ 参见郑云瑞:《公司法学》,北京大学出版社2016年版,第11页。

规则已无法再适应保护善意第三人利益的需要,也不利于维护交易安全。① 关于越权规则理论上有三种观点:

(1) 绝对无效说。绝对无效说认为,公司超范围经营所签订的合同绝对无效,公司超越经营范围即违反强制性法律规定。公司经营范围等同于行为能力,公司超越经营范围,即为无权利能力。

(2) 相对无效说。相对无效说认为,公司超越经营范围的行为,交易的相对人不否认合同的效力,从鼓励交易、维护交易安全的角度,法律没有干预的必要。

(3) 相对有效说。相对有效说认为,法人行为超越经营范围不能作为否定合同效力的因素,在不存在其他无效原因时,超越经营范围外的行为为有效行为。

在我国计划经济时代,法人超越经营范围的缔约行为一律被认定为无效。但是,《合同法》第50条和《合同法司法解释(一)》第10条摈弃了前述越权规则,规定超越权限的缔约行为仍然有效。② 《民法总则》吸收了国内外的立法经验,明确抛弃了越权规则。③ 越权规则抛弃立法本意是为保护交易安全,维护相对人的利益。但这个规则并非绝对,国家限制经营、特许经营以及法律、行政法规禁止经营规定的行为除外,法人超越这些经营范围的行为也可能导致合同无效。例如,《保险法》第95条规定,保险公司应在核准的范围内经营,违反该强制性规定,超越范围经营而订立的合同无效。

二、意思表示真实

意思表示是指行为人对外表示实施一定法律行为的意思行为。意思表示的构成要素有主观要素和客观要素。④ 意思表示的主观要素是指内心的意思构成的要素,由目的意思与效果意思构成。⑤ 意思表示的客观要素是指外部的表示行为,指行为人将内在的意思对外以一定的方式表现出来,外界通过该行为能够了解行为人内在的目的意思。意思表示符合主观要素和客观要素,则意味着该意思表示成立;但意思表示要发生法律上的效力,则意思表示应当真实。例如,在中国建设银行上海市浦东分行借

---

① 越权规则是早期公司特许设立的产物,即公司章程所载明的目的范围是政府许可的范围,公司仅可在政府许可的范围内从事经营活动的自由,超越经营范围是法律所不允许的。随着公司从特许设立时期进入自由设立时期,依据公司法进行注册登记公司即告成立,公司的经营范围不限于特定行业或者产业,公司的设立已经不再被视为特权,坚持严格的越权规则难以适应商事交易便捷性要求。在公司自由设立时期,严守越权规则已经不符合时代发展的需要。

② 《合同法》第50条规定:"法人或者其他组织的法定代表人、负责人超越权限订立的合同,除相对人知道或者应当知道其超越权限的以外,该代表行为有效。"

③ 《民法总则》第77条规定:"营利性法人超越登记的经营范围从事经营活动的,依法承担相应的责任,但是除违反法律、行政法规的效力性强制性规定外,民事法律行为有效。"

④ 参见郑云瑞:《民法总论》(第八版),北京大学出版社2018年版,第328页。

⑤ 目的意思是指明确法律行为具体内容的意思要素,是意思表示的核心内容。效果意思是指使目的意思产生法律效力的意思,即行为人希望使表示的内容产生法律上效力的内在意思要素。

款合同纠纷案中,①最高人民法院判决认为,"不可撤销担保书"上的签名和变造的中基公司印章均不能认定为中基公司真实意思表示,从而该"不可撤销担保书"不成立,中基公司不应承担对建行浦东分行450万美元借款本息的担保责任。

意思表示真实是指行为人在自愿基础上作出符合自己意思的表示行为,从而意思表示真实应包含自愿和真实两个方面的内容。意思表示自愿是指行为人的意思表示是其自由意志的体现,而不是他人干涉的结果,如兰州市商业银行借款合同纠纷案②。违反自愿原则的行为有被胁迫或者被欺诈,在被胁迫或者被欺诈时,行为人所作出的意思表示与真实的意思表示不一致。意思表示真实是指当事人的内在的意思与外在的表示完全一致,如北京博创英诺威科技有限公司合同纠纷案③。

意思表示不真实是指行为人内在的真实意思与外在的表示意思不一致,即行为人表示要追求的某种法律后果并非其内心真正希望出现的法律后果。意思表示不真实可以是客观原因(如欺诈)引起的,也可能是主观原因(如买卖误以为赠与)引起的。意思表示不真实有两种情形:

(1) 故意的不真实。行为人意思表示故意的不真实,即行为人明知内在的意思与外在的表示不一致而进行的意思表示。故意的不真实包括真意保留与虚伪表示两种情形:

一是真意保留。真意保留(hold intendment)是指行为人故意隐匿心中的真意,对外表示与真意不同意义的意思,从而又称为"心中保留"或者"单独虚伪表示"。真意保留是单方当事人的行为。在真意保留中,行为人故意使自己的表示与意思不一致,并没有希望其意思表示产生法律约束力。

二是虚伪表示。虚伪表示(hypocritical declaration)是指行为人与相对人通谋作出与内心真实意思不符的虚假意思表示,又称为"虚假意思表示"。虚伪表示是合同双

---

① 在中国建设银行上海市浦东分行诉中国出口商品基地建设总公司等借款合同纠纷案(〔2001〕沪高经重字第2号、〔2001〕民二终字第155号)中,最高人民法院裁判摘要认为,有争议的合同文本经司法鉴定认定,一方当事人的签名系伪造,印章系变造,且经当事人举证和法院查证,均不能证明变造的印章为该当事人自己加盖或授意他人加盖,也不能证明该当事人有明知争议合同文本的存在而不予否认,或者在其他业务活动中使用过变造印章,或者明知他人使用变造印章而不予否认等情形,故不能认定或推定争议合同文本为该当事人真实意思的表示(2004年最高人民法院公报案例)。

② 在兰州市商业银行诉万通实业集团有限公司借款合同纠纷案(〔2003〕甘民二初字第07号、〔2004〕民二终字第209号)中,最高人民法院裁判摘要认为,借款合同双方当事人就借款合同中未履行的债务重新签订借款合同,债务人明知并且认可新合同中的一切内容,没有证据证明新合同的订立违背了当事人的真实意思表示,新合同中关于债务数额的约定,应视为债务人对自己权利的处分。只要该处分行为不损害公共利益,不违反国家法律或行政法规的禁止性规定,即应认定新合同中关于债务数额的约定合法有效(2005年最高人民法院公报案例)。

③ 在北京博创英诺威科技有限公司与保利民爆科技集团股份有限公司合同纠纷案(〔2010〕二中民初字第1940号、〔2011〕高民终字第854号、〔2013〕民提字第73号)中,最高人民法院裁判摘要认为,出口退税是我国鼓励出口措施,涉案合同并不存在没有真实货物出口而假冒出口的情形,出口方有权获得出口退税款。案件所涉外贸代理合同约定了出口退税款由外贸代理人支付给委托人的条款,该条款是当事人对出口退税款再分配的约定,是当事人基于真实意思的有权处分,该合同不应被认定为达到骗取国家出口退税款的非法目的而签订的合同,不应被认定无效(2015年最高人民法院公报案例)。

方当事人的通谋行为,虚伪表示行为无效。《民法总则》之前的立法并未规定虚伪表示,《民法通则》第58条和《合同法》第52条规定的"恶意串通,损害国家、集体或者第三人利益的"和"以合同形式掩盖非法目的"并非虚伪表示。《民法总则》第146条明确规定虚伪表示行为无效,而我国合同司法审判实践也一直认定虚伪表示无效。例如,在石艳春等股权转让纠纷案中,①最高人民法院判决认为,合同双方当事人以签订股权转让协议形式掩盖转让土地使用权的真实意思表示,应认定转股的意思表示构成无效的虚伪表示。

虚伪表示虽然无效,但不得对抗善意第三人。为保护交易安全,维护正常的交易秩序,虚伪表示涉及第三人利益时,虚伪表示行为有效,隐藏行为无效。例如,在新华信托股份有限公司等破产债权确认纠纷案中,②浙江湖州吴兴法院判决驳回了新华信托提出的"名股实债"和股权受让是让与担保的措施的诉讼请求。案件判决遵从保护善意第三人和交易安全原则,体现商法的公示主义和外观主义的要求。在涉及第三人利害关系时,股东或债权人资格的确认应当坚持形式要件优于实质要件,以工商登记材料作为确认股东资格的主要证据。

虚伪表示通常涉及隐藏行为,通常隐藏行为有效而虚伪表示无效。《民法总则》第146条规定了隐藏行为及其效力。例如,甲赠与乙一辆宝马汽车,双方达成一致。为避免节外生枝,甲、乙又假装签订了一份汽车买卖合同,约定甲将该辆汽车以50万元的价格出卖给乙。汽车买卖合同属于双方虚假行为,无效;汽车赠与合同属于隐藏行为,有效。

(2) 无意的不真实。行为人意思表示无意的不真实,即行为人不知内在意思与外在的表示不一致而进行的意思表示,有错误与误传两种情形:

一是错误。错误(mistake)是指行为人不知真意与表示不一致而进行意思表示,有意思形成上的错误和意思表示上的错误两种情形。错误是合同中最为常见的意思表示瑕疵。基于对交易安全的保护,《合同法》对错误的效力采纳了表示主义。

二是误传。误传(misinformation)是指意思表示的内容因传达人或者传达机构传达所导致的错误。行为人通过传达人或者传达机构(如邮局)传达意思表示的,传达人或者传达机构未必能够准确无误地传达行为人的意思表示,可能出现误传的现象。误传是因传达人或者传达机构传达错误所造成的,与行为人自己所造成的错误似乎有点

---

① 在石艳春、刘春华、刘瑛、刘冬英、刘文英、刘步书与新疆盈科投资集团有限公司、新疆盈科房地产开发有限公司股权转让纠纷案(〔2011〕新民二初字第17号、〔2013〕民二终字第40号)中,法院裁判要点认为,股权转让协议双方当事人签约真实意思表示并非为实际经营目标公司而持有公司股权,转让方真实意思表示也不是将目标公司股权和资产全部转让从而退出经营,且双方对该掩藏在股权转让协议形式下的真实意思表示在主观上均明知,据此可认定双方签订转股协议时所作意思表示构成虚伪表示,依法应认定无效。
② 在新华信托股份有限公司等诉湖州港城置业有限公司破产债权确认纠纷案(〔2016〕浙0502民初1671号)中,法院裁判要旨认为,港城置业公司股东丁林德、纪阿生、港城置业公司与新华信托签订的合作协议及丁林德、纪阿生分别与新华信托签订的股权转让协议是各方当事人真实意思的表示,合法有效,受法律保护。嗣后各方均已按约履行,且新华信托作为股东已进行了港城置业公司股东名册记载、公司登记机关登记,对外具有公示效力。

不同,但结果仍然由行为人承担。

在大多数情形下,行为人内在的意思与外在的表示是一致的。但在少数情形下,行为人的内在意思与外在表示不一致,确定行为人所作出的不真实的意思表示的效力,各国立法和理论有三种学说:

(1) 意思主义。意思主义认为,意思表示应当以行为人的内在意思为准,如果没有内在的目的意思,则表示行为失去了依据,从而应使表示行为无效,以保护行为人的利益。换言之,如果行为人所为的表示与其真实意思不同,应以其真实意思为准。意思主义不利于保护交易安全,维护正常的交易秩序。例如,在中国银行股份有限公司淄博博山支行借款担保合同纠纷管辖权异议案中,①最高人民法院以内在真实意思作为判断当事人意思表示的依据。

(2) 表示主义。表示主义认为,意思表示应以行为人外部的表示行为为准,相对人无法知晓行为人的内在意思,因而行为人应当遵守其对外所表示的意思。否则,如果允许行为人以其表示并非真实意思为由,可以随时撤回其表示行为,必然严重危害交易安全,甚至排除了每个意思表示的约束力。表示主义着眼于保护相对人的利益,维护交易安全。

(3) 折中主义。折中主义认为,意思与表示不一致时,既不能采取极端的意思主义,也不能采取极端的表示主义,而是应当考虑行为人和相对人的双方利益和交易安全,要么以意思主义为原则,以表示主义为例外;要么以表示主义为原则,以意思主义为例外。折中主义是当今各国民法所采用的确立意思表示有效性的原则。

意思表示真实是合同生效的重要因素,如中国远大集团有限公司等公司合并纠纷案②。在合同审判实践中,认定意思表示不真实的合同是否有效,既要考虑行为人的合法利益,又要保护相对人的利益,维护交易安全。在判断意思表示不真实的合同是否有效时,应以是否违反法律的强制性规定和公序良俗为准则:

(1) 合同绝对无效。意思表示违反法律强制性规定的合同无效,即损害国家利益和公共利益的合同无效,如《合同法》第 52 条规定,一方以欺诈、胁迫的手段订立损害国家利益的合同无效。

(2) 合同相对无效(即可撤销合同)。意思表示并未违反法律的强制性规定,即损害第三人利益的合同,如因重大误解订立的合同,以及一方当事人以欺诈、胁迫手段使对方当事人在违背真实意思的情况下订立的合同,属于相对无效合同,当事人可行使

---

① 在中国银行股份有限公司淄博博山支行诉淄博万杰医院等借款担保合同纠纷管辖权异议案(〔2007〕鲁民二初字第 17 号、〔2007〕民二终字第 99 号)中,法院裁判摘要认为,当事人对合同条文发生争议时,必须探究当事人内在的真实意思表示,判断当事人真实意思表示的首要方法是判断当事人字面的意思表示。这正所谓合同解释中的文义解释方法,只有在文义解释不能确定该条款的准确含义时,再运用其他解释方法去确定合同条款的含义以及填补合同的漏洞(2007 年最高人民法院公报案例)。

② 在中国远大集团有限公司与天津市一轻集团(控股)有限公司、天津远大感光材料公司、中国东方资产管理公司天津办事处、中国工商银行天晶石分行天津市分行广厦支行公司合并纠纷案(〔2004〕高民初字第 26 号、〔2005〕民二终字第 38 号)中,最高人民法院裁判要旨认为,兼并协议是双方真实意思表示,内容不违反法律禁止规定,该协议有效。

撤销权,如刘向前保险合同纠纷案[①]。

三、不违反法律、行政法规和公序良俗

合同不得违反法律、行政法规和公序良俗,即合同内容合法,合同双方当事人的权利义务合法。合同产生法律效力是当事人的意思表示符合法律规定,包含两个方面的内容:

(1) 不得违反法律、行政法规的规定。合同内容不违反法律、行政法规的规定,是合同生效的要件。合同不得违反法律、行政法规的规定包含两个方面的含义:一是法律仅指全国人民代表大会及其常务委员会制定并颁布的法律和国务院制定并颁布的行政法规,而不应包括地方性法规、行政规章、决定等,如安徽省福利彩票发行中心营销协议纠纷案[②];二是不得违反法律、行政法规的效力性强制性规定,即《合同法》第52条的"强制性规定"和《合同法司法解释(二)》第14条的"效力性强制性规定",如梅州市梅江区农村信用合作联社江南信用社储蓄合同纠纷案[③]。在继受合同法及司法解释的基础上,《民法总则》规定"不违反法律、行政法规的强制性规定"。效力性强制性规定是合同当事人应当无一例外遵循,不得以任何协议方式加以改变。法律、行政法规的效力性强制性规定通常冠以"不得""应当"和"必须",而法律的任意性规定则是冠以"可以"。合同违反管理性强制性规定的,不影响合同的效力,如南宁桂馨源房地产有限公司土地使用权转让合同纠纷案[④]。

(2) 不得违反公序良俗。合同不得违反公序良俗,也是合同生效的要件。我国学

[①] 在刘向前诉安邦财产保险公司保险合同纠纷案([2011]宿城商初字第0102号、[2011]宿中商终字第0344号)中,江苏宿迁中院裁判摘要认为,保险事故发生后,保险公司作为专业理赔机构,基于专业经验及对保险合同的理解,其明知或应知保险事故属于赔偿范围,而在无法律和合同依据的情况下,故意隐瞒被保险人可以获得保险赔偿的重要事实,对被保险人进行诱导,在此基础上双方达成销案协议,应认定被保险人作出了不真实的意思表示,保险公司的行为违背诚信原则构成保险合同欺诈。被保险人请求撤销该销案协议的,法院应予支持(2013年最高人民法院公报案例)。

[②] 在安徽省福利彩票发行中心与北京德法利科技发展有限责任公司营销协议纠纷案([2004]皖民二再终字第12号、[2008]民提字第61号)中,最高人民法院裁判摘要认为,根据《合同法司法解释(一)》第4条的规定,《合同法》实施以后,人民法院确认合同无效,应当以全国人大及其常委会制定的法律和国务院制定的行政法规为依据,不得以地方性法规、行政规章为依据(2009年最高人民法院公报案例)。

[③] 在梅州市梅江区农村信用合作联社江南信用社诉罗苑玲储蓄合同纠纷案([2008]梅区民初字第543号、[2009]梅中法民二终字第75号)中,广东梅州中院判决摘要认为,《合同法司法解释(二)》第14条规定,所谓强制性规定是指效力性强制性规定。仅针对特定主体的对内管理行为、不涉及公共利益的规定,不属于效力性强制性规定,违反该规定不能导致合同无效。银行作为专业金融机构,对涉及储户切切身利益的内部业务规定,负有告知储户的义务。如银行未向储户履行告知义务,当双方对于储蓄合同相关内容的理解产生分歧时,应当按照一般社会生活常识和普遍认知对合同相关内容作出解释,不能片面依照银行内部业务规定解释合同内容(2011年最高人民法院公报案例)。

[④] 在南宁桂馨源房地产有限公司诉柳州市全威电器有限责任公司等土地使用权转让合同纠纷案([2004]桂民一初字第1号、[2004]民一终字第46号)中,最高人民法院裁判摘要认为,签订国有土地使用权转让合同时,转让人虽未取得国有土地使用权证,但在诉讼前已经取得该证的,应认定转让合同有效。当事人取得国有土地使用权证后未足额缴纳土地出让金,或对转让土地的投资开发未达到投资总额25%以上的,属转让标的瑕疵,不影响转让合同的效力(2005年最高人民法院公报案例)。

界普遍认为,"公共利益"相当于大陆法系德国、法国、日本等国家民法的"公序良俗",但"公共利益"与"公序良俗"毕竟是两个不同的法律概念,两者并不能完全等同。实际上,公序良俗要比公共利益表述更为合理。公共利益的表述源于《民法通则》,而《合同法》则沿袭了《民法通则》对公共利益的表述。但《民法总则》则改变了先前立法规定的公共利益,而采纳了大陆法系通行的公序良俗。公序良俗的表述更为合理,更符合民法的内在逻辑。

公序良俗包含"公序""良俗"两个方面的内容,公序既代表国家利益,又代表社会公共利益。换言之,公序是指国家利益和社会公共利益。良俗是指社会善良风俗而并非所有的道德观念,仅指其中维护社会存在和发展的最低限度的伦理道德标准。法律、行政法规的效力性强制性规定和公序良俗不得违反是合同生效的要件之一。例如,在西安市碑林区北沙坡村村委会拖欠征地款纠纷案中,①最高人民法院判决认为合同当事人的行为损害了国家和社会公共利益。

四、合同标的确定、可能、合法和妥当

合同标的(内容)确定、可能、合法和妥当是合同生效的要件。②

(1) 合同标的确定。合同标的确定是指标的的表达应当达到能够被具体认定的程度,即标的应当确定或者可以确定,如买卖合同的价金应当能够确定。认定标的确定与否,通常以合同成立时为标准。换言之,在合同成立时,合同的标的应当到达确定的程度。如果合同的标的不确定,合同当事人的权利义务无法确定、无法履行,合同无效。《合同法》第61条和第62条对行为人约定不明确的情形作出了具体的规定。

(2) 合同标的可能。合同标的可能是指标的在客观上应当有实现的可能性。如果合同标的不可能实现,合同不发生效力。合同标的可能,应具备如下四个方面的内容:非客观不能、非自始不能、非全部不能、非永久不能。标的的不能有以下种类:事实不能与法律不能、自始不能与嗣后不能、客观不能与主观不能、永久不能与一时不能、全部不能与部分不能。

(3) 合同标的合法。合同标的合法是指合同标的不应违反法律的禁止性规定或者强制性规定。违反法律的禁止性规定或者强制性规定的合同无效。③《合同法》规范大多属于任意性规范,当事人既可以选择适用,也可以排除适用。任意性规范属于补充性规定和解释性规定,当事人没有特别约定的情况下,则适用法律的任意性规范以补充当事人的意思表示。但是,当事人不得排除强制性规范的适用,当事人的意思

---

① 在北沙坡村村委会诉西安市高新技术产业开发区东区管委会等拖欠征地款纠纷案(〔2002〕陕民一初字第2号、〔2003〕民一终字第40号)中,最高人民法院裁判要旨认为,违反《土地管理法》中有关国有土地用途的强制性规定,擅自改变征地用途并在没有约定取得对价的情况下,将农村集体所有的土地征为国有土地后又返还给原土地使用权人,应认定为损害国家和社会公共利益,并依据《合同法》第52条的规定,认定相关合同条款无效(2005年最高人民法院公报案例)。
② 参见郑云瑞:《民法总论》(第八版),北京大学出版社2018年版,第361—365页。
③ 《法国民法典》第6条规定:"个人不得以特别约定违反有关公共秩序和善良风俗的法律。"

表示必须符合强制性规范的规定,否则合同无效。例如,《合同法》第 200 条规定:"借款的利息不得预先在本金中扣除。利息预先在本金中扣除的,应当按照实际借款数额返还借款并计算利息。"

(4) 合同标的妥当。合同标的妥当是指标的不得违反公序良俗。[①] 公序良俗是指公共秩序[②]和善良风俗[③]。公共秩序和善良风俗是极为抽象的术语,含义非常广泛,不同的时代具有不同的含义。[④] 违反公序良俗的合同,虽然没有直接违反法律的规定,法律也没有明文禁止,但由于危害社会公共利益或者道德观念而导致合同无效。

合同生效的特别要件是指某些合同除了具备一般的生效要件之外,还应具备一些特别的要件。《合同法》第 44 条第 2 款规定属于合同生效的特别要件,即法律、行政法规规定合同应当办理批准、登记等手续后才能生效:

(1) 批准生效的情形。根据法律和行政法规的规定,某些交易行为的生效应经法律相关行政主管机关批准,如国有公司转让国有资产的合同和上市公司国有股转让合同需经相关政府主管机关的批准,探矿权和采矿权的转让合同需经国务院地质矿产主管部门批准,中外合作、中外合资经营企业合同需经国务院相关行政主管部门批准,如香港锦程投资有限公司中外合资经营企业合同纠纷案[⑤]。

(2) 登记生效的情形。根据法律、行政法规的规定,合同登记为合同法定生效要件,如《物权法》第 9 条规定不动产物权合同的设立、变更和转让合同登记生效。

第三节 可撤销合同

可撤销合同是意思表示不真实的合同,是因某种原因导致合同当事人的意思表示不真实。法律为维护合同当事人意思表示的真实,将因意思表示不真实所订立的合同设定为可撤销合同,赋予意思表示不真实的当事人以撤销权,通过撤销权的行使而使

[①] 《德国民法典》第 138 条第 1 款规定:"违反善良风俗的法律行为无效。"《日本民法典》第 90 条规定:"以违反公共秩序或者善良风俗的事项为标的的法律行为,为无效。"

[②] "为社会之存在及其发展所必要之一般的秩序,而个人之言论、出版、信仰、营业之自由,乃至私有财产、继承制度,皆属于公共秩序。"史尚宽:《民法总论》,中国政法大学出版社 2000 年版,第 334 页。

[③] 善良风俗"谓为社会之有在及其发展所必要之一般道德,非指现在风俗中指善良者而言……"史尚宽:《民法总论》,中国政法大学出版社 2000 年版,第 335 页。

[④] 关于公序良俗的内容,史尚宽先生认为:"盖以社会之一般秩序、一般道德为抽象的观念,其具体的内容,随时代而变迁,应按时代需求而各别具体的决定。"史尚宽:《民法总论》,中国政法大学出版社 2000 年版,第 336 页。

[⑤] 在香港锦程投资有限公司与山西省心血管疾病医院、第三人山西寰能科贸有限公司中外合资经营企业合同纠纷案([2008]晋民初字第 12 号、[2010]民四终字第 3 号)中,最高人民法院裁判要旨认为,《中外合资经营企业法实施条例》第 14 条规定:"合营企业协议、合同和章程经审批机构批准后生效,其修改时同。"当事人在履行合营企业协议或合同的过程中达成的补充协议,虽然属于对原合同的修改,但其效力应当结合案情全面加以分析。如果补充协议内容不涉及必须报经审批机关审批的事项,对于已获批准的合营企业协议不构成实质性变更的,一方当事人仅以补充协议未经审批机关审批为由主张协议内容无效的,法院不予支持(2010 年最高人民法院公报案例)。

合同归于无效。

一、可撤销合同的概念及特征

可撤销合同(voidable contract)是指合同当事人的意思表示不真实或者意思表示存在瑕疵,通过行使撤销权使已经生效的合同归于消灭的一种特殊形态的合同。可撤销合同作为一种特殊形态的合同,属于合同效力的范畴。

合同是最为典型的一种法律行为,而意思表示是法律行为的核心内容。合同是以意思表示为基本构成要素的表示性行为。在各种交易关系中,意思表示呈现为不同形态,既有无任何瑕疵的意思表示,又有存在瑕疵的意思表示。可撤销合同制度是为有瑕疵的意思表示而设计的合同制度。可撤销合同具有以下三个方面的主要特征:

(1)可撤销合同虽已经成立且生效但缺乏法定的有效要件。法定有效要件的欠缺主要表现为当事人的意思表示存在瑕疵,即当事人的意思表示有不自愿或者不真实的情形存在。法律规定意思表示有瑕疵的合同为可撤销合同,是对当事人意志和利益的尊重,充分体现了意思自治原则。

(2)可撤销合同本身并不直接产生无效的后果。可撤销合同在未被撤销以前与有效合同一样,具有法律约束力,但合同一旦被撤销,则自始无效。撤销权人所享有的撤销权因法定原因归于消灭的,不得再行使撤销权。

(3)撤销权人行使撤销权。可撤销合同的撤销应由撤销权人通过行使撤销权来实现,但撤销权人是否行使撤销权,则应由其自行决定。撤销权人之外的任何人,均不得行使撤销权,法院及仲裁机构也不得依职权主动撤销合同。

关于可撤销合同在被撤销之前的效力状态问题,学界存在两种不同的观点:

(1)效力未定说。效力未定说认为,可撤销合同在被撤销前,其法律效力不是绝对无效或者绝对有效,而是处于效力未定的状态。① 可撤销合同的效力应当由撤销权人决定,撤销权人行使撤销权,合同关系消灭;撤销权人不行使撤销权,则合同关系继续有效。

(2)效力说。效力说则认为,效力未定说有一定的局限性,可撤销合同在撤销前具备法律效力,因撤销权的行使才使合同归于无效。可撤销合同在被撤销前,其效力状态与有效合同相同。当事人应当根据合同的规定履行合同义务,而不得以可撤销因素存在为由,拒绝履行合同规定的义务。②

可撤销合同是一个已生效而不是效力待定的合同。撤销权行使的对象,应当是一个已经生效的而不是效力处于不确定状态的合同。在当事人行使撤销权之前,可撤销合同已经发生法律效力;如果享有撤销权的当事人不行使撤销权或者撤销权因除斥期间届满而归于消灭,则可撤销合同继续有效(《合同法》第 55 条);如果享有撤销权的当事人行使撤销权,则使可撤销合同的效力自始无效,即转化为无效合同(《合同法》第 54 条)。

---

① 参见王家福主编:《民法债权》,法律出版社 1991 年版,第 331 页。
② 参见苏惠祥主编:《中国当代合同法论》,吉林大学出版社 1992 年版,第 118 页。

可撤销合同既不同于效力待定合同,也不同于有效合同。效力待定合同是指合同虽然成立,但其效力能否发生尚未确定,应经有关权利人的承认而发生效力。效力待定合同是并未发生效力的合同,在经过权利人承认后,才转化为有效合同。效力待定合同中权利人所行使的是追认权,而可撤销合同中的权利人所行使的则是撤销权。可撤销合同又不同于有效合同,有效合同是合同当事人的意思表示真实,完全符合合同生效要件的合同。可撤销合同则是一种意思表示有瑕疵的合同,撤销权人一旦行使撤销权,则合同归于无效。因此,两者存在较为明显的区别。

二、可撤销合同的原因

意思表示是否存在瑕疵,是可撤销合同的关键所在。合同的可撤销性,关键要素在于构成合同成立要素的意思表示是否存在瑕疵。意思表示是将当事人内心的意思通过某种外在的方式表现出来,意思表示是合同的核心,意思表示存在瑕疵是合同可撤销的最主要的原因。

关于合同可撤销的原因,世界各国立法大多规定得较为宽泛。我国合同立法前后有较大的差异,《民法通则》的规定较为狭窄,仅规定重大误解和显失公平两种原因为合同可撤销的原因,而将欺诈、胁迫、错误等国外立法例规定的合同可撤销原因,作为合同无效的原因。《合同法》采纳了国外的通行做法,扩大了可撤销合同的原因,即将欺诈、胁迫和乘人之危作为可撤销原因。在借鉴国内外立法的基础上,《民法总则》规定因重大误解、显失公平、欺诈、胁迫而订立的合同为可撤销合同。① 根据《民法总则》《合同法》及相关法律规定,合同可撤销的原因有错误、欺诈、胁迫和显失公平:

(一)错误

大陆法系各国的民法典和英美法系合同法均使用"错误"(mistake),② 而《民法总则》和《合同法》则采纳"误解"。错误是指行为人非故意的表示与意思不一致;误解则是指相对人对意思表示内容的了解的错误。③ 误解可以是单方的,也可以是双方的。错误是行为人由于无过失的原因而发生的外部表示与内心意思的不符,意思表示不真实是行为人造成的;误解是相对人对行为人的意思表示内容了解错误,并基于这种错误了解而为意思表示,意思表示不真实是相对人造成的。④ 可见,错误和误解两者存在差异。⑤ 此外,错误的概念比误解的概念更为宽泛。⑥ 错误不仅指对标的物的质量、

---

① 《民法总则》改变了《合同法》的规定,将欺诈和胁迫的法律效果统一规定为可撤销合同。
② 参见《法国民法典》第1110条、《德国民法典》第119条、《日本民法典》第95条、《瑞士债务法》第23条。Principles of International Commercial Contracts Article 3.4 (Definition of mistake) Mistake is an erroneous assumption relating to facts or to law existing when the contract was concluded.
③ 参见梁慧星:《民法总论》,法律出版社1996年版,第169页。
④ 英美法系国家虽然使用"错误"(mistake),但其内在含义为"误解"(misapprehension or misunderstanding)。See J. Beatson, Anson's Law of Contract(28th ed.), Oxford University Press 2002, p.308.
⑤ 参见王利明:《合同法研究》(第一卷)(修订版),中国人民大学出版社2011年版,第686页。
⑥ 德国学者认为,错误的范围包括动机错误、内容错误(意义错误)、表示错误、传达错误以及受领人错误五种情形。参见〔德〕迪特尔·梅迪库斯:《德国民法总论》,邵建东译,法律出版社2000年版,第566—571页。

特征及当事人等发生的错误,而且还包括对合同条款、条款的措辞等理解上发生的错误。《民法总则》继受了《民法通则》和《合同法》规定的"重大误解"。《民法通则司法解释》第71条对误解作了扩大解释,即"行为人因对行为的性质、对方当事人、标的物的品种、质量、规格和数量等的错误认识,使行为的后果与自己的意思相悖,并造成较大损失的,可以认定为重大误解"。《民法通则司法解释》中重大误解的概念,类似于大陆法系的错误概念。

重大误解的概念已为我国合同立法和司法实践所接受,如在云南福运物流有限公司财产损失保险合同纠纷案中,①云南曲靖中院判决认为,当事人之间签订的通融赔付协议和国内公路运输货物保险合同,已构成欺诈,属于重大误解。此外,学界将重大误解的概念视为错误的概念,②从而正确理解了重大误解的构成要件,有助于司法审判实践准确地适用重大误解。一般认为,符合以下构成要件的重大误解,才能构成可撤销合同的依据:

(1) 对合同内容的错误认识。行为人对合同主要内容产生错误的认识导致合同的订立,从而赋予行为人撤销合同的权利。误解在本质上是指合同当事人内在意思的缺陷,这种缺陷使合同当事人所订立的合同产生的法律后果有悖于合同当事人的真意。对合同主要内容的错误认识,有合同主体、合同性质和合同标的三种情形:

一是对合同当事人的错误认识。在通常情形下,对合同当事人的选择发生错误,不会影响合同的履行。但是,在某些情形下,合同订立是基于对当事人的信赖或者基于当事人的特定身份,当事人的身份对合同的订立和履行有重大的意义,从而对当事人的认识错误构成重大误解。在信托合同、寄存合同、信贷合同、加工承揽合同、委托合同、演出合同和赠与合同中,对合同相对人的身份发生误解,即构成重大误解。例如,甲误以为乙是其私生子而将其财产赠与乙,即构成重大误解,甲有权撤销赠与合同。

二是对合同性质的错误认识。在不同性质的合同中,合同当事人的权利义务有着重大的差异。在合同性质发生误解的情形下,当事人的权利义务将发生重大变化。例如,误将买卖合同作为赠与合同,不仅合同当事人的权利义务完全不同,而且违反了当事人订立合同的目的。

三是对标的物的错误认识。对标的物的错误认识包括对标的质量、品种等的错误认识。对标的物的质量的错误认识,也可构成重大误解。例如,误把普通水泥作为桥梁水泥,把合金当作纯金购买或者把赝品当作真迹等情形。对标的物品种的错误认识属于对合同标的本身的错误认识,将导致合同的目的不能实现,使合同当事人遭受重大损失,属于重大误解。例如,将冷冻机误以为冷藏机。

(2) 行为人过失造成的误解。合同因行为人与相对人之间的意思表示而成立,误解应当是行为人自己原因造成的,即行为人违反了合理谨慎的注意义务,而不是第三

---

① 云南福运物流有限公司与中国人寿财产保险股份公司曲靖中心支公司财产损失保险合同纠纷案(〔2011〕曲中民初字第114号、〔2012〕云高民二终字第110号、〔2013〕民申字第1567号)。
② 参见朱广新:《合同法总则》(第二版),中国人民大学出版社2012年版,第220页。

人原因造成的。在重大误解的情形下,合同履行的结果通常违背了行为人的真实意思而给行为人造成损失。如果是行为人故意或者重大过失造成的误解,则行为人无权撤销合同。行为人故意造成的误解,如真意保留和虚伪表示等行为,行为人无权撤销合同。

(3) 误解须到重大程度。在各种交易中,可能存在种种原因对合同的内容发生误解,但并非所有的误解均可导致合同的撤销。否则,不利于保护交易安全。误解通常应当以重大的为限,构成重大误解在内容方面的认定包括:一是对合同内容的误解,即对合同主要内容而不是次要内容发生误解,如对合同的标的、性质、种类等方面的误解;二是对当事人造成重大的不利后果,实质性地影响到当事人的权利义务,造成双方当事人的权利义务严重失衡,或者合同目的落空等。

根据《合同法》第54条的规定,因重大误解订立的合同,当事人一方有权请求变更或者撤销合同。当事人既可以申请法院或者仲裁机构变更合同内容,也可以申请其撤销合同。另外,撤销权的行使还可以通过协商的方式进行,如果对方未反对撤销权人作出的撤销合同的意思表示,则可以直接发生撤销合同的后果。可撤销的合同虽属于生效合同,误解人可以行使撤销权撤销合同,但撤销权必须在规定的期限内行使。否则,撤销权消灭。《合同法》第55条规定,具有撤销权的当事人自合同成立之日起一年内没有行使撤销权的,该撤销权消灭。具有撤销权的当事人知道撤销事由后明确表示或者以自己的行为放弃撤销权的,该撤销权消灭。

(二) 欺诈

欺诈(fraud)是指行为人故意提供虚假情况或者在有说明义务时故意隐瞒事实,使相对人陷入错误判断而为意思表示的行为。① 基于他人故意错误陈述,当事人发生认识上的错误所作出的意思表示,即构成因受欺诈而订立的合同。为保护受欺诈当事人的合法利益,使当事人不受因欺诈所作出的意思表示的约束,法律赋予受欺诈一方当事人撤销合同的权利。例如,在泰安市商业银行股份有限公司返还票据垫付款纠纷案中,②最高人民法院判决认为,以欺诈手段所签订的合同,如果仅使对方违背真实意思的,则属于可变更、可撤销合同。欺诈的构成要件如下:

(1) 有欺诈的故意。欺诈人实施欺诈的行为是故意的,即有欺诈的意思,从而使相对人陷入错误的判断而作出意思表示。欺诈故意的构成,应具备两个方面的意思:一是有使相对人(被欺诈人)陷入错误判断的意思;二是有使相对人因该错误判断作出意思表示的意思。以上两者缺一不可,仅有其中一个意思,仍然不能构成欺诈的故意。

---

① Principles of International Commercial Contracts Article 3.2.5(Fraud) A party may avoid the contract when it has been led to conclude the contract by the other party's fraudulent representation, including language or practices, or fraudulent non-disclosure of circumstances which, according to reasonable commercial standards of fair dealing, the latter party should have disclosed.

② 在泰安市商业银行股份有限公司与沂南县农村信用合作社联合社返还票据垫付款纠纷案([2005]鲁民二初字第5号、[2005]民二终字第171号)中,法院裁判摘要认为,对于以欺诈手段所签合同的效力,有合同无效和可变更或者可撤销合同两种不同的后果。两者区别是损害国家利益的是合同无效,仅使对方违背真实意思的是可变更、可撤销合同。法院应当依据具体案情对此进行认定。

(2) 有欺诈的行为。欺诈行为是指对不真实的事实表示为真实而使相对人陷入错误,即行为人以故意告知虚假情况或者故意隐瞒真实情况而使他人陷入错误的行为,如张莉买卖合同纠纷案。① 欺诈必须是积极的作为,积极地虚构事实、变更事实或者隐匿事实的行为,而不是消极的不作为。消极地隐藏事实,原则上不构成欺诈。② 在合同订立过程中,一方当事人有义务向对方当事人披露真实情况。

(3) 欺诈行为与意思表示之间存在因果关系。欺诈行为与相对人陷入错误判断而作出意思表示之间存在因果关系,主要有两个方面:一是相对人因欺诈而陷入错误作出意思表示。相对人所作出的错误意思表示是欺诈行为的结果。如果欺诈人虽然有欺诈的故意和行为,但是行为人没有陷入错误的判断,或者虽然陷入错误的判断,但其错误并非由于欺诈所导致的,则不构成欺诈。二是相对人因错误而作出意思表示。错误与意思表示之间有因果关系,该因果关系有两种情形:一是没有这种错误,相对人不会作出意思表示;二是没有这种错误,相对人不会以这种条件作出意思表示。相对人的意思表示并非因错误而产生的,则不构成欺诈。

早期罗马法注重合同的形式,合同只要符合法定形式,即认为有效。当事人的意思表示与内心意思是否一致,不会影响合同效力。当事人因欺诈行为而订立的合同,只要符合形式要件的规定,也认定为有效合同。大陆法系国家基本上认为因欺诈而订立的合同属于可撤销的合同,③但具体规定略有不同。如果欺诈是缔约一方当事人所为,大陆法系各国民法规定大致相同,即凡一方行使欺诈使他人陷入错误,并基于这个错误而为意思表示的,受欺诈方即行为人享有撤销权;如果欺诈是合同当事人之外的第三人所为,则以相对人明知欺诈的事实为限,行为人享有撤销权。英美法系各国通常将欺诈置于"虚假陈述"。虚假陈述(misrepresentation)是指一方因故意或过失使陈述的内容与事实不符,致使他人因信赖该意思表示而与之缔结合同。虚假陈述既可以是故意的,也可以是过失的。如果是基于故意的,虚假陈述即为欺诈行为,从而构成欺诈性不实表示。《国际商事合同通则》也将因欺诈而订立的合同规定为可撤销合同。

关于欺诈的法律效力,我国立法经历了从无效到有效的发展过程。《民法通则》第58条规定,因欺诈而实施的法律行为无效。《合同法》第52条则规定,除损害国家利益的之外,因欺诈而订立的合同为可撤销合同。《民法总则》第148条和第149条规定,因欺诈而实施的法律行为属于可撤销法律行为。

合同无效制度体现了国家对合同制度的干预,而合同可撤销制度则体现了私法自

---

① 张莉诉北京合力华通汽车服务有限公司买卖合同纠纷案([2007]朝民初字第18230号、[2008]二中民终字第00453号)。
② "至于沉默,非于法律上、契约上或交易习惯上有告知事实之义务,而故为沉默时,则不当然称为诈欺。"郑玉波:《民法总则》,中国政法大学出版社2003年版,第355页。
③ 《德国民法典》第123条规定:"(1)因被欺诈或被不法胁迫而为意思表示者,表意人得撤销其意思表示。(2)如欺诈系由第三人所为者,对于相对人所为的意思表示,以相对人明知欺诈的事实或可得而知为限,始得撤销之。(3)相对人以外的,应向其为意思表示的人,因意思表示而直接取得权利时,以该权利取得人明知欺诈的事实可得而知者为限,始得对其撤销意思表示。"

治原则,充分反映了合同法的私法属性。因欺诈而订立的合同效力规定为无效或者可撤销,其区别体现在如下三个方面:

(1) 意思自治原则的体现。从意思自治方面看,将因欺诈而订立的合同强制规定为无效,并未考虑合同当事人的意思,使受欺诈的行为人的自愿因素在受到欺诈人的不正当干涉后,又受到了法律的强制干预,而可撤销制度则充分体现了对行为人自由意志的尊重,由行为人自由决定合同效力。

(2) 受欺诈方利益的保护。从法律后果方面看,在合同的履行对受欺诈人不利时,受欺诈人可行使撤销权撤销意思表示,所产生的法律效果与合同无效时完全相同。在合同履行对受欺诈人有利时,如果法律规定合同无效,则行为人仅获得信赖利益的赔偿;如果合同继续有效,受欺诈方可要求相对人严格按照合同的规定履行其义务,欺诈方将承担履行责任;如果欺诈方不能履行合同义务,将承担违约责任。因此,无论是实际履行还是违约责任,均可使受欺诈方的期待利益得到满足。

(3) 社会利益的维护。从保护交易安全的方面看,由于合同无效是自始、当然、确定的,合同即使已有履行,也应恢复原状,返还各自的财产。合同无效后果会造成社会财富的浪费,导致交易链的中断,影响社会经济的发展,危害正常的交易秩序。合同的可撤销制度更有利于对受欺诈方利益与社会利益的保护,可撤销制度不仅包容了无效制度的全部功能,而且还弥补了无效制度无法体现的意思自治。

如果将因欺诈而订立的合同,在制度上设计为无效合同而不是可撤销合同,表面上看来似乎有利于受欺诈方,而实际上却严格限制了受欺诈方的选择,不利于充分保护受欺诈一方当事人的利益。在制度上将因欺诈而订立的合同设计为可撤销合同,对受欺诈方的保护功能是合同无效制度所不具有的,因而将因欺诈而订立的合同设定为无效合同的制度,并不符合立法所确立的切实保障当事人合法权益的目的。

(三) 胁迫

胁迫(duress)是指一方当事人以不法伤害威胁另一方当事人,使其产生恐惧心理并基于恐惧心理而为意思表示的行为。① 在实施暴力或者以实施暴力相威胁的情形下签订的合同,一方当事人的意志必然受到压制而不能自由地表达,侵害了一方当事人的意思形成的自由。形式上虽符合意思表示一致的要件,但实质上意思表示并不一致。胁迫不同于欺诈,不是使缔约人基于不真实的事实表示而陷入错误所为的意思表示,而是使缔约人不能自主地为意思表示。胁迫有人身胁迫与经济上的胁迫两种情形。胁迫的构成应符合以下要件:

(1) 有胁迫的行为。即对被胁迫者施加以危害相要挟的行为。既可对被胁迫者

---

① Principles of International Commercial Contracts Article 3.9 (Threat) A party may avoid the contract when it has been led to conclude the contract by the other party's unjustified threat which, having regard to the circumstances, is so imminent and serious as to leave the first party no reasonable alternative. In particular, a threat is unjustified if the act or omission with which a party has been threatened is wrongful in itself, or it is wrongful to use it as a means to obtain the conclusion of the contract.

本人实施,也可以对其亲属实施,即"以给公民及其亲友的生命健康、荣誉、名誉、财产等造成损害,或者以给法人的荣誉、名誉、财产等造成损害为要挟,迫使对方作出违背真实的意思表示的,可以认定为胁迫行为"①。我国立法对胁迫行为的主体仅涉及合同当事人,而未涉及第三人,实际上应当包括第三人的胁迫行为。因此,胁迫行为既可是合同一方当事人自己实施,也可是第三人实施。

(2)有胁迫的故意。一方当事人故意实施胁迫行为,使另一方当事人产生恐惧并由此为意思表示。胁迫者知道胁迫行为将造成被胁迫者心理上的恐惧,并希望通过胁迫行为使被胁迫者作出其所希望的意思表示,且被胁迫者所作出的意思表示也正是胁迫者所希望的。

(3)胁迫的违法性。胁迫者对被胁迫者所施加的强制或者威胁是没有法律依据的,是非法的。非法胁迫有手段非法而目的合法、手段合法而目的非法、手段和目的均为非法三种情形。

(4)因果关系。被胁迫人因被胁迫行为而产生恐惧心理所为的意思表示。即使有非法胁迫行为,且胁迫是故意的,但如果被胁迫人并未因胁迫而陷入恐惧,并未基于恐惧而为意思表示,并不构成胁迫。被胁迫人基于恐惧为意思表示,即意思表示与胁迫之间有因果关系。

胁迫对合同效力的影响,各国立法均规定为可撤销。《民法通则》将胁迫所为的法律行为规定为无效,而《合同法》对胁迫所为的合同规定了两种不同的效力:

(1)无效合同。受胁迫而订立的合同损害国家利益时,合同的效力为无效。合同无效强调对国家利益的保护,但该规定不合理,违反平等保护原则。

(2)可撤销合同。受胁迫而订立的合同损害普通权利主体时,合同的效力为可撤销。可撤销合同表明对当事人意思的尊重。

由于合同是交易行为,伴随我国市场经济体制的确立,国有投资主体逐步退出竞争性领域,一元化的效力制度已经在我国确立。《民法总则》确立了一元化的效力制度,彰显了我国合同制度立法的进步。根据《民法总则》第150条的规定,一方或者第三人以胁迫手段,使对方在违背真实意思的情况下实施的法律行为,受胁迫方有权请求法院或者仲裁机构予以撤销。

(四)显失公平

《民法通则》和《合同法》关于乘人之危与显失公平的规定,源于《德国民法典》、苏联民法中的暴利行为和我国台湾地区"民法典"中的显失公平制度,②与罗马法上的非常损失规则有着直接的渊源关系,至少在制度价值方面存在极大的联系。乘人之危是指一方当事人利用另一方当事人的紧迫情况或者危难处境,导致其违背真实意思表

---

① 《民法通则司法解释》第69条规定。
② 从大陆法系民法看,《德国民法典》第138条将乘人之危行为与显失公平结合起来规定为暴利行为,并不强调当事人的意思表示要素;《法国民法典》第1674、1675条,《意大利民法典》第1447、1448条也采取了类似立法技术,不强调其行为的意思表示要素。

示,接受明显不公平的合同。大陆法系国家或地区民法并未对乘人之危单独作出规定,大多是与显示公平合并规定,规定在"暴利行为"之中,《民法通则》将乘人之危与显失公平进行了区分并规定了不同的法律后果。① 《民法总则》摈弃了乘人之危,仅规定了显失公平,如天津开发区家园房地产营销有限公司特许经营合同纠纷案。②

显失公平(unconscionability)是指一方当事人利用另一方当事人情况紧迫或者缺乏经验订立合同从而导致权利义务明显失衡。大陆法系国家或地区没有显失公平的规定,英美法系合同法中有显失公平的规定,如美国《统一商法典》第 2-302 条规定了显失公平,但没有给予明确定义。③ 美国法院的司法判例和学说确立了显失公平的构成条件,认为涉及限制一方当事人同意的,构成程序性显失公平;交易条件明显不公平的,则构成实体性显失公平。④ 《民法通则司法解释》第 72 条规定:"一方当事人利用优势或者利用对方没有经验,致使双方的权利与义务明显违反公平、等价有偿原则的,可以认定为显失公平。"显失公平是由于合同的内容有悖于公平、等价有偿原则,其结果是合同的履行将对一方当事人的经济利益产生重大的不利。实际上,大陆法系国家的合同法并未要求合同当事人之间的给付必须在客观上完全平衡,而是要求意思表示不存在瑕疵即可。合同当事人之间的对等给付不平衡并不意味着显失公平。《合同法》明确规定了显失公平,《欧洲合同法》对显失公平也有规定。⑤

---

① 《民法通则司法解释》第 70 条规定:"一方当事人乘对方处于危难之机,为牟取不正当利益,迫使对方作出不真实的意思表示,严重损害对方利益的,可以认定为乘人之危。"

② 在天津开发区家园房地产营销有限公司诉天津森得瑞房地产经营有限公司特许经营合同纠纷案([2005]南经初字第 1108 号、[2006]二中民二终字第 179 号)中,天津二中院裁判摘要认为,合同显失公平是指合同一方当事人利用自身优势,或者利用对方没有经验等情形,在与对方签订合同中设定明显对自己一方有利的条款,致使双方基于合同的权利义务和客观利益严重失衡,明显违反公平原则。双方签订的合同中设定了某些看似对一方明显不利的条款,但设立该条款是双方当事人真实的意思表示,实质恰恰在于衡平双方的权利义务。在此情形下,合同一方当事人以显失公平为由请求撤销该合同条款的,不应予以支持(2007 年最高人民法院公报案例)。

③ Uniform Commercial Code § 2-302 Unconscionable Contract or Clause (1) If the court as a matter of law finds the contract or any clause of the contract to have been unconscionable at the time it was made the court may refuse to enforce the contract, or it may enforce the remainder of the contract without the unconscionable clause, or it may so limit the application of any unconscionable clause as to avoid any unconscionable result. (2) When it is claimed or appears to the court that the contract or any clause thereof may be unconscionable the parties shall be afforded a reasonable opportunity to present evidence as to its commercial setting, purpose and effect to aid the court in making the determination.

④ 参见〔美〕罗伯特·A. 希伯曼:《合同法的丰富性:当代合同法理论的分析与批判》,郑云瑞译,北京大学出版社 2005 年版,第 129—132 页。

⑤ Article 4:109 (ex art. 6.109): Excessive benefit or unfair advantage (1) A party may avoid a contract if, at the time of the conclusion of the contract: (a) it was dependent on or had a relationship of trust with the other party, was in economic distress or had urgent needs, was improvident, ignorant, inexperienced or lacking in bargaining skill, and (b) the other party knew or ought to have known of this and, given the circumstances and purpose of the contract, took advantage of the first party's situation in a way which was grossly unfair or took an excessive benefit. (2) Upon the request of the party entitled to avoidance, a court may if it is appropriate adapt the contract in order to bring it into accordance with what might have been agreed had the requirements of good faith and fair dealing been followed. (3) A court may similarly adapt the contract upon the request of a party receiving notice of avoidance for excessive benefit or unfair advantage, provided that this party informs the party who gave the notice promptly after receiving it and before that party has acted in reliance on it.

显失公平的构成包括主观要件与客观要件两个方面：

（1）主观要件。一方当事人的情况紧迫或者缺乏经验而另一方当事人故意利用了这种情形，从而导致一方当事人的利益受到损害。合同利益受到损害的当事人意思表示有瑕疵，合同并非当事人真实的意思表示。由于对方当事人利用其情况紧迫或者缺乏经验，导致受害方当事人在合同的订立过程中未能充分表达其意思，显失公平合同是一方当事人意思表示不真实的合同。

（2）客观要件。合同订立时双方当事人的权利义务明显失衡，且一方当事人的获利超过了法律所允许的限度。由于合同的权利义务明显失衡，合同的履行对一方当事人有重大不利或者明显不公平，表现为一方当事人承担更多的义务而享受极少的权利，或者在经济利益上要遭受重大损失；另一方当事人则以较少的代价获得较大的利益，承担极少的义务而获得更多的权利。合同当事人之间利益的失衡，违背了公平、等价原则，且也违反了当事人的自愿原则，当事人的行为可能构成显失公平。

三、撤销权的行使

在合同因重大误解、欺诈、胁迫和显失公平等原因订立时，享有撤销权的一方当事人可以撤销已经生效的合同，从而使合同归于无效。

（一）撤销权的概念

撤销权(right of discharge)是指依法享有撤销权人根据其单方意思表示使合同自始归于消灭的权利。撤销权属于形成权，一方当事人的意思表示（即单方意思表示）可以产生撤销合同的法律后果。合同一旦被撤销即发生溯及力，使合同自始不发生效力。撤销权通常是因意思表示不真实而为利益受到损害一方当事人享有，如重大误解合同中的误解一方当事人、欺诈合同中的被欺诈人、胁迫合同中的被胁迫人以及显失公平合同中的利益受损人。撤销权是世界各国合同法所确定的一个规则，意义在于保护善意当事人与遏制恶意当事人。在一方当事人故意造成意思表示不真实或者瑕疵时，法律赋予善意当事人以选择权，如果合同对其有利，则合同确定地有效；如果合同对其不利，则可行使撤销权而使合同归于无效。

（二）撤销权行使的方式与期限

关于撤销权的行使方式，大陆法系各国或地区合同法的规定不尽相同，主要有两种方式：

（1）通知方式。德国、日本以通知方式行使撤销权，即撤销权的行使不需要通过诉讼的方式，撤销权人向对方当事人作出撤销合同的意思表示，对方当事人没有提出异议即可。

（2）诉讼方式。法国以诉讼方式行使撤销权，以意思表示方式作出撤销合同的通知，不能产生撤销合同的效力。我国采纳了诉讼方式的立法例，《合同法》明确规定了撤销权行使的方式,当事人仅能通过仲裁或者诉讼的方式行使撤销权。①

撤销权人行使撤销权,必须在法定期限内以法定的方式进行。否则,撤销权的行使不会产生法律效力。撤销权因一定期限的经过而归于消灭。撤销权行使的期限属于除斥期间,不能中断、中止、延长。撤销权行使期限届满后,撤销权消灭。关于撤销权行使的期限,大陆法系各国或地区法律有两种不同的规定:一是较长的行使期限,如《日本民法典》第126条规定的五年期限;二是较短行使期限,如《德国民法典》第124条规定的一年期限。

撤销权人必须在法律规定的期间内行使撤销权。如果撤销权人长期不行使权利,则可能使一些合同的效力长期处于不稳定状态,不利于社会经济秩序的稳定。大陆法系各国或地区均规定了撤销权行使的期间,超过了法定期限的,撤销权归于消灭。《合同法》明确规定了撤销权行使的期限,撤销权人应在知道或者应当知道撤销事由之日起一年内行使。否则,撤销权人丧失撤销权。②

撤销权制度是为保护受害人的利益而设立的,但撤销权行使不当,可能产生消极作用,甚至造成不良后果。因此,撤销权的行使不得违反诚实信用原则、不得危害社会公共利益。

(三)撤销权行使的法律后果

撤销权人行使撤销权,应当向法院提起撤销合同之诉或者向仲裁机构提起撤销合同的仲裁。合同经法院或者仲裁机构撤销后,自始无效,而是不从撤销之日起无效。根据《合同法》的规定,合同被撤销之后的法律后果为:③

(1)返还财产、折价补偿。合同被撤销后,当事人应当返还财产。对于返还财产请求权的性质,理论上有两种不同的观点:一是不当得利请求权。不当得利请求权说认为,合同被撤销后,合同已失去法律约束力。一方当事人所接受的履行因缺乏合法依据而成为不当得利,应当返还给对方。二是物权请求权。物权请求权说认为,返还财产即为返还原物,性质属于基于物权所产生的物上请求权。合同被撤销后,一方当事人交付给对方的财产并不发生所有权的转移。取得财产的一方当事人,应当将财产返还给原所有人。实际上,以不当得利请求权和物权请求权要求返还财产,并无本质区别。在标的物不能返还或者没有必要返还的情形下,当事人通常以折价方式进行补偿。

---

① 《合同法》第54条规定:"下列合同,当事人一方有权请求人民法院或者仲裁机构变更或者撤销:(一)因重大误解订立的;(二)在订立合同时显失公平的。一方以欺诈、胁迫的手段或者乘人之危,使对方在违背真实意思的情况下订立的合同,受损害方有权请求人民法院或者仲裁机构变更或者撤销。当事人请求变更的,人民法院或者仲裁机构不得撤销。"

② 《合同法》第55条规定:"有下列情形之一的,撤销权消灭:(一)具有撤销权的当事人自知道或者应当知道撤销事由之日起一年内没有行使撤销权;(二)具有撤销权的当事人知道撤销事由后明确表示或者以自己的行为放弃撤销权。"

③ 《合同法》第58条规定:"合同无效或者被撤销后,因该合同取得的财产,应当予以返还;不能返还或者没有必要返还的,应当折价补偿。有过错的一方应当赔偿对方因此所受的损失,双方都有过错的,应当各自承担相应的责任。"

(2) 赔偿损失。在合同被撤销后,双方当事人之间的合同关系归于消灭,当事人承担赔偿损失的责任不是因违反合同义务而产生的。受损害的一方当事人不能以违约提出损害赔偿的请求,要求对方当事人承担违约损害赔偿责任。对此,理论上有侵权责任说和缔约过失说两种观点:一是侵权责任说认为,合同被撤销所产生的损害,除法定情形外,属于侵权责任法的调整范围。二是缔约过失责任说认为,合同被撤销后产生的损害责任是由于缔约时的过失所造成的。缔约过失责任说是通说,在缔约过失责任情况下,所产生的赔偿利益不属于履行利益,而是一种信赖利益。实际上,缔约过失责任也属于侵权责任,从而侵权责任和缔约过失责任并无区别。

(四)撤销权的消灭

撤销权人行使撤销权,撤销权消灭。此外,根据《合同法》的规定,撤销权的消灭还有两种情形:

(1)撤销权行使期间的经过。撤销权属于形成权,撤销权的行使受到除斥期间的限制。除斥期间的经过,撤销权归于消灭。根据《合同法》的规定,撤销权人应当在知道或者应当知道撤销事由之日起一年内行使撤销权,超过以上期限的,撤销权归于消灭。可撤销合同成为有效合同,其效力从不确定变为完全确定。

(2)撤销权人放弃撤销权。撤销权的放弃是意思自治原则的体现,在法定期限内,撤销权人可以行使撤销权,也可以放弃撤销权。撤销权的放弃有积极放弃与消极放弃两种方式。积极放弃是指撤销权人以口头或者书面方式明确向对方表示放弃撤销合同的权利。一旦撤销权人作出放弃撤销权的意思表示,立即发生法律效力。[①] 撤销权人的撤销权归于消灭,即使其请求法院或者仲裁机构行使撤销权,法院或者仲裁机构应驳回其请求。消极放弃是指撤销权人以其行为承认合同的法律效力。例如,撤销权人在知道撤销事由之后,仍然向对方当事人履行合同义务或请求对方当事人履行合同义务。

第四节 效力待定合同

效力待定合同(uncertain effectiveness contract)虽已经成立,但合同效力却不确定,既非有效,也非无效,从而不同于有效合同、无效合同、可撤销合同。效力待定合同效力取决于有追认权的第三人的追认。

一、效力待定合同的概念

效力待定合同(又称为"效力未定合同")是指合同已经成立但因缺少合同的生效要件,合同是否生效有待于其他行为确认的合同。效力待定合同已经成立但未生效,

---

[①] 参见郑云瑞:《民法总论》(第八版),北京大学出版社2018年版,第148页。

因缺乏处分权或者权利主体缺乏相应的行为能力,从而使合同不能产生法律效力,但并非当然无效。合同当事人缺乏相应的行为能力或者没有处分权,并不等同于违反法律的强制性规定。效力待定合同"既非完全无效,也非完全有效,而是处于一种效力不确定的中间状态"[①]。在权利人承认之前,合同的效力处于不确定状态,一旦获得追认即为有效合同;如果权利人拒绝追认,则合同不发生法律效力。

效力待定合同与可撤销合同和无效合同的区别在于,可撤销合同已经生效但在撤销权人行使撤销权之前对双方当事人具有法律约束力;撤销权人行使撤销权之后,合同归于无效且自始无效。无效合同是已经成立但因违反实质性的生效要件而不能生效,无效合同自始确定不能发生法律效力。效力待定合同是否能够发生效力处于不确定状态,是否能够发生法律效力取决于权利人的态度。如果权利人追认,则合同发生法律效力;如果权利人拒绝追认,则合同不发生法律效力。此外,法律对权利人追认权的行使进行了规制,以保护相对人的权益。

二、效力待定合同的类型

合同因当事人行为能力或者处分权的缺乏而使合同效力处于待定状态。效力待定合同可以分为限制行为能力人依法不能独立订立的合同、无权代理合同、无权处分合同、债务转让合同四种类型:

(1) 限制行为能力人依法不能独立订立的合同。限制行为能力人依法不能独立订立的合同,应当由法定代理人代为订立或者经其法定代理人同意。[②] 同意行为是一种辅助法律行为,[③]同意行为必须向限制行为能力人或者其相对人以口头或者书面的方式作出明确的意思表示。一旦获得法定代理人的同意,限制行为能力人即可订立获得同意的合同,而并非所有的其他合同。《合同法》第 47 条规定:"限制民事行为能力人订立的合同,经法定代理人追认后,该合同有效……"但在法定代理人追认之前,相对人有权撤回合同。相对人撤回合同的通知达到法定代理人时生效,撤回通知发生撤回的效力。

然而,并非限制行为能力人订立的所有合同均为效力待定合同,根据《合同法》的规定,[④]限制行为能力人能够独立订立以下两种合同:

一是日常生活必需的合同。由于限制行为能力人具有一定的认识和判断事物的能力,能够在一定程度上理解自己行为的法律后果,在日常生活中可以独立实施一些

[①] 王利明:《合同法研究》(第一卷)(修订版),中国人民大学出版社 2011 年版,第 575—576 页。
[②] 《民法总则》第 19 条规定:"八周岁以上的未成年人为限制民事行为能力人,实施民事法律行为由其法定代理人代理或者经其法定代理人同意、追认,但是可以独立实施纯获利益的民事法律行为或者与其年龄、智力相适应的民事法律行为。"
[③] 参见郑云瑞:《民法总论》(第八版),北京大学出版社 2018 年版,第 324 页。
[④] 《合同法》第 47 条第 1 款规定:"限制民事行为能力人订立的合同,经法定代理人追认后,该合同有效,但纯获利益的合同或者与其年龄、智力、精神健康状况相适应而订立的合同,不必经法定代理人追认。"

与其年龄及身份相关的行为,如购买食品、文具等生活和学习用品。

二是纯获利益的合同。纯获利益是指仅获得利益而无须承担任何法律义务。限制行为能力人可以独立订立接受奖励、赠与等纯获利益的合同。①

(2) 无权代理合同。无权代理有广义与狭义之分,广义的无权代理包括表见代理②、狭义的无权代理是指,无权代理人以被代理人的名义订立的合同,对被代理人不能发生有权代理法律后果,其法律后果应由无权代理人自己承担。我国立法规定狭义的无权代理合同为效力待定合同,被代理人的追认行为可使合同生效,从而对被代理人产生法律效力。无权代理有没有代理权的无权代理、超越代理权的无权代理、代理权终止后的无权代理三种情形。

在合同被追认之前,相对人有撤回合同的权利,撤回合同应当以通知的方式作出。在相对人未行使撤回权,被代理人又未行使追认权的情形下,由行为人承担法律责任。《合同法》第48条第1款规定:"行为人没有代理权、超越代理权或者代理权终止后以被代理人名义订立的合同,未经被代理人追认,对被代理人不发生效力,由行为人承担责任。"

(3) 无权处分合同。无权处分合同是指无处分权人以自己的名义与相对人订立合同,处分未经他人授权的财产。无权处分合同与无权代理合同的区别在于,是以自己名义还是以他人的名义订立合同,无权处分合同是以自己的名义,而无权代理合同是以被代理人名义。处分包括事实上的处分与法律上的处分,而无权处分仅限于法律上的处分,包括出让、赠与、抵押、质押等。无权处分合同属于效力待定合同,经权利人追认或者无处分权人事后获得处分权,合同生效。否则,无权处分合同无效。例如,在中国信达资产管理公司西安办事处借款担保合同纠纷案中,③最高人民法院判决认为当事人之间的抵押合同无效。

(4) 债务转让合同。未经债权人同意,债务人与第三人签订转让其债务的合同,在未经债权人追认之前,不发生法律效力。《合同法》第84条规定:"债务人将合同的义务全部或者部分转移给第三人的,应当经债权人同意。"债权实现关键在于债务人的履约能力,债务人的变更导致债务人履约能力的变更,对债权人的债权能否实现至关重要。债务人与第三人虽可直接任意订立承担债务合同,但该合同在获得债权人的同

---

① 《民法通则司法解释》第6条规定:"无民事行为能力人、限制民事行为能力人接受奖励、赠与、报酬,他人不得以行为人无民事行为能力、限制民事行为能力为由,主张以上行为无效。"

② 在表见代理中,代理人虽然没有代理权,但善意的相对人客观上有充分的理由相信其具有代理权,则由被代理人承担有权代理的法律后果。

③ 在中国信达资产管理公司西安办事处与陕西省粮油食品进出口公司西安中转冷库、陕西省粮油食品进出口公司借款担保合同纠纷案([2007]陕民二初字第2号、[2007]民二终字第222号)中,法院裁判要旨认为,依照《担保法》第33条的规定,抵押人享有抵押物的所有权或合法处分权。西安中转冷库将房产分配给职工后,根据"地随房走,房随地走"的原则,该房屋占用范围内的土地使用权也发生转让,西安中转冷库无权对已经转让的权利进行处分。因此,西安中转冷库将房产分配给职工后,将该房产占用的土地使用权抵押给他人的,抵押合同无效(2009年最高人民法院公报案例)。

意之前,对债权人不能生效,处于效力待定状态。第三人与债务人之间的债务转让合同,虽应有债权人的追认才对债权人生效,但是债权人的追认在性质上并非属于债务承担合同的加入,该合同与由第三人、债权人与债务人三方所形成的债务承担合同并不相同。①

三、追认权、催告权和撤回权

由于效力待定合同的效力处于不确定状态,为维护正常的交易秩序,保护合同当事人的合法权益,法律规定了追认权、催告权和撤回权制度。

追认权是指有权人事后承认限制行为能力人、无权代理人或者无处分权人所订立合同效力的权利。追认权属于形成权,追认权的行使可使效力待定合同产生法律约束力。关于追认权行使的方式,《合同法》没有明文规定,权利人可以采取口头方式,也可采取书面方式,其追认的意思通知应到达相对人。但是,法律并未对追认权行使的期限作出规定。

催告权是指相对人催促权利人在合理期限内是否追认合同的权利。《合同法》对催告权行使的期限和行使方式均未明确规定,仅规定了未成年人的法定代理人及被代理人对相对人催告答复的期限。② 相对人对法定代理人及被代理人的催告,可以是口头的,也可以是书面的。相对人应当在合理的期限内行使催告权,期限的长短应根据合同标的物的性质确定。根据《合同法》的规定,在未成年人依法不能独立订立的合同和无权代理的合同中,相对人可以行使催告权。

撤回权是指相对人在未成年人的法定代理人或者被代理人承认合同的效力之前,可以撤回其与未成年人或者无权代理人订立的合同。③《合同法》第47条和第48条规定了"撤销权"而不是"撤回权",值得商榷。撤销的应是一个生效的合同,而撤回的应是一个未生效的合同,两者不能混淆。④ 效力待定合同是一个已经成立但未生效的合同,只能撤回而不是撤销。否则,混淆了效力待定合同的性质,将效力待定合同与可撤销合同等同起来。可见,催告权制度和撤回权制度均是为保护相对人的合法权益,

---

① 参见郑玉波:《民法债编总论》(修订二版),中国政法大学出版社2004年版,第450页。
② 《合同法》第47条第2款规定:"相对人可以催告法定代理人在一个月内予以追认。法定代理人未作表示的,视为拒绝追认。"第48条第2款规定:"相对人可以催告被代理人在一个月内予以追认。被代理人未作表示的,视为拒绝追认。"
③ 《合同法》第47条第2款规定:"合同被追认之前,善意相对人有撤销的权利。撤销应当以通知的方式作出。"第48条第2款规定:"合同被追认之前,善意相对人有撤销的权利。撤销应当以通知的方式作出。"
④ 大多数合同法教科书均认为是撤销权,如崔建远主编:《合同法》(第三版),法律出版社2003年版,第82页;杨立新:《合同法总则》(上),法律出版社1999年版,第182页;张明安、王红一主编:《合同法》,中山大学出版社2003年版,第145、148页;吴合振主编:《合同法理论与实践应用》(修订本),人民法院出版社2002年版,第84页。
余延满先生将撤销权与撤回权等同起来,指出:"撤销权,又称为撤回权,是指相对人撤回其意思表示的权利。"余延满:《合同法原论》,武汉大学出版社1999年版,第239页。王利明先生在所著书中"效力待定合同"一章的小标题是撤回权,但在下文的论述中又使用撤销权。参见王利明:《合同法研究》(第一卷),中国人民大学出版社2002年版,第583—584页。

以免其权利长期处于一种不确定状态。

第五节 无 效 合 同

无效合同是已经生效的合同因违反合同的生效要件而确定不会产生法律上的约束力,是法律对已经成立合同的否定性评价。无效合同与有效合同相对,有绝对无效与相对无效之分、全部无效与部分无效之分,如上海市弘正律师事务所服务合同纠纷案。① 此外,无效合同还可以转换为有效合同。

一、无效合同的概念

无效合同(void contract)是指已经成立但因违反法律的强制性规定和公序良俗而不能产生法律效力的合同。② 无效合同是国家对当事人合意的干预,是法律对当事人合意的否定性评价,如徐州大舜房地产开发有限公司商品房预售合同纠纷案。③

无效合同并不等同于合同无效,它们是两个不同的法律概念。无效合同是合同的一种形式,而合同无效则是合同的法律效果。换言之,合同无效是无效合同的法律后果。除了无效合同之外,可撤销合同的被撤销、效力待定合同的未被追认或者被撤回以及当事人协议解除合同均导致合同无效。

无效合同具有违法性,应当是自始无效、当然无效、确定无效。

(1) 自始无效。自始无效是合同从成立时起就不具有法律效力,而不是被宣告无效后才不具有法律效力。合同无效有自始无效和嗣后无效两种,自始无效是指合同从成立时即具有无效的原因而归于无效;嗣后无效是指合同成立后因具有无效原因而归于无效。无效合同本质上违反了法律的强制性规定和公序良俗原则,法律对这类合同给予否定性评价,不承认合同的法律效力。任何合同一旦被确认无效,即产生溯及力,使合同从订立时起就不具有法律效力。

---

① 在上海市弘正律师事务所诉中国船舶及海洋工程设计研究院服务合同纠纷案(〔2008〕黄民二(商)初字第4518号、〔2009〕沪二中民四〔商〕终字第450号)中,上海二中院判决摘要认为,当事人在诉讼过程中自愿接受调解、和解,是对自身权益的处分,是当事人依法享有的诉讼权利。律师事务所及其律师作为法律服务者,在接受当事人委托代理诉讼事务中,应当尊重委托人关于接受调解、和解的自主选择,即使认为委托人的选择不妥,也应当出于维护委托人合法权益的考虑提供法律意见,而不能为实现自身利益的最大化,基于多收代理费的目的,通过与委托人约定相关合同条款限制委托人接受调解、和解。上述行为不仅侵犯了委托人的诉讼权利,加重了委托人的诉讼风险,同时也不利于促进社会和谐,违反社会公共利益,相关合同条款亦属无效(2009年最高人民法院公报案例)。

② 在英美法系合同无效产生的情形有两种:一是合同的基本要件欠缺;二是合同的目的或者基本条款违法。See P. S. Atiyah, An Introduction to the Law of Contract(5th ed.), Clarendon Press 2002, p. 47.

③ 在徐州大舜房地产开发有限公司诉王志强商品房预售合同纠纷案(〔2012〕泉民初字第1276号、〔2013〕徐民诉终字第0006号)中,徐州中院裁判摘要认为,房地产开发企业以规避国家对房地产行业调控为目的,借他人名义与自身签订虚假商品房买卖合同,抵押套取银行信贷资金的,如果商品房买受人明知合同非双方真实意思表示,则该情形符合《合同法》第52条第3项的规定,应当认定合同无效(2013年最高人民法院公报案例)。

(2)当然无效。当然无效是指无须当事人请求法院或者仲裁机构宣告合同无效,合同本身即为无效合同。法院的判决或者仲裁机构的裁决仅具有宣示性,即合同无效事实的宣告,无效合同不问当事人的意思如何,既无须当事人主张其无效,也无须通过任何程序。在审理合同纠纷案中,法院可以依职权主动宣告合同无效。法院对无效合同的宣告,仅为对无效合同的确认而已,并非因法院的宣告或者确认行为而导致合同的无效。但是,合同无效的认定还需通过一定的法律程序,即合同是否违法要经法院或者仲裁机构的判断和确认。

(3)确定无效。确定无效是指无效合同不仅在成立时不能产生法律效力,且以后也不可能产生法律效力。无效合同确定无效,不因时间的经过而获得法律效力,任何人均可以主张合同无效,且无效合同对任何人均不发生法律效力。因此,对于无效合同不能通过解释或者其他方法使合同有效。

无效合同是否属于合同的范畴,理论上有否定说和肯定说两种不同的观点:

(1)否定说。否定说认为,无效合同不是合同。[①] 无效合同因合同的违法性,不属于合同的范畴。合同之所以能够产生法律效力,能够产生当事人预期的法律效力,是因为合同符合法定的生效要件。无效合同因不符合法定的生效要件,不应受到法律的承认和保护,从而无效合同在性质上不是合同。

(2)肯定说。肯定说认为,无效合同也是合同。无效合同在形式上具备合同双方当事人的合意,双方当事人经过要约和承诺,双方之间的权利义务已经达成合意。合同是否具备法定的生效要件,不影响其合同的属性,应属于合同范畴。

肯定说充分说明了无效合同的属性,较为合理。合同是否有效本身,是一个价值判断问题,而不是一个事实判断问题。对无效合同的合同属性的否定,恰好混淆了事实判断和价值判断。合同是当事人之间设立、变更和终止一定权利义务关系的法律行为,当事人之间达成合意,合同即告成立,而合同生效则是法律对当事人合意的一个肯定性评价,合同无效则是法律对当事人合同的一个否定性评价。

学界对无效合同能否适用诉讼时效存在两种不同的观点:一种观点认为,无效合同由于其违反法律的强制性规定和公序良俗原则,不受诉讼时效的限制。另一种观点认为,合同效力与诉讼时效是两种不同的法律制度。虽然有由法院确认合同无效,但无效合同当事人的财产返还请求权的行使仍然受到诉讼时效的限制。从上述两种观点可以看出,关于无效合同的确认,不受诉讼时效的限制。虽然时间的经过,但是无效合同的违法性不会改变,法律对其进行否定性评价将一直持续。但是,因无效合同所产生的财产返还请求权和损害赔偿请求权,应适用诉讼时效的规定。财产返还请求权和损害赔偿请求权适用诉讼时效制度符合诉讼时效制度的目的和宗旨,有利于鼓励权利人积极行使权利。例如,在北海市威豪房地产开发公司等土地使用权转让合同纠纷

[①] See P. S. Atiyah, An Introduction to the Law of Contract(5th ed.), Clarendon Press 2002, p. 47.

案中，①最高人民法院判决肯定了诉讼时效不适用于无效合同的确认，但适用于财产的返还。

根据《合同法》第52条的规定，无效合同确认的依据为法律、行政法规。换言之，法院或者仲裁机构宣告无效合同的依据是法律和行政法规，地方性法规和行政规章不能作为确认合同无效的依据，如甘肃省科技风险投资有限公司委托理财合同纠纷案。②最高人民法院的司法解释进一步明确了《合同法》的规定，《合同法司法解释（一）》第4条规定："合同法实施以后，人民法院确认合同无效，应当以全国人大及其常委会制定的法律和国务院制定的行政法规为依据，不得以地方性法规、行政规章为依据。"法律是指全国人大及其常委会制定并颁布的规范性文件；行政规章则是指国务院制定并颁布的各种行政规范性文件。

司法审判实践中，通常以行政规章作为判断合同效力的依据，如在巴菲特投资有限公司股权转让纠纷案③中，上海高院以《企业国有产权转让管理暂行办法》作为判断合同效力的依据。

二、无效合同的判断标准

我国立法对无效合同的判断有明确的标准，《民法通则》和《合同法》明文规定了合同无效的标准。在《民法通则》规定的无效合同基础上，《合同法》规定了无效合同的范围。与《民法通则》相比，《合同法》从鼓励交易、尊重当事人的意志出发，缩小了无效合同的范围。《民法总则》有三个条款涉及合同无效问题，④在先前立法的基础上又大大缩小了无效合同的范围。例如，在香港上海汇丰银行有限公司上海分行金融借款合同

---

① 在北海市威豪房地产开发公司、广西壮族自治区畜产进出口北海公司诉广西北生集团有限责任公司土地使用权转让合同纠纷案（〔2005〕桂民一初字第3号、〔2005〕民一终字第104号）中，法院裁判摘要认为，只有法院和仲裁机构有权确认合同是否有效，合同当事人不享有确认合同效力的权利。合同无效系自始无效，当事人请求确认合同无效的，不应受诉讼时效期间的限制，而合同经确认无效后，当事人请求返还财产及赔偿损失的，应当适用法律关于诉讼时效的规定（2006年最高人民法院公报案例）。

② 在甘肃省科技风险投资有限公司与上海方大投资管理有限公司委托理财合同纠纷案（〔2009〕甘民二初字第1号、〔2009〕民二终字第83号）中，最高人民法院裁判摘要认为，我国金融法律、行政法规规定，企业之间禁止相互借贷并收取固定利息收益，当事人双方以为进行委托资产管理的形式掩盖其私下借贷的非法目的签订的合同无效。在合同无效后，当事人因该合同取得的财产，应当予以返还；不能返还或者没有必要返还的，应当折价补偿。有过错的一方应当赔偿对方因此所受到的损失，双方都有过错的，应当各自承担相应的责任。

③ 在巴菲特投资有限公司诉上海自来水投资建设有限公司股权转让纠纷案（〔2007〕沪二中民三（商）初字第81号、〔2009〕沪高民二（商）终字第22号）中，上海高院裁判要旨认为，根据《企业国有资产监督管理暂行条例》第13条的规定，国务院国有资产监督管理机构可以制定企业国有资产监督管理的规章、制度。根据《企业国有产权转让管理暂行办法》第4条和第5条的规定，企业国有产权转让应当在依法设立的产权交易机构公开进行，企业国有产权转让可以采取拍卖、招投标、协议转让等方式进行。企业未按照上述规定在依法设立的产权交易机构中公开进行企业国有产权转让，而是进行场外交易的，其交易行为违反公开、公平、公正的交易原则，损害社会公共利益，应依法认定其交易行为无效（2010年最高人民法院公报案例）。

④ 《民法总则》第144条规定："无民事行为能力人实施的民事法律行为无效。"第153条规定："违反法律、行政法规的强制性规定的民事法律行为无效，但是该强制性规定不导致该民事法律行为无效的除外。违背公序良俗的民事法律行为无效。"第154条规定："行为人与相对人恶意串通，损害他人合法权益的民事法律行为无效。"

纠纷案中,①最高人民法院判决认为合同因违反法律的强制性规定而归于无效。

根据法律及相关司法解释的规定,无行为能力人订立的合同,违反法律、行政法规的效力性强制规定的合同,以及违反公序良俗原则的合同,为无效合同。无效合同判断的法律依据如下:

(1)违反法律、行政法规的无效合同。我国法律对无效合同的判断标准经历了一个由宽到严发展演变的过程,即从《民法通则》到《合同法》,再到《民法总则》逐渐臻于完善的发展过程。

一是"违反法律或者社会公共利益"的规定。《民法通则》第58条规定"违反法律或者社会公共利益"的合同无效,是我国法律最初的判断合同无效的标准。在司法审判实践中,对"法律"的解释是扩大性解释,不仅包括全国人大及其常委会制定的法律,而且包括国务院及地方人大制定的行政法规、地方性法规,甚至还包括国务院组成部门和地方政府制定的规章和规范性文件,作为判断合同是否有效的依据,从而扩大了无效合同的范围,背离了鼓励交易的原则。例如,在西安市商业银行借款担保合同纠纷案中,②最高人民法院判决明确禁止将地方性法规和政府规章作为判断合同效力的依据。

二是"违反法律、行政法规的强制性规定"的规定。有鉴于《民法通则》的规定及审判实践中对法律的扩大解释,《合同法》将判断合同无效的标准限制为"违反法律、行政法规的强制性规定",区分了强行性规定和任意性规定,仅规定违反强制性规定的合同无效,极大地缩小了无效合同的范围。合同仅在违反法律和行政法规的强制性规定的情形下无效,任意性规定赋予当事人意思自治的空间,允许当事人在法律规定的范围内自由作出约定,当事人可以排除适用任意性规定,但不得排除强制性规范的适用。例如,在香港上海汇丰银行有限公司上海分行金融借款合同纠纷案中,③最高人民法院判决认为合同因违反法律、行政法规的强制性规定而归于无效。

三是"违反法律、行政法规的效力性强制性规定"。虽然当事人对强制性规定不得排除适用,但违反强制性规定的合同并非当然无效。强制性规范有管理性规范与效力性规范之分,违反效力性强制性规范的合同归于无效,违反管理性强制性规范的合同

---

① 在香港上海汇丰银行有限公司上海分行与景轩大酒店(深圳)有限公司、万轩置业有限公司金融借款合同纠纷案([2009]沪高民四(商)初字第2号、[2010]民四终字第12号)中,法院裁判摘要认为,《担保法司法解释》第6条规定,未经国家有关主管部门批准或者登记对外担保的,对外担保合同无效。根据《境内机构对外担保管理办法》的有关规定,外商独资企业提供的对外担保虽然不需要逐笔审批,但仍然需要进行登记,在审理涉及外商独资企业作为担保人提供的对外担保合同纠纷时,仍应对其提供的对外担保是否在外汇管理机关登记进行审查,未登记的应认定无效(2014年最高人民法院公报案例)。

② 在西安市商业银行诉健桥证券股份有限公司、西部信用担保有限公司借款担保合同纠纷案([2005]陕民二初字第2号、[2005]民二终字第150号)中,最高人民法院裁判摘要认为,根据《合同法司法解释(一)》第4条的规定,法院确认合同无效应当以全国人大及其常委会制定的法律和国务院制定的行政法规为依据,不得以地方性法规、行政规章为依据。《中国人民银行关于禁止银行资金违规流入股票市场的通知》属于部门规章,不能作为确认合同效力的依据(2006年最高人民法院公报案例)。

③ 香港上海汇丰银行有限公司上海分行与景轩大酒店(深圳)有限公司、万轩置业有限公司金融借款合同纠纷案([2009]沪高民四(商)初字第2号、[2010]民四终字第12号)。

效力不受影响,如中信银行股份有限公司天津分行借款担保合同纠纷案。①《合同法司法解释(二)》第 14 条规定了效力性强制性规定,《民法总则》的"违反法律、行政法规的强制性规定"吸收了先前立法和司法解释的规定。效力性强制性规范极大地缩小了无效合同的范围,符合合同法的鼓励交易的原则。例如,在中建材集团进出口公司进出口代理合同纠纷案中,②最高人民法院判决认为,《公司法》第 16 条的规定并非效力性强制性规定,违反前述规定的担保合同并不必然无效。

(2) 违反公序良俗的规定。违反公共利益是判断合同效力的另一个标准,这是《民法通则》和《合同法》的规定。《民法总则》改变了先前立法"公共利益"的规定,采纳了大陆法系通行的"公序良俗"的表述。违反公序良俗原则的合同归于无效,如在中国银行(香港)有限公司担保合同纠纷案中,③广东高院一审判决认为,宏业公司、新业公司向国华银行的担保未经国家有关主管部门批准或者登记而违反了我国公序良俗原则,不具有法律效力。

三、无效合同的法律后果

合同一旦被确认无效,即自始无效。合同无效具有溯及既往的原则。《民法总则》第 157 条和《合同法》第 58 条对合同无效的法律后果规定基本相同。无效合同自始没有法律约束力,合同被认定无效后的法律后果主要如下:

(一) 财产返还

返还财产是指合同当事人在合同被确认为无效或者被撤销以后,对已经交付给对方的财产的一方合同当事人享有返还财产的请求权,对方当事人对于已经接受的财产负有返还财产的义务。例如,在瑞士嘉吉国际公司买卖合同纠纷案中,④最高人民法

---

① 在中信银行股份有限公司天津分行诉风神轮胎股份有限公司等借款担保合同纠纷案(〔2006〕津高民二初字第 0045 号、〔2007〕民二终字第 36 号)中,最高人民法院裁判要旨认为,《商业银行法》《贷款通则》等相关法律法规并未规定商业银行违ะ贷款中严格审查义务的法律责任,上述规定与银行的内部规定,均是从商业银行风险控制角度加以规范,属管理性规范,银行即使违反相关规定,也不影响银行与借款人之间的信贷行为的效力和担保合同的效力(2008 年最高人民法院公报案例)。

② 在中建材集团进出口公司诉北京大地恒通经贸有限公司、北京天元盛唐投资有限公司、天宝盛世科技发展(北京)有限公司、江苏银大科技有限公司、四川宜宾俄欧工程发展有限公司进出口代理合同纠纷案(〔2008〕二中民初字第 13716 号、〔2009〕高民终字第 1730 号)中,法院裁判摘要认为,公司违反《公司法》第 16 条规定与他人订立担保合同的,不能简单认定合同无效。第一,该条款并未明确规定公司违反上述规定对外提供担保导致担保合同无效;第二,公司内部决议程序,不得约束第三人;第三,该条款并非效力性强制性规定;第四,依据该条款认定担保合同无效,不利于维护合同的稳定和交易的安全(2011 年最高人民法院公报案例)。

③ 中国银行(香港)有限公司诉汕头宏业(集团)股份有限公司、汕头经济特区新业发展有限公司担保合同纠纷案(〔2000〕粤法经二初字第 5 号、〔2002〕民四终字第 6 号)。

④ 在瑞士嘉吉国际公司诉福建金石制油有限公司等买卖合同纠纷案(〔2007〕闽民初字第 37 号、〔2012〕民四终字第 1 号)中,法院裁判要点认为,债务人将主要财产以明显不合理低价转让给其关联公司,关联公司在明知债务人欠债的情况下,未实际支付对价的,可以认定债务人与其关联公司恶意串通,损害债权人利益,与此相关的财产转让合同应当认定为无效。《合同法》第 59 条规定适用于第三人为财产所有权人的情形,在债权人对债务人享有普通债权的情况下,应当根据《合同法》第 58 条的规定,判令因无效合同取得的财产返还给原财产所有人,而不能根据第 59 条规定直接判令债务人的关联公司因"恶意串通,损害第三人利益"的合同而取得的债务人的财产返还给债权人(指导案例 33 号)。

院判决确认了无效合同的财产返还。合同当事人返还财产有两种形式：

（1）单方返还。单方返还是指一方当事人根据无效合同从对方当事人处接受了财产，该当事人向对方当事人返还财产；或者双方当事人均从对方处接受了财产，但一方当事人没有过错行为，另一方有过错行为的，无过错行为的一方当事人有权请求返还财产，而有过错行为的一方当事人无权请求返还财产，被对方当事人占有的财产，应当依法被收缴。具体而言，一方当事人将原物返还给对方当事人，原来交付的是货币，即返还货币；原来交付的是财物，即返还财物。

（2）双方返还。双方返还是指在双方当事人均从对方接受了给付的财产，双方当事人的财产均应返还给对方接受的财物。如果双方当事人均有过错行为，则应当各自承担相应的赔偿责任，如苏州工业园区广程通信技术有限公司股权转让合同纠纷案。①

（二）折价补偿、损害赔偿

在当事人不能返还财产的情形下，折价补偿和损害赔偿是无效合同的法律后果。折价补偿是在因无效合同所取得的对方当事人财产不能返还或者没有必要返还时，按照所取得的财产的价值进行折算，以金钱的方式对对方当事人进行补偿的责任形式。财产返还旨在恢复到交付前的状态，应以交付时的价值予以折价补偿，如莫志华、深圳市东深工程有限公司建设工程合同纠纷案。②

根据《合同法》第58条的规定，在合同被确认为无效后，如果一方或者双方的过错给对方造成损失的，应根据各自过错程度承担损害赔偿责任。双方当事人应各自承担相应的责任，即适用过错的程度，如一方当事人的过错为主要原因，另一方当事人为次要原因，则主要过错方的责任大于次要过错方的责任。例如，在中国银行（香港）有限公司担保合同纠纷案中，③最高人民法院判决认为，主债务人和担保人按照各自过错承担相应的责任。

---

① 在苏州工业园区广程通信技术有限公司与中国北方工业公司股权转让合同纠纷案（〔2005〕苏民二初字第0034号、〔2009〕民二终字第15号）中，最高人民法院裁判要旨认为，合同被认定为无效时，无效合同自始没有法律约束力。合同无效后，因该合同取得的财产应当予以返还，有过错的一方应当赔偿对方因此受到的损失，双方都有过错的，应当各自承担赔偿责任。

② 在莫志华、深圳市东深工程有限公司与东莞市长富广场房地产开发有限公司建设工程合同纠纷案（〔2005〕东中法民一初字第11号、〔2008〕粤高法民一终字第71号、〔2011〕民提字第235号）中，法院裁判要旨认为，《合同法》第58条规定，合同无效或者被撤销后，因该合同取得的财产，应当予以返还；不能返还或者没有必要返还的，应当折价补偿。同时，依据《最高人民法院关于审理建设工程施工合同纠纷案件适用法律问题的解释》第2条的规定，"建设工程施工合同无效，但建设工程经竣工验收合格，承包人请求参照合同约定支付工程价款的，应予支持"。建设工程合同具有特殊性，工程本身已经融合了工人的劳动以及建筑材料的支出。据此，建设工程合同无效，但建设工程经竣工验收合格的，承包人仍然可以请求参照有效合同支付工程价款。

③ 在中国银行（香港）有限公司诉汕头宏业（集团）股份有限公司、汕头经济特区新业发展有限公司担保合同纠纷案（〔2000〕粤法经二初字第5号、〔2002〕民四终字第6号）中，法院裁判要旨认为，对外担保合同未按规定在行政管理机关办理批准登记手续的，依法应认定无效。对于造成合同无效，主债权人及担保人均有过错，应各自承担相应的责任（2005年最高人民法院公报案例）。

四、无效合同的转换

无效合同在效力上被认为是自始、确定、当然的无效,但鼓励交易是《合同法》的基本准则,市场交易要求尽可能减少对无效合同的认定,以提高交易效率,促进资源的合理配置。无效合同的转换制度来源于无效法律行为的转换制度。大陆法系国家和地区的民法典明确规定了无效法律行为的转换制度,如《德国民法典》第 140 条和《意大利民法典》第 1424 条。[①] 无效合同转换的前提是存在一个无效合同,然后再符合当事人的意思或者法律的规定,方可以进行转换。[②] 我国立法并未直接规定无效合同的转换制度,缺失相关的概念和术语,仅在《合同法》中规定了无效合同转换的两种情形。因此,并非所有的无效合同均可以转换为有效合同。无效合同具备一定条件时,方可转换为有效合同。具体而言,无效合同的转换应具备以下三个方面的条件:

(1) 无效合同的存在。无效合同的存在有两个方面的含义:一是无效合同是指自始、确定、当然无效的合同。合同的无效性是进行转换的前提和基础。二是拟转换的无效合同的无效原因原则上不影响转换的成立,但合同无效如果是损害社会公共利益,则不能适用转换规则。

(2) 具备其他合同生效要件。无效合同应当具备其他合同的生效要件,包括形式要件和实质要件。合同生效的形式要件相对宽松,当事人之间可以通过履行行为对形式条件进行弥补;但合同生效的实质要件相对严格,应当从主体资格、客体情况、内容是否符合善良风俗方面进行判断。

(3) 当事人有转换的意思。无效合同的转换应当符合当事人的意思,体现意思自治原则。如果不考虑当事人的意思表示,由司法审判机关任意对无效合同进行转换,会违反意思自治原则,不利于交易安全的维护。

无效合同的转换有两种方式:一是解释上的转换。无效合同的转换大多数属于解释上的转换,如《合同法》第 232 条的规定。二是法律上的转换。无效合同的转换是基于法律的特别规定。

第六节　附条件和附期限合同

附条件合同和附期限合同的意义体现了意思自治原则,充分表现了对当事人意思表示的尊重,使合同能够最大限度地实现当事人的意愿。当事人意思表示一致合同即

[①] 《德国民法典》第 140 条规定:"无效的法律行为具备另一法律行为的要件,且须认为在知道无效性时会愿意另一法律行为有效的,另一法律行为是有效的。"《意大利民法典》第 1424 条规定:"无效的契约,考虑由当事人所期的目的,被认为如果当事人知其无效则将订立其他契约时,发生具有其实质及方式的要件的其他契约的效力。"

[②] "一个无效的法律行为,如果具备另一法律行为的要件,而且可以认为,当事人知道此行为无效即愿意另一行为有效的,可以'作为另一法律行为'而生效。"〔德〕卡尔·拉伦茨:《德国民法通论》(下册),王晓晔等译,法律出版社 2003 年版,第 647 页。

告成立,合同成立即应发生相应的法律效力,但基于当事人的某些特殊考虑,并不希望已经成立的合同立即生效,以合理分配合同风险,实现当事人的合同目的。

合同当事人对合同生效条件的约定,充分体现了私法自治原则。当事人通过附条件和附期限两种方式以限制合同的生效条件,构成合同生效的特别要件。①

一、附条件合同

附条件合同是指合同当事人以将来客观上不确定事实的成就与否作为合同是否生效的要件。《合同法》第45条规定,当事人对合同效力可以约定附条件。附生效条件的合同,自条件成就时生效,当事人为自己利益不正当地阻止条件成就的,视为条件已成就;不正当地促成条件成就的,视为条件不成就。附条件合同最重要的特征是形成一种状态,在这种状态下,作为条件的情况是否出现,法律后果是否有效,在客观上处于不确定状态。只要这种客观上不确定的状态存在,这种合同的效力就处于不确定状态。

虽然在条件成就之前,条件是否成就仍处于不确定状态,但是合同对双方当事人均具有法律约束力,当事人均承担相应的义务,即任何一方当事人不得撤回其意思表示。实际上,在法律状态不确定的期间内,双方当事人的行为已经受到某些特定法律要求的约束,一旦合同所附的条件出现,合同立即生效,合同所要达到的法律效果就能够实现。②

（一）条件的构成要件

附条件合同中的条件是指合同当事人以将来客观上不确定的事实是否成就,决定合同效力的一种合同的附款。附条件合同中的条件应具备如下要件:

（1）条件是合同的附款。附款是指附加条款的意思,其本身并不是独立的意思表示,而是合同意思表示的一个组成部分而已。条件是合同当事人意思表示合意的结果,对合同效力的一种任意限制,但这种任意限制与法律规定的限制在性质上不同,法律规定的限制属于法定条件,当事人不得通过其意思表示而排除其适用,且法定条件不得作为合同的附款,如青岛南太置业有限公司国有土地使用权出让合同纠纷案。③当事人的附款有随意条件、偶成条件和混合条件三种。④

（2）条件是决定合同效力的附款。条件是否成就,决定了合同的效力。当事人意

---

① 参见史尚宽:《民法总论》,中国政法大学出版社2000年版,第472页。
② 参见〔德〕卡尔·拉伦茨:《德国民法通论》（下册）,王晓晔等译,法律出版社2003年版,第494页。
③ 在青岛南太置业有限公司诉青岛市崂山区国土资源局国有土地使用权出让合同纠纷案（〔2004〕鲁民一初字第9号、〔2004〕民一终字第106号）中,最高人民法院裁判摘要认为,政府机关对有关事项或者合同审批或者批准的权限和职责,源于法律和行政法规的规定,而不属于当事人约定的范围。当事人将法律和行政法规规定的政府机关对有关事项或者合同的审批权或者批准权约定为附条件合同中的条件,不符合《合同法》有关附条件合同的规定。根据《合同法》规定精神,当事人将法定的审批权或者批准权作为合同生效条件的,视为没有附条件,所附的"条件"不产生限制合同效力的法律效果（2007年最高人民法院公报案例）。
④ 参见郑云瑞:《民法总论》（第八版）,北京大学出版社2018年版,第373页。

思表示的合意即告合同成立,但合同双方当事人约定了合同的生效条件。当事人约定的条件成就,合同生效;当事人约定的条件不成就,则合同不生效。

(3)条件是将来可能发生而客观上又不确定的事实。条件必须是以一定的事实为内容,既可以是天时,也可以是人事,但必须是将来的而不是过去已经发生的事实。作为条件的事实,在客观上必须是可能发生的,但是否会发生,则具有不确定性。如果当事人以将来不可能发生的事情作为合同的生效条件,视为未附条件。

(二)条件的分类

根据附条件合同中条件的性质和作用的不同,理论和实践可以对附条件合同进行三种不同的分类:

(1)附延缓条件合同与附解除条件合同。以条件的作用是限制合同效力的发生还是消灭为标准,附条件合同可以分为附延缓条件合同与附解除条件合同。延缓条件(又称为"停止条件")是指合同中所确定的权利义务要在所附条件成就时才能发生法律效力。附延缓条件合同,在条件成就之前已经成立但未生效,合同效力处于停止状态。例如,甲、乙约定,如果甲获得去香港的工作机会,甲将其住宅以低于市场价卖给乙。甲获得去香港的工作机会是延缓条件,起到延缓、限制甲、乙之间买卖合同效力发生的作用,使得甲与乙之间的买卖房屋的合同成立后,合同效力处于暂时停止状态,待甲获得去香港的工作机会,买卖合同才生效。

解除条件(又称为"消灭条件")是指合同中所确定的权利与义务在所附条件成就时失去法律效力。附解除条件合同,在所附条件成就之前已经发生法律效力,当事人已经开始享有权利并承担义务,在条件成就之际,权利义务则失去法律效力,合同效力终止。例如,甲因派驻国外工作,将其住房出租给乙,甲与乙约定,如果甲回国工作,乙将其住房交还给甲。

(2)附肯定条件合同与附否定条件合同。以条件的事实发生或者不发生为合同生效的标准,附条件合同可分为附肯定条件合同与附否定条件合同。肯定条件(又称为"积极条件")是指以发生某种客观事实为合同生效条件的内容。例如,甲出国就是积极条件。肯定条件又分为肯定的延缓条件与肯定的解除条件。因此,附肯定条件合同有附肯定的延缓条件合同与附肯定的解除条件合同两种类型。

否定条件(又称为"消极条件")是指以不发生某种事实为合同生效条件的内容。否定条件与肯定条件相反,以一定的事实不发生为条件的成就,而一定的事实发生为条件的不成就。例如,甲、乙约定,甲向乙交付电脑一台,乙试用一星期之后,如果不发生故障,买卖合同生效。否定条件可以分为否定的延缓条件与否定的解除条件。例如,甲、乙签订大米供应合同,约定如不发生意外事故即供给乙 100 吨大米。这属于附否定的延缓条件。甲、乙签订种子供应合同,由于种子未经有关部门鉴定,双方约定如果种子没有通过鉴定,合同终止。这属于附否定的解除条件。

(3)附随意条件合同、附偶成条件合同与附混合条件合同。以条件的成就是否取决于当事人意思为标准,附条件合同可分为附随意条件合同、附偶成条件合同与附混合条件合同。随意条件是指当事人一方的意思决定合同所附的条件是否成就的条件，即合同的条件成就与否完全取决于一方当事人的意思。例如，甲如果去北京工作，乙则赠甲一套房子。甲去北京工作是条件，而且甲是否去北京工作完全取决于甲的意思。

偶成条件是指以偶然的事实来决定合同所附条件是否成就的条件，该条件是否成就与当事人的意思无关，而是取决于第三人的意思或者自然事实。① 例如，甲如果征得其子女同意则将房屋卖给乙，属于第三人的意思；甲与乙约定，如果今年没有大旱、大涝，则甲向乙提供若干数量的粮食，则属于自然事实。

混合条件是指合同所附的条件是否成就取决于当事人的意思与第三人的意思。② 例如，甲的父母亲与甲约定，如果甲与乙结婚，则赠甲一套别墅。甲是否能够与乙结婚取决于两个方面的因素，一是甲本人的意思，二是乙的意思，两者缺一不可。

附条件合同的效力主要有两种情形：一是条件成就与不成就时，合同的效力；二是条件成就与不成就的拟制时，合同的效力。前者法律效力前文已有论述；后者的法律效力，根据《合同法》第 45 条的规定，当事人为自己的利益不正当地阻止条件成就的，视为条件已成就，如江苏南大高科技风险投资有限公司股权转让纠纷案③和刘裕俊买卖合同纠纷案④；不正当地促成条件成就的，视为条件不成就。

二、附期限合同

附期限合同是指当事人以将来确定要发生的事实——期限，作为决定合同效力发生或者消灭的依据。例如，甲、乙约定，在房屋租赁合同成立之日起 10 日内，甲将房屋交付给乙使用，就是一个附期限的合同。

期限与条件不同，期限是确定要到来的事实，而条件的成就与否是不确定的。将来的事实是必然的还是或然的，是附期限和附条件的区别标准。

根据附期限合同中的期限的性质和作用的不同，可以对附期限合同进行不同的分类。

---

① 《法国民法典》第 1169 条规定："偶然条件为系于偶然事故，而非债权人或者债务人之人所能支配的条件。"
② 《法国民法典》第 1171 条规定："混合条件为同时系于当事人的意志又系于第三人的意志的条件。"
③ 在江苏南大高科技风险投资有限公司与太平洋机电（集团）有限公司股权转让纠纷案（〔2007〕沪高民二（商）终字第 150 号、〔2009〕民提字第 51 号）中，最高人民法院裁判摘要认为，南大公司显然是为自己利益设置障碍。根据《合同法》第 45 条第 2 款的规定，南大公司为自己利益不正当地阻止协议生效的条件成就的，应当视为条件成就。
④ 在刘裕俊与上海华泰房产发展有限公司买卖合同纠纷案（〔2003〕沪一中民二（民）初字第 47 号、〔2003〕沪高民一（民）终字第 108 号、〔2005〕民一提字第 11 号）中，最高人民法院裁判摘要认为，双方当事人在房屋买卖合同中约定，须经公证机关作出公证合同才能生效。在办理公证手续过程中，公证机关建议对某些合同条款作出修改。卖方从公证机关取走全部合同原件后，向买方提出修改的合同并未采纳公证机关建议，被买方拒绝。买方和公证机关此后多次要求卖方提供合同原件，办理公证手续。卖方拒不提供合同原件，致使公证手续无法继续办理。卖方主张合同因公证不成而未生效，双方为此发生纠纷者，应当根据《合同法》第 45 条的规定，认定合同已经生效。

（1）附延缓期限合同与附解除期限合同。附延缓期限合同是指合同虽然已经成立,但在所附期限到来之前不发生效力。期限到来之际,当事人双方的权利义务才开始发生效力。延缓期限,又称为"始期"。例如,甲、乙签订借款1000万元的合同,双方约定合同签订15日后方可取款。

附解除期限合同是指在约定的期限到来之际,所确定的权利义务归于消灭的合同。解除期限,又称为"终期"。例如,甲、乙签订为期一年的房屋租赁合同,在合同租赁期间,承租人有权使用房屋,租赁期满后,承租人将房屋交还给出租人。

（2）附确定期限合同与附不确定期限合同。附确定期限合同是指作为期限内容的事实具体发生的时间确定的合同。例如,约定某年某月某日或者半年、一年后。

附不确定期限合同是指作为期限内容的事实的具体发生时间不确定的合同。例如,约定以某人死亡为期限。人必然死亡,属于必然要发生的事实,而具体发生的时间却是不确定的,故属于不确定期限。

第六章 合同履行

合同履行是当事人按照法律规定和合同约定全面完成合同义务的过程。合同履行制度构成合同制度的核心内容,是合同效力的本质体现,是合同目的实现的途径。合同履行制度是合同订立和合同效力制度的延续和发展。如果合同履行缺乏强有力的制度保障,合同的订立和效力制度则变得毫无意义。合同履行制度的目的是为了保障合同履行而实现合同的目的,防止合同可能的不履行。①

第一节 合同履行的概念

合同履行既是合同效力的主要内容,也是整个合同法的核心内容。合同成立是合同履行的前提和基础,合同履行是合同效力应有之义,而合同效力是合同履行的依据。合同担保和合同保全制度是促使当事人履行合同义务、保障债权实现的法律制度。合同解除是为适应不断变化的情况而设立的合同消灭制度,违约责任既是违约补救手段,也是促使债务人履行合同的法律措施。

一、合同履行的概念

合同履行(performance of contract)是指债务人按照合同的规定全面、适当完成合同规定的义务,为一定的给付从而实现合同债权的目的,使合同权利义务关系归于消灭,如交付约定的标的物,完成约定的工作并交付工作成果,提供约定的服务等。准确严格按照合同的规定履行合同义务是合同履行的基本准则,即债务人应当严格按照合同规定的时间和标准履行合同义务。②

合同履行期限届满是合同履行的前提条件。在履行期限届满之前,合同债务人有权拒绝履行合同的给付义务,合同债权人也有权拒绝受领给付。换言之,在合同履行期限届满之前,债务人有权拒绝债权人要求履行合同的请求,债权人有权拒绝受领债务人的给付的请求。

合同履行应当严格遵循诚实信用原则。在合同履行过程中,当事人不仅应当按照

---

① 参见〔美〕E. 艾伦·范斯沃思:《美国合同法》,葛云松、丁春艳译,中国政法大学出版社 2004 年版,第 517 页。
② See J. Beatson, Anson's Law of Contract(28th ed.), Oxford University Press 2002, p.499.

诚实信用原则履行自己的义务,而且在法律和合同规定的义务不明确时,当事人应当依据诚实信用所产生的附随义务来履行自己的义务。诚实信用原则除了规范当事人行为,还有指导解释法律或者合同条文的功能,以补充合同或者法律的疏漏。例如,在大庆凯明风电塔筒制造有限公司买卖合同纠纷案中,[1]最高人民法院判决认为合同履行应遵循诚实信用原则。单方终止履行合同的行为既不符合合同约定解除合同的条件,也不符合法定解除合同的条件。单方终止履行合同的行为有悖诚实信用原则,构成违约。

合同履行是债务人完成合同债务的行为,即债务人的给付行为。债务人的给付行为是合同履行的基本要求,没有债务人的给付行为,债权人不可能实现合同目的。合同履行应是债务人全面地、适当地完成合同债务,使债权人实现合同债权的给付行为和给付结果的统一,实现双方当事人的缔约目的。

合同履行应贯彻实际履行原则(doctrine of specific performance),即合同当事人应当按照合同完成约定的义务,如交付货物、提供服务、支付报酬或者价款、完成工作、保守秘密等义务。《合同法》第60条第1款规定:"当事人应当按照约定全面履行自己的义务。"合同履行表现为当事人履行合同义务的行为,合同义务履行完毕意味着合同也履行完毕。合同义务的当事人通常是合同双方当事人,但在特殊情况下也可以是合同当事人之外的第三人。合同义务的履行通常表现为当事人的积极作为,如合同规定的交付义务的履行,合同规定工作的完成等。但在特殊情况下,消极的不作为也是合同的履行,如合同保密义务的履行。

从合同效力角度看,合同履行是生效合同所必然发生的法律效果,且构成合同效力的主要内容,从而有些国家立法例将合同履行置于"债的效力(合同效力)"标题项下。从合同关系消灭的角度看,债务人全面、适当地履行合同消灭了合同关系,合同履行构成合同关系正常消灭的原因。

二、合同履行的特征

当事人订立合同的目的是为实现合同的内容,而合同内容的实现则有赖于合同义务的履行。在债务人履行完毕合同规定的全部义务时,合同当事人订立合同的目的也就得以实现,当事人之间的合同关系因合同目的的实现而归于消灭。合同履行是合同目的的实现的根本条件,也是合同关系消灭最正常的原因。合同履行是合同制度的核心,是合同法及其他一切制度的最终归宿或者延伸。

合同履行并非仅为单一的交付行为,而是一系列履行行为及其履行结果的总和。合同履行的法律意义,一方面使当事人从合同生效之时起,关注履行合同义务的情况,

---

[1] 在大庆凯明风电塔筒制造有限公司与华锐风电科技(集团)股份有限公司买卖合同纠纷案(〔2012〕黑高商初字第9号、〔2013〕民一终字第181号)中,法院裁判摘要认为,合同必须严格遵守。如果合同义务有先后履行顺序,先履行一方怠于履行给后履行一方履行合同造成困难的,后履行一方因此取得先履行抗辩权,并有权要求对方履行全部合同(2015年最高人民法院公报案例)。

确保合同义务得以全面、正确的履行;另一方面使当事人尽早发现对方不能履行或者不能完全履行合同义务的情况,以便采取合理的救济措施,防止损失的发生或者扩大。合同履行有如下三个方面的特征:

(1) 当事人的履约行为。合同履行的表现形式因合同类型的不同也不尽一致。合同履行应有当事人的履约行为,而履约行为是合同债权得以实现的一般条件,也是债权与所有权在实现方式上的根本区别所在。合同履行通常表现为义务人的作为,由于双务合同是典型的合同形态,双方当事人均应为一定的积极作为,以实现对方当事人的权利。但在特殊情况下,合同的履行也表现为义务人的消极不作为。无论是义务人积极的作为还是消极的不作为,均为义务人的履约行为。

(2) 当事人全面、正确完成合同义务的行为。履行合同是指合同的全部履行,即当事人履行全部的合同义务。只有当事人双方按照法律规定和合同约定,全面、正确地完成各自承担的义务,才能实现合同债权,消灭合同关系,从而当事人全面、正确地完成合同义务是当事人履约行为的基本准则。当事人仅完成合同规定的部分义务,不构成完全履行。无论是完全没有履行还是没有完全履行,均有悖于合同履行的基本要求,义务人应承担相应的法律责任。

(3) 当事人全面完成合同义务的行为过程。当事人完成合同义务的整个行为过程,不仅包括当事人按照合同规定的交付行为,而且还应包括当事人为履行交付行为所实施的准备行为和合同履行完毕的后合同义务。准备行为是最终履行行为的基础,没有准备行为即没有最终的履行行为。合同履行是一个过程,包括履行合同义务的准备、具体合同义务的履行、义务履行的善后等,而具体合同义务的履行是合同履行的核心内容,即传统意义上的合同履行。为履行合同义务所作的准备和义务履行完毕后的善后义务,虽然不是合同规定的义务,但因其与传统的合同履行有密切的联系,也是合同履行的内容。合同履行义务的扩大是诚实信用原则的产物,是现代合同法发展的趋势。

第二节 合同履行原则

《合同法》规定了合同履行的基本原则以规范和指导当事人履行合同义务、实现合同目的、处理合同履行过程中发生的纠纷。合同履行原则作为合同当事人在履行合同债务时所应遵循的基本准则,具有抽象性、指导性和普遍性。合同履行原则的抽象性表现在没有明确规定当事人之间的具体权利义务关系,仅反映了法律对合同履行的基本要求及价值评判;合同履行原则的指导性表现在为合同当事人正常完成合同义务提供了基本法律准则,规范和指导合同当事人根据法律规定和合同约定履行各自的合同义务;合同履行原则的普遍性表现为当事人完成合同义务普遍适用的法律准则。

合同履行原则并非仅适用于某些类型合同履行的准则,而是对所有类型合同履行普遍适用的准则,是合同履行的共性要求。合同履行原则有全面履行原则、实际履行原则和情势变更原则。

全面履行原则与实际履行原则既有联系,又有区别。全面履行原则既要求债务人实际履行,交付标的物或者提供服务,又要求债务人交付的标的物和提供的服务应当符合法律规定和合同约定;实际履行原则强调债务人按照合同约定交付标的物或者提供服务,而不关注交付的标的物或者提供的服务是否妥当、合理。因此,全面履行必然是实际履行,而实际履行未必是全面履行。

一、全面履行原则

全面履行原则(the principle of full performance),又称为"正确履行原则"或者"适当履行原则",是指合同当事人应当依照合同约定的时间、地点、方式,按照合同规定的标的的数量、质量等内容,全面履行各自的合同义务。换言之,当事人按照合同规定的标的及其质量、数量,由适当的主体在适当的履行期限和履行地点,以适当的履行方式,全面完成合同义务的履行,如中国工商银行长沙市司门口支行欠款纠纷案。①

合同全面履行的意义在于督促当事人保质、保量、按时、正当且全面履行合同规定的义务,避免违约情况的发生,从而保护合同当事人双方的合法权益,维护交易的安全和经济秩序的稳定,如长沙银行股份有限公司麓山支行股东出资纠纷案。②《合同法》第60条确立了全面履行原则,包含如下三个方面的内容:

(1)履行主体。合同履行应当由双方当事人按照合同约定完成各自的义务。由当事人之外的第三人代替自己履行,即债务承担,应当获得合同债权人的同意。否则,债权人可拒绝接受履行,如中国工商银行股份有限公司三门峡车站支行借款担保合同纠纷案。③ 合同性质决定了仅由合同债务人亲自履行,如承揽合同,承揽人应当以自己的设备、技术等完成加工成果。在基于双方对人身的信任或者技能而订立的合同中,合同义务也不能代替履行,如演出合同、服装定制合同、书法合同、绘画合同等。

(2)履行标的。合同的标的涉及合同目的是否能够实现,合同债务人应按照合同规定的标的的数量、质量、期限、交货地点、价款和履行方式等履行合同义务。在当事人对标的的数量、质量、期限、交货地点、价款和履行方式等约定不明或者没有约定的

---

① 中国工商银行长沙市司门口支行与中国农业银行汨罗市支行欠款纠纷案(〔2004〕湘高法民二初字第35号、〔2005〕民二终字第167号)。

② 在长沙银行股份有限公司麓山支行诉湖南北山建设集团股份有限公司、成跃平、蒋利平等股东出资纠纷案(〔2013〕长中民四初字第00378号、〔2015〕湘高法民二终字第17号)中,湖南高院裁判要旨认为,在公司增资过程中,股东可以以货币出资,也可以以非货币财产出资。其中,股东以货币出资的,应当将货币出资足额存入有限公司在银行开设的账户;股东以非货币财产出资的,应当依法办理其财产权的转移手续。如果股东未履行或未全面履行自己的出资义务的,公司债权人可以请求未履行或者未全面履行出资义务的股东在未出资本息范围内对公司债务不能清偿的部分承担补充赔偿责任。

③ 在中国工商银行股份有限公司三门峡车站支行诉三门峡天元铝业股份有限公司、三门峡天元铝业集团有限公司借款担保合同纠纷案(〔2006〕豫法民二初字第44号、〔2008〕民二终字第81号)中,法院裁判摘要认为,根据《合同法》第84条的规定,债务人将合同的义务全部或者部分转移给第三人的,应当经债权人同意。债务人向债权人出具承诺书,表示将所负债务全部或者部分转移给第三人,而债权人对此未予接受,亦未在债务人与第三人签订的债务转移协议书上加盖公章的,应当认定债权人不同意债务转让,债务人与第三人之间的债务转让协议对债权人不发生法律效力(2008年最高人民法院公报案例)。

情况下,应按照如下方式处理:

一是标的数量。合同双方当事人对标的的数量约定不确定的,标的的数量的计量方法应当按照国家标准、行业标准执行;没有国家标准、行业标准的,应当按照双方约定的方法执行。

二是标的的质量。合同双方当事人应对标的的质量作出明确规定。如果合同对标的的质量规定不明确的,按照国家标准、行业标准执行;没有国家标准、行业标准的,应当按照通常的标准或者符合合同目的的特定标准履行。

三是履行地点。合同双方当事人对履行地点约定不明确,在接受给付一方当事人的所在地履行。交付不动产的,在不动产所在地履行。其他标的在履行义务一方当事人的所在地履行。

四是价款。合同双方当事人对合同价款约定不明确,除依法应当执行政府定价、政府指导价之外的,按照同类产品、同类服务订立合同时履行地的市场价格履行。

五是期限。合同当事人对履行期限约定不明确的,债务人可以随时向债权人履行义务,债权人也可以随时要求债务人履行义务,但应当给对方当事人必要的准备时间。

(3) 履行方式。履行方式是合同双方当事人约定的履行合同义务的形式。合同的履行方式主要包括运输方式、交货方式、结算方式等。履行方式由法律或者合同约定或者是合同性质来确定,不同性质、内容的合同有不同的履行方式。根据合同履行的基本要求,在履行方式上,履行义务人应当首先按照合同约定的方式履行合同义务。如果合同约定不明确,当事人可以协议补充;协议不成的,可以根据合同的有关条款和交易习惯来确定;如果仍然无法确定,按照有利于实现合同目的的方式履行。

二、实际履行原则

实际履行原则(the principle of specific performance)是指合同当事人应当按照合同规定的标的履行各自的义务,未经债权人同意,不得以其他标的代替履行或者支付违约金和赔偿金以免除合同义务的履行。例如,在吉林省东润房地产开发有限公司合资、合作开发房地产合同纠纷案中,①最高人民法院判决认为,合同当事人应当按约履行各自的义务,不得擅自变更或者解除合同。实际履行原则旨在帮助当事人实现缔约目的,维护正常的交易秩序,保护交易安全。实际履行包含两个方面的内容:

(1) 依约履行义务。合同当事人应当严格按照合同规定的标的履行,不得任意以

---

① 在吉林省东润房地产开发有限公司与吉林佳垒房地集团有限公司、第三人大商股份有限公司合资、合作开发房地产合同纠纷案(〔2009〕吉民一初字第1号、〔2010〕民一终字第109号)中,最高人民法院裁判要旨认为,根据《合同法》第8条、第60条的规定,依法成立的合同,对当事人具有法律约束力。当事人应当按照约定履行自己的义务,不得擅自变更或者解除合同。依法成立的合同,受法律保护。当事人应当按照约定全面履行自己的义务。当事人应当遵循诚实信用原则,根据合同的性质、目的和交易习惯履行通知、协助、保密等义务。合同签订后,双方当事人在履行合同过程中,因情况变化又签订多份补充协议的,只要补充协议是双方当事人的真实意思表示,并且协议内容符合法律规定,均应认定为有效,当事人都应当依据协议履行合同的有关义务(2013年最高人民法院公报案例)。

其他标的代替合同规定的标的,特别不得以货币代替合同规定的实物或者行为,以确保当事人缔约目的的实现。例如,在上海兰翔商务服务有限公司股权转让纠纷案中,①上海市二中院判决认为,在张晓光已经履行了股权转让补充协议项下股权转让价款支付的合同义务,兰翔公司也已完成了紫光公司股权转让变更登记义务的情况下,相关股权转让补充协议已实际履行。

(2) 禁止替代履行。一方当事人在不履行或者不完全履行时,违约方首先应承担按约履行的责任,不得以支付违约金或者损害赔偿方式代替合同标的履行,对方当事人有权要求违约方实际履行,以确保交易安全。

实际履行原则对维护正常的交易秩序和社会经济秩序至关重要。实际履行原则反映了社会化大生产的根本要求。在社会化大生产条件下,市场主体之间的依赖关系越来越强,贯彻实际履行原则,有利于市场主体生产的顺利进行。为满足民众的物质文化生活基本需要,必须生产出民众日常所需物品,实际履行维护了市场主体之间的交易秩序,使商品流转满足市场主体的生产和民众生活的实际需要。如果合同债务人任意以支付违约金或者损害赔偿方式代替实际履行,合同效力就不存在,正常的社会经济秩序难以维系。但实际履行原则并非坚持所有合同均应实际履行,如果债权人不要求债务人实际履行,也可以支付违约金或者损害赔偿方法替代合同义务的履行。实际履行原则应从交易实际出发,根据合同的性质和债权人的实际要求确定是否应当适用,如江苏省南京新宇房产开发有限公司商铺买卖合同纠纷案。② 实际履行原则可以排除适用的情形如下:

(1) 标的物灭失。合同以特定物为标的物时,一旦标的物灭失,合同的实际履行已经不可能,只能以支付违约金或者损害赔偿方式替代合同的履行。例如,以八大山人的《荷花水鸟图》为标的的买卖合同,假设在买卖合同生效后《荷花水鸟图》被烧毁,那么买受人只能要求出卖人承担违约责任。

(2) 实际履行有害于债权人。合同债务人交付标的的质量不符合合同要求,债权人放弃实际履行的请求。合同债务人未能按期交付标的,使实际履行对债权人已不必要甚至损害债权人的利益。例如,买卖特定季节性物品(如春节的年货)的合同,债务人未能按期交货,导致合同已经没有必要实际履行。

---

① 在上海兰翔商务服务有限公司诉清华同方(鞍山)环保设备股份有限公司、王颖、张一男等股权转让纠纷案([2014]青民二(商)初字第627号、[2015]沪二中民四(商)终字第657号)中,法院裁判要旨认为,根据《公司法》第45条的规定,董事任期届满未及时改选,或者董事在任期内辞职导致董事会成员低于法定人数的,在改选的董事就任前,原董事仍应当依照法律、行政法规和公司章程的规定,履行董事职务。因此,如果公司董事进行了变更,实际上并不影响公司董事会会议的召开和形成决议。

② 在江苏省南京新宇房产开发有限公司诉冯玉梅商铺买卖合同纠纷案([2003]玄民一初字第1776号、[2004]宁民四终字第470号)中,南京中院裁判摘要认为,根据《合同法》第110条的规定,有违约行为的一方当事人请求解除合同,没有违约行为的另一方当事人要求继续履行合同,当违约方继续履约所需的财力、物力超过合同双方基于合同履行所能获得的利益,合同已不具备继续履行的条件时,为衡平双方当事人利益,可以允许违约方解除合同,但必须由违约方向对方承担赔偿责任,以保证对方当事人的现实既得利益不因合同解除而减少(2006年最高人民法院公报案例)。

三、情势变更原则

情势变更原则(the principle of the changed circumstances, Force majeure)是指合同生效后因不可归责于双方当事人的原因发生了不可预见的情势变更,丧失了合同存在的基础,继续维持合同原有的效力有悖诚实信用原则,则允许当事人变更合同的效力。① 《国际货物销售合同公约》第 79 条②、《国际商事合同通则》第 7 条③和《欧洲合同法》第 6 条④均规定了情势变更原则。情势变更原则的价值在于其纠错机制,基于公平原则对显失公平的结果予以纠正。

在合同生效之后,社会环境发生了重大变化,严重损害一方当事人利益的,当事人应当重新协商,如协商不成的,利益受损一方当事人可以请求司法审判机构变更或者解除合同。在情势变更原则中,情势是指客观情况,即与合同有关的一切客观事实,如战争、经济危机、政策调整等;变更是指合同生效的客观情况发生异常变动,导致合同当事人预期的权利义务严重失衡,从而使合同失去了存在的意义和价值。

---

① 情势变更原则又称为"情事变更原则"。由于民事立法缺失和司法解释并未涉及相关的概念,我国民法和合同法教科书并未区分"情势变更原则"与"情事变更原则",台湾地区教科书称为"情事变更原则"。《合同法(草案)》中出现过"情事变更原则",但毕竟未能成为正式的法律,影响有限。《合同法司法解释(二)》虽然确立了相关制度,但文件中并未出现术语。在北大法宝法律数据库中,以"情势变更原则"为关键词搜索有 3596 个案例,而以"情事变更原则"为关键词搜索则仅有 181 个案例。

② Article 79(1) A party is not liable for a failure to perform any of his obligations if he proves that the failure was due to an impediment beyond his control and that he could not reasonably be expected to have taken the impediment into account at the time of the conclusion of the contract or to have avoided or overcome it, or its consequences.

③ Article 7.1.7(Force majeure) (1) Non-performance by a party is excused if that party proves that the nonperformance was due to an impediment beyond its control and that it could not reasonably be expected to have taken the impediment into account at the time of the conclusion of the contract or to have avoided or overcome it or its consequences. (2) When the impediment is only temporary, the excuse shall have effect for such period as is reasonable having regard to the effect of the impediment on the performance of the contract. (3) The party who fails to perform must give notice to the other party of the impediment and its effect on its ability to perform. If the notice is not received by the other party within a reasonable time after the party who fails to perform knew or ought to have known of the impediment, it is liable for damages resulting from such nonreceipt. (4) Nothing in this Article prevents a party from exercising a right to terminate the contract or to withhold performance or request interest on money due.

④ Article 6:111(ex art. 2.117) Change of Circumstances (1) A party is bound to fulfil its obligations even if performance has become more onerous, whether because the cost of performance has increased or because the value of the performance it receives has diminished. (2) If, however, performance of the contract becomes excessively onerous because of a change of circumstances, the parties are bound to enter into negotiations with a view to adapting the contract or terminating it, provided that: (a) the change of circumstances occurred after the time of conclusion of the contract, (b) the possibility of a change of circumstances was not one which could reasonably have been taken into account at the time of conclusion of the contract, and (c) the risk of the change of circumstances is not one which, according to the contract, the party affected should be required to bear. (3) If the parties fail to reach agreement within a reasonable period, the court may: (a) terminate the contract at a date and on terms to be determined by the court; or (b) adapt the contract in order to distribute between the parties in a just and equitable manner the losses and gains resulting from the change of circumstances. In either case, the court may award damages for the loss suffered through a party refusing to negotiate or breaking off negotiations contrary to good faith and fair dealing.

(一)情势变更原则的起源

情势变更原则并非起源于罗马法。罗马法恪守合同严守的原则,虽然合同有严正合同和诚信合同之分,但未确立情势变更原则,而古代《汉穆拉比法典》和日耳曼法均包含情势变更的规则。①情势变更原则起源于 12、13 世纪的注释法学派的情事不变条款。在自然法学的影响下,17 世纪情事不变条款已经为学说和判例所确立。18 世纪后期,情事不变条款的滥用损害了法律秩序的安定,逐渐被理论和实践所抛弃。自然法学受到了 19 世纪初兴起的历史法学派的批判,其后的分析法学派强调实证法,主张形式主义,重视合同严守原则和法律秩序的安定,情事不变条款丧失了其存在的价值和基础。因此,《法国民法典》和《德国民法典》均未规定情势变更原则。

20 世纪之后,特别是第一、第二次世界大战以及 1929 年至 1933 年的世界经济危机等一系列重大事件使情势变更原则逐步得到确立并在审判实践中得以广泛适用。大陆法系国家通过立法或判例来确认情势变更原则,实际上是诚信原则在债法中的具体应用而已。德国以法律行为基础说为理论依据,引用《德国民法典》第 157 条和第 242 条规定的诚实信用原则裁判案件,确立了情势变更原则。法国情势变更原则的确立路径与德国的不同,由于受到罗马法严守合同原则的影响,法国法院认为情势变更原则有悖私法自治原则,特别是《法国民法典》第 1134 条的规定实际上是对情势变更原则的否定。政治、经济、社会的重大变迁,致使严守合同原则不能适应当时社会经济发展的需要,要求扩大不可抗力的范围和《法国民法典》第 1134 条的解释以解决情势变更所导致的极不公平的结果。法院则根据不可预见理论,在商业领域范围内确立了情势变更原则。英美法通过"合同落空"(frustration of contract)制度解决情势变更问题。合同落空原则最早出现在 1863 年的 Taylor v. Caldwell 案(即租用音乐厅案)中,②原告租

---

① 参见郑玉波:《民法债编总论》(修订二版),中国政法大学出版社 2004 年版,第 251 页。
② Taylor v Caldwell, King's Bench, 3 B. & S. 826, 122 Eng. Rep. 309 (1863). The case is a landmark English contract law case, with an opinion delivered by Justice Blackburn which established the doctrine of common law impossibility.

Facts: Caldwell (D) contracted to permit Taylor (P) the use of the Musical Hall at Newington. Caldwell was to retain possession of the hall and Taylor merely had the use of it for four days to present four concerts in exchange for 100 pounds per day. The contract stated that the Hall must be fit for a concert but there was no express stipulation regarding disasters. The Hall was destroyed by fire before the first concert was to be held and neither party was at fault. The concerts could not be performed at any other location and Taylor sued for breach and sought reimbursement for costs in preparing for the concerts.

Holding and Rule (Blackburn): Yes. If contract performance depends on the continued existence of a person or thing, and that person or thing ceases to exist, performance may be excused for impossibility of performance. If the nature of the contract is such that the parties must have known at the time of contracting that it could not be fulfilled unless some specified thing continued to exist, it is not a positive contract, and there is an implied condition that the parties will be excused from performance if that thing ceases to exist without fault of the parties. However, if a party gives an express or implied warranty that thing will continue to exist, that party is liable for breach if it ceases to exist. When there is a positive contract to do a thing the contractor must perform it or pay damages, although in consequence of unforeseen accidents, the performance of his contract has become unexpectedly burdensome or even impossible. But this rule is only applicable when the contract is positive and absolute and not subject to any condition either express or implied. Regarding contracts for the services of a specific person, the executors are not liable if that person dies, even though the contract by its terms will have been broken.

用被告的音乐厅,但音乐厅在租期未开始前毁于一场大火,双方当事人对此均无过错。原告提起诉讼要求被告赔偿因不能提供音乐厅而造成的损失,法院判决被告胜诉。英美法系理论认为合同落空是指合同的目的落空(frustration of purpose),并认为该理论源于 1903 年 Krell v. Henry 案(即加冕典礼案),[①]案件所涉的租赁房屋合同目的因英王加冕典礼的取消而落空,承租人的租金缴付义务因此被免除。

情势变更的理论依据主要有大陆法系国家的不可预见理论、法律行为基础说以及英美法系的合同受挫说三种学说:

(1) 不可预见理论。法国的不可预见理论认为,合同当事人在订立合同时假设客观情况不会发生重大变化,如果发生重大变化就不会订立合同,一旦在合同履行时情况发生重大变化,则合同当事人有权变更或者解除合同。

(2) 法律行为基础说。德国学者欧特曼(Ortmann)在 1921 年提出了法律行为基础说。所谓法律行为基础,是指一方当事人在订立合同时对特定环境存在或者发生所具有的预想,另一方当事人认知这种预想的重要性而没有提出异议;或者双方当事人对订约时特定环境的存在或者发生具有共同的预想。合同的订立行为是以一定情势的存在或者发生作为基础而为意思表示的,因行为基础的变更而利益受损的当事人可以请求变更或者解除合同。

---

① Krell v. Henry, 2 K. B. 740 (1903). The English case sets forth the doctrine of frustration of purpose in contract law.

Facts: Henry (D) contracted to use Krell's (P) flat in London to view the coronation procession of King Edward VII. Under the terms of the contract Henry was granted use of the flat for two days in exchange for 75 pounds, but the contract did not mention the purpose of Henry's use. Henry refused to honor the agreement after the King became ill and the coronation was postponed. Krell sued for the balance due under the contract and Henry countersued for the return of his deposit. The lower court cited Taylor v. Caldwell and entered judgment for Henry on the grounds that the coronation was an implied condition in the contract. Krell appealed.

Holding and Rule: Performance will be excused when the purpose of a contract is frustrated by an unforeseeable supervening event and the purpose was within the contemplation of both parties when the contract was executed. A contract's purpose may be inferred from surrounding circumstances. Where a contract indicates that the parties knew that it could not be fulfilled unless some particular specified thing continued to exist, such that the parties must have contemplated the continued existence of that thing as the foundation of the performance; then in the absence of an express or implied warranty that the thing shall continue to exist, the contract is subject to implied condition that performance will be excused if that thing ceases to exist without fault of either party. The principle also applies where a certain condition or state of things that is essential to performance must continue to exist; in this case, the occurrence of the coronation during the time in which Henry was to have use of the flat. The condition or state of things need not be expressly specified. It is sufficient if that condition or state of things clearly appears by extrinsic evidence to have been assumed by the parties to be the foundation or basis of the contract, and the event which causes the impossibility is of such that it cannot reasonably be supposed to have been in the contemplation of the contracting parties when the contract was made. Necessary inferences drawn from the contract and surrounding circumstances need to be examined to determine if the contract has in fact become impossible to perform. The purpose for the high rent of the room on those particular dates during the daytime was to view the coronation. The court held that without the coronation, there was no purpose to this contract.

(3) 合同受挫说。① 英美法系的理论和判例认为,当事人在订立合同时有自己的希望、意图和目的,一旦当事人的希望、意图和目的因客观情况的变化而不能实现,则构成法院不能强制执行其允诺的理由。

我国立法并未直接确立情势变更原则,即《合同法》并未规定情势变更原则,但《合同法》的四次审议稿均规定了情势变更原则。②立法上虽然未能确立情势变更原则,但司法审判实务却一直肯定情势变更原则。可以说,我国通过司法审判实践逐步确立了情势变更原则:

(1) 司法政策性文件。司法政策性文件主要有:一是最高人民法院〔1992〕第29号复函:"由于发生了当事人无法预见和防止的情势变更……仍按原合同约定的价格……显失公平",当事人可以变更或解除合同,如武汉市煤气公司煤气表装配线技术转让合同、煤气表散件购销合同纠纷案③。二是《全国经济审判工作会谈纪要》(法发〔1993〕8号文):"由于不可归责于当事人双方的原因,作为合同基础的客观情况发生了非当事人所能预见的根本性变化,以致合同履行显失公平的,可以根据当事人的申请,按情势变更原则变更或解除合同。"会谈纪要是司法审判在实践中比较早的肯定情势变更原则的文件。

(2) 司法解释。情势变更原则是通过司法解释得以确立的,司法解释在我国民商事法律规则的发展和完善中扮演了重要的角色。涉及情势变更原则的司法解释有三个:

一是《关于审理农村承包合同纠纷案件若干问题的意见》(1986年)第4条和第5

---

① Legal termination of a contract due to unforeseen circumstances that (1) prevent achievement of its objectives, (2) render its performance illegal, or (3) make it practically impossible to execute. It could be caused by reasons such as an accident, change in law, fire, sickness of one of the parties, third-party interference. Frustration of a contract excuses non-performance and automatically discharges the contract except where the terms of contract override this implied legal provision. However, frustration is not acceptable as an excuse where the circumstance was foreseeable, and is not applicable to certain types of contracts such as insurance policies.

② 《合同法(草案)》第77条规定:"由于国家经济政策、社会经济形势等客观事发生巨大变化,致使履行合同将对一方当事人没有意义或者造成重大损害,而这种变化是当事人在订立合同时不能预见并且不能克服的,该当事人可以要求对方就合同的内容重新协商;协商不成,可以请求人民法院或者仲裁机构变更或者解除合同。"

③ 在武汉市煤气公司诉重庆检测仪表厂煤气表装配线技术转让合同、煤气表散件购销合同纠纷案(〔1992〕武民商(经)初字第00048号)中,武汉中院裁判摘要认为,当事人双方同时签订技术转让合同以及与该技术转让合同相关的货物购销合同的,由于技术转让合同与货物购销合同是两个独立的合同,只要这两个合同的签订符合法律的规定,即受到法律的保护。即使该货物购销合同与技术转让合同具有相关性,但两个合同都应当独立履行,不能由于一个合同的未能履行而影响另一个合同的效力。如果技术转让合同已经履行完毕,尽管货物购销合同未能履行,也不影响技术转让合同履行的效力,不能因购销合同而解除技术转让合同。情势变更原则是指在合同履行过程中,由于不可抗力的影响,使得合同履行的情势发生巨大变化,合同继续履行将对一方当事人显失公平时,当事人可以请求变更或解除合同。由于经济改革过程中的价格变动,使得合同履行时的价格成本远远高于合同订立时,合同继续履行对于一方当事人显然不公平,且这种经济发展过程中的价格变动是由于不可抗力所引起的,根据《民法通则》第4条规定的公平和诚实信用原则及《经济合同法》第27条第1款4项的规定,可以适用情势变更原则,当事人可以依此请求变更或解除合同,防止合同履行不公平合理(1996年最高人民法院公报案例)。

条涉及情势变更原则,其中第4条规定了承包合同的变更和解除问题,第5条规定了因自然灾害而产生的责任免除问题。

二是《最高人民法院在防治传染性非典型性肺炎期间依法做好人民法院相关审判、执行工作的通知》(法〔2003〕72号)涉及情势变更原则,其中第3条第1款第3项规定:"由于'非典'疫情原因,按原合同履行对一方当事人的权益有重大影响的合同纠纷案件,可以根据具体情况,适用公平原则处理。"

三是《合同法司法解释(二)》第26条肯定了情势变更原则,最终以司法解释的方式确立了情势变更原则。司法解释对情势变更原则的适用,规定了较为严格的适用程序,以避免审判实践滥用情势变更原则,规定适用第26条规定的应当报高级人民法院审核,必要时报最高人民法院审核。例如,在成都鹏伟实业有限公司采矿权纠纷案中,[①]最高人民法院判决直接适用了《合同法司法解释(二)》第26条的情势变更原则。

(二) 情势变更原则的构成要件

情势变更原则实质上是诚实信用原则的具体化,是诚实信用原则在合同变更和解除领域的具体适用。情势变更原则是一个很复杂的问题,在《合同法》的起草过程中,法学界赞同情势变更原则,认为情势变更原则可以促进经济流转,维护社会公平。商业界则反对情势变更原则,认为确立情势变更原则容易导致实践中的滥用,有碍合同的严肃性。情势变更原则的适用,通常应符合以下三个方面的条件:

(1) 有情势变更的事实且不可预见。客观上,作为合同基础或者环境(如政治、经济、法律及商业上的种种事态等)的一切客观事实的情势发生变化构成情势变更,即合同基础或者环境在客观上的异常变动。合同赖以建立的基础或者环境的一切客观情况已经发生变化,造成合同履行的基础已经丧失。主观上,情势变更的发生是不可预见的,即当事人不可能预见到情势变更的发生。当事人在合同订立时可以预见到的或者在正常情况下能够预见到的,不能作为情势变更的事实。例如,在武汉绕城公路建设指挥部建设工程施工合同纠纷案中,[②]最高人民法院判决认为,原材料上涨并不构成适用情势变更原则的理由。

[①] 在成都鹏伟实业有限公司与江西省永修县人民政府、永修县鄱阳湖采砂管理工作领导小组办公室采矿权纠纷案(〔2007〕赣民二初字第12号、〔2008〕民二终字第91号、〔2011〕民再字第2号)中,法院裁判摘要认为,公平原则是当事人订立、履行民事合同所应遵循的基本原则。《合同法司法解释(二)》第26条确立了合同履行过程中的情势变更原则,由于无法预料的自然环境变化的影响导致合同目的无法实现,如果继续履行合同则必然造成一方当事人取得全部合同收益,而另一方当事人承担全部投资损失,受损方当事人请求变更合同部分条款的,法院应当予以支持(2010年最高人民法院公报案例)。

[②] 在武汉绕城公路建设指挥部与中铁十八局集团第二工程有限公司建设工程施工合同纠纷案(〔2006〕鄂民二初字第15号、〔2007〕民一终字第81号)中,法院裁判要旨认为,施工期间建材价格大幅上涨,不属于当事人不可预见的情形,不适用情势变更原则。在审理建设工程施工合同纠纷案件过程中,经常会遇到施工方以施工期间建材价格大幅上涨为由,主张建设方进行材料价差补偿。补偿依据是合同履行期间的客观情势发生重大变化导致当事人权利义务显失平衡。在《合同法》并未明确规定情势变更原则的情况下,借鉴法理调整当事人之间的权利义务关系应当格外慎重,衡量标准之一是合同履行期间是否发生了当事人不可预见的基础性情势的重大变化。

(2) 情势变更应发生在合同生效之后消灭之前。情势变更的发生应在合同生效之后合同终止之前，目的是对合同关系建立基础发生根本性变化而导致合同当事人显失公平的结果给予法律救济。情势变更的事实发生在订立合同之前，表明合同订立的基础是已发生变化了的客观情况，则没有适用情势变更的必要。当事人在订约时已发生情势变更但仍以变化前的客观情况为基础的，则表明当事人自愿承担风险与不利法律后果，丧失法律保护的基础。在合同履行完毕之后再发生情势变更事实的，因合同关系已不存在，双方当事人的利益均不受影响，没有适用情势变更的必要。但是，因债务人迟延履行债务而在迟延期内发生情势变更的，不应适用情势变更而免除债务人的责任以鼓励诚实守信。例如，在大宗集团有限公司、宗锡晋股权转让纠纷案中，① 最高人民法院判决认为，当事人迟延履行期间政策的变化并非情势变更的构成要件。

(3) 情势变更事由应不可归责于当事人且如发生当初法律效力则显失公平。主观上，当事人对情势变更的发生没有过错，即情势变更的发生是因不可归责于双方当事人的事由所引起的。如果情势变更是因可归责于当事人的事由所引起的，则当事人具有主观过错，应由有过错的当事人承担由此而产生的责任，不得以情势变更为由请求免除自己的过错责任。客观上，情势变更之后如果维持原合同的效力则显失公平，即超过通常情形下一方当事人应承担的义务，包括债务人履行困难、债权人受领不足以及履行对债权人无利益，如武汉市煤气公司煤气表装配线技术转让合同、煤气表散件购销合同纠纷案。②

(三) 情势变更原则的适用及其效力

一旦出现情势变更的情形，就产生了适用情势变更原则的条件，但情势变更原则的适用须由当事人提出。法院是否可以依职权适用，我国法律和司法解释没有明文规定。但是，根据私法自治原则，法院不应依职权主动适用。情势变更原则的适用是消除合同因情势变更而导致的显失公平结果，适用情势变更原则仍然应当尽可能维持合同的效力，变更合同的内容以消除显失公平的结果，如中土工程（香港）有限公司房屋买卖纠纷案。③ 如果变更合同内容不足以消除显失公平的后果，则可以终止合同效

---

① 在大宗集团有限公司、宗锡晋与淮北圣火矿业有限公司、淮北圣火房地产开发有限责任公司、涡阳圣火房地产开发有限公司股权转让纠纷案（〔2014〕鲁商初字第 72 号、〔2015〕民二终字第 236 号）中，法院裁判摘要认为，矿业权与股权是两种不同的民事权利，如果仅转让公司股权而不导致矿业权主体的变更，则不属于矿业权转让，转让合同无须地质矿产主管部门审批，在不违反法律、行政法规强制性规定的情况下，应认定合同合法有效。迟延履行生效合同约定义务的当事人以迟延履行期间国家政策变化为由主张情势变更的，不予支持（2016 年最高人民法院公报案例）。

② 武汉市煤气公司诉重庆检测仪表厂煤气表装配线技术转让合同、煤气表散件购销合同纠纷案（〔1992〕武民商（经）初字第 00048 号）。

③ 在中土工程（香港）有限公司与中诚集团有限公司、钟华、广州鹏城房产有限公司及香港基冠有限公司、海南琼山钟诚房地产开发公司房屋买卖纠纷案（〔2000〕粤高法民初字第 2 号、〔2000〕民终字第 129 号）中，最高人民法院裁判要旨认为，在《城市房地产管理法》颁布实施前，对于 1992—1993 年在海南、广东部分地区、广西北海市等部分省市房地产超常规发展时期遗留的房地产纠纷的处理原则，即房地产开发合同在未直接违反法律、行政法规强制性规定的前提下，从宽认定合同效力，因情势变更造成的损失由履行合同的双方当事人按照公平原则分担。

力。情势变更原则适用的第一效力为变更合同,第二效力为提前终止或者解除合同。《国际商事合同通则》第 6.2.3 条有明文规定。[1]情势变更原则的法律效力,主要体现在以下两个方面:[2]

(1) 变更合同。变更合同是指维持原合同的效力,仅对合同内容进行变更,从而使合同在公平的基础之上履行,如成都鹏伟实业有限公司采矿权纠纷案。[3] 变更合同的方式主要有变更标的物、增减标的的数额、延期或分期履行和拒绝先为给付四种情形:

一是变更标的物。在种类物之债中,种类之债一经确定,给付的标的物即成为特定物,债务人原则上不能变更。但因情势变更造成当事人一方为给付该特定物则显失公平时,应允许债务人变更标的物,以同种类的其他标的物代替原标的物。

二是增减标的的数额。在双务合同中双方的给付存在对价关系,且其中存在一定的比例关系。如果因情势变更导致比例关系发生变更的,应当增加或者减少履行标的的数额,从而恢复原来双方的比例关系,平衡双方利益。在增加或者减少标的数量时应注意增减的限度,要确定出一个合理的标准来准确评估双方的价值比例关系,以消除显失公平的现象。在确定合理标准时,应当考虑合同当事人必须承担的交易风险。

三是延期或者分期履行。在合同履行期限内,因情势变更的发生而阻碍合同如期履行,当事人希望继续履行合同义务,仅通过变更履行期限实现合同的目的,以避免不公平的结果。受不利影响的一方当事人主张延期或者分期履行。

四是拒绝先为给付。在双务合同中,一方当事人有先给付的义务,但在履行期到来时另一方当事人因情势变更导致财产明显减少而难以履行对待给付义务的,该当事人在他方没有提供能够按期作出对待给付的担保时,可以拒绝先履行给付义务。

(2) 解除合同。情势变更的事实出现后,如果受其影响的一方当事人通过合同的变更,仍不能排除情势变更造成的不公平状态,则可以行使合同解除权消灭权利义务失衡的合同关系。因情势变更导致合同目的不能实现,或者合同履行成为不可期待,或者合同履行失去意义,即可解除或者终止合同。例如,在武汉市煤气公司煤气表装配线技术转让合同、煤气表散件购销合同纠纷案中,[4]经武汉中院调解,双方当事人自愿达成了解除合同,由仪表厂给予煤气公司一定补偿的调解协议,使纠纷得到公平合理的解决。该案是一起典型的因情势变更导致合同无法履行的案例,也是我国最早的情势变更案例。

---

[1] Article 6.2.3(Effects of hardship)……(4) If the court finds hardship it may, if reasonable, (a) terminate the contract at a date and on terms to be fixed, or (b) adapt the contract with a view to restoring its equilibrium.

[2] 参见郑玉波:《民法债编总论》(修订二版),中国政法大学出版社 2004 年版,第 253—254 页。

[3] 成都鹏伟实业有限公司与江西省永修县人民政府、永修县鄱阳湖采砂管理工作领导小组办公室采矿权纠纷案(〔2007〕赣民二初字第 12 号、〔2008〕民二终字第 91 号、〔2011〕民再字第 2 号)。

[4] 武汉市煤气公司诉重庆检测仪表厂煤气表装配线技术转让合同、煤气表散件购销合同纠纷案(〔1992〕武民商(经)初字第 00048 号)。

情势变更适用的第二效力表现在以下三个情形：

一是合同终止。在雇佣、租赁、借贷等继续性合同中，因情势变更即可终止合同，没有变更合同的必要和可能。

二是合同解除。在一方当事人的给付是长期的分次给付，而对方当事人的给付是不可分的情况下，可解除合同。

三是拒绝履行。在赠与合同生效之后，赠与人的经济状况发生了显著变化，如因赠与影响其自身的基本生活，或者妨碍其履行抚养义务或者赡养义务的，赠与人可以拒绝履行赠与义务。

在适用情势变更原则变更或者解除合同时，司法审判机关或者仲裁机构应当遵循情势变更原则两种不同的效力层次。法律应当维护正常的交易秩序，最大限度地维持原有的合同关系，保持合同的效力，从而合同如果有变更的可能，则应优先考虑合同的变更，而不是合同的解除。只有在合同变更仍然不能消除双方显失公平的结果时，司法审判机关或者仲裁机构才可以解除合同，以避免失衡的合同后果。

情势变更原则的效力除了变更合同和解除合同效力之外，域外立法还确立了再交涉义务（obligation of renegotiation）。《国际商事合同通则》第6.2.3条[①]和《欧洲合同法》第6.111条[②]均规定了再交涉义务，利益受损一方当事人有权要求对方当事人对合同条款重新进行协商；如果协商不成，利益受损一方当事人有权要求法院，法院可以变更合同条款。实际上，再交涉义务是诚实信用原则在合同履行过程中的具体表现而已，即使法律没有明文规定，利益受损一方当事人也有权要求重新协商合同条款。

第三节 合同履行规则

合同履行规则（contract performance rule）是合同履行过程中的具体要求，是合同履行原则的具体化。合同履行规则是履行主体、履行标的、履行期限、履行地点、履行方式和履行费用等方面的具体规则。

一、合同履行的一般规则

在合同履行期限届满后，债务人应当根据合同约定的内容和合同履行的基本原则

[①] Article 6.2.3(Effects of hardship) (1) In case of hardship the disadvantaged party is entitled to request renegotiations. The request shall be made without undue delay and shall indicate the grounds on which it is based. (2) The request for renegotiation does not in itself entitle the disadvantaged party to withhold performance……

[②] Article 6:111(ex art. 2.117)……(2) If, however, performance of the contract becomes excessively onerous because of a change of circumstances, the parties are bound to enter into negotiations with a view to adapting the contract or terminating it……

履行合同义务。例如,在北京长富投资基金委托贷款合同纠纷案中,①湖北高院一审判决指出案件所涉一系列协议是各方当事人的真实意思表示,内容不违反法律、法规的禁止性规定,应当认定为合法有效,各方当事人均应严格按照合同履行各自的义务。

在履行合同义务过程中,债务人应当遵守合同履行的一些基本规则,特别是当事人就某些事项没有约定时的处理方法,《合同法》第60条和第61条规定了履行合同的规则,主要涉及合同履行主体、履行标的、履行期限、履行地点、履行方式和履行费用等问题。

(一) 合同履行主体

合同履行主体(performance of the contract subject)与合同主体不是同一概念,合同主体是合同债权人和合同债务人,而合同履行主体则指履行合同义务人和合同义务履行的受领人。合同履行主体通常是合同主体,合同履行主体不仅包括债务人,也包括债权人。合同全面适当地履行的实现,不仅要有债务人履行债务行为,同时还要债权人受领履行行为。如果债务人按照合同约定履行债务,而债权人无正当理由拒绝受领的,则债权人的行为构成受领迟延,应免除债务人相应的责任,或者将履行风险由债权人承担。但债权人不能受领履行的下列情形除外:

一是债权成为强制执行的对象。债权人的债权被法院作为强制执行的对象,当债务人向其履行债务时,债权人无权受领,而由法院的判决书或者强制执行令确定的权利人受领。

二是债权人被宣告破产。在债权人被宣告破产的情形下,债务人应当向破产管理人或者清算组履行债务。

三是债权人欠缺行为能力。合同的履行不是单纯地交付标的物,债权人在受领行为中需要作出意思表示的,则债权人需要有相应的行为能力,如果没有行为能力或者为限制行为能力,则不能受领,而应由其法定代理人或者监护人代为受领。

此外,根据《合同法》第65条的规定,合同的当事人可以约定由债务人向第三人履行,但约定不得违反法律、行政法规的强制性规定。第三人在表示接受后,有权向债务人请求履行。债务人未向第三人履行或者履行不符合约定的,应当向债权人承担不履行责任。债务人对债权人行使的一切抗辩权,均可对第三人行使。向第三人履行债务增加的费用,除当事人另有约定者外,应当由债权人承担。

(二) 合同履行标的

合同履行标的(subject matter of performance)是合同的核心内容,是合同当事人订立合同的目的所在。合同履行标的是债务人应履行的内容。当事人不按照合同的

---

① 在北京长富投资基金与武汉中森华世纪房地产开发有限公司等委托贷款合同纠纷案(〔2014〕鄂民二初字第00035号、〔2016〕最高法民终124号)中,最高人民法院裁判摘要认为,委托人、受托银行与借款人三方签订委托贷款合同,由委托人提供资金,受托银行根据委托人确定的借款人、用途、金额、币种、期限、利率等代为发放、协助监督使用并收回贷款,受托银行收取代理委托贷款手续费,并不承担信用风险,其实质是委托人与借款人之间的民间借贷。委托贷款合同的效力,委托人与借款人之间的利息、逾期利息、违约金等权利义务均应受有关民间借贷的法律、法规和司法解释的规制(2016年最高人民法院公报案例)。

标的履行合同,合同利益就无法实现。严格按照合同的标的履行合同成为合同履行的一个基本规则。合同标的的质量和数量是衡量合同标的的基本指标。按照合同标的履行合同,在标的的质量和数量上应严格按照合同约定进行给付。根据《合同法》第61条的规定,对标的的质量合同没有约定或者约定不明确的,当事人可以协商补充,协商不成的,按照合同条款和交易习惯来确定。如果仍然无法确定,根据《合同法》第62条的规定,按照国家标准、行业标准履行;没有国家标准、行业标准的,按照通常标准或者符合合同目的的特定标准履行。在标的数量上,全面履行原则的基本要求便是全部履行而不应当部分履行,但是根据《合同法》第72条的规定,在不损害债权人利益的前提下,债务人也可以部分履行债务。在英美法系国家,合同的部分履行(partial performance)可能导致违约损害赔偿或者合同的解除。①

（三）合同履行期限

合同履行期限(time of performance)是指债务人履行合同义务和债权人接受履行行为的时间。合同履行期限既是合同的主要条款,也是合同的必要条款。在英美法系中,合同履行期限在普通法上被视为合同的核心条款,一旦违反则视为违约并导致合同的解除,但在衡平法上则不被视为核心条款。② 当事人应当在合同中约定合同履行期限,债务人应在合同约定的履行期限内履行债务。债务人未能在合同规定的履行期限内履行债务的,则构成迟延履行并承担违约责任。根据《合同法》第61条的规定,履行期限不明确的,双方当事人可以另行协议补充,如果协议补充不成的,应当根据合同的有关条款和交易习惯来确定。根据《合同法》第62条的规定,如果还无法确定履行期限,债务人可以随时履行,债权人也可以随时要求履行,但应当给对方必要的准备时间。债务人既不能在履行期限届满后履行债务,也不能提前履行债务。债务人在履行期限届满之后履行合同的,构成迟延履行,应承担迟延履行责任。债务人提前履行债务的,债权人有权拒绝受领,③或者由债务人承担因提前履行债务给债权人造成的损失。同样,债权人没有权利要求债务人在约定的履行期限届满前履行债务,否则债务人有权拒绝履行,或债权人承担因债务提前履行而给债务人造成的损失。此外,对非一次性的债务履行,合同当事人可以约定分期履行,并约定第一期履行期限。在约定分期履行的情况下,如果债务人仅发生其中某一期履行迟延,仅就该期履行的

---

① See J. Beatson, Anson's Law of Contract(28th ed.), Oxford University Press 2002, p.499.
② Ibid., p.500.
③ Principles of International Commercial Contracts Article 6.1.5(Earlier performance)(1)The obligee may reject an earlier performance unless it has no legitimate interest in so doing…
The Principles of European Contract Law Article 7:103 (ex art. 2.108):Early Performance (1) A party may decline a tender of performance made before it is due except where acceptance of the tender would not unreasonably prejudice its interests. (2) A party's acceptance of early performance does not affect the time fixed for the performance of its own obligation.

迟延承担责任,债权人也不能因此要求解除合同。①

（四）合同履行地点

合同履行地点（place of performance）是债务人履行债务、债权人受领给付的地点。合同履行地点直接关系到债务人履行合同的费用和时间。合同有明确的约定履行地点的,债务人应在约定的地点向债权人履行债务,债权人应当在履行地点接受债务人的履行行为。合同履行地点通常在合同订立时已经约定,但也可在合同成立后履行债务前加以约定。当事人为多数人时,可以各自订立不同的履行地点。同一个合同中的数个给付不必约定相同的履行地点,特别是双务合同中的两个债务可以有两个履行地点。即使是一个债务,也可以约定数个履行地点由当事人选择。

《合同法》明确规定了当事人可以通过达成补充协议来确定合同履行地位,如果不能达成补充协议的,则按照合同有关条款或者交易习惯确定。如果履行地点仍然无法确定的,则根据标的不同情况确定不同的履行地点。如果合同约定给付货币,在接受货币一方所在地履行;如果交付不动产,在不动产所在地履行;其他标的,在履行义务一方所在地履行。②

（五）合同履行方式

合同履行方式（performance of means）是合同双方当事人约定履行义务的形式,如合同标的物的交付方法、运输方法（空运、海运、公路运输或者铁路运输等）、价款或者酬金的支付方法等。合同的履行方式主要包括运输方式、交货方式、结算方式等。合同的履行方式与当事人的合同利益关系密切,履行方式不符合合同的规定,可能导

---

① Principles of International Commercial Contracts Article 6.1.1(Time of performance) A party must perform its obligations: (a) if a time is fixed by or determinable from the contract, at that time; (b) if a period of time is fixed by or determinable from the contract, at any time within that period unless circumstances indicate that the other party is to choose a time; (c) in any other case, within a reasonable time after the conclusion of the contract.
The Principles of European Contract Law Article 7:102(ex art. 2.107): Time of Performance A party has to effect its performance: (1) if a time is fixed by or determinable from the contract, at that time; (2) if a period of time is fixed by or determinable from the contract, at any time within that period unless the circumstances of the case indicate that the other party is to choose the time; (3) in any other case, within a reasonable time after the conclusion of the contract.

② Principles of International Commercial Contracts Article 6.1.6(Place of performance)(1) If the place of performance is neither fixed by, nor determinable from, the contract, a party is to perform: (a) a monetary obligation, at the obligee's place of business; (b) any other obligation, at its own place of business. (2) A party must bear any increase in the expenses incidental to performance which is caused by a change in its place of business subsequent to the conclusion of the contract.
The Principles of European Contract Law Article 7:101 (ex art. 2.106): Place of Performance (1) If the place of performance of a contractual obligation is not fixed by or determinable from the contract it shall be: (a) in the case of an obligation to pay money, the creditor's place of business at the time of the conclusion of the contract; (b) in the case of an obligation other than to pay money, the obligor's place of business at the time of conclusion of the contract. (2) If a party has more than one place of business, the place of business for the purpose of the preceding paragraph is that which has the closest relationship to the contract, having regard to the circumstances known to or contemplated by the parties at the time of conclusion of the contract. (3) If a party does not have a place of business its habitual residence is to be treated as its place of business.

致合同标的物缺陷、费用增加、迟延履行等后果。履行方式由法律或者合同约定或者是合同性质来确定，不同性质、内容的合同，有不同的履行方式。根据合同履行的基本要求，在履行方式上，履行义务人必须首先按照合同约定的方式进行履行。根据《合同法》第 61 条和第 62 条的规定，如果约定不明确，当事人可以协商补充；协商不成的，可以根据合同的有关条款和交易习惯来确定。如果仍然无法确定，按照有利于实现合同目的的方式履行。

（六）合同履行费用

合同履行费用(cost of performance)是指债务人履行合同所支出的必要、合理的费用，如标的物的交付费用、标的物的运送费用等。合同对合同履行费用有明确约定的，则当事人应当按照合同约定负担费用。根据《合同法》第 61 条和第 62 条的规定，合同没有约定合同履行费用或者约定不明确的，则按照合同的有关条款或者交易习惯确定；如果仍然无法确定，则由履行义务一方承担履行费用。[①] 因债权人变更住所或者其他行为而导致履行费用增加时，由债权人承担增加的费用。

二、合同履行的特殊规则

合同履行规则是合同当事人在合同履行过程中应当遵循的基本规则，但也有例外情形，即合同履行的特殊规则。合同履行的特殊规则是合同履行一般规则的例外情形，主要有第三人履行和附随义务的履行两种情形。

（一）第三人履行

第三人履行(third party's performance)是指合同当事人之外的第三人履行合同义务或者接受义务的履行。在合同履行过程中，履行合同义务的人或者接受义务履行的人并不是合同当事人，而是合同当事人以外的第三人。只要在合同中有约定，第三人也可成为合同履行的主体。《合同法》第 64 条和第 65 条规定的第三人履行制度旨在保护债权人的利益。由第三人履行债务合同是指除法律法规规定或者合同约定应由合同当事人履行债务之外，根据意思自治原则和保护债权人利益的原则，在不损害债权人利益和不增加债权人合同履行成本的情况下，可由第三人代替债务人向债权人履行债务，如北海华洋海运有限责任公司船舶保险合同纠纷案[②]。

合同之债是按照法律规定和合同约定，在当事人之间产生的特定的权利和义务关系，债权人有权要求债务人按照法律规定和合同约定履行义务。根据合同相对性原

[①] Principles of International Commercial Contracts Article 6.1.11(Costs of performance) Each party shall bear the costs of performance of its obligations.

[②] 在北海华洋海运有限责任公司诉中国人民财产保险股份有限公司北海市分公司船舶保险合同纠纷案（〔2013〕厦海法商初字第 255 号）中，厦门海事法院裁判要旨认为，船舶保险中关于第一受益人的特别约定条款应认定为有效，但该第一受益人并非保险法中的受益人，而属于《合同法》第 64 条规定的当事人约定由债务人向第三人履行债务的第三人。《合同法》中的第三人的法律地位决定了第一受益人在保险合同纠纷中的诉讼地位，第一受益人不能以原告或者有独立请求权第三人身份参加保险合同之诉，而只能以无独立请求权第三人身份参加诉讼。

则,当事人之间形成的债通常应当由债务人直接向债权人履行,债权人也只能向债务人请求履行。但是,实践中出现了第三人履行他人债务的情形,在一定情况下第三人来履行债务有利于债权人的利益,债权人也愿意接受第三人的履行。

合同双方当事人约定由第三人代为履行合同,并不意味着合同双方当事人之间的债权债务关系发生变化,合同债务并未转移给第三人,只是履行主体发生变化而合同主体并未发生变化,第三人仅为合同的履行主体,而并非合同当事人。在履行合同过程中,第三人发生违约的,应当由债务人承担违约责任。① 这是由于第三人并非合同当事人,不直接与债权人发生合同法律关系。因此,债权人只能追究债务人的违约责任。

第三人履行债务突破了合同的相对性。合同的相对性(privity of contract)指合同仅在特定的合同当事人之间发生法律约束力,合同一方当事人基于合同向对方当事人提出请求,而不能向与其无合同关系的第三人提出合同上的请求,同时也不能为第三人设定合同义务,合同债权也主要受合同法的保护,如上海闽路润贸易有限公司买卖合同纠纷案②和俞财新商品房买卖(预约)合同纠纷案③。合同的相对性是合同法确立的一个原则,不仅是意思自治原则发展的必然结果,而且也是近代民法当事人自由意志在合同效力方面的体现。合同的相对性最早起源于罗马法,即指合同仅于缔约人之间发生效力,对合同外第三人不发生效力;合同缔约人不得以合同约定涉及第三人利益的事项,任何一方缔约人不与第三人发生权利义务关系。罗马法的规则影响了现代大陆法系的合同法,《法国民法典》第1119条和第1165条明文规定了合同的相对性原则。德国、瑞士、日本等大陆法系民法虽未明文规定,但理论予以承认。英美法系国家的合同相对性原则是通过 Tweddle v. Atkinson 案确立的。合同的相对性原则主要体现为主体相对性、内容相对性和责任相对性三个方面。债权是仅得向特定当事人请求给付的相对权,不能向第三人主张权利,也就没有排除他人干涉的效力。为保护债权免受不法行为的侵害,又进一步建立新权利理论,主张承认债权的不可侵性。英国1853年的 Lumley v. Gye 案创立了第三人侵害债权的先例,原告 Lumley 与演员 Wagner 订有在原告的女王剧院(Her Majesty's Theatre)演出三月的合同,并规定该演员不得去其他剧院演出。在明知合同存在的情形下,被告 Gye 仍诱使演员 Wagner 违反合同。法院判决认为,被告 Gye 侵害合同关系是不法行为,应向原告 Lumley 承担责任,判例所创立的第三人不法侵害债权理论后来逐渐为其他国家所接受。

根据债权不可侵理论,不法侵害债权的行为发生后,债权人得以债权为由提起损害赔偿之诉,追究第三人的责任,使债的效力扩张到一切侵害债权的第三人,即对合同

---

① The Principles of European Contract Law Article 8:107(ex art. 3.107):Performance Entrusted to Another A party who entrusts performance of the contract to another person remains responsible for performance.
② 上海闽路润贸易有限公司与上海钢翼贸易有限公司买卖合同纠纷案(〔2012〕闽民终字第647号、〔2015〕民申字第956号)。
③ 俞财新与福建华辰房地产有限公司、魏传瑞商品房买卖(预约)合同纠纷案(〔2009〕闽民初字第8号、〔2010〕民一终字第13号)。

相对性的突破。第三人履行是合同相对性突破的产物。《合同法》规定了第三人履行制度,第 64 条和第 65 条规定的第三人履行制度有向第三人履行和由第三人履行两种形式:

(1) 向第三人履行的合同。向第三人履行的合同,又称为"第三人利益订立的合同",是指合同双方当事人约定由债务人向第三人履行义务,第三人直接取得请求权的合同。《合同法》第 64 条规定:"当事人约定由债务人向第三人履行债务的,债务人未向第三人履行债务或者履行债务不符合约定,应当向债权人承担违约责任。"在保险合同中,投保人和保险人订立保险合同,约定保险人向作为第三人的被保险人、受益人履行,而被保险人、受益人直接享有保险金请求权。保险合同即为最典型的向第三人履行的合同,如北海华洋海运有限责任公司船舶保险合同纠纷案。[①] 第三人并非合同当事人,合同主体仍然是原合同中的债权人和债务人,第三人仅作为债权的接受人而不是合同当事人。债务人必须向债权人指定的第三人履行合同义务,否则不能产生履行的效力。向第三人履行原则上不能增加履行难度和履行费用,如果增加履行费用,可以由双方当事人协商确定。如果是债权人的原因造成的,应由债权人承担增加的费用。

向第三人履行的合同产生的法律效力为:一是第三人的合同履行请求权。第三人可向债务人请求履行合同债务,如果第三人拒绝受领合同债务,债务人应当将相关情况及时通报债权人并协商解决债务履行问题,但债权人应承担由此造成的所有损失。二是债务人对债权人承担违约责任。债务人未向第三人履行债务或者履行债务不符合合同约定的,应当向债权人承担违约责任。三是抗辩权的行使。债务人基于对债权人的抗辩,也可对抗第三人,如债务人因债权人原因而产生的同时履行抗辩权、不安抗辩权等,均可对抗第三人,而不必向第三人履行合同债务。

(2) 由第三人履行的合同。由第三人履行的合同,又称"第三人代为履行的合同",是指经当事人约定由第三人代替债务人履行义务,第三人并不因履行债务而成为当事人。《合同法》第 65 条规定:"当事人约定由第三人向债权人履行债务的,第三人不履行债务或者履行债务不符合约定,债务人应当向债权人承担违约责任。"《欧洲合同法》也规定了第三人履行合同。[②] 在第三人履行的合同中,第三人并未成为合同当事人,合同当事人仍然是原债权人和债务人,如信达公司石家庄办事处借款担保合同

---

① 北海华洋海运有限责任公司诉中国人民财产保险股份有限公司北海市分公司船舶保险合同纠纷案([2013]厦海法商初字第 255 号)。
② The Principles of European Contract Law Article 7:106(ex art. 2.116): Performance by A Third Person (1) Except where the contract requires personal performance the obligee cannot refuse performance by a third person if:(a) the third person acts with the assent of the obligor; or (b) the third person has a legitimate interest in performance and the obligor has failed to perform or it is clear that it will not perform at the time performance is due. (2) Performance by the third person in accordance with paragraph (1) discharges the obligor.

纠纷案。① 如果第三人没有履行,债务人应向债权人承担合同责任。合同债务可以由第三人代为履行,但应由债务人亲自履行的债务不能由第三人代为履行的除外。第三人代为履行不能损害债权人的利益。

由第三人履行的合同产生的法律效力为:一是债权人应接受第三人的履行。由第三人履行合同,债权人应接受第三人的履行;如果债权人不接受第三人的履行,债权人的行为构成违约。二是债务人承担违约责任。第三人不履行合同或者履行合同不符合约定的,由债务人向债权人承担违约责任,而不是由第三人承担违约责任。例如,在中远集装箱运输有限公司海上货物运输合同纠纷案中,②厦门海事法院判决指出,原被告约定由收货人Industrias Quimicas Almidar S. A.在目的港提取货物,是当事人约定由第三人履行义务的情形。当在目的港无人提货时,应当视为第三人不履行义务。根据《合同法》第65条的规定,收货人不履行收货义务的,托运人应当向承运人承担违约责任。因收货人不提取货物造成承运人的损失,应当由托运人承担。

第三人履行与债务承担是两种不同的法律制度,《合同法》第64条和第65条涉及第三人履行,而《合同法》第84条、第85条、第86条则涉及债务承担。在债务履行主体方面,债务承担与第三人履行有相同之处,均由债务人外第三人履行合同义务,如广东达宝物业管理有限公司股权转让合作纠纷案。③

但第三人在两种法律关系中的地位和承担的责任不同,两者的区别具体体现在以下三个方面:

(1) 第三人的法律地位不同。在债务承担中,第三人承受了债务人的债务,替代了债务人的地位,与债权人之间成立了新合同,是合同当事人。第三人对债权人承担履行合同的义务,同时也享有原债务人对债权人的抗辩权。在第三人履行的合同中,第三人履行的合同属于为第三人设定负担的合同,根据合同的相对性原则,合同仅约束合同当事人,而第三人仅为履行主体而不是合同当事人,第三人仅为债务履行的辅

---

① 在信达公司石家庄办事处与中阿公司等借款担保合同纠纷案([2005]冀民二初字第2号、[2005]民二终字第200号)中,最高人民法院裁判摘要认为,保证合同是当事人之间意思表示一致的结果,保证人的变更必须经债权人同意。债权人和保证人之间没有形成消灭保证责任的合意,即使债务人或第三人为债权人另外提供了相应的担保,债权人亦表示接受,也不能因此免除保证人的保证责任(2006年最高人民法院公报案例)。

② 在中远集装箱运输有限公司诉湖南嘉利国际贸易有限公司海上货物运输合同纠纷案([2010]青海法海商初字第166号)中,法院裁判要旨认为,在承运人作为原告提起诉讼的情况下,由于《海商法》对其诉讼时效期间尚未作出明确规定,只能依据有关批复的内容,参照承运人作为被告的诉讼时效期间来确定,从而承运人向托运人请求赔偿的诉讼时效期间,为自承运人知道或者应当知道权利被侵害之日起一年。

③ 在广东达宝物业管理有限公司与广东中岱企业集团有限公司、广东中岱电讯产业有限公司、广州市中珊实业有限公司股权转让合作纠纷案([2006]穗中法民二初字第217号、[2007]粤高法民二终字第165号、[2010]民提字第153号)中,最高人民法院裁判摘要认为,合同外的第三人向合同中的债权人承诺承担债务人义务的,如果没有充分的证据证明债权人同意债务转移给该第三人或者债务人退出合同关系,不宜轻易认定构成债务转移,一般应认定为债务加入。第三人向债权人表明债务加入的意思后,即使债权人未明确表示同意,但只要其未明确表示反对或未以行为表示反对,仍应当认定为债务加入成立,债权人可以依照债务加入关系向该第三人主张权利(2012年最高人民法院公报案例)。

助人,①而不是合同当事人。

(2) 同意的主体不同。在债务承担中,债务人和债权人与第三人达成转让债务的协议,债务转让协议应当获得债权人的同意。否则,债务转移无效。债务承担是债务人将所负担的债务转移给第三人承受,第三人(债务受让人)的资信情况和履约能力直接关系到债权人债权的实现,为保护债权人利益,债务转移协议应获得债权人同意才能发生债务转移的效力。②在第三人履行合同中,第三人并非合同当事人,仅为债务人的履行辅助人,第三人是否同意履行仅涉及债务人对债权人所承担的合同义务是由债务人自己履行还是由第三人代替履行问题。即使第三人不同意,债权人和债务人之间的本合同仍然有效。

(3) 承担的责任不同。在债务承担中,第三人取代债务人的合同当事人地位,成为合同当事人,如果第三人未能依照合同约定履行债务,债权人应当直接请求第三人履行义务并承担违约责任,债权人对原债务人享有的抗辩权均适用于第三人。在第三人履行合同中,第三人并非合同当事人,第三人对债权人不承担任何合同义务和违约责任,对第三人的履行不适当的行为,债务人应当承担债不履行责任,债权人仅能向债务人请求承担违约责任。

(二) 附随义务的履行

附随义务(subordinated obligation/collateral obligation)是指在合同关系发展过程中及合同关系终止后的一定期间内,根据诚实信用原则当事人应当承担的给付义务以外的义务。附随义务的理论基础来源于诚实信用原则,确立附随义务有利于平衡各方利益关系、强化对债权人的保护、维护社会秩序稳定及完善合同法立法与理论。附随义务以当事人之间的合同关系为前提,遵循诚实信用原则,旨在确保合同目的的实现并维护合同当事人利益。附随义务内容并不是从合同关系开始确定,而是根据合同的性质、目的和交易习惯,随着合同关系的进展逐步得以确立的。

1. 附随义务的含义

附随义务最早可以追溯到罗马法的诚信契约,《法国民法典》第1134条和第1135条规定体现了附随义务的理念,但并未明确提出附随义务的概念。在意思自治原则占主导地位的时代,附随义务在司法实践中基本没有适用的空间。《德国民法典》第242条的规定被称为现代合同法的一般条款,诠释了《法国民法典》中关于善意、诚实补充义务的规定。司法审判机关在第242条的基础上创设了注意义务、合作义务、告知义务等附随义务,并逐渐为其他国家立法和司法实践所采纳。我国合同司法审判实践也

---

① 履行辅助人是指根据债务人的意见辅助债务人履行债务的权利主体,主要包括债务人的代理人和代理人以外的根据债务人的意思事实上从事债务履行的人。

② 债务人与第三人之间的债务转让协议是对债权人发出的要约,债权人对转让协议的同意即为承诺。债权人的同意意味着债务转让协议的内容发生效力,债权人与债务人之间的原合同消灭,债权人与第三人之间的新合同生效。

承认附随义务,如周显治、俞美芳商品房销售合同纠纷案。①

附随义务有狭义和广义之分。狭义的附随义务是指在合同履行中根据诚实信用原则产生的给付义务以外的义务。广义的附随义务是当事人根据诚实信用原则在合同关系发展的各个阶段应承担的义务,有前合同义务、合同中的附随义务和后合同义务三种:

(1) 前合同义务。即在合同订立过程中,当事人基于诚实信用原则产生的照顾、通知、告知、保密等义务。当事人的缔约行为违反前合同义务的,即构成缔约过失,当事人承担缔约过失责任。

(2) 合同中的附随义务。即在合同履行过程中,为协助实现给付义务,遵循诚实信用原则,根据合同的性质、目的和交易习惯,当事人应当履行的通知、协助、保密等义务,属于狭义的附随义务。例如,在王永胜储蓄存款合同纠纷案中,②南京鼓楼法院判决认为,商业银行有为在其自助柜员机办理交易的储户提供必要的安全、保密环境的义务,即对储户的安全保障义务。

(3) 后合同义务。即在合同终止之后,为确保对方当事人的利益基于诚实信用原则产生的各种义务。对后合同义务的违反给对方当事人造成损失的,当事人也应当承担损害赔偿责任。

合同的标的为给付,给付义务是债务人的基本义务,是整个合同义务的核心。附随义务是为协助给付义务实现而依据诚实信用原则产生的义务。例如,在杨艳辉客运合同纠纷案中,③上海徐汇法院判决指出,给付义务是债务人根据合同应当履行的基本义务,附随义务是在给付义务以外,为保证债权人利益的实现而需债务人履行的其他义务。附随义务具有从属性、法定性和不确定性三个方面的特征:

(1) 附随义务的从属性。在合同关系中,附随义务居于从属地位,是随着当事人合同的订立、合同的履行和合同履行后而产生的。当事人履行给付义务而不履行附随义务,则债权人的合同利益可能无法圆满实现,但当事人不履行给付义务而仅履行附随义务,则合同目的无法实现。附随义务制度旨在促进债权人利益的圆满实现,在合同关系中附随义务居于从属地位。

(2) 附随义务的法定性。合同法中的大多数条款属于任意性规范,当事人可以在

---

① 周显治、俞美芳与余姚众安房地产开发有限公司商品房销售合同纠纷案([2014]甬余民初字第90号、[2014]浙甬民二终字第470号)。
② 在王永胜诉中国银行股份有限公司南京河西支行储蓄存款合同纠纷案([2008]鼓刑初字第241号)中,法院裁判摘要认为,犯罪分子利用商业银行对其自助柜员机管理、维护上的疏漏,通过在自助银行网点门口刷卡处安装读卡器、在柜员机上部安装摄像装置的方式,窃取储户借记卡的卡号、信息及密码,复制假的借记卡,将储户借记卡账户内的钱款支取、消费的,应当认定商业银行没有为在其自助柜员机办理交易的储户提供必要的安全、保密的环境,构成违约。储户诉讼请求商业银行按照储蓄存款合同承担支付责任,商业银行以储户借记卡内的资金短少是由于犯罪行为所致,不应由其承担民事责任为由进行抗辩的,对其抗辩主张法院不予支持(2009年最高人民法院公报案例)。
③ 杨艳辉诉中国南方航空股份有限公司等客运合同纠纷案([2003]徐民一(民)初字第1258号)。

合同自由原则的范围内决定合同内容,合同中双方的权利和义务的设定具有任意性。附随义务则是基于诚实信用原则产生的,即使双方当事人在合同中没有约定,也不影响附随义务的存在,且当事人无权废止。

(3) 附随义务的不确定性。附随义务具有一定的特殊性,并非自始确定而是随合同关系的发展要求当事人遵守一定的义务,以维护对方当事人的利益。附随义务不受合同种类和性质的限制,任何类型的合同均可产生附随义务,且附随义务不受合同是否有效存在的制约,在签约前、签约中和履约后的所有阶段都可能发生。

2. 附随义务的种类

随合同关系的不断发展,附随义务表现出不同的内容和种类。根据《合同法》第60条的规定,附随义务的内容主要有以下六种类型:

(1) 通知义务。通知义务指合同一方当事人应当告知对合同相对人利益有重大影响的事项,如《合同法》第158条、第191条、第228条、第230条、第232条、第256条、第257条、第278条、第309条、第338条和第370条等规定。通知义务主要有说明义务、忠实报告义务、瑕疵告知义务等内容。例如,出卖人在交付标的物时,应如实向买受人说明有关标的物的使用、维修及保养方法等,即为说明义务;代理人应及时向被代理人报告被代理事务的情况,即为忠实报告义务;赠与有瑕疵物品时,应将标的物的瑕疵如实告知受赠人,即为瑕疵告知义务;此外,还有迟到告知义务、提存地点及其方式的通知等。例如,在仲崇清合同纠纷案中,[①]上海二中院判决指出,合同当事人不仅应依照诚实信用原则行使合同权利,而且在履行合同义务中也应以善意的方式,依照诚实信用原则履行,不得规避合同约定的义务。被告金轩大邸公司未按约履行其通知义务并将商铺售罄,导致涉案意向书中双方约定将来正式签订商铺买卖合同的根本目的无法实现,甚至在争议发生时主张双方签订的意向书无效,被告的行为违背了商事活动中应遵循的诚实信用原则,应认定为违约。

(2) 说明义务。合同一方当事人应当向合同相对人说明对其利益有重大影响的事项,如格式条款的说明义务以及《合同法》第199条、第231条、第304条、第307条、第324条、第356条和第383条等规定。例如,根据《保险法》第17条的规定,以保险人提供的格式条款的方式订立保险合同的,保险人向投保人提供的投保单应当附格式条款,保险人应当向投保人说明合同的内容,如韩龙梅等保险合同纠纷案[②]和杨树岭

[①] 仲崇清诉上海市金轩大邸房地产项目开发有限公司合同纠纷案([2007]虹民三(民)初字第14号、[2007]沪二中民二(民)终字第1125号)。

[②] 在韩龙梅等诉阳光人寿保险股份有限公司江苏分公司保险合同纠纷案([2009]鼓民二初字第1079号)中,南京鼓楼法院裁判摘要认为,保险人或其委托的代理人出售"自助式保险卡"未尽说明义务,又未对相关事项向投保人提出询问,自行代替投保人激活保险卡形成数据电文形式的电子保险单,在保险合同生效后,保险人以电子保险单内容不准确、投保人违反如实告知义务为由主张解除保险合同的,法院不予支持(2010年最高人民法院公报案例)。

保险合同纠纷案①。根据《合同法》第199条的规定，借款人在订立借款合同时应当按照贷款人的要求提供与借款有关的业务活动和财务状况的真实情况。

（3）协助义务。协助义务是指合同一方当事人应协助合同相对人履行义务，以使合同目的能顺利实现的义务。债权人应以自己的行为接受债务人的履行、配合债务人完成履行行为，以实现合同利益，如《合同法》第259条、第260条、第275条、第277条、第289条、第309条和第331条等规定。债务人承担的履行义务主要是积极的给付义务，而债权人应当以自己的行为接受债务人的履行、配合债务人完成履行行为。债权人不配合或者创造必要的条件，债务人将无法履行或者不能达到履行的效果。为平衡当事人之间的利益，诚实信用原则要求债权人承担协助义务。例如，在成都讯捷通讯连锁有限公司房屋买卖合同纠纷案中，②最高人民法院判决指出，出卖人履行协助过户义务属于附随义务。

（4）照顾义务。在履行合同时，债务人应以谨慎、诚实的态度照顾合同相对人及合同标的物，即像管理自己事务那样做到尽职尽责，以尽保护相对人合法权益的义务，辅助相对人实现合同的给付利益，如《合同法》第156条、第247条、第265条、第301条和第416条等明确规定了债务人的照顾义务。例如，在江苏南通二建集团有限公司建设工程施工合同纠纷案中，③江苏高院判决认为，合同双方当事人在合同履行中均应认真而善意地关注对方的权利实现，既是合同的附随义务，也与自身的权利实现紧密关联。

（5）保密义务。保密义务是指合同当事人对在合同订立和履行过程中了解到的对方当事人的秘密应承担保密义务，如《合同法》第266条、第324条、第347条、第350条和第352条等规定。一方当事人对在合同订立和履行中所获得的对方当事人的商业秘密、技术秘密等应承担保密义务，不得对第三人泄露。在技术合同中，保密义务显得尤为重要，但保密义务是一种消极的不作为义务。例如，在周培栋储蓄合同纠纷案中，④湖南

---

① 在杨树岭诉中国平安财产保险股份有限公司天津市宝坻支公司保险合同纠纷案（〔2006〕宝民初字第1392号、〔2006〕一中民二终字第527号）中，天津中院裁判摘要认为，《保险法》第18条规定的"明确说明"，是指保险人在与投保人签订保险合同之前或者签订保险合同之时，对于保险合同所约定的免责条款，除了在保险单上提示投保人注意外，还应当对有关免责条款的概念、内容及其法律后果以书面或者口头形式向投保人或其代理人作出解释，以使投保人明了该条款的真实含义和法律后果（2007年最高人民法院公报案例）。

② 成都讯捷通讯连锁有限公司与四川蜀都实业有限责任公司、四川友利投资控股股份有限公司房屋买卖合同纠纷案（〔2011〕成民初字第936号、〔2012〕川民终字第331号、〔2013〕民提字第90号）。

③ 在江苏南通二建集团有限公司与吴江恒森房地产开发有限公司建设工程施工合同纠纷案（〔2006〕苏中民一初字第0022号、〔2012〕苏民终字第0238号）中，法院裁判要旨认为，根据《合同法》第107条和第281条的规定，因施工方擅自减少工序致工程存在明显问题，而在双方当事人已失去合作信任的情况下，法院不宜判决由施工方继续履行或实施补救，可作出由发包人自行委托第三方参照原方案对工程质量予以整改，所需费用由施工方承担的判决，解决双方的矛盾（2014年最高人民法院公报案例）。

④ 在周培栋诉江东农行储蓄合同纠纷案（〔2004〕珠民二初字第21号、〔2004〕衡中法民二终字第67号）中，法院裁判摘要认为，对于商业银行法规定的保证支付、取款自由、为储户保密应当进行全面理解。保证支付不仅是指银行不得拖延、拒绝支付，还包括银行应当以适当的方式履行支付义务；取款自由，不仅包括取款时间、取款数额上的自由，在有柜台和自动取款机等多种取款方式的情况下，还应当包括选择取款方式的自由；为储户保密不仅是指银行应当对储户已经提供的个人信息保密，也包括应当为到银行办理交易的储户提供必要的安全、保密的环境（2006年最高人民法院公报案例）。

衡阳中院判决指出,银行的保密义务不仅是指银行对储户已经提供的个人信息保密,也包括要为到银行办理交易的储户提供必要的安全、保密的环境。

(6)保护义务。在履行合同时,合同当事人应当承担交易上的必要、合理的注意义务,以保护合同对方当事人的人身和财产利益免受侵害,如《合同法》第282条、第303条和第333条等规定。保护义务相当于侵权责任法上的安全保障义务。保护义务伴随合同订立和合同履行,在缔约阶段违反保护义务的,当事人可能构成缔约过失责任;在合同存续和履行阶段,保护义务依然存在,且与缔约阶段的保护义务具有连续性。保护义务旨在保护当事人的法益而不是给付利益,例如,在李萍、龚念人身伤害赔偿纠纷案中,[①]广东高院判决指出,五月花公司作为消费与服务合同中的经营者,除应该全面履行合同约定的义务外,还应当依照《合同法》第60条的规定,履行保护消费者人身、财产不受非法侵害的附随义务。为履行这个附随义务,经营者必须根据本行业的性质、特点和条件,随时、谨慎地注意保护消费者的人身、财产安全。

3. 附随义务违反的法律责任

债务人违反附随义务应承担相应的法律责任,即违反先合同义务的法律责任、违反合同履行中的附随义务的法律责任和违反后合同义务的法律责任三种:

(1)违反先合同义务的法律责任。当事人违反先合同义务的,应当向对方当事人承担缔约过失责任。缔约过失责任与先合同责任是两个不同的法律概念,缔约过失责任并未涵盖合同成立到生效期间的责任问题,从而缔约过失责任并未涵盖违反先合同义务的法律责任。先合同责任涵盖了合同订立过程中和合同成立后、生效前一方当事人违反附随义务并造成对方当事人信赖利益的损失法律责任。

(2)违反合同履行中的附随义务的法律责任。当事人违反合同履行中附随义务的,构成不适当履行合同,应承担损害赔偿责任。债权人可以债务人不适当履行为由请求损害赔偿。但这种损害赔偿责任又不完全等同于违约责任,主要有三个方面的区别:一是适用的原则不同。这种损害赔偿责任实行过错责任原则,不同于违约责任的无过错责任原则。二是承担责任形式不同。当事人违反附随义务的,应承担损害赔偿责任,而不发生强制实际履行;当事人违反给付义务的,则有可能发生强制实际履行。三是法律后果不同。当事人违反附随义务的,不得解除合同,债权人仅能享有损害赔偿请求权;当事人违反合同给付义务的,债权人享有合同解除权。

(3)违反后合同义务的法律责任。在合同终止后,根据诚实信用原则的要求一方当事人仍然承担履行通知、协助、保密等义务。合同一方当事人违反了前述附随义务,即应承担后合同责任。后合同义务是有时间限制的,根据合同类型终止于合同履行利

[①] 在李萍、龚念诉五月花公司人身伤害赔偿纠纷案([2000]珠民初字第11号、[2000]粤高法民终字第265号)中,法院裁判要旨认为,消费者与饭店之间形成的是一种以消费与服务为主要内容的合同关系。依据《合同法》第60条的规定,经营者应履行保护消费者人身、财产不受非法侵害的附随义务。在尽到合理注意义务的情况下,饭店不存在违约也没有侵权。但是,根据《民法通则司法解释》第157条的规定,"当事人对造成损害均无过错,但一方是在为对方的利益或者共同的利益进行活动的过程中受到损害的,可以责令对方或者受益人给予一定的经济补偿"。为平衡双方当事人的受损结果,饭店应酌情补偿消费者部分经济损失(2002年最高人民法院公报案例)。

益完全实现。承担后合同责任的方式不限于损害赔偿,如果债权人要求债务人继续履行某些附随义务,义务人应当继续履行。例如,在青海方升建筑安装工程有限责任公司建设工程施工合同纠纷案中,[①]最高人民法院判决认为,尽管被告(隆豪公司)单方违约解除合同,但原告(方升公司)对已完工程的施工资料和全部工程图纸的交付和退还义务,属于承包人的附随义务,不应因发包人拒付工程款而免除。

在债务人违反附随义务承担损害赔偿责任时,债权人的损害赔偿范围应当仅限于合同的履行利益。履行利益是债权人根据合同履行本来可实现的利益。债务人违反附随义务,使债权人根据合同可实现的某些利益落空而受到损害,债权人所受到的损害与债务人义务的不履行之间存在因果关系。因此,债权人应以履行利益为限请求债务人赔偿未履行附随义务造成的损失。

第四节 合同履行抗辩权

抗辩权是与请求权相对的概念,无请求权则无抗辩权。抗辩权行使的前提是请求权的存在,合同抗辩权有同时履行抗辩权、先履行抗辩权和不安抗辩权。

一、合同抗辩权的概念

抗辩权(right of defence)是对抗对方的请求权或者否认对方权利主张的权利。抗辩权的行使离不开请求权,是以请求权的行使为前提的。抗辩权的作用在于防卫而不是攻击,仅在他人行使请求权时,针对他人的请求权进行抗辩。抗辩权的客体是请求权。请求权作为抗辩权的客体仅为具有财产内容的请求权,如物权请求权、债权请求权。例如,在佛山市顺德区太保投资管理有限公司债权转让合同纠纷案中,[②]最高人民法院判决认为,债权转让通知义务未及时履行仅使债务人享有对抗受让人的抗辩权。

双务合同基于履行上的牵连性,在条件具备时产生抗辩权。抗辩权的效力在于阻止请求权的效力,使抗辩权人能够拒绝向相对人履行义务,而不是否定相对人的请求权。以抗辩权产生的作用为标准,抗辩权可分为永久性抗辩权与延期性抗辩权。永久性抗辩权是指权利人有永久地阻止他人行使请求权的权利。永久性抗辩权使请求权归于消灭。消灭时效届满之后,债务人取得的抗辩权属于永久性抗辩权。虽然债权人

---

① 在青海方升建筑安装工程有限责任公司与青海隆豪置业有限公司建设工程施工合同纠纷案([2012]青民一初字第5号、[2014]民一终字第69号)中,法院裁判摘要认为,对已约定固定价款的建设工程施工合同,双方未能如约履行致使合同解除的,在确定争议合同的工程价款时,既不能简单地依据政府部门发布的定额计算工程价款,也不宜直接以合同约定的总价与全部工程预算总价的比值作为下浮比例,再以该比例乘以已完工程预算价格的方式计算工程价款,而应当综合考虑案件实际履行情况,并特别注重双方当事人的过错和司法判决的价值取向等因素来确定(2015年最高人民法院公报案例)。

② 在佛山市顺德区太保投资管理有限公司与广东中鼎集团有限公司债权转让合同纠纷案([2004]粤高法民二初字第6号、[2004]民二终字第212号)中,法院裁判摘要认为,债权人转让权利的,应当通知债务人。未经通知的,该转让对债务人不发生效力,债务人享有对抗受让人的抗辩权,但不影响债权转让人与受让人债权转让协议的效力(2005年最高人民法院公报案例)。

的债权仍然存在,但债务人能够永久反复地行使抗辩权,从而永久地遏制了债权的效力。延期性抗辩权是指权利人使请求权效力延期或者使对方请求权在一定期限内不能行使的权利。延期性抗辩权仅使对方的请求权一时不能行使,并不能使对方的请求权归于消灭。《合同法》上的抗辩权,如同时履行抗辩权(《合同法》第66条)、先履行抗辩权(《合同法》第67条)、不安抗辩权(《合同法》第68条)等,均属于延期性抗辩权。

在没有履行先后顺序的双务合同中,对方当事人没有履行合同之前,当事人有拒绝履行合同的权利,即为同时履行抗辩权。在有履行先后顺序的双务合同中,在对方当事人履行合同义务之前,履行合同义务在后的一方当事人有拒绝履行的权利,即为先履行抗辩权。在有先后履行顺序的双务合同中,因对方当事人的财产显著减少或难为对待给付的情形时,在对方没有对待给付提供担保之前,应先履行的一方当事人有拒绝履行的权利,即为不安抗辩权。同时履行抗辩权、不安抗辩权是大陆法系民法所规定的抗辩权,而先履行抗辩权是我国《合同法》规定的抗辩权。《合同法》第110条规定的抗辩权,即非金钱债务在法律上或者事实上不能履行,或者履行费过高,或者债权人在合理期限内未请求履行,则债务人可以对合同的履行行使抗辩权。例如,在江苏省南京新宇房产开发有限公司商铺买卖合同纠纷案中,①南京中院判决认为,在合同继续履行已经不能实现合同目的时,不应将继续履行作为判令违约方承担责任的方式。法院判决确认了违约方对继续履行合同的抗辩权。

二、同时履行抗辩权

同时履行抗辩权是一种合同抗辩权,制度基础是双务合同在履行上的牵连性,与其他合同抗辩权的区别在于履行上的同时性。

(一) 同时履行抗辩权的概念

同时履行抗辩权(defense right of simultaneous performance)是指合同当事人互负债务,且没有履行先后顺序,在一方当事人未能履行对待给付之前,另一方当事人有权拒绝履行给付义务。同时履行抗辩权是大陆法系国家或地区传统民法的概念。我国《合同法》第66条规定了同时履行抗辩权,其法理根据是双务合同的牵连性。双务合同的牵连性表现在成立上的牵连性、履行上的牵连性和存续上的牵连性三个方面。②在双务合同中,一方当事人的权利与另一方当事人的义务之间具有相互依存、互为因果的关系,给付与对待给付具有不可分离性,所依赖的法律基础是诚实信用原则。例如,在江西日景置业发展有限公司土地使用权出让合同纠纷案中,③上饶中院

---

① 江苏省南京新宇房产开发有限公司诉冯玉梅商铺买卖合同纠纷案(〔2003〕玄民一初字第1776号、〔2004〕宁民四终字第470号)。
② 参见郑玉波:《民法债编总论》(修订二版),中国政法大学出版社2004年版,第345页。
③ 在江西日景置业发展有限公司诉玉山县人民政府等土地使用权出让合同纠纷案(〔2011〕饶中民一初字第15号、〔2011〕赣民一终字第77号)中,法院裁判摘要认为,抗辩权是与请求权相对应的权利,在一方未行使请求权情况下,另一方当事人无权请求确认享有同时履行抗辩权。

一审判决确认日景公司行使同时履行抗辩权成立,依法不承担国土局公开挂牌出让的2003-7号地块逾期支付地价款的违约责任1500万元。江西高院二审判决认为,国土局与日景公司均享有同时履行抗辩权,即日景公司支付50%余款前,国土局有权拒绝交付土地。国土局交付土地前,日景公司也有权拒绝支付50%余款。

两大法系各国或地区立法对同时履行抗辩权制度有不同的规定。《法国民法典》没有确立同时履行抗辩权的一般原则,仅有一些具体的规定,如《法国民法典》第1612条、第1653条、第1704条、第1947条和第1948条的规定。《德国民法典》不仅确立了同时履行抗辩权的一般原则,而且还有一些具体的规定,如《德国民法典》第326条、第537条和第633条的规定。英美法系也确立了同时履行抗辩权,如1979年的英国《货物买卖法》(Sale of Goods Act 1979)和美国《第二次合同法重述》均有规定。《国际商事合同通则》第7.1.3(1)条①和《欧洲合同法》②均规定了同时履行抗辩权制度。

同时履行抗辩权的法律性质,在理论上有请求权否定说和抗辩权说两种观点:一是请求权否定说。请求权否定说认为双务合同的当事人在先履行自己的义务之后,始得请求相对人进行对待给付,即债权人未履行自己的对待给付之前而请求相对人先给付的,相对人可以否定债权人的请求权。二是抗辩权说。抗辩权说认为双务合同的债权人可以请求相对人进行给付,但在请求时债权人没有履行自己义务的,相对人可以提出同时履行的抗辩或者不履行的抗辩而拒绝自己的给付。《德国民法典》、我国台湾地区"民法典"以及我国《合同法》第66条均采纳了抗辩权说。

(二)同时履行抗辩权的构成要件

《合同法》第66条规定:"当事人互负债务,没有先后履行顺序的,应当同时履行。一方在对方履行之前有权拒绝其履行要求。一方在对方履行债务不符合约定时,有权拒绝其相应的履行要求。"根据《合同法》的规定,同时履行抗辩权的适用应满足下列三个方面的条件:

(1)合同当事人应在同一双务合同中互负债务。当事人因双务合同互负债务是同时履行抗辩权成立的要件。《德国民法典》第320条、《瑞士民法典》第82条和《日本民法典》第533条明文规定,同时履行抗辩权以双方当事人互负债务为要件。同时履行抗辩权仅适用于双务合同而不适用于单务合同,双务合同是适用同时履行抗辩权的前提条件。在单务合同中,一方当事人承担合同义务而另一方当事人并不承担相对的合同义务,不存在双方的权利义务相互对应,不承担履行义务的当事人向对方当事人提出履行请求时,相对方无权要求同时履行,因而单务合同不适用同时履行抗辩权规则。同时履行抗辩权是建立在当事人义务之间的牵连性的基础上的,不完全契约当事

---

① Article 7.1.3(1) Where the parties are to perform simultaneously, either party may withhold performance until the other party tenders its performance.

② Article 7:104: Order of Performance To the extent that the performances of the parties can be rendered simultaneously, the parties are bound to render them simultaneously unless the circumstances indicate otherwise.

人所负的义务之间没有相互对应与牵连的关系,不完全契约不能适用同时履行抗辩权制度。此外,双方当事人应当互负债务,即双方所负的债务之间具有对价或者连带关系。双方当事人之间的债务即使事实上有密切的联系,但不是基于同一双务合同,当事人也不能使用同时履行抗辩权。

(2) 债务均已到期且未履行或者按照约定履行。同时履行抗辩权制度的目的在于使合同双方债务同时履行,双方享有的债权同时实现。只有在双方债务同时履行期届满时,才能行使同时履行抗辩权。此外,一方当事人行使同时履行抗辩权应当以对方当事人为对待给付为要件,主要有迟延履行、部分履行、瑕疵履行或者不完全履行等几种情形。

(3) 对方当事人无先履行的义务且对待给付是可能履行的。一方当事人提出履行合同请求,如对方当事人有先履行合同义务的,则不得主张同时履行抗辩权。同时履行抗辩权制度的目的是促使双方当事人同时履行债务,达到交易的公平,实现合同的目的。当一方当事人的对待给付已不可能时,因其目的不能达到,则通过请求解除合同、损害赔偿等方式予以补救而不能主张同时履行抗辩权。

前述三个条件是合同当事人行使同时履行抗辩权的构成要件,缺一不可。同时履行抗辩权属于延期性抗辩权,没有消灭对方请求权的效力,仅使对方请求权延期。在对方当事人未为对待给付前,抗辩权人的债务即使已届清偿期而没有清偿,抗辩权人也不负迟延履行的违约责任。例如,在湖南全洲药业有限公司总经销合同纠纷案中,①湖南高院判决认为,涉案协议对双方之间义务的履行顺序约定不明确的,依据《合同法》第66条的规定,双方负有同时履行义务。对供货方以经销方不履行为铺底货物提供担保义务为由主张经销方构成根本违约,供货方终止供货并解除经销协议不符合协议的约定。

(三) 同时履行抗辩权的行使和效力

同时履行抗辩权只能由当事人自己行使,法院不能依职权主动适用同时履行抗辩权。同时履行抗辩权是一种延期性抗辩权,只是暂时阻止对方当事人请求权的行使,当事人通过行使抗辩权并不能使债的关系消灭,而只能使对方的请求权在一定期限内不能实现。它在实体法上发生阻却他方请求权行使的效果,即在他方未履行或者没有按照合同约定履行时,当事人可以暂时拒绝自己承担债务的履行。对方当事人完全履行合同债务时,同时履行抗辩权即告消灭,当事人应当履行自己的债务。例如,在王

---

① 在湖南全洲药业有限公司与清华紫光古汉生物制药股份有限公司总经销合同纠纷案([2003]湘民二初字第13号、[2004]民二终字第67号)中,法院裁判摘要认为,对于经销协议约定不明确的条款,双方应当协商解决,协商不成时应当依据公平原则并考虑事实状况合理履行。供货方在双方对约定不明确的条款应当如何履行发生争议、协商解决未果并且在经销方已经做了部分工作的情况下,拒绝履行足额提供铺底货物的义务,且提出解除经销协议的行为,违反了协议约定,致使协议不能继续履行,经销方订立协议的目的不能实现。对经销方要求解除经销协议,由供货方赔偿其损失的请求,法院应当支持。

强、崔连娜、大连丰利达科技发展有限公司股权转让纠纷案中,①最高人民法院判决认为,东特公司、正达公司可对负有的支付股权转让款义务的王强、崔连娜行使同时履行抗辩权。

三、先履行抗辩权

先履行抗辩权发生于有先后履行顺序的双务合同中,适用于先履行一方违约的情形。

（一）先履行抗辩权的概念

先履行抗辩权（the defense of first-performance）是指当事人互负债务且有先后履行顺序的,在先履行一方未履行之前,后履行一方有权拒绝先履行一方的履行请求。《国际商事合同通则》第7.1.3.(2)条规定了先履行抗辩权制度。②《合同法》第67条借鉴了国际立法确立了先履行抗辩权。例如,在大庆凯明风电塔筒制造有限公司买卖合同纠纷案中,③最高人民法院判决适用了先履行抗辩权。

大陆法系传统民法仅有同时履行抗辩权和不安抗辩权两种抗辩权,而没有明确规定先履行抗辩权。但是,大陆法系传统民法的同时履行抗辩权包含了先履行抗辩权制度。同时履行抗辩权与先履行抗辩权表面是两个不同的概念,其实并不存在什么差异。《德国民法典》第320条和我国台湾地区"民法典"第264条规定的同时履行抗辩权所规范的内容并非概念本身所揭示的那样,仅仅适用于应当同时履行的双务合同,对于先行履行的双务合同,先给付一方未履行其义务时,同样属于同时履行抗辩权的效力范围。在同时履行债务的情况下,在一方当事人未履行债务时,另一方当事人可以抗辩;在一方当事人应先行履行债务而不履行时,另一方当事人应更有理由予以抗辩。此外,先履行抗辩规则在适用上可以转化为同时履行抗辩规则,因而大陆法系将先履行抗辩权纳入同时履行抗辩权。实际上,大陆法系的合同规则并不是缺乏先履行抗辩规则,从法律规则自身的逻辑性、简练性的内在要求来看,先履行抗辩规则没有单独规定的必要。因此,先履行抗辩权在大陆法上没有成为一个独立的民法概念。

先履行抗辩权不同于同时履行抗辩权和不安抗辩权。同时履行抗辩权不存在履

---

① 在王强、崔连娜、大连丰利达科技发展有限公司与大连东特房地产有限公司、大连正达房地产有限公司股权转让纠纷案(〔2008〕沈中民(3)初字第317号、〔2010〕辽审二民再字第69号、〔2013〕民提字第88号)中,法院裁判要旨认为,先履行抗辩权,本质上是对先期违约的抗辩。先期违约是指一方当事人首先违约,是另一方不履行合同的原因。先履行抗辩权是对负有先履行义务一方违约的抗辩,亦即对先期违约的抗辩。根据《合同法》第67条的规定,当事人互负债务,有先后履行顺序,先履行一方未履行的,后履行一方有权拒绝其履行要求。先履行一方履行债务不符合约定的,后履行一方有权拒绝其相应的履行要求。因此,在当事人互负债务的情况下,一方当事人违约在先的,另一方当事人可依法行使先履行抗辩权。

② Article 7.1.3…(2) Where the parties are to perform consecutively, the party that is to perform later may withhold its performance until the first party has performed.

③ 大庆凯明风电塔筒制造有限公司与华锐风电科技(集团)股份有限公司买卖合同纠纷案(〔2012〕黑高商初字第9号、〔2013〕民一终字第181号)。

行先后秩序,而先履行抗辩权有先后履行秩序;先履行抗辩权和不安抗辩权均存在先后履行秩序,但先履行抗辩权是后履行一方当事人所享有的抗辩权,而不安抗辩权则是先履行一方当事人所享有的权利。

(二)先履行抗辩权的构成要件

根据《合同法》第 67 条的规定,先履行抗辩权的构成要件有下列三个方面:

(1)合同当事人互负债务。先履行抗辩权的双方当事人因同一合同互负债务,在履行上有一定的关联性。当事人不是基于同一双务合同而互负债务的,不发生先履行抗辩权。当事人之间的债务应当有对价关系,没有对价关系的债务也不存在先履行抗辩权。

(2)当事人的履行有先后的顺序。当事人的履行有先后顺序,履行的先后顺序是按照法律规定和当事人的合同约定,或者根据交易习惯确定的。先履行的一方不履行或者不适当履行的,后履行的一方当事人才享有先履行抗辩权。

(3)先履行一方当事人不履行或者履行不当且履行可能。先履行一方当事人未能按照合同约定或者法律规定履行合同义务,包括不履行、不完全履行和部分履行等情形,后履行一方当事人方能行使先履行抗辩权。如果先履行一方当事人的债务履行已经不可能,则先履行抗辩权失去适用的必要。

(三)先履行抗辩权的行使和效力

先履行抗辩权的行使表现为当事人在履行期限届满时,拒绝履行自己的合同义务。拒绝履行合同义务可以表述为终止合同义务的履行。先履行抗辩权的行使主要有以下两种情形:

(1)抗辩权的行使无通知义务。在先履行一方当事人不履行合同义务时,当事人可以不通知先履行当事人而行使先履行抗辩权。先履行抗辩权行使的表现是履行期届满先履行一方当事人不履行债务,应推定在先履行的一方知晓另一方在行使自己的抗辩权。当事人行使先履行抗辩权而未通知另一方当事人不构成违约责任。

(2)抗辩权的行使有通知义务。当先履行义务的一方当事人的履行有重大瑕疵或者部分履行时,根据诚实信用原则,后履行当事人行使先履行抗辩权应当通知对方,给对方举证、解释、救济的机会以防止损失的扩大。先履行一方当事人有可能不知道自己履行的效果。

先履行抗辩权依存于合同的履行效力,不可能永久存续。先期违约人纠正违约,按照合同约定履行义务,实现另一方当事人的履行利益,先履行抗辩权消灭。行使先履行抗辩权的一方应当及时恢复履行,否则构成违约。当事人行使先履行抗辩权无效果时,可根据法定条件或者约定条件通知对方当事人解除合同。当事人的先履行抗辩权因合同的解除而消灭。例如,在中建集团有限公司股权转让纠纷案中,[①]最高人民法院再审认为,中建公司因其自身债务而被查封高尔夫公司 65% 的股权,导致其在解

---

① 中建集团有限公司诉湖北省和济投资有限公司股权转让纠纷案([2011]鄂民四初字第 3 号、[2011]民四终字第 39 号、[2013]民申字第 431 号)。

封前无法完成股权过户义务,应承担违约责任,即和济公司享有拒绝继续付款的先履行抗辩权。

四、不安抗辩权

对合同预期不履行的救济,《合同法》规定了不安抗辩权与预期违约两种制度。不安抗辩权与预期违约分别是大陆法系和英美法系具有代表性的制度,《合同法》第68条和第69条规定了不安抗辩权,《合同法》第94条和第108条则规定了预期违约制度。

(一) 不安抗辩权的概念

不安抗辩权(the right to plea of unease)是指当事人互负债务且有先后履行顺序的,先履行一方当事人有确切证据表明另一方当事人丧失履行债务能力时,在对方当事人没有履行或者没有提供担保之前,先履行一方当事人有权中止合同的履行;后履行一方当事人在收到中止合同履行通知后,未能在合理期限内恢复履行能力或者提供相应担保的,先履行一方当事人有权解除合同。例如,在俞财新商品房买卖(预约)合同纠纷案中,①最高人民法院判决认为,俞财新主张不安抗辩权的理由是华辰公司丧失商业信誉,依据是其与福州华辰公司签订另一购房合同后,福州华辰公司将合同约定的房屋设定抵押。福州华辰公司与华辰公司是两个不同的法人,以案外人违约为由在本案合同履行中行使不安抗辩权,不符合合同相对性原则。根据《合同法》第68条的规定,俞财新关于其行使不安抗辩权的主张,依据不足。《合同法》第69条规定了行使不安抗辩权的要件,即使俞财新有权行使不安抗辩权,也应当及时通知对方。因此,俞财新关于其行使不安抗辩权的主张,缺乏事实和法律依据,不予支持。

不安抗辩权是大陆法系特有的制度,《德国民法典》第321条、《法国民法典》第1613条、《意大利民法典》第1469条、《瑞士债务法》第3条以及我国台湾地区"民法典"第265条均规定了不安抗辩权。大陆法系国家或地区将不安抗辩权作为与同时履行抗辩权相对应的一项制度加以规定,不安抗辩权与同时履行抗辩权构成了一个有效的保护债权的抗辩权体系。此外,《国际商事合同通则》也规定了不安抗辩权,②我国已经废除的《涉外经济合同法》第17条也明确规定了不安抗辩权。《合同法》不仅规定了不安抗辩权,而且还规定了预期违约制度。

(二) 不安抗辩权的构成要件

不安抗辩权的目的是切实保护当事人的合法权益,防止合同欺诈,促使当事人履行合同义务。不安抗辩权的构成要件包括:

---

① 俞财新与福建华辰房地产有限公司、魏传瑞商品房买卖(预约)合同纠纷案〔〔2009〕闽民初字第8号、〔2010〕民一终字第13号〕。

② Article 7.3.4(Adequate assurance of due performance) A party who reasonably believes that there will be a fundamental non-performance by the other party may demand adequate assurance of due performance and may meanwhile withhold its own performance. Where this assurance is not provided within a reasonable time the party demanding it may terminate the contract.

(1) 双方当事人互负债务且债务有履行顺序。双方当事人因同一双务合同而相互承担债务即互为债务人,是不安抗辩权构成的先决条件。当事人即使互负债务,但债务并非基于同一合同关系产生的,在当事人之间不会产生不安抗辩权。同时,双方当事人履行有先后秩序之分,即一方当事人先履行而另一方当事人后履行。租赁、承揽、保管、仓储、委托、行纪、居间等合同通常有先后履行秩序。先履行一方当事人的履行期届满,是行使不安抗辩权的条件;履行期未到时,不存在履行抗辩权的行使问题。

(2) 后履行当事人有不能履行的情形。后给付义务人的履行能力明显降低,有不能为对待给付现实的危险。《合同法》第68条规定了不能履行的情形有经营状况严重恶化;转移财产、抽逃资金以逃避债务;丧失商业信誉;有丧失或者可能丧失履行债务能力的其他情形。

(3) 后履行当事人未能提供履行合同的担保。在财产状况显著恶化等情况出现时,后履行当事人提供了履行合同的担保的,则先履行当事人不能行使不安抗辩权。为平衡合同双方当事人的利益,主张不安抗辩权的当事人应及时通知后履行当事人,在对方提供适当担保时,恢复合同的履行。

(三) 不安抗辩权的行使和效力

为保护后履行当事人的利益,先履行当事人行使不安抗辩权应及时通知后履行当事人,告知后履行当事人中止履行的意思表示以及后履行当事人提供适当担保的合理期限。行使不安抗辩权的当事人承担证明后履行当事人的履行能力明显降低以及不能实施对待履行的义务。先履行当事人及时通知后履行当事人,可使其尽量减少损害并及时地恢复履行能力或提供适当的担保以消除不安抗辩权,使先履行当事人履行其义务。例如,在中国建设银行股份有限公司广州荔湾支行与广东蓝粤能源发展有限公司等信用证开证纠纷案中,①最高人民法院判决认为,建行荔湾支行基于不安抗辩权拒绝放单,不构成违约。

不安抗辩权的效力是指先履行当事人行使不安抗辩权对双方当事人产生的影响。先履行当事人主张不安抗辩权将产生中止合同履行和解除合同两个方面的效力:

(1) 中止合同履行。先履行当事人行使不安抗辩权后,即可中止合同的履行。中止合同履行是不安抗辩权的第一效力。中止履行是暂停履行或者延期履行而不同于解除合同,目的不是使现有的合同关系消灭而是维持合同关系。如果先履行当事人解除合同,则其行为构成违约,后履行当事人可要求其承担债务责任。先履行当事人中止履行应当通知后履行当事人,通知方式以口头或书面形式均可。在合理期限内,后

---

① 在中国建设银行股份有限公司广州荔湾支行与广东蓝粤能源发展有限公司等信用证开证纠纷案([2013]穗中法金民初字第158号、[2014]粤高法民二终字第45号、[2015]民提字第126号)中,法院裁判摘要认为,提单具有债权凭证和所有权凭证的双重属性,提单持有人是否因受领提单的交付而取得物权以及取得何种类型的物权,取决于合同的约定。开证行根据其与开证申请人之间的合同约定持有提单,结合当事人的真实意思表示以及信用证交易的特点,应认定开证行对信用证项下单据中的提单以及提单项下的货物享有质权,开证行行使提单质权的方式与行使提单项下动产质权的方式相同,即对提单项下货物折价、变卖、拍卖后所得价款享有优先受偿权(2016年最高人民法院公报案例)。

履行当事人没有提供担保或者没有恢复履行能力而要求先履行当事人履行合同的，先履行当事人有权拒绝合同的履行。在合理期限内，后履行当事人提供合同履行担保或者恢复履行能力的，先履行当事人应当继续履行合同。

（2）解除合同。中止合同履行后，如果合理期限届满，后履行当事人没有提供适当担保或者没有恢复履行能力的，则发生第二次效力即先履行当事人可以解除合同并要求损害赔偿。《合同法》明确规定了先履行当事人的合同解除权。

第五节 预期违约制度

预期违约制度是对合同生效后至履行期届满之前可能发生违约风险的救济措施，是英美法系合同法特有的制度。预期违约制度与实际违约共同构成了我国违约制度体系，对促使当事人履行合同、保障交易秩序、维护交易安全具有重要意义。《合同法》对预期违约制度的规定较为笼统、抽象，技术上的操作性不强。①

一、预期违约制度的概念

预期违约制度（anticipatory breach of contract）是指在合同履行期限届满以前，一方当事人明示或者默示不履行合同义务的，对方当事人可以在合同履行期限届满以前要求其承担违约责任的一种制度。预期违约有明示预期违约和默示预期违约之分。明示预期违约（express anticipatory breach of contract）是指在合同履行期限届满之前，一方当事人明确肯定地向另一方当事人表示将不按合同约定履行主要合同义务的行为。默示预期违约（implied anticipatory breach of contract）是指合同一方当事人的自身行为或者客观事实预示将不能按照合同履行义务，如董先平民间借贷纠纷案。②

预期违约制度是英美法系特有的合同制度，是与大陆法系不安抗辩权相对应的。英美法系的预期违约制度源于英国的 Hochster v. De La Tour（1853）案。③ Hochster

---

① 实际上，大陆法系的不安抗辩权制度和英美法系的预期违约制度的实质大致相同，我国合同法的历史传统属于大陆法系，《合同法》引入预期违约制度造成了制度上的割裂与冲突、重叠与交叉。

② 在董先平诉郑伟迪民间借贷纠纷案（〔2011〕台玉商初字第1747号、〔2011〕浙台商终字第376号）中，浙江台州中院裁判摘要认为，民间借贷的借款人和出借人约定了分期还款的，即便最终的借款期限尚未届满，但借款人多次在应当分期还款的期限未予支付欠款的，是以自己的行为来表明不履行主要债务，已构成了预期违约。在这种情况下，原告有权解除合同，并要求被告承担债务的全部清偿责任以及相应的违约责任。

③ Hochster v. De La Tour (1853) 2 E&B 678 is a landmark English contract law case on anticipatory breach of contract. It held that if a contract is repudiated before the date of performance, damages may be claimed immediately.

Facts: In April, De La Tour agreed to employ Hochster as his courier for three months from 1 June 1852, to go on a trip around the European continent. On May 11, De La Tour wrote to say that Hochster was no longer needed. On May 22, Hochster sued. De La Tour argued that Hochster was still under an obligation to stay ready and willing to perform till the day when performance was due, and therefore could commence no action before.

Judgment: Lord Campbell CJ held that Hochster did not need to wait until the date performance was due to commence the action and awarded damages.

v. De La Tour 是明示预期违约的典型案例,而 Short v. Stone(1846)是默示预期违约的典型案例。明示预期违约和默示预期违约的法律后果相同,预期违约赋予另一方当事人合同解除权和损害赔偿请求权。①美国《统一商法典》第 2-610 条和第 2-611 条和《第二次合同法重述》在英国合同法的基础上发展了预期违约制度。英美法系的预期违约有预期拒绝履行和预期不能履行之分,而预期拒绝履行又有明示拒绝履行和默示拒绝履行之分。在预期拒绝履行的情形下,债权人可以终止合同要求损害赔偿,或者强制义务人履行合同义务,或者无视对方的预期违约行为而等待履行期限的来到。

《国际货物销售合同公约》采纳了英美法系的预期违约制度,但并未采纳英美法系预期违约的分类方式,第 71 条和第 72 条规定了预期违约分为预期非根本违约和预期根本违约两种情形,②内容与大陆法系的不安抗辩权相近。在预期非根本违约情形下,非预期违约方当事人享有中止合同履行权和卖方的停运权。在预期根本违约情形下,非预期违约当事人享有合同解除权和损害赔偿请求权。

二、预期违约的特征

《合同法》第 94 条和第 108 条规定了预期违约制度。《合同法》第 94 条:"有下列情形之一的,当事人可以解除合同:……(二)在履行期限届满之前,当事人一方明确表示或者以自己的行为表明不履行主要债务……"《合同法》第 108 条规定:"当事人一方明确表示或者以自己的行为表明不履行合同义务的,对方可以在履行期限届满之前要求其承担违约责任。"以上两条规定了预期拒绝履行,包括预期明示和默示拒绝履行两种情形。一方当事人明确表示不履行合同义务的,属于明示预期违约;一方当事人以自己的行为明示不履行合同义务的,则属于默示预期违约。在一方当事人明示和默示预期违约时,另一方当事人享有合同解除权。例如,在荆州市大兴建设集团有限公

---

① See J. Beatson, Anson's Law of Contract(28th ed.), Oxford University Press 2002, p. 572.
② Article 71 (1) A party may suspend the performance of his obligations if, after the conclusion of the contract, it becomes apparent that the other party will not perform a substantial part of his obligations as a result of: creditworthiness; or (b) his conduct in preparing to perform or in performing the contract. (2) If the seller has already dispatched the goods before the grounds described in the preceding paragraph become evident, he may prevent the handing over of the goods to the buyer even though the buyer holds a document which entitles him to obtain them. The present paragraph relates only to the rights in the goods as between the buyer and the seller. (3) A party suspending performance, whether before or after dispatch of the goods, must immediately give notice of the suspension to the other party and must continue with performance if the other party provides adequate assurance of his performance.

Article 72 (1) If prior to the date for performance of the contract it is clear that one of the parties will commit a fundamental breach of contract, the other party may declare the contract avoided. (2) If time allows, the party intending to declare the contract avoided must give reasonable notice to the other party in order to permit him to provide adequate assurance of his performance. (3) The requirements of the preceding paragraph do not apply if the other party has declared that he will not perform his obligations.

司租赁合同纠纷抗诉案中,①最高人民法院维持了湖北高院的判决,即易初莲花公司单方解除合同的行为属预期违约。易初莲花公司应依约向大兴公司支付房屋租金及违约金,并赔偿大兴公司实际经济损失。

预期违约发生在合同生效之后履行期届满之前,具有以下两个方面的特征:

(1)将来违约的可能性。预期违约仅为一种对将来可能违约的语言或者行动上的表示,表现为将来可能不履行合同义务。将来违约的可能性主要有两种情形:一是明示方式。在合同生效后,一方当事人以明确肯定的方式向对方当事人表示将不履行合同义务,即构成了明示预期违约。二是默示方式。一方当事人以自己的行为向对方当事人表明将不履行合同义务,即构成了默示预期违约。合同当事人可以选择继续履行合同或者直接要求预期违约方当事人承担预期违约的责任。但是,在合同履行期限未届满之前,债权人不得请求债务人履行债务,债务人在此期间发生的违约仅为"违约的可能性",而并非实际违约。

(2)对期待债权的侵害。当合同债务期限未到时,债权人不得请求债务人清偿债务,债务人也没有清偿义务。债权人不得违反双方当事人均享有的期限条件而提前要求债务人履行债务,以提前实现自己的债权。在合同履行期限届满之前,债权人所享有的是期待债权而不是现实债权,对债权人提前履行债务的请求,债务人可以进行合理的抗辩。期待权是一种权利,债权人可以通过对期限的渡过完成期待权与现实权的转化,从而使期待权具有不可侵害的现实的利益。债务人预期违约行为将侵害债权人期待的可信赖利益的实现,债务人同样应当承担违约责任。

三、预期违约的种类

预期违约有明示预期违约与默示预期违约两种。这两种形态均属于在履行期前违约,而不是在履行期限到来之后的违约,违约在时间上的区别是预期违约与实际违约之间的根本差异所在。

(一)明示预期违约

明示预期违约是合同一方当事人无正当理由明确地向对方当事人提出将在合同履行期限到来时不履行合同义务。明示预期违约的判断标准比较明确易见,即基于一方当事人的意思表示,在审判实践中也易于识别和操作。明示预期违约有如下三个构成要件:

(1)违约的期间。明示预期违约发生在合同生效后到合同履行期届满之前的期

---

① 在荆州市大兴建设集团有限公司与上海易初莲花连锁超市有限公司租赁合同纠纷抗诉案(〔2007〕鄂荆中民三初字第26号、〔2008〕鄂民一终字第70号、〔2011〕民抗字第86号)中,法院裁判摘要认为,预期违约又称"先期违约",是指在合同履行期限到来之前,一方虽无正当理由但明确表示其在履行到来后将不履行合同,或者其行为表明在履行期到来后将不可能履行合同。作为违约行为的形态之一,预期违约方应对守约方承担相应的违约责任,守约方因防止损失扩大而支出的合理费用,由违约方承担。

间。合同生效前,双方当事人处于缔约协商阶段,要约没承诺,没有违约的可能。在合同履行期届满后,一方当事人的违约行为构成实际违约而不是预期违约。

(2) 明确的违约意思表示。明示预期违约应当是一方当事人明确向对方当事人表达将不履行合同义务的意思,是不附任何条件的最终的意愿,而不是双方当事人在合同履行过程中变更合同的行为。

(3) 不履约无正当理由。合同一方当事人作出预期违约的表示应没有合法的抗辩理由,如不可抗力、显失公平等正当理由。

明示预期违约与拒绝履行不同。拒绝履行是指合同履行期限到来之后,债务人无正当理由拒不履行合同义务,与明示预期违约的根本区别在于对合同义务的不履行发生在履行期限届满后。明示预期违约是一种特殊的违约形态,拒绝履行则是实际违约。在明示预期违约的情况下,债权人享有选择权,可以选择的救济方式有实际履行合同、请求解除合同、损害赔偿:

(1) 履行合同请求权。对方当事人可以单方面坚持合同的效力,在履行期届满时,请求预期违约方履行合同义务,如不能履行合同义务,则应向对方承担实际违约的法律后果。

(2) 合同解除请求权。在当事人明示预期违约后,另一方当事人享有合同解除权。在债务人已明确表示不履行合同债务的情形下,已经没有继续维持合同效力的必要,债权人享有合同的解除权。

(3) 损害赔偿请求权。一方当事人明确表示不履行合同义务时,债权人的合同期待利益即使没有受到实质的损害,基于诚实信用原则对债务人履约的信赖,债权人也可以行使损害赔偿请求权。

(二) 默示预期违约

默示预期违约是以债务人的行为表示出将来不履行债务,它对债权人期待债权的侵害不够明确、肯定,在审判实践中难于把握与操作,可能导致这种诉权的滥用。默示预期违约有两个构成要件:

(1) 合理的预见。合同一方当事人因对方当事人的行为表示,预见到对方当事人在履行期限届满时将不能履行合同的主要义务。默示预期违约当事人不可能像明示预期违约当事人一样明确肯定地表示将拒绝履行合同义务,但根据当事人的行为和履约能力可合理地预见将不能履行合同义务,使对方当事人的期待债权不能实现而构成违约。

(2) 充分的证据。一方当事人应当有充分的证据表明对方当事人不能履行合同义务,应防止主观臆断默示预期违约情况的发生,应确立科学的、客观的判断标准,以充分确凿的证据来确认对方当事人是否构成默示预期违约,根据证据的合法性、真实性与关联性的原则严格加以确认,从而使默示预期违约制度既能有效保障当事人的合法权益,又能有效地防止被滥用。

默示预期违约的法律救济途径与明示预期违约大致相同,但有不同于明示预期违约的补救措施——中止合同的履行。《合同法》第 108 条规定的不履行合同义务应为主要合同义务,只有在违反主要合同义务时,当事人才可以根据第 94 条的规定行使合同解除权,如董先平民间借贷纠纷案。[①]

[①] 董先平诉郑伟迪民间借贷纠纷案(〔2011〕台玉商初字第 1747 号、〔2011〕浙台商终字第 376 号)。

第七章　合同不履行

合同履行期届满,合同当事人履行合同,则合同的目的实现;合同当事人不履行合同,则使合同的目的落空。合同不履行是与合同履行相对应的概念,包括全部不履行和部分不履行(即不当履行)。合同的全部不履行有履行不能和拒绝履行两种形式;合同的不当履行包括迟延履行、不适当履行和部分履行等形式。

《国际商事合同通则》将合同不履行(non-performance)定义为一方当事人未能履行合同规定的任何义务,包括瑕疵履行(defective performance)和迟延履行(late performance)两种形式。[1]

第一节　合同不履行

合同不履行是指合同当事人不按照法律规定或者合同约定履行合同义务。根据大陆法系传统合同法,在合同履行期限到来之前,债务人不负有履行债务的义务,从而不可能发生债务人不履行债务的责任。合同不履行有广义与狭义之分,广义的合同不履行是指因可归责于债务人的事由和不可归责于债务人的事由所导致的合同给付不能;狭义的合同不履行仅指因可归责于债务人的事由所导致的合同给付不能。按照主观意愿不同,狭义的合同不履行可以分为履行不能和拒绝履行。

一、履行不能

履行不能(impossibility of performance,又称"给付不能")是指债务人因某种原因事实上已经不可能履行合同义务。履行不能使合同目的客观上无法实现,导致合同之债转化为损害赔偿之债,合同债权人无法请求合同债务人继续履行合同义务,如北

---

[1] Principles of International Commercial Contracts Article 7.1.1 Non-performance is failure by a party to perform any of its obligations under the contract, including defective performance or late performance.

京东方宝鑫投资有限公司股权转让纠纷案。①履行不能是合同法的重要概念,起源于罗马法。罗马法的履行不能为《德国民法典》第 306 条所继受,而《德国民法典》的规定影响了大陆法系国家和地区的合同法,如《瑞士债务法》第 20 条、我国台湾地区"民法典"第 246 条和第 247 条的规定。

《合同法》第 110 条、第 117 条和第 118 条的规定涉及合同履行不能,其中第 110 条规定了法律上的不能履行和事实上的不能履行,第 117 条规定了迟延履行后发生不可抗力的不能免责,第 118 条规定了因不可抗力不能履行时的通知义务。

(一) 履行不能的分类

履行是否可能应当按照一般社会观念判断,而不能仅凭债务人的观念加以断定。根据社会观念,合同债务事实上已无法强制执行,属于履行不能;即使有履行的可能,但合同履行将付出不适当的代价或者违反重大的义务,则根据诚实信用原则应认定为履行不能。履行不能主要涉及合同标的的不能,合同标的的不能有五种不同的分类方式:

(1) 事实不能与法律不能。事实不能是指自然不能或者物理上的不能,如死人复活、侏儒变成巨人等;法律不能是指为法律所禁止而不能,如毒品买卖、军火买卖、性交易等。

(2) 自始不能与嗣后不能。自始不能是指行为成立之时已经不能实现,如房屋已经烧毁,仍然订立房屋的买卖合同;嗣后不能是指行为成立之后才发生的不能,如房屋买卖合同订立之后,发生了火灾导致房屋烧毁。自始不能是合同成立问题,不可能涉及履行问题;嗣后不能则是合同履行问题,涉及合同责任问题。

(3) 客观不能与主观不能。客观不能是指任何人均不可能达到的,但并非物理上的绝对不能,而是根据社会观念的不能,如大海捞针在物理上虽然是可能的,但需要耗费大量的人力和物力,实际上是不能的;主观不能是指仅由于行为人本身的原因造成的不能,如歌唱演员因感冒而引起咽喉发炎,致使不能登台演出。

(4) 永久不能与一时不能。永久不能是指不能的情形永久持续而无法消除的不能,如哑巴学唱歌;一时不能是指开始虽然不能但这种情形可以消除。

(5) 全部不能与部分不能。全部不能是指合同标的全部不能;部分不能是指标的一部分可能而另一部分不能。

(二) 履行不能的法律效力

可归责于债务人的履行不能主要是一物二卖、因故意或者过失导致标的物灭失等

---

① 在北京东方宝鑫投资有限公司诉北京合生伟业置业有限公司股权转让纠纷案(〔2010〕东民初字第 9121 号、〔2014〕二中民(商)再终字第 10675 号)中,北京二中院裁判要旨认为,股权转让协议实质上是以股权转让为内容的合同,成立的条件不仅要符合《公司法》对于股权转让的相关规定,还要符合《合同法》中合同生效的相关规定。对于股权转让协议双方来说,唯有该协议有效,方能根据相关的协议约定来主张自己的权利。涉案的协议不仅内容上与生效的判决书相悖,且事实上也不能履行,属于基于错误而订立的自始履行不能的合同,当属无效合同。

情形,债务人应承担债务不履行的责任,债权人可以请求债务人损害赔偿或者解除合同。因可归责于债务人的事由导致合同履行不能的,属于嗣后不能。例如,在江苏省南京新宇房产开发有限公司商铺买卖合同纠纷案中,[①]南京中院判决将履行不能作为合同解除的理由。当违约方处于履行不能的状态时,合同实际上已经不能履行,应允许履行不能一方解除合同,以避免其长期处于法律状态不明确的状态。

嗣后不能产生一定的法律效力,即债权人可以对债务人行使损害赔偿请求权和合同解除请求权:

(1)损害赔偿请求权。在因可归责于债务人的事由导致合同不能履行的,债权人可以行使损害赔偿请求权。合同履行之债转变为损害赔偿之债,但合同之债不因损害赔偿之债的产生而归于消灭,合同之债继续存在并成为损害赔偿之债的基础。债权人可以选择行使损害赔偿请求权和合同解除请求权。损害赔偿之债是合同之债的替代,损害赔偿的范围应以合同履行利益为标准,从而使债权人的利益恢复到合同履行状态。

(2)合同解除请求权。在因可归责于债务人的事由导致合同不能履行的,债权人可以行使合同解除请求权。在行使合同解除请求权时,债权人可以请求信赖利益损害赔偿,如广西桂冠电力股份有限公司房屋买卖合同纠纷案。[②]

二、拒绝履行

拒绝履行(repudiation)是指合同债务人能够履行合同义务却拒不履行。债务人违反法律规定或者合同约定对债权人表示不履行合同义务,是债务人能够履行债务而故意不履行债务。《欧洲合同法》并未对拒绝履行概念进行明确的界定,而是仅规定了构成拒绝履行的各种具体情形。[③] 在违约形态中,拒绝履行属于比较严重的形态之一。《欧洲合同法》规定的拒绝履行合同义务情形,均涉及合同目的或者当事人的重大利益。

(一)拒绝履行的构成要件

债务人拒绝履行债务可能发生在债务履行期限到来之前,也可能发生在债务履行

---

① 江苏省南京新宇房产开发有限公司诉冯玉梅商铺买卖合同纠纷案(〔2003〕玄民一初字第 1776 号、〔2004〕宁民四终字第 470 号)。

② 在广西桂冠电力股份有限公司与广西泳臣房地产开发有限公司房屋买卖合同纠纷案(〔2007〕桂民一初字第 2 号、〔2009〕民一终字第 23 号)中,最高人民法院裁判摘要认为,《合同法》第 97 条规定:"合同解除后,尚未履行的,终止履行,已经履行的,根据履行情况和合同性质,当事人可以要求恢复原状、采取其他补救措施,并有权要求赔偿损失。"合同解除导致合同关系归于消灭,故合同解除的法律后果不表现为违约责任,而是返还不当得利、赔偿损失等形式的法律责任。

③ Article 8:103(ex art. 3.103):Fundamental Non-Performance A non-performance of an obligation is fundamental to the contract if:(a) strict compliance with the obligation is of the essence of the contract;or (b) the non-performance substantially deprives the aggrieved party of what it was entitled to expect under the contract, unless the other party did not foresee and could not reasonably have foreseen that result;or (c) the non-performance is intentional and gives the aggrieved party reason to believe that it cannot rely on the other party's future performance.

期限到来之时。拒绝履行的表达方式可以是明示的,如向债权人明确表示将不履行合同;也可以是以债务人行为表明不履行合同,如债务人将届期应当交付的特定物出让给第三人。《合同法》第94条和第108条规定了拒绝履行,有明示拒绝和默示拒绝两种形式。拒绝履行的构成要件有以下三个方面:

(1) 债务人故意或者过失拒绝履行合法有效的债务。合法有效的债务受法律的保护,债务人仅在违反合法有效的债务时才构成拒绝履行。仅在明知存在债务而拒绝履行或者因过失不知债务存在而拒绝履行时,债务人的拒绝行为才构成拒绝履行。债务人行使同时履行抗辩权、先履行抗辩权和不安抗辩权,不构成拒绝履行。例如,在大连羽田钢管有限公司物权确认纠纷案中,①最高人民法院判决认为,弘丰公司应按承诺无条件地协助办理相关物权的过户手续,其拒绝履行该义务,既构成了违约,又说明其缺乏诚信。

(2) 债务人有不履行合同的意思表示。拒绝履行的成立应有债务人不履行合同义务的表示。债务人不履行合同义务的意思表示,既可明示也可默示,在性质上是一种意思通知。这种不履行合同的表示必须是明确的,即表明债务人在任何情况下均不会履行合同义务。事实上,债务人为逃避拒绝履行所产生的法律风险,通常以隐蔽的方式来实现逃避责任的目的,如以债务不履行事由是债权人行为造成的为借口等。

(3) 合同的履行可能且拒绝履行违法。在债务人有能力和条件履行合同而不履行时,债务人的不履行行为构成拒绝履行合同。如果债务人已无能力或者无条件履行合同,则构成履行不能而不是拒绝履行。在某些情形下债务人有拒绝履行的权利,如同时履行抗辩权、先履行抗辩权等拒绝履行是权利的正当行使,不构成拒绝履行。违法性是拒绝履行的构成要件,权利的合法行使不会引起违约责任。例如,在朱俊芳商品房买卖合同纠纷案中,②最高人民法院判决认为,嘉和泰公司在法定除斥期间内并未行使合同撤销权,而是拒绝履行生效合同,其主张不符合诚信原则,不应得到支持。

大陆法系合同法在履行期限到来之前,债务人并不承担履行的义务,不会发生债务人不履行义务的责任,而在合同履行期限到来时,债务人拒绝履行,与履行迟延相同,债权人可根据迟延履行主张债务人的责任。英美法系合同法有预期违约制度。预期违约是指债务人在合同履行期到来之前以明示的或者默示的(以行为的方式)方式表明将不履行合同,并非是履行期届满时的现实违约。

---

① 在大连羽田钢管有限公司与大连保税区弘丰钢铁工贸有限公司、株式会社羽田钢管制造所、大连高新技术产业园区龙王塘街道办事处物权确认纠纷案(〔2008〕大民二初字第63号、〔2010〕辽民三终字第28号、〔2011〕民提字第29号)中,法院裁判摘要认为,在物权确认纠纷案件中,根据物权变动的基本原则,对于当事人依据受让合同提出的确权请求应当视动产与不动产区别予以对待。法院对于已经交付的动产权属可以予以确认。对于权利人提出的登记于他人名下的不动产物权归其所有的确认请求,法院不宜直接判决确认其权属,而应当判决他人向权利人办理登记过户(2012年最高人民法院公报案例)。

② 朱俊芳与山西嘉和泰房地产开发有限公司商品房买卖合同纠纷案(〔2007〕小民初字第1083号、〔2007〕并民终字第1179号、〔2010〕晋民再终字第103号、〔2011〕民提字第344号)。

(二) 拒绝履行的法律效力

根据英美法系国家法律以及《国际货物销售合同公约》和《国际商事合同通则》的规定,因拒绝履行而解除合同的权利,应当到达根本违约的程度。在履行期届满之前债务人有轻微违约的情形下,允许债权人解除合同并要求损害赔偿,则有违合同诚实信用原则。《合同法》第94条第2项的规定体现了这种精神,即在履行期限届满以前,债务人明确表示或者以自己的行为表明不履行合同的主要义务,债权人才可以解除合同。例如,在湖南全洲药业有限公司总经销合同纠纷案中,[①]湖南高院判决认为,古汉生物制药公司拒不供货,表明其已拒不履行合同义务,致使合同目的无法实现,具有毁约的故意,全洲药业公司可以解除合同。

《合同法》第94条规定的不履行主要义务、不履行主要债务和不能实现合同目的,即为英美法中的根本违约。但是,《合同法》第108条的规定与第94条的规定存在明显的差异。《合同法》第108条的"不履行合同义务"中的合同义务的外延除包括第94条的"主要债务"之外,还应包括"次要义务"和"附随义务"。如果债务人违反次要义务或者附随义务,债权人可以解除合同或者请求损害赔偿,则有悖设立拒绝履行制度的宗旨,导致债权人滥用权利,损害债务人的利益。因此,《合同法》第108条的规定应作限制性解释,即"合同主要债务"。

拒绝履行撤回的实质是期限届满之前拒绝履行的撤回,履行期限届满之后债务人拒绝履行已经构成违约,不存在撤回问题。期限届满之前债务人拒绝履行侵害了债权人的期待权,是一种特殊形态的违约形式,但并未构成实际违约,在履行期限届满之前,债务人可以采取适当措施予以补救。理论和实践承认一定条件下债务人可以撤回拒绝履行的意思表示。债务人是以声明的方式作出拒绝履行的,则撤回拒绝履行的通知应当以声明的方式作出,从而宣告拒绝履行无效。债务人是以声明之外的其他方式作出拒绝履行的,撤回拒绝履行的通知应当以相应的方式作出。但是,我国包括《合同法》在内的立法并未规定拒绝履行撤回的问题,美国《统一商法典》第2-611条规定了拒绝履行的撤回,明确了拒绝履行撤回的效力、方式以及撤回人的权利等。[②]

在合同义务履行期届满时,债务人明确表示拒绝履行合同义务的,产生的法律效力如下:

(1) 合同解除请求权。债务人拒绝履行合同主要义务,导致合同目的无法实现,

[①] 湖南全洲药业有限公司与清华紫光古汉生物制药股份有限公司总经销合同纠纷案([2003]湘民二初字第13号、[2004]民二终字第67号)。

[②] § 2-611 Retraction of Anticipatory Repudiation. (1) Until the repudiating party's next performance is due he can retract his repudiation unless the aggrieved party has since the repudiation cancelled or materially changed his position or otherwise indicated that he considers the repudiation final. (2) Retraction may be by any method which clearly indicates to the aggrieved party that the repudiating party intends to perform, but must include any assurance justifiably demanded under the provisions of this Article (Section 2-609). (3) Retraction reinstates the repudiating party's rights under the contract with due excuse and allowance to the aggrieved party for any delay occasioned by the repudiation.

债务人的拒绝履行行为构成根本违约,债权人有权行使合同解除权,如深圳富山宝实业有限公司合作开发房地产合同纠纷案。①

(2) 合同继续履行请求权。根据《合同法》第 107 条的规定,在合同违约情况发生时,继续履行是违约方承担责任的首选方式。与补救措施、赔偿损失或者支付违约金等方式相比,继续履行更有利于实现当事人的缔约目的。

(3) 合同损害赔偿请求权。在继续履行也不能实现合同目的时,不应再将继续履行作为违约方承担责任的方式。根据《合同法》第 110 条的规定,违约方继续履约所需的财力、物力超过合同双方基于合同履行所能获得的利益时,应该允许违约方解除合同,以赔偿损失来代替继续履行,如江苏省南京新宇房产开发有限公司商铺买卖合同纠纷案②、广西桂冠电力股份有限公司房屋买卖合同纠纷案③。

拒绝履行与履行不能的区别表现在三个方面:一是履行不能是债务人客观不能;而拒绝履行则是债务人主观不能。二是履行不能是因有履行不能的事实而不能达到履行债务的目的;拒绝履行则是债务人能够履行而不履行。三是履行不能不存在撤回的问题;拒绝履行在债权人行使救济权之前,债务人可以撤回拒绝履行,第三人也可以代为清偿。

第二节 不 当 履 行

不当履行(misfeasance)是指合同当事人履行合同义务的行为不符合法律规定和合同约定,即合同的履行行为有瑕疵或者给债权人造成了损害。履行不当的表现形式多种多样,理论和实践上也有多种不同的分类,主要有迟延履行、不适当履行和部分履行等。

一、迟延履行

在合同履行过程中,合同当事人未能按照法律规定或者合同约定的履行时间履行

---

① 在深圳富山宝实业有限公司与深圳市福星股份合作公司、深圳市宝安区福永物业发展总公司、深圳市金安城投资发展有限公司等合作开发房地产合同纠纷案(〔2006〕粤高法民一初字第 18 号、〔2010〕民一终字第 45 号)中,最高人民法院裁判要旨认为,根本违约是指合同一方当事人违反合同的行为,致使该合同的目的不能实现;根本违约的构成要件是一般违约的构成要件,加上因违约行为导致的合同目的不能实现,其法律效果是当一方根本违约时,另一方当事人可以解除合同并要求对方承担违约责任。《合同法》第 94 条规定,在因不可抗力致使不能实现合同目的;在履行期限届满之前,当事人一方明确表示或者以自己的行为表明不履行主要债务;当事人一方迟延履行主要债务,经催告后在合理期限内仍未履行;当事人一方迟延履行债务或者有其他违约行为致使不能实现合同目的及法律规定的其他情形时,当事人可以解除合同。由此,在当事人一方构成根本违约时,另一方可依法要求解除合同(2011 年最高人民法院公报案例)。

② 江苏省南京新宇房产开发有限公司诉冯玉梅商铺买卖合同纠纷案(〔2003〕玄民一初字第 1776 号、〔2004〕宁民四终字第 470 号)。

③ 广西桂冠电力股份有限公司与广西泳臣房地产开发有限公司房屋买卖合同纠纷案(〔2007〕桂民一初字第 2 号、〔2009〕民一终字第 23 号)。

各自的义务,即合同当事人的履行违反了履行期限的规定。

(一) 迟延履行的概念

迟延履行(delay of performance)是指合同当事人迟延履行合同义务以及迟延领合同给付,包括债务人迟延和债权人迟延两种情形。债务人超逾履行期履行合同义务的,即为给付迟延。债权人超逾履行期受领合同义务的,即为受领迟延。迟延履行制度来源于罗马法的迟延制度,罗马法的迟延制度包括债务人迟延、债权人迟延和物的迟延三种情形。① 迟延履行是最为典型的合同不履行行为,如大宗集团有限公司、宗锡晋股权转让纠纷案。②《合同法》"总则"规定了债务人迟延,而《合同法》"分则"规定了债权人受领迟延。迟延履行的构成要件有以下三个方面:

(1) 合同合法有效。合同合法有效是构成迟延履行的基本前提,即合法有效合同的债权债务关系受到法律的保护,一方当事人的迟延履行违反法律规定和合同约定。无效合同无须履行,不存在迟延履行问题。附生效条件的合同在条件成就前,债权债务关系没有生效,不存在合同履行迟延的问题。

(2) 合同义务具有可履行性。合同义务的可履行性是构成迟延履行的要件,即从合同生效后到合同履行期限届满时,合同义务具有可履行性。合同标的自始不能,属于合同无效的事由;合同履行期内的履行不能,属于嗣后不能,以上两种情形均不发生履行迟延问题。在合同履行期内合同义务能够履行而履行期限届满后,合同义务变为履行不能的仍然视为迟延履行。

(3) 履行行为的瑕疵。合同履行期届满之后,合同的债务人未履行合同义务,或者债权人未及时受领债权。债务人和债权人的未履行合同行为具有违法性,如果有正当理由,即构成违法阻却,不构成迟延履行问题;如果没有正当理由,即构成迟延履行。

(二) 债务人迟延

债务人迟延(late performance)是指在履行期限届满时债务人有给付能力而未能按照合同约定的期限履行给付义务。《合同法》第94条规定了债务人迟延履行,即当事人一方迟延履行主要债务。例如,在深圳富山宝实业有限公司合作开发房地产合同纠纷案中,③ 广东高院一审判决认为,由于富山宝公司迟延履行双方合作合同中约定的主要出资义务及开发建设义务,致使双方合同目的不能实现,福星公司向富山宝公司发函通知解除双方合同,符合《合同法》第94条第4项关于"当事人一方迟延履行债务或者有其他违约行为致使不能实现合同目的",当事人可以解除合同的规定。

---

① 参见丁玫:《罗马法的迟延制度》,载《政法论坛》1998年第4期。
② 大宗集团有限公司、宗锡晋与淮北圣火矿业有限公司、淮北圣火房地产开发有限责任公司、涡阳圣火房地产开发有限公司股权转让纠纷案(〔2014〕鲁商初字第72号、〔2015〕民二终字第236号)。
③ 在深圳富山宝实业有限公司与深圳市福星股份合作公司、深圳市宝安区福永物业发展总公司、深圳市金安城投资发展有限公司等合作开发房地产合同纠纷案(〔2006〕粤高法民一初字第18号、〔2010〕民一终字第45号)。

《国际商事合同通则》规定了迟延履行是合同不履行的重要内容。① 在有履行债务能力的情形下,债务人违反法律规定或者合同约定,债务履行期限届满后仍然未履行合同义务,且债务人的逾期履行债务行为没有正当理由。《合同法》对债务人迟延作出了相应的规定:

(1) 合同履行责任。《合同法》对逾期交付标的物和逾期付款有明确的规定。根据《合同法》第63条的规定,债务人逾期交付标的物的,遇价格上涨时,按照原价格执行;价格下降时,按照新价格执行。债务人逾期提取标的物或者逾期付款的,遇价格上涨时,按照新价格执行;价格下降时,按照原价格执行。

(2) 法定解除权。根据《合同法》第94条的规定,债务人迟延履行主要债务的,经催告后在合理期限内仍然未履行债务的,债权人享有合同解除权。例如,在汤长龙股权转让纠纷案中,②最高人民法院判决认为债务人的迟延支付股权受让款的行为,不构成解除合同的理由。

(3) 违约金和违约责任。根据《合同法》第114条的规定,债务人承担违约金后并不能免除履行义务,仍应履行合同。根据第117条的规定,当事人迟延履行后发生不可抗力的,不能免除责任。

(三) 债权人迟延

债权人迟延(delay of creditor)是指在债务人履行债务时,债权人未能及时接受债务人的履行或者违反完成给付应有的其他协助义务。债权人的受领迟延包括受领迟延和未尽其他协助义务两个方面,其中受领迟延是债权人迟延最为常见的表现形式。债权人迟延的构成要件主要有:

(1) 债务人的履行需要债权人的受领或者其他协助。债务人履行债务的行为需要债权人的受领行为或者其他的积极协助行为。如果债务人的债务履行无须债权人的积极行为,而是消极的不作为,则不存在债权人迟延构成的前提和基础。

(2) 债务人已经履行合同。债务人按照合同规定全面履行债务,即按照合同的标的、期限、履行方式等全面、实际履行了合同义务,且债权人对债务人不享有任何合同履行抗辩权。

(3) 债权人拒绝受领或者受领不能。债权人拒绝受领是指债权人无正当理由拒绝受领债务人已经提供的给付。债权人受领不能是指由于债权人自身原因客观上不能受领债务人所提供的给付,如债权人下落不明。

《合同法》第63条和第143条规定了债权人迟延,即债权人未能及时受领标的物

---

① Article 7.1.1 Non-performance is failure by a party to perform any of its obligations under the contract, including defective performance or late performance.

② 在汤长龙诉周士海股权转让纠纷案([2013]成民初字第1815号、[2014]川民终字第432号、[2015]民申字第2532号)中,法院裁判摘要认为,有限责任公司的股权分期支付转让款中发生股权受让人延迟或者拒付等违约情形,股权转让人要求解除双方签订的股权转让合同的,不适用《合同法》第167条关于分期付款买卖中出卖人在买受人未支付到期价款的金额达到合同全部价款的1/5时即可解除合同的规定(指导案例67号)。

将承担由此而产生的风险。在债权人受领迟延的情形下,债权人应向债务人支付违约金,而且如果给债务人造成损害的,还应向债务人承担损害赔偿责任。例如,在周晓梅建筑设备租赁合同纠纷案中,[①]重庆一中院判决认为,债权人受领迟延应承担相应的法律责任。债权人迟延后的法律效果具体还表现在以下三个方面:

(1) 债务人的债务可自行消灭。债权人迟延后,债的标的物为动产的,债务人可以提存的方式消灭债务。标的物不适于提存或者提存费用过高的,债务人可以拍卖或者变卖标的物,提存所得价款。

(2) 债务人可以自行解除合同。债权人迟延后,债务人可以按照法律规定或者合同约定解除合同。《合同法》第259条规定:"承揽工作需要定作人协助的,定作人有协助的义务。定作人不履行协助义务致使承揽工作不能完成的,承揽人可以催告定作人在合理期限内履行义务,并可以顺延履行期限;定作人逾期不履行的,承揽人可以解除合同。"

(3) 停止支付利息。债权人迟延后,因金钱债务所产生的利息,从债权人受领迟延时起向后消灭,债务人停止支付此后的金钱债务所产生的利息。

履行迟延与拒绝履行的区别表现在:一是发生的时间不同。拒绝履行在合同生效之后的任何时间均可能发生;迟延履行则是在履行期限届满之后,债务人未能履行合同的状态。二是履行的意愿不同。在拒绝履行的情形下,债务人不仅没有作出履行义务的行为,而且明确表示不愿意履行合同的义务,是一种根本违约;在履行迟延的情形下,债务人已经履行合同且愿意履行合同,而仅为履行期限不符合合同约定。

二、不适当履行

不适当履行(improper performance)是指合同债务人的合同履行行为不符合法律规定或者合同约定。合同的正确履行应有适当的主体、适当的时间、适当的地点和适当的方式等履行合同的义务,合同的履行主体在某一方面不符合要求,即构成不适当履行。不适当履行有瑕疵履行和加害给付两种形式。

(一) 瑕疵履行

瑕疵履行(defective performance)是指债务人有履行行为但履行行为不符合法定或者约定条件,从而减少或者丧失履行的价值或者效用的情形。在瑕疵履行中,债务人有积极的履行行为但债务人的履行缺陷使债权人的利益遭受损害。瑕疵履行是一

[①] 在周晓梅诉重庆点击建筑劳务有限公司建筑设备租赁合同纠纷案(〔2013〕江法民初字第03492号、〔2014〕渝一中法民终字第05823号)中,法院裁判要旨认为,法院判决生效后,债务人自愿履行返还义务,债权人能够受领而不受领或者不提供必要协助,后以债务人逾期未履行为由向法院申请强制执行,要求赔偿租赁物损失的,法院不予支持,并可认定债权人构成受领迟延,且不得要求债务人承担迟延履行责任。

种不完全履行的形态。例如,在北海市高德农村信用合作社虾塘租赁合同纠纷案中,①广西北海中院判决认为不适当履行、不完全履行即为瑕疵履行。

与履行不能、迟延履行、拒绝履行相比,瑕疵履行虽然履行不完全,但有可认为履行的行为,而履行不能、迟延履行、拒绝履行则属于无履行的消极状态。在瑕疵履行中,债务人有积极的履行行为,由于债务人的履行瑕疵导致债权人的利益受到损害,称为积极的债务违反。《合同法》第112条、《产品质量法》第40条和《消费者权益保护法》第44条、第45条等规定了瑕疵履行。

对债务人能够补正的瑕疵履行,债权人有权拒绝受领,要求债务人予以补正,且债权人不承担受领迟延责任。因标的物的补正而构成债务人迟延履行的,债务人应当承担迟延给付的责任。债务人虽能对标的物予以补正,但对债权人已无利益的,债权人可以解除合同。经债权人催告,债务人不予以补正的,债权人有权请求法院强制执行。债务人不能补正瑕疵的,债权人有权拒绝受领并解除合同,请求债务人承担全部不履行的损害赔偿责任。例如,在中山市昌生物业管理有限公司物业服务合同纠纷案中,②中山中院判决认为,昌生物业造成的安全隐患确实给马继川的正常生活、居住带来一定程度的影响,支持马继川行使瑕疵履行抗辩权并肯定了减免服务费用具有相应合理性。

(二) 加害给付

加害给付(injuring performance)是指合同当事人履行合同的行为不符合法律规定和合同约定,损害了对方当事人履行利益以外的其他利益。换言之,加害给付是指因合同债务人的不适当履行行为造成合同债权人的履行利益以外的其他损失,如上海克梦妮贸易有限公司房屋租赁合同纠纷案。③

在加害给付中,合同债权人受到的损害,可能是财产利益,也可能是人身利益。例如,在汽车买卖合同中,出让人交付的汽车有缺陷,受让人在驾驶汽车时因汽车的缺陷

---

① 在北海市高德农村信用合作社与李光存虾塘租赁合同纠纷案([2004]海商初字第086号、[2005]桂民四终字第27号)中,法院裁判要旨认为,《合同法》第94条规定,只有在因不可抗力、预期违约、迟延履行、其他违约行为而使合同的目的不能实现时,非违约方才享有合同解除权。据此,法律对非违约方的合同解除权设置了一定的限制,只有在违约方根本违约时,非违约方才有权解除合同。海域租赁合同履行期间,《海域使用管理法》生效,要求海域使用者必须办理使用权证才能合法用海,而海域使用者未及时办理海域使用权证的,仅会引发对海域使用者的行政处罚,而不会影响海域实际经营活动的开展。海域租赁合同的出租人未及时办理海域使用权证的,不影响海域实际经营活动的开展,不构成根本违约,承租人不得据此要求解除合同。

② 在中山市昌生物业管理有限公司诉马继川物业服务合同纠纷案([2011]中一法民一初字第1663号、[2012]中中法民一终字第835号)中,法院裁判要旨认为,物业服务具有一定的公益性,其关系到全体业主的切身利益。为避免损害其他业主的利益,通常不允许个别业主以物业服务存在一般瑕疵为由拒交物业管理费用,即物业服务存在一般瑕疵并不属于拒交物业管理费的正当理由。只有当物业服务存有较大瑕疵并影响到业主的正常生活时,才可能被认定为正当理由,相关业主才可以此由进行抗辩。

③ 在上海克梦妮贸易有限公司诉上海中金典当有限公司房屋租赁合同纠纷案([2008]徐民三(民)初字第595号、[2009]沪一中民二(民)终字第1号)中,上海一中院裁判要点认为,出租人在租赁期内应保证租赁房屋处于适格的使用状态,是持续性的无过错物之瑕疵担保责任。这项责任既不等同于维修义务,也不因第三方侵权而免除。地铁施工导致的房屋损坏,造成承租人的经济损失,虽不属于出租人过错,但也应当由出租人承担风险,由其首先向承租人作出赔偿。后续房屋损坏导致了承租人的停业,与可得利润损失有直接因果联系,构成出租人的加害履行。

发生交通事故造成人身伤害和财产损失。加害给付源于德国,在德国法中称为"积极侵害债权"。我国《合同法》第112条规定了加害给付,但不够清晰。《消费者权益保护法》第44条和《产品质量法》第40条明确规定了加害给付。因加害给付而致债权人的其他利益遭受损害的,无论是人身伤害还是财产损失,无论是既得利益的损失还是可得利益的丧失,合同债务人均应承担损害赔偿责任。实际上,债务人的行为已构成了侵权责任与违约责任的竞合,债权人可选择行使请求权。《合同法》第122条规定了请求权竞合制度,允许债权人选择请求权。

加害给付与瑕疵履行既有联系,又有区别。加害给付是以瑕疵履行为前提的,是瑕疵给付的结果,但并非所有的瑕疵履行均构成加害给付。例如,买卖合同的标的是一头奶牛,出卖人交付一头病奶牛,病奶牛的交付不符合合同约定,出卖人的交付行为称为瑕疵履行。买受人将病奶牛买回去之后死亡,出卖人承担损害赔偿责任,即对瑕疵履行的损害赔偿,赔偿病死奶牛的价值。加害给付则是在瑕疵履行的基础上有进一步的发展,在买卖奶牛的合同中,买受人将出卖人交付的病奶牛买回家之后,买受人其他的奶牛受到病奶牛的传染而生病或者死亡,买受人遭受了合同标的之外的其他财产损失的,构成加害给付。

三、部分履行

部分履行(partial performance)是指合同债务人有履行合同的行为但仅履行部分合同义务。在部分履行中,债务人履行了合同义务,但债务人履行的义务不符合数量的规定,或者履行义务在数量上存在不足。《合同法》第72条的规定涉及部分履行问题,部分履行违反了合同的全面履行原则。例如,在中国信达资产管理公司成都办事处借款担保合同纠纷案中,[①]法院判决确认了合同部分履行事实。

罗马法的《学说汇纂》规定了部分履行规则,罗马法的部分履行规则后为大陆法系合同法立法和理论所继受。现代大陆法系的合同法在禁止债务人进行部分履行的同时,对债权人的拒绝权进行了合理限制,以平衡债权人和债务人之间的利益。英美法系的合同法理论严格地坚持了全面履行原则,两大法系合同法理论上关于部分履行规则的内涵是一致的。

判断某一履行是否构成部分履行,最主要的是要判断债务人的履行所涉及的对象是否具有整体性。法律规定债权人有权拒绝受领部分履行,[②]债权人的拒绝权是法律

---

① 在中国信达资产管理公司成都办事处与四川泰来装饰工程有限公司、四川泰来房屋开发有限公司、四川泰来娱乐有限责任公司借款担保合同纠纷案(〔2007〕川民初字第17号、〔2008〕民二终字第55号)中,法院裁判摘要认为,存在股权关系交叉、均为同一法人出资设立、由同一自然人担任各个公司法定代表人的关联公司,如果该法定代表人利用其对于上述多个公司的控制权,无视各公司的独立人格,随意处置、混淆各个公司的财产及债权债务关系,造成各个公司的人员、财产等无法区分的,该多个公司法人表面上虽然彼此独立,但实质上构成人格混同。损害债权人合法权益的,该多个公司法人应承担连带清偿责任(2008年最高人民法院公报案例)。

② Principles of International Commercial Contracts Article 6.1.3 (1) The obligee may reject an offer to perform in part at the time performance is due, whether or not such offer is coupled with an assurance as to the balance of the performance, unless the obligee has no legitimate interest in so doing…

对债权人利益的一种特殊保护措施,主要是一种防御性质的保护措施。在债的履行制度中,债权人对债务人的部分履行的拒绝权与债权人迟延制度密切联系。按照合同履行的原则,当债务人向债权人提出履行时,债权人无故拒绝受领的构成受领迟延。债权人对不完全的履行拒绝受领的,不构成债权人迟延。部分履行制度中的债权人拒绝权的主要功能是保护债权人在拒绝受领债务人提出的不完整履行时,不会构成迟延受领。拒绝权仅为债权人的一种防御性的手段,主要目的是为避免债权人因拒绝受领债务人提出的部分履行而构成受领迟延,并不对当事人之间的债权债务关系以及相应的救济手段产生影响。

债权人有权拒绝债务人的部分履行,是因为债务人的部分履行行为可能损害债权人在合同的履行中可以享有的合法利益。但是,在债务人的部分履行行为不损害债权人的利益时,债权人拒绝受领债务人的部分履行缺乏正当依据。在不损害债权人利益时,债权人不得拒绝债务人的部分履行。在不能够行使拒绝权时,债权人仍然拒绝受领债务人提出的部分履行,则构成债权人迟延,债权人应承担法律规定的债权人迟延的法律后果。对债务人的部分履行,债权人可以选择不行使拒绝权,而是受领该部分履行。一旦债权人决定受领部分履行,表明债权人以自己的行为默示同意改变了债的履行方式,法律应当尊重当事人的意思。

部分履行的方式可能导致债权人费用的增加,致使债权人拒绝受领部分履行以避免该风险。为避免这种情况的发生,法律明确规定部分履行导致增加的费用应由债务人来承担,①以鼓励债权人受领部分履行。在部分履行的情况下,合同债权人有权要求合同债务人全面履行合同义务,有权要求支付违约金,在不足以弥补损失的情况下,还享有损害赔偿请求权。

但是,如果严格地坚持禁止部分履行的规则会损害债务人的利益。为平衡债权人与债务人的利益,20世纪以来大陆法系国家或地区在原则上继续坚持债权人有权拒绝债务人的部分履行的同时,对债权人的拒绝权进行了必要的限制。德国通过《德国民法典》第242条的诚实信用原则,来调整债权人和债务人在涉及部分履行问题上的利益平衡。债权人对债的整体履行不具有合理的利益的,拒绝债务人的部分履行即违反了诚信的要求。债权人的拒绝会导致其陷于债权人迟延。1942年的《意大利民法典》第1181条规定:"债权人可以拒绝部分履行,即使给付是可分的,但是法律或者习惯有不同规定的除外。"根据前述条款的表述,债权人的拒绝权受到来自法律或者习惯所确立的规则的限制。

---

① Principles of International Commercial Contracts Article 6.1.3 …(2) Additional expenses caused to the obligee by partial performance are to be borne by the obligor without prejudice to any other remedy.

第八章 合同保全与合同担保

合同保全制度和合同担保制度相互联系,两种制度密切交织构成了完整的合同保护制度。合同保全制度和合同担保制度既有相同的功能和作用,又有不同的性质和特征。对合同的保护上,合同保全制度和合同担保制度相互配合、功能互补,保障合同债权的实现,保障交易安全和维持正常的交易秩序。

第一节 合同保全制度

合同保全制度(contract preservation)是指为防止因债务人财产的不当减少危害债权人债权的实现,法律所设立的保全债务人责任财产的制度,包括债权人代位权制度和债权人撤销权制度。合同保全制度源于罗马法的撤销之诉,撤销之诉原是为破产设立的,后来扩大了适用范围。《法国民法典》在撤销权外增设债权人的代位权,《德国民法典》则继受了罗马法的债权人的撤销权。我国民国时期的民法典和现行的《合同法》规定了代位权和撤销权制度。

一、合同保全制度的意义

债权人代位权制度是为维持债务人的责任财产设立的,针对债务人的消极行为。当债务人权利的不行使行为影响债权人权利实现时,法律允许债权人代替债务人以自己的名义向第三人行使债务人的权利。债权人的撤销权制度则为恢复债务人的责任财产而设立的,针对债务人的积极行为。当债务人不履行债务而实施减少其财产的行为损害债权人债权实现时,法律赋予债权人请求法院撤销债务人减少财产行为的权利。在司法审判实务中,代位权案件数量不多,但较为复杂、疑难。

债的保全制度是债权人为确保债权的实现,防止债务人财产不当减少的一种法律手段。合同关系生效之后,债务人以全部财产承担债的清偿以保障债权的实现。换言之,债务人以其全部财产担保合同债的履行,债务人的全部财产构成债务人的责任财产。债务人责任财产的减少关系到债权人的债权是否能够实现,法律为保障债权的实现赋予债权人以保全的权利,以保证债务人能以其全部财产担保债务履行。

合同保全制度涉及第三人,属于合同的对外效力方面的问题。合同保全制度突破了合同的相对性原则。合同以相对性为原则,合同相对性的突破是一种例外情形。通常债权人不得干涉债务人与第三人的法律关系,合同效力仅及于合同当事人,债权人仅向债务人请求为一定给付,债务人也仅对债权人承担给付义务和附随义务,合同当事人之外的第三人既不承担合同义务也不享有合同权利。债权人向债务人之外的第三人行使代位权和撤销权,其效力已涉及合同当事人之外的第三人。

合同保全的方法是代位权和撤销权的行使,即通过防止债务人的财产不当减少或者恢复债务人的责任财产,从而确保债权人权益的实现。根据合同保全原则,只要债务人采取不正当的手段处分财产,导致债务人的责任财产的减少,危及债权人的利益,债权人即可采取合同保全措施,以确保债权人债权的实现。

我国合同保全制度源于《合同法》。《合同法》第73条和第74条分别规定了债权人代位权制度和债权人撤销权制度,确立了合同保全制度,填补了制度空白。《合同法司法解释(一)》第11条至第22条规定了代位权制度,第23条至26规定了撤销权制度。《合同法司法解释(二)》第17条规定了代位权制度,第18至第19条规定了撤销权制度。在《合同法》基础上,最高人民法院的相关司法解释又细化了合同保全制度,构建了合同保全制度的基本规则。

二、债权人的代位权

债权人的代位权是一种债的保全制度,是债权的一种法定权能。债权人代位权属于债权的对外效力,突破了债的相对性,涉及第三人的权利。债权人代位权制度维护了债权人的利益,有助于交易安全与建立良好的经济运行秩序。例如,在中国光大银行长沙新华支行借款合同代位权纠纷案中,①最高人民法院判决认为,平安轻化公司既未积极向其债权人光大新华支行履行到期债务,又未通过必要的方式主张其对次债务人湘财证券的到期债权,平安轻化公司的行为对光大新华支行造成损害,光大新华支行可以行使代位权。

(一) 债权人代位权的概念

债权人的代位权(creditor's right of subrogation)是指当债务人怠于行使对第三人到期的权利而危及债权人债权的实现,债权人为保全自己债权以自己的名义代位行使债务人的权利。债权人的代位权是债权人以自己名义代位行使债务人权利的权利,代位权的行使是以债权人的债权为限,债务人承担代位权行使所产生的必要费用,如

---

① 在中国光大银行长沙新华支行诉湘财证券有限责任公司、第三人湖南省平安轻化科技实业有限公司借款合同代位权纠纷案([2005]湘高法民二初字第14号、[2006]民二终字第90号)中,法院裁判摘要认为,客户与证券经营机构签订合同,约定由客户将资金交付给证券经营机构,委托证券经营机构在一定期限内投资于证券市场,并由证券经营机构按期向客户支付投资收益。此类合同属于委托理财合同。客户与证券经营机构在委托理财合同中约定,由证券经营机构保证客户的投资收益达到一定比例,不足部分由证券经营机构补足。此类约定属于委托理财合同中保证本息固定回报的条款,即保底条款。根据《证券法》第144条的规定,证券商不得以任何方式对客户证券买卖收益或者赔偿证券买卖的损失作出承诺。上述保底条款因违反该规定而无效。因保底条款属于委托理财合同的目的条款或核心条款,故保底条款无效即导致委托理财合同整体无效(2007年最高人民法院公报案例)。

成都市国土资源局武侯分局债权人代位权纠纷案。① 代位权有债法上的代位权和保险法上的代位权之分。

债权人代位权制度源于《法国民法典》第1166条的规定，大陆法系其他国家也相继规定了代位权制度，但是《德国民法典》和《瑞士民法典》并未规定代位权制度。我国《合同法》之前的立法没有规定代位权制度，《合同法》确立了代位权制度，规定了代位权行使的方式、范围以及费用的负担等问题。《合同法》第73条规定："因债务人怠于行使其到期债权，对债权人造成损害的，债权人可以向人民法院请求以自己的名义代位行使债务人的债权，但该债权专属于债务人自身的除外。代位权的行使范围以债权人的债权为限。债权人行使代位权的必要费用，由债务人负担。"《合同法司法解释（一）》第11条至第22条对代位行使的前提条件、范围及代位权诉讼等一系列问题作了进一步的规定，丰富和完善了代位权制度。代位权的构成应当具备以下三个方面的条件：

（1）债务人怠于行使权利且损害了债权人的利益。债务人对第三人享有到期债权，客观上有能力行使但消极地不行使，使债权人不能实现到期债权。债务人怠于行使到期债权对债权人债权的实现造成损害，债权人有保全债权的必要是构成代位权的实质性条件，如中国农业银行哈尔滨市汇金支行代位权纠纷案。②

（2）债权已到期且以金钱债务为限。债务人享有的债权已经到期，且仅限于以金钱给付为内容的债权。债务人的债权到期不仅是债务人行使权利的前提条件，也是债权人向次债务人（subordinate debtor）行使代位权的前提条件。如果次债务人对债务人的债务尚未到履行期，债务人不能对次债务人行使债权请求权，也不存在债权人对次债务人行使代位权。如果次债务人有正当理由不履行债务，则债务人的债权就没有到期，如不安抗辩权的行使。债务人的到期债权仅限于具有金钱给付内容的到期债权，属于债务人自身的其他权利不得作为代位权的标的，如基于扶养关系、赡养关系、继承关系产生的给付请求以及劳动报酬、退休金、养老金、抚恤金、安置费、人寿保险、

---

① 在成都市国土资源局武侯分局与招商（蛇口）成都房地产开发有限责任公司、成都港招实业开发有限责任公司、海南民丰科技实业开发总公司债权人代位权纠纷案（〔2007〕成民初字第19号、〔2008〕川民终字第90号、〔2011〕民提字第210号）中，最高人民法院裁判摘要认为，根据《合同法》第73条的规定，因债务人怠于行使其到期债权，对债权人造成损害的，债权人可以向法院请求以自己的名义代位行使债务人的债权，但该债权专属于债务人自身的除外。债务人与次债务人约定以代物清偿方式清偿债务的，因代物清偿协议系实践性合同，故若次债务人未实际履行代物清偿协议，则次债务人与债务人之间的原金钱债务并未消灭，债权人仍有权代位行使债务人的债权（2012年最高人民法院公报案例）。

② 在中国农业银行哈尔滨市汇金支行诉江苏省张家港市涤纶长丝厂代位权纠纷案（〔2000〕苏中经初字第191号、〔2001〕苏民二终字第299号）中，江苏高院裁判摘要认为，债务人在债务到期后，既不积极向债权人履行到期债务，又不通过诉讼或者仲裁方式主张其对次债务人的到期债权，而是与次债务人通过签订延期协议，延长履行债务期限，明显损害债权人的合法权益，导致债权人的债权不能实现的，属于《合同法》第73条规定的债务人怠于行使到期债权的行为，债权人可以以自己的名义代位行使债务人的债权（2004年最高人民法院公报案例）。

人身伤害赔偿等权利。例如,在成都市国土资源局武侯分局债权人代位权纠纷案中,①最高人民法院判决指出专属于债务人本身的债权不得行使代位权。

(3) 以债权人的债权为代位权行使范围。债权人代位权的范围应以债权人的债权为限。代位权制度的目的是为保全债权人的债权,仅在债权有不能实现危险时,债权人才能行使代位权。债权人行使代位权有一定的限度,即债权人行使代位权的范围不能超过债权人对债务人享有的债权,代位权行使超过对债务人的债权,构成对债务人权利的侵害。此外,债权人与债务人之间的合法债权债务关系,是行使代位权的首要条件。只有合法的债权债务关系才能得到法律的保护。如果债权人对债务人不享有合法债权或者债务人对次债务人不享有合法债权,不存在债权人的代位权。如果合同因违法而被认定无效、被撤销或者已过诉讼时效,则债权人也不能行使代位权。例如,在中国银行股份有限公司汕头分行代位权纠纷案中,②最高人民法院判决认为,合法有效的主债权债务关系和次债权债务关系是代位权行使的前提。

(二) 债权人代位权的范围

关于债权人行使代位权的范围,《合同法》第73条规定代位权的行使范围以债权人的债权为限。代位权的范围是以全体债权人的债权还是仅以行使代位权的债权人债权为限,《合同法》第73条并未明确,理论上有不同的理解。但根据《合同法司法解释(一)》第20条的规定,代位权的范围应仅限于行使代位权的债权人的债权,而不是全体债权人的债权。代位权的行使范围以债权人的债权为限包含两个方面的内容:

(1) 以债权人自身债权为限。债权人行使代位权仅以自身债权为基础提起代位权诉讼,且代位权的范围仅限于行使代位权的债权人所享有的债权范围。虽然《合同法》第73条没有明文规定,但《合同法司法解释(一)》第20条明确规定,次债务人直接向债权人履行清偿义务,可以推定代位权的范围仅限于债权人自身的债权。理由如下:

一是在其他债权人没有对债务人主张债权及行使代位权的情形下,债权人行使代位权时,第三人的清偿即使名义上归属于债务人,实际上也是向行使代位权的债权人清偿。

二是行使代位权的债权人没有义务替其他债权人主张权利。根据私法自治原则,是否行使代位权属于其他债权人的权利,行使代位权的债权人没有必要也没有权利越俎代庖。

---

① 成都市国土资源局武侯分局与招商(蛇口)成都房地产开发有限责任公司、成都港招实业开发有限责任公司、海南民丰科技实业开发总公司债权人代位权纠纷案(〔2007〕成民初字第19号、〔2008〕川民终字第90号、〔2011〕民提字第210号)。

② 在中国银行股份有限公司汕头分行与广东发展银行股份有限公司韶关分行、第三人珠海经济特区安然实业(集团)公司代位权纠纷案(〔2005〕珠中法民二初字第35号、〔2008〕粤高法民二终字第5号、〔2011〕民提字第7号)中,最高人民法院裁判摘要认为,债权人提起代位权诉讼应以主债权和次债权的生效为条件。生效的债权是指债权的内容不违反法律、法规的规定,且要求债权的数额应当确定。债权数额的确定既可以表现为债务人、次债务人对债权的认可,也可以经法院判决或者仲裁机构裁决加以确认(2011年最高人民法院公报案例)。

三是行使代位权的债权人不可能知道债务人的其他债权人及其债权数额,也无法获得其他债权人的债权凭证,而这些事实是行使其他债权人代位权的前提和基础。

基于前述理论和实践方面的原因,以全体债权人的债权为行使代位权的范围,既缺乏法理依据,事实上又不具可操作性。

(2) 以代位权行使债权人的债权数额为限。债权人行使代位权时,应尽可能使其代位请求债权的数额与其对债务人所享有的债权数额大致相等,如《合同法司法解释(一)》第 21 条规定,债权人行使代位权的请求数额不得超过债务人所负债务额或者超过次债务人对债务人所负债务额。

根据司法解释的规定,次债务人直接向债权人履行清偿义务。次债务人根据债权人的请求而直接向债权人履行交付义务,并使债权人的债权在客观上优先受偿的原因是,债权人在行使代位权时,仅有该债权人积极行使对债务人的债权,债务人的其他债权人均未积极地行使各自的债权,而是消极地享有各自的债权,从而行使代位权的债权人既无必要也无可能要求其他债权人分享次债务人的清偿。因此,代位权仅限于代位权行使的债权人自身债权体现了私法自治原则。

(三) 债权人代位权的行使

关于代位权的行使有以谁的名义行使与行使的方式两个方面的问题。代位权以谁的名义行使,即债权人应以自己的名义还是以债务人的名义行使代位权,一些国家的立法和理论有两种不同的观点:

(1) 以债务人的名义。以《法国民法典》为代表的立法认为债权人只能以债务人的名义行使代位权,而不得以债权人本人的名义行使代位权。法国司法实践和合同法理论认为,代位权制度的目的是为保护债务人的利益和债权人的利益,债权人通过诉讼获得的利益应返还给债务人,作为所有债权人实现债权的共同担保。

(2) 以债权人的名义。以我国《合同法》为代表的立法认为债权人只能以自己的名义行使代位权,而不得以债务人的名义行使代位权。代位权制度的目的是为保护债权人的利益,实现债权人的债权,其他债权人无权分享行使代位权所获得的利益。例如,在成都市国土资源局武侯分局债权人代位权纠纷案[①]和中国农业银行哈尔滨市汇金支行代位权纠纷案[②]中,法院判决明确指出,债权人应以自己的名义代位行使债务人的债权。

在立法和理论上,代位权的行使方式有裁判和直接行使两种方式。大陆法系合同法理论认为,债权人代位权不必经法院或者仲裁的裁判,可以直接采取裁判以外的方式行使。但是,我国《合同法》明确规定债权人通过裁判方式行使代位权,如成都市国

[①] 成都市国土资源局武侯分局与招商(蛇口)成都房地产开发有限责任公司、成都港招实业开发有限责任公司、海南民丰科技实业开发总公司债权人代位权纠纷案(〔2007〕成民初字第 19 号、〔2008〕川民终字第 90 号、〔2011〕民提字第 210 号)。

[②] 中国农业银行哈尔滨市汇金支行诉江苏省张家港市涤纶长丝厂代位权纠纷案(〔2000〕苏中经初字第 191 号、〔2001〕苏民二终字第 299 号)。

土资源局武侯分局债权人代位权纠纷案①和中国农业银行哈尔滨市汇金支行代位权纠纷案②。有观点认为《合同法》仅规定了诉讼方式,理论上可以作扩大解释,将仲裁方式也包括在内。

(四)债权人代位权的效力

债权人代位权的效力是指债权人行使代位权所取得的财产归属问题,在理论和实践上存在较大的争议,涉及债权的相对性原则和平等性原则,主要有以下两种观点:

(1)归属于债务人。债权人行使代位权所得的财产应归属于债务人,加入到债务人的责任财产中,成为债务人对全体债权人履行债务的担保,行使代位权的债权人不享有优先受偿权,而应根据债权平等性原则清偿债权人的债权。根据合同的相对性原则,行使代位权的债权人与次债务人之间没有合同关系,次债务人没有义务向代位权人履行合同债务。因此,代位权行使的成果应归属于债务人。

(2)归属于行使代位权的债权人。债权人行使代位权所得的财产应属于行使代位权的债权人,其他债权人不应分享代位权的成果,符合意思自治原则。债权人是否行使债权以及如何行使,是债权人对权利的处分。我国《合同法》第73条规定债权人行使代位权以债权为限,说明了次债务人向债权人履行清偿义务的合理性和法律依据,《合同法司法解释(一)》第20条的规定则进一步作了明确。

根据《合同法》的规定,债权人必须通过法院行使代位权。债权人代位权一旦经法院确认将产生以下三个方面的法律后果:

(1)对债权人的效力。代位权的行使对债权人的效力主要体现在债权人以诉讼方式行使代位权,次债务人清偿债务的对象是债权人还是债务人,即债权人可否直接受领代位权诉讼所取得的财产。根据《合同法司法解释(一)》第20条的规定,债权人行使代位权后,次债务人应向债权人履行清偿义务。债权人接受次债务人给付履行,享受代位权诉讼的成果,但债权人行使代位权的请求数额不得超过债务人所负的债务数额。

(2)对债务人的效力。债权人代位行使债务人的权利,在法院确认代位权成立前,债务人对次债务人的权利仅受限制并没有丧失。在债权人提起代位权诉讼后,债务人以次债务人为被告的起诉权受到限制,仅对超出债权人行使代位权请求数额的债权部分起诉次债务人。法院确认代位权后,债务人与债权人、次债务人相应的债权债务法律关系将消灭。债权人的债权如未能全部清偿,债权人可就剩余部分向债务人行使请求权。在债权人行使代位权后次债务人的债务还有余额,债务人还可再向次债务人主张权利。另外,债权人行使代位权所支出的必要费用应由债务人负担。

---

① 成都市国土资源局武侯分局与招商(蛇口)成都房地产开发有限责任公司、成都港招实业开发有限责任公司、海南民丰科技实业开发总公司债权人代位权纠纷案(〔2007〕成民初字第19号、〔2008〕川民终字第90号、〔2011〕民提字第210号)。
② 中国农业银行哈尔滨市汇金支行诉江苏省张家港市涤纶长丝厂代位权纠纷案(〔2000〕苏中经初字第191号、〔2001〕苏民二终字第299号)。

(3) 对次债务人的效力。债权人行使代位权和债务人对次债务人直接行使权利，不影响次债务人的权利义务关系。根据《合同法司法解释（一）》第 18 条的规定，次债务人对债务人的抗辩均对债权人适用，如不可抗力抗辩、诉讼时效抗辩、同时履行抗辩、不安抗辩、权利瑕疵抗辩等。

（五）债权人代位权与保险代位权

保险代位权（right of subrogation）是指保险人在给付保险金之后，如果第三人对保险事故的发生或者保险标的损害负有赔偿责任，保险人在已经承担的保险赔偿金额范围内取得了被保险人向第三人损害赔偿请求权，如中国平安财产保险股份有限公司江苏分公司保险人代位求偿权纠纷案。① 合同法上的代位权与保险代位权，既有相同之处，也有本质的差别。合同代位权与保险代位权的相同之处表现为：两种权利均来源于法律的直接规定，属于法定权利，当事人不能通过合同约定来改变；两种权利的义务主体均为第三人，且权利的行使范围均不得超出原债权人的债权；代位权与基础债权既相互牵连，又相互独立。然而，合同代位权与保险代位权又存在本质的区别：

(1) 两种权利的功能不同。传统合同法理论认为，合同代位权的功能在于保全债权，为使债权人的债权不致因债务人的懈怠而不能实现，合同代位权制度是恢复债务人的履行能力；保险代位权是为保险人实现被保险人对第三人的债权，如华泰财产保险有限公司北京分公司保险人代位求偿权纠纷案。② 保全债权与实现债权两者间不仅存在理论鸿沟，而且实际运用效果差异明显。③ 合同债权人代位权行使的效力可归债务人所有，并纳入债务人的责任财产，成为全体债权人的共同担保，债务人的其他债权人因债权的平等性对该结果均享有请求权；保险代位权行使的效力归保险人享有，保险人有权直接处分实体权利，效力直接归于保险人自己。保险代位权的权利内容实际要求第三人向保险人自己履行，保险人享有第三人的履行利益；合同代位权的权利内容是要求次债务人向债务人履行，获得的利益归债务人所有，功能在于保全债权人的债权。但是，《合同法司法解释（一）》第 20 条规定，由次债务人直接向债权人履行清偿义务，即赋予债权人对债权的优先受偿效力。司法解释规定的次债务人直接向债权人履行清偿义务，有利于鼓励债权人行使代位权，但违反了债权的平等性原则和债务人财产对债权人债权的共同担保原则。

(2) 两种权利的行使条件不同。保险代位权的行使要件是保险事故及其损失的

---

① 在中国平安财产保险股份有限公司江苏分公司诉江苏镇江安装集团有限公司保险人代位求偿权纠纷案（〔2010〕京商初字第 1822 号、〔2011〕镇商终字第 0133 号、〔2012〕苏商再提字第 0035 号）中，江苏高院裁判要点认为，因第三者的违约行为给被保险人的保险标的造成损害的，可以认定为属于《保险法》第 60 条第 1 款规定的"第三者对保险标的的损害"的情形。保险人由此依法向第三者行使代位求偿权的，法院应予支持（指导案例 74 号）。

② 在华泰财产保险有限公司北京分公司诉李志贵、天安财产保险股份有限公司河北省分公司张家口支公司保险人代位求偿权纠纷案（〔2012〕东民初字第 13663 号）中，北京东城法院裁判摘要认为，因第三者对保险标的的损害造成保险事故，保险人向被保险人赔偿保险金后，代位行使被保险人对第三者请求赔偿的权利而提起诉讼的，应当根据保险人所代位的被保险人与第三者之间的法律关系，而不应当根据保险合同法律关系确定管辖法院。第三者侵害被保险人合法权益的，由侵权行为地或者被告住所地法院管辖（指导案例 25 号）。

③ 参见佟强：《代位权制度研究》，载《中外法学》2002 年第 2 期。

发生与第三者的过错有直接的因果关系,保险人与被保险人之间有保险合同关系,而且保险人已经履行保险赔付义务。保险赔付义务的履行是保险人行使代位权的前提条件,在保险赔付义务履行之前,保险人与第三人不发生法律关系,也无权行使被保险人对第三人的请求权。债权人代位权的行使要件是债务人对他人的债权业已到期却怠于行使,且已危及债权人利益。换言之,在有确定期限债权届满后,或者无确定期限债权经催告后,或者为防止债务人权利的消灭、变更危及债权人的利益,债权人方可行使代位权。债权人代位权的行使还要求债务人怠于行使其权利,如果债务人已经行使了对第三人的债权,债权人代位权也就失去行使的依据。

(3) 权利的行使范围不同。代位权的行使范围以保险金的给付额为限,在保险事故发生后,如果被保险人已从第三人获得损害赔偿,保险人可在给付保险金时相应扣减已获赔偿部分的金额,同时取得实际给付部分的代位权,如中国人民财产保险股份有限公司佳木斯市永红支公司保险代位求偿权纠纷案。① 但是,代位权的行使范围与被保险人对第三人的损害赔偿债权范围未必一致,因为被保险人对第三人的损害赔偿请求权可能还涵盖诸如精神损害赔偿之类的请求权。债权代位权的行使范围来源于债务人对次债务人的权利范围,即债权人不可能对次债务人行使超过债务人对次债务人的权利以外的权利;同时,债权代位权的行使范围还来源于债权人对债务人的债权范围,债权代位权人一般也不应该向次债务人行使超过债权人对债务人债权以外的权利。代位权的目的在于保全债权,债权人行使代位权以达到保全为目的,合同法的立法意图在于保护债务人和次债务人的合法利益。②

三、债权人的撤销权

债权人的撤销权是一种债权保全制度,旨在保障合同债务履行和维护债权人的利益。它为债权人督促债务人切实履行合同义务提供了法律依据,对促进市场形成良好的信用制度和商业道德具有重要意义。在合同司法审判实践中,债权人行使撤销权的条件是否成就,行使撤销权的期限是否超过除斥期间而导致权利消灭,通常成为案件争议的焦点和难点。债权人的撤销权行使的情形是债务人放弃到期债权,或者无偿、低价转让、处分财产的行为损害了债权人的利益。

(一) 债权人撤销权的概念

债权人的撤销权(creditor's right of rescission)是指债权人为维护自身的权利请求法院撤销债务人处分财产的行为。债务人放弃到期债权或者无偿转让财产对债

---

① 在中国人民财产保险股份有限公司佳木斯市永红支公司与中国工商银行股份有限公司佳木斯分行保险代位求偿权纠纷案(〔2004〕黑高商初字第5号、〔2007〕民二终字第67号)中,最高人民法院裁判要旨认为,因第三者对保险标的的损害而造成保险事故的,保险人自向被保险人赔偿保险金之日起,在赔偿金额范围内代位行使被保险人对第三者请求赔偿的权利。

② 例如,债务人对次债务人有多个债权,均怠于行使,债权人如代位其中之一即可满足保全需要,不得再对债务人的其他债权行使代位权。

人造成损害的,债权人可以请求法院撤销债务人的处分行为。债权人的撤销权(又称为"废罢诉权")源于古罗马法。大陆法系国家合同法继受了罗马的撤销权制度,《法国民法典》第1167条、《日本民法典》第424条以及我国民国时期的《中华民国民法典》第244条、第245条等均规定了撤销权制度,德国和瑞士则在特别法中规定了撤销权制度。《合同法》第74条和第75条规定了撤销权制度,《合同法司法解释(一)》第23条至第26条详细规定了撤销权行使的程序等,如国家开发银行借款合同、撤销权纠纷案。[①]

与代位权不同,债权人撤销权制度的本质是保障全体债权人的利益,而不是行使撤销权的债权人的个别利益。[②] 撤销权行使的目的是为保全债务人的责任财产,撤销权行使后所获得的利益归全体债权人所有,而不是行使撤销权的债权人独自享有。[③] 债权人的撤销权是法律赋予债权人的权利,通过撤销权的行使债权人扩张了债权的权能。关于债权人撤销权的性质,主要有请求权说[④]、形成权说[⑤]与折中说[⑥]三种学说。关于债权人撤销权的性质,大陆法系各国的理论和实践存在上述分歧,我国情况大致也是如此,但是撤销权属于形成权的范畴较为合理,即以单方意思表示使法律关系消灭。[⑦]

(二)债权人撤销权的构成要件

《合同法》第74条规定了债权人撤销权的构成要件,债权人撤销权的构成要件因债务人处分行为性质的不同而存在差异,撤销权行使的目的是为保护债权人的利益,而第三人的利益法律也同样需要保护。在无偿行为中,第三人的利益是无偿获得的,并未支付对价,利益被撤销之后并未受到积极的损害。无偿行为的撤销条件较为宽松,不论第三人的主观意思如何。在有偿行为中,第三人是支付对价获得利益的,一旦利益被撤销,则第三人的利益受到积极的损害,有偿行为仅在双方当事人具有恶意时方可被撤销。因此,债权人撤销权的构成要件有主观要件和客观要件之分,债权人撤

[①] 在国家开发银行与沈阳高压开关有限责任公司、新东北电气(沈阳)高压开关有限公司、新东北电气(沈阳)高压隔离开关有限公司、沈阳北富机械制造有限公司等借款合同、撤销权纠纷案([2004]高民初字第802号、[2008]民二终字第23号)中,最高人民法院裁判摘要认为,根据《合同法》第74条的规定,债务人以明显不合理的低价转让财产,对债权人造成损害且受让人知道该情形的,债权人可以请求法院撤销债务人转让财产的行为(2008年最高人民法院公报案例)。

[②] "……撤销权是为全体债权人的利益而设定的制度。"[日]我妻荣:《新订债权总论》,王燚译,中国法制出版社2008年版,第173页。

[③] 同上书,第182页。

[④] 请求权说认为债权人的撤销权针对的是因债务人的行为而受益的第三人,债权人可以直接请求第三人返还从债务人获得的财产权利。因此,债权人行使撤销权的法律效果仅产生债权请求权。

[⑤] 形成权说认为债权人的撤销权具有实体法上形成权的性质,债权人以自己的意思表示通过诉讼方式使债务人与第三人之间的法律行为的效力溯及地消灭。债权人行使撤销权的法律效果是使债务人实施欺诈行为原归属受益人的权利自始失去效力而复归于债务人。

[⑥] 折中说认为债权人的撤销权是撤销债务人的行为且使债务人的责任财产恢复原状的权利。债权人的撤销权具有请求权与形成权两种权利性质,撤销债务人与受益人之间的法律行为属于形成权,而请求受益人将财产返还给债务人则属于请求权。

[⑦] 参见郑云瑞:《民法总论》(第八版),北京大学出版社2018年版,第144页。

销权的客观构成要件有以下三个方面：

（1）债务人实施一定的法律行为。债务人所实施的法律行为已经生效，如债务人放弃其到期债权、无偿转让财产、以明显不合理的低价转让财产等行为。如果债务人的法律行为并没有成立或者生效，债权人对这些行为没有行使撤销权的必要和可能。例如，在瑞士嘉吉国际公司买卖合同纠纷案中，[1]最高人民法院判决认为，债务人将主要财产以明显不合理低价转让给其关联公司，侵害了债权人的利益。

（2）债务人的法律行为是以财产为标的。债务人实施了一定的处分财产的行为，因债务人处分财产的行为导致其责任财产的不当减少。债务人实施的身份行为，如婚姻、收养、非婚生子女的认领、继承权的抛弃等与债权人的撤销权无关。

（3）债务人处分财产的行为有害债权。债务人的处分行为可能致使债权人的债权难以实现或者不能实现。债务人的处分行为危害债权的实现是债权人撤销权构成的一个重要判定标准。在实施处分财产的行为后，债务人仍有足够资产清偿债务则不能认为其行为有害于债权，债权人无权干涉债务人的财产处分行为。例如，在梁清泉委托合同及撤销权纠纷案中，[2]最高人民法院判决认为债务人无偿转让其财产给债权人造成损害的，债权人可以行使撤销权。

以上三个方面的客观要件是无偿行为和有偿行为共同的构成要件，债务人无偿处分财产的，仅须具备客观要件，债权人即可行使撤销权；债务人有偿处分财产的，不仅要具备客观要件，而且还要具备主观要件。撤销权构成的主观要件表现在债务人和第三人两个方面：

（1）债务人具有恶意。债务人的恶意有两种立法例：一是意思主义的立法例。债务人实施处分财产行为时应有损害债权的意思。德国、奥地利、瑞士等采取这种立法例。二是观念主义。债务人明知处分财产的行为有害债权，可能进一步加剧资产状况的恶化。法国、日本、我国台湾地区等采取这种立法例，我国《合同法》第74条也采取观念主义。

（2）第三人具有恶意。第三人的恶意是指第三人明知债务人的处分行为有害债权人的债权。在债务人有恶意而第三人善意时，债权人撤销债务人的财产处分行为将直接损害善意第三人的利益，影响交易安全。因此，只有在第三人也具有恶意时，债权人才能行使撤销权。

（三）债权人撤销权行使的方式

由于撤销权制度旨在保全债权人债权利益，当债务人与第三人的行为危及债权

---

[1] 瑞士嘉吉国际公司与福建金石制油有限公司等买卖合同纠纷案（〔2007〕闽民初字第37号、〔2012〕民四终字第1号）。

[2] 在梁清泉与襄樊豪迪房地产开发有限公司、雷鸣委托合同及撤销权纠纷案（〔2008〕鄂民二初字第9号、〔2009〕民二终字第97号）中，法院裁判摘要认为，因债务人放弃其到期债权或者无偿转让财产，对债权人造成损害的，债权人可以请求法院撤销债务人的行为。撤销权自债权人知道或者应当知道撤销事由之日起一年内行使。自债务人的行为发生之日起五年内没有行使撤销权的，该撤销权消灭。

债权实现时,法律优先保护债权人利益,由债权人对债务人处分财产的行为行使撤销权。撤销权的行使涉及债务人与第三人的处分自由,从而撤销权的行使比代位权行使更为严格。债权人行使撤销权涉及撤销权行使的方式、范围、期限、效力等问题。关于撤销权的行使方式有两种不同立法例:

(1) 直接行使。德国、日本等国立法承认享有撤销权的债权人的意思表示可以直接撤销债务人的处分财产行为,债权人撤销债务人处分财产行为的意思表示直接产生撤销债务人法律行为的效力。

(2) 诉讼方式。法国等国家规定债权人行使撤销权应采取向法院提起诉讼的方式,撤销债务人的处分财产行为。《合同法》明文规定撤销权行使的方式,即诉讼方式,债权人请求法院撤销债务人的处分行为。撤销权应由债权人以自己的名义通过诉讼的方式行使,如国家开发银行借款合同、撤销权纠纷案。[①]

(四) 债权人撤销权行使的范围

法律对债权人撤销权行使的范围虽有明确的规定,如《合同法》第74条规定,撤销权的行使范围以债权人的债权为限,但"债权人的债权"是指全体债权人债权,还是行使撤销权的债权人债权,并未有明确的规定,理论上有两种不同的解读:

(1) 全体债权人债权。债权人行使撤销权的目的是为保全所有的债权,从而债权人行使撤销权的范围不应仅限于其自身的债权额,而应以全体债权人的全部债权为撤销权的行使范围。[②] 按照入库规则处理撤销判决所获得的利益,因行使撤销权所取回的财产或者赔偿所获得的利益,归属于债务人的责任财产,属于全体债权人所有。

(2) 债权人自身的债权。债权人行使撤销权仅限于自身债权,撤销的范围仅限于行使撤销权的债权人自身所享有的债权。撤销权设立的目的并非为保全债务人的所有债权,撤销权不能以全体债权人的债权为撤销的范围。[③]

前述两种理论均有各自的理论基础和立法例,债权人撤销权制度的设计,不仅仅是保证债权人债权的实现,还涉及债权人之间的利益平衡。债权人是以"全体债权人的债权"还是以"自身的债权"行使撤销权,应当符合我国司法审判实践的需要。

传统合同法理论认为,撤销权旨在恢复债务人的责任财产,保障一般债权人的利益,而非个别债权人的个别利益。撤销权行使范围不应以保全行使撤销权的债权人所享有的债权,而应以保全全体债权人的所有债权,从而行使撤销权的债权人应以所有债权人的债权行使撤销权。债权人通过行使撤销权使债务人已转移的财产,回归债务人,增强债务人的财产清偿能力。撤销权行使所获利益,仍归全体债权人所共享。

债权人以所有债权人的债权为行使撤销权的对象,符合传统合同法理论,但实际

[①] 国家开发银行与沈阳高压开关有限责任公司、新东北电气(沈阳)高压开关有限公司、新东北电气(沈阳)高压隔离开关有限公司、沈阳北富机械制造有限公司等借款合同、撤销权纠纷案(〔2004〕高民初字第802号、〔2008〕民二终字第23号)。

[②] 参见崔建远:《合同法》(第三版),北京大学出版社2016年版,第189页。

[③] 参见王利明:《合同法新问题研究》(修订版),中国社会科学出版社2011年版,第507页。

上却难以实现。债具有相对性,是债权人与债务人之间的法律关系,但缺乏相应的公示方式和手段。法律仅要求债权人知道自己的债务人,债权人为能够保全自己的债权而关注债务人的财产变化,但自己的债务人还有哪些其他的债权人、债权的数额有多少,债权人无从知晓。行使撤销权的债权人不可能了解其他债权人的债权,债权人行使撤销权的目的是实现自己的债权。其他债权人要实现自己的债权,可以通过自己的债权行使撤销权。其他债权人是否行使撤销权充分体现了私法自治原则,法律无须强制其他债权人行使撤销权。

综上所述,《合同法》第74条的规定应仅限于债权人的自身债权,即债权人行使撤销权应当以自己的债权为限,不得超过其债权额。撤销权的范围仅限于行使撤销权的债权人的债权,而不是全体债权人的债权。

(五)债权人撤销权行使的期限

债权人撤销权行使的期限是撤销权行使中的重要问题,涉及撤销权行使的效力。债权人应当在一定期限内行使撤销权。《合同法》第75条规定,撤销权自债权人知道或者应当知道撤销事由之日起一年内行使。自债务人的行为发生之日起五年内债权人没有行使撤销权的,该撤销权消灭,如梁清泉委托合同及撤销权纠纷案。①

撤销权是形成权,而除斥期间仅适用于形成权。《合同法》第75条规定的期间为除斥期间而不是消灭时效,不适用时效的中止、中断以及延长的规定。除斥期间属于固定期限,在该法定期限内,债权人不行使撤销权,无论基于何种原因,撤销权均归于消灭。

(六)债权人撤销权行使的效力

债权人行使撤销权将产生一定的效力,撤销权的效力根据判决的确定而产生。撤销权行使的效力表现在债权人、债务人和第三人三个方面:

(1)对债务人的效力。债务人的处分财产行为一旦被撤销,被撤销法律行为的效力自始无效。债务人与第三人之间的买卖合同生效但未交付财产的,则债务人因合同被撤销而无须履行交付标的的义务。债务人处分财产行为被撤销,债务人免除他人债务的行为则视为没有免除,承担他人债务的行为视为没有承担,为他人设定担保的行为视为没有设定等。

(2)对债权人的效力。债权人行使撤销权所获得的利益是作为全部债权人债权实现的基础还是仅为主张撤销权的债权人债权实现的基础,我国立法并无明文规定。《合同法》及其两个司法解释并未涉及撤销权行使效果的归属,但是我国的立法和理论认为,通过撤销权的行使所获得的财产应当归入债务人的责任财产中,效力及于全体债权人,构成所有债权人的一般担保,全体债权人对这些财产享有平等的受偿权。债权人不能直接从第三人返还的利益中优先清偿自己的债权。例如,在王剑平债权人撤

---

① 梁清泉与襄樊豪迪房地产开发有限公司、雷鸣委托合同及撤销权纠纷案〔〔2008〕鄂民二初字第9号、〔2009〕民二终字第97号〕。

销权纠纷案中,①浙江宁波中院判决认为,撤销权行使所获得的利益应归属全体债权人。

(3) 对第三人的效力。债务人的行为被撤销后,受领债务人财产的第三人应承担返还义务;第三人不能返还原物的应折价赔偿。

第二节　合同担保制度

合同担保制度有利于保障债权的实现,降低合同风险,增强市场信用,促进资本与商品的流通。德国、法国、日本等大陆法系国家民法典均对担保制度作了明确的规定,如《德国民法典》在债务关系法中规定了保证制度(第 765 条至第 778 条),在物权法中规定了抵押权、质权、留置权等物的担保制度。我国合同担保制度体现在《担保法》中,《担保法》确立了保障债权的立法宗旨,规定了保证、抵押、质押、留置和定金五种担保方式,构建了完整的合同担保法律制度体系。在《担保法》的基础上,《物权法》对担保物权的原则、抵押权、质权、留置权进行了增补和修正,一定程度上完善了合同担保制度。合同担保制度是合同当事人事先采取的债务履行保障措施,而合同保全制度则是合同当事人事后采取的债务履行保障措施。

一、合同担保的概念

合同担保(contract guarantee)是指合同当事人依据法律规定或者双方约定,由债务人或者第三人向债权人提供的以确保债权实现和债务履行为目的的措施,如保证、定金、抵押、质押、留置等。合同担保有人的担保、金钱担保和物的担保三种类型,其中物的担保属于物权法的范畴,主要有抵押、质押和留置三种形式。此外,所有权保留和让与担保等,也是物的担保。人的担保和金钱担保则属于合同法的范畴,有保证合同和定金合同等。担保人可以是债务人本人,也可以是债务人之外的第三人。

合同担保旨在促使债务人履行债务,保障债权人的债权得以实现,而在债权人和债务人之间,或者在债权人、债务人和第三人之间协商形成的,在债务人不履行债务或者无法履行债务时,以一定方式保证债权人债权得以实现的协议。合同担保制度的目的是切实保证合同的履行,既保障合同债权的实现,也促使合同债务的履行。

合同担保有一般担保(general guarantee)和特别担保(special guarantee)两种方式。合同当事人之间的债权债务关系生效后,债务人的财产即成为债务人履行债务的一般担保,债务人财产的不当减损将导致其担保能力的下降,债权人可行使代位权和撤销权,以保障债权的实现。特别担保则是为保障债权人债权的实现,合同当事人事先采取的担保合同债权实现的特别措施。

---

① 在王剑平诉乐雯敏、乐洁雯债权人撤销权纠纷案(〔2008〕甬镇民二初字第 544 号、〔2009〕浙甬商终字第 1103 号)中,法院裁判要旨认为,转让价格达不到交易时交易地的指导价或者市场交易价 70%的,一般可以视为明显不合理的低价。撤销的财产或者利益归属全体债权人,债权人不能在同一诉讼中既行使撤销权又对被撤销的财产或利益直接受偿。

根据法律规定和担保产生的原因,担保可分为法定担保(statutory guarantee)和约定担保(contract guarantee)。法定担保是指基于法律规定直接设立的担保方式,主要有留置权和承包人的工程款优先权。

(1)留置权。留置担保是指债权人因维修合同、委托合同、保管合同、运输合同、加工承揽合同依法占有债务人的动产,债务人不按照合同约定的期限履行债务的,债权人有权依照法律规定留置该财产,以留置财产折价或者以拍卖、变卖该留置物的所得价款中优先得到清偿。《物权法》第230条规定了留置权。

(2)承包人的工程款优先权。承包人的工程款优先权是指承包人对于建设工程的价款就该工程折价或者拍卖的价款享有优先受偿的权利。《合同法》第286条规定了承包人的工程款优先权,司法解释细化了承包人的工程款优先权行使规则。根据《最高人民法院关于建设工程价款优先受偿权问题的批复》(法释〔2002〕16号)的规定,建筑工程的承包人的优先受偿权优于抵押权和其他债权;建筑工程价款包括承包人为建设工程应当支付的工作人员报酬、材料款等实际支出的费用;行使优先受偿权的期限为六个月。

约定担保是指当事人通过约定产生的担保方式。在法定担保之外,其他的担保可以通过当事人的约定方式产生。约定担保的方式主要有保证、抵押、质押和定金。当事人在不违反法律强制性规定的前提下,可以约定担保方式。例如,在佛山市人民政府担保纠纷案中,①最高人民法院判决认为第三人的行为并不构成《担保法》意义上的保证。

二、保证合同

保证合同(guaranty contract)是指保证人与债权人之间达成的相互权利义务关系,在主债务人不履行债务时,由保证人承担保证债务履行的协议。保证合同是诺成合同,只要保证人以一定形式明确表示对债务人履行债务提供保证并对被保证的主债权种类和数额、债务人履行债务的期限、保证的方式、保证担保的范围、保证的期间等事项达成合意,保证合同即告成立并生效。例如,在中国光大银行股份有限公司上海青浦支行保证合同纠纷案中,②上海青浦法院一审判决认为,鉴于借款合同的有效性,保证合同有效,保证人仍应承担保证责任。

---

① 佛山市人民政府与交通银行香港分行担保纠纷案(〔2001〕粤法经二初字第1号、〔2004〕民四终字第5号)。

② 在中国光大银行股份有限公司上海青浦支行诉上海东鹤房地产有限公司、陈思绮保证合同纠纷案(〔2012〕青民二(商)初字第457号)中,上海一中院裁判要旨认为,抵押预告登记是为抵押权的实现而设立的一种预先的排他性保全,其所登记的是将来发生抵押权变动的请求权,而并非现实的抵押权。以预售商品房作为抵押物,只有在房屋建成并办理抵押权设立登记之后,抵押权人才能享有现实的抵押权。开发商与购房人虚假签订商品房预售合同,目的在于套取银行贷款,属于恶意串通,损害第三人利益的行为,该商品房预售合同应属于无效合同,购房人不能因此取得预售商品房的产权,也就无法为该房屋办理抵押权设立登记。因此,银行不能就该房屋行使抵押权(2014年最高人民法院公报案例)。

（一）保证的基本概念

保证（guarantee）是指为担保合同债务的履行，债权人与第三人约定在债务人不履行债务时由第三人按照约定履行合同债务或者承担合同责任的行为。《担保法》第6条规定："本法所称保证，是指保证人和债权人约定，当债务人不履行债务时，保证人按照约定履行债务或者承担责任的行为。"保证属于人的担保，是合同担保的一种主要形式。保证具有从属性、独立性和补充性三个方面的特点：

（1）从属性。保证合同的从属性是指保证合同存续应当以一定的合同关系为前提。被担保的合同与保证合同之间的关系是一种主从法律关系，保证合同是一种从法律关系。保证合同的订立目的是保障所担保的债务履行，保护交易安全和债权人利益。保证合同的从属性主要表现在成立上的从属性、处分上的从属性、消灭上的从属性、效力上的从属性四个方面。

（2）独立性。保证合同的独立性是指保证合同虽为从合同，但也具有独立性，表现为存在的独立性和效力的独立性两个方面。保证合同是一种独立的法律关系，并非被担保的债权合同的一部分，与被担保的合同债权属于两个不同的法律关系。此外，被担保的合同债权不成立或者无效不会影响已经生效的保证合同的效力。银行保函的独立性表现得更为突出，独立于当事人之间的债权债务关系。银行保函是由银行开立的承担付款责任的一种担保凭证，银行根据保函的规定承担绝对付款责任。银行保函大多属于"见索即付"（无条件保函），有投标保函、履约保函、支付保函、预付款保函等形式。

（3）补充性。保证合同的补充性是指合同债权人所享有的担保权或者担保利益。保证合同的补充性主要体现在责任财产的补充和效力的补充两个方面：责任财产的补充表现为保证合同扩大了保障债权实现的责任财产，增强了债权人的债权得以实现的可能性。效力的补充表现为当债务人不履行债务时，由担保人替代债务人履行合同义务，保障债权得以实现。

保证人（guarantor）是指与债权人约定为主合同债务提供担保，在债务人不能履行债务时按照约定履行债务。保证合同是由债权人和保证人订立的，而不是债务人和保证人，保证人的保证义务对象是债权人，设定保证的目的是为防止债务人不履行债务造成债权人的损失，使债权人的权利得到更为充分的保障。保证是一种人的担保，是以人的信用为主合同债务的实现提供担保，要求债务人不能履行债务时，由保证人代为履行债务或者承担责任，从而要求保证人应当具有代为清偿债务的能力。保证人可以是自然人，也可以是法人，但自然人作为保证人应具有完全行为能力。保证人应当是主合同债权人和债务人之外的第三人，保证人是在债务人不能履行债务时代为履行债务或者承担责任而设定的，仅要求提供人的担保，这种担保方式要由债务人以外的第三人提供，否则失去保证的意义。《担保法》对不能成为保证人的机构有明确规定，主要有以下几种情形：

（1）国家机关。国家机关不得为保证人，但经国务院批准为使用外国政府或者国际经济组织贷款进行转贷的除外。国家机关的财产和经费来源于国家和地方财政,主要用于符合其设立目的的公务活动,普通的商事活动有悖于国家机关的设立宗旨和目的。因此,国家机关不得作为保证人。

(2)公益性事业单位。学校、幼儿园、医院等以公益为目的的事业单位、社会团体不得为保证人。学校、幼儿园、医院等以公益为目的的事业单位、社会团体均为非营利性机构,其设立的目的是为公益服务,不应违背机构设立的目的和宗旨,参与商事活动为其他商事主体的债务承担保证责任。公益性事业单位一旦承担保证责任,就有可能以教育设施、医疗设施等为债务人偿还债务,特定债权人利益得以保护,但影响了社会公共利益,造成社会秩序的混乱,因而学校、幼儿园、医院等以公益为目的的事业单位、社会团体不得为保证人。以营利为目的的企业法人不属于公益性事业单位。例如,在中国工商银行福州市五四支行借款担保纠纷案中,[1]最高人民法院判决否定了自来水公司为公益性事业单位法人的性质,其保证行为有效。

(3)法人的分支机构、职能部门。法人的分支机构、职能部门因其主体资格和债务的清偿能力等方面的原因不得作为保证人。但法人的分支机构有法人书面授权的,可以在授权范围内提供保证。经法人书面授权提供保证的法人分支机构,如果法人的书面授权范围不明的,应当对保证合同约定的全部债务承担保证责任。法人的分支机构经营管理的财产不足以承担保证责任的,由法人承担清偿责任。债权人和法人有过错的,应当根据其过错各自承担相应的责任。债权人没有过错的,则由法人独自承担责任。

(4)公司为股东的债务提供保证。公司为股东的债务提供保证责任,《公司法》经历了从禁止到允许的过程。《公司法》(1993年)第60条第3款禁止董事和经理以公司的资产为公司股东提供担保,针对上市公司的担保问题,证监会制定了两个规范性文件以规制公司担保问题,[2]禁止上市公司为股东提供担保。通过对上市公司担保能力的限制,防止控股股东滥用公司担保进行不当利益输送,以保障公司资产的独立性和完整性。例如,在温州信托公司清算组债权债务转让合同纠纷案[3]和中国工商银行

---

[1] 在中国工商银行福州市五四支行诉长乐市自来水公司等借款担保纠纷案(〔2004〕闽民初字第47号、〔2004〕民二终字第262号)中,法院裁判摘要认为,保证人领取企业法人营业执照,属于以营利为目的的企业法人,即使其经营活动具有一定的公共服务性质,不属于以公益为目的的事业单位(2005年最高人民法院公报案例)。

[2] 《关于上市公司为他人提供担保有关问题的通知》(证监公司字〔2000〕61号)(已废止)和《关于规范上市公司与关联方资金往来及上市公司对外担保若干问题的通知》(证监法〔2003〕56号)。

[3] 在温州信托公司清算组诉幸福实业公司等债权债务转让合同纠纷案(〔2001〕鄂经初字第22号、〔2002〕民二终字第67号)中,法院裁判摘要认为,股份公司以公司资产为本公司的股东提供担保的,担保合同无效。债权人、担保人有过错的,担保人承担民事责任的部分,不应超过债务人不能清偿部分的1/2(2004年最高人民法院公报案例)。

福州市闽都支行借款担保纠纷案(即中福实业公司担保案)①中,最高人民法院判决认为,担保合同因违反法律的强制性规定而归于无效,但债权人与担保人均有过错的,应承担相应的责任。

《公司法》(2013年)第16条将先前的禁止性规范变为限制性规范,即公司为股东提供担保应经董事会或者股东大会决议,肯定了公司为股东提供担保的合法性,扩大了公司意思自治的范围,放松了对公司的管制,减少了强制性规范的适用范围。例如,在中国进出口银行借款担保合同纠纷案(即光彩集团担保案)②和中建材集团进出口公司进出口代理合同纠纷案③中,法院判决认为,《公司法》第16条和公司章程关于公司担保能力、担保额度以及担保审批程序等规定,是调整公司内部法律关系的规范,在公司内部产生相应的法律后果,不能对抗担保债权人等公司以外的第三人。公司、公司股东以及公司之外的第三人以担保违反公司章程的规定为由主张担保关系无效的,除非涉及公司为内部人员提供担保,不应予以支持。此外,公司法定代表人的越权行为所签订的担保合同为有效合同,如在中国银行(香港)有限公司担保合同纠纷案中,④最高人民法院判决认为,公司法定代表人越权对外担保,该公司未能提供证据证明相对人签订担保合同时知道或者应当知道该担保合同是其法定代表人越权订立的,该法定代表人的代表行为有效。

在保证合同实务中,股东签章或者董事签名的实际真伪、担保决议的形成程序是否违法以及相关上市公司已经对外作出担保的数额和公司的总资产的关系是否存在虚假等问题,并非相对人的审查能力所能及,只要相对人对担保公司的章程、决议文件和证明资料进行了必要而合理的形式上的审查,没有发现决议文件虚假或者其他违反法律规定之处,则相对人据此与担保公司签署的保证合同应视为有效。此外,相对人尽了前述形式审查义务,即便股东会或者股东大会、董事会决议嗣后因程序瑕疵或者内容违法被司法审判机关或者仲裁机构依法撤销或者确认无效,也不影响公司依法应

---

① 在中国工商银行福州市闽都支行诉福建省中福实业股份有限公司、中国福建国际经济技术合作公司借款担保纠纷案(〔2000〕闽经初字第41号、〔2001〕民二终字第109号)中,法院裁判摘要认为,担保人(中福实业)以董事会决议的方式代表公司为公司大股东(中福公司)的借款提供连带保证的行为担保,违反了法律关于禁止此类关联交易的强制性规定和公司章程的授权限制,该担保合同为无效合同。保证人为上市公司,其公司章程是公开的,债权人应当知晓公司章程对股东担保的限制性规定,对于担保合同无效,债权人和担保人均有过错,应各自承担相应的责任。

② 在中国进出口银行与光彩事业投资集团有限公司、四通集团公司借款担保合同纠纷案(〔2005〕高民初字第1182号、〔2006〕民二终字第49号)中,最高人民法院裁判摘要认为,当公司债权人与公司股东的利益发生冲突时,应当优先保护公司债权人的利益,对符合公司章程,经公司股东会、董事会批准,以公司资产为本公司股东或其他个人债务提供的担保的,可以认定有效(2006年最高人民法院公报案例)。

③ 在中建材集团进出口公司诉北京大地恒通经贸有限公司、北京天元盛唐投资有限公司、天宝盛世科技发展(北京)有限公司、江苏银大科技有限公司、四川宜宾俄欧工程发展有限公司进出口代理合同纠纷案(〔2008〕二中民初字第13716号、〔2009〕高民终字第1730号)中,北京高院裁判摘要认为,公司违反《公司法》第16条的规定与他人订立担保合同的,不能简单认定合同无效。该条款规定的公司内部决议程序不得约束当事人,且该条款并非效力性的强制性规范(2011年最高人民法院公报案例)。

④ 中国银行(香港)有限公司诉汕头宏业(集团)股份有限公司、汕头经济特区新业发展有限公司担保合同纠纷案(〔2000〕粤法经二初字第5号、〔2002〕民四终字第6号)。

承担的担保责任。在公司承担责任之后,就公司因此所受的损害,公司有权根据《公司法》第20条、第21条、第148条第1款第3项和第149条的规定追究控制股东、实际控制人、董事、监事和高级管理人员的责任。

反担保(counter guarantee)是指为债务人担保的第三人,为保证其追偿权的实现,要求债务人为其提供的担保。在债务履行期届满,债务人未履行债务时,由第三人承担担保责任后,第三人即成为债务人的债权人,第三人对其代债务人履行的债务,有权向债务人追偿。在第三人向债务人行使追偿权时,有可能因债务人无力偿还导致追偿权落空。为保证追偿权的实现,在为债务人作担保时,第三人可以要求债务人为其提供担保。《担保法》第4条规定:"第三人为债务人向债权人提供担保时,可以要求债务人提供反担保。反担保适用本法担保的规定。"反担保也是担保的一种形式,作为担保制度衍生出的一种特殊形态,反担保的意义表现在两个方面:

(1)维护担保人的利益。反担保制度主要是维护担保人的利益,是保障担保人将来可能发生的追偿权实现的有效措施。[①] 担保人利益的维护是担保制度的存续和发展的基础和前提。

(2)有助于担保关系的设立。第三人在为债务人向债权人提供担保时,通常会要求债务人提供反担保。在债务人不能提供反担保时,第三人可能拒绝为债务人提供担保。在商事交易中,银行、担保公司等金融机构为债务人提供保证担保时,均要求债务人提供反担保。因此,反担保措施直接影响到担保关系的设定。

(二)保证的方式和范围

保证合同的保证方式和保证范围直接关系到保证人的责任,涉及保证人的权利义务,是保证合同的重要内容。保证合同的保证方式是指保证人承担保证责任的方式。保证合同应明确保证人的保证方式,从而明确保证人的权利义务。不同的保证方式,保证人承担不同的责任。保证合同的保证方式有一般保证和连带责任保证两种:

(1)一般保证。一般保证是指债权人与保证人在保证合同中约定,在债务人不能履行债务时,由保证人承担保证责任。在一般保证中,保证人仅对债务人不履行债务承担补充责任的保证。在主合同纠纷未经审判或者仲裁之前,并对债务人财产依法强制执行仍不能履行债务前,一般保证人可以拒绝对债权人承担保证责任。

(2)连带责任保证。连带责任保证是指债权人与保证人在保证合同中约定,保证人与债务人对债务承担连带责任。在连带责任保证中,债务人在主合同规定的债务履行期届满时没有履行债务,债权人既可以要求债务人履行债务,也可以要求保证人在

[①] 《关于规范上市公司与关联方资金往来及上市公司对外担保若干问题的通知》(证监法〔2003〕56号)第2条第2款第4项规定:"上市公司对外担保必须要求对方提供反担保,且反担保的提供方应当具有实际承担能力。"

保证范围内承担保证责任。例如,在北京长富投资基金委托贷款合同纠纷案中,[①]湖北高院一审判决认为,案件所涉投资合作协议、委托贷款合同、抵押合同、股权质押合同、连带保证合同是各方当事人的真实意思表示,内容不违反法律、法规的禁止性规定,应当认定为合法有效,各方当事人均应严格按照合同履行各自的义务,保证人对债务人的债务承担连带责任。

在前述两种保证方式中,保证人的权利义务有较大的差异。在连带责任保证中,保证人承担较重的责任。一般保证与连带责任保证最大的区别是保证人的先诉抗辩权(检索抗辩权):在一般保证中,保证人享有先诉抗辩权;在连带保证中,保证人不享有先诉抗辩权。例如,在中国信达资产管理公司贵阳办事处借款合同纠纷案中,[②]最高人民法院判决认为,一般保证中的保证人享有先诉抗辩权。

根据《担保法》第19条的规定,当事人对保证方式没有约定或者约定不明确的,保证人应按照连带责任保证承担保证责任。实际上,《担保法》的规定增加了保证人的责任,虽有利于保护债权人的利益,但违背了基本的法理。只有在明示的情形下,方可增加人的责任。

一般保证和连带责任保证的保证人享有债务人对债权人的抗辩权,即使债务人放弃对债务的抗辩权,保证人仍有权对债权人进行抗辩。例如,在中国东方资产管理公司大连办事处借款担保纠纷案中,[③]最高人民法院判决认为,主债务人放弃时效届满抗辩权对保证人不产生效力。

保证人在约定的保证担保范围内承担保证责任。保证担保的范围包括主债权及利息、违约金、损害赔偿金和实现债权的费用。当事人对保证担保的范围没有约定或者约定不明确的,保证人应当对全部债务承担责任。

对同一债权,既有保证又有物的担保的属于共同担保。根据《物权法》的规定,被担保的债权既有物的担保又有人的担保的,债务人不履行到期债务或者发生当事人约定的实现担保物权的情形,债权人应当按照约定实现债权。当事人没有约定或者约定不明确,债务人自己提供物的担保的,债权人应当先就该物的担保实现债权;第三人提供物的担保的,债权人可以就物的担保实现债权,也可以要求保证人承担保证责任。

---

① 北京长富投资基金与武汉中森华世纪房地产开发有限公司等委托贷款合同纠纷案(〔2014〕鄂民二初字第00035号、〔2016〕最高法民终124号)。

② 在中国信达资产管理公司贵阳办事处与贵阳开磷有限责任公司借款合同纠纷案(〔2007〕)黔高民二初字第35号、〔2008〕民二终字第106号)中,法院裁判摘要认为,连带责任保证和一般保证相区别的重要标志在于:一般保证的保证人享有先诉抗辩权,即债权人必须先行对主债务人主张权利,在经强制执行仍不能得到清偿的情况下,方能要求保证人承担保证责任;而连带责任保证的保证人不享有先诉抗辩权。在担保债务已经开始计算诉讼时效的情形下,不再适用有关保证期间的规定(2009年最高人民法院公报案例)。

③ 在中国东方资产管理公司大连办事处诉辽宁华曦集团公司等借款担保纠纷案(〔2002〕辽民三初字第70号、〔2003〕民二终字第93号)中,法院裁判要旨认为,在主债务诉讼时效已经届满后,债权人与债务人又重新对原债务进行了确认的,由于原主债务曾超过了诉讼时效,依据《担保法》第20条第1款的规定,保证人依法取得了主债务人享有的主债权诉讼时效届满产生的抗辩权。除非保证人又明确表示为确认后的主债务提供保证。否则,保证人不再承担保证责任(2003年最高人民法院公报案例)。

提供担保的第三人承担担保责任后,有权向债务人追偿。

在按份共同保证中,保证人按照保证合同约定的保证份额承担保证责任后,在保证人履行保证责任的范围内对债务人行使追偿权。两个以上保证人对同一债务同时或者分别提供保证时,各个保证人与债权人对保证份额没有约定或者约定不明确的应当认定为连带共同保证。连带共同保证的债务人在主合同规定的债务履行期届满没有履行债务的,债权人既可要求债务人履行债务,也可要求任何一个保证人承担全部保证责任。连带共同保证的保证人承担保证责任后,无法向债务人追偿的部分,由各连带保证人按其内部约定的比例分担。没有约定的,平均分担。

在保证期间,债权人依法将主债权转让给第三人的,保证债权同时转让,保证人在原保证担保的范围内对受让人承担保证责任。但是,保证人与债权人事先约定仅对特定的债权人承担保证责任或者禁止债权转让的,保证人不再承担保证责任。债权人许可债务人转让部分债务未经保证人书面同意的,保证人对未经其同意转让部分的债务,不再承担保证责任。但是,保证人仍应当对未转让部分的债务承担保证责任。债权人与债务人对主合同数量、价款、币种、利率等内容作了变动,未经保证人同意的,如果减轻债务人的债务的,保证人仍应当对变更后的合同承担保证责任;如果加重债务人的债务的,保证人对加重的部分不承担保证责任。债权人与债务人对主合同履行期限作了变动,未经保证人书面同意的,保证期间为原合同约定的或者法律规定的期间。债权人与债务人协议变动主合同内容,但并未实际履行的,保证人仍应当承担保证责任。

(三)保证期间和诉讼时效

保证期间是指当事人约定或者法律规定的保证人承担保证责任的时间期限。保证期间是债权人向(一般保证)债务人或者(连带保证)保证人主张权利的期间。债权人在保证期间没有主张权利,则保证人不再承担保证责任。保证期间的起算,既关系到保证人保证责任的承担,又关系到债权人被担保债权的实现。例如,在温州银行股份有限公司宁波分行金融借款合同纠纷案中,①宁波中院判决认为,债权人(温州银行)向保证人(婷微电子公司)主张权利并未超过合同约定的保证期间,保证人应依约在其承诺的最高债权限额内为债务人(创菱电器公司)对债权人的欠债承担连带保证责任。

保证期间作为除斥期间,是不变期间。在保证合同中,当事人通常会对保证期间有明确约定,期间的起算点是主合同履行期限届满之日。保证人与债权人约定保证期间的,按照当事人之间的约定执行。保证人与债权人未约定保证期间的,保证期间为主债务履行期届满之日起六个月。

在合同约定的保证期间或者法律规定的保证期间,债权人未对债务人提起诉讼或

---

① 在温州银行股份有限公司宁波分行诉浙江创菱电器有限公司等金融借款合同纠纷案([2013]甬东商初字第 1261 号、[2014]浙甬商终字第 369 号)中,法院裁判要点认为,在有数份最高额担保合同情形下,具体贷款合同中选择性列明部分最高额担保合同,如债务发生在最高额担保合同约定的决算期内,且债权人未明示放弃担保权利,未列明的最高额担保合同的担保人也应当在最高债权限额内承担担保责任(指导案例 57 号)。

者申请仲裁的,或者债权人没有要求保证人承担保证责任的,保证人免除保证责任。债权人已提起诉讼或者申请仲裁的,保证期间适用诉讼时效中断的规定,即从中断时起,保证期间重新计算。保证人对连续发生的债权作保证,未约定保证期间的,保证人可以随时书面通知债权人终止保证合同,但保证人对通知到达债权人前所发生的债权承担保证责任。例如,在北京长富投资基金委托贷款合同纠纷案中,①合同当事人在签订连带保证合同中约定为借款本金及利息、违约金、赔偿金等提供担保,担保方式为不可撤销的连带责任担保,保证期间为两年,从主合同约定的履行债务期限届满之日起算。主合同约定的事项导致债务人的履行债务期限被贷款人宣布提前到期,保证期间自主合同债务提前到期之日起两年。

在保证期间届满前,一般保证的债权人对债务人提起诉讼或者申请仲裁的,从判决或者仲裁裁决生效之日起开始计算保证合同的消灭时效。连带责任保证的债权人在保证期间届满前要求保证人承担保证责任的,从债权人要求保证人承担保证责任之日起,开始计算保证合同的诉讼时效。一般保证的主债务诉讼时效中断,保证债务诉讼时效中断。连带责任保证的主债务诉讼时效中断,保证债务诉讼时效不中断。在一般保证和连带责任保证中,主债务诉讼时效中止的,保证债务的诉讼时效同时中止。

一般保证的保证人在主债权履行期间届满后,向债权人提供了债务人可供执行财产的真实情况的,债权人放弃或者怠于行使权利致使该财产不能被执行,保证人可以请求法院在其提供可供执行财产的实际价值范围内免除保证责任。在保证期间,法院受理债务人破产案件的,债权人既可以向法院申报债权,也可以向保证人主张权利。债权人申报债权后在破产程序中未受清偿的部分,保证人仍应当承担保证责任。债权人要求保证人承担保证责任的,应当在破产程序终结后6个月内提出。债权人知道或者应当知道债务人破产,既未申报债权也未通知保证人,致使保证人不能预先行使追偿权的,保证人在该债权在破产程序中可能受偿的范围内免除保证责任。法院受理债务人破产案件后,债权人未申报债权的,各连带共同保证的保证人应当作为一个主体申报债权,预先行使追偿权。

(四)保证人的先诉抗辩权

先诉抗辩权(right of plea for preference claims,又称为"检索抗辩权")是指在主合同纠纷经审判或者仲裁并就债务人财产依法强制执行之前,一般保证的保证人对债权人可以拒绝承担保证责任的抗辩权。《担保法》第17条规定了先诉抗辩权。先诉抗辩权仅适用于一般保证,连带责任保证的性质使债务人和保证人对主债务的履行丧失先后次序,保证人与债务人属于同一次序,保证人不享有次序利益,不享有先诉抗辩权。在一般保证中,主债务履行期限届至而债务人未履行债务时,债权人只能先请求债务人履行,保证人与债务人对债务清偿次序有先后之分,其中债务人是第一顺位,保

---

① 北京长富投资基金与武汉中森华世纪房地产开发有限公司等委托贷款合同纠纷案(〔2014〕鄂民二初字第 00035 号、〔2016〕最高法民终 124 号)。

证人为第二顺位,从而先诉抗辩权仅存在一般保证中,如中国信达资产管理公司贵阳办事处借款合同纠纷案。[①]

先诉抗辩权起源于古代罗马法,为大陆法系各国民法所继受。我国《担保法》第17条继受德国和法国先诉抗辩权的立法例,规定了先诉抗辩权制度。先诉抗辩权制度产生的合理性在于:一是公平正义的理念。在保证债务中,保证人大多是出于好意帮助而为债务人提供担保,承担较大的风险。先诉抗辩权维护保证人的利益,平衡保证人、债权人以及债务人三者之间的利益关系,使保证制度体现公平正义。在债权人未向债务人追索而请求保证人履行时,保证人有权拒绝;当债权人就债务人的财产强制执行而无效果后,再由保证人代为履行。二是保证债务的补充性与独立性。其中,保证债务的补充性是指主债务人不履行债务时,保证人才承担履行责任。保证债务的补充性决定了保证人享有的顺序利益,即债权人仅在向主债务人诉请执行而未能实现债权时,才能请求保证人承担保证责任。

现代大陆法系各国对一般保证的设立,均采用当然设立的方式,即除非当事人约定排除(约定承担连带保证责任)或者保证人抛弃顺序利益,通常均视为一般保证。例如,《法国民法典》第2021条规定:"保证人仅在债务人不履行其债务时,始对于债权人负履行债务的责任,债权人应先就债务人的财产进行追索,但保证人抛弃此种抗辩的利益,或保证人与主债务人负担连带债务时,不在此限。"这种当然设立的方式是将一般保证作为通常的保证方式,连带责任保证则是作为例外方式,是由保证债务的补充性决定的。我国《担保法》第19条的规定却反其道而行之,在当事人没有约定或者约定不明确时,保证人承担连带责任。我国《担保法》加重了保证人的责任,有悖于法理。

尽管当事人在保证合同中约定保证人承担一般保证责任,但一般保证人在三种情况中不享有先诉抗辩权:一是债务人住所变更导致债权人要求其履行债务发生重大困难;二是法院受理债务人破产案件中止执行程序的;三是保证人以书面形式放弃先诉抗辩权。

三、定金合同

定金制度和保证制度均为当事人为保证债权债务履行的一种方式,但两种担保制度又有不同,定金属于物的担保,而保证属于人的担保。定金是以定金合同的方式实现对债权的担保。定金合同具有从属性、实践性和要式性。定金合同的从属性表现为以主合同生效为前提,主合同无效,定金合同必然无效;定金合同无效,主合同并不因此而无效。定金合同的实践性表现为,定金合同的成立不仅要当事人的合意,而且还要有标的物的交付。定金合同的要式性表现为,定金合同的成立必须满足一定的形式要件,根据《担保法》第90条的规定,定金合同应当采取书面形式。

[①] 中国信达资产管理公司贵阳办事处与贵阳开磷有限责任公司借款合同纠纷案(〔2007〕黔高民二初字第35号、〔2008〕民二终字第106号)。

（一）定金的概念

定金（earnest money）是指为保证合同的履行，双方当事人约定由一方当事人预先给付对方当事人一定数额的货币或者其他替代物。定金由双方合同当事人自行约定，但定金的最高数额不得超过主合同金额的20%。定金大多见于买卖合同，但不以买卖合同为限，租赁、承揽等合同也可以使用定金。在定金合同中，给付定金的一方当事人不履行合同债务的，无权要求对方当事人返还定金；接受定金的一方当事人不履行合同债务的，应当双倍返还定金。例如，在戴雪飞商品房订购协议定金纠纷案中，[1]苏州中院判决认为购买人向开发商交付了定金，因不可归责于双方当事人的事由导致合同不能履行的，开发商应返还购房人的定金。

定金是一种古老的法律制度，罗马法的定金有两种：一是不完全定金附约，是指给付定金的一方当事人不必受主债务的约束，可以牺牲定金为条件摆脱主债务关系。二是完全定金附约，是指定金是合同成立的证明。罗马法的定金制度为近代大陆法系国家民法所继受，《法国民法典》继受了罗马法的不完全定金附约，但未继受完全定金附约。《日本民法典》采纳了《法国民法典》的定金制度。《德国民法典》则完全继受了罗马法的定金制度，而瑞士、奥地利等国民法也采纳了德国定金制度的立法例。我国定金制度继受了《法国民法典》的立法例，如《担保法》第89条规定："当事人可以约定一方向对方给付定金作为债权的担保。债务人履行债务后，定金应当抵作价款或者收回。给付定金的一方不履行约定的债务的，无权要求返还定金；收受定金的一方不履行约定的债务的，应当双倍返还定金。"

定金合同是当事人为保证债务履行、债权实现而由一方向对方给付一定数额金钱或者其他替代物的书面约定。定金合同应采取书面形式，既可以是单独订立的书面合同，也可以是主合同中的定金条款。定金合同的当事人是建立定金担保法律关系的合同当事人，即实际给付与收受定金的当事人。定金是债权的一种担保，是当事人为保证主债权债务履行的一种方式。例如，在时间房地产建设集团有限公司土地使用权出让合同纠纷案中，[2]最高人民法院判决指出《担保法》及其司法解释中规定了定金和保证金的界定标准，即当事人主张保证金为定金的前提是双方有明确约定。

定金合同的当事人通常是主合同当事人，虽然法律并未排除合同当事人以外的第三人成为定金合同当事人，但理论和实践均以主合同当事人作为给付和接受定金的实际双方当事人。

---

[1] 在戴雪飞诉华新公司商品房订购协议定金纠纷案（〔2004〕园民一初字第0339号、〔2005〕苏中民一终字第0068号）中，苏州中院裁判摘要认为，购房者对开发商的样板房表示满意，与开发商签订订购协议并向其交付了定金，约定双方于某日订立商品房预售合同。后由于开发商提供的商品房预售格式合同中有样板房仅供参考等不利于购房者的条款，购房者对该格式条款提出异议要求删除，开发商不能立即给予答复，以至于商品房预售合同没有在订购协议约定的日期订立的，属于《买卖合同纠纷案件解释》第4条规定的"不可归责于当事人双方的事由"，开发商应当将收取的定金返还给购房者（2006年最高人民法院公报案例）。

[2] 时间房地产建设集团有限公司诉浙江省玉环县国土资源局土地使用权出让合同纠纷案（〔2003〕浙民一初字第1号、〔2003〕民一终字第82号）。

定金合同的客体是定金合同当事人双方权利义务指向的对象,即定金合同所担保的客体。广义上,定金合同所担保的主合同是定金合同所担保的客体;狭义上,定金合同客体应是合同项下双方给付与收受的一定数额的金钱。定金的数额由当事人约定,通常不超过主合同标的额的20%,超过部分不按定金处理。

(二)定金的种类

按定金目的和功能的不同,可以把定金分为缔约定金、成约定金、违约定金和解约定金,但在实践中最为主要的定金有违约定金和解约定金两种形式。

(1)缔约定金。缔约定金是指合同当事人为确保合同订立,双方当事人约定在合同订立前,由一方当事人按照合同标的额的一定比例预先给付对方当事人的金钱。缔约定金是为保证当事人能够订立特定合同而设定的,不具有担保主合同之债的从属性,是一种独立的主合同,与其他定金不同。大陆法系国家民法均未规定缔约定金,但根据私法自治原则,当事人合意可以设定缔约定金。《担保法司法解释》第115条规定:"当事人约定以交付定金作为订立主合同担保的,给付定金的一方拒绝订立主合同的,无权要求返还定金;收受定金的一方拒绝订立合同的,应当双倍返还定金。"司法解释确立了缔约定金,完善了我国定金类型,有利于对经济生活中各类定金的规范。例如,在李彦东居间合同纠纷案中,①当事人之间的定金为缔约定金。

(2)成约定金。成约定金是指以定金的交付事实作为当事人之间存在合同关系的证明。《担保法司法解释》第116条规定:"当事人约定以交付定金作为主合同成立或者生效要件的,给付定金的一方未支付定金,但主合同已经履行或者已经履行主要部分的,不影响主合同的成立或者生效。"在主合同生效后,成约定金转化为违约定金适用。合同的成立与生效,取决于定金是否交付。定金交付,合同成立或者生效;定金不交付,则合同不成立或者不生效。在实践中,合同当事人约定以定金的交付作为合同生效的要件,使合同成为附生效条件的合同。当事人约定定金且明确表示定金的交付构成合同的成立或者生效要件的,则定金具有成约定金的性质。成约定金与债的担保方式的从属性即从属于主债的地位相矛盾,大陆法系国家在立法上很少规定这种定金。

(3)违约定金。违约定金是指以定金的放弃或者双倍返还作为违反合同的补救方法而约定的定金。违约定金同时也具有证约定金的作用,一方当事人实际交付定金而另一方当事人实际接受定金证明合同的成立。但是,违约定金设立的目的主要是为防止一方违约,督促双方当事人履行合同义务。违约定金是我国立法和实践中运用最

---

① 在李彦东诉上海汉宇房地产顾问有限公司居间合同纠纷案(〔2012〕嘉民三(民)初字第809号、〔2013〕沪二中民二(民)终字第578号)中,上海二中院裁判摘要认为,在房屋买卖居间活动中,中介公司(居间人)对于受托事项及居间服务应承担符合专业主体要求的注意义务,注重审查核实与交易相关的主体身份、房产权属、委托代理、信用资信等证明材料的真实性。中介公司因未尽必要的注意义务而未能发现一方提供的相关材料存在重大瑕疵、缺陷,由此使另一方受欺诈遭受损失的,应根据其过错程度在相应的范围内承担赔偿责任(2015年最高人民法院公报案例)。

为广泛的定金形式,设立目的是为保证合同的履行。在定金给付后,给付定金的当事人未履行合同义务的,定金归对方当事人所有;接受定金的当事人未履行合同的,则双倍返还定金。从我国现行立法的规定来看,主要规定了违约定金。《合同法》第 115 条规定:"当事人可以依照《中华人民共和国担保法》约定一方向对方给付定金作为债权的担保。债务人履行债务后,定金应当抵作价款或者收回。给付定金的一方不履行约定的债务的,无权要求返还定金;收受定金的一方不履行约定的债务的,应当双倍返还定金。"

违约定金是为制裁债务不履行而交付的一定数额的金钱,具有定金罚则的效力,其效力表现在三个方面:一是在合同不履行的事由不可归责于任何一方当事人时,定金应当予以返还。二是在合同不履行的事由可归责于合同的一方当事人时,给付定金一方当事人不履行合同义务的,无权要求返还定金;接受定金一方当事人不履行合同义务的,则应当双倍返还定金。三是在合同不履行的事由可归责于第三人时,不履行合同义务的一方当事人应为第三人的过错先行承担定金罚则,再依法向第三人追偿。《担保法司法解释》第 122 条[①]和《商品房买卖合同纠纷案件解释》第 4 条[②]对定金罚则的适用均有明确的规定。

(4)解约定金。解约定金是指当事人为保留单方解除主合同的权利而交付的定金。交付解约定金的一方当事人可以放弃定金而解除合同,而接受定金的一方当事人则以加倍返还定金为解除合同的条件。解约定金最大的特点是通过定金的放弃和加倍返还而赋予当事人解除合同的权利。解约定金制度使合同当事人以承担定金制裁的方式解除合同。交付定金的当事人可以通过抛弃定金以解除合同,而接受定金方也可以双倍返还定金来解除合同。《担保法司法解释》第 117 条规定:"定金交付后,交付定金的一方可以按照合同的约定以丧失定金为代价而解除主合同,收受定金的一方可以双倍返还定金为代价而解除主合同。"

(三)定金的给付效力

定金的设定是由双方约定而非法律的规定。定金的交付是定金合同生效的要件,而不是成立要件。我国立法和司法实践均有明确的规定,《担保法》第 90 条规定,定金合同从实际交付定金之日起生效。司法解释也体现了生效要件的精神,《担保法司法解释》第 119 条规定:"实际交付的定金数额多于或者少于约定数额,视为变更定金合同;收受定金一方提出异议并拒绝接受定金的,定金合同不生效。"定金在给付后始发生法律效力。定金给付产生三个方面的效力:

[①] 《担保法司法解释》第 122 条规定:"因不可抗力、意外事件致使主合同不能履行的,不适用定金罚则。因合同关系以外第三人的过错,致使主合同不能履行的,适用定金罚则。受定金处罚的一方当事人,可以依法向第三人追偿。"

[②] 《商品房买卖合同纠纷案件解释》第 4 条规定:"出卖人通过认购、订购、预订等方式向买受人收受定金作为订立商品房买卖合同担保的,如果因当事人一方原因未能订立商品房买卖合同,应当按照法律关于定金的规定处理;因不可归责于当事人双方的事由,导致商品房买卖合同未能订立的,出卖人应当将定金返还买受人。"

（1）定金给付对定金本身的法律效力。定金给付对定金本身是产生所有权转移还是仅转移定金的占有权，存在不同的观点。占有说认为，定金的给付不产生所有权的转移效力，接受定金一方当事人仅取得定金的占有、使用、收益权能，在合同履行完毕，定金的所有权按照所有权人的意思转移或者收回。所有权说认为，定金的给付产生所有权转移的效力，而不是占有权的转移。所有权说可能更合理，定金通常表现为货币，货币是一种典型的种类物、消费物，又是一种动产，而动产的公示方式是占有。动产占有的转移标志着动产所有权的转移。因此，定金的给付产生定金所有权的转移效力。

（2）定金对定金给付当事人的法律效力。定金给付在当事人之间形成定金法律关系，定金对当事人的法律效力具体表现为当事人在定金法律关系中的权利义务。定金对当事人的效力通常表现在证约效力、抵作价款效力、定金返还效力、定金罚则效力四个方面。定金给付当事人的效力表现在以下三个方面：

一是定金返还请求权。定金返还请求权的产生有两种情形：第一种情形是在受领定金方不履行合同时，定金给付方有权要求受领方双倍返还定金；第二种情形是在合同履行完毕之后或者因不可归责于双方当事人的事由导致合同不能履行时，定金给付方享有定金返还请求权。

二是以定金抵作价款权。在定金合同中，给付定金的一方当事人通常为买卖合同的买受人或者租赁合同的承租人，具有给付合同价款的义务。在履行合同给付价款义务时，定金给付一方当事人可以主张以定金充抵合同价款。例如，在成都讯捷通讯连锁有限公司房屋买卖合同纠纷案中，①当事人在合同中明确约定将定金自动转为购房款。

三是合同解除权。定金给付当事人以丧失定金为代价获得合同解除权，但对方当事人享有损害赔偿请求权。

（3）定金对定金受领当事人的法律效力。定金受领当事人一旦受领定金，即产生一定的法律效力。定金受领当事人的效力表现在以下四个方面：

一是取得定金所有权。② 定金的给付导致对定金的占有转移，产生定金所有权的变动，定金受领当事人享有对定金的占有、使用、收益、处分权。定金受领当事人取得定金的所有权是定金给付的首先效力，也是定金预付款性质的前提。

二是定金保留权。在定金给付当事人不履行合同义务时，定金受领当事人可以保留定金，无须返还定金，即定金给付当事人丧失定金返还请求权。但在不履行合同不可归责于定金给付当事人的，定金受领当事人应当返还定金。

三是合同解除权。定金受领当事人以双倍返还为代价可以解除合同，不再履行合同义务。适用定金制裁解除合同，不仅可在履行合同前进行，也可在合同履行开始后

---

① 成都讯捷通讯连锁有限公司与四川蜀都实业有限责任公司、四川友利投资控股股份有限公司房屋买卖合同纠纷案（〔2011〕成民初字第936号、〔2012〕川民终字第331号、〔2013〕民提字第90号）。
② 参见史尚宽：《债法总论》，中国政法大学出版社2000年版，第513页。

进行。因可归责于定金受领当事人事由而不能履行合同,包括预期违约和实际违约,适用定金罚则双倍返还定金后,则不应再要求强制履行合同。

四是定金返还义务。定金受领当事人的定金返还义务有双倍返还和定金返还两种情形,双倍返还定金是适用定金罚则的结果,定金受领当事人不履行合同应负双倍返还定金的责任;在合同履行完毕后,定金受领当事人应当返还定金。另外,在因不可归责于双方当事人原因而致不能履行合同的,定金应当返还给定金给付当事人。

(4) 定金的特别效力。定金的特别效力表现为定金在破产债权中的效力。定金在破产债权中的效力是指定金是否具有别除权效力。在债务人或者担保人破产时,债权人可以将设定担保的财产从破产财产中分出,在清偿其债权以后,剩余部分再列入破产财产。人的担保无法享有别除权,只能就债务人及担保人的一般财产受清偿。定金担保作为特殊的担保形式,属于物的担保,享有别除权。

(四) 定金责任与违约金责任

违约金是指按照当事人的约定或者法律直接规定,违约的一方当事人应向另一方支付的金钱。违约金的标的物是金钱,但当事人也可以约定违约金的标的物为金钱以外的其他财产。违约金具有担保债务履行的功能,又具有惩罚违约人和补偿无过错一方当事人所受损失的效果。合同当事人完全不履行或者不适当履行债务时,必须按约定给付他方一定数额的金钱。违约金既是一种合同的救济方式,也是对违约行为的一种制裁。违约金的设立是为保证合同的履行,即使对方没有遭受任何财产损失,也应按法律或者合同的规定给付违约金。违约金有惩罚性和补偿性之分,惩罚性违约金的作用在于惩罚,如果对方因违约而遭受财产损失,则违约一方除支付违约金外,还应另行赔偿对方的损失。补偿性违约金是对合同一方当事人因他方违约可能遭受的财产损失的一种预估,违约方支付违约金后即免除因违约行为所产生的损害赔偿责任。《合同法》中违约金的性质主要是补偿性的,有限度地体现惩罚性。一方面,违约金的支付数额是根据违约情况确定,不得约定与原来的损失不相称的违约金数额;另一方面,当事人约定的违约金的数额低于违约造成的损失的,当事人可以请求裁判机构给予适当增加,以使违约金与实际损失大体相当,体现了违约金的补偿性。将违约金作为一种违约救济措施,既保护债权人的利益,又激励当事人积极从事交易活动。《合同法》第114条允许违约金在一定程度上大于实际损失,超过实际损失部分具有对违约方的惩罚性。

定金和违约金有相似之处,但定金和违约金是两种不同的合同担保形式和责任形式。定金是先行给付的,具有预付款的作用;违约金仅为事后救济措施;定金担保为双向担保,违约金是事后给付的,仅为单向。定金责任的运用机制是定金罚则,违约金则无罚则适用。定金和违约金最主要的区别是定金以惩罚为核心,定金责任为惩罚性责任,不以有实际损失为必要;违约金为救济性责任,以补偿损害为目的。例如,在上海存亮贸易有限公司买卖合同纠纷案中,①上海一中院判决拓恒公司偿付存亮公司货款及相应的违约金。

定金与违约金并存的情况经常在实践中出现,定金责任与违约金责任是否能够同时适用存在不同观点。肯定说认为,定金为惩罚不履行合同的过错方,不具有补偿性,定金与违约金可以同时适用。否定说认为,定金与违约金不得同时适用,当事人必须在定金和违约金之间作出选择。我国立法采纳了否定说,根据《合同法》第116条,当事人既约定违约金又约定定金的,一方当事人违约时,对方当事人可以选择适用违约金或者定金条款。

---

① 在上海存亮贸易有限公司诉蒋志东、王卫明等买卖合同纠纷案(〔2009〕松民二(商)初字第1052号、〔2010〕沪一中民四(商)终字第1302号)中,法院裁判要点认为,有限责任公司的股东、股份有限公司的董事和控股股东,应当依法在公司被吊销营业执照后履行清算义务,不能以其不是实际控制人或者未实际参加公司经营管理为由,免除清算义务(指导案例9号)。

第九章 合同的变更与转让

合同变更是指已经生效的合同在没有履行或者履行完毕之前,出现一定法律事实导致合同内容发生变化。合同变更是债的变更的主要形式,有广义的合同变更和狭义的合同变更两种情形。广义的合同变更是指合同内容的变更与合同主体的变更。合同内容的变更是指在合同当事人保持同一性的情况下合同的权利义务发生变化。合同主体的变更是指在合同关系保持同一性的情况下仅发生债权人或者债务人变化的现象,不论是债权人的变更还是债务人的变更,均发生合同权利义务的移转。合同主体的变更是指合同的转让,有合同权利的转让、合同义务的转让、合同权利义务的概括转让三种形式。狭义的合同变更是指合同权利义务的变化,即合同内容的变更。

《合同法》第五章规定了合同的变更和转让,其中合同变更仅指合同内容的变更,即合同权利义务的变更;合同转让则是指合同主体的变更,即权利义务的转让,包括债权的转让和债务的转让两种。

第一节 合同的变更

合同变更是债变更的主要形式,也就是在合同主体未变更的情形下,合同内容发生变化,即合同的权利义务发生变化。合同变更通常是以双方当事人协商方式实现的,是合同内容的非根本性变化,合同仍然保持一定的同一性和连续性,原合同关系仍然继续存在并有效。

一、合同变更的概念

合同变更(modification of contract)是指合同内容的变更,即合同的权利义务关系发生变化。《合同法》规定的合同变更,属于狭义的合同变更,是合同关系的局部变化,如标的数量的增减,价款的变化,履行时间、地点、方式的变化等,而不是合同性质的变化,即合同关系的实质性变化,如买卖变为赠与使合同关系丧失同一性。例如,在汤龙、刘新龙、马忠太、王洪刚商品房买卖合同纠纷案中，①最高人民法院判决认为，案件争议的商品房买卖合同签订前，原告与被告之间确实存在借款合同关系，且为履行借款合同，双方签订了相应的商品房预售合同，并办理了预购商品房预告登记。双方经协商一致终止借款合同关系，建立商品房买卖合同关系，并非为双方之间的借款合同履行提供担保，而是借款合同到期被告难以清偿债务时，通过将被告所有的商品房出售给作为原告的四位债权人的方式，实现双方权利义务平衡的一种交易安排。涉案当事人之间的合同关系由借贷关系变为商品房买卖关系使合同的同一性丧失。

合同变更既可因双方当事人的约定，也可以是基于法律的直接规定。根据当事人之间的约定对合同进行变更属于约定变更，当事人依据法律规定请求法院或者仲裁机构进行变更则属于法定变更。《合同法》第 77 条规定，当事人协商一致，可以变更合同，即合同的约定变更。合同的变更具有如下三个方面的特征：

（1）合同内容的变化。合同变更仅指在保持合同主体同一性的情形下合同内容的变化，合同主体的变动属于合同转让。合同内容的变化表现为合同标的物的数量或者质量、规格、价金数额或者计算方法、履行时间、履行地点、履行方式等合同内容的某一项或者数项发生变化。合同变更是在保留原合同的实质内容的基础上使合同内容发生变化，仅仅在合同变更的范围内使原有的债权债务关系消灭，而变更内容之外的债权债务关系仍然继续有效。

（2）合同内容的局部变化。合同变更是合同的非根本性变化，表现为对原合同关系的内容的某些修改和补充。合同内容全部的变化则导致原合同关系的消灭，新合同关系的产生。合同变更对原合同关系的修改和补充的内容仅限于非要素内容，如标的数量的增减以及履行地点、履行时间、价款及结算方式的变更等等。在非根本性变更的情况下，变更后的合同关系与原有的合同关系在性质上不变，属于同一法律关系。合同要素内容的变化，如合同标的的改变、履行数量或价款的巨大变化、合同性质的变化等给付的重要部分发生变化，导致合同关系失去同一性，则构成合同的根本性变更，即合同的更新。例如，在汤龙、刘新龙、马忠太、王洪刚商品房买卖合同纠纷案中，②涉案当事人之间由之前的借贷合同关系更新为商品房买卖合同关系。

（3）变更时间的特定性。合同的变更仅发生在合同生效后合同履行前或者履行完毕前，且以当事人之间存在合同关系为前提。在合同成立或者生效之前，当事人之间根本不存在合同关系，不存在合同变更问题。合同履行完毕后，当事人之间的合同

---

① 在汤龙、刘新龙、马忠太、王洪刚诉新疆鄂尔多斯彦海房地产开发有限公司商品房买卖合同纠纷案（〔2015〕新民一初字第 2 号、〔2015〕民一终字第 180 号）中，法院裁判要点认为，借款合同双方当事人经协商一致，终止借款合同关系，建立商品房买卖合同关系，将借款本金及利息转化为已付购房款并经对账清算的，不属于《物权法》第 186 条规定禁止的情形，该商品房买卖合同的订立目的，亦不属于《民间借贷案件解释》第 24 条规定的"作为民间借贷合同的担保"。在不存在《合同法》第 52 条规定情形的情况下，该商品房买卖合同具有法律效力。但对转化为已付购房款的借款本金及利息数额，法院应当结合借款合同等证据予以审查，以防止当事人将超出法律规定保护限额的高额利息转化为已付购房款（指导案例 72 号）。

② 同上。

关系已经消灭,也不存在变更的问题。

二、合同变更的构成要件

合同变更是原合同关系的改变,没有原合同关系即缺乏合同变更的对象,合同的变更以合同关系的存在为前提。具体来说,合同变更需要具备三个方面的条件:

(1) 以合同关系为基础。合同变更是在原合同基础上,当事人以双方协商方式改变原有合同关系。合同关系的存在是合同变更的前提和基础,没有合同关系,即缺乏合同变更的对象。在合同无效、可撤销的合同被撤销、效力未定的合同效力未被追认等情形下,由于合法、有效的合同关系不存在,合同无法变更。

(2) 合同内容的变化。合同内容的变化通常包括:标的物数量的增减、标的物品质的改变、价款或者酬金的增减、履行期限的变化、履行地点的变化、履行方式的变化、结算方式的变化、所附条件的变化、单纯债权变为选择债权、担保的设定或者消失、违约金的变化、利息的变化等。

(3) 合同变更的原因。合同变更通常应当根据当事人协议、法律直接规定、法院裁决、仲裁裁决,但也有可能根据形成权人的单方意思表示。根据法律直接规定而变更合同,即可直接发生法律效果,则不以法院裁决、仲裁裁决、当事人协议为必经程序。合同变更应当通过法院裁决程序的,不论是撤销还是变更,均应当通过法院裁决。合同变更是根据形成权人单方意思表示的,如选择权人行使选择权,当事人一方即可使合同变更。除此以外的合同变更,均由合同双方当事人协商一致。

三、合同变更的类型及效力

合同变更有约定变更和法定变更两种形式。合同的约定变更是当事人合意的结果,体现了当事人意思自治,经当事人协商一致变更原有合同的条款,《合同法》第77条对此有明文规定,确认了合意变更合同。当事人对合同的变更可以是口头形式,也可以是书面形式,但法律对合同形式有特别规定的除外。约定变更合同中的约定不明确的,则推定未发生变更。例如,在中国民主同盟新疆实业发展总公司房屋租赁纠纷案中,[①]最高人民法院判决认为,当事人对合同变更的内容约定不明确的,推定为未变更,从而原合同的履行方式并未发生变化。

合同的法定变更则是根据法律规定,一方当事人可以变更合同的内容。合同的法定变更是当事人行使形成权的结果,《合同法》第54条规定了合同法定变更的条件,即重大误解和显失公平两种情形。《合同法》"分则"规定了若干法定变更的情形,如《合

---

① 在中国民主同盟新疆实业发展总公司诉新疆维吾尔自治区建筑木材加工总厂房屋租赁纠纷案([1999]新民初字第13号、[2000]民终字第115号)中,法院裁判要旨认为,根据《合同法》第78条的规定,合同双方当事人改变原合同的一些条款,但是约定不明,应推定原合同的履行方式并未变更。由于合同双方当事人对合同内容约定不明确,使该合同内容并未发生变更,从而原合同继续有效,当事人仍应按照原合同行使权利和履行义务(2002年最高人民法院公报案例)。

同法》第258条规定的承揽合同的变更和第308条规定的运输合同的变更,但变更一方当事人应承担损害赔偿责任。

合同变更的效力是指合同在变更之后对双方当事人所产生的法律效力。在合同变更后,当事人应按照变更后的合同内容进行履行,任何一方当事人违反变更后的合同内容均构成违约。例如,在广西桂冠电力股份有限公司房屋买卖合同纠纷案中,[1]广西高院一审判决认为,双方当事人对协议进行了重大的变更,并履行变更后的补充协议,不再履行先前的协议。

合同变更仅对未来产生效力,对于已经履行的部分没有溯及力。合同变更不影响当事人的损害赔偿请求权,但合同变更是否享有损害赔偿请求权应视情况而定。例如,基于不可抗力的合同变更,则不存在损害赔偿请求权;因重大误解而订立合同的变更,在相对人遭受损失的情况下,误解人应赔偿相对人的损失。双方当事人协议变更合同的,对损害赔偿有约定的,从其约定;没有约定的,应当承担与其过错相适应的责任。此外,合同变更对担保合同产生影响,在主合同变更之前,应获得担保人的同意,否则,担保人对变更之后的合同有权拒绝承担担保责任。

第二节 合同的转让

合同转让是合同主体的变化,即由新的债权人或者债务人替代原来的债权人或者债务人,但保持了合同关系的同一性,即合同的权利义务并未发生变化。《合同法》对合同转让规定了较为详尽的规则,如债权人转让债权要通知债务人后才发生效力,债务人可以进行抗辩,可以主张到期债权抵销。债务人转移义务应获得债权人的同意。《合同法》从第80条到第90条规定了合同转让制度。例如,在广州市仙源房地产股份有限公司股权转让纠纷案中,[2]最高人民法院判决认为,二审判决中鑫公司对转让合同履行报请审查批准机关批准的义务是正确的。

---

[1] 在广西桂冠电力股份有限公司与广西泳臣房地产开发有限公司房屋买卖合同纠纷案(〔2007〕桂民一初字第2号、〔2009〕民一终字第23号)中,最高人民法院裁判要旨认为,当事人所签订的基地定向开发建设协议书以及对该协议书变更的人民补充协议,是双方当事人真实意思表示,没有违反法律和行政法规的禁止性规定,属合法有效合同(2010年最高人民法院公报案例)。

[2] 在广州市仙源房地产股份有限公司与广东中大中鑫投资策划有限公司、广州远兴房产有限公司、中国投资集团国际理财有限公司股权转让纠纷案(〔2008〕粤高法民四终字第323号、〔2009〕民申字第1068号)中,法院裁判摘要认为,合作者一方转让其在中外合作企业合同中的权利、义务,转让合同成立后未报审批机关批准的,合同效力应确定为未生效,而非无效。即使转让合同未经批准,仍应认定"报批"义务在合同成立时即已产生,否则当事人可通过肆意不办理或不协助办理"报批"手续而恶意阻止合同生效,有悖于诚实信用原则。《合同法司法解释(二)》第8条规定,有义务办理申请批准手续的一方当事人未按照法律规定或者合同约定办理申请批准手续的,法院可以判决相对人自行办理有关手续,对方当事人对由此产生的费用和给相对人造成的实际损失,应当承担损害赔偿责任。据此,法院也可以根据当事人的请求判决义务人履行报请审批机关批准的义务(2010年最高人民法院公报案例)。

一、合同转让的概念

合同转让(assignment of contract)(又称为"合同主体的变更")是指合同权利义务的转让,即债权人或者债务人将合同权利义务的全部或者部分转让给第三人的现象,由新债权人代替原债权人或者由新债务人代替原债务人,而合同内容保持同一性的一种法律现象。

早期罗马法禁止债的转让,认为债是债权人与债务人之间的"法锁",债的转让导致债关系同一性的丧失。伴随罗马版图的扩大,社会经济的发展以及交易关系的日趋复杂,晚期罗马法渐次认可了债的转让。近代大陆法系国家合同法在意思自治原则的指导下确立了债的转让制度。我国《合同法》也确立了合同转让制度,合同的转让有基于法律规定和法律行为两种原因:

(1) 基于法律规定的合同转让。合同转让是基于法律的直接规定,如继承法、担保法和合同法等。根据继承法的规定,继承开始后,继承人承受被继承人财产上的一切权利义务,包括合同权利,如我国台湾地区"民法典"第1148条的规定。根据担保法的规定,债务人未能履行到期债务,保证人对债权人承担担保责任后,取得了债权人地位,享有债权人对债务人的债权,如《担保法》第31条的规定。根据合同法的规定,法人合并或者分立的,其债权债务由合并或者分立后的法人承受,如《合同法》第90条的规定。

(2) 基于法律行为的合同转让。合同转让的发生主要是基于法律行为,而基于法律行为发生的合同转让有单方法律行为和双方法律行为之分:以单方法律行为产生的合同转让是一种例外情形,如以遗赠将合同权利转让给受遗赠人;以双方法律行为(即合同)产生的合同转让是一种普遍情形。基于法律行为的合同转让制度是合同法关注的对象,而因双方法律行为产生的合同转让制度体现了交易关系,是合同法的关注重点。

按照合同转让的内容不同,合同转让包括合同权利的转让、合同债务的承担和合同权利义务的概括移转三种类型。《合同法》第79条规定了合同权利的部分或者全部转让,第84条规定了合同义务的部分或者全部转移,第88条、第89条和第90条规定了合同权利义务的概括转让。合同转让虽然在合同内容上没有发生变化,但出现新的债权人或者债务人,合同转让的效力是成立新的法律关系,原合同关系归于消灭。合同的转让有以下三个方面的特点:

(1) 合同内容的一致性。合同内容的一致性是指转让前的合同内容与转让后的合同内容的一致性。合同转让仅改变合同权利义务的主体,并不改变原订的合同权利和义务。转让后的权利人或者义务人所享有的权利或者义务仍是原合同约定的,并不引起合同内容的变更,内容应与原合同内容一致。

(2) 合同权利主体的变动。合同转让后,合同的权利主体发生变动,形成新的合同关系人。合同转让仅改变原合同权利义务履行主体,直接法律后果是原合同关系主体之间的权利义务消灭,在新的合同关系主体之间形成权利义务,第三人代替原合同关系的一方或加入原合同成为原合同的权利义务主体。

(3) 合同的债权债务关系发生变化。合同转让涉及原合同当事人之间的债权债务、转让人与受让人之间的债权债务关系,尽管合同转让是在转让人与受让人之间完成,但是合同转让必然涉及原合同当事人的利益,合同义务的转移应获得债权人的同意,合同权利的转让应通知原合同债务人。

二、合同权利的转让

合同权利转让是指不改变合同的内容,合同债权人将其权利转让给第三人享有。合同权利转让可分为合同权利的部分转让和合同权利的全部转让(《合同法》第79条)。例如,在沈阳银胜天成投资管理有限公司债权转让合同纠纷案中,①最高人民法院判决认为银行不良金融债权转让行为有效。

(一) 合同权利转让的概念

合同权利的转让(assignment of rights)是指不改变合同关系的内容,债权人通过与第三方签订合同的方式将合同权利部分或者全部移转给第三人的现象。在合同权利的部分转让中,债权人与第三人同为合同债权人,各自按照确定的份额享有权利。在合同权利的全部转让中,债权人退出合同关系,第三人成为合同新的债权人。《合同法》第79条规定:"债权人可以将合同的权利全部或者部分转让给第三人"。《国际商事合同通则》第9.1.1条也规定了权利的转让。② 权利转让的立法模式大陆法系国家有三种不同的立法例:

(1) 准物权主义。以德国代表的准物权主义的立法例承认物权行为的独立性和无因性,区分负担行为和处分行为的逻辑结构。权利转让是一种准物权行为,基于当事人之间的合意而发生权利变动的效果,合意使受让人取得权利并发生对第三人的效力。

(2) 意思表示主义。以瑞士为代表的意思表示主义的立法例不承认物权行为,权利转让是根据当事人之间的权利让与合意发生效力。债权转让的通知既不对债的移转发生效力,也不构成权利让与的形式要件。

---

① 在沈阳银胜天成投资管理有限公司与中国华融资产管理公司沈阳办事处债权转让合同纠纷案(〔2007〕沈中民(3)合初字第514号、〔2009〕辽民二终字第86号、〔2009〕民提字第125号)中,法院裁判摘要认为,(1) 金融资产管理公司收购和处置银行不良金融债权,具有较强的政策性。银行不良金融债权的转让,不能完全等同于一般民事主体之间的债权转让行为,具有高风险、高收益的特点,与等价交换的市场规律有较为明显的区别。不良债权交易的实物资产,不是一般资产买卖关系,而主要是一种风险与收益的转移。(2) 银行不良金融债权以资产包形式整体出售转让的,资产包内各不良金融债权的可回收比例各不相同,而资产包一旦形成,即具有不可分割性。资产包整体买进后,如需解除合同,也必须整体解除,将资产包整体返还。银行不良金融债权的受让人在将资产包中相对优质的债权变卖获益后,又通过诉讼请求部分解除合同,将资产包中其他债权返还的,法院不予支持。(3) 不良金融资产转让协议之目的是公平合规地完成债权及实物资产的顺利转让,在未对受让人是否能够清收债权及清收债权的比例作出承诺和规范的情况下,受让人以合同预期盈利目的不能实现为由提出解除合同的诉讼请求,法院不予支持(2010年最高人民法院公报案例)。

② Article 9.1.1 (Definitions) "Assignment of a right" means the transfer by agreement from one person (the "assignor") to another person (the "assignee"), including transfer by way of security, of the assignor's right to payment of a monetary sum or other performance from a third person ("the obligor").

(3) 通知要件主义。以法国为代表的通知要件主义立法例认为,在不涉及第三人利益的情况下,通知不构成权利转让的构成要件,通知与否不影响合同的移转,当事人之间的转让协议不对任何第三人发生效力,仅在当事人之间有效。①

《合同法》采纳了法国的通知要件的立法例。我国合同权利的转让协议仅对转让方与受让方有效,通知对转让协议之外的第三人即合同的债务人产生法律效力。《合同法》第 80 条第 1 款规定:"债权人转让权利的,应当通知债务人。未经通知,该转让对债务人不发生效力。"例如,在何荣兰清偿债务纠纷案中,②最高人民法院判决认为,债权人以登报的形式通知债务人,如并未加重债务人履行债务的负担,也未损害债务人的利益,登报通知行为有效。

(二) 合同权利转让的要件

根据权利转让的基本理论和《合同法》有关合同权利转让的规定,合同权利转让应具备如下三个方面的条件:

(1) 权利的有效性。有效的权利是权利行使的前提,而权利转让是权利行使的表现,权利的有效性是权利转让的前提条件。在合同的权利转让中,转让人应具有有效的权利,并具有处分权利的权限。有效存在的合同权利是指真实存在并未消灭的权利,转让人仅承担保证权利确实存在的义务,但不承担保证债务人能够清偿的义务。

(2) 权利的可转让性。合同权利通常是应该可以转让的,权利转让的本质是合同权利由合同一方当事人转移给第三人。权利转让行为的有效条件是作为转让行为标的的债权应具有可转让性,权利的可转让性是权利转让的必要条件。合同权利是特定人之间创设的权利,有的权利是建立在当事人相互信赖或者特定利益基础上的,这类权利可转让性受到权利性质的限制。此外,法律基于社会政策和保护社会公共秩序的考虑禁止一些权利的可转让性。根据《合同法》第 79 条的规定,权利不得转让有以下三种情形:

一是根据合同性质不得转让的权利。根据合同性质不得转让的权利是指改变权利人就不能维持同一性或者就不能达到权利目的的权利。根据合同性质,对于这种仅在特定当事人之间才能实现合同目的的权利,如转让给第三人将使合同内容发生变更。

二是按照当事人约定不得转让的权利。当事人在缔约时或者缔约后,明确规定禁止任何一方转让合同权利。当事人禁止转让合同权利的约定,体现了合同自由原则的要求。当事人禁止权利转让的约定具有法律效力,这种权利不具有转让性。

---

① Principles of International Commercial Contracts Article 9.1.7 (Agreement between assignor and assignee sufficient) (1) A right is assigned by mere agreement between the assignor and the assignee, without notice to the obligor. (2) The consent of the obligor is not required unless the obligation in the circumstances is of an essentially personal character.

② 何荣兰诉东营市海科化学工业有限责任公司等清偿债务纠纷案([2003]鲁民一初字第 4 号、[2003]民一终字第 46 号)。

三是法律规定不得转让的权利。法律规定禁止转让的权利有三种：基于特定身份的权利，如继承人的遗产给付请求权；人身损害赔偿请求权；公法上的权利，如抚恤金请求权、养老金请求权等。

(3) 权利转让的合意性。权利转让是一种合同行为，是转让人与受让人意思表示一致的结果，应具备合同的有效要件。转让人和受让人均应具有完全的行为能力，转让人对转让的权利具有处分权，权利转让是双方当事人的真实意思，且不违反法律的有关强制性规定。权利转让合同的形式应符合法律的规定，法律对权利转让有特别规定或者当事人有特别约定的，应从其规定或者约定。

(三) 合同权利转让的效力

权利转让生效后，在转让人、受让人和债务人之间产生一定的法律效果。权利转让在转让人与受让人之间的法律效力，称为"权利转让的内部效力"；权利转让对债务人的效力，则称为"权利转让的外部效力"。例如，在辽宁金利房屋实业公司等国有土地使用权转让合同纠纷案中，①最高人民法院判决认为债权人丧失以自己名义作为债权人向债务人主张合同权利的资格。

权利转让的内部效力是指权利转让在转让人与受让人之间产生的法律效力，即权利转让人与受让人之间转让合同的效力。权利的转让意味着权利转让人退出了原债权债务关系，权利义务由受让人承担，具体表现在以下三个方面：

(1) 权利和从权利的转移。权利由转让人转移给受让人有两种不同的情形：在全部转让的情形下，受让人取代转让人成为合同债权人，转让人脱离合同关系；在部分转让的情形下，则受让人加入合同关系，成为共同债权人。转让人向受让人转移权利时，依附于主权利的从权利，如抵押权、质权、留置权等也一并转移。

(2) 权利凭证的交付。转让人将权利证明文件交付给受让人，将有关主张权利的一切必要情况如履行期限、履行方式、可主张的抗辩及权利的担保情况等告知受让人，转让人占有的担保物及文书也应全部交付。

(3) 权利瑕疵担保责任。以有偿方式转让权利的，转让人对所转让的权利承担权利瑕疵担保责任。在权利转让时，受让人明知权利有瑕疵而接受的，转让人不承担担保责任。转让人对债务人的合同履行能力，也不承担担保责任。

权利转让的对外效力，即权利转让行为对债务人或者第三人所产生的法律效力。债务人在接到权利转让通知后，可依据通知清偿债务，也可根据通知行使抗辩权，具体表现在以下两个方面：

(1) 权利转让通知对债务人的效力。权利转让对债务人的效力以权利转让通知

---

① 在辽宁金利房屋实业公司等诉大连远东房屋开发有限公司国有土地使用权转让合同纠纷案(〔2004〕辽民一房初字第9号、〔2005〕民一终字第95号)中，法院裁判摘要认为，根据《合同法》第79条、第80条的规定，债权人可以将合同权利全部或者部分转让给第三人，转让只需通知债务人即可而无须征得债务人的同意。转让行为一经完成，原债权人即不再是合同权利主体，亦即丧失以自己名义作为债权人向债务人主张合同权利的资格(2006年最高人民法院公报案例)。

为准。在收到权利转让通知之前,债务人对转让人(原债权人)所为的法律行为有效,即债务人仍以转让人为债权人履行义务的,可以免除其债务,受让人不得以权利已经转让为由,要求债务人继续履行,而只能要求转让人返还所受领的债务人的履行。在收到权利转让通知后,债务人应将受让人作为债权人履行债务,其对转让人的履行不能构成债的清偿,债务不能免除,应向受让人履行。① 例如,在佛山市顺德区太保投资管理有限公司债权转让合同纠纷案中,②最高人民法院判决认为,债权人转让权利的,应当通知债务人。未经通知的,该转让对债务人不发生效力,债务人享有对抗受让人的抗辩权。

(2) 债务人抗辩权和抵销权的行使。在接到权利转让通知后,债务人对转让人的抗辩权,可对受让人行使。在接到权利转让通知时,债务人对转让人享有权利的,并且债务人的权利先于转让的权利到期或者同时到期的,债务人可对转让人行使抵销权。

三、合同义务的转移

合同义务的转移是指不改变合同的内容,合同的债权人、债务人与第三人之间以合同的方式达成协议将合同债务转移给第三人承担。

(一) 合同义务转移的概念

合同义务转移(transfer of obligations),又称为"债务的承担"(assumption of debts),是指债务人将自己所承担合同义务的全部或者部分移转给第三人承担的行为。③ 债务人将全部合同义务转让给第三人,第三人取代债务人的地位;债务人将合同义务部分地转让给第三人,债务人与第三人连带或者按份向债权人承担合同义务。例如,在广东达宝物业管理有限公司股权转让合作纠纷案中,④最高人民法院判决认

---

① Principles of International Commercial Contracts Article 9.1.10 (Notice to the obligor)(1) Until the obligor receives a notice of the assignment from either the assignor or the assignee, it is discharged by paying the assignor. (2) After the obligor receives such a notice, it is discharged only by paying the assignee.

② 佛山市顺德区太保投资管理有限公司与广东中鼎集团有限公司债权转让合同纠纷案([2004]粤高法民二初字第6号、[2004]民二终字第212号)。

③ Principles of International Commercial Contracts Article 9.2.1 (Modes of transfer) An obligation to pay money or render other performance may be transferred from one person(the"original obligor")to another person (the"new obligor")either (a)by an agreement between the original obligor and the new obligor subject to Article 9.2.3,or (b)by an agreement between the obligee and the new obligor, by which the new obligor assumes the obligation.

④ 在广东达宝物业管理有限公司与广东中岱企业集团有限公司、广东中岱电讯产业有限公司、广州市中珊实业有限公司股权转让合作纠纷案([2006]穗中法民二初字第217号、[2007]粤高法民二终字第165号、[2010]民提字第153号)中,法院裁判要旨认为,债务转移是指合同的债权人、债务人与第三人之间达成协议将合同债务转移给第三人承担。债务转移必须三方就债务转移达成了一致的意思表示。《合同法》第84条规定:"债务人将合同的义务全部或部分转移给第三人的,应当经债权人同意。"债务加入指原债务人并没有脱离债务关系,而第三人又加入到原存的债务关系中,与债务人共同承担债务。债务加入是由第三人和债权人达成协议或单方向债权人承诺偿还债权人的债务。因债务加入并不消灭原债务人的债务,对债权人有益无害,只要债权人接受即可。债务转移需经债权人同意,如果未经债权人同意,债务转移对债权人不发生法律效力。合同外的第三人向合同中的债权人承诺承担债务人义务的,如果没有充分的证据证明债权人同意债务转移给该第三人或者债务人退出合同关系,则不应认定构成债务转移,而应认定为债务加入(2012年最高人民法院公报案例)。

为,第三人向债权人表明债务加入的意思后,即使债权人未明确表示同意,但只要其未明确表示反对或未以行为表示反对,仍应当认定为债务加入成立,债权人可以依照债务加入关系向该第三人主张权利。

债务加入不同于债务转移。债务加入(debt accession),又称"并存的债务承担",指原债务人并未脱离原债务关系,而第三人又加入到债务关系中,与原债务人共同承担债务。债务加入来源于江苏高院的司法解释,①并无其他法律规范性文件作出规定。在债务加入中,第三人加入到原债权债务关系之中,成为债务履行义务主体。第三人债务加入的方式,主要有以下四种情形:债权人、债务人、第三人订立三方协议;债权人、第三人订立协议;债务人、第三人订立协议;第三人向债权人单方承诺。我国司法审判实践对债权人、债务人、第三人三方有意思合致的债务加入,并无异议。对债权人直接与第三人订立协议,因第三人加入是减轻债务人清偿责任的行为,并未加重债务人负担,即使在缺少债务人意思表示的情况下,我国司法审判实践仍认可构成有效债务加入。对债务人、第三人订立协议和第三人向债权人单方承诺两种情形,司法审判实践观点不一。

在合同实践中,合同条款有可能并不能准确表达当事人的内心真意,根据合同内容判断第三人是债务加入、债务转移还是代为履行,是司法审判必须应对的问题。例如,在迪佛电信集团有限公司借款纠纷案中,②最高人民法院判决认为,第三人的"承诺还款"可理解为"债务加入"。

债务人转移义务不同于第三人代替债务人履行义务。合同义务转移使原债务人脱离债务关系,受让人成为新的债务人,原债务人不再承担法律责任。第三人替代履行则是合同外的第三人代替债务人履行合同义务,第三人的履行不必然免除债务人的合同义务。《合同法》第65条规定了第三人替代债务人履行债务的问题,当事人可以约定由第三人向债权人履行合同义务。第三人不履行或者履行义务不符合合同约定的,债务人应当向债权人承担违约责任。债务人合同义务的转移和第三人替债务人履行债务的区别主要有以下三个方面:

(1) 生效的要件不同。在合同义务转移中,债务人转移义务应当获得债权人的同意。③ 否则,合同义务转移行为无效,如中国工商银行股份有限公司三门峡车站支行

---

① 《江苏省高级人民法院关于适用〈中华人民共和国合同法〉若干问题的讨论纪要(一)》(苏高发审委〔2005〕16号)第17条规定:"债务加入是指第三人与债权人、债务人达成三方协议或第三人与债权人达成双方协议或第三人向债权人单方承诺由第三人履行债务人的债务,但同时不免除债务人履行义务的债务承担方式。"

② 在迪佛电信集团有限公司诉杭州迪佛房地产开发有限公司借款纠纷案(〔2006〕浙民二初字第3号、〔2006〕民二终字第199号)中,法院裁判要旨认为,债务加入是指由第三人与债务人共同承担债务,债务人并不脱离原债务关系的民事行为。第三人加入债务的承诺无须征得债权人的同意。第三人关于债务加入的意思表示,即自第三人作出意思表示或承诺之时起,即因债务加入而成为债务人之一。在借款合同中,第三人有占用债权人资金的事实,又承诺归还借款的,应履行还款承诺,与债务人共同承担债务。

③ Principles of International Commercial Contracts Article 9.2.3 (Requirement of obligee's consent to transfer) The transfer of an obligation by an agreement between the original obligor and the new obligor requires the consent of the oblige.

借款担保合同纠纷案。① 在第三人替代履行中,债务人同意第三人代替其履行合同义务即可,不必经债权人的同意。

(2) 债务人的法律地位不同。在合同义务转移中,债务人的合同义务全部转移后退出原合同关系,第三人成为合同新的债务人;债务人的合同义务部分转移的,第三人加入到原合同关系与债务人共同履行合同义务。在第三人替代履行中,债务人仍然是合同的当事人,而第三人并非合同的当事人,债权人不能直接要求第三人履行合同义务。

(3) 违约责任的主体不同。在债务人合同义务转移中,第三人成为合同关系的当事人,第三人未能按照合同约定履行义务的,债权人可以直接请求第三人履行义务,而不能再要求原债务人履行。在第三人替代履行中,第三人履行有瑕疵的,债权人只能要求债务人承担违约责任,而不能要求第三人承担违约责任。

合同义务的转移由法定转移和约定转移两种形式:一是合同义务的法定转移。合同义务的转移有直接基于法律规定的,如《继承法》第 33 条规定的继承遗产应清偿的债务。二是合同义务的约定转移。约定转移既有基于单方法律行为的,如附义务的遗赠,在遗赠发生效力时,即同时成立债务承担;也有基于双方法律行为的,即第三人与债务人之间订立合同义务的转移合同。合同义务的转移应具备以下三个方面的条件:

(1) 有效的合同义务的存在。合同义务合法有效是合同义务转移的前提条件,以不存在的合同义务为标的订立合同义务转移合同,不产生合同义务转移的效力。以将来可能发生的合同义务为转移标的的仅在义务生效时,合同义务转移生效。这种合同义务转移合同是一种附停止条件的合同。

(2) 合同义务的可转移性。不具有可转移性的合同义务不能成为合同转移标的的情形有三种:一是法律规定不得转移的合同义务,则不得由第三人承担。二是性质上不可转移的合同义务,不得作为债务承担合同的标的。例如,以某知名画家的绘画、书法家的书法、雕刻家的雕刻为合同标的的,特定债务人亲自为债权人加工或者修理物品、书写字画、处理事务,该义务通常不得由第三人承担。三是债权人与债务人特别约定不得转移的合同义务,也不得作为义务转移的标的。

(3) 债权人的同意。合同义务转移最为重要的生效条件是应获得债权人的同意。合同关系是建立在债权人对债务人的履行能力信赖的基础上。未经债权人的同意而擅自将合同义务转移给第三人,第三人是否具有合同义务的履行能力和履行信用则处于不确定状态,从而使债权人的利益处于不确定状态。为保护债权人的利益不受债务人与第三人之间的义务转移合同的影响,《合同法》第 84 条规定以债权人同意为合同义务转移合同的生效要件。

(二) 合同义务转移的效力

合同义务转移在债权人、原债务人和新债务人之间产生一定的效力,合同义务转

---

① 中国工商银行股份有限公司三门峡车站支行诉三门峡天元铝业股份有限公司、三门峡天元铝业集团有限公司借款担保合同纠纷案(〔2006〕豫法民二初字第 44 号、〔2008〕民二终字第 81 号)。

移的效力主要表现在两个方面：

（1）从合同义务随主合同义务的转移而转移。根据民法上的"从随主"原则，原债务人转让债务以后，新债务人一并应对从债务予以承担，从合同义务是主合同义务所派生的，不能单独存在，当主合同义务转移时，从合同义务也随之转移，但从合同义务专属于原债务人自身的除外。从债务专属于原债务人的，新债务人不予承担，即仍由原债务人对债权人承担，债权人无权要求新债务人履行这些债务。如《合同法》第86条规定："债务人转移义务的，新债务人应当承担与主债务有关的从债务，但该从债务专属于原债务人自身的除外。"

（2）新债务人可以行使原债务人的抗辩权。在合同义务转移后，原债务人的抗辩权转移给新债务人，债务人的抗辩权不因合同义务的转移而消灭。债务转移发生法律效力后，新债务人将代替原债务人的地位而成为当事人。为使新债务人的利益不受损害，基于原债务产生的抗辩权对新债务人仍继续有效。新债务人享有原债务人的抗辩权应满足的条件为：一是债务承担已经生效。债务人将合同的义务全部或者部分转移给第三人，在债权人同意以后，债务承担即发生债务转移的效力。二是在债务转移时抗辩权已经存在。新债务人能够行使抗辩权的前提是原债务人享有这种抗辩权。原债务人没有行使或者没有行使完毕的抗辩权，新债务人均可以对债权人加以主张。

四、合同权利义务的概括转让

合同权利义务的概括转让是指在不改变合同内容的情况下合同当事人一方将其在某一合同项下的权利和义务一并转移给第三人，由该第三人作为受让人概括地继受合同项下的权利义务，出让人退出合同关系。合同权利义务的概括转让通常出现在公司合并、公司分立、公司整体转让等情形。例如，在上海闽路润贸易有限公司买卖合同纠纷案中，[①]最高人民法院判决认为，虽然兴盟公司与闽路润公司达成购销合同项下"债权"的转让，但不构成合同权利义务概括转让，购销合同的买方主体始终是兴盟公司。

（一）合同权利义务概括转让的概念

合同权利义务的概括转移（transfer of contractual rights & obligations to a third party），又称为"合同承受"或者"合同承担"，是指原合同当事人一方将其合同的权利义务一并转移给第三人，由第三人概括地继受转让一方当事人的权利义务。合同权利义务的概括转让是合同转让的一种形式，既转让合同权利，又转让合同义务，被转移的合同只能是双务合同；单务合同只能发生特定承受，即债权转让或者债务承担，不能产生概括承受。《合同法》第88条规定："当事人一方经对方同意，可以将自己在合同中

[①] 上海闽路润贸易有限公司与上海钢翼贸易有限公司买卖合同纠纷案（〔2012〕闽民终字第647号、〔2015〕民申字第956号）。

的权利和义务一并转让给第三人。"《国际商事合同通则》第9.3.1条规定了合同的概括转让。① 合同权利义务的概括转移有多种分类：

（1）全部债权债务转移和部分债权债务转移。以概括转移范围为标准，合同权利义务的概括转移可以划分为全部债权债务转移和部分债权债务转移。全部债权债务转移是合同权利义务全部由转让人转移到受让人，全部转移将使受让人取代转让人的法律地位，成为合同关系的主体。部分债权债务转移是指转让人仅转移部分合同权利义务，转让人与第三人共同成为合同当事人，对合同义务的承担有约定的从约定，没有约定或者约定不明确的，则对合同义务承担连带责任。我国《合同法》仅规定了全部债权债务的转移。

（2）法定概括转移与意定概括转移。以发生原因不同，合同权利义务的概括转移可以分为法定概括转移和意定概括转移。法定概括转移是指合同权利义务的概括转移是基于法律的规定产生。《合同法》第90条规定："当事人订立合同后合并的，由合并后的法人或者其他组织行使合同权利，履行合同义务。当事人订立合同后分立的，除债权人和债务人另有约定的以外，由分立的法人或者其他组织对合同的权利和义务享有连带债权，承担连带债务。"意定概括转移是指合同权利义务的概括转移是基于当事人之间的约定产生。《合同法》第88条规定："当事人一方经对方同意，可以将自己在合同中的权利和义务一并转让给第三人。"

（二）合同权利义务概括转移的基本类型

合同权利义务的概括转移的分类方式多种多样，但最为基本的类型有合同承受、企业合并与分立两种类型：

（1）合同承受。合同承受（assignment of contract）是指合同的一方当事人将合同上的权利和义务全部地转移给第三人，第三人在转移范围内承受合同上的地位，享受合同权利并负担合同义务。合同承受通常是基于当事人和第三人之间的合同产生的，如《合同法》第88条规定，当事人一方经对方当事人同意可以将合同权利和义务一并转让给第三人。合同承受也可以基于法律的直接规定产生，如《合同法》第229条规定，租赁物在租赁期间发生所有权变动的，不影响租赁合同的效力。买受人除可取得物的所有权外，还承受该租赁物上原已存在的租赁合同关系的出租人的权利义务。这种合同权利义务的概括转移并非基于当事人意志而是法律规定，属于法定概括转移。《合同法》第88条规定，合同承受，经对方当事人的同意才能生效。《国际商事合同通则》第9.3.3条也有明文规定。② 合同承受不仅包括合同权利的转移，还包括合同义务的转移，合同一方通过合同承受对合同权利和义务进行概括转移时，必须取得对方

---

① Article 9.3.1 (Definitions) "Assignment of a contract" means the transfer by agreement from one person (the "assignor") to another person (the "assignee") of the assignor's rights and obligations arising out of a contract with another person (the "other party").

② Article 9.3.3 (Requirement of consent of the other party) The assignment of a contract requires the consent of the other party.

当事人的同意。在获得对方当事人同意后,合同承受生效,承受人完全取代转让人的法律地位,成为合同当事人,转让人脱离合同关系。

(2) 法人的合并与分立。法人合并是指两个或者两个以上的法人合并为一个法人。法人分立则是指一个法人分立为两个或者两个以上的法人。《公司法》第179条规定了法人的分立和合并问题,而《合同法》第90条规定了法人的分立和合并之后的权利债务的承担问题。合并或者分立之前的合同债权和债务应由合并或分立后的法人承担。法人合并或者分立后,原法人的债权债务的转移属于法定转移,无须获得相对人的同意,合并或者分立后法人的通知或者公告发生效力。通知的方式可以是单独通知,也可以是公告通知。公告方式通知的应当保证在一般情形下能为相对人所知晓。通知到达相对人或者公告期满时,原债权债务即转移给合并或者分立后的新法人,新法人成为合同当事人,享有合同债权并承担合同债务。

(三) 合同权利义务概括转移的效力

概括转移是债权债务的一并转移,既包括合同权利的转让,也包括合同义务的承担。债权债务的概括转移并非债权转让和债务承担的简单相加。合同权利义务概括转移的效力表现在以下三个方面:

(1) 合同受让人取得原合同当事人的权利义务。合同的履行、合同的不履行及合同的变更或者解除,与原合同当事人无关而是由合同的受让人承担。合同受让人取代原合同当事人的法律地位,继受了原合同当事人的权利义务。

(2) 合同权利义务的转移导致从权利的转移。合同承受要受到《合同法》第81条和第86条的约束,即债权转让和债务转让的"从随主"原则,主权利转移的,从权利也要随之而转移。

(3) 债务人对新债权人的抗辩权。合同承受适用《合同法》第82条有关抗辩权的规定,即债务人对债权的受让人享有可以对原债权人的一切抗辩事由。

第十章　合同的解除与终止

生效的合同在当事人之间产生一定的权利义务关系,当事人应按照法律规定或者合同约定全面履行各自的合同义务。合同的不履行或者不当履行,则构成违约,当事人应承担违约责任。合同的解除与终止则是消灭当事人之间的合同关系,使当事人免受先前的合同权利义务关系约束。根据《合同法》的规定,合同解除是合同终止的一种形式,合同终止有多种形式,包括履行完毕终止、合同解除终止、混同终止等。合同解除使合同关系发生既往消灭的效力,具有溯及既往的效力,对已履行的合同将产生恢复原状的后果;合同终止仅使合同关系发生将来消灭的效力,不具有溯及既往的效力。

合同解除和合同终止仅为合同消灭的原因,但合同消灭并非仅指合同解除和合同终止。在大陆法系合同法中,合同解除和合同终止是两种不同的法律制度。两种法律制度的立法精神和法律后果完全不同。

第一节　合 同 消 灭

合同消灭是指合同权利义务归于消灭,即合同关系在客观上不复存在,合同权利义务终止。合同关系是一种动态过程,即合同形成(合同订立)、变更(合同内容的变化和合同的转让等)和消灭(合同权利义务的消灭)的过程。合同起点为合同的订立,而合同终点为合同的消灭,合同权利义务在客观上不复存在。合同因当事人履行行为而消灭,是合同消灭的常态。合同解除和合同终止仅为合同消灭的两种情形,而并非合同消灭的本身,即并不能等同于合同消灭。

一、合同消灭的立法例

《德国民法典》第三编第三章规定合同终止和合同解除,第四章则规定合同(债)关系的消灭,且债关系消灭的原因仅为履行、提存、抵销和免除四种。我国台湾地区"民法典"规定债消灭的原因为清偿、提存、抵销、免除和混同五种。我国《民法通则》和《民法总则》既未涉及债关系的消灭,也未涉及合同的消灭。《合同法》也并未规定合同消灭,而仅规定了合同权利义务的终止,即以合同权利义务的终止替代了合同消灭。因此,《合同法》混淆了合同消灭和合同终止并将合同解除作为合同终止的原因之一。

在《合同法》起草过程中,关于合同解除和合同终止是否应予以区分有两种观点:

一是等同论,即合同解除与合同终止是等同的,合同解除是当事人提前终止合同所达成的协议;二是区别论,即合同解除和合同终止是两种消灭合同的制度,且合同解除是合同终止的一种原因。《合同法》采纳了区别论,将合同解除作为合同终止的原因之一。合同解除和合同终止是两种不同的制度,还是具有同一性,世界各国或地区立法各不相同,理论也有不同的观点。《国际商事合同通则》也仅规定了合同终止,[①]并未规定合同消灭。

(一)合同解除和合同终止的立法例

大陆法系国家或地区对合同解除和合同终止主要有两种不同的立法例,即以《德国民法典》为代表的区别论和以《日本民法典》为代表的等同论。

(1)区别论。以《德国民法典》为代表的国家或地区采取了区别论的立法例,即区分合同解除和合同终止。从《德国民法典》第二编(债务关系法)第三章(因合同而发生的债务关系)的结构设计上看,第一节"成立、内容和终止"和第五节"解除;在消费者合同的情形下的撤回权",法典结构设计显然将合同解除和合同终止区分开来,且合同解除和合同终止属于并列关系。合同解除适用于非持续性的合同关系,而合同终止则适用于消费借贷合同、租赁合同、雇佣合同、承揽合同、旅游合同、委托合同等持续性合同。合同解除具有溯及力,而合同终止无溯及力。我国台湾地区"民法典"规定与《德国民法典》大致相同。

(2)等同论。以《日本民法典》为代表的国家或地区采取了等同论的立法例,即合同解除和合同终止并非两种并列的制度,合同解除是合同终止的组成部分。在《日本民法典》的结构上,[②]虽然对合同解除和合同终止进行了区分,但并未将两者并列,而是将合同终止视为合同解除的上位概念,其中合同解除包括有溯及力的合同解除和无溯及力的合同解除。《日本民法典》特别规定租赁合同、雇佣合同、承揽合同、委任合同和合伙合同等持续性合同的解除无溯及力,实际上与《德国民法典》规定的合同终止的适用范围完全一致。

我国《合同法》既对合同解除和合同终止进行了区分,又将合同解除作为合同终止

---

① Article 7.3.1(Right to terminate the contract)(1) A party may terminate the contract where the failure of the other party to perform an obligation under the contract amounts to a fundamental non-performance. (2) In determining whether a failure to perform an obligation amounts to a fundamental non-performance regard shall be had, in particular, to whether (a) the non-performance substantially deprives the aggrieved party of what it was entitled to expect under the contract unless the other party did not foresee and could not reasonably have foreseen such result;(b) strict compliance with the obligation which has not been performed is of essence under the contract;(c) the non-performance is intentional or reckless;(d) the non-performance gives the aggrieved party reason to believe that it cannot rely on the other party's future performance;(e) the non-performing party will suffer disproportionate loss as a result of the preparation or performance if the contract is terminated. (3) In the case of delay the aggrieved party may also terminate the contract if the other party fails to perform before the time allowed it under Article 7.1.5 has expired.

② 《日本民法典》第三编"债权"第一章"总则"第五节"债权的消灭"中,仅规定了债权的消灭,并未涉及合同解除和终止问题,但在第三编的第二章第一节中规定了合同解除,仅在该章第七节中规定了租赁合同的终止。在租赁合同终止中,《日本民法典》规定了租赁合同的解除,且解除无溯及力。

的情形,即合同终止是合同解除的上位概念,显然受到了《日本民法典》的影响。《合同法》规定的合同终止,实际上包含了大陆法系传统意义上的合同解除与合同终止。《合同法》将传统意义上并列的合同终止与合同解除的概念变成了上下逻辑关系。

(二)合同解除和合同终止的理论

合同解除是指合同当事人按照法律规定或者合同约定,因一方当事人或者双方当事人的意思表示,使当事人之间的合同关系溯及既往消灭的一种合同制度。合同终止是指合同当事人根据法律规定或者合同约定,由享有终止权的一方当事人向另一方当事人作出终止合同的意思表示,使合同效力归于消灭的法律制度。合同终止主要适用于持续性合同,如借贷合同、租赁合同、雇佣合同、承揽合同、旅游合同、委托合同、合伙合同等,且合同终止无溯及力。合同终止制度的意义在于确认持续性合同关系中途消灭时已经履行部分合同内容的效力,维护正常的交易秩序,是维系社会化大生产所不可或缺的制度。

合同解除和合同终止均属于形成权,可以使合同关系归于消灭,但两者也有区别,主要表现在以下四个方面:

(1)立法目的不同。合同解除制度的立法旨在解决整个合同效力是否存在的必要问题,即完全解除当事人因合同履行不能所造成的无法实现的合同权利义务,使当事人重新恢复到缔约前的法律状态。合同终止制度的立法旨在解决合同未履行部分的效力问题,即在消灭无法实现部分合同关系的同时,保护已经履行部分的合同内容,以保护正常的社会经济秩序。

(2)适用范围不同。合同解除既适用于一时性合同,如买卖合同、赠与合同等合同;也适用于持续性合同,如租赁合同,供用电、水、气、热力合同,借用合同,保管合同,仓储合同,保险合同等。合同终止仅适用于持续性合同。一时性合同的生效与履行是同时进行的,从而仅有合同解除问题,而不会有合同终止问题。

(3)适用条件不同。合同解除通常适用于合同全部不能履行或者因一方当事人违约导致合同履行已经没有意义。合同终止则通常适用于合同部分不能履行,而合同部分内容已经履行且履行对当事人必要的情形。

(4)法律后果不同。合同解除导致合同关系溯及既往的消灭,即恢复原状。合同终止则以合同当事人消灭合同的意思表示到达对方当事人为界限,已经履行的合同内容维持不变,未履行部分的合同关系归于消灭。

可见,合同解除和合同终止是合同法两种相互独立、关系密切的制度。在合同法立法和理论中,均有各自的特殊性和特定的适用范围。

二、合同消灭的法律效果

合同解除和合同终止是合同消灭的原因,会产生一定的法律效果。《合同法》第六章规定了合同的解除和合同的终止,《合同法》第91条将合同解除作为合同终止的方式之一,混淆了合同解除与合同终止。《合同法》第97条规定:"合同解除后,尚未履行的,终止履行;已经履行的,根据履行情况和合同性质,当事人可以要求恢复原状、采取其他补救措施,并有权要求赔偿损失。"《合同法》没有针对持续性合同规定终止的情形,从而使合同解除既有溯及力,又在一定情形下无溯及力,合同解除充当合同终止的部分角色,将原本并列的"终止"与"解除"概念变成了上下逻辑关系,使《合同法》出现了不应有的逻辑混乱,给司法审判实践造成混乱。合同解除与合同终止的法律效果主要表现为损害赔偿,合同解除损害赔偿与合同终止损害赔偿的主要区别是:

(1) 适用要件不同。合同解除损害赔偿的要件有合同解除的行为、合同解除给一方当事人造成损害、合同解除与损害后果之间的因果关系。合同终止的损害赔偿存在的情形没有合同解除复杂,构成要件相对简单,主要有合同终止的行为、合同终止给一方当事人造成损害、损害与终止之间的因果关系。

(2) 赔偿范围不同。合同解除具有溯及力,主要适用于非持续性合同。在损害赔偿时,合同解除应恢复原状,未履行的合同归于消灭;已经履行的合同,双方应按照合同无效相互返还财产,有过错的当事人应承担损害赔偿责任。合同终止不具有溯及力,效力仅向将来消灭,主要适用于持续性合同。合同终止后不宜恢复原状。持续性合同的履行不是一次性完成,而是在一定时期内持续地履行,如租赁合同、雇佣合同、保管合同等,这些合同均不可能恢复原状。

(3) 赔偿的可能性不同。合同解除均存在损害赔偿问题,合同解除在履行结束前,单方解除使双方当事人的利益失衡,一方当事人的利益可能受到损害,合同解除产生损害赔偿的可能性较大。合同终止通常不会产生损害赔偿,合同终止通常是合同关系正常终结,合同之债的消灭,不需要进行损害赔偿。

第二节 合同解除

合同解除是生效的合同在具备解除条件时,因当事人一方或者双方的意思表示使合同自始消灭的行为。合同解除是对合同效力的一种非正常终止,对双方当事人权利义务有重大影响。因不可抗力致使不能实现合同目的,当事人可以解除合同。在履行期限届满之前,当事人一方明确表示或者以自己行为表明不履行主要债务的,对方可以解除合同。当事人一方迟延履行主要债务,经催告后在合理期限内仍未履行的,对方可以解除合同。例如,在汤长龙股权转让纠纷案中,①最高人民法院判决认为,对涉案股权转让资金分期付款协议不宜简单适用《合同法》第167条规定的合同解除权。

---

① 在汤长龙诉周士海股权转让纠纷案(〔2014〕川民终字第432号、〔2015〕民申字第2532号)中,法院裁判摘要认为,有限责任公司的股权分期支付转让款中发生股权受让人延迟或者拒付等违约情形,股权转让人要求解除双方签订的股权转让合同的,不适用《合同法》第167条关于分期付款买卖中出卖人在买受人未支付到期价款的金额达到合同全部价款的1/5时即可解除合同的规定(指导案例67号)。

一、合同解除的概念

合同解除(discharge of contract)是指合同当事人一方或者双方的意思表示使合同权利义务关系归于消灭的行为。合同订立的目的是维护正常的交易秩序,规范商品交换过程。合同法从鼓励商品交易、稳定交易秩序的目的出发,禁止随意地变更和解除已经生效的合同。客观情况的千变万化,当事人履行合同行为的多样性可能有碍合同的正常履行,甚至使有些合同的目的无法实现。在维护合同效力的前提下,合同法允许当事人在一定情况下解除合同,并规定了解除合同的条件和程序,如青海方升建筑安装工程有限责任公司建设工程施工合同纠纷案。[①] 合同解除有以下法律特征:

(1)以当事人之间的有效合同为前提。合同解除发生在合同生效后、履行完毕前。生效的合同对双方当事人均有约束力,当事人应当按照合同规定享受合同权利并承担合同义务。合同因一方当事人不履行或者其他原因导致合同不能履行,另一方当事人可以通过合同解除方式消灭合同。合同解除是以有效合同为标的,解决有效合同提前消灭的问题。可撤销合同及无效合同因属于效力瑕疵或者欠缺的合同,不是合同解除制度调整的范围。

(2)合同解除条件成就。合同一旦生效即具有法律约束力,当事人必须信守合同的约定,任何一方当事人不得擅自变更或者解除。为避免当事人滥用合同解除制度,维护社会经济生活的稳定性,法律规定合同解除必须具备法定条件或者约定条件,禁止当事人任意解除合同。合同解除的条件,既可以是法律规定的,也可以是当事人约定的。当事人可以事先约定合同的解除条件,也可以事后协商一致解除合同。例如,在上海万顺房地产开发公司合作开发协议纠纷案中,[②]最高人民法院判决认为,合同解除条件成就是合同解除的前提条件。

(3)有合同解除行为。根据当然解除主义的立法例,只要符合合同的解除条件,合同即告解除,而无须以当事人的意思表示为必要。《合同法》并未采取当然解除主义的立法例,具备合同解除的条件仅为解除合同的前提要件,合同解除应当有解除权人行使解除权的行为使合同的效力归于消灭。合同解除通知到达对方当事人时,合同即告解除。

(4)合同解除的溯及力。合同解除的效力是使合同债权债务关系消灭,合同解除权的效力是合同关系自始消灭,即合同解除的效力溯及既往。我国合同立法采纳了合同解除具有溯及既往的效力。《合同法》第97条规定:"合同解除后,尚未履行的,终止

---

① 青海方升建筑安装工程有限责任公司与青海隆豪置业有限公司建设工程施工合同纠纷案(〔2012〕青民一初字第5号、〔2014〕民一终字第69号)。

② 在上海万顺房地产开发公司诉永新实业发展有限公司、义务永新房地产开发有限公司合作开发协议纠纷案(〔2000〕浙法民重初字第2号、〔2003〕民一终字第47号)中,最高人民法院裁判摘要认为,催告对方履行的当事人应当是守约方,处于违约状态的当事人不享有基于催告对方仍不履行而产生的合同解除权。合同解除权的行使须以解除权成就为前提,解除行为应当符合法律规定的程序,否则不能引起合同解除的法律效果(2005年最高人民法院公报案例)。

履行;已经履行的,根据履行情况和合同性质,当事人可以要求恢复原状、采取其他补救措施,并有权要求赔偿损失。"

二、合同解除的类型和条件

合同解除的类型涉及合同解除的条件,与合同解除权的行使密切相关。合同解除有两种类型:一是单方解除和协议解除。单方解除是指解除权人单方行使解除合同的行为。单方解除不必经过对方当事人的同意,解除权人仅将解除合同的意思表示直接通知对方当事人,或者经过法院、仲裁机构向对方主张解除权,即可发生合同解除的效果,如深圳富山宝实业有限公司合作开发房地产合同纠纷案。[①]协议解除是指当事人双方通过协商一致解除合同的行为。协议解除不以解除权的存在为必要,也不是解除权的行使。二是法定解除和约定解除。法定解除是指合同解除的条件由法律直接加以规定。在法定解除中,有的以适用于所有合同的条件为解除条件,有的则仅以适用于特定合同的条件为解除条件,如上海盘起贸易有限公司委托合同纠纷案。[②]约定解除是指当事人以合同形式约定当事人一方或者双方享有合同的解除权。

在双务合同中,无论合同双方当事人是否约定合同解除条款,在双方均存在违约的情况下,如果一方当事人已经履行了大部分合同义务,特别是合同目的已基本实现,另一方当事人解除合同的,应综合考虑合同的履行情况等因素,判断该当事人是否享有解除权。如果另一方当事人解除合同将导致合同双方利益的失衡,且合同继续履行并不影响各方要求对方承担违约责任的权利的,则不宜认定其享有合同解除权,如兰州滩尖子永昶商贸有限责任公司合作开发房地产合同纠纷案。[③]

(一) 合同的约定解除

合同的约定解除是指合同因当事人约定的条件出现或者协商一致解除合同关系。按照合同自由原则,合同当事人享有解除合同的权利。当事人可以通过约定行使约定的解除权而导致合同的解除。例如,在大庆凯明风电塔筒制造有限公司买卖合同纠纷案中,[④]最高人民法院判决认为,华锐公司单方终止履行合同的行为既不符合合同约定解除合同的条件,也不符合法定解除合同的条件,其行为也有悖诚实信用原则,构成违约。合同的约定解除因方式不同大致有约定条件的解除和协商解除两种情形:

[①] 深圳富山宝实业有限公司与深圳市福星股份合作公司、深圳市宝安区福永物业发展总公司、深圳市金安城投资发展有限公司等合作开发房地产合同纠纷案(〔2006〕粤高法民一初字第18号、〔2010〕民一终字第45号)。

[②] 在上海盘起贸易有限公司诉盘起工业(大连)有限公司委托合同纠纷案(〔2003〕辽民三合初字第34号、〔2005〕民二终字第143号)中,最高人民法院裁判摘要认为,根据《合同法》第410条的规定,委托人或者受托人可以随时解除委托合同,属于法定解除权。虽当事人行使法定解除权亦应承担民事责任,但这种责任的性质、程度和后果不能等同于当事人故意违约应承担的违约责任。前者的责任范围仅限于给对方造成的直接损失,而不包括对方的预期利益(2006年最高人民法院公报案例)。

[③] 兰州滩尖子永昶商贸有限责任公司等与爱之泰房地产开发有限公司合作开发房地产合同纠纷案(〔2010〕甘民一初字第2号、〔2012〕民一终字第126号)。

[④] 大庆凯明风电塔筒制造有限公司与华锐风电科技(集团)股份有限公司买卖合同纠纷案(〔2012〕黑高商初字第9号、〔2013〕民一终字第181号)。

(1) 约定条件的解除。约定条件的解除是指当事人双方在合同中约定解除合同的某些情况,在合同生效之后、没有履行或者没有完全履行之前,出现约定解除合同的条件时一方当事人行使解除权而使合同的权利义务终止。约定条件的解除,属于事先约定条件解除。合同的约定赋予一方当事人合同解除权,当约定的条件出现时,当事人通过行使解除权使合同关系消灭。约定条件的解除是传统大陆法系的一种合同解除方法,要求当事人约定在一定情况下由一方或者双方享有解除权。解除权一般在订立合同时约定,也可以在订立合同后另行约定。

(2) 协商解除。协商解除是指合同生效后、未履行或未完全履行之前,当事人双方通过协商一致解除合同,使合同效力归于消灭的行为。协商解除是双方通过协商一致的方式解除合同而不是在合同订立时约定解除条件。协商解除合同,称为"事后协商解除"。协商解除主要有以下三个方面的特征:一是协商解除合同是一个新协议。协商解除是通过订立一个新的协议而解除原来的合同,当事人协商的目的是达成一个解除合同的协议。二是协商解除合同不得违背国家利益和社会公共利益。协商解除合同的内容由当事人双方自己决定,但内容违反法律,损害国家利益和社会公共利益的,协议解除无效,当事人仍要按原合同履行义务。三是协商解除合同的效力。在协商解除的情况下,合同解除后是否恢复原状、如何恢复原状,应由当事人协商决定。合同解除所产生的溯及力及恢复原状问题发生争议,应由当事人继续协商。

约定条件的解除与协商解除的区别主要表现在以下三个方面:

(1) 约定条件的解除属于事先而协商解除属于事后。约定条件的解除属于事前的约定,规定一定事由的出现,一方当事人才能行使解除权解除合同;协商解除的协议属于事后约定,是当事人双方根据合同状况,通过协商方式一致同意解除合同。

(2) 约定条件的解除仅确定合同的解除权而协商解除直接解除合同。约定条件的解除合同是确认解除权,本身并不导致合同的解除,仅在条件成就时当事人行使解除权后导致合同的解除。协商解除合同的协议内容并不是确定合同的解除权,而是确定合同的解除,双方当事人就合同解除达成协议即导致合同解除,协商解除合同协议的内容通常包括责任的分担、损失的分配等条款,而这些条款是事先约定条件的解除条款所不包括的。

(3) 约定条件的解除属于单方解除而协商解除属于双方解除。约定条件的解除是单方当事人的行为,即一方当事人行使解除权而解除合同。协商解除是双方协商一致的结果,属于双方行为。

(二) 合同的法定解除

法定解除是指已经生效的合同在没有履行或者没有履行完毕之前,当事人一方行使法定的解除权而使合同的权利义务消灭的行为。法定解除是由法律直接规定合同的解除条件,当事人在法定解除合同的条件出现时可以解除合同。法律规定了当事人享有法定解除权的情形,通过行使法律规定的解除权,当事人可以解除合同。法定解除是一方当事人行使法定解除权的结果,在法定解除条件成就时,解除权人可单方直接行使解除权,将合同解除而不必获得对方同意。法定解除权与约定解除权是可以并存的,约定解除权可以对法定解除权作补充,当事人之间的约定也可以改变法定解除权。法定解除是当事人采取的一种补救措施,法律规定的解除条件或者情形出现时,一方当事人可以行使合同解除权,以避免遭受更大的损失。例如,在上海闽路润贸易有限公司买卖合同纠纷案中,[①]最高人民法院判决认为,在符合法定解除条件的情况下,闽路润公司有权解除购销合同,并要求钢翼公司返还货款。

法定解除合同的情形是基于法律的规定,根据《合同法》第94条的规定,当事人享有法定解除权主要有以下四种情形:

(1) 不可抗力。不可抗力是指当事人在订立合同时不能预见、不能避免和不可克服的客观事件,包括各种水灾、火灾、地震、冰封等自然灾害和战争等社会原因引起的意外事件。不可抗力是当事人解除合同的条件之一,因不可抗力导致合同当事人一方或者双方的全部义务无法履行而不能实现缔约目的时,任何一方当事人可以解除合同。

(2) 不履行合同主要债务。不履行合同主要债务,是指作为债务人一方的当事人明确表示或者以自己行为表明拒绝履行合同规定的主要债务,属于债务人预期违约。不履行合同主要债务不仅是债务人严重违约的表现,而且是守约方解除合同的法定情形。《合同法》规定的不履行主要债务有两种表示方式:一是明示方式。明示违约是指在合同约定的履行期限届满之前,一方当事人向对方当事人明确表示不履行主要债务,即通知对方不履行主要债务。明示应当以书面形式作出,但也可根据情况使用口头形式。如果债务人明确表示不履行合同,债权人可以直接解除合同。二是默示方式。除了明示方式外,一方当事人还可以某种行为方式表示不履行主要债务。实际上,明示方式和默示方式在实践中是可以结合在一起使用的,即不履行通知的同时实施某种拒绝行为,或者实施某种行为的同时通知对方不履行。

(3) 迟延履行主要债务。迟延履行主要债务属于实际违约,即一方当事人在约定或者规定的期限内未能履行主要债务。因债务人迟延履行主要债务的,债权人可以解除合同。合同生效后在当事人之间产生了法律效力,当事人只有按照合同约定的期限履行才能实现合同的目的,履行合同才有意义。如果在规定的期限内不履行合同约定的主要债务,就不能实现合同订立的目的,或者使合同履行失去意义,法律赋予无过错方当事人解除合同的权利。因迟延履行主要债务而解除合同的条件有:一是一方迟延履行;二是一方迟延履行的是主要债务;三是债权人催告;四是债务人在合理的宽限期内仍未履行。在合理期限内,债务人未履行或者答复不履行的,债权人即可解除合同。

(4) 其他严重违约行为。其他严重违约是指预期不履行和迟延履行主要债务之外,一方当事人不按合同履行义务导致不能实现合同目的的其他行为。违反质量、履行地点和方式等合同其他内容的,均构成其他违约行为。这些违约行为导致合同目

---

① 上海闽路润贸易有限公司与上海钢翼贸易有限公司买卖合同纠纷案(〔2012〕闽民终字第647号、〔2015〕民申字第956号)。

不能实现的,则属于严重违约。其他违约在实践中主要有以下三种情况:

一是质量履行不当。质量履行不当是指债务人不按合同规定的质量要求履行,即交付的标的有质量瑕疵。在质量瑕疵严重时,当事人可以解除合同。瑕疵并不严重,通常要求采取降价和修补办法予以补救而不解除合同,如《产品质量法》第28条的规定。

二是部分履行。部分履行是指合同履行数量不足。部分不履行是否构成严重违约,应当考虑违约部分与合同目的实现的关系。如果违约并不影响合同目的的实现,则不应构成严重违约。但是,部分违约直接妨碍合同目的的实现的,应认定构成严重违约。

三是其他义务迟延履行。其他义务迟延履行是否严重,应考虑时间对合同的重要性,即是否导致不能实现合同目的。

(三)约定解除和法定解除的选择

合同当事人约定了合同解除条件,是否适用法定解除条件,主要有肯定说与否定说两种观点:肯定说认为,约定条件排除法定条件的适用。肯定说体现意思自治,约定条件合法有效,且排除了法定条件的适用。否定说认为,约定条件不得排除法定条件的适用。否定说体现了公序良俗原则,公序良俗原则是对意思自治原则的限制,且法定解除条件属于法律强制性规定,不得以约定的方式加以排除。

肯定说和否定说均有各自的合理之处,法定解除条件通常优先于约定解除条件的适用,但并非绝对。约定解除条件和法定解除条件的适用应视情况而定:

(1)约定解除条件的适用。在约定解除条件不违反法律、行政法规的强制性规定,且内容涵盖了法定解除条件的情况下,适用约定解除条件体现了意思自治原则。例如,《合同法》第94条第3项规定,当事人迟延履行合同主要义务,经催告后合理期限内仍不履行的,另一方当事人可以解除合同。如果当事人约定不经催告程序而直接行使解除权的,虽然违反前述规定,但并未损害公共利益,且是双方当事人真实意思的体现,应优先适用。

(2)法定解除条件的适用。在约定解除条件违反法律、行政法规的强制性规定,且约定解除条件的适用会产生不当的法律后果的情况下,应适用法定解除条件。例如,当事人约定排除适用《合同法》第94条第1、4项的规定,违反合同立法的根本目的,当属无效约定。

三、合同解除的程序

合同解除应当遵循一定的程序,合同解除因解除类型不同而存在差异。解除权的行使程序以当事人享有的合同解除权为前提,解除权的行使导致合同解除的法律效果,是一种形成权。解除权的行使无须对方当事人的同意,有解除权人的单方意思表示即可解除合同。解除权人主张解除合同应当通知对方当事人,通知到达对方当事人时合同解除。对方当事人有异议的,可以请求法院或者仲裁机构确认合同解除的效力。例如,在上海万顺房地产开发公司合作开发协议纠纷案中,[①]最高人民法院判决认为,合同解除行为应当符合法律规定的程序。

(一) 单方解除的程序

单方解除程序是指享有合同解除权的一方当事人通过行使解除权解除合同的程序。解除权属于形成权,无须对方当事人的同意。解除权人的单方意思表示,即可产生解除合同的法律效果。合同一方当事人构成根本违约时,守约方享有法定解除权;合同解除的确定以享有解除权一方当事人的相关文书送达到相对方之时作为开始发生法律效力的依据;合同解除不以诉讼为唯一的表达形式;为平衡双方当事人的利益,在保障一方当事人行使解除权时,另一方享有异议权,但异议权的行使期限有明确规定,未在法定期限内行使的,异议权丧失,如深圳富山宝实业有限公司合作开发房地产合同纠纷案。[②]

但单方解除权的行使并非毫无限制,《合同法》对单方解除权行使期限和行使方式均有明确规定。根据《合同法》第 95 条的规定,单方解除权的行使期限有两种情形:一是法律规定或者当事人约定解除权行使期限的期限届满当事人不行使,解除权消灭;二是法律没有规定或者当事人未约定解除权行使期限,经对方催告后在合理期限内不行使的,解除权消灭。

根据《合同法》第 96 条的规定,关于解除权的行使有两种方式:一是一方当事人行使解除权解除合同的,应当通知对方当事人。合同解除通知到达对方当事人时,合同即告解除。对方当事人有异议的,可以请求法院或者仲裁机构确认解除合同的效力,但法院或者仲裁机构仅对合同解除行为作确认而已,当事人收到合同解除通知的时间为合同解除时间。二是法律、行政法规规定解除合同应办理批准、登记等手续的,解除权人行使解除权应遵循相关的规定。

(二) 协议解除的程序

协议解除的程序是指当事人双方经过协商同意解除合同的程序。合同的协议解除取决于当事人双方意思表示一致,而不是基于当事人一方的意思表示,也不需要解除权的存在,而且是以一个新合同解除原合同。协议解除合同是当事人意思自治的体现,是当事人对权利义务的处分。协议解除通常采取合同方式,要使合同有效解除必须有要约和承诺的过程。要约是解除合同的要约,内容是要消灭既存的合同关系。承诺是解除合同的承诺,是同意解除合同要约的意思表示。协议解除合同生效,当事人之间的原有合同关系消灭,无须通过法院或者仲裁确认协议解除合同的效力。

(三) 法院裁决程序

法院裁决程序,是指在适用情势变更原则解除合同时法院裁决合同解除的程序,

[①] 上海万顺房地产开发公司诉永新实业发展有限公司、义务永新房地产开发有限公司合作开发协议纠纷案(〔2000〕浙法民重初字第 2 号、〔2003〕民一终字第 47 号)。

[②] 深圳富山宝实业有限公司与深圳市福星股份合作公司、深圳市宝安区福永物业发展总公司、深圳市金安城投资发展有限公司等合作开发房地产合同纠纷案(〔2006〕粤高法民一初字第 18 号、〔2010〕民一终字第 45 号)。

而不是指在协议解除程序和行使解除权程序中当事人诉请法院解除合同的程序。当事人适用情势变更原则解除合同,由法院根据案件的具体情况和情势变更原则的法律要件加以裁决。因此,这种类型合同的解除仅适用法院裁决的程序。

四、合同解除与合同撤销

合同撤销是指对合同的内容有重大误解或者显失公平,当事人可以请求撤销合同。撤销合同的行为使已经发生法律效力的合同权利义务关系归于消灭。合同撤销后将发生两个方面的效力:一是合同自始无效,当事人无须履行合同。二是当事人因合同取得的财产应当予以返还,不能返还或者没有必要返还的应当折价补偿,有过错的一方还应当赔偿对方所受到的损失。合同解除与合同撤销均为合同消灭的制度,但两者并不相同,主要有四个方面的区别:

(1) 产生原因不同。合同撤销权是基于法律的直接规定,如《合同法》第54条规定了产生合同撤销权的原因,即重大误解、显失公平、欺诈、胁迫、乘人之危等情形。合同解除权的产生既有法律的规定,又有当事人的约定,如《合同法》第93条和第94条的规定。

(2) 适用范围不同。合同撤销的适用范围要大于合同解除的适用范围,合同解除主要适用于合同关系。合同撤销不仅适用于合同,而且还适用于有瑕疵的意思表示。

(3) 消灭方式不同。合同撤销应当由撤销权人向法院或者仲裁机构提出,由法院或者仲裁机构作出裁决。合同解除则可以通过当事人协商或一方行使解除权而达到目的,不必经过法院或者仲裁机关裁决。

(4) 法律后果不同。合同撤销有溯及力,《合同法》第58条明确规定被撤销的合同自始没有法律约束力。合同解除是否具有溯及力,要根据合同履行情况和合同的性质及当事人的意愿来决定。

第三节 合同终止

合同终止意味着合同权利义务的终止,使合同关系不复存在。合同权利义务终止后,当事人应当遵循诚实信用原则,根据交易习惯,履行通知、协助、保密等义务。

一、合同终止

合同权利义务终止的原因大致有三类:一是基于当事人的意思,如免除及合意解除等;二是基于合同目的的消灭,如不能履行、清偿及混同等;三是基于法律的直接规定。合同终止的原因有清偿、抵销、提存、免除、混同等。

(一) 合同终止的概念

合同终止(termination of contract)是指合同关系的消灭,即双方当事人之间的权利义务关系的消灭,《合同法》称之为合同权利义务的终止。在《合同法》中,合同终止是合同解除的上位概念,《合同法》第 91 条规定的合同解除是合同终止的原因之一。合同的终止有广义与狭义之分,广义的合同终止包括合同解除和狭义的合同终止。广义的合同终止使合同关系消灭具有溯及力,产生恢复原状的法律效果;狭义的合同终止使合同关系消灭而没有溯及力,仅对将来产生效力,不会产生恢复原状的法律效果。《合同法》第 91 条规定的合同终止属于广义的合同终止。例如,在大庆凯明风电塔筒制造有限公司买卖合同纠纷案中,①最高人民法院判决认为,华锐公司行使合同终止权的条件未成就,擅自终止合同不发生终止的效力。

在大陆法系国家或地区中,合同解除和合同终止是两种并列的制度,②合同解除制度使合同自始消灭,而合同终止则仅向将来发生效力,而且仅适用于持续性合同,③如租赁合同、借贷合同、雇佣合同和承揽合同等。大陆法系的合同终止与我国《合同法》的合同终止有着不同内涵。《合同法》第 91 条规定了合同终止,导致合同终止的事由有合同履行、合同解除、债务免除、混同、抵销和提存等。除了合同解除之外,合同终止并不能产生溯及既往的法律效果。合同终止与合同无效、合同撤销均表明合同关系不复存在,但在性质上、法律后果上却有明显的不同。

(二)合同终止的原因

合同是基于一定的法律事实产生,同时也基于一定的法律事实消灭,引起合同终止的法律事实即为合同终止的原因,《合同法》第 91 条规定了合同终止的原因。按照法律性质的不同,合同终止主要有以下三种类型:

(1)法律行为。合同权利义务关系的消灭有基于法律行为的,即基于当事人的意思表示终止合同的,如免除、抵销、提存等。

(2)准法律行为。合同权利义务关系的消灭也有基于准法律行为的,如清偿。当事人按照合同约定履行合同义务从而实现合同目的,导致合同终止。

(3)事实行为。合同权利义务关系的消灭有基于法律规定的事实的,即事实行为的,如混同。因法人合并致使债权人与债务人成为一人时,导致合同的权利义务因混同而消灭。

(三)合同终止与合同无效、合同撤销、合同解除的区别

合同终止与合同无效的主要区别表现在以下三个方面:

(1)性质不同。无效合同是指合同不符合法律规定的合同生效条件,合同关系并未生效,合同当事人之间并未形成有效的权利义务关系;合同终止是消灭已经生效的

---

① 大庆凯明风电塔筒制造有限公司与华锐风电科技(集团)股份有限公司买卖合同纠纷案([2012]黑高商初字第 9 号、[2013]民一终字第 181 号)。

② 我国台湾地区债法论著在债的效力中先论述债的解除,再论述债的终止。债的解除和债的终止是两个并列的法律概念,不具有《合同法》中的上下位阶关系。

③ 参见史尚宽:《债法总论》,中国政法大学出版社 2000 年版,第 572 页;郑玉波:《民法债编总论》,中国政法大学出版社 2004 年版,第 242 页;[德]迪特尔·梅迪库斯:《德国债法总论》,杜景林、卢谌译,法律出版社 2004 年版,第 408 页。

合同,使当事人之间的权利义务关系消灭。

(2)原则不同。合同无效是当然无效,即使当事人不主张合同无效,法院或者仲裁机关也有权确认合同无效,体现了国家干预原则;合同终止是出现了终止合同的法定事由,当事人行使权利使合同关系消灭,国家不主动干预,体现了意思自治原则。

(3)法律后果不同。合同被宣告无效后,合同自始无效,产生恢复原状的法律后果;合同终止是使合同失去对将来的效力,即合同不再履行,只有某些被解除的合同具有溯及既往的效力。

合同终止与合同撤销均为当事人行使法定权利而使合同关系归于消灭,其区别表现在以下三个方面:

(1)原因不同。合同撤销主要是因受欺诈、胁迫,或者因重大误解、显失公平而订立合同,撤销合同的原因在合同订立时就存在,法律直接规定可以撤销合同;合同终止的原因发生在合同成立以后,由法律规定或者当事人约定终止合同。

(2)方式不同。合同撤销应当由撤销权人提出,并经仲裁机构或者法院确认;合同终止可以通过当事人协商或者一方当事人行使法定权利,无须仲裁机构或者法院裁决。

(3)法律后果不同。合同撤销之后具有溯及既往的效力,对已履行的合同将产生恢复原状的后果;合同终止通常不发生溯及既往的效力。

合同终止与合同解除均产生债权债务关系归于消灭的效力,但有以下三个方面的区别:

(1)适用范围不同。合同终止仅适用于持续性合同,即债务不能一次履行完毕而应持续履行方能完成的合同,如租赁合同、承揽合同、建设工程合同以及大部分以提供劳务为标的的合同;合同解除仅适用于非持续性合同。

(2)适用条件不同。合同解除通常是对违约的一种补救措施,仅适用于违约的情形;合同终止主要适用于非违约的情形,如合同因履行、双方协商一致、抵销、混同、提存等终止,合同终止的适用范围要比合同解除的适用范围广。

(3)法律效力不同。合同解除即能向过去发生效力,使合同关系溯及既往地消灭,发生恢复原状的效力,也能向将来发生效力,即不发生溯及既往的效力;合同终止仅使合同关系消灭,向将来发生效力,不产生恢复原状的溯及效力。

二、清偿

债务人履行债务,即为清偿。清偿是债务消灭的最为基本、最为常见和最为重要的原因,是大陆法系国家或地区民法典债的消灭原因,也是我国《合同法》规定合同消灭的原因。清偿与履行意义基本相同,履行仅定位于动态层面满足合同债权目的而消灭合同关系,而清偿则定位于静态层面满足债权目的而消灭合同关系。

(一)清偿的概念

合同清偿(liquidation)是指合同当事人按照合同约定履行合同义务,实现债权目的的行为。合同清偿即合同的履行,是最常见的合同权利义务终止原因。合同当事人利益的实现是合同的目的,在合同债务清偿之后,合同债权得到满足,合同权利义务关系消灭。

清偿的性质,学界有法律行为说、非法律行为说(准法律行为说和事实行为说)和折中说三种观点,准法律行为说是通说。[①]清偿性质的争议主要集中在两点:一是清偿人的清偿意思和清偿受领人的受领意思是否为清偿的构成要件;二是清偿与清偿所为的给付行为是否应进行区分。准法律行为说认为,对于合法的清偿,无论当事人是否有清偿的意思或者受领清偿的意思,法律均确认债务消灭的效力。此外,清偿与清偿所为的给付行为是两种不同的行为,清偿所为的给付行为是清偿的手段而已,并非清偿的本体。

(二)清偿的要素

清偿导致合同当事人之间的权利义务消灭,清偿的构成要素有清偿主体和清偿标的。

(1)清偿主体。清偿主体是指清偿的当事人,即清偿受领人和清偿人。清偿受领人通常是债权人,即受领清偿利益的人。清偿人应向有受领权人清偿,清偿经受领后发生清偿效力,债的关系归于消灭。债权人为债权的主体,享有清偿受领权,但债权人被宣告破产时则不得受领清偿,破产财产管理人有权受领清偿。清偿人包括债务人和第三人。合同债务人承担清偿义务,通常是主要的清偿人。债务本应由债务人清偿,但债务清偿的目的是使债权人满足其利益要求。第三人的履行能满足债权人的需要,第三人的清偿有效,第三人可以成为清偿人。第三人清偿制度包括缔约时的合同约定或者法定由第三人清偿以及缔约后的第三人代为清偿。对于第三人为清偿的履行行为,债权人没有正当理由拒绝受领的,则构成受领迟延。第三人代为清偿是以自己名义清偿他人债务,在清偿时当事人应向债权人说明,但在下列情形第三人不得代为清偿:一是债权人与债务人有特别约定不得由第三人清偿的。二是根据合同性质不得由第三人清偿的,如有些债务性质上应由债务人亲自履行,不得由第三人代为清偿。第三人代为清偿后,合同债权消灭。

(2)清偿标的。清偿标的是合同履行的标的、合同给付的内容。合同履行应当符合合同目的,满足合同债权人实现债权的需要,使合同权利义务关系归于消灭。清偿人应遵循诚实信用原则,全面、适当、准确地履行合同义务,债务人应以债的标的履行,不得以其他标的替代。否则,债务人的清偿行为不仅不会产生清偿法律效果,而且还可能构成违约。经合同债权人同意,债务人以其他标的代替原标的履行的,则为代物清偿,合同权利义务终止,即合同之债归于消灭。

(三)清偿抵充

清偿抵充(imputation of payment)是指债务人对同一债权人承担数项同种类的

---

① 参见郑玉波:《民法债编总论》(修订二版),中国政法大学出版社2004年版,第468页。

债务,而债务人的履行不足以清偿全部债务时,决定债务人的履行抵充某项债务的规则。①清偿抵充起源于古代罗马法,罗马法确立了清偿抵充规则。大陆法系民法继受了罗马法的规定,如《法国民法典》第1253条、《德国民法典》第366条、《意大利民法典》第1193条和《日本民法典》第489条规定了清偿抵充规则,《国际商事合同通则》也规定了清偿抵充规则。②

清偿抵充是我国司法审判实践长期存在的一个疑难问题。《合同法》规定了抵销制度,但对清偿抵充制度却没有规定,《合同法司法解释(二)》第20条和第21条填补了清偿抵充规则的漏洞。③债的清偿抵充可以确定债权的消灭时效,因清偿抵充可以确定债务人的给付是消灭的债务,从而引起债务消灭时效的中断。在债务人对同一债权人所承担的数项债务中,可能有附利息债务,也有不附利息债务;有担保债务,也有没有担保债务;有附条件债务,也有没有附条件债务。债务人的给付不足以消灭所有债务时,哪一项债务消灭对债权人和债务人有不同的利害结果,大陆法系民法对此有明确的规定。清偿抵充应当具备三个方面的要件:

(1) 债务人对同一债权人承担数项债务。债务人对同一债权人所承担的债务应当是两项或者两项以上;债务人对债权人仅承担一项债务,不会发生抵充的先后顺序问题。债务人对同一债权人的数项债务可以是自始发生,也可以是嗣后从第三人处承担的,而不论数项债务是否已届清偿期。

(2) 数项债务的种类相同。债务人对债权人承担的数项债务应当是种类相同的。种类不同的债务,可根据给付种类的不同确定债务人清偿的债务种类,不会出现抵充问题。例如,某4S店向上海大众汽车销售公司购买帕萨特、途观和桑塔纳轿车各50辆,上海大众汽车销售公司交付50辆帕萨特轿车,则不发生抵充问题;但4S店先订购

---

① "抵充(Anrechnung der Zahlung;Verrechnung von Zahlungen;imputation des paiements)谓债务人对于同一之债权人负担数宗债务而其给付之种类相同,如为清偿提出之给付不足清偿全部债额时,指定以其给付应抵充某宗债务〔民法第321条、德国民法第366条第(1)项、泰国民法第328条第(1)项、瑞士债法第86条第(1)项、日本民法第488条第(1)项和第(3)项等〕。"史尚宽:《债法总论》,中国政法大学出版社2000年版,第792页。

② Principles of International Commercial Contracts Article 6.1.12(Imputation of payments)(1) An obligor owing several monetary obligations to the same obligee may specify at the time of payment the debt to which it intends the payment to be applied. However, the payment discharges first any expenses, then interest due and finally the principal. (2) If the obligor makes no such specification, the obligee may, within a reasonable time after payment, declare to the obligor the obligation to which it imputes the payment, provided that the obligation is due and undisputed. (3) In the absence of imputation under paragraphs(1)or(2), payment is imputed to that obligation which satisfies one of the following criteria in the order indicated:(a) an obligation which is due or which is the first to fall due;(b) the obligation for which the obligee has least security;(c) the obligation which is the most burdensome for the obligor;(d) the obligation which has arisen first. If none of the preceding criteria applies, payment is imputed to all the obligations proportionally.

③ 《合同法司法解释(二)》第20条规定:"债务人的给付不足以清偿其对同一债权人所负的数笔相同种类的全部债务,应当优先抵充已到期的债务;几项债务均到期的,优先抵充对债权人缺乏担保或者担保数额最少的债务;担保数额相同的,优先抵充债务负担较重的债务;负担相同的,按照债务到期的先后顺序抵充;到期时间相同的,按比例抵充。但是,债权人与债务人对清偿的债务或者清偿抵充的顺序有约定的除外。"

第21条规定:"债务人除主债务之外还应当支付利息和费用,当其给付不足以清偿全部债务时,并且当事人没有约定的,人民法院应当按照下列顺序抵充:(一) 实现债权的有关费用;(二) 利息;(三) 主债务。"

50辆帕萨特,后又订购30辆帕萨特,上海大众汽车销售公司仅交付50辆,即发生抵充的效果。

(3) 债务人仅有部分清偿能力。如果债务人的给付可以清偿全部债务,就没有必要确立清偿顺序。债务人的履行能力有限,债务人的给付不足以清偿全部债务,但至少可以清偿一项债务。否则,债权人可以拒绝债务人的部分清偿,也不发生抵充问题。

清偿人的清偿符合以上三个条件的,清偿人在清偿时可以指定其抵充的债务或者根据法律规定抵充债务。清偿抵充有约定抵充、指定抵充和法定抵充三种形式:

(1) 约定抵充。债权人与债务人之间对债务人的给付抵充的债务有约定的,从其约定。约定抵充体现了意思自治原则和合同自由原则。约定抵充既可为明示,也可以为默示;抵充合同的订立既可在给付时,也可在给付之前。

(2) 指定抵充。债权人与债务人之间对清偿抵充没有约定的,则清偿人有权指定给付所清偿的债务。清偿的给付行为是清偿人实施的,应当尊重清偿人的意思。这种指定权属于形成权,应在清偿时向清偿受领人以意思表示的方式行使。指定权一经行使,清偿人不得撤销。清偿人在指定抵充时要受《合同法司法解释(二)》第21条规定的限制,但不受《合同法司法解释(二)》第20条规定的限制。

(3) 法定抵充。当事人没有约定或者指定的情况下,大陆法系民法规定了抵充顺序,《合同法》司法解释也确立了法定抵充的顺序,如《合同法司法解释(二)》第20条和第21条的规定:一是债务人的给付不足以清偿对同一债权人所承担的数项相同种类的全部债务,应当优先抵充已到期的债务。二是数项债务均到期的,优先抵充对债权人缺乏担保或者担保数额最少的债务。三是担保数额相同的,优先抵充债务负担较重的债务。四是负担相同的,按照债务到期的先后顺序抵充。五是到期时间相同的债务,按债务的比例抵充。

抵充顺序的基本原则是约定抵充优先,指定抵充次之,法定抵充最后。约定抵充体现了意思自治原则,应优先适用。

(四) 代物清偿

代物清偿(datio in solutum)是指债权人受领债务人其他种类的给付以替代合同约定的给付,从而使合同权利义务关系归于消灭的制度。合同履行要求债务人按照合同规定的标的履行合同义务,不得以其他标的代替,但在债权人和债务人合意时,债务人可以代物清偿,代物清偿也能产生合同消灭的法律后果。代物清偿具有以下两个方面的特征:

(1) 代物清偿为合同。代物清偿是债务人为清偿原债务而对债权人承担的新债务,债权人与债务人之间的意思表示一致是成立的基础,性质上属于合同。代物清偿合同通常由债权人与债务人订立,由于法律允许第三人清偿债务,代物清偿合同也可由第三人与债权人订立。

(2) 原债务仍然有效。在代物清偿合同生效时,债务人即承担履行新合同义务,但原债务并未消灭。债权人的原债权并未因代物清偿合同生效而归于消灭,债务人负担新债务是作为履行原债务的一种方式,新债务与原债务基于同一目的同时存在,但在履行期内债权人仅对新债务请求履行,新债务履行完毕之后,原债务同时归于消灭。例如,在甘肃省石油供销总公司以资抵债协议纠纷案中,[①]最高人民法院判决适用了代物清偿方式消灭合同关系。

代物清偿的构成应符合一定的法律要件,代物清偿的构成通常应当具备以下三个方面的条件:

(1) 原有合同权利义务关系存在。代物清偿构成的先决条件是债权人与债务人之间存在一定的合同关系。只要当事人之间存在债权债务,即可成立代物清偿。原有合同的标的种类,不影响代物清偿的成立。

(2) 当事人有代替给付的合意。代物清偿改变了原合同关系中的给付,债权人和债务人之间的代替给付合意是代物清偿的成立要件。否则,不产生代物清偿的法律后果。合同的给付形态有现金的支付、物的交付、权利的转移、劳务的提供、成果的提交等。以一种给付代替其他种类的给付是代物清偿。例如,以一辆汽车抵偿20万元的金钱债务。

(3) 清偿受领人现实受领他种给付。债权人与债务人达成代物清偿的合意,即成立代物清偿合同,但代物清偿合同属于实践合同,清偿人现实地为替代给付行为并经清偿受领人的受领,方能产生代物清偿的法律效力。

符合以上三个构成条件的代物清偿,将产生一定的法律效力。代物清偿的效力主要体现在如下三个方面:

(1) 新债务在代物清偿合同成立后生效。新债务不是原债务的继续,而是不同于原债务的一个债务。对原债务的抗辩不得在新债务中主张,是债权人接受代物清偿主要的利益所在。债务人不得以原债务的抗辩对抗债权人,使债权人在代物清偿中更容易实现债权。

(2) 原债权效力中止。在代物清偿合同成立后新债务的清偿期届满之前,债权人不得行使原债权。仅在新债务不能履行、无效或者被撤销时,债权人可以请求债务人履行原债务。债权人同意债务人以新债务清偿原债务,即受其意思表示的约束,对债务人承担一定义务。债务人一旦履行新债务,则表示也同时履行了原债务。

(3) 债权债务关系消灭。在代物清偿后,债的关系消灭,债权的从权利也随之消灭。代替给付在权利上或者物的品质上有瑕疵时,债务人对债权人承担瑕疵担保责任。在代物清偿中,原定给付的价值高于替代给付的价值的,则债务人应同时履行替代给付少于原定给付的差额;原定给付的价值低于替代给付的价值的,则债权人应补

[①] 在甘肃省石油供销总公司与兰州市红古区人民政府、兰州市红古区红古乡人民政府以资抵债协议纠纷案(〔2006〕甘民二初字第29号、〔2007〕民二终字第148号)中,法院裁判摘要认为,以资抵债属于清偿债务的一种方式,通过债务人将其特定资产作价移转给债权人,从而清偿其对债权人负有的相应债务。只要合同双方的意思表示真实,协议内容不违反国家法律的强制性规定,便为有效合同。合同一方不能因为事后经营抵债的资产不成功便质疑原以资抵债合同的有效性。

偿或者退回替代给付超出原定给付的差额。

三、抵销

在大陆法系民法典中,抵销是债的消灭原因。在《合同法》中,抵销则为合同终止原因,消灭当事人之间同等数额之内的合同关系。抵销确保了债权的效力,降低了交易成本,提高了交易效率。

（一）抵销的概念

抵销(set-off)是指合同当事人双方相互负有相同种类的给付义务,将各自的义务相互冲抵使义务相互在同等的数额范围内消灭的法律制度。抵销是罗马法以来大陆法系民法所共同确认的制度,但各国民法对抵销制度有不同的立法例:

（1）当然抵销说。以《法国民法典》为代表的立法认为无须当事人的行为,仅根据双方债权对立的事实即当然发生抵销。《法国民法典》第1290条规定:"债务人双方虽均无所知,根据法律的效力仍可发生抵销;两个债务自其同时存在起,在同等的数额的范围内互相消灭。"

（2）单独行为说。以《日本民法典》为代表的立法认为因有债权相互对立的事实而产生抵销权,因抵销权的行使导致双方当事人之间的债务相互抵销。①《国际商事合同通则》也采纳了单独行为说。②

我国《合同法》第99条采纳了单独行为说,认为一方当事人的抵销行为导致双方当事人之间的债权债务关系归于消灭。③例如,在许尚龙、吴娟玲股权转让纠纷案中,④当事人之间涉及债务抵销问题。

抵销制度降低交易成本,便利合同双方当事人,与双方当事人所实施的清偿行为产生相同的法律后果,对当事人是一种公平、便捷的合同履行方法,且有确保债权效力的作用,以避免先清偿债务的人蒙受损失的风险。特别是在破产程序中,破产人对债权人有反对债权时,债权人可以主张抵销以免除自己的债务,从而债权人比其他债权人享有优先受偿权。

（二）抵销的分类

根据抵销产生的基础不同,抵销可以分为法定抵销与合意抵销两种方式。法定抵

---

① 《日本民法典》第506条规定:"抵销,由当事人的一方对其相对人以意思表示为之。但其意思表示,不得附条件或期限。"

② Article 8.3(Set-off by notice) The right of set-off is exercised by notice to the other party.

③ 《合同法》第99条中规定:"当事人互负到期债务,该债务的标的物种类、品质相同的,任何一方可以将自己的债务与对方的债务抵销,但依照法律规定或者按照合同性质不得抵销的除外。当事人主张抵销的,应当通知对方。通知自到达对方时生效。抵销不得附条件或者附期限。"

④ 在许尚龙、吴娟玲与何健、张康黎、张桂平股权转让纠纷案(〔2012〕苏商初字第0011号、〔2013〕民二终字第52号)中,法院裁判摘要认为,当事人之间在签订股权置换协议后,又签订借款协议、委托处置股份协议,导致当事人对法律关系性质产生争议的,应当通过审查股份的交付、款项的支付、债务的抵销等相关事实,结合双方当事人的实际履行情况,认定当事人之间真实的法律关系性质。

销与合意抵销在方式、条件和效力上存在差异。法定抵销是指在具备法律所规定的条件时,根据一方当事人的意思表示所实施的抵销。法定抵销有法律规定抵销的构成要件,性质上为形成权,有抵销权的当事人以单方意思表示即可发生效力。法定抵销是通常所说的抵销。

合意抵销是指根据双方当事人的合意所实施的抵销,体现了当事人的意思自治。合意抵销是由当事人自行约定的,效力也是取决于当事人的约定。合意抵销对于标的物的种类、品质没有特别要求,对于双方所负债务是否届履行期限也无要求,只要不违背法律的强制性规定和禁止性规定,原则上都可以合意抵销。合意抵销是基于当事人之间所订立的抵销合同而产生抵销的后果。抵销合同是双方当事人意思表示一致的结果,可以采取口头形式,也可以采取书面形式,合意抵销是当事人意思自治原则的贯彻和体现。合意抵销的要件和效力,不是根据法律规定,而是由当事人双方自由协商确定。合意抵销与法定抵销的发生原因不同,对当事人的意思表示的要求也不同。合意抵销的当事人可以就抵销的要件、抵销的标的物、抵销的范围、抵销的效力以及禁止抵销的债务进行协商。合意抵销与法定抵销的不同之处主要体现在以下方面:

(1) 债务履行期是否届满要求不同。法定抵销要求双方当事人债务履行期均已届满,而合意抵销则不要求当事人债务履行期已届满,充分体现了合同自由原则。

(2) 抵销条件和方法不同。对于法定抵销条件,法律有明文规定并以通知方式抵销;对于合意抵销的条件和方法,只要不违反法律的强制性规定即可。[①]

(3) 抵销效力不同。法定抵销效力是基于法律的直接规定;合意抵销效力,当事人可以约定,当事人没有约定的,则根据法律规定。

(三) 抵销的条件

合同双方当事人互负债务和债权关系,但并非所有债务均可以进行抵销,只有具备一定条件的债务,才能发生抵销效果。[②] 抵销通常应具备以下三个方面的条件:

(1) 双方互负有债务、互享有债权且债务的给付种类相同。抵销权产生的前提是双方当事人彼此既负有债务,同时又享有债权。只有债务而无债权,或者只有债权而无债务,不发生抵销问题。抵销人供抵销的债权应为自己享有的具有完全效力的债权。抵销人的债权已经超过诉讼时效的,不得用以抵销,但对方当事人以其债权与之抵销的,可发生抵销效力。抵销人只能以自己的债权用以抵销。对于他人的债权,即使债权人同意,也不会发生抵销的效果。

抵销债务是以同一种类的给付为必要。当事人双方的经济目的仅在给付的种类

[①] 《合同法》第100条规定:"当事人互负债务,标的物种类、品质不相同的,经双方协商一致,也可以抵销。"

[②] Principles of International Commercial Contracts Article 8.1(Conditions of set-off)(1) Where two parties owe each other money or other performances of the same kind, either of them ("the first party") may set off its obligation against that of its obligee ("the other party") if at the time of set-off, (a) the first party is entitled to perform its obligation; (b) the other party's obligation is ascertained as to its existence and amount and performance is due. (2) If the obligations of both parties arise from the same contract, the first party may also set off its obligation against an obligation of the other party which is not ascertained as to its existence or to its amount.

相同时较为一致,通过抵销可满足双方当事人的利益需要。两项债务为不同种类的给付,当事人以抵销而没有给付,则难以满足当事人的经济需要。因此,抵销的债务一般为金钱债务和种类之债。

(2) 双方当事人债务履行期届满。抵销具有清偿效力,债务履行期届满时才可抵销。债务履行期限未届满的,债权人不能请求履行,债权人以其债权与对方债权抵销的,实际上请求债务人提前清偿债务。但是,两项债务中的一项履行期已届满,而另一项履行期未届满的,未到期的债务人可以主张抵销的;履行期届满一方当事人主张抵销的,未到期的一方当事人同意抵销的,也可以抵销。当事人自愿放弃自己的期限利益,法律没有限制的必要。但是,在当事人一方被宣告破产时,破产债权人的债权不论是否已届履行期限,均视为到期。例如,《企业破产法》第46条规定:"未到期的债权,在破产申请受理时视为到期。附利息的债权自破产申请受理时起停止计息。"

(3) 双方的债务均为可抵销的债务。抵销债务须为可以抵销的债务。对根据法律规定或者债务性质不能抵销的债务,则不能抵销。双方约定不能抵销的债务也不能抵销。例如,相互提供劳务的债务、与人身不可分离的债务,根据债务性质不能抵销。法律规定不能抵销的债务主要有:禁止强制执行的债务、故意侵权行为所产生的债务、约定应向第三人为给付债务、违约金债务、赔偿金债务等。

(四) 抵销的效力

抵销权的行使是由抵销权人将抵销的意思表示以通知方式通知对方当事人即可发生抵销的法律效力,抵销导致合同义务消灭。①《合同法》第99条第2款规定:"当事人主张抵销的,应当通知对方。通知自到达对方时生效。抵销不得附条件或者附期限。"抵销效力主要表现在以下方面:

(1) 双方当事人债权债务在抵销数额内消灭。双方当事人的债务数额相等的,双方当事人的债权债务全部消灭;双方当事人的债务数额不等的,数额少的一方当事人的债务全部消灭,另一方当事人债务与对方当事人债务相等的数额内消灭,其余额部分仍然存在,债务人就剩余部分债务承担清偿责任。在合意抵销中,双方当事人可以就抵销的效力作出约定。

(2) 抵销具有溯及力。抵销的意思表示溯及到为抵销时发生消灭债的效力。大陆法系民法肯定了抵销的溯及力,如《日本民法典》第560条和我国台湾地区"民法典"第335条规定了抵销具有溯及力。《合同法》没有规定抵销的溯及力问题。抵销通常具有溯及力,抵销的溯及力表现为:一是归于消灭的债务,不再产生利息债务;二是不再发生迟延履行责任;三是一方当事人所承担的损害赔偿及违约金责任因抵销的溯及力而归于消灭。

---

① Principles of International Commercial Contracts Article 8.5 (Effect of set-off) (1) Set-off discharges the obligations. (2) If obligations differ in amount, set-off discharges the obligations up to the amount of the lesser obligation. (3) Set-off takes effect as from the time of notice.

(3)双方债务因抵销而消灭的为绝对消灭。除法律另有规定外,任何一方当事人不得主张撤销抵销。已经抵销的债务再为清偿时,债权人发生不当得利。

(五)抵销与清偿抵充

抵销和清偿抵充均是债务消灭原因。在实务中,抵充与抵销之间的界限比较模糊,有可能产生混淆现象。抵销指双方互负债务且给付种类相同,一方当事人得以自己的债务与对方当事人的债务,按对等数额使相互的债务消灭的意思表示。抵销与清偿抵充有以下四个方面的区别:

(1)方向不同。抵销是双方当事人互负债务,抵销是双向的;清偿抵充则是单向的,强调债务人对债权人负债务。

(2)期限不同。法定抵销通常要求主动债权履行期届满;抵充对抵充的债务履行期是否届满没有要求。

(3)形式不同。法定抵销的抵销权属于形成权,抵销权人应以单方意思表示的方式通知对方当事人,即可产生抵销的法律效力;抵充则没有形式上的要求。

(4)阶段不同。抵销适用于没有实际履行的债务;抵充则适用于已在履行阶段的债务,在因债务人的不足额支付无法确定消灭哪笔债务时,适用清偿抵充规则。

四、提存

债务履行通常需要借助债权人的协助。在债权人无正当理由拒绝受领或者不能受领时,债权人虽然应当承担受领迟延责任,但债务人的债务却并未消灭,债务人还应随时准备履行债务,显然对债务人极不公平。提存是应对这种情形而生的制度,是大陆法系民法通行的债消灭的原因,《德国民法典》等明确规定提存是债消灭的原因,我国《合同法》也规定提存消灭合同关系。

(一)提存的概念

提存(deposit)是指由于债权人原因致使债务人不能向债权人履行合同标的物给付义务时,债务人将合同标的物交付提存机关使合同关系归于消灭的法律制度。交付合同标的物的债务人为提存人;债权人为提存领受人;交付的标的物为提存物;由国家设立并保管提存物的机关为提存机关。提存制度使债务人及时了结债务关系,避免产生延迟履行的新债务,有利于保护债务人的利益。从提存的起源角度看,提存制度的产生是基于对债务人诚实清偿债务的保护,以限制恶意债权人的诉辩。

提存作为法律制度起源于罗马法,但早期罗马法并不存在提存制度。在罗马法中,受领人迟延受领时,债务人可将标的物抛弃以免除责任。大法官认为债务人抛弃标的物不合理,规定债权人受领迟延或者债权人所在不明时,清偿人应将给付提存在长官指定的处所,通知债权人领取,债从提存之日起视为已清偿。如果提存所需费用过大或者根据给付的性质不宜提存的,如牲畜或者易腐烂变质的物品,债务人则可抛弃,不再承担责任。

现代大陆法系民法的提存制度已经有较大的发展,提存制度的规定具体、全面,但提存制度的目的与基本原则仍然没有超出罗马法提存制度的范围。《法国民法典》和第1257条、第1259条、第1260条、第1261条、第1263条、第1264条规定了提存的概念、程序、提存费用的承担、提存物的撤回等问题。①《德国民法典》第372—386条规定了更为具体细致的提存制度，②《日本民法典》共有5个条文规定了较为具体的提存制度。③在民法之外，一些国家或地区还制定了专门的提存法，同时在海商法、破产法、票据法、民事诉讼法等有关法律中也有一些提存的规定。我国《合同法》也明文规定了提存制度，第101条、第102条、第103条、第104条规定了提存的原因、风险责任、法律后果等问题，为提存提供了基本规范。例如，在肯考帝亚农产品贸易（上海）有限公司所有权确认纠纷案中，④广东湛江中院应第三人的申请，将系争大豆予以变卖并将变卖所得款提存。提存的构成要件有以下四个方面：

（1）债务人无法向债权人履行债务。在债务履行期届满，债务人无法向债权人交付债的标的物，是提存的前提条件。债务人仅在无法向债权人给付时才可用提存的方法消灭债务。

（2）债务人无法交付标的物是债权人造成的。债务人无法交付标的物与债权人的行为存在因果关系。根据《合同法》的规定，债务人可以将标的物提存的情形有债权人无正当理由拒绝受领、债权人下落不明、债权人死亡未确定继承人或者债权人丧失行为能力未确定监护人以及法律规定的其他情形。《担保法》第49条规定，抵押人转让抵押物所得的价款应当向抵押权人提前清偿所担保的债务或者向与抵押权人约定的第三人提存。

（3）提存的主体适格。提存主体即提存的当事人，包括提存人、提存受领人（即债权人）和提存机关。提存人即提存之债的债务人，指为履行清偿义务或者担保义务而向提存部门申请提存的当事人。提存人通常为债务人，但提存人不以债务人为限。凡债务的清偿人，均可为提存人。提存受领人是指提存之债的债权人。提存机关是指法

---

① 《法国民法典》第1257条规定："债权人拒绝受领清偿时，债务人得对债权人提供实物清偿；债权人仍拒绝接受时，债务人得将提供的金钱或实物提存。合法的提存，对于债务人有清偿的效力。提存物受损的风险由债权人负担。"

② 《德国民法典》第372条规定："债权人受领迟延时，债务人得在指定的公设提存所为债权人提存金钱、有价证券和其他证券以及贵重物品。由于债权人本身以外的其他原因，或由于非过失而不能确知谁是债权人，致使债务人不能或无把握清偿其债务时，亦同。"

③ 《日本民法典》第494条规定："债权人拒绝受领或不能受领清偿时，清偿人可以为债权人提存清偿标的物而免其债务。清偿人无过失而不能确知债权人时，亦同。"

④ 在肯考帝亚农产品贸易（上海）有限公司与广东富虹油品有限公司、第三人中国建设银行股份有限公司湛江市分行所有权确认纠纷案（〔2009〕沪高民二（商）初字第4号、〔2010〕民四终字第20号）中，最高人民法院裁判摘要认为，根据《海商法》第79条的规定，不记名指示提单可以经空白背书转让，但提单持有人以其中一套正本提单换取提货单后，当事人已不可能将全套正本提单进行转让，故此后的所谓提单转让行为对当事人不产生拘束力。《物权法》第23条规定，动产物权的设立和转让，自交付时发生效力。交付是否完成是动产所有权转移与否的标准，动产由第三人占有时，则应根据《物权法》第26条的规定进行指示交付。《担保法司法解释》第88条规定，出质人以间接占有的财产出质的，以质押合同书面通知占有人时视为移交。根据该条规定精神，提货单的交付，仅意味着当事人的提货请求权进行了转移，在当事人未将提货请求权转移事实通知实际占有人时，提货单的交付并不构成《物权法》第26条所规定的指示交付（2012年最高人民法院公报案例）。

律规定的有权接受提存物并为其保管的机关。根据我国法律的规定,拾得遗失物的提存机关是公安机关;定作人变卖留置物受偿后的提存机关是债权人所在地的银行;公证提存的提存机关是公证处;如果提存地无提存部门,当事人可以向当地基层法院提存。

(4)提存的标的物应与合同标的物相符且适合提存。提存的标的物是提存人根据约定应当交付提存机关保管的物。提存标的物原则上是债务人应给付的标的物。债务人进行提存时应按照债务的本旨进行,不得以与合同不相符的标的物交付提存机关。否则,提存人的行为构成违约而不是提存。提存物应当是适合提存的物,标的物不适于提存或者提存费用过高的,债务人依法可以拍卖或者变卖标的物,将所得的价款予以提存。

(二)提存的原因和标的物

债务人要求提存应当有提存的原因,法律和行政法规规定了提存的原因。《合同法》第101条规定了四个提存原因:

(1)债权人无正当理由拒绝受领。债权人无正当理由拒绝受领,是指债权人能够受领,但却没有正当理由不予受领的,债务人可以进行提存。在债务履行期限届满之后,债务人现实地向债权人提出给付履行遭到债权人的无理拒绝。债务人履行不当行为,如债务人的履行标的、履行地点、履行时间和履行方式等不符合合同的规定,则债权人有权拒绝受领,不构成债务提存的原因。

(2)债权人下落不明。债务人履行合同债务,需要债权人在合同履行地接受债务人的履行,债权人下落不明(包括债权人不清、地址不详、债权人失踪又无代管人等情况)导致债务人无法向债权人履行债务,从而构成债务提存的原因。但《提存公证规则》第5条规定,在债权人失踪的情况下,债务人方可提存。债权人的宣告失踪,需经复杂的法律程序,违反交易的便捷和效率。因此,《合同法》规定的下落不明则更为合理。

(3)债权人死亡或者丧失行为能力而又未确定继承人或者监护人。债权人死亡或者丧失行为能力,并不必然导致债务人的债务消灭,债务人仍然要履行债务。债权人死亡而继承人又未确定的,债务人没有履行债务的对象。债权人丧失行为能力而没有确定监护人的,债务人同样没有履行债务的对象。此时,债务人可以提存。

(4)法律规定的其他情形。法律、行政法规规定的其他提存情形,如《合同法》第70条规定,债权人分立、合并或者变更住所没有通知债务人,致使履行债务发生困难的,债务人可以中止履行或者将标的物提存。《担保法》第49条规定,抵押人转让抵押物所得的价款,应当向抵押权人提前清偿所担保的债权或者向与抵押权人约定的第三人提存。《提存公证规则》第5条规定,债权人不在债务履行地又不能到履行地受领的,债务人可以提存。

提存的标的物是债务人根据合同约定应当交付的标的物。《提存公证规则》规定,提存标的物与合同标的物不符或者在提存时难以判明两者是否相符的,提存部门应告知提存人。提存的标的物以适合提存的为限。标的物不适于提存或者提存费用过高的,债务人依法可以拍卖或者变卖标的物,提存所得的价款。适合于提存的标的物有:货币;有价证券、票据、提单、权利证书;贵重物品;担保物(金)或其替代物;其他适于提存的标的物。不能提存的标的物有:低值、易损、易耗物品;鲜活、易腐物品;需要专门技术养护物品;超大型机械设备、建设设施等。不适合于提存的标的物,债务人可以委托中介机构拍卖或者变卖,将所得价款提存。

(三) 提存的程序

提存应遵循以下程序:

(1) 债务人应向清偿地提存机关提交提存申请。提存申请应当载明的内容有:提存的原因,标的物及其种类、数量,标的物受领人的姓名、地址或者不知谁为受领人的理由等基本内容。此外,债务人应提交有关债务证据,以证明提存申请载明的提存物确系其所负债务的标的物,并还应提交有关债权人迟延或者无法向债权人清偿的相关证据。对于债务人提交的提存申请及有关证据,提存机关应进行审查,以决定是否应予提存。

(2) 债务人提交提存物并接受提存机关授予提存证书。对债务人的提存请求经审查符合提存条件的,债务人应向提存机关或指定的保管人提交提存标的物,提存机关应予接受并进行妥善保管。提存机关在收取提存申请及提存物后,应向债务人授予提存证书。提存证书与清偿受领证书具有同等的法律效力。

(3) 通知债权人受领提存物。在提交提存申请时,债务人应附具提存通知书。在提存后,提存机关或者债务人应将提存通知书送达债权人。通知义务承担的主体,在立法上有不同的规定。世界各国及地区立法通常规定由债务人通知债权人,[①]如《德国民法典》第 374 条第 2 款、《日本民法典》第 495 条第 3 款的规定。我国《提存公证规则》第 18 条规定,以清偿为目的的提存,公证处有通知提存受领人的义务。但是,《合同法》采纳了大陆法系国家通行做法,将提存的通知义务规定由债务人承担。债务人通知义务的合理性在于:一是履行合同义务原本是债务人义务,由债务人为提存通知是债务人向债权人表明自己已经履行合同义务的具体表现;二是提存不是债务人直接向债权人清偿,债权人通常并不知情,法律规定债务人应当及时通知债权人,使债权人及时到提存机关领取提存标的物,减少不必要的费用和损失;三是债务人对债权人的情况比提存机关更了解,由债务人履行通知义务更合适。

(四) 提存的效力

提存涉及债务人、提存机关和债权人三方之间的关系,在债务人与债权人之间、债务人与提存机关之间以及提存机关与债权人之间产生相应的法律效力:

(1) 债务人与债权人之间的效力。提存在债权人与债务人之间的效力,各国立法

---

① 我国台湾地区"民法典"第 327 条规定:"……提存人于提存后,应即通知债权人,如怠于通知,致生损害时,负赔偿之责任。但不能通知者,不在此限。"

及学理上的观点不同。《德国民法典》采纳抗辩权发生说,认为提存仅发生对债权人请求的抗辩,只有在债务人丧失提存物的取回权时,债务才溯及提存时消灭。[1]《法国民法典》《日本民法典》和《瑞士民法典》采纳了债务消灭说,认为提存使债务人与债权人之间的债权债务关系归于消灭。我国民法理论采纳了债务消灭说。提存后标的物的所有权已发生转移,债权人作为所有权人应支付因提存所发生的保管、公告和拍卖等费用,承担标的物因意外原因而发生毁损、灭失的风险责任,同时标的物在提存期间的孳息等增值部分也应归债权人所有。《合同法》第 103 条规定:"标的物提存后,毁损、灭失的风险由债权人承担。提存期间,标的物的孳息归债权人所有。"

(2) 债务人与提存机关之间的效力。在符合提存条件时,债务人有权向提存机关提出提存申请,并将给付的标的物提交给提存机关。提存机关应接受提存并有妥善保管的义务,债务人与提存机关的关系是直接基于法律规定产生的。债务人不承担提存物的保管费用,保管费用应由债权人承担。标的物提存后,债务人是否可以将标的物取回,各国立法均有限制性的规定,只是限制的程度不同。[2]《合同法》没有规定债务人的取回权问题,但《提存公证规则》第 26 条规定,提存人可以根据法院生效的判决、裁定或者提存之债已经清偿的公证证明取回提存物。提存受领人以书面形式向公证处表示抛弃提存受领权的,提存人得取回提存物。

(3) 提存机关与债权人之间的效力。债权人与提存机关之间的权利义务关系形成于提存之后。提存使债务人摆脱债务约束的效力,从提存之日起,提存物的所有权即转归债权人所有,债权人应承担提存期间标的物意外灭失的风险责任。如《合同法》第 103 条规定:"标的物提存后,毁损、灭失的风险由债权人承担。提存期间,标的物的孳息归债权人所有。提存费用由债权人负担。"各国立法均规定债权人对提存标的物的领取权应受一定期限的限制,该期间的性质属于除斥期间。除斥期间届满,债权人丧失领取权,提存物归国家所有。《合同法》规定债权人领取提存物的权利,从提存之日起 5 年内不行使则消灭,提存物扣除提存费用后归国家所有。

五、免除

免除是债权人抛弃债权的单方行为,是大陆法系民法通行的消灭原因,《德国民法典》等均规定免除为债的消灭原因,《合同法》也将其规定为合同关系消灭的原因。

(一)免除的概念

免除(release)是指合同债权人抛弃合同债权从而使合同关系全部或者部分消灭的单方行为。免除仅需合同的债权人表示免除合同债务的意思即可发生效力,不以合

---

[1] 《德国民法典》第 378 条规定:"提存物的取回权已消灭时,与在提存期间向债权人履行给付一样,债务人因提存免除其债务。"第 379 条规定:"取回权未消灭时,债务人得要求债权人就提存物取得清偿。"

[2] 《德国民法典》第 376 条规定:"债务人有取回提存物的权利。有下列情形时,不得取回:(1)债务人向提存所表示抛弃取回权;(2)债权人向提存所表示受领;(3)向提存所提示一份在债权人与债务人之间已宣告提存是合法的确定判决。"

同债务人的承诺为必要,是一种单方法律行为。免除具有以下三个方面的内容:

(1) 免除是合同债权人的单方行为。大陆法系民法认为免除是合同债权人的单方行为,如《日本民法典》以债务的免除为债权的抛弃,应由债权人一方的意思表示实施,在不损害第三人利益的情况下,债权人可以单方抛弃其债权。我国台湾地区"民法典"第 343 条规定:"债权人向债务人表示免除其债务之意思者,债之关系消灭。"

(2) 免除是无偿行为、不要式行为、无因行为。免除通常是无偿行为,即使债权人为免除而约定对待给付,也不会使免除变为有偿。免除无须任何形式要件,可以是书面方式,也可以是口头方式;可以是明示,也可以是默示。免除因债权人免除债务的意思表示而生效,至于免除的原因如何,不影响免除的效力。免除有的属于赠与,有的属于和解,但赠与或者和解等并不构成免除的内容。原因行为无效,不影响免除本身的效力。

(3) 免除是以债权消灭为内容。免除是直接以债权消灭为内容,而不是以使发生消灭债权的债务为内容。免除应由债权人向债务人以意思表示方式实施。免除的意思表示构成法律行为,免除可以由债权人的代理人实施,也可以附条件或者期限。一旦债权人作出免除的意思表示,即不得撤回。

(二) 免除的条件

债权人的免除应符合一定条件,方能产生免除效力。一个有效的债的免除应当满足以下三个方面的条件:

(1) 所免除的债权应是法律没有禁止抛弃的债权。债务免除实质是对债权的抛弃,应遵守法律规定,不得损害第三人利益。法律禁止抛弃的债权而免除债务的,为无效免除,不发生债消灭的效果。

(2) 免除人应对所免除的债权享有处分权。免除以消灭债权为目的,免除人应为完全行为能力人,对所免除的债权应有处分权;无行为能力人或者限制行为能力人不能实施免除行为,应由法定代理人代为免除。被宣告破产的法人对其债权不得为免除的意思表示。

(3) 免除应由免除人或者代理人以意思表示进行。免除的意思表示是一种单方法律行为。免除可以由免除人或者代理人向债务人或者代理人以意思表示的方式实施,即产生消灭债务的效果,免除人不得撤回免除的意思表示。

(三) 免除的效力

免除发生债务绝对消灭的效力。免除使债权消灭,债权的从权利,如利息债权、担保权等同时也归于消灭。免除部分债务的,债的关系仅部分终止。免除是处分行为,仅就各个债务成立免除。免除不得损害第三人的合法权益,如已对债权设定质权的债权人不得免除债务人的债务;保证债务的免除不影响被担保债务的存在,被担保债务的免除则使保证债务消灭。

六、混同

混同是债的消灭原因,也是《法国民法典》规定的债的消灭原因,但并非《德国民法典》规定的债的消灭原因。

(一)混同的概念

混同是指债权与债务同归于一人,债的关系因同一个人既是债权人同时又是债务人而归于消灭。合同关系的主体是对立的双方当事人,当债权与债务同归于一人时,不存在债权人和债务人,导致权利义务关系终止。混同是债权、债务归属于同一人的事实,无须任何意思表示,混同为法律事件,是债消灭的独立原因。混同有广义与狭义之分。广义的混同有三种情形:所有权与他物权归属于同一人;债权与债务归属于同一人;主债务与保证债务归属于同一人。狭义的混同仅指债权与债务归属于同一人,《合同法》所称的混同仅指狭义的混同。

债权债务混同是由债权或者债务的承受产生的,主要指债权债务的概括承受。债权债务的概括承受是发生混同的主要原因,如法人合并,合并前的两个法人之间有债权债务。法人合并后,债权债务因同归一个法人而消灭。合同关系及其他债之关系,因混同而绝对地消灭。债权的消灭,也使从权利如利息债权、违约金债权、担保权等归于消灭。《合同法》第106条规定,债权债务同归于一人的,合同的权利义务终止,但涉及第三人利益的除外。《担保法解释》第77条规定,同一财产向两个以上债权人抵押的,顺序在先的抵押权与该财产的所有权归属一人时,财产的所有权人可以其抵押权对抗顺序在后的抵押权。

(二)混同的原因

债的混同原因,主要有概括承受和特定承受两类:

(1)概括承受。概括承受是指债权债务概括转移给债权人或者债务人。债权债务的概括承受为混同的主要原因,主要有以下四种情形:一是法人合并。合并前的两个法人之间的债权债务因同归于合并后的法人而归于消灭。法人合并是债发生混同的主要原因。二是债权人继承债务人。债务人向债权人借钱后死亡,债权人继承债务人的债权和债务。三是债务人继承债权人。债务人向债权人借钱后,债权人死亡,债务人继承了债权人的财产。四是第三人继承债权人和债务人。例如,大张向父亲老张借钱后,因意外事件大张和老张二人同时死亡,由大张的儿子小张继承他们二人的财产。

(2)特定承受。特定承受是指债权人承受债务人对自己的债务,或者债务人受让债权人对自己的债权,导致债权债务的消灭。特定承受主要有以下两种情形:一是债务人受让债权人的债权。债权人与债务人签订合同后,债权人将合同权利转让给债务人。二是债权人承受债务人的债务。债权人与债务人签订合同后,债务人的债务转移给债权人。

(三)混同的效力

混同导致债的关系消灭,即合同的债权债务关系消灭。债权消灭,债权的从权利,如利息债权、违约金债权、担保债权等也归于消灭。但是,债权成为第三人的权利标的时,为保护第三人的利益,债权不消灭。例如,债权为他人质权的标的时,为保护质权人的利益,债权不因混同而消灭。

第十一章　合同责任

合同责任（contractual liability）是指合同当事人违反合同约定义务、合同附随义务或者违反《合同法》规定的义务应承担的责任。合同责任应当是《合同法》上的责任，即当事人违反《合同法》上的义务而应该承担的恢复原状、损害赔偿等责任。当事人在为订立合同进行磋商时、合同成立后生效前、合同生效后以及合同终止后均有可能产生相应的法律责任。诚实信用原则作为合同法的基本原则，不仅适用于合同履行，而且还适用于缔约过程和合同履行完毕之后，由此产生先合同责任和后合同责任。

合同责任是合同法所要解决的核心问题，也是合同法中一项最重要的制度，而违约责任是合同责任的核心内容。没有合同责任制度，前述的合同制度缺乏相应的制度保障。

第一节　合同责任体系

大陆法系民法将合同责任称为"违约责任"，即合同当事人不履行合同义务时所依法应当承担的法律责任，是对违反合同义务的一种法律制裁。大陆法系的合同责任体系，将合同义务不履行划分为各种违约形态，以违约形态为中心，对不同的违约形态设定不同的合同责任。英美法系的合同法仅有违约救济（remedies for breach of contract）而没有合同责任的概念，合同一方当事人违约时，为保护债权人的利益，赋予债权人救济权利，英美法系的合同责任体系的基点是债权人的救济权利。

在继受大陆法系民法的基础上，我国《合同法》融合了英美法系的违约救济制度形成了自己的合同责任体系，即以违约责任（包括预期违约和实际违约）为核心，辅助以先合同责任（即缔约过失责任）和后合同责任。

一、先合同责任

先合同责任（pre-contractual liability），又称为"缔约过失责任"（liability for negligence in contracting，culpa in contrahendo），是指在订立合同过程中，缔约当事人违反根据诚实信用原则所产生的先合同义务，致使合同不成立而造成对方当事人信赖利益的损失所应承担的损害赔偿责任。先合同义务是指自当事人因签订合同而相互接触磋商到合同成立前，双方当事人根据诚实信用原则负有协助、通知、告知、保护、照顾、

保密[①]、忠实等义务。根据《合同法》的规定,先合同责任主要有如下三个方面的法律特征:

(1) 法定性。先合同责任是基于法律规定而产生的损害赔偿责任。一方当事人仅在具有《合同法》第42条和第43条规定的缔约过失情形,并给对方当事人造成损失的,依法承担缔约过失责任。

(2) 相对性。先合同责任是当事人违背诚实信用原则所负有的先合同义务和缔约过失的结果,先合同责任仅产生在缔约阶段。根据缔约相对性原则,缔约过失责任仅在缔约当事人之间产生。

(3) 补偿性。先合同责任是一种损害赔偿责任。一方当事人的缔约过失行为给对方当事人造成损害时,过失当事人应承担损害赔偿责任,以补偿相对人遭受的损失。先合同责任制度的目的在于维护交易安全,弥补无过错的当事人因缔约过失行为所遭受的损害,保护缔约当事人的合法权益。

缔约过失责任理论是德国的耶林(Rudolf von Jhering)在1861年提出的。在《合同法》颁布之前,我国理论已经逐步认可了缔约过失责任,《合同法》正式确立了缔约过失责任制度。《合同法》第42条规定:"当事人在订立合同过程中有下列情形之一,给对方造成损失的,应当承担损害赔偿责任:(一)假借订立合同,恶意进行磋商;(二)故意隐瞒与订立合同有关的重要事实或者提供虚假情况;(三)有其他违背诚实信用原则的行为。"缔约过失责任主要有以下四个构成要件:

(1) 缔约一方当事人有违反法定附随义务或者先合同义务的行为。在缔约阶段,当事人为订立合同而接洽时使双方的关系进入到一种特殊的关系(即信赖关系),双方当事人均应按照诚实信用原则互负一定的义务,即互相协助、互相照顾、互相告知、互相诚实等义务。当事人一旦违反附随义务并破坏缔约关系,即构成缔约过失。

(2) 先合同义务的违反造成对方当事人的信赖利益损害。一方当事人违反先合同义务,没有造成对方当事人信赖利益的损害,就不存在损害赔偿问题。信赖利益应当是基于合理的信赖产生的利益,即一方当事人的行为在缔约阶段使另一方当事人足以相信合同能成立或者生效。

(3) 违反先合同义务一方当事人应当有过错。当事人的过错包括故意和过失两个方面。当事人在缔约阶段违反附随义务导致合同不能成立,无论是故意还是过失,均应承担缔约过失责任。

(4) 一方违反先合同义务的行为与对方的损害之间存在因果关系。信赖利益损害是由缔约过失行为造成的而不是其他行为造成的。如果信赖利益损害与缔约过失

---

① Principles of International Commercial Contracts Article 2.1.16 (Duty of confidentiality) Where information is given as confidential by one party in the course of negotiations, the other party is under a duty not to disclose that information or to use it improperly for its own purposes, whether or not a contract is subsequently concluded. Where appropriate, the remedy for breach of that duty may include compensation based on the benefit received by the other party.

行为之间不存在因果关系,则行为人无须承担缔约过失责任。

缔约过失责任与违约责任的不同之处在于违约责任是以合同生效为基础的。在合同生效前,因当事人过失导致相对人利益受到损害时,不能按照合同违约责任请求损害赔偿,而应按照缔约过失责任请求损害赔偿,违约责任救济的是合同履行利益,而缔约过失责任救济的是信赖利益。

二、违约责任

违约责任(liability for breach of contract)是指合同的一方当事人不履行合同义务或者履行合同义务不符合合同约定所应承担的法律责任。违约责任制度是合同法的核心内容,与合同订立制度和合同履行制度共同构成合同法。违约责任仅为补偿性而不具赔偿性。违约责任的补偿性表现为通过违约金、赔偿金等方式补偿守约方因违约所遭受到的损失。违约责任的补偿性还表现在合同违约金过高或者过低时,当事人有权要求法院调整违约金的数额,从而使违约金不具惩罚性,如西安市碑林区北沙坡村村民委员会拖欠征地款纠纷案。①

(一) 预期违约责任和实际违约责任

违约责任是大陆法系民法的概念,英美法系缺乏相对应的概念和术语,仅有违约救济。我国违约责任制度在继受大陆法系违约制度的基础上,借鉴了英美法系的预期违约制度。《合同法》第107条和第108条规定了违约责任制度,违约责任有预期违约和实际违约两种情形。

1. 预期违约责任

预期违约责任(liability for anticipatory breach of contract)是指在合同生效后履行期限届满前,一方当事人明确表示或者以自己行为表明不履行合同义务的,对方当事人可以在履行期限届满之前要求不履行义务方承担违约责任。预期违约是英美法系合同法所确立的制度,我国借鉴了英美合同法的预期违约制度,如《合同法》第108条的规定。例如,在荆州市大兴建设集团有限公司租赁合同纠纷抗诉案中,②湖北高院二审判决认为,易初莲花公司在租赁合同刚开始履行且大兴公司无违约行为的情况下,明确表示不履行合同,已构成预期违约,应依《合同法》第29条的约定承担违约责任并赔偿大兴公司实际经济损失。预期违约责任具有两种形态:明示预期违约和默示预期违约。

(1) 明示预期违约。明示预期违约(express anticipatory breach of contract)是指

---

① 在西安市碑林区北沙坡村村民委员会诉西安高新技术产业开发区东区管理委员会等拖欠征地款纠纷案(〔2002〕陕民一初字第2号、〔2003〕民一终字第40号)中,最高人民法院裁判摘要认为,依照《合同法》第114第2款的规定,当事人在合同中约定的违约金过分高于违约方给守约方造成的损失的,法院可根据当事人的请求适当予以减少(2005年最高人民法院公报案例)。

② 荆州市大兴建设集团有限公司与上海易初莲花连锁超市有限公司租赁合同纠纷抗诉案(〔2007〕鄂荆中民三初字第26号、〔2008〕鄂民一终字第70号、〔2011〕民抗字第86号)。

一方当事人无正当理由,明确肯定地向对方当事人表示将在履行期限届满时不履行合同,对方当事人可在履行期限届满之前要求其承担违约责任。明示预期违约构成的条件有:一是一方事人明确肯定地向对方作出违约的表示。违约方自愿、肯定地提出将不履行合同的主债务。二是明确表示在履行期限届满后不履行合同义务。在履行期限届满前,一方当事人明确地表示不履行合同义务的行为构成违约。三是不履行合同的主要义务。合同的主要义务体现了合同的根本目的,履行合同使期待利益实现。四是不履行合同义务缺乏正当理由。债务人作出预期不履行合同义务的表示,缺乏正当理由。一方当事人作出预期不履行合同义务的表示是合法的,则不构成明示预期违约。

(2) 默示预期违约。默示预期违约(implied anticipatory breach of contract)是指在合同履行期限届满前,一方当事人以自己行为表明在合同履行期限届满后将不履行合同。例如,在董先平民间借贷纠纷案中,①浙江台州中院判决认为,借款人以自己的行为表明不履行主要债务,已构成了默示预期违约。默示预期违约构成的条件有:一是丧失履行合同能力。一方当事人丧失履行合同能力具体表现为经营状况严重恶化;转移财产、抽逃资金以逃避债务;丧失商业信誉等。二是有可预见性。一方当事人能够预见到另一方当事人在履行期限届满后将不履行合同或不能履行合同,但默示违约方没有明确表示违约。三是有确凿的证据。一方当事人预见另一方当事人的行为必须有确凿的证据,而不是毫无根据的推测。

2. 实际违约责任

实际违约责任是指合同当事人违反合同义务所承担的法律责任,即当事人不履行合同义务或者履行合同义务不符合约定条件的行为所应承担的法律责任。实际违约责任即通常所指的违约责任,违约责任的产生是以有效合同的履行期限届满为前提的,任何一方违反有效合同规定的义务就应承担违约责任。《合同法》第107条规定:"当事人一方不履行合同义务或者履行合同义务不符合约定的,应当承担继续履行、采取补救措施或者赔偿损失等违约责任。"例如,在上海中原物业顾问有限公司居间合同纠纷案中,②上海二中院判决认为,对相关纠纷的处理结果符合法律规定及当事人约定,契合公平合理的法律精神,有利于鼓励中介公司以提供质高价优的中介服务取得竞争优势,促进二手房中介市场良性竞争,又有利于保护买方合法的购房选择权,避免因信息不对称导致的不公平。通过其他公众可以获知的正当途径获得同一房源信息,则买方有权选择报价低、服务好的中介公司促成房屋买卖合同成立,而不构成"跳单"违约。又如,在广西桂冠电力股份有限公司房屋买卖合同纠纷案中,③广西高院一审

---

① 董先平诉郑伟迪民间借贷纠纷案(〔2011〕台玉商初字第1747号、〔2011〕浙台商终字第376号)。
② 上海中原物业顾问有限公司诉陶德华居间合同纠纷案(〔2009〕虹民三(民)初字第912号、〔2009〕沪二中民二(民)终字第1508号)。
③ 广西桂冠电力股份有限公司与广西泳臣房地产开发有限公司房屋买卖合同纠纷案(〔2007〕桂民一初字第2号、〔2009〕民一终字第23号)。

判决认为,泳臣公司未能在约定的时间交付房屋,对桂冠公司构成实际违约。

(二) 违约责任的特征

违约责任是当事人不履行或者不完全履行合同责任。首先,违约责任是违反有效合同责任,合同有效是承担违约责任的前提,是违约责任与合同法上的缔约过失责任、无效合同责任的区别所在。其次,违约责任以当事人不履行或者不完全履行合同为条件。例如,在西安市商业银行借款担保合同纠纷案中,[1]最高人民法院判决认为,债务人和担保人对各自的违约行为承担违约责任。违约责任的特征有如下三个方面:

(1) 违约责任的相对性。合同关系的相对性决定了违约责任的相对性,违约责任是合同当事人之间的责任,合同当事人以外的第三人对当事人之间的合同不承担违约责任,具体表现在以下两个方面:一是违约责任是合同当事人的责任,不是合同当事人的辅助人的责任;二是合同当事人对因第三人原因所导致的违约承担责任。《合同法》第121条有明确的规定。

(2) 违约责任的补偿性。违约责任的补偿性是指违约责任旨在补偿因违约行为造成的损害后果。现代合同法以损害赔偿作为违约责任的主要方式,并特别强调当事人约定的赔偿金具有补偿的性质。作为违约责任主要形式的损害赔偿应当主要用于补偿受害人因违约所遭受的损失,而不能将损害赔偿变成一种惩罚。违约责任的补偿性不能完全否认违约责任所具有的制裁性。

(3) 违约责任的任意性。违约责任具有一定的强制性,但也有一定的任意性,即当事人可以在法律规定的范围内,对一方的违约责任作出事先的安排。当事人还可以约定设定免责条款以限制和免除将来可能发生的责任。对违约责任的事先约定,体现了合同自由原则。当事人对违约责任的约定,避免了违约发生后确定损害赔偿的困难,有利于合同纠纷的及时解决,也有助于限制当事人在未来可能承担的风险。

(三) 违约责任的分类

违约责任有单方违约责任与双方违约责任、根本违约责任与非根本违约责任之分,主要包含三个方面的内容:一是违约责任主体是合同当事人。合同相对性原则,表明违反合同行为仅为合同当事人行为。当事人因第三人行为而违反合同义务的,表现为合同当事人实施了违约行为,第三人行为不构成违约。二是违约责任是一种客观的违反合同义务行为所承担的责任。违约责任的认定应当以当事人行为在客观上是否与合同义务相符合为标准,行为人的主观状态不是违约行为认定的依据和标准。三是违约责任侵害的客体是合同债权。债务人的违约行为导致债权人无法实现债权,从而侵害了债权人的债权。

(四) 违约责任的构成要件

违约责任的构成要件是指违约当事人应具备何种条件才应承担违约责任,有一般

---

[1] 西安市商业银行诉健桥证券股份有限公司、西部信用担保有限公司借款担保合同纠纷案〔(2005)陕民二初字第2号、(2005)民二终字第150号〕。

构成要件和特殊构成要件之分。一般构成要件是指违约当事人承担任何违约责任均应具备的要件,特殊构成要件是指各种具体的违约责任所要求的责任构成要件,各种不同的违约责任的构成要件是各不相同的。例如,损害赔偿责任构成要件包括损害事实、违约行为、违约行为与损害事实之间的因果关系、过错;违约金责任的构成要件是过错和损害行为。违约责任的一般构成要件主要有违约行为和不存在法定或者约定的免责事由两个方面:

(1) 违约行为。违约行为是指合同当事人违反合同法定或者约定义务的行为。违约行为具有以下特点:一是违约行为的主体是合同当事人。违约行为仅限于合同关系的当事人,即违约行为的主体具有特定性。根据合同的相对性原则,只有合同当事人才有可能构成违约,而第三人的行为不构成违约行为。二是违约行为是以生效的合同为前提。在违约行为发生时,合同已经成立并且生效,当事人的行为受到合同关系的拘束。如果合同关系并不存在或者并未生效,则不可能发生违约行为,任何一方当事人都不能基于合同请求另一方承担违约责任。三是违约行为违反了合同义务。合同义务主要是通过当事人的协商确定的,但为维护公共秩序和交易安全,法律规定了一些强制履行的义务。合同义务不限于当事人所约定的义务,还应包括法定的和附随的义务,违反这些义务均可能构成违约行为。四是违约行为是对合同债权的侵害。债权是以请求权为核心的,债权的实施有赖于债务人切实履行合同义务,债务人违反合同义务必然会使债权人依据合同所享有的债权不能实现。

(2) 不存在法定或者约定的免责事由。违约行为的概念不能作为违约责任的唯一构成要件。违约行为具有客观性,是合同当事人行为不符合约定或者法定义务的一种状态。在违约行为发生以后,违约当事人并非在任何情况下均应当承担违约责任。如果具有法定的或者约定的免责事由,即使当事人实施违约行为,也无须承担违约责任。不存在法定或者约定的免责事由是违约责任的另一构成要件。法定的免责事由通常是指存在不可抗力。不可抗力是指当事人无法预见、无法抗拒、不能克服、不能避免的导致合同不履行的客观情况。不可抗力既有基于自然原因产生的自然现象,如地震、台风、洪水、海啸等,也有基于社会原因产生的社会现象,如战争、骚乱、罢工、海盗等。约定免责事由是指在不违背法律的强制性规定的前提下,合同当事人事先在合同中约定免除合同责任的事由。

以上两个要件是违约责任的一般构成要件,但当事人请求违约方承担违反某个具体合同义务的责任,还需要根据该合同特定的性质和内容,承担不同的举证责任。

三、后合同责任

后合同责任(post-contract responsibility)是指合同关系消灭以后,应承担通知、协助、保密等义务的一方当事人违反以上义务给对方当事人造成损失时应承担的法律责任。后合同责任是当事人违反后合同义务所应承担的法律责任,后合同义务是指在合同关系终止后,基于诚实信用原则以及合同的性质、目的、交易习惯等,当事人应当履行通知、协助、保密等义务。

后合同义务的概念起源于20世纪初的德国民法判例与学说。合同的权利义务终止后，当事人之间的合同关系不复存在，但当事人的某些义务具有延续性，当事人仍然应当履行某些法律规定的义务，即合同终止后的义务。《合同法》第92条规定："合同的权利义务终止后，当事人应当遵循诚实信用原则，根据交易习惯履行通知、协助、保密等义务。"合同终止后的附随义务，一是应遵循诚实信用原则承担法定义务；二是应根据交易习惯承担法定义务。后合同义务具有如下几个方面的特征：

(1) 法定性和强制性。《合同法》第92条对后合同义务的规定，表明后合同义务是一种法定义务，无论当事人是否有明确的约定，适用于所有的合同当事人，当事人不得通过约定排除或者规避后合同义务。后合同义务是基于诚实信用原则产生并赋予了国家强制力，体现了国家的主动干预，具有强制性。

(2) 附随性和从属性。合同义务包括广义的和狭义的，狭义的合同义务仅指合同的给付义务，广义合同义务还包括附随义务和不真正义务等。[①]《合同法》的合同义务是指广义的合同义务。附随义务是基于诚实信用原则而产生的后合同义务，具有附随性，是合同义务的扩张。此外，作为附随义务的后合同义务是遵循诚实信用原则并根据交易习惯、合同性质、合同目的等应当履行的作为或不作为的义务，是附属于主债务的从属义务，具有从属性。

(3) 不确定性。后合同义务是基于诚实信用原则并根据具体合同的性质、目的、履行情况、交易习惯等而确定的，交易的复杂性与多样性使合同类型呈现多样性、复杂性，每个具体合同的后合同义务内容也各不相同，当事人难以确定应承担的后合同义务。当事人应根据每个具体合同的性质、目的、交易习惯等确定应承担的后合同义务，主要是指通知、协助、保密等义务。

合同权利义务的终止导致合同关系的消灭，但在合同终止之后，基于诚实信用原则，为维护当事人的合法人身和财产利益，当事人之间仍然存在后合同义务。违反后合同义务应承担相应的法律责任，即后合同责任。后合同责任应具备以下四个构成要件：

(1) 有违反后合同义务的行为。追究当事人合同责任的前提是当事人违反了合同义务。我国《合同法》第92条规定的后合同义务，属于法定义务。当事人在合同中可以约定在合同权利义务关系终止后，双方当事人还要履行某种附随义务。后合同义

[①] 不真正义务是指合同相对人虽不得请求义务人履行，义务人违反也不会发生损害赔偿责任，而仅使负担义务人遭受权利减损或者丧失后果的义务。《合同法》上为受害人规定的不真正义务就是减轻损害的义务，即减损义务。减损义务所指的损害是指受害人自己的损害，对这种义务的违反不得让义务人赔偿其损失，而是由受害人自己承担损失，与一般法定义务违反的后果不同。《合同法》第119条规定："当事人一方违约后，对方应采取适当措施防止损失的扩大；没有采取适当措施致使损失扩大的，不得就扩大的损失要求赔偿……"

不真正义务的理论根据是诚实信用原则。在合同关系中，如果一方违约造成另一方损失，非违约方对损失扩大而坐视不管，是一种滥用自己权利的非诚信行为。违反不真正义务的，当事人就扩大的损失丧失请求损害赔偿的权利。不真正义务与附随义务的区别主要是，附随义务是向对方所承担的义务，违反义务应向对方承担责任；不真正义务并非是向对方承担的义务，违反义务不会产生向对方承担责任的情形，仅为自我遭受不利益。

务的不履行行为就是当事人不履行法定的通知、保密、协助等后合同义务以及当事人在合同中事先约定的其他义务。

（2）在主观上要有过错。后合同义务责任的特征是后合同义务的当事人存在过错，即违反诚实信用原则、违背交易习惯。由违反后合同义务的行为人承担举证责任，如果能证明自己对相对方的损失没有过错，则免除后合同责任；否则，后合同义务人的行为构成后合同责任。

（3）有信赖利益损害的事实。违反后合同义务的行为，破坏了原合同关系的当事人的利益的稳定性，破坏了原合同关系利害当事人的信赖利益的延续性，从而使得另一方的信赖利益受到损害。信赖利益的损失既包括因他方违反后合同义务的行为而致信赖人的直接财产减少，也包括信赖人的财产应增加而未增加的利益。

（4）行为与损害之间有因果关系。在后合同责任中，违反后合同义务的行为与损害事实之间应当有直接的因果关系。违反后合同义务的行为是造成损害事实的原因，损害事实是违反后合同义务的结果，即构成后合同责任。

合同责任无论是合同订立和合同履行阶段，还是后合同履行完毕阶段，在合同责任体系中表现为合同订立过程中规定缔约过失责任制度及先合同义务；履行期限届满前的预期违约责任，履行期限届满后的违约责任；权利义务终止后的后合同责任。

第二节 违约行为

违约行为是违约责任的基本构成要件，没有违约行为，也就没有违约责任，从而违约行为是构成违约责任的前提条件。

一、违约行为的概念

违约行为（breach of contract）是指合同当事人违反合同义务的行为。当事人一方不履行合同义务或者履行合同义务不符合约定的，即构成违约行为。违约行为是违约责任的基本构成要件，没有违约行为就没有违约责任。

违约行为包括三个方面的内容：一是违约行为的主体是合同当事人。违约行为仅为合同当事人的行为，第三人的行为导致一方当事人违约的，第三人的行为不构成违约。二是违约行为是一种客观的违反合同行为。违约行为的认定应以当事人的行为在客观上与约定的行为是否相符合为标准。三是违约行为侵害的客体是合同对方的债权。违约行为导致债权人的债权无法实现从而侵害了债权。

违约行为可以分为预期违约行为和实际违约行为两大类，其中实际违约行为又分为履行不能、拒绝履行、迟延履行、不适当履行和部分履行五种形式。

（1）履行不能。履行不能是指合同当事人因某种原因事实上已经不可能履行合同义务，有履行不能和拒绝履行两种形式。

一是履行不能。履行不能是指债务的内容因可归责于债务人的事由而导致客观上根本不可能实现。《合同法》没有明确规定履行不能的概念,第110条所规定的法律上和事实上的不能履行是指债务人违约之后的履行能力状态。履行不能有自始不能和嗣后不能之分。自始不能是指债的关系从开始设定之日起就不能履行。合同本身是无效的,不存在违约问题。嗣后不能是指债成立后因客观情况发生变化致使债无法履行,基于可归责于债务人的事由构成违约。

二是拒绝履行。拒绝履行是指一方当事人在履行期限届满后有履行能力而无正当理由拒绝履行合同全部义务的行为。债务人拒绝履行的法律后果是债权人损害赔偿请求权的产生。债权人可依法解除合同,请求赔偿损失。

(2) 不当履行。不当履行是当事人履行合同义务,但履行行为不符合法律规定和合同的约定,包括迟延履行、不适当履行和部分履行三种形式。

一是迟延履行。迟延履行包括给付迟延和受领迟延两种形式。给付迟延是指债务人在履行期限届满后能够履行而无正当理由未能按期履行的行为。违约方应支付违约金或者赔偿因迟延偿付而给债权人造成的损失;迟延给付造成债权人丧失履行利益的,债权人可依法解除合同并请求损害赔偿。受领迟延是指债权人在债务人于履行期内履行时无正当理由未能及时接受债务履行的行为。债权人迟延受领,依法应向债务人支付违约金或者赔偿因迟延受领而给债务人造成的损失。

二是不适当履行。不适当履行包括瑕疵给付和加害给付两种形式。瑕疵给付是指债务人虽履行债务但履行标的的缺陷导致履行标的价值或者效用减少或者丧失,债权人的履行利益未能得以充分地实现的行为。在瑕疵给付中,债权人有权拒绝受领,标的瑕疵能够补正的,债权人可根据标的性质与损失的大小,合理要求债务人采取相应的补救措施,因瑕疵补正导致迟延履行的,债务人应承担迟延给付的责任。加害给付是指因债务人的不正当履行造成债权人履行利益以外的其他损失的行为,如债务人交付有传染病的家畜,致使债权人其他家畜感染死亡等。在加害给付中,债权人可依法解除合同,并要求赔偿损失。无论是人身损害还是财产损失,是实际利益还是可得利益,债务人均应承担损害赔偿责任。

三是部分履行。部分履行是指债务人虽然履行合同义务但履行不符合数量的规定。在部分履行的情况下,非违约方有权要求违约方依据合同规定的数量条款继续履行合同义务,交付尚未交付的货物、金钱以及提供未提供的服务。非违约方也有权要求违约方支付违约金。如果因部分履行造成了损失,违约方承担损害赔偿责任。

二、违约行为的特征

在合同生效后,合同对双方当事人产生一定的法律约束力,当事人负有履行合同的义务,履行行为不符合法律规定或者合同约定的,即构成违约行为,违约行为的特征表现在三个方面:

(1) 违约行为是以有效的合同关系的存在为前提。有效合同对当事人产生法律约束力,当事人之间没有有效的合同关系,即没有有效的合同权利义务关系,也就不存在当事人一方不履行合同义务或者履行合同义务不符合约定的问题。有效的合同关系的存在,是违约行为发生的前提条件。

(2) 违约行为违反了合同义务。合同的义务有约定义务、法定义务以及附随义务三种形式,其中附随义务是伴随诚实信用原则产生的合同义务,主要有注意义务、告知义务、照顾义务、忠实义务、说明义务等。当事人违反前述约定义务、法定义务和附随义务的行为即为违约行为。先合同义务和后合同义务,不属于合同义务,违反先合同义务和后合同义务的,不构成违约行为。

(3) 违约行为侵害了合同债权。合同债权是一种相对权,合同债权的实现有赖于债务人切实、积极地履行合同义务,而违约行为导致债权人的债权无法实现或者无法完全实现。如果第三人实施了侵害债权的行为,也会发生不履行合同的后果,但第三人承担的是侵权责任而不是违约责任。

违约行为是合同当事人违反合同义务的行为,是违约责任的基本构成要件,没有违约行为,也就没有违约责任。例如,在刘超捷电信服务合同纠纷案中,[①]法院判决认为,电信服务企业在订立合同时未向消费者告知某项服务设定了使用期限限制,在合同履行中又以该项服务超过有效期限为由限制或者停止对消费者的服务的,属于违约行为,应当承担违约责任。

三、违约行为的分类

违约行为是对合同义务的违反,而合同义务性质不同导致对义务违反形态也各不相同,形成了不同的违约形态。违约形态(form of breach)是根据违约行为违反义务的性质、特点和表现形式而对违约行为所作的分类,最早始于罗马法。由于受各国经济发展状况、法律文化传统等因素的影响,各国对违约形态的分类并不完全相同。违约形态分类的主要意义有两个方面:一是有助于当事人寻求合理的补救方式以维护自己的利益;二是违约形态决定了违约当事人所应承担的法律责任。根据《合同法》的规定,违约行为主要有以下三种分类:

(1) 单方违约和双方违约。以违约行为的主体为标准,违约行为可以分为单方违约和双方违约。单方违约是指由一方当事人的行为造成的违约。在单方违约的情况下,一方当事人承担违约责任。在合同审判实践中,大部分违约纠纷属于单方违约。例如,在陈明、徐炎芳、陈洁旅游合同纠纷案中,[②]上海一中院判决认为,旅游者的单方解约属于单方违约。双方违约是指双方当事人的行为均构成违约,如债务人的交付有瑕疵,债权人接受也构成迟延。《合同法》第120条规定:"当事人双方都违反合同的,

---

① 刘超捷诉中国移动徐州分公司电信服务合同纠纷案(〔2011〕泉商初字第240号)。
② 在陈明、徐炎芳、陈洁诉上海携程国际旅行社有限公司旅游合同纠纷案(〔2014〕长民一(民)初字第1376号)、〔2014〕沪一中民一(民)终字第2510号)中,法院裁判摘要认为,当事人对自己提出的主张,有责任提供证据。旅游经营者主张旅游者的单方解约系违约行为,应当按照合同约定承担实际损失的,则旅游经营者应当举证证明"损失已实际产生"和"损失的合理性"。如举证不力,则由旅游经营者承担不利后果(2015年最高人民法院公报案例)。

应当各自承担相应的责任。"例如,在兰州滩尖子永昶商贸有限责任公司合作开发房地产合同纠纷案中,①最高人民法院判决认为,合同双方当事人的行为均构成违约。双方违约行为的构成应当满足以下三个条件:一是双务合同。在单务合同中,仅有一方当事人承担义务,另一方当事人不承担义务,从而不可能产生双方违约问题。二是双方当事人均存在违约行为。合同双方当事人履行合同义务均不符合合同的约定,有迟延履行、不适当履行和部分履行等现象的存在。三是无免责事由。双方当事人的违约行为均不具有正当性,不存在不可抗力等免责事由。

(2) 根本违约和非根本违约。以违约行为所产生后果的严重程度为标准,违约行为可以分为根本违约和非根本违约。根本违约是指一方当事人的违约致使另一方当事人的合同目的不能实现或者违约行为后果严重。例如,在海南海联工贸有限公司合作开发房地产合同纠纷案中,②最高人民法院判决认为,天河公司以其行为表明不再履行合同约定的义务,其行为已构成根本违约。非根本违约是指一方当事人的违约并未导致另一方当事人的合同目的不能实现,或者未使其遭受重大损害。根本违约和非根本违约的区别是,一方当事人迟延履行债务或者有其他违约行为导致合同目的不能实现的,另一方当事人享有单方解除权;在非根本违约的情况下,非违约方可以要求对方承担违约责任但不能解除合同。

(3) 预期违约和实际违约。以违约行为发生的时间为标准,违约行为可以分为预期违约和实际违约。预期违约是指在履行期到来之前的违约,包括明示预期违约和默示预期违约。预期违约制度源于英美法,美国《统一商法典》《国际货物销售合同公约》和《国际商事合同通则》③规定了预期违约制度,《合同法》吸收和借鉴了英美法中的预期违约制度。实际违约是指在合同履行期限届满当事人不履行或者不适当履行合同义务而构成违约。例如,在李占江、朱丽敏民间借贷纠纷案中,④法院判决认为借款人拒绝向借款人提供相关材料和报表行为构成实际违约。

---

① 兰州滩尖子永昶商贸有限责任公司等与爱之泰房地产开发有限公司合作开发房地产合同纠纷案(〔2010〕甘民一初字第 2 号、〔2012〕民一终字第 126 号)。

② 海南海联工贸有限公司与海南天河旅业投资有限公司、三亚天阔置业有限公司等合作开发房地产合同纠纷案(〔2010〕三亚民一初字第 22 号、〔2012〕琼民一终字第 50 号、〔2015〕民提字第 64 号)。

③ Article 7.3.3 (Anticipatory non-performance) Where prior to the date for performance by one of the parties it is clear that there will be a fundamental non-performance by that party, the other party may terminate the contract.

④ 在李占江、朱丽敏与贝洪峰、沈阳东昊地产有限公司民间借贷纠纷案(〔2013〕黑高商初字第 9 号、〔2014〕民一终字第 38 号)中,最高人民法院裁判摘要认为,《合同法》第 125 条规定:"当事人对合同条款的理解有争议的,应当按照合同所使用的词句、合同的有关条款、合同的目的、交易习惯以及诚实信用原则,确定该条款的真实意思。"双方当事人签订的合同为担保借款合同,具体到该合同第 4 条第 1 款约定的目的,是为了保证款项的出借方对款项使用情况的知情权、监督权,以便在发现借款人擅自改变款项用途或发生其他可能影响出借人权利的情况时,及时采取措施、收回款项及利息。用目的解释的原理可以得知,提供不真实的材料和报表固然会影响出借方对借款人使用款项的监督,而不提供相关材料和报表却会使得出借人无从了解涉案款项的使用情况,不利于其及时行使自己的权利。因此,借款人在借款的两年多的时间里,从未向出借人提供相关材料和报表,属于违约(2015 年最高人民法院公报案例)。

第三节 归责原则

违约责任是当事人违反合同义务依法应当承担的法律后果,归责原则则是基于一定的归责事由而确定违约责任的法律原则,主要有过错责任原则和严格责任原则。对《合同法》规定的违约责任的归责原则,我国学界存在一元化归责原则和二元化归责原则两种观点。一元化的归责原则认为,《合同法》采纳严格责任原则或者过错责任原则的归责原则。严格责任原则是我国的主流观点。二元化的归责原则认为,《合同法》采纳以严格责任原则为主、以过错责任原则为辅的归责原则。

一、归责原则的概念

归责原则(attribution principle)是指合同当事人发生违约行为后,判断其是否构成违约责任所应遵循的准则或者依据。对已经发生的违约行为,是以当事人的过错还是以已经发生的违约后果作为判断标准而使违约当事人承担责任,是归责原则的内涵所在。归责是一个责任的判断过程,在责任判断过程中,必须遵循一定的原则以正确认定违约方的责任。归责原则是违约责任制度的核心,决定违约责任的构成要件、举证责任的内容、赔偿责任的范围等：①

(1) 归责原则决定违约责任的构成要件。不同的归责原则的构成要件不同。过错责任的归责原则意味着过错是构成违约责任的一般要件,而严格责任的归责原则意味着责任的构成不以过错为要件,违约方是否存在过错并不影响违约责任的承担。

(2) 归责原则决定举证责任的主体。在过错责任的归责原则下,非违约方对违约方不履行义务或者履行义务的不符合约定的事实承担举证责任。在严格责任的归责原则下,则不要求非违约方承担举证责任。例如,在丁启章交通事故损害赔偿纠纷案中,②扬州中院判决指出了高速公路管理者的举证责任。

(3) 归责原则决定违约责任的大小。过错责任原则是以过错为违约责任的一般要件,对违约损害的承担参照双方当事人过错的大小。严格责任的归责原则通常不考虑双方的过错程度。

归责原则的发展大致经历了由客观归责原则到主观归责原则的发展、演变的历程。客观归责原则(即加害责任原则)是古代法的通行归责原则。一旦确认造成损害,

---

① 参见王利明：《合同法研究》(第二卷),中国人民大学出版社2003年版,第412—3页。
② 在丁启章诉江苏京沪高速公司等因未及时清理路障引发交通事故损害赔偿纠纷案(〔2012〕邮民初字第0481号、〔2013〕扬民终字第0132号)中,法院裁判摘要认为,车辆通过付费方式进入高速公路的法律关系,系通行者与高速公路管理者达成的有偿使用高速公路的民事合同关系,高速公路管理者有及时巡视和清障的义务,以保障司乘人员在通过高速公路时的安全、畅通。通行者在高速公路驾车行驶时碾压到车辆散落物导致交通事故的,高速公路管理者在不能举证证明已尽到及时巡视和清障义务的情况下,应当承担相应的赔偿责任(2016年最高人民法院公报案例)。

不论其主观意志如何,加害实施本身的存在即构成承担责任的理由,如《汉谟拉比法典》的规定。伴随人类社会文明的发展,人类社会早期的同态复仇逐渐让位于损害赔偿,归责方式从强调客观后果转为主观心理动机,即主观归责原则。

在合同责任的归责原则方面,世界各国的立法主要采纳了过错责任或者严格责任。大陆法系以过错为承担责任的重要构成要件,采纳过错责任原则为一般的归责原则,如《法国民法典》第 114 条和《德国民法典》第 275 条的规定。① 大陆法系的法律思想深受古希腊自然法思想的影响,由近代大陆法系的自然法思想而兴起的自由主义观念对社会生活产生了巨大的影响。意思自治原则是自由主义在法律思想上的反映,自己责任是意思自治原则在责任领域的体现。对法律主体自由意思的尊重要求承担法律责任以行为人对自身行为所产生的结果的认识为前提,法律责任的主观可归责性表明行为人自由意思所受到的尊重。在大陆法上自己责任是一项基本原则,合同法也不例外。

严格责任原则是英美法系合同责任的归责原则,起源于刑事法律制度。严格责任原则是指违约方不履行合同义务的行为给对方当事人造成了损害,不论主观上是否有过错均应承担违约责任。严格责任原则意味着在违约发生以后,非违约方只需证明违约方的行为已经构成违约,而不必证明违约方主观上出于故意还是过失。《国际货物销售合同公约》第 45 条和第 61 条、②《国际商事合同通则》③ 和《欧洲合同法》④ 采纳了严格责任的归责原则,《合同法》第 107 条也采纳了严格责任原则。

二、过错责任原则

过错责任原则是合同归责的基本原则,即以当事人主观上的过错为认定违约责任基本的准则。

(一)过错责任原则的概念

过错责任原则(principle of liability for fault)是指一方当事人违反合同义务不履

---

① 《德国民法典》第 275 条规定:"债务人除另有规定外,对故意或者过失应负责任。"

② Article 45 (1) If the seller fails to perform any of his obligations under the contract or this Convention, the buyer may: (a) exercise the rights provided in articles 46 to 52; (b) claim damages as provided in articles 74 to 77. (2) The buyer is not deprived of any right he may have to claim damages by exercising his right to other remedies. (3) No period of grace may be granted to the seller by a court or arbitral tribunal when the buyer resorts to a remedy for breach of contract.

Article 61 (1) If the buyer fails to perform any of his obligations under the contract or this Convention, the seller may: (a) exercise the rights provided in articles 62 to 65; (b) claim damages as provided in articles 74 to 77. (2) The seller is not deprived of any right he may have to claim damages by exercising his right to other remedies. (3) No period of grace may be granted to the buyer by a court or arbitral tribunal when the seller resorts to a remedy for breach of contract.

③ Article 7.4.1 (Right to damages) Any non-performance gives the aggrieved party a right to damages either exclusively or in conjunction with any other remedies except where the non-performance is excused under these Principles.

④ Article 9:501 (ex art. 4.501) —Right to Damages (1) The aggrieved party is entitled to damages for loss caused by the other party's non-performance which is not excused under Article 8:108.

行和不适当履行合同时应以过错作为确定违约责任的要件和确定违约责任范围的依据。过错责任原则包含两个方面的内容：一是过错责任原则强调以过错作为确定违约责任的构成要件。确定违约当事人的责任，不仅应有违约人的违约行为，而且还应有违约当事人主观上的过错。当事人没有过错（如违约是因不可抗力造成的），则即使有违约发生，违约当事人也不承担责任。二是过错责任原则强调以过错作为确定违约责任范围的依据。在违约责任已经确定的情况下，违约当事人还应当根据其主观过错程度来确定应承担的违约责任范围。

过错责任原则的实质是以行为人的主观心理状态作为确定责任归属的根据。有过错才有责任，无过错即无责任，如《法国民法典》第1382条①和《德国民法典》第276条②的规定。大陆法系民法的过错责任原则继受了罗马法的归责原则。过错责任原则最早体现在公元前287年罗马平民会议通过的《阿奎利亚法》。《阿奎利亚法》废除了同态复仇和人身处罚，抛弃了加害责任原则，实行了以过错为责任要件的损害赔偿责任制度，在《国法大全》中得以逐步完善，反映了罗马商品经济发展的现实。从11世纪开始，随着罗马法的复兴以及近代以来资本主义的发展，个人主义、自由主义精神深入到资本主义法律体系中，过错责任原则作为归责原则逐步确立了其应有的法律地位。从19世纪起，过错责任原则相继在大陆法系和英美法系取得了主导地位。过错责任原则同保障所有权原则和契约自由原则一起构成了近代民法的三大法律原则。

（二）《合同法》的过错责任原则

《合同法》之前的法律对违约责任采纳过错责任原则，但对《合同法》是否采纳过错责任的归责原则则有不同的观点。实际上，《合同法》将严格责任作为一般的归责原则，而过错责任作为特殊的归责原则，即《合同法》采纳了以严格责任为主、过错责任为辅的二元化归责原则。③

《合同法》"总则"和"分则"均体现了过错责任的归责原则。《合同法》"总则"明确规定了过错责任原则适用的情形，《合同法》第53条、第113条、第119条、第120条等的规定表明了合同法对过错的重视。例如，在苏州工业园区海富投资有限公司增资纠纷案中，④甘肃高院二审判决认为，海富公司基于对世恒公司和迪亚公司承诺的合理依赖而缔约，世恒公司和迪亚公司对无效的法律后果应承担主要过错责任。《合同法》的过错责任原则主要表现在以下三个方面：

---

① 《法国民法典》第1382条规定："任何行为使他人受损害时，因自己的过失而致行为生之人对该他人负赔偿的责任。"第1383条规定："任何人不仅因其行为造成的损害负赔偿责任，而且还因懈怠或者疏忽大意造成的损害负赔偿责任。"

② 《德国民法典》第276条规定："(1)除另有其他规定外，债务人应对其故意或者过失负责。在交易中未尽必要注意的，为过失行为。于此适用第827条、第828条的规定。(2)债务人因故意行为而应负责任，不得事先免除。"

③ 参见胡康生主编：《中华人民共和国合同法实用问答》，中国商业出版社1999年版，第251页。

④ 苏州工业园区海富投资有限公司与甘肃世恒有色资源再利用有限公司、香港迪亚有限公司、陆波增资纠纷案（[2010]兰法民三初字第71号、[2011]甘民二终字第96号、[2012]民提字第11号）。

(1) 责任免除和预期违约责任。大陆法系国家的民法禁止通过免责条款免除故意违约责任，如《德国民法典》第 276 条明文禁止通过免责条款免除故意违约责任。《合同法》第 53 条规定的"故意或者重大过失"表明《合同法》对过错程度的重视，根据当事人的主观心理状态来进行违约责任的分配。

《合同法》第 108 条规定的预期违约，不论是明示的预期违约还是默示的预期违约均表明预期违约应当是当事人在主观上的故意行为，《合同法》关于预期违约责任的主观要件是故意的。

(2) 加害给付责任和双方过错责任。加害给付是指债务人履行给付不符合合同的目的，在发生债务不履行的损害之外，还发生履行利益之外的其他损害，债务人应当承担履行利益之外的损害的一种赔偿责任制度。加害给付责任通常应以债务人的过错为要件。《合同法》第 112 条规定的违约损害赔偿包含了加害给付的制度。

当事人双方均违反合同义务的，应当根据双方过错的程度和大小确定各自应承担的责任。《合同法》第 120 条规定的双方过错责任，体现了过错归责原则。

(3) 合理预期规则和损害减轻规则。根据合理预期规则，违约方承担赔偿责任的范围不得超过订立合同时可以预见到的损失。《合同法》第 113 条确立了合理预期规则，违约方对不可预见的损失不承担损害赔偿责任，即违约方对自己主观上无过错的后果不承担违约责任，从而体现过错归责原则的精神。

根据损害减轻规则，一方当事人违约并造成损害后，另一方当事人应当及时采取合理的措施防止损害的扩大，否则应对扩大的损害承担责任。《合同法》第 119 条规定的减轻损害规则体现了过错归责原则的要求。

《合同法》"总则"部分规定了上述适用过错责任原则的情形，"分则"也有大量的规定涉及适用过错归责原则的情形，主要表现在如下四个方面：

(1) 赠与人的损害赔偿责任。为保护赠与人的利益，《合同法》确立了赠与人的违约损害赔偿责任以过错为归责原则以减轻赠与人责任。赠与合同属于单务、无偿合同，从公平的观念出发，赠与人的责任应当有所减轻。《合同法》第 189 条和第 191 条的规定体现了赠与人的过错归责原则。

(2) 承租人和承揽人的损害赔偿责任。因可归责于承租人的事由，即承租人主观上具有过错，致使租赁物部分或者全部毁损、灭失的，承租人应当承担损害赔偿责任。《合同法》第 222 条、第 227 条和第 231 条的规定均体现了过错责任的归责原则。

承揽合同生效后，承揽人占有定作人提供的材料和完成的工作成果，承揽人应当尽善良注意的义务加以保管。因保管不善造成毁损、灭失的，表明主观上具有过错，承揽人应当承担损害赔偿责任，如《合同法》第 265 条的规定。

(3) 承运人和托运人的损害赔偿责任。在运输合同中，承运人的违约损害赔偿责任以过错归责原则为依据，旅客自身故意或者重大过失或者托运人、收货人本身有过错的,承运人不承担损害赔偿责任,如《合同法》第 302 条、第 303 条和第 311 条的规定。在多式联运合同中,托运人承担违约损害赔偿责任的前提是主观上具有过错,如《合同法》第 320 条的规定。

(4) 寄存人、保管人和受托人的损害赔偿责任。在寄存合同中,寄存人未向保管人告知有关寄存物品的情况,表明寄存人主观上有过错,不仅丧失对寄存物品的损害赔偿请求权,而且还可能对保管人承担损害赔偿责任,如《合同法》第 370 条和第 374 条的规定。

在委托合同中,因受托人的过错给委托人造成损失的,委托人可以要求赔偿损失,即受托人的损害赔偿责任适用过错归责原则,如《合同法》第 406 条的规定。

三、严格责任原则

严格责任原则是英美法系合同法特有的归责原则,但不为大陆法系合同法所承认。严格责任原则不同于过错责任原则,不问当事人在主观上是否具有过错,是合同法中一种独立的归责原则,不仅为英美法系所采用,而且也为国际公约所采用,如《国际货物销售合同公约》《国际商事合同通则》以及《欧洲合同法》等。

(一) 严格责任原则的概念

严格责任原则(principle of strict liability)是指当事人违约责任的确定应主要考虑违约的结果是否因违约行为造成而不考虑违约当事人的故意和过失。严格责任的渊源始于刑事责任制度,[①]英美法系通过 Paradine v. Jane,Aleyn(1647)案[②]确立了违约责任的严格责任归责原则。严格责任在 19 世纪英美法系合同理论中也曾经是绝对责任,后来出现了诸如嗣后不能之类的免责事由,从而表现为严格但不绝对的严格责任。英美法系的判例承认加害人可以提出特定的抗辩理由,如不可抗力等。现代合同法的严格责任虽属严格(strict)但非绝对(absolute)。换言之,加害人对违约行为所产生的损害并非在任何情况下均承担损害赔偿责任。与其他归责原则相比,严格责任有

---

① 在严格责任出现之前,犯意是刑事责任的一个构成要件。一个人被认定构成犯罪,除了实施了法律禁止的行为外,还因为在实施法律禁止的行为时具有故意、轻率、明知或者疏忽等犯意。

② Paradine v. Jane,Aleyn 26,82 Eng. Rep. 897 (K. B. 1647).

Facts:Paradine (P) sued Jane (D) for a failure to pay rent for three years on leased lands. Jane asserted as a defense that the lands had been seized and occupied by Prince Rupert of Germany,and that Jane had been put out of possession and frustrated in the performance of his duties under the lease and was not bound to perform under the contract.

Issue:If a party creates a charge or duty to himself,is he obligated to perform in the face of frustration of purpose?

Holding and Rule:Yes. If a party creates a charge or duty to himself,he is obligated to perform in the face of frustration of purpose. The court held that if the law rather than a party creates a duty and the party is unable to perform due to frustration of purpose,that duty will be excused. However if the party creates the duty and becomes unable to perform due to frustration of purpose,the law will not protect the party in his own agreement and performance will not be excused. The court held that in this case the lessee would have gained the advantage of the profits and therefore he must bear the risk of the losses.

如下三个方面的特点:

(1) 违约行为与违约后果之间有因果关系。严格责任是以债务不履行行为与违约后果之间具有因果关系为要件。在严格责任中,债权人对债务人的过错没有举证的责任。严格责任似乎与过错责任中的举证责任倒置——过错推定原则相一致,但过错推定的目的是确定违约当事人的过错,而严格责任则强调因果关系而并非违约方的过错。例如,在严格责任中,第三人的原因导致违约并不能免除债务人的违约责任;在过错推定中,第三人的原因导致违约则不能推定债务人存在过错。因此,严格责任与过错推定仍有差异。

(2) 严格责任不以债务人的过错为承担责任的要件但并非完全排斥过错。一方面,严格责任既涵盖了行为人的过错,又涵盖了行为人的无过错;另一方面,虽不考虑债务人的过错,但并非不考虑债权人的过错,债权人的原因导致合同不履行,则是债务人免责或者减轻责任的事由。

(3) 严格责任虽然严格但不绝对。绝对责任(absolute liability)是指债务人对债务应绝对地承担责任,而不管债务人是否有过错或者是否有外来原因的存在。在严格责任中,债务人对债务不履行行为所产生的损害并非在任何情况下均承担责任,债务人可以根据法律规定提出特定的抗辩或者免责事由(如不可抗力等)。

(二) 严格责任与过错推定责任、无过错责任

严格责任与过错推定责任、无过错责任等是否有区别,理论上有不同的观点。严格责任是一种既不同于过错推定责任又不同于无过错责任的一种独立的归责形式:

(1) 严格责任不是绝对的。严格责任在19世纪英美法系的合同法理论中曾经是绝对责任,但后来出现了诸如嗣后不能之类的免责事由,出现了严格但不绝对的严格责任。在严格责任下,并非表示债务人对债务不履行行为所产生的损害在任何情况下均应承担,债务人可以根据法律规定提出特定的抗辩或免责事由。

(2) 严格责任并不排斥过错。严格责任不以债务人的过错为承担责任的要件,但并非完全排斥过错。严格责任一方面最大限度地容纳了行为人的过错,也包括无过错的情形;另一方面虽然不考虑债务人的过错,但并非不考虑债权人的过错。债权人的原因导致合同不履行的,是债务人免责或者减轻责任的事由。无过错责任则不以债务人的过错为承担责任的要件,即强调债务人即使没有过错也要承担损害赔偿责任。

严格责任又不同于过错推定责任。过错推定责任原则(presumed fault liability)是过错责任原则的一种特殊表现形式,是在适用过错责任原则的前提下,在某些特殊情形下直接从损害事实推定加害人有过错,无须受害人举证加以证明,加害人不能证明自己无过错的,应承担损害赔偿责任。严格责任与过错推定责任的区别主要表现在以下三个方面:

(1) 责任的条件不同。在过错推定责任中,行为人的过错是承担民事责任的必要条件,行为人不能证明自己没有过错的,法律应认定行为人有过错并作为承担责任的

条件;严格责任是以行为人的违约行为作为承担违约责任的要件。

(2) 举证责任不同。过错推定责任中,违约行为人承担举证责任;严格责任原则中,不论违约行为人主观上有无过错均不能减轻或者免除法律规定的责任,无须举证。

(3) 免责条件不同。在过错推定责任中,行为人能够证明自己无过错的,如因不可抗力、意外事故等因素,均可以免责;在严格责任中,仅有不可抗力是免责的事由,过错推定责任的免责范围较大。

无过错责任原则(principle of liability without fault)是指没有过错造成他人损害的,根据法律规定应由与造成损害原因有关的行为人承担损害赔偿责任的归责原则。无过错责任主要不是根据行为人的过错,而是基于损害事实的客观存在,根据行为人的活动及所管理的人的危险性质与所造成损害后果的因果关系,由法律规定的特别加重责任。严格责任与无过错责任的区别,主要表现在以下三个方面:

(1) 严格责任是法律责任而无过错责任则是一种损害分担的方式。严格责任是一种损害赔偿责任,具有法律责任应有的惩罚与教育功能。无过错责任则已丧失惩罚与教育功能,已不具有法律责任的本来含义,仅是一种损害分担的方式,承担无过错责任的加害行为本身并不具有应受到否定评价的可非难性,无法以法律上的过错概念进行判断。

(2) 严格责任仍考虑过错而无过错责任不考虑任何过错。严格责任虽然严格但不是绝对的,并不是绝对不考虑过错。在严格责任中,第三人的过失、受害人的过失及一些自然原因,仍可成为减轻或者免除责任的免责事由。无过错责任则不考虑任何过错,无论是加害人、受害人过错还是第三人过错,甚至自然原因也不在考虑之列,除受害人故意外不存在其他可以免责的事由,只要造成损失就应由加害人予以赔偿。

(3) 无过错责任仅适用于侵权法领域。严格责任既是违约责任的归责原则,也是侵权责任的归责原则。无过错责任仅为侵权责任的归责原则,存在的前提是责任保险制度,通常借助责任保险制度为无过错责任制度的实现提供现实基础。

(三)《合同法》的严格责任原则

《合同法》在"总则"中明确规定了严格责任原则,确立了严格责任在合同法归责原则中的主导地位。严格责任原则成为我国违约责任的主要归责原则。《合同法》第107条和第109条的规定,[1]没有考虑违约方的主观过错,非违约方无须证明违约方主观上是否有过错,即可要求违约方承担责任。例如,在中国人民财产保险股份有限公

---

[1] 《合同法》第107条规定:"当事人一方不履行合同义务或者履行合同义务不符合约定的,应当承担继续履行、采取补救措施或者赔偿损失等违约责任。"第109条规定:"当事人一方未支付价款或者报酬的,对方可以要求其支付价款或者报酬。"

司广州市分公司保险人代位求偿权纠纷案中,①广州中院判决认为,合同责任虽然是以严格责任为归责原则,但当事人双方对损害结果发生是否存在过错,在确定合同责任时仍然是必须考虑的重要因素。权利人也有过失的,应当相应地减轻违约者的违约责任。严格责任原则在《合同法》中的适用,主要体现在以下三个方面:

(1) 不履行和不完全履行合同的严格责任。根据《合同法》第107条的规定,违约人对违约行为的发生是否有过错,并非违约人承担违约责任的构成要件,均不能免除违约人的违约责任。此外,根据《合同法》第109条、第110条和第111条的规定,不履行金钱债务、非金钱债务以及质量不符合约定的,违约人均应承担严格责任,不得以自己无过失作为免责条件的抗辩。

(2) 不可抗力的严格责任。《合同法》第117条规定,对当事人迟延履行后发生的不可抗力不能免除责任。不可抗力与合同责任制度紧密相关,适用的条件较为严格。《合同法》第118条规定了遭遇不可抗力一方当事人的义务,也体现了严格责任原则的精神。

(3) 对第三人的严格责任。《合同法》第121条的规定体现了严格责任原则。第三人的原因导致合同不履行或者不完全履行的,合同当事人的主观并无过错,根据过错责任或者过错推定责任,债务人应对第三人的原因致使合同不履行承担责任均不合理。根据严格责任原则,违约行为产生的原因只要不属于法定的免责事由,违约人均应承担责任。

根据严格责任原则,行为人可以在没有过错的情况下承担违约责任,但可以通过法律承认的免责事由而免除行为人的违约责任。根据《合同法》的规定,严格责任下的免责事由仅限于以下三个方面:

(1) 法定免责事由。《合同法》规定的法定免责事由有三种情形:一是不可抗力。不可抗力作为法定的免责事由包括自然灾害、战争以及国家行使立法、司法、行政等职能等。不可抗力导致损害后果发生的,债务人的行为与损害之间不存在因果关系,不承担违约责任。《合同法》第117条规定了发生不可抗力的免责,但发生不可抗力并非完全绝对地免责。《合同法》第118条规定,当事人因不可抗力不能履行合同的,应当及时通知对方以减轻可能给对方造成的损失,并应在合理期限内提供证明。二是债务人对物的自然损耗免责。《合同法》第311条规定,货运合同的承运人能证明货物的毁损、灭失是因货物本身的自然性质或者合理损耗造成的,承运人不承担赔偿责任。三是债务人对债权人的扩大损失部分的免责。《合同法》第119条规定,未违约方未采取适当措施,导致损失扩大的,债务人对扩大的损失部分免责。

---

① 在中国人民财产保险股份有限公司广州市分公司诉广州北环高速公路有限公司保险人代位求偿权纠纷案([2012]穗越法民二初字第5801号、[2013]穗中法金民终字第57号)中,法院裁判要旨认为,公路使用人在交费后,标的车辆进入被管理的高速公路路段,公路使用人与高速公路管理者之间即形成有偿服务合同关系,高速公路管理者负有保障高速公路处于良好技术状态,保障路面平整、清洁,保障驾驶人安全、高速通行的义务。有证据足以证明高速公路管理者在公路维护、管理上存在瑕疵的,属于服务合同违约,应承担相应的违约责任。

(2) 约定免责条款。当事人在法律允许的范围之内可以协议免除合同责任,《合同法》有明文规定,但对格式合同的免责条款进行了限制性的规定,法律禁止如下情形的免责条款:一是免责条款不得排斥法律的强制性规范的适用;二是免责条款不得排除给对方造成人身伤害的损害赔偿责任;三是免责条款不得排除故意或者重大过失责任。

(3) 债权人过错条款。债权人的过错致使债务人不履行合同的,债务人不承担违约责任。《合同法》第 302 条规定,在客运合同中承运人应当对运输过程中旅客的伤亡承担损害赔偿责任,但伤亡是旅客自身健康原因造成的或者承运人证明是旅客故意、重大过失造成的除外。此外,《合同法》第 259 条(承揽合同)、第 311 条(货运合同)、第 370 条(保管合同)等均为债权人原因导致债务人违约。

第四节 违约责任的形式

生效的合同在当事人之间有相当于法律的效力,[①]法律赋予合同效力借以促进当事人实现订立合同的目的。合同当事人应当诚实守信,不履行或者不适当履行合同应承担相应的违约责任以体现合同的效力。违约应承担法律责任的规则,既可促使当事人积极主动地履行合同义务,也可在当事人不履行合同义务时,为非违约方提供救济以补偿因违约而产生的损害。

违约责任的形式是承担违约责任的具体方式,《民法通则》第 111 条和《合同法》第 107 条有明文规定。《合同法》第 107 条规定,一方当事人不履行合同义务或者履行合同义务不符合约定的,应当承担继续履行、采取补救措施或者赔偿损失等违约责任。违约责任有强制履行、损害赔偿和违约金等基本形式。违约责任的承担形式在实践中的确定,首先应根据当事人合同中的约定或者法律规定,其次根据当事人在违约发生之后的请求,最后应结合违约的具体情况确定。

一、强制履行

强制履行是违约方承担违约责任的具体方式,通常适用于金钱、货物、票证、房屋土地的交付等。

(一) 强制履行的概念

强制履行(specific performance)(又称为"强制实际履行"或者"继续履行")是指一方当事人不履行合同义务时,另一方当事人可以请求法院强制违约方按合同规定的标的履行合同义务。强制履行是一种独立的违约责任形式,基本方式是要求债务人按照合同约定继续履行合同规定的义务,而不得以支付违约金或者赔偿金方式代替履

[①] Principles of International Commercial Contracts Article 1.3 (Binding character of contract) A contract validly entered into is binding upon the parties.

行。强制履行是合同实际履行原则的延伸和转化,虽然债务人所承担的履行义务内容和原义务完全相同,但性质却不同,强制履行是借助国家强制力予以实施的一种违约责任形式,是在法院强制手段的督促下实施的,不同于债务人在履行期限内自动履行合同义务的行为。《民法通则》第111条以及《合同法》第107条、第109条和第110条规定了强制履行。

不同法律思想和法律传统形成了大陆法系和英美法系不同的强制履行制度。英美法系的违约责任以损害赔偿为原则,[①]强制履行最初作为衡平法救济手段仅在损害赔偿不能达到充分救济时,才可能适用强制履行。[②] 大陆法系的违约责任则认为,实际履行是实现当事人订立合同目的的最有效措施,为维护非违约方的利益应赋予其请求强制履行合同义务的权利。强制履行作为一个原则得以确立,[③]但该原则也有例外情形。强制履行具有以下三个方面的特征:

(1) 强制履行是一种独立的违约责任形式。强制履行是在违约方未能按照合同约定履行义务时,由法院强制违约方继续履行合同义务,属于责任范畴。与违约金、损害赔偿等方法相比较,强制履行强调违约方应按合同规定的标的履行义务,从而实现非违约方订立合同的目的,而不仅仅强调弥补受害人所遭受的损失。与其他违约责任方式相比,强制履行更有利于实现当事人订立合同的目的。

(2) 请求强制履行是债权人的权利。强制履行是有效实现当事人订约目的的补救方式,是《合同法》规定的首要违约救济方法。首选的救济方式并非必须采用的救济方式,是否请求强制履行完全取决于债权人的选择。在债务人不履行合同义务时,债权人可以选择解除合同,请求违约损害赔偿,也可以选择强制履行。法律规定不同的违约责任形式,是从不同的角度对受害方给予救济,不同的违约责任方式有着不同的功能和作用,从满足受害方的需求方面相互之间具有不可替代性。

(3) 强制履行可以与其他违约责任方式并用。强制履行可以与违约金、损害赔偿和定金责任等并用,但不能与解除合同方式并用。债权人通过法院请求债务人履行合同义务,并未免除债务人的违约责任,债务人仍应承担违约责任,即违约金或者定金责任,违约给债权人造成损害的,还应承担损害赔偿责任。[④] 合同关系一旦解除,便不复

---

① "法院赋予受允诺人的是替代性的救济:判给受允诺人一笔金钱,以赔偿受允诺人因为允诺人不履行而发生的利益损害。"〔美〕E. 艾伦·范斯沃思:《美国合同法》,葛云松、丁春艳译,中国政法大学出版社2004年版,第44页。

② "在我们的法律制度中,强制履行的救济是例外而非原则。"〔美〕E. 艾伦·范斯沃思:《美国合同法》,葛云松、丁春艳译,中国政法大学出版社2004年版,第44页。

③ 《德国民法典》第241条规定:"债权人基于债的关系,得向债务人请求给付。"《日本民法典》第414条规定:"债务人任意不履行债务时,债权人可以向法院请求强制履行……"《法国民法典》第1184条规定:"双务契约中,凡当事人一方不履行其义务之情形,均视为订有解除条件。在此场合,契约并不当然解除,债权人在他方当事人承担的义务未得到履行时有权选择:或者在仍有可能履行契约时,强制他方当事人履行之,或者请求解除契约并请求损害赔偿。"

④ 《合同法》第112条规定:"在履行义务或者采取补救措施后,对方还有其他损失的,应当赔偿损失。"第114条规定:"……当事人就迟延履行约定违约金的,违约方支付违约金后,还应当履行债务。"

存在,债务人也不再承担履行合同的义务,实际履行是完全对立的补救方法,两者不能并用。

(二)强制履行的构成要件

《合同法》明文规定了强制履行的适用条件,[①]除有违约行为外,强制履行的适用还应具备以下三个方面的条件:

(1)强制履行应当必要且可能。强制履行是否必要应以履行费用为判断标准。违约方强制履行费用过高,破坏合同当事人之间的利益平衡,属于没有必要强制履行的情形,不应适用强制履行的责任形式。强制履行是按合同约定的标的履行,仅在合同有强制履行的可能时,违约方才能承担强制履行的责任。在合同已经履行不能的情形下,则不能适用强制履行的责任方式。在当事人违约后发生合同履行不能时,因违约方已经没有履行合同的能力,法院不能强制违约方强制履行,只能采取其他救济措施。

(2)债务标的适于强制履行。债务人承担强制履行的违约责任,法院必须有强制违约方履行的可能。仅在合同约定的标的适于强制履行时,法院才能强制违约方履行责任。如果当事人约定的合同标的不适于强制履行,如委托合同、信托合同、合伙合同等因对方当事人的特殊技能、业务水平而订立的合同,因具有人身特点,强制履行有悖于合同性质,则不得适用强制履行。

(3)债权人在合理期限内提出强制履行请求。债务人是否承担强制履行责任,是债权人的权利。债权人不要求违约的债务人强制履行合同的,则法院不能强制违约方履行合同,违约方不承担强制履行的责任,而以其他方式承担违约责任。但是,债权人要求违约方强制履行应当在合理的期限内提出,否则,债权人即丧失请求违约方强制履行合同的权利。债权人在合理的期限内未要求继续履行的,违约方会相信不会再要求履行合同义务,从而产生了合理信赖的保护,保护方式即为拒绝守约方的继续履行的请求。[②]

(三)强制履行的适用

《合同法》明文规定了违约方的强制履行问题,规定了金钱债务(pecuniary obligation)、非金钱债务(non-pecuniary obligation)的强制履行。

(1)金钱债务违约的强制履行。《合同法》第109条规定了金钱债务的强制履行。金钱债务是指当事人所承担的直接支付货币的义务。当事人没有履行金钱债务的违约行为,即没有支付价款或者报酬的行为,有完全和不完全支付价款或者报酬两种情形。无论是完全不履行还是不完全履行,违约方均应承担相应的违约责任。违约方完

[①] 《合同法》第110条规定:"当事人一方不履行非金钱债务或者履行非金钱债务不符合约定的,对方可以要求履行,但有下列情形之一的除外:(一)法律上或者事实上不能履行;(二)债务的标的不适于强制履行或者履行费用过高;(三)债权人在合理期限内未要求履行。"

[②] 参见郑云瑞:《民法总论》(第八版),北京大学出版社2018年版,第157—159页。

全不履行时,非违约方有权请求支付全部价款或报酬;违约方不完全履行时,非违约方有权请求履行未履行部分。

(2)非金钱债务违约的强制履行。非金钱债务是指除货币支付以外的债务,如提供货物、劳务、完成一定工作量等。非金钱债务不同于金钱债务,标的通常具特定性和不可替代性,非金钱债务的履行更为强调强制履行原则。违约方对非金钱债务的不履行和履行不当时,非违约方均可请求违约方实际履行。在违约方不履行非金钱债务时,非违约方有权请求人民法院采取强制措施,强制违约方履行非金钱债务。但是,对于非金钱债务的违约,债权人不能再向债务人提出强制履行请求的情形有:一是法律上或者事实上不能履行;二是债务的标的不适于强制履行或者履行费用过高;三是债权人在合理期限内未要求履行。

二、损害赔偿

损害赔偿是违约方承担责任的一种主要方式,以金钱来补偿守约方因违约所遭受到的损失。两大法系均认为损害赔偿是一种重要的、广泛的违约救济方法。

(一)损害赔偿的概念

损害赔偿(compensation for damages)是指违约方因不履行合同或者不完全履行合同义务而给对方当事人造成损害,依法或者根据合同规定违约方以支付金钱的方式填补对方当事人因违约行为所减少的财产或者所丧失的利益。在合同法上,损害赔偿也称"违约损害赔偿",是违约救济中最广泛、最主要的救济方式,也是最能充分保护受害人利益的一种救济方式,为各国法律所普遍确认。

大陆法系合同法通常采用恢复原状主义,强调损害赔偿是填补受害人的全部损失,使其回复到损害发生前的状态,即损害赔偿的目的是补偿受害人的全部损失,而不是强调赔偿的惩罚性。英美法系的合同法对违约进行救济的最主要方法是损害赔偿,即金钱赔偿主义,使赔偿义务人对于受害人给付金钱,以填补受害人的损害。其目的在于对受害一方尽可能以金钱补偿,使其经济状况相当于合同正常履行后所应有的经济状况。赔偿损失具有如下四个方面的特点:

(1)最重要的违约责任形式。赔偿损失是最重要的违约责任形式,赔偿损失具有根本救济功能,任何其他责任形式都可以转化为损害赔偿。

(2)以支付金钱方式弥补损失。赔偿损失是以支付金钱方式弥补损失,任何损失一般都可以转化为金钱,赔偿损失主要指金钱赔偿。

(3)对违约遭受损失的赔偿。赔偿损失是由违约方赔偿守约方因违约所遭受的损失,赔偿损失是对违约行为所造成损失的赔偿,与违约行为无关的损失不在赔偿范围。赔偿损失是对守约方所遭受损失的一种补偿,而不是对违约行为的惩罚。

(4)损害赔偿的任意性。损害赔偿责任具有一定的任意性。违约赔偿的范围和数额,可由当事人约定。当事人既可以约定违约金的数额,也可以约定损害赔偿的计算方法。

(二) 损害赔偿的形式

根据当事人是否约定,违约损害赔偿分为约定损害赔偿和法定损害赔偿两种形式。约定损害赔偿是指合同当事人在订立合同时,预先约定一方违约产生的损失赔偿额的计算方法或者向对方支付一定的金钱。在合同订立时,当事人通常难以确定损失的范围,当事人在合同中只能约定损害赔偿的计算办法,而不宜约定一个固定的赔偿数额。损害赔偿可以用金钱货币形式确定,也可以用非金钱方式确定。约定损害赔偿包括两种情形:一是当事人在合同中约定损害赔偿的条款;二是在合同成立后履行前经过协商达成损害赔偿的协议。约定损害赔偿是事先由当事人在合同中或者合同成立后达成的补充协议中协商确定的,不同于违约发生后当事人协商确定的救济方式。在违约发生后,当事人也可协商确定救济措施、协商确定赔偿数额,属于事后赔偿而不是约定赔偿。

约定损害赔偿作为违约损害赔偿的一种方法,有利于在一方违约造成对方损害时及时解决赔偿的问题。在违约发生以后,实际损害和可得利益损失的确定非常复杂。允许当事人事先约定赔偿,可以及时对受害人作出补偿,了结当事人之间发生的争议。约定损害赔偿条款的存在,不仅可以对债务人起到一种督促作用,知晓违约发生后可能承担的赔偿数额,从而正确履行合同,而且这种约定赔偿条款也有利于减少诉讼。当事人在违约发生后,直接根据合同约定请求赔偿,不必诉诸法院来确定赔偿数额。

约定损害赔偿是各国合同法律都普遍承认的一种赔偿方法,是当事人意思自治原则的体现。合同所规定的权利义务是当事人依法而自由设定的,当事人在法律规定的范围内可以对债权债务自由作出安排和处分,也可对违约的损害赔偿问题事先作出安排。法律允许当事人约定损害赔偿条款,承认其在违约后产生的效力。但法律承认约定损害赔偿的效力并不意味着当事人有约定赔偿条款的绝对自由,为保障合同自由原则的实现,法院或者仲裁机构可以对约定的赔偿条款进行干预。《合同法》仅规定了约定违约金数额过低或者过高,法院或者仲裁机构可以根据当事人的请求予以增减,但并未规定对约定的损害赔偿条款进行干预。

法定损害赔偿是指在一方当事人违约造成对方损失时,按照法律规定的办法计算赔偿额进行赔偿。法定损害赔偿方法是在当事人没有事先约定损害赔偿或者违约金的情况下适用,直接由法律规定。法律不仅规定了违约赔偿的条件、范围,还规定了赔偿的计算办法等。根据《合同法》的规定,法定损害赔偿应遵循以下规则:

(1) 完全赔偿规则。违约方应对守约方因违约所遭受的全部损失承担赔偿责任。损失有积极损失与消极损失之分,积极损失主要表现为标的物灭失、为准备履行合同而支出的费用、停工损失、为减少违约损失而支出的费用、诉讼费用等;消极损失是指在合同适当履行后可以实现和取得的财产利益。

(2) 合理预见规则。违约损害赔偿的范围以违约方在订立合同时可以预见到或者应当预见到的损失为限。合理预见规则是限制法定违约损害赔偿范围的一项重要规则,是限制现实财产损失和可得利益损失的损失赔偿总额的规则,但不适用于约定损害赔偿。

(3)减轻损失规则。一方当事人违约后,另一方当事人应当及时采取合理措施防止损失的扩大。否则,不得就扩大的损失要求赔偿。

约定损害赔偿的预定性或者约定性表明了其与法定损害赔偿不同。约定损害赔偿范围与实际损害的范围可能不尽一致,但以违约和损害的发生为前提。损害赔偿的主要形式应是约定损害赔偿,法定损害赔偿仅在没有约定损害赔偿或者违约金的情况下才适用,约定损害赔偿应优先于法定损害赔偿。特别是在有关法律规定赔偿限制的情况下,法律允许当事人约定损害赔偿优先于法定损害赔偿的适用。约定损害赔偿与法定损害赔偿在性质上是相互排斥的。

(三)损害赔偿的范围

违约损害赔偿的范围是指违约方违约后受害人遭受的损失中哪些损失可以赔偿,哪些损失不赔偿。司法实践中,在确定违约赔偿范围的时候,通常应考虑三个方面的问题:第一,将违约所产生的损失赔偿责任置于特定的合同之中,这个损失必须是因对方违约而产生的,并非所有的损失都属于违约赔偿的范围。第二,如果当事人约定的违约金过高或者过低于实际损失,对方当事人可以请求法院适当减少或者予以增加。第三,违约行为产生的损失赔偿额相当于对方因此所受到的损失,包括期待利益,但不得超过违反合同一方当事人订立合同时预见到或者应当预见到的因违反合同可能造成的损失。违约损害赔偿范围的确定取决于损害赔偿制度的根本目的与性质。违约损害赔偿范围的规则取决于违约损害赔偿制度的根本目的、宗旨。违约损害赔偿的范围遵循完全赔偿原则和可预见性原则,即违约损害赔偿适用完全赔偿原则,但受到可预见性原则和减损原则的限制:

(1)完全赔偿原则(principle of full compensation)。根据违约损害赔偿的根本目的,可以引出完全赔偿原则是违约损害赔偿的原则。完全赔偿原则是指违约方对受害人因违约行为而受到的全部损失承担全部赔偿责任。违约损害赔偿是因债务人不履行约定债务而产生的一种责任,损害赔偿之债是由原合同之债转化而来,决定了损害赔偿的目的与原合同目的在某种逻辑上的连续性、一致性。损害赔偿制度的目的取决于原合同的目的,一方当事人违约使另一方当事人期待通过合同履行而得到的利益不能获取的,对非违约方利益的保护应是损害赔偿的目的所在,即恢复非违约方的合同履行利益。违约损害赔偿的目的,是在金钱能够补偿的限度内使受害人恢复到合同正常履行的状态。

世界各国在赔偿的具体范围和限制上有不同之处,但完全赔偿原则作为损害赔偿制度中的基本原则为大多数国家的法律和国际公约所采纳,如《法国民法典》第

1149—1151条、《德国民法典》第249条、《国际货物销售合同公约》第74条①、《国际商事合同通则》第7.4.2条②以及我国《合同法》第113条之规定。完全赔偿原则体现和实现违约损害赔偿制度的根本目的,赔偿损失是受害人通过合同应得的利益而不是一种额外的收益,是合同效力的体现和维护。损害赔偿不应使受害人得利,受害人不应获得超过所受损失的赔偿,违约损害赔偿不适用惩罚性赔偿。

《合同法》第113条规定的完全赔偿原则包括积极损失和可得利益两个方面内容。积极损失是指因违约事实的发生,赔偿权利人现有财产的减损、灭失和费用的支出,主要包括两个方面内容:一是债务人的违约行为造成债权人财产的减少和损坏;二是债务人的违约行为造成债权人支出费用的增加。积极损失是一种现实财产损失。③积极损失赔偿的目的是使非违约方因有效的合同得不到履行而支出的各种费用和受到的损害得以补偿。合同一旦按照约定履行,则非违约方所支付的费用能够回收或者无须支付额外费用。损失是因违约所造成的,则违约当事人应当承担赔偿责任。积极损失的赔偿体现了公平正义的要求,积极损失较为容易确定,法律不限定积极损害的赔偿范围,即对积极损失适用完全赔偿原则。

可得利益是指合同在履行后可以实现和获得的利益,属于消极损失。可得利益主要是指利润损失,如获得标的物以后转卖所获得的利益、获得原材料和机器设备等投入使用后所获得的利益、营业利益等。可得利益是一种财产的增值利益,债务人通过合同标的的履行获得的超过合同标的价值的那部分财产利益。可得利益不是一种实际享有的利益,但并不是主观臆断,具有一定的确定性。合同一旦如期履行,当事人即可获得这种可得利益。当事人为实现可得利益进行积极的准备,从而使其具备转化为现实利益的基础,具有和现实利益相同的确定性。

(2) 可预见性原则(principle of foreseeable damage)。可预见性原则最早是法国的波蒂埃提出的,认为违约损害责任的范围不得超过违约方在订立合同时已经预见或者应当预见到的因违约而造成的损失。1804年的《法国民法典》采纳了波蒂埃的观点,英美法系也采纳了可预见性理论,而且通过判例不断完善了可预见性原则。英美

---

① Article 74 Damages for breach of contract by one party consist of a sum equal to the loss, including loss of profit, suffered by the other party as a consequence of the breach. Such damages may not exceed the loss which the party in breach foresaw or ought to have foreseen at the time of the conclusion of the contract, in the light of the facts and matters of which he then knew or ought to have known, as a possible consequence of the breach of contract.

② Article 7.4.2 (Full compensation) (1) The aggrieved party is entitled to full compensation for harm sustained as a result of the non-performance. Such harm includes both any loss which it suffered and any gain of which it was deprived, taking into account any gain to the aggrieved party resulting from its avoidance of cost or harm. (2) Such harm may be non-pecuniary and includes, for instance, physical suffering or emotional distress.

③ 例如,买卖合同生效后,卖方不履行交货义务而违约,买方购买替代物的价格如高于原合同价格,则买方所遭受的损失为积极损失。

法系通过 Hadley v. Baxendale(1854)①引入法国的可预见性原则。国际统一合同立法也体现了可预见性原则,如《国际货物销售合同公约》第 74 条②、《欧洲合同法》第 9:503 条③、《国际商事合同通则》第 7.4.4 条④以及我国《合同法》第 113 条的规定。例如,在新疆亚坤商贸有限公司买卖合同纠纷案中,⑤最高人民法院判决适用了可预见

---

① Hadley v. Baxendale,9 Exch. 341,156 Eng. Rep. 145 (1854).
　　Facts:A shaft in Hadley's (P) mill broke rendering the mill inoperable. Hadley hired Baxendale (D) to transport the broken mill shaft to an engineer in Greenwich so that he could make a duplicate. Hadley told Baxendale that the shaft must be sent immediately and Baxendale promised to deliver it the next day. Baxendale did not know that the mill would be inoperable until the new shaft arrived.
　　Baxendale was negligent and did not transport the shaft as promised,causing the mill to remain shut down for an additional five days. Hadley had paid 2 pounds four shillings to ship the shaft and sued for 300 pounds in damages due to lost profits and wages. The jury awarded Hadley 25 pounds beyond the amount already paid to the court and Baxendale appealed.
　　Holding and Rule:An injured party may recover those damages reasonably considered to arise naturally from a breach of contract,or those damages within the reasonable contemplation of the parties at the time of contracting.
　　The court held that the usual rule was that the claimant is entitled to the amount he or she would have received if the breaching party had performed;i. e. the plaintiff is placed in the same position she would have been in had the breaching party performed. Under this rule,Hadley would have been entitled to recover lost profits from the five extra days the mill was inoperable.
　　The court held that in this case however the rule should be that the damages were those fairly and reasonably considered to have arisen naturally from the breach itself,or such as may be reasonably supposed to have been in the contemplation of both parties at the time the contract was made.
　　The court held that if there were special circumstances under which the contract had been made,and these circumstances were known to both parties at the time they made the contract,then any breach of the contract would result in damages that would naturally flow from those special circumstances.
　　Damages for special circumstances are assessed against a party only when they were reasonably within the contemplation of both parties as a probable consequence of a breach. The court held that in this case Baxendale did not know that the mill was shut down and would remain closed until the new shaft arrived. Loss of profits could not fairly or reasonably have been contemplated by both parties in case of a breach of this contract without Hadley having communicated the special circumstances to Baxendale. The court ruled that the jury should not have taken the loss of profits into consideration.
② Article 74 Damages for breach of contract by one party consist of a sum equal to the loss,including loss of profit,suffered by the other party as a consequence of the breach. Such damages may not exceed the loss which the party in breach foresaw or ought to have foreseen at the time of the conclusion of the contract,in the light of the facts and matters of which he then knew or ought to have known,as a possible consequence of the breach of contract.
③ Article 9:503 (ex art. 4.503)—Foreseeability The non-performing party is liable only for loss which it foresaw or could reasonably have foreseen at the time of conclusion of the contract as a likely result of its nonperformance,unless the non-performance was intentional or grossly negligent.
④ Article 7.4.4 (Foreseeability of harm) The non-performing party is liable only for harm which it foresaw or could reasonably have foreseen at the time of the conclusion of the contract as being likely to result from its nonperformance.
⑤ 在新疆亚坤商贸有限公司诉新疆精河县康瑞棉花加工有限公司买卖合同纠纷案(〔2004〕新民二初字第 114 号、〔2006〕民二终字第 111 号)中,最高人民法院裁判摘要认为,在审理合同纠纷案件中,确认违约方的赔偿责任应当遵循可预见性原则,即违约方仅就其违约行为给对方造成的损失承担赔偿责任,对由于市场风险等因素造成的、双方当事人均不能预见的损失,因非违约过错所致,与违约行为之间亦没有因果关系,违约方对此不承担赔偿责任(2006 年最高人民法院公报案例)。

性原则。

可预见性原则为《合同法》所采纳,但也存在例外情形,即债务人基于欺诈而不履行债务时,可预见性原则不再适用。根据《消费者权益保护法》的规定,经营者对消费者提供商品或者服务有欺诈行为的,承担双倍的赔偿责任,明确排除了可预见性原则的适用。

可预见性的判断标准有主观标准和客观标准两种。主观标准是对具体的违约人进行判断,根据违约人的智力、教育、经验等状况判断是否应当预见。客观标准是以普通的第三人作为参照标准。如果普通的第三人能够或者应当预见,即判定违约人能够或者应当预见,大陆法系国家的立法和英美法系国家的判例大多采纳客观标准。实际上,不论是采客观标准还是主观标准,仅仅是一个推定的问题。

(3) 减损原则(principle of matigaition of damage)。减损原则是指一方当事人违约使另一方当事人遭受损失时,遭受损失的一方当事人应采取必要的措施以防止损失的扩大。① 受害方不采取措施防止损失的扩大,违约方可以要求从损害赔偿中扣除可以减轻的损失部分。除可预见性原则限定违约损害赔偿范围外,减损原则也限制违约损害的赔偿范围。减损原则源于英美法系,British Westinghouse Electric and Manufacturing Co Ltd v. Underground Electric Railways Co of London Ltd(1912)②确立了减损原则。

《合同法》第119条确立减损规则限制损害赔偿的范围。一方当事人违约后,对方当事人应当采取适当措施防止损失的扩大。没有采取适当措施致使损失扩大的,受害方不得就扩大的损失要求赔偿。减损原则是法律对受害方确立的减损义务,是诚实信用原则在违约损害赔偿责任领域的具体应用。国际统一合同立法也体现了减损原则,

---

① See J. Beatson, Anson's Law of Contract(28th ed.), Oxford University Press 2002, p. 614.
② British Westinghouse Electric and Manufacturing Co Ltd v. Underground Electric Railways Co of London Ltd [1912] AC 673 is an English contract law case, concerning the duty to mitigate one's loss after a breach of contract.

Facts: British Westinghouse sold the Underground defective turbines and replaced them with more efficient and profitable than the older ones. British Westinghouse sued for sums owing under the contract, and the Underground counterclaimed for breach. British Westinghouse argued that the greater efficiency should be taken into account to reduce the Underground's damages.

Judgment: The House of Lords agreed that the greater efficiency of the new turbines could be taken into account as mitigating the loss suffered by the Underground, and its damages for breach of contract was accordingly reduced, because everyone has a duty to mitigate. Giving the leading judgment, Viscount Haldane LC, 688-9, "the quantum of damage is a question of fact". He set out the principles for determining the measure of damages. "The first is that, as far as possible, he who has proved a breach of a bargain to supply what he contracted to get is to be placed, as far as money can do it, in as good a situation as if the contract had been performed. The fundamental basis is thus compensation for pecuniary loss naturally flowing from the breach; but this first principle is qualified by a second, which imposes on a plaintiff the duty of taking all reasonable steps to mitigate the loss consequent on the breach, and debars him from claiming in respect of any part of the damage which is due to his neglect to take such steps."

The duty to mitigate is not to "take any step which a reasonable and prudent man would not ordinarily take in the course of his business." Only reasonable steps.

如《国际货物买卖合同公约》第 77 条[①]和《国际商事合同通则》第 7.4.8 条[②]的规定。

违约损害赔偿本质上属于交换关系的反映。从等价交换原则出发,一方违约之后,应承担对方因违约而受到的全部损失,包括实际损失和预期损失两个方面。预期损失是指合同正常履行之后所得的收益。预期损失的计算应考虑三个方面的因素:一是时间点。以合同订立时作为计算预期收益损失的时间点。二是最高数额。以合同履行前提下可以预见的预期利益为上线。三是预期利益。以合同当事人在订立合同时明确约定或者违约方在订立合同时可以预见到的利益为依据。

三、违约金

违约金通常是以金钱为标的物,它不仅具有担保债务履行的功能,而且还具有惩罚性和补偿性。因此,《合同法》将违约金作为违反合同的责任承担方式。

(一)违约金的概念

违约金(liquidated damages)是指按照当事人的约定或者法律直接规定,违约的一方当事人应向另一方当事人支付的金钱。违约金的标的物是金钱,但当事人也可以约定违约金的标的物为金钱以外的其他财产。违约金具有担保债务履行的功效,又具有惩罚违约人和补偿非违约一方当事人所受损失的效果。违约金制度起源于罗马法。罗马法的违约金是债的担保形式之一,具有惩罚性和赔偿性双重性。违约金实际是一种对违约损害赔偿的预定,最本质的特征是预定性。违约金制度是在订立合同时通过双方协议一致对违约损害赔偿责任进行预先确定的法律制度。

违约金的性质应当是重在补偿性而非重在惩罚性,在订立合同之后,当事人应实际、全面履行,使合同目的得以实现。一旦有违约现象发生,就涉及违约金问题。违约金的功能在于使未违约一方因对方违约而造成的损失或者失去的利益得以补偿和实现。如果双方当事人均有违约,则应按照责任大小来承担所造成的损失。有关违约条款主要是用来调整当事人之间的利益分配,力求做到公平,而主要目的绝非在于惩罚违约方。违约金的标准按照中国人民银行《关于降低金融机构存贷款利率公告》规定的标准计算。

《合同法》第 114 条规定了违约金,在强调违约金补偿性理念的同时,也有限地承认违约金的惩罚性。违约金的数额是根据违约情况确定的,即违约金的约定应当估计到一方违约而可能给另一方造成的损失,而不得约定与原来的损失不相称的违约金数额。当事人约定的违约金的数额低于违约造成的损失的,当事人可以请求法院或者仲

[①] Article 77 A party who relies on a breach of contract must take such measures as are reasonable in the circumstances to mitigate the loss, including loss of profit, resulting from the breach. If he fails to take such measures, the party in breach may claim a reduction in the damages in the amount by which the loss should have been mitigated.

[②] Article 7.4.8 (Mitigation of harm) (1) The non-performing party is not liable for harm suffered by the aggrieved party to the extent that the harm could have been reduced by the latter party's taking reasonable steps. (2) The aggrieved party is entitled to recover any expenses reasonably incurred in attempting to reduce the harm.

裁机构予以适当增加,使违约金的数额与实际损失大致相当,体现了违约金的补偿性。约定的违约金过分高于实际损失的,当事人可请求法院或者仲裁机构予以适当减少,但一般高于实际损失的,则当事人不得请求法院或者仲裁机构减少违约金数额,表明法律允许违约金在一定程度上大于损失,大于部分则对违约方具有惩罚性。

关于违约金的性质学界分歧较大,历来主要有担保说、责任说和折中说三种观点:担保说认为,违约金的主要作用是担保合同的履行;责任说认为,违约金是债务人不履行债务所应承担的违约责任;折中说认为,违约金既是担保方式又是违约责任方式。违约金作为一种担保方式与世界各国的立法不符,学界的争议主要是责任说与折中说。责任说认为违约金与民法中的担保方式存在本质的差别,而仅在债务人有清偿能力时才有担保功能,因而违约金不属于债的担保。折中说为学界所广泛认同,符合世界各国的立法实践。

(二)违约金的分类

违约金的分类有助于对违约金性质的认识以及违约金的正确适用。根据划分标准的不同,违约金可以分为不同的种类:

(1)法定违约金和约定违约金。以违约金发生的根据为标准,违约金可以分为法定违约金和约定违约金。法定违约金是指法律直接规定违约金的数额、固定比率或者比例幅度的违约金。法定违约金是由法律预先规定的,当事人不得协商改变,即使当事人未在合同中规定违约金条款,违约方均应支付违约金。如《铁路货物运输合同实施细则》第18条规定:"……由于下列原因之一,未按货物运输合同履行,按车向托运人偿付违约金50元……"

约定违约金是指违约金的数额和支付条件由当事人双方约定。约定违约金有两种情形:一是法律法规未具体规定违约金,当事人可以自由约定的违约金;二是法律法规规定违约金的数额、比率或者幅度但允许当事人自行协商,或者规定当事人约定优于法定违约金。法定违约金属于法律的强制性,当事人不得违反。法定违约金体现了国家对合同关系的干预,是计划经济的产物。随着市场经济的发展,法定违约金不断减少适用的范围。约定违约金是当事人意志的产物,体现了合同自由原则。对当事人没有约定违约金的计算标准的,可以参照中国人民银行规定的金融机构计收逾期贷款利息的标准计算违约金。违约金标准的确定应当尊重当事人的意思自治,由其自行约定。

(2)赔偿性违约金和惩罚性违约金。以损害预设标准为依据,违约金可以分为赔偿性违约金和惩罚性违约金。赔偿性违约金是指合同双方当事人预先约定的在一方违约时向另一方支付的用以折抵损害赔偿的金钱或者财物;惩罚性违约金是指合同双方当事人预先约定的在一方违约时向另一方支付的用以违约处罚的金钱和财物。赔偿性违约金和惩罚性违约金的区别主要有:一是两者的功能不同。赔偿性违约金的功能是弥补一方当事人违约后给另一方当事人所遭受的损失;惩罚性违约金的功能是制裁违约行为。二是与其他违约救济措施的关系不同。赔偿性违约金具有填补损害赔偿的功能,在违约金之外债权人不得再请求强制履行或者损害赔偿;惩罚性违约金不具有损害填补功能,除请求违约金外,债权人可以请求强制履行主债务或者请求损害赔偿。三是与实际损害的关系不同。赔偿性违约金是损害赔偿额的预设,违约金与实际损害额不符时,债务人可以请求法院或者仲裁机构以实际损害额为基准增加或者减少;债权人不得请求法院及仲裁机构以实际损害额为基准对惩罚性违约金进行调整。

(3) 概括性违约金和具体性违约金。以违约金适用的违约情形为依据,违约金可以分为概括性违约金和具体性违约金。概括性违约金是指当事人约定或者法律规定只要存在任何违约行为,违约方均应向守约方偿付的违约金。对于概括性违约金,只要存在违约行为,当事人即可向违约方主张违约金。具体性违约金是指当事人约定或者法律规定仅存在某种特定违约行为时,违约方才应向守约方支付一定数额的违约金。根据违约金所针对的具体违约情形的不同,具体性违约金又可再分为给付不能违约金、给付迟延违约金、不完全给付违约金。当事人仅约定了违约金但未明确约定违约金适用何种违约情形,则为概括性违约金,当事人有任何违约行为均应支付违约金。

(4) 抵销性违约金和选择性违约金。以违约金与损害赔偿的关系为依据,违约金可以分为抵销性违约金和选择性违约金。抵销性违约金是以抵销损害赔偿的违约金。对于抵销性违约金,不论违约是否造成损失以及造成损失的大小,违约方均应向对方支付违约金。抵销性违约金是将违约金作为最低的损害赔偿额的预定,在违约金不足以弥补违约损失时,与违约损害赔偿并用。先前的《经济合同法》规定了抵销性违约金,[①]但《合同法》摈弃了抵销性违约金的规定,而是通过当事人请求增加违约金数额的方式来调控违约金的赔偿功能。选择性违约金是指一方当事人违约后另一方当事人可以要求违约方支付违约金或者要求赔偿损失的违约金。在选择性违约金中,支付违约金和赔偿损失的责任不能并用。抵销性违约金和选择性违约金实质上均属于赔偿性违约金。

(三) 违约金的适用

违约金的适用是以违约金责任为前提,违约金责任的构成是以一方当事人违反合同义务为要件,即合同一方当事人有不履行或者不当履行合同的行为,且不具有免责事由。合同一方当事人虽有违约行为但存在免责事由,当事人的行为因不构成违约而无须承担违约金责任。

违约金的适用应尊重当事人的约定。违约金的约定体现当事人的意思自治。合同约定的违约金数额过高如不允许调整,不仅使一方当事人不当利益,而且在相当的程度上使违约方的财产状况恶化,违反了民法诚实信用原则。违约金作为赔偿损失额的预定虽不能达到数额与实际损失额完全一致,但两者数额相差悬殊会丧失违约金责任与赔偿损失的一致性。违约金数额与损失额大致相当则体现了商品交换原则和合同正义。法律基于公平原则对违约金的适当干预是必要的,大陆法系和英美法系均规

---

① 《经济合同法》第 31 条规定:"当事人一方违反经济合同时,应向对方支付违约金。如果由于违约已给对方造成的损失超过违约金的,还应进行赔偿,补偿违约金不足的部分……"

定了违约金的调整,如《德国民法典》第343条规定:"约定的违约金过高的,法院得依债务人的申请以判决减至相当的数额。"《合同法》及其司法解释明文规定了违约金的调整。违约金的调整涉及两个方面的问题:

(1)违约金的调整机制。违约金的调整应由当事人提出申请,法院不得依职权直接调整。违约金调整制度适用条件的设立强调了国家对合同自由原则的尊重,违约金的约定是否显失公平应由当事人自己自主判断。即使违约金过高而当事人自愿接受,法律也没有必要强制性对违约金进行干预。《合同法》第114条对此有明文规定。

(2)违约金的调整标准。违约金的调整标准是问题的核心。《合同法》第114条对违约金的调整仅有原则性的规定,[1]即约定的违约金过高或者过低。《合同法》的规定过于原则,缺乏可操作性。相关的司法解释进一步明确了违约金的调整标准,明确规定违约金超过造成的损失30%为调整的标准。[2]例如,在史文培互易合同纠纷案[3]和太原重型机械(集团)有限公司土地使用权转让合同纠纷案[4]中,最高人民法院判决认为,法院根据当事人的请求可以调整违约金的数额。

关于合同解除后违约金条款是否适用问题,我国判例经历了从不适用到适用的过程。以2012年《买卖合同纠纷案件解释》为界限,之前的最高人民法院公报案例均否定违约金条款的适用。例如,在广西桂冠电力股份有限公司房屋买卖合同纠纷案中,[5]最高人民法院判决认为,合同解除的法律效果是使合同关系归于消灭,解除合同的后果,违约方的责任承担方式不表现为支付违约金。在该案中,广西高院一审和最高人民法院二审均否定了合同解除中违约金的适用。[6]《买卖合同纠纷案件解释》第26条规定:"买卖合同因违约而解除后,守约方主张继续适用违约金条款的,人民法院

---

[1] 《合同法》第114条规定:"……约定的违约金低于造成的损失的,当事人可以请求人民法院或者仲裁机构予以增加;约定的违约金过分高于造成的损失的,当事人可以请求人民法院或者仲裁机构予以适当减少……"

[2] 《合同法司法解释(二)》第29条规定:"当事人主张约定的违约金过高请求予以适当减少的,人民法院应当以实际损失为基础,兼顾合同的履行情况、当事人的过错程度以及预期利益等综合因素,根据公平原则和诚实信用原则予以衡量,并作出裁决。当事人约定的违约金超过造成损失的百分之三十的,一般可以认定为合同法第一百一十四条第二款规定的'过分高于造成的损失'。"
《商品房买卖合同纠纷案件解释》第16条规定:"当事人以约定的违约金过高为由请求减少的,应当以违约金超过造成的损失30%为标准适当减少。"

[3] 在史文培诉甘肃皇台酿造(集团)有限责任公司、北京皇台商贸有限责任公司互易合同纠纷案([2007]甘民二初字第01号、[2007]民二终字第139号)中,最高人民法院裁判摘要认为,根据《合同法》第114条第2款的规定,只有当约定的违约金过分高于造成的损失时,当事人可以请求法院或者仲裁机构予以适当减少。在当事人恶意违约的情况下,如果没有证据证明合同约定的违约金过分高于造成的损失,当事人请求减少违约金的,法院可不予支持(2008年最高人民法院公报案例)。

[4] 在太原重型机械(集团)有限公司诉山西嘉和泰房地产开发有限公司土地使用权转让合同纠纷案([2006]晋民初字第20号、[2007]民一终字第62号)中,最高人民法院裁判摘要认为,根据《合同法》第114条的规定,对于当事人在合同中约定的违约金数额,只有当事人请求调整且合同约定的违约金数额确实低于或者过分高于违约行为给当事人造成的损失时,法院才能进行调整(2008年最高人民法院公报案例)。

[5] 广西桂冠电力股份有限公司与广西泳臣房地产开发有限公司房屋买卖合同纠纷案([2007]桂民一初字第2号、[2009]民一终字第23号)。

[6] 江苏省南京新宇房产开发有限公司买卖合同纠纷案、重庆索特盐化股份有限公司土地使用权转让合同纠纷案、广州市仙源房地产股份有限公司股权转让纠纷案。

应予支持;但约定的违约金过分高于造成的损失的,人民法院可以参照合同法第一百一十四条第二款的规定处理"。根据前述司法解释的规定,违约金条款和合同的解除可以并存适用。

第五节 责任竞合

责任竞合(liability concurrence)是指某种法律事实的出现而导致两种或者两种以上相互冲突的责任的产生。在民法中,责任竞合主要表现为违约责任与侵权责任的竞合。违约责任与侵权责任竞合是指合同一方当事人的违约行为同时又符合侵权要件,导致违约责任与侵权责任一并产生,违约责任的请求权与侵权责任的损害赔偿请求权发生重叠,形成请求权的竞合。

一、违约责任与侵权责任竞合的性质和立法例

违约责任与侵权责任竞合现象在民法上的性质,以及在法律上承担的责任形式,先后产生了法条竞合说、请求权竞合说、请求权规范竞合说三种学说:

(1) 法条竞合说。法条竞合说认为,违约行为与侵权行为均为侵害他人权利的不法行为。一种违法行为违反了债务不履行和侵权行为的规定,则应将债务不履行作为侵权行为的特别形态来对待。侵权行为违反不得侵害他人权利的一般义务,而债务不履行则是违反根据合同产生的特殊义务。当同一事实具备侵权行为与违约行为的构成要件时,按照特别法优于普通法的原则,仅产生合同上的请求权,权利人仅享有合同法上的请求权,而不能享有侵权责任法上的请求权。

(2) 请求权竞合说。请求权竞合说认为,一个法律事实同时具备侵权行为和债务不履行的要件,产生侵权行为的损害赔偿请求权与债务不履行的请求权,两种请求权可以独立并存。权利人可以选择其中一种请求权,也可以同时行使两种请求权。我国司法解释采纳了请求权竞合说,《合同法司法解释(一)》第30条是在"请求权竞合"的标题下规定违约责任与侵权责任竞合的。[①]

(3) 请求权规范竞合说。请求权规范竞合说认为,不得侵害他人权益的义务与合同上的特别义务属于两个独立的法律义务的观点是不能成立的。在通常情况下,两个义务具有共同的内容。不得侵害他人权利的义务,因当事人在合同中设立特别义务而得以强化和具体化,但当事人设立的义务并非导致两项义务产生,所以债务人基于违约或者不法行为所侵害的不是两个义务而只是一个义务,产生一项请求权;请求权人仅能行使一次请求权。

---

① 《合同法司法解释(一)》第30条规定:"债权人依照合同法第一百二十二条的规定向人民法院起诉时作出选择后,在一审开庭以前又变更诉讼请求的,人民法院应当准许。对方当事人提出管辖权异议,经审查异议成立的,人民法院应当驳回起诉。"

大陆法系对处理违约责任和侵权责任的竞合主要有否定主义和肯定主义两种不同的立法例：

（1）否定主义立法例。以《法国民法典》为代表的立法禁止竞合制度。法国法认为，当事人不得将对方当事人的违约行为视为侵权行为，侵权责任仅在当事人之间没有合同关系存在时才产生。违约责任和侵权责任是不相容的，不存在竞合问题。合同一方当事人不得将对方当事人的违约行为视为侵权行为，侵权责任仅在当事人之间没有合同关系时才产生，合同关系是判断侵权责任还是违约责任的依据。

（2）肯定主义立法例。以《德国民法典》为代表的立法承认责任竞合。德国法认为，合同法和侵权法不仅适用于典型的违约行为与侵权行为，而且共同适用于双重违法行为。基于双重违法行为，受害人享有两个请求权，受害人既可以提起合同之诉，也可以提起侵权之诉。

我国采取了肯定主义的立法例，承认违约责任和侵权责任的竞合。《合同法》第122条规定："因当事人一方的违约行为，侵害对方人身、财产权益的，受损害方有权选择依照本法要求其承担违约责任或者依照其他法律要求其承担侵权责任。"《民法总则》第186条规定："因当事人一方的违约行为，损害对方人身权益、财产权益的，受损害方有权选择请求其承担违约责任或者侵权责任。"

二、违约责任与侵权责任竞合的联系与区别

责任竞合是合同法与侵权法独立的产物，既体现了违法行为的复杂性和多重性，又反映了合同法和侵权法相互独立又相互渗透的状况。在当事人之间存在合同关系，就有可能产生违约责任与侵权责任竞合的现象，在买卖、租赁、医疗、保管、运输等合同关系中，责任竞合现象较为常见。一种违法行为同时符合违约责任和侵权责任的构成要件，主要表现在以下三种情形：

（1）当事人的行为同时违反合同约定和法律的强制性规定。合同当事人的违约同时侵犯法律规定的强行性义务，如保护、照顾、通知、忠诚等附随义务或其他不作为义务，既是违约行为，也是侵权行为。在某些情况下，一方当事人违反法定义务的同时又违反了合同担保义务，如出售有瑕疵的产品致人伤害。

（2）侵权性违约行为和违约性侵权行为。侵权行为直接构成违约的原因，如保管人以保管合同占有对方财产并非法使用，造成财产毁灭、损失。违约行为也可能造成侵权后果，如承运人的过错致使旅客受伤或者致残的，承运人既违反了安全运输旅客的合同义务又侵犯了旅客的人身权。例如，在美联航（United Airlines）驱逐乘客事件中，承运人（美联航）由违约责任演变为侵权责任。[①]

[①] 2017年4月9日下午5:40，从芝加哥O'Hare国际机场飞往肯塔基州Louisville的联合航空United Airlines 3411次航班出现了超额订票的情况，机上一对亚裔夫妇被随机选中离开飞机，丈夫（David Dao）坚持拒绝后被赶来的机场保安暴力拖拽下了飞机。美国当地时间4月27日，美联航已与遭暴力拖拽下飞机的乘客David Dao达成和解协议。协议的具体内容和涉及的金额保密，但有媒体称赔偿数额为1.4亿美元。

(3) 先有合同关系后有侵权行为。在加害人和受害人之间有合同关系的情形下，加害人实施故意或者重大过失侵犯他人权利并造成他人损害的侵权行为的，加害人对受害人的损害行为，不仅可以作为侵权行为还可以作为违反了事先约定的合同义务的违约行为，如医生因重大过失造成患者伤害或者死亡的，医生的行为既是一种侵权行为，又是一种违反事先存在的服务合同的行为。

违约责任和侵权责任的差异主要体现在以下四个方面：

(1) 归责原则和举证责任不同。违约责任应适用严格责任原则。不管是否具有故意或者过失，债务人不履行合同或者履行不符合合同约定且不具有有效的抗辩事由，即应承担违约责任。侵权责任则适用过错责任、过错推定责任(《侵权责任法》第6条规定)和无过错责任原则(《侵权责任法》第7条规定)。在侵权责任中，仅在受害人具有重大过失时，侵权人的赔偿责任才可以减轻；在违约责任中，只要受害人有轻微的过失，违约方即可减轻赔偿责任。

在违约责任中，受害人无须证明加害人的故意或者过失，仅须证明合同有效和合同的不履行或者履行不符合约定；违约方应当证明自己没有过错，否则应承担违约责任。在侵权责任中，受害人通常应证明行为人的故意或者过失。

(2) 责任形式和责任范围不同。违约责任主要采取违约金的形式，既可法定也可约定。在违约行为发生后，违约金的支付并不以对方发生损害为条件。侵权责任主要采取损害赔偿的形式，损害赔偿以实际发生的损害事实为前提。

合同的损害赔偿主要是财产损失的赔偿，不包括对人身伤害(physical suffering)和精神损害(emotional distress)的赔偿责任，以可预见性标准限制赔偿的范围。侵权责任的损害赔偿范围不仅包括财产损失还包括人身和精神损失的赔偿，不仅包括直接损失还包括间接损失。

(3) 责任构成和免责条件不同。违约责任与侵权责任的责任构成要件不同。在违约责任中，行为人实施违约行为且不具有有效的抗辩事由，即构成违约责任。违约是否造成损害事实，并不影响违约责任的成立。在侵权责任中，无损害事实则无侵权责任，损害事实是侵权责任产生的前提条件，是侵权责任的构成要件。违约责任和侵权责任的免责条件也不同。在违约责任中，除了法定的免责条款外，当事人还可以在合同中约定不承担责任的其他情况。在侵权责任中，只有法定免责条款而没有约定免责条款。

(4) 消灭时效和诉讼管辖不同。合同之诉和侵权之诉的消灭时效期限不同。《民法通则》对违约和侵权规定了不同的消灭时效，因侵权行为产生的赔偿请求权的期限一般为两年，但因身体受到伤害而产生的赔偿请求权的期限为一年；因违约而产生的赔偿请求权的诉讼时效为两年，但在出售质量不合格商品未声明、延期或者拒付租金以及寄存财物毁损灭失的情况下，适用一年的诉讼时效。

根据《民事诉讼法》的规定，合同之诉既可以由被告住所地法院，也可由合同履行地法院管辖，合同当事人还可以在合同中约定被告住所地、合同履行地、合同签订地、原告住所地、标的物所在地的法院管辖;侵权之诉则由侵权行为地或者被告住所地法院管辖,当事人不得协议选择管辖法院。

三、违约责任与侵权责任竞合的选择

《合同法》第122条明文承认违约责任与侵权责任的竞合,并赋予当事人选择损害赔偿的请求权。违约责任与侵权责任是两种不同形式的责任,当事人应对竞合的责任作出选择。两种责任在构成要件、举证责任、赔偿范围、消灭时效、责任形式等方面均不相同,选择不同的责任会导致不同的法律后果,严重影响对受害人利益的保护。两种责任形式表现为不同的请求权,即违约请求权和侵权请求权,请求权的不同将产生不同的法律后果:

(1)请求权适用的法律不同。违约请求权适用《合同法》,侵权请求权除适用《侵权行为法》和《人身损害赔偿司法解释》之外,还应根据侵权行为性质的不同要适用诸如《产品质量法》《消费者权益保护法》《道路交通事故处理办法》之类的法律。

(2)请求权的赔偿范围不同。当事人的行为违反合同约定的义务,应承担违约责任。违约请求权的范围以合同约定的义务为限,主要适用补偿性赔偿原则。侵权请求权的范围不仅包括直接财产损失而且还包括间接财产损失,此外还有精神损害赔偿,适用惩罚性赔偿原则。

(3)请求权的赔偿标准不同。违约请求权和侵权请求权的赔偿标准有很大区别。① 例如,按照《合同法》的实际赔偿原则,残疾人生活补助费赔偿年限为当地人均期望寿命减去受害人定残时的实际年龄。上海市的平均寿命是82岁,受害人定残时实际年龄如果是32岁,受害人可以获得50年的残疾人生活补助费。按照《道路交通事故处理办法》和《人身损害赔偿司法解释》的规定,自定残之日起,受害人获得20年的残疾人生活补助费。

由于两种请求权的适用法律、赔偿范围和赔偿标准的不同,请求权人在选择违约请求权和侵权请求权时应遵循以下两个规则:

(1)请求权人的选择权。《合同法》没有明文限制当事人的选择权,表明法律允许请求权人对个案的具体情况选择更有利的请求权。请求权人请求权的选择,并不是可以排除法律的强制性规定,对法律或者合同的约定已明确限定的责任竞合,则限制当事人对请求权的选择,如因不法行为造成受害人的人身伤亡和精神损失,当事人之间

---

① 2011年7月23日20时27分发生的"7·23甬温线特别重大铁路交通事故",造成40人死亡200多人受伤。7月26日,第一个达成的赔偿协议为50万。赔偿的依据是国务院《铁路交通事故应急救援和调查处理条例》和《铁路旅客意外伤害强制保险条例》,由事故赔偿金、一次性专项帮扶款以及爱心捐助款构成。具体赔偿标准是执行以17.2万元为基数再加上20万元保险理赔总共37.2万元,另外还加上遇难者家属交通费、埋葬费、家属赡养费等共计不超过45万元以及5万元的奖励。在死亡赔偿数额受到质疑之后,7月29日,事故的遇难人员赔偿救助标准提高到91.5万元,主要包括死亡赔偿金、丧葬费及精神抚慰费和一次性救助金(含被抚养人生活费等),依据是《最高人民法院关于审理铁路运输人员损害赔偿纠纷案件适用法律若干问题的解释》和《侵权责任法》。

虽有合同关系的存在,但仍应选择行使侵权损害赔偿请求权。

(2) 选择权的相对性。一种违约行为产生责任竞合时,请求权人选择有利于己的请求权并不是仅能选择一种请求权。在违约行为导致一种权利损害的情形而不是违约行为造成的多种权利损害情形下,当事人只能选择一个请求权是合理的。但是,违约行为造成多种权利损害情形下,即违约行为导致另一方当事人物质损害和精神损害,如果当事人仅能选择一种请求权,当事人一旦选择违约责任,精神损害就得不到赔偿,从而违背了允许责任竞合和选择请求权制度设立的宗旨。如果在违约行为中允许同时选择两个请求权,即对物质损害选择违约责任,对精神损害适用侵权责任,则能实现物质损失的补救和精神抚慰。违约行为同时符合侵权责任和违约责任的构成要件,受害人可以同时行使两个请求权,但请求权的具体内容以受害人所受到的全部实际损失为限。

第十二章 合同解释

合同当事人在合同中所使用的语言文字有时并不能充分表明所要表达的意思,如语句含义模糊不清或者有歧义,或者是订立合同时没有充分考虑某些事项。当事人一旦对合同条款发生争议,应对合同条款的内容进行解释。合同解释目的是通过阐明合同条款的含义以探寻当事人的真意,明确当事人的权利义务关系,妥善处理当事人之间的合同纠纷。例如,在南宁桂馨源房地产有限公司土地使用权转让合同纠纷案中,[①]最高人民法院判决指出,当事人各方在有效合同的履行过程中对合同条款的约定内容发生歧义,应依《合同法》规定的合同解释方法确定发生争议条款的真实意思表示。

第一节 合同解释的概念和性质

合同解释是根据有关事实以一定原则和方法,对合同内容所作的说明,是合同履行和合同纠纷解决过程中所不可或缺的。通过合同解释,使合同条款明晰、权利义务清楚,以便于合同权利的行使和义务的履行。

一、合同解释的概念

合同解释(contract interpretation)是指合同解释主体按照一定的原则和方法说明合同条款的含义以确定当事人合同权利、义务的活动。合同解释有广义和狭义之分,广义的合同解释是指合同当事人对合同条款所作的解释;狭义的合同解释是指法院或者仲裁机构在解决合同争议过程中对合同条款所作的解释。实践中,合同解释仅指狭义上的合同解释。在合同解释中,法院或者仲裁机构为合同解释的主体。

合同解释目的是通过阐明合同条款的含义,以探寻当事人的真意,明确当事人的权利义务关系,正确认定案件事实。合同解释过程也是一个探寻当事人真实意思的过

---

① 南宁桂馨源房地产有限公司诉柳州市全威电器有限责任公司等土地使用权转让合同纠纷案(〔2004〕桂民一初字第1号、〔2004〕民一终字第46号)。

程,如成都讯捷通讯连锁有限公司房屋买卖合同纠纷案。① 判断合同解释是否符合当事人真意的标准有主观和客观两种:主观主义强调合同解释应探究双方当事人一致同意的意思,法国采纳了主观主义的标准,如《法国民法典》第 1165 条规定:"解释时应探求当事人的意愿而不应拘泥于合同文字的字面意思。"客观主义则强调合同解释是以一个理性人所用语言文字的含义为标准,即所谓合理的客观标准。《德国民法典》第 133 条采用主观主义,②但是第 157 条对第 133 条进行了修正,③按诚实信用及交易习惯对合同条款进行解释,即合同解释不再限于探求当事人究竟如何思想,而是以某种客观标准(诚实信用与交易习惯)去认定当事人应该如何考虑,意味着对当事人意志进行了适当限制,加强了对交易安全及交易秩序的保护,采用了折中立场。《合同法》第 125 条对合同解释也采纳了折中主义。④ 一般来说,合同解释有三个方面的意义:

(1) 合同解释有助于确定合同的内容。即不明确的合同内容得到合理的确定,以符合法律对合同内容的基本要求。在实践中,合同语言文字不明确、不具体现象的存在,影响当事人对合同内容的理解和履行。合同内容一旦清楚明了,当事人也就清楚各自的权利义务。

(2) 合同解释有助于填补合同漏洞。合同内容的完整性要求表现为法律的要求、避免争议的要求和交易安全的要求三个层次。在实践中,当事人仅考虑法律对合同内容的基本要求,而合同内容的完整性受到习惯和环境的影响。合同内容的不完整,特别是某些事项规定上的缺漏,应通过合同解释予以填补。

(3) 合同解释有助于合同内容的统一。合同内容可能自相矛盾,前后条款规定不一致。通过合同解释可以消除合同内容相互矛盾的条款,使合同内容趋于合理、统一。

通过对合同解释阐明合同条款的内在含义,了解当事人内在的真实意思。对当事人真实意思表示判断的首要方法是对合同条文的字面意思表示的判断,即文义解释方

---

① 在成都讯捷通讯连锁有限公司与四川蜀都实业有限责任公司、四川友利投资控股股份有限公司房屋买卖合同纠纷案([2011]成民初字第 936 号、[2012]川民终字第 331 号、[2013]民提字第 90 号)中,最高人民法院裁判摘要认为,判断当事人之间订立的合同系本约还是预约的根本标准应当是当事人的意思表示。换言之,当事人是否有意在将来订立一个新的合同,以最终明确在双方之间形成某种法律关系的具体内容。对于当事人之间存在预约还是本约关系,不能仅孤立地以当事人之间签订的协议之约定为依据,而是应当综合审查相关协议的内容以及当事人嗣后为达成交易进行的磋商和有关的履行行为等事实,从中探寻当事人的真实意思,并据此对当事人之间法律关系的性质作出准确界定(2015 年最高人民法院公报案例)。

② 《德国民法典》第 133 条规定:"解释意思表示应探求其真意,不得拘泥于文词。"

③ 《德国民法典》第 157 条则规定:"解释合同应按照诚实信用的原则及一般交易上的习惯解释。"

④ 《合同法》第 125 条规定:"当事人对合同条款的理解有争议的,应当按照合同所使用的词句、合同的有关条款、合同的目的、交易习惯以及诚实信用原则,确定该条款的真实意思。合同文本采用两种以上文字订立并约定具有同等效力的,对各文本使用的词句推定具有相同含义。各文本使用的词句不一致的,应当根据合同的目的予以解释。"

法。例如,在淄博万杰医院借款担保合同纠纷管辖权异议案中,①最高人民法院判决适用了文义解释方法。

二、合同解释的性质

对合同解释的性质,大陆法系民法形成了事实说、法律说和折中说三种不同的观点:

(1)事实说。事实说认为合同解释属于事实判断问题,是对合同当事人真实意思表示的确定,即合同具体内容的肯定。因此,合同解释通常为事实问题。

(2)法律说。法律说认为合同解释不是对事实的确定而是运用解释规则对合同文字、交易习惯、交易目的等事实进行法律判断,对当事人意思表示的合理明确和补充,确定表示行为在社会上所应有的合理性。因此,合同解释是法律问题。

(3)折中说。折中说认为合同解释既是事实问题,也是法律问题。折中说将合同解释分为两类:一是解释仅对合同意思表示事实的客观性进行判定,属于事实问题;二是对合同意思表示的法律价值作出判断,以决定是否给予法律救济,属于法律问题。

合同解释是个复杂问题,如果合同解释仅为探求当事人真意,即对合同当事人真实意思表示的公开确定,合同解释应该属于事实问题。但是,法院和仲裁机构在解释合同时应依据法律原则和法律规定,合同解释中融入了大量的法律因素。因此,合同解释既是事实问题,也是法律问题。

第二节　合同解释的原则和方法

合同法理论将探求当事人的真实意思作为解释合同的基本准则,借以实现公平和正义为解释合同的追求理念。在解释合同时,法院或者仲裁机构需要遵循一定的原则、方法去探求当事人的真实意图而并非主观臆断,将个人意思强加为当事人意思。合同解释有原则规则与方法规则之分。合同解释原则主要有诚实信用原则、公序良俗原则、整体解释原则;合同解释方法主要有目的解释、习惯解释、推定解释和诚信解释。

一、合同解释的原则

探求合同当事人真意而不拘泥于词语,是解释合同的原则。合同解释原则具有积极与消极两个方面的含义。从积极方面看,合同解释应探求表意人的真意。真意是指

---

① 在淄博万杰医院与中国银行股份有限公司淄博博山支行、淄博博易纤维有限公司、万杰集团有限责任公司借款担保合同纠纷管辖权异议案([2007]鲁民二初字第17号、[2007]民二终字第99号)中,最高人民法院裁判摘要认为,对于合同条文的解释,必须探究合同当事人内在的、真实的意思表示,而判断合同当事人真实意思表示的首要方法,是判断合同条文的字面意思表示,即文义解释的方法。只有在文义解释不能确定合同条文的准确含义时,才能运用其他的解释方法(2007年最高人民法院公报案例)。

合同当事人所表示的真正意思而不是当事人内在的真意。① 如果当事人内在的真意与所表示的意思不相符,则构成了意思与表示的不一致问题,不属于合同解释问题。探求当事人的真意注重探求当事人所为意思表示本身的真意,至于当事人内部所保留的真意如何,则不是合同解释的对象。从消极方面看,合同解释不应拘泥于合同所用的词语。探求真意应注重合同的内容而不可拘泥于形式。在词语模糊或者模棱两可时,合同解释应考虑意思作出的情形、交易习惯以及诚实信用原则等。例如,在广州珠江铜厂有限公司加工合同纠纷案中,②最高人民法院判决认为,当事人对合同条款的理解有争议的,应当按照合同所使用的词句、合同的有关条款、合同的目的、交易习惯以及诚实信用原则,确定该条款的真实意思。

合同解释的原则是指贯彻合同解释活动始终的基本规则。合同解释应遵循一定的原则,主要有诚实信用原则、公序良俗原则、整体解释原则。

(1) 诚实信用原则。《德国民法典》第157条规定,解释合同应遵循诚实信用原则并考虑交易习俗。在对合同条款的理解发生争议时,应当遵循诚实信用原则解释合同。即根据双方当事人意思表示合理地进行解释,任何一方不能因合同而获得不合理的利益。诚实信用原则是市场经济活动中所形成的道德规则,要求人们在市场活动中诚实守信。诚实信用原则是现代世界各国立法所公认的民法基本原则,要求所有活动均必须予以遵循。遵循诚实信用原则解释合同符合当事人的本意和法律的基本要求,与探求当事人真意在本质上相统一。当下诚实作用原则的适用范围逐步扩大,不仅适用于合同的订立、履行和解释,而且最终扩及一切权利的行使和一切义务的履行,性质由补充当事人意思的任意性规范,转变为当事人不能以约定排除其适用,诚实信用原则将道德规范与法律规范合为一体,兼有法律调节与道德调节的双重功能,使法律条文具有极大的弹性,法院享有较大的自由裁量权,能够排除当事人的意思自治,而直接调整当事人之间的权利义务关系。例如,在厦门东方设计装修工程有限公司商品房包销合同纠纷案中,③最高人民法院判决指出,当事人在签订的合同中对某一具体事项使用了不同的词语进行表述,在发生纠纷后双方当事人对这些词语的理解产生分歧的,法院在审判案件时应当结合合同全文、双方当事人经济往来的全过程,对当事人订立合同时的真实意思表示作出判断,在此基础上根据诚实信用的原则,对这些词语加以解释,而不能简单、片面地强调词语文义上存在的差别。

(2) 公序良俗原则。公序良俗的适用范围与强行法规定的范围有交叉,违反强行法的行为通常也违反公共秩序,但并不一定违反善良风俗。成文法的制定因受社会环境、政治因素、立法技术、立法者等因素的制约,不可能事无巨细、包罗万象且具有滞后

---

① 参见郑玉波:《民法总则》,中国政法大学出版社2003年版,第372页。
② 广州珠江铜厂有限公司与佛山市南海区中兴五金冶炼厂、李烈芬加工合同纠纷案([2010]佛中法民二重字第1号、[2011]粤高法民二终字第23号、[2012]民提字第153号)。
③ 厦门东方设计装修工程有限公司与福建省实华房地产开发有限公司商品房包销合同纠纷案([2004]闽民初字第59号、[2005]民一终字第51号)。

性。成文法具有稳定性要求，立法者不能随时修改、增补法条。公序良俗的范围超过了强行法规定的范围。合同争议所涉条款严重背离社会妥当性时，应适用公序良俗原则对合同条款作为解释，以维护社会的实质正义。

公序良俗中的公共秩序是指政治、经济和文化等领域的基本秩序和根本理念，是与国家、社会整体利益息息相关的基础性原则、价值和秩序，即社会公共利益或者公共政策等。公序良俗中的善良风俗是指社会主流道德观念的习俗，是社会普遍认可和遵循的道德准则。善良风俗具有一定的时代性和地域性，伴随社会普遍道德观念的发展而变化。公共秩序强调国家和社会层面的价值理念，而善良风俗则强调民间层面的价值理念，两者互为补充，相辅相成。

（3）整体解释原则。整体解释是指把全部合同条款和构成部分作为一个统一的整体，从各条款及构成部分的相互关联、所处的地位和整体联系上阐明某一合同用语的含义。从合同的整体内容考虑，不能孤立地对某一条款作出解释，与合同的基本内容发生冲突。单个词语、条款应当置于合同之中，根据整个合同的意思确认具体合同条款的含义。在同一合同中先后出现数次的同一词语，解释应当保持一致。《合同法》第125条确认了整体解释原则。合同解释遵循整体解释原则主要表现为：一是合同条款经双方当事人协商一致，所有条款应平等对待、视为一体。二是当事人用以表达意图的语言文字是有组织的，将有争议的条款或者词语与其上下文所使用的词语联系起来，可以正确、合理地确定当事人的实际意图。三是合同文本本身通常难以涵盖全部的合同内容，其他行为和书面资料（初步谈判、要约、反要约、信件、电报、电传等文件）等共同构成合同。在确定争议条款或者词语的意思的过程中，应将这些书面资料与合同文本一起进行解释，以便明确争议条款或者词语的真正意义。例如，在梅州市梅江区农村信用合作联社江南信用社储蓄合同纠纷案中，①梅州中院判决适用了整体解释原则。

二、合同解释的方法

意思表示解释的方法有目的解释、习惯解释、推定解释和诚信解释等。根据表意人所要达到的目的、习惯以及推定，决定表示内容的标准，这有助于私法自治原则在民法领域的实施。决定表示内容的方法以目的解释为先，其次是习惯解释，再次是任意性规范解释，最后是诚信解释。②

---

① 在梅州市梅江区农村信用合作联社江南信用社诉罗苑玲储蓄合同纠纷案（〔2008〕梅区民初字第543号、〔2009〕梅中法民二终字第75号）中，法院裁判摘要认为，银行作为专业金融机构，对于关乎储户切身利益的内部业务规定，负有告知储户的义务。如银行未向储户履行告知义务，当双方对于储蓄合同相关内容的理解产生分歧时，应当按照一般社会生活常识和普遍认知对合同相关内容作出解释，不能片面依照银行内部业务规定解释合同内容（2011年最高人民法院公报案例）。

② "依此标准，其决定有不同时，以最富于具体的事实性者为优先，以当事人所欲达之目的为第一次序。习惯可推定当事人有依从之意思或就其事件无任意法规者，为第二次序。任意法规为第三次序。诚信原则，就表示内容之决定非于其他标准争其先后，而系修正或补足应依其他标准所决定之表示之内容。"史尚宽：《民法总论》，中国政法大学出版社2000年版，第469页。

(1) 目的解释。即根据当事人的目的解释合同。当事人的目的是进行合同行为所要实现的基本意图,当事人所要达到的目的是确定合同内容的指南。目的往往表明当事人的追求,即通过订立合同所预期达到的目标。缔约人在订立合同时均有明确的目的,为法院和仲裁机构在解释合同时所采用。法国和意大利等大陆法系民法典①和《联合国国际货物买卖合同公约》第 8 条对此均有明文规定。② 在解释合同时,我国《合同法》规定对争议条款可按照订立合同的目的进行解释。例如,在枣庄矿业(集团)有限公司柴里煤矿联营合同纠纷案中,③最高人民法院判决适用了目的解释。

(2) 习惯解释。即根据交易惯例解释表意人的意思表示。交易惯例是指某种存在于交易中的行为习惯或者语言习俗。④ 交易惯例通常出现在某个特定的交易参与人阶层,该交易阶层的成员通常遵循这些惯例,原则上可以认为其成员均了解与熟悉这些惯例。⑤ 习惯就是自治法律,除非当事人在订立合同时明确表示某种习惯不适用,当合同存在漏洞或者争议时,应以习惯进行补充或者解释。《法国民法典》第 1159 条⑥、第 1160 条,《德国民法典》第 157 条,1942 年《意大利民法典》第 1368 条⑦都有明确的规定。关于合同解释是适用缔约人的习惯,还是缔约地的习惯,以及举证责任如何分配的问题,大陆法系在习惯的适用上一般是遵循契约订立地的习惯,我国《合同法》第 61 条也有相关规定。例如,在洪秀凤房屋买卖合同纠纷案中,⑧最高人民法院判决认为,根据《合同法司法解释(二)》第 7 条规定的"交易习惯"是指不违反法律、行政法规强制性规定的,在交易行为当地或者某一领域、某一行业通常采用并为交易对方订立合同时所知道或者应当知道的做法,或者当事人双方经常使用的习惯做法。

---

① 《法国民法典》第 1158 条规定:"文字可能作两种解释时,应采取作适合于契约目的的解释。"《意大利民法典》第 1396 条规定:"在有疑问的情况下,对有多重意思的表达应采取其更符合契约性质和目的的意思。"

② Article 8 (1) For the purposes of this Convention statements made by and other conduct of a party are to be interpreted according to his intent where the other party knew or could not have been unaware what that intent was…

③ 在枣庄矿业(集团)有限公司柴里煤矿与华夏银行股份有限公司青岛分行、青岛保税区华东国际贸易有限公司联营合同纠纷案(〔2006〕枣民四终字第 105 号、〔2007〕鲁民再字第 123 号、〔2009〕民提字第 137 号)中,法院裁判摘要认为,对合同约定不明而当事人有争议的合同条款,可以根据订立合同的目的等多种解释方法,综合探究当事人的缔约真意。但就目的解释而言,并非只按一方当事人期待实现的合同目的进行解释,而应按照与合同无利害关系的理性第三人通常理解的当事人共同的合同目的进行解释,且目的解释不应导致对他人合法权益的侵犯或与法律法规相冲突(2010 年最高人民法院公报案例)。

④ 参见〔德〕卡尔·拉伦茨:《德国民法通论》(下册),王晓晔等译,法律出版社 2003 年版,第 467 页。

⑤ "交易惯例是某种在确定意思表示实际所指的意义以及在对意思表示作规范性解释时都应予重视的事实因素。"〔德〕卡尔·拉伦茨:《德国民法通论》(下册),王晓晔等译,法律出版社 2003 年版,第 468 页。

⑥ 《法国民法典》第 1159 条规定:"有歧义的文字依契约订立地的习惯解释之。"

⑦ 《意大利民法典》第 1368 条规定:"模棱两可的条款要根据契约缔结地的一般惯例进行解释。在契约中,若当事人一方是企业主,则模棱两可的条款要根据企业所在地的一般惯例进行解释。"

⑧ 在洪秀凤与昆明安钡佳房地产开发有限公司房屋买卖合同纠纷案(〔2014〕云高民一初字第 9 号、〔2015〕民一终字第 78 号)中,法院裁判摘要认为,透过解释确定争议法律关系的性质,应当秉持使争议法律关系项下之权利义务更加清楚,而不是更加模糊的基本价值取向。在没有充分证据佐证当事人之间存在隐藏法律关系且该隐藏法律关系真实并终局地对当事人产生约束力的场合,不宜简单否定既存外化法律关系对当事人真实意思的体现和反映,避免当事人一方不当摆脱既定权利义务约束的结果出现(2016 年最高人民法院公报案例)。

(3) 推定解释。即根据任意性法律规范解释合同。根据私法自治原则,当事人的意思表示可以排除任意性法律规范的适用。但是,如果表意人没有排除任意性规范的适用,则该任意性规范对表意人的法律行为适用,法律行为的内容由任意性规范决定。任意性规范决定表示内容的方法有两种:一是在意思表示内容欠缺时,以任意性规范来补充意思表示的不足;二是在意思表示不明确时,以任意性规范说明意思表示(《合同法》第62条)。

(4) 诚信解释。即根据诚信原则解释表意人的意思表示。诚信原则是现代民法的基本原则,是一切法律行为的基本准则,法律行为的内容必须符合诚信原则。私法自治原则必须符合诚信原则的要求,违背诚信原则的意思表示,应根据诚信原则进行修正。

第三节　格式条款的解释

格式条款是合同解释的一种特殊类型,遵循特殊的解释规则,且各国或地区立法均对格式条款的解释进行了各种规制。《合同法》第39条、第40条和第41条以及《合同法司法解释(二)》第6条规定了格式条款的解释规则。

一、格式条款的概念

格式条款(standard terms)是当事人为重复使用而预先拟订并在订立合同时未与对方协商的合同条款。① 格式条款在不同国家和地区有不同的称谓,德国法称为"一般交易条款",法国法称为"附合合同",英国法称为"标准合同",我国台湾地区称为"定型化契约"。我国《合同法》第39条采用了"格式条款"的概念。在世界各国或地区的社会经济生活中,格式合同已经十分普遍,比如保险合同,航空或者旅客运输合同,供用电、水、气、热力合同,快递服务合同和邮政电信服务合同等。一般而言,格式条款包含以下三个方面的含义:

(1) 格式条款是由当事人一方为重复使用而预先拟订的。格式条款在订约以前即已预先拟订,而不是双方当事人在反复协商的基础上拟订的。拟订格式条款的一方当事人通常是提供某种商品和服务的公用事业部门、企业和有关的社会团体等,有些格式条款文件是由有关政府部门为企业制定的。格式条款通常是为重复使用而不是一次性使用拟订的。一些交易活动是不断重复进行的,通过格式条款的方式可以使订约基础明确、费用节省、时间节约,降低交易成本,适应了现代市场经济高度发展的要求。

---

① Principles of International Commercial Contracts Article 2.1.19 (Contracting under standard terms) … (2) Standard terms are provisions which are prepared in advance for general and repeated use by one party and which are actually used without negotiation with the other party.

(2) 格式条款适用于不特定的相对人。在以格式条款订立的合同中,与格式条款提供者订立合同的相对人具有不特定性。格式条款是为不特定的人拟订的,而不是为特定的某个相对人所拟订的。一方当事人根据另一方的要求而起草供对方承诺的合同文件,不属于格式条款文件。格式条款适用于广大的消费者,对格式条款的规范对于保护广大消费者的利益具有重要意义。

(3) 格式条款的内容具有定型化的特点。格式条款具有稳定性和不变性,普遍适用于所有与格式条款提供者订立合同的不特定的相对人。一方面,格式条款文件普遍适用于所有与条款的提供者订立合同的不特定的相对人,相对人对合同的条款仅能表示完全的同意或者拒绝,而不能修改、变更合同的条款,即"要么接受,要么放弃"(take it or leave it)。另一方面,在格式条款的适用过程中,要约人和承诺人双方的地位是固定的,而普通合同在订立中,要约方和承诺方的地位可以随时改变。

二、格式条款的解释

格式条款的解释是在对格式条款的理解发生争议时,对格式条款的含义作出的说明。格式条款的解释属于合同解释,应适用合同解释的一般规则,即遵循《合同法》第125条规定的合同解释的一般规则。此外,格式条款的解释还要遵循《合同法》第41条规定的特殊规则。《合同法》第41条规定:"对格式条款的理解发生争议的,应当按照通常理解予以解释。对格式条款有两种以上解释的,应当作出不利于提供格式条款一方的解释。格式条款和非格式条款不一致的,应当采用非格式条款。"因此,对格式条款的解释应遵循以下三方面的规则:

(1) 通常理解规则。格式条款是由一方当事人事先拟订并重复使用的,是针对不特定的相对人制定的,在发生争议时,不能按照提供格式条款一方当事人的理解解释格式条款,也不能按照相对方在订立合同时的特定情形下的理解解释格式条款,而应当按照通常的理解解释格式条款,即以消费者的合理理解能力为标准解释格式条款。在格式条款中使用特殊的术语或者文句具有特殊的意义时,如无法为格式条款所预定适用对象(消费者)合理的理解能力所能理解时,格式条款的提供方不得主张术语或者文句所含有的特别意义,格式条款的特殊术语或者文句的意义应以消费者合理的理解可能性为解释的标准。

(2) 不利解释规则。不利解释规则是世界上大多数国家或地区普遍采用的格式条款解释原则,源于罗马法"有疑义应为表意者不利益之解释"原则,英国判例法和1977年《不公平合同条款法》、美国判例法和《第二次合同法重述》、1977年德国《一般合同条款法》[1]、我国台湾地区"消费者保护法"[2]以及《国际商事合同通则》[3]均规定了

---

[1] 德国《一般合同条款法》第5条规定:"解释一般交易条款时,应由使用人负担疑义之不利益。"
[2] 我国台湾地区"消费者保护法"第11条规定:"……格式化条款如有疑义时,应为有利于消费者之解释。"
[3] Article 4.6 (Contra proferentem rule) If contract terms supplied by one party are unclear, an interpretation against that party is preferred.

不利解释规则。我国《合同法》第41条也采纳了不利解释规则,即对格式条款有两种以上解释的应当作出不利于提供格式条款一方当事人的解释,其主要原因是相对人处于弱势地位。在格式合同订立中,通常由厂商事先拟订格式条款,相对人只能完全接受或者拒绝。格式条款提供方通常在合同中拟订一些不合理条款而相对人又不得不接受,从而使相对人处于极为不利的地位。在解释格式条款时,应遵循有利于相对人的原则,作出对格式条款提供方不利的解释以平衡当事人间的利益。例如,在徐赤卫等人寿保险合同纠纷案中,[1]西安中院判决适用了不利解释规则,作出了对格式条款提供方不利的解释;在范有孚期货交易合同纠纷案中,[2]最高人民法院判决指出,当格式合同履行中出现不同理解或者履行中发生不公平现实时,应当适用《合同法》第41条的规定,向有利于非格式合同提供方(客户)作合同解释和认定。

(3) 非格式条款优于格式条款规则。在合同中,既有格式条款又有非格式条款且两种合同条款规定不一致的,应按照非格式条款优于格式条款的规则解释,即应采用非格式条款而否定格式条款。格式条款是由一方当事人提供而未经协商的,非格式条款是由当事人双方协商一致,体现合同双方当事人的共同意志。格式条款与非格式条款发生冲突,当事人以双方的合意排除格式条款的适用。如果采用格式条款,无疑是否定了双方当事人的真实意思,而采用非格式条款则反映了当事人的真实意思。《国际商事合同通则》对此有明文规定。[3]

---

[1] 在徐赤卫等诉中国平安人寿保险股份有限公司陕西分公司人寿保险合同纠纷案(〔2007〕雁民二初字第712号、〔2008〕西民四终字第029号)中,法院裁判要旨认为,被宣告死亡与自然死亡产生相同的法律后果;保险条款规定的不负保险责任的情形中不包括宣告死亡,保险人应承担理赔责任;对保险合同条款有争议的,人民法院应作出有利于被保险人和受益人的解释;对格式条款的理解发生争议的,应当按照通常理解予以解释,对格式条款有两种以上解释的,应当作出不利于提供格式条款一方的解释。

[2] 在范有孚与银建期货经纪有限责任公司天津营业部期货交易合同纠纷案(〔2010〕津高民二终字第0028号、〔2010〕民提字第111号)中,最高人民法院裁判摘要认为,根据《期货交易管理条例》第38条第2款的规定,期货公司采取强行平仓措施必须具备三个前提条件:一是客户保证金不足;二是客户没有按照要求及时追加保证金;三是客户没有及时自行平仓。期货公司违反上述规定和合同约定强行平仓,导致客户遭受损害的,应依法承担相应的责任(2011年最高人民法院公报案例)。

[3] Article 2.1.21 (Conflict between standard terms and non-standard terms) In case of conflict between a standard term and a term which is not a standard term the latter prevails.

第二部分

分　则

第十三章 买卖合同

第一节 买卖合同概述

一、买卖合同的概念

买卖合同(sales contract),是指出让人向受让人交付标的物并转移标的物的所有权,受让人向出让人支付价款的合同。在买卖关系中,按照合同约定交付标的物并转移标的物所有权的一方当事人,称为"出卖人",而支付价款的一方当事人则称为"买受人"。出让人应当是买卖合同标的物的所有权人或其他对标的物有处分权的人。

买卖合同是最为典型的法律行为,也是最基本、最常见的合同类型。其他营利性合同大多是以买卖合同为基础逐步发展起来的,合同法的基本理论大多来源于买卖合同,并体现买卖交易的基本规则。买卖合同与合同法总论是具体与抽象的关系,对买卖合同的认识有助于进一步加深对合同法理论的理解。买卖合同主要有以下三个方面的特征:

(1)买卖合同是以转移所有权为目的的合同。买卖合同的出卖人将标的物的占有、使用、收益和处分权完全转移给买受人,即对标的物的完全支配权由一方当事人转让给另一方当事人,一旦转让完成,出让人不再享有对标的物的任何权利。所有权转移是买卖合同的特征,而借用、租赁、保管合同虽然也涉及标的物的转移,但不发生所有权的转移。

(2)买卖合同是有偿、双务合同。买卖合同中,出卖人所承担的交付标的物并转移其所有权的义务,是以取得买受人支付价款为对价的;同样,买受人取得出让人交付的标的物,是以支付价款为对价的。买卖合同是典型的有偿合同,有偿性是买卖合同与赠与合同的根本区别。

在买卖合同中,双方当事人在享有权利的同时,均承担相应的义务,而且双方的权利义务在法律上是对等的,即出卖人的权利为买受人的义务,出卖人的义务则是买受人的权利。买卖合同是典型的双务合同。

(3)买卖合同是诺成、不要式合同。除法律另有规定或者当事人另有约定的之外,买卖合同从双方当事人意思表示一致时成立,并不以一方当事人标的物的交付为合同的成立要件。买卖合同为诺成合同,而不是实践合同。在买卖合同中,出卖人交付标的物的行为是买卖合同的履行行为,而不是买卖合同的成立要件。

买卖合同以不要式合同为原则，以要式合同为例外。除法律、行政法规另有规定或者当事人另有约定之外，①买卖合同不需要采用特定的形式。

二、买卖合同的主要内容

合同法的规范大多数属于任意性规范，只有少数属于强制性规范。合同当事人只要不违反合同法的强制性规范，可以任意地约定合同的内容。买卖合同的内容主要由当事人约定，根据《合同法》第12条的规定②，除了标的、数量和质量、价款、履行期限、履行地点、履行方式、违约责任、解决争议的方法等条款以外，买卖合同的当事人还可就包装方式、检验标准和方法、结算方式以及合同使用的文字及其效力等内容进行约定。

（1）标的。合同的标的是买卖合同双方当事人权利义务指向的对象。买卖合同的标的是合同的必要条款。标的条款应当明确标的物的名称，如果标的物是禁止流通物，则买卖合同无效。如果标的物是限制流通物，买卖合同仅限于法律规定的范围内有效。例如，麻醉品、黄金、外汇的买卖仅限于特定的交易主体。

（2）数量和质量。标的物的数量和质量是确定买卖合同标的物的具体条件。买卖合同标的物的数量，是买卖合同的必要条款。标的物的数量应当明确，确定双方共同认可的计量单位和计量方法。此外，合同还应规定允许合理的磅差或者尾差。标的物的质量也应有明确具体的规定。

（3）价款。买卖合同的价款是买受人取得标的物所应支付的代价，是合同的必要条款。合同价款通常指标的物本身的价款，但由于商业上的大宗买卖通常是异地交货，由此产生的运费、保险费、装卸费、报关费等一系列相关费用的承担，应有明确规定。

（4）履行期限、地点和方式。买卖合同的履行期限涉及买卖合同义务完成的时间及当事人的期限利益，是确定违约与否的因素之一。合同的履行可以是即时履行，也可以是定时履行，还可以是一定期限内履行。履行地点是确定验收地点的依据；确定运输费用及风险承担的依据；确定标的物所有权是否转移及转移时间的依据；确定诉讼管辖的依据之一。履行方式，包括是一次交付还是分批交付，是交付实物还是交付提取标的物的单证，是铁路运输还是空运、水运等。

（5）违约责任。违约责任包括对违约造成的计算方法、损害的赔偿范围等。违约责任的规定对于将来及时地解决违约问题意义重大。违约责任属于法律强制性规定，即使买卖合同中双方当事人约定没有违约责任，只要不存在依法或者依约免除的情形，违约方就应承担责任。

---

① 不动产买卖应采取书面合同，如《城市房地产管理法》第41条的规定。
② 《合同法》第12条规定："合同的内容由当事人约定，一般包括以下条款：（一）当事人的名称或者姓名和住所；（二）标的；（三）数量；（四）质量；（五）价款或者报酬；（六）履行期限、地点和方式；（七）违约责任；（八）解决争议的方法。"

三、买卖合同的当事人与标的物

买卖合同的当事人包括出卖人与买受人。根据《合同法》第132条的规定,出卖人应当具有所有权或者处分权。否则,出卖人的处分行为构成《合同法》第51条规定的无权处分。买卖合同的出卖人包括以下情形:

(1)所有权人。所有权人是买卖合同标的物的权利人,依法可以对其所享有的财产行使占有、使用、收益和处分的权利。因此,所有权人有权处分其所享有的财产。

(2)处分权人。经所有权人授权,代理人可以在授权范围内处分被代理人的财产。此外,根据《担保法》第87条的规定,留置权人可以依法处分债务人的财产。

关于买卖合同的标的物,《合同法》第130条规定:"买卖合同是出卖人转移标的物的所有权于买受人,买受人支付价款的合同。"根据《合同法》的规定,买卖合同仅以转移标的物的所有权为限,即以有形财产为买卖合同的标的物。知识产权、债权等无形财产,不属于买卖合同的标的物。此外,电、水、气、热力等也不属于买卖合同的标的物。

买卖合同的标的物限于有形物中的流通物,①禁止流通物不能成为买卖合同的标的物,而限制流通物仅限于在特定的主体之间买卖。

第二节 买卖合同的效力

买卖合同的效力,是指已经生效的买卖合同所具有的法律约束力。买卖合同的效力包括对外和对内两个方面的内容:买卖合同的对外效力表现为排除他人干涉和侵害的效力;买卖合同的对内效力表现为出卖人与买受人的权利与义务。买卖合同的对内效力体现了买卖合同的法律效力的主要内容,是买卖合同的重要问题,表现为买卖合同当事人所享有的权利和所承担的义务。由于买卖合同是典型的双务、有偿合同,一方当事人所承担的合同义务是对方当事人所享有的合同权利,因此,买卖合同的对内效力可以通过出卖人和买受人所负担的合同义务表现出来。

一、出卖人的义务

出卖人所承担的义务是买卖合同的主要内容,出卖人的义务包括两个方面的内容:一是交付标的物并转移标的物的所有权;二是瑕疵担保责任。

(一)交付标的物并转移标的物的所有权

交付标的物并转移标的物的所有权是出卖人的主要合同义务。出卖人的合同义务由两个方面的内容构成:一是交付标的物;二是转移标的物的所有权。标的物的交付与所有权的转移是两个相互联系又相互区别的行为。在通常情形下,标的物的交付

---

① 参见郑云瑞:《物权法论》,北京大学出版社2011年版,第44页。

与所有权的转移是同时发生的,即标的物的交付导致所有权的转移。但是,在某些情形下,标的物的交付并不一定发生所有权的转移。例如,在买卖合同中,双方当事人约定所有权的转移是附条件的,则买卖合同的标的物虽然已经交付,但所有权并未发生转移。

1. 交付标的物

在买卖合同中,出卖人应将买卖合同的标的物交付给买受人。所谓标的物的交付,是指标的物占有的移转,即权利人将占有的物或者物权凭证转移给他人占有的行为。[①] 交付包括现实交付与观念交付两种形式:

(1) 现实交付。现实交付,是指动产占有的直接移转,即出卖人将动产的占有实际转移给买受人,将动产直接置于买受人的实际控制之下。[②] 现实交付是将动产从由出卖人控制转移到由买受人控制,从而实现动产所有权的移转。交付行为并不是一定要求出卖人自己完成,出卖人可以委托其他人完成交付行为。

(2) 观念交付。观念交付,是指在某些特殊情形下,法律允许当事人通过特别约定的方式替代动产的现实交付。在现代社会中,买卖合同的当事人为追求交易的迅捷和便利,通常无须要求对买卖标的物直接占有的移转,而是采取一些变通的方法以替代现实交付。观念交付减少了实际交付所付出的交易费用,使交易更为便利、快捷,符合社会经济快速发展的需要。观念交付有以下三种具体的形式:[③]

一是简易交付。简易交付,是指动产所有权的买受人在合同订立之前已经占有买卖的标的物,买卖合同成立即视为交付。[④] 简易交付通常是因委托、寄托、租赁、使用借贷或者其他法律关系,由买受人占有买卖合同的标的物。在简易交付的情形下,通过动产物权转让的合意替代对动产的现实交付,这种交付是一种无形的交付、观念上的交付。我国《合同法》第140条和《物权法》第25条规定了简易交付方式。因此,买受人在买卖合同订立之前已经占有标的物,合同生效时间即为标的物的交付时间。

二是占有改定。占有改定,是指动产物权的出卖人与买受人之间约定标的物的所有权转移之后,仍由出卖人继续占有标的物,则在买卖合同成立时,视为交付完成。[⑤] 例如,甲将其电脑卖给乙,又与乙约定在甲购买新电脑之前,仍然由甲使用该电脑。但

[①] "交付,即占有的转移。占有转移的构成,应满足三个条件:一是对标的物的实际控制发生转移,即占有体素;二是具有占有转移的意思,即占有的心素;三是必须是受让人占有,即占有的合法性。"参见郑云瑞:《物权法论》,北京大学出版社2011年版,第85页。

[②] 《德国民法典》第929条规定:"转让动产所有权需由所有权人将物交付于受让人,并就所有权的转移由双方成立合意……"

[③] 参见郑云瑞:《物权法伦》,北京大学出版社2011年版,第86—87页。

[④] 《德国民法典》第929条规定:"……受让人已占有该物的,仅需转移所有权的合意即可。"
我国台湾地区"民法典"第761条第1款规定:"动产物权之让与,非将动产交付,不生效力。但受让人已占有动产者,于让与合意时,即生效力。"

[⑤] 《德国民法典》第930条规定:"物由所有权人占有的,可以通过所有权人与受让人之间约定的法律关系使受让人因此取得间接占有而代替交付。"
我国台湾地区"民法典"第761条第2款规定:"让与动产物权,而让与人仍继续占有动产者,让与人与受让人间,得订立契约,使受让人因此取得间接占有,以代交付。"

是,出卖人继续占有标的物以替代实际交付,不具有对抗第三人的效力。我国《合同法》并未规定占有改定,但《物权法》第 27 条规定了占有改定。占有改定的目的在于出卖人在出让标的物之后继续占有标的物,从而既符合出卖人的要求,又能继续发挥物的效用。

三是指示交付。指示交付,是指动产由第三人占有时,出卖人将其对于第三人的返还请求权让与买受人以代替现实交付。① 指示交付是为解决买卖合同的当事人进行动产买卖时,作为买卖合同的标的物仍然由第三人占有的问题。例如,出租人将其出租物转让给第三人的,可以适用指示交付方式。我国《合同法》并未规定指示交付,但《物权法》第 26 条已经有明文规定。

(3) 拟制交付。除了现实交付和观念交付之外,还有一种交付方式,即拟制交付。拟制交付,是指出卖人将标的物的权利凭证,如仓单、提单,交付于买受人以代替标的物的现实交付。现实交付是以转移占有为交付的条件,买受人直接占有买卖合同的标的物;拟制交付是以转移标的物的凭证为交付的条件,而买受人仅占有买卖合同标的物的凭证。现实交付和拟制交付均包含实际的交付,前者是标的物,而后者则是标的物的凭证。观念交付是通过双方的约定替代实际的交付,在当事人之间没有发生实物的交付,仅仅在观念上交付而已;拟制交付也不存在物的实际交付,仅仅交付物权凭证,因而也属于"观念"交付。因此,拟制交付是介于现实交付和观念交付之间的一种交付方式。

拟制交付是随着海上贸易发展起来的。在海商法中,提单作为一种海上运输合同的证明和物权凭证被广泛运用。提单是代表货物所有权的凭证,提单的交付视为现实货物的交付。提单的出现简化了交易过程,缩短了交易时间,因而表彰现实物权的凭证交易方式被扩大应用到其他的交易领域,如在仓储合同中广泛使用仓单,在运输合同中使用载货证券。物权证券化改变了传统商事交易的观念,以物权凭证交付代替现实交付在某些领域已经成为商事惯例。

现实交付、观念交付及拟制交付三种交付方式,反映了现代社会经济生活的内在要求,得到了各国立法的普遍承认。我国法律遵循了这些交易惯例,肯定现实交付、观念交付及拟制交付三种交付方式,满足了社会主义市场经济发展的内在需要。

2. 转移标的物的所有权

所有权的转移因动产和不动产而有所不同。根据《物权法》第 23 条、《民法通则》第 72 条和《合同法》第 133 条的规定,动产所有权的转移是以交付—占有转移为标准,即使交易双方当事人就财产交易达成了合意,如果没有动产的交付行为,则不会产生动产所有权转移的效果。《物权法》的规定属于强制性规范,当事人不得变更或者排除

---

① 《德国民法典》第 931 条规定:"物由第三人占有的,可以通过所有权人将返还请求权让与受让人而代替交付。"
我国台湾地区"民法典"第 761 条第 3 款规定:"让与动产物权,如其动产由第三人占有时,让与人得以对于第三人之返还请求权,让与于受让人,以代交付。"

《物权法》的规定;《民法通则》和《合同法》关于交付的规定属于任意性规范,当事人可以通过特别约定排除该规定的适用。根据强行法优于任意法的规则,应当适用《物权法》的规定。动产因交付而发生转移,即标的物的交付导致所有权的转移。但是,合同当事人也可另行约定所有权转移的时间,如所有权的保留。然而,动产中有一类特殊的动产,如机动车、飞机、轮船等价值较大动产的所有权的转移不同于普通的动产,而是从登记之日起转移。

不动产的交付并不会产生所有权的转移,即使买受人占有买卖合同的标的物,也不会发生所有权转移的效力,不动产所有权从登记之日起发生转移。登记是不动产所有权转移的条件。我国立法明确规定不动产所有权的转移是以登记为要件。[①] 根据《物权法》第14条、《城市房地产管理法》第36条、《城市私有房屋管理条例》第6条的规定,城市私有房屋所有权转移或者房屋现状变更时,应当办理所有权转移或者房屋现状变更登记。[②]

(二)瑕疵担保责任

瑕疵担保责任是出卖人对买卖合同标的物的品质和权利完整性的担保义务。瑕疵担保责任包括权利瑕疵担保责任和物的瑕疵担保责任两种,前者是指出卖人应担保交付标的物的权利不存在瑕疵;后者则是指出卖人应保证买卖合同标的物具有通常品质。

权利瑕疵担保责任要求出卖人对其出让的物享有合法的权利,出卖人的出让行为不会侵害第三人的权利。出卖人对买受人应承担任何第三人不会对标的物主张权利的保证责任。权利瑕疵则是指出卖人对标的物不享有完整的权利或者不享有任何权利。瑕疵担保责任的构成应符合以下要件:一是权利瑕疵在买卖合同成立时已经存在;二是权利瑕疵在合同履行时仍然存在;三是买受人是善意的,即在合同成立之时并不知晓权利瑕疵的存在。一旦出卖人违反权利瑕疵担保责任,即在出卖人转移的标的物权利上存在瑕疵,出卖人应承担债务不履行的违约责任。

物的瑕疵担保责任要求买卖合同标的物的品质应符合国家标准、行业标准或者当事人约定的标准。对物的瑕疵的判断有主观标准与客观标准之分,客观标准认为,出卖人交付的标的物不符合该种物通常应有的性质及客观上应有的特征,即具有瑕疵。《法国民法典》和《德国民法典》均采纳了客观标准。主观标准认为,出卖人交付的标的物不符合当事人约定的品质,即具有瑕疵。法国和德国的理论和判例主要采纳主观标准。根据我国《合同法》的规定,我国物的瑕疵担保责任的构成应具备三个条件:一是

---

① 参见郑云瑞:《物权法伦》,北京大学出版社2011年版,第83页。
② 《城市私有房屋管理条例》第6条规定:"城市私有房屋的所有人,须到房屋所在地房管机关办理所有权登记手续,经审查核实后,领取房屋所有权证;房屋所有权转移或房屋现状变更时,须到房屋所在地房管机关办理所有权转移或房屋现状变更登记手续。数人共有的城市私有房屋,房屋所有人应当领取共同共有或按份共有的房屋所有权证。"

标的物的瑕疵应在交付时存在;①二是买受人在缔约时不知标的物有瑕疵;三是买受人应在法律规定的期间内将标的物瑕疵通知出卖人。②

二、买受人的义务

买受人的义务主要表现为按照合同的约定向出卖人支付价款并受领标的物。此外,买受人还承担及时检验与瑕疵告知义务及拒收标的物的保管义务。

(一) 支付价款

支付价款是买受人的主要义务,与出卖人交付标的物及转移所有权相对应。买受人应按照合同约定的数额、地点、时间向出卖人支付合同价款。

合同价款数额一般由单价与总价构成,总价为单价乘以标的物的数量。买受人应按照约定的数额支付价款。对价款没有约定或者约定不明确的,可以协议补充;不能达成补充协议的,按照合同有关条款或者交易习惯确定。如仍不能确定,按照订立合同时履行地的市场价格履行,依法应当执行政府定价或者政府指导价的,按照规定履行。根据《合同法》第63条的规定,当事人在合同中约定执行政府定价的,在合同约定的交付期限内政府价格调整时,按照交付时的价格计价。逾期交付标的物的,遇价格上涨时,按照原价格执行;价格下降时,按照新价格执行。逾期提取标的物或者逾期付款的,遇价格上涨时,按照新价格执行;价格下降时,按照原价格执行。

买受人应当按照约定的时间支付价款。对支付时间没有约定或者约定不明确的,可以协议补充;不能达成补充协议的,按照合同有关条款或者交易习惯确定。仍不能确定的,按照同时履行的原则,买受人应当在收到标的物或者提取标的物单证的同时支付。价款支付迟延时,买受人不但有义务继续支付价款,而且还应承担支付迟延利息的责任。在出卖人违约的情况下,买受人有拒绝支付价款、请求减少价款、请求返还价款的权利。在出卖人交付的标的物有重大瑕疵以致难以实现合同目的时,买受人有权拒绝受领标的物并拒绝支付价款。在出卖人交付的标的物虽有瑕疵但买受人同意受领时,买受人有权减少合同价款。标的物在交付后部分或者全部被第三人追索,买受人不但享有合同解除权和损害赔偿请求权,而且还享有返还全部或者部分价款请求权。

根据《合同法》第160条的规定,买受人应当按照约定的地点支付价款。对支付地

---

① 《合同法》第153条规定:"出卖人应当按照约定的质量要求交付标的物。出卖人提供有关标的物质量说明的,交付的标的物应当符合该说明的质量要求。"第154条规定:"当事人对标的物的质量要求没有约定或者约定不明确,依照本法第六十一条的规定仍不能确定的,适用本法第六十二条第一项的规定。"

② 《合同法》第158条规定:"当事人约定检验期间的,买受人应当在检验期间内将标的物的数量或者质量不符合约定的情形通知出卖人。买受人怠于通知的,视为标的物的数量或者质量符合约定。当事人没有约定检验期间的,买受人应当在发现或者应当发现标的物的数量或者质量不符合约定的合理期间内通知出卖人。买受人在合理期间内未通知或者自标的物收到之日起两年内未通知出卖人的,视为标的物的数量或者质量符合约定,但对标的物有质量保证期的,适用质量保证期,不适用该两年的规定。出卖人知道或者应当知道提供的标的物不符合约定的,买受人不受前两款规定的通知时间的限制。"

点没有约定或者约定不明确的,可以协议补充;不能达成补充协议的,按照合同有关条款或者交易习惯确定;仍不能确定的,买受人应当在出卖人的营业地支付,但约定支付价款以交付标的物或者交付提取标的物的单证为条件的,在交付标的物或者提取标的物单证的所在地支付。

(二)受领标的物

买受人有依照合同约定或者交易惯例受领标的物的义务,买受人应当及时受领出卖人交付的标的物及其有关权利和凭证。只有买受人受领标的物,出卖人的交付义务才能消灭。买受人应及时受领标的物,并在约定的期限将标的物的瑕疵通知出卖人;买受人怠于通知出卖人的,视为交付的标的物符合合同的约定。对于出卖人不按合同约定条件交付的标的物,买受人有权拒绝接受,但买受人应妥善保管标的物。在拒绝受领标的物时,买受人承担保管标的物的义务。但是,买受人承担保管义务应具备如下条件:

(1)异地交付。合同标的物送达交付地点时,买受人发现标的物有瑕疵而作出拒绝受领标的物的意思表示,并且在标的物的交付地出卖人没有分支机构或者代理人。

(2)标的物由买受人暂时保管。标的物虽由买受人暂时保管,但出卖人接到拒绝接受通知之后应立即以自己的费用将标的物提回或者作其他处置,并向买受人支付保管费用。

(3)变卖标的物。对于不易保管的易变质物品,如鲜活水产品、水果、蔬菜等,买受人可以变卖,但变卖所得在扣除变卖费用后应退回出卖人。

(三)检验义务

买受人的及时检验义务,是指买受人在受领标的物之后应及时检验标的物,逾期未检验的,买受人应承担对其不利的法律后果。《合同法》第157条明文规定,买受人收到标的物时应当在约定的检验期间内检验。没有约定检验期间的,应当及时检验。买受人的及时检验义务应当在一定的期间内履行。当事人在合同中有约定的,从约定。当事人在合同中没有约定的,则应区别情形加以确定:如果当事人就特定的标的物没有约定检验期间,但约定有质量保证期间的,该质量保证期间即为买受人及时检验标的物质量的检验期间。对于应当检验的其他事项,检验期间为买受人收到标的物之日起的合理期间。该合理期间的具体时限,应根据交易的性质、目的和交易习惯,依据诚实信用原则具体确定;如果当事人在合同中既未约定检验期间,又未约定质量保证期间的,各项应检验事项的检验期间为买受人收到标的物之日起的合理期间。

三、标的物灭失风险的负担和利益的承受

(一)标的物灭失风险的负担

标的物灭失风险的负担,是指买卖合同的标的物因不可归责于买卖合同双方当事人的事由毁损、灭失所造成的损失应由谁承担责任。买卖合同的风险,是指标的物有

可能受到意外的灭失、毁损等情况,风险的转移直接关系到买卖双方的基本义务。如果买卖合同的风险尚未转移,则买方不承担支付价款的义务,但卖方要承担不能交付的违约责任,除非发生不可抗力;如果买卖合同的风险已经转移,即使货物意外受到损害甚至灭失,买方仍要按约支付价款。关于风险负担问题,世界各国有两种不同的立法例:

(1) 所有权人主义。所有权人主义的立法例认为,应由所有权人承担标的物的意外灭失风险。换言之,风险应随所有权的转移而转移,风险转移是与所有权转移联系在一起的,以所有权的转移时间决定风险转移的时间。《法国民法典》[①]及英国《货物买卖法》[②]采纳了这种立法例。

(2) 交付主义。交付主义的立法例认为,风险应从交付时起从出卖人转移给买受人,即交付产生风险的转移。这是把风险转移与所有权分割开来,以交货时间来确定风险转移的时间,而不论所有权是否转移。风险转移是一个现实问题,而所有权的转移是一个较抽象、难以证明的问题。风险转移和所有权转移联系在一起难以界定,也不符合现代商业的发展需要。《德国民法典》[③]、美国《统一商法典》[④]及《联合国国际货物销售合同公约》[⑤]采纳这种立法例。由于在现代社会中,标的物的交付与所有权的转移通常不是同时发生的,如在分期付款买卖合同中,标的物已经转移而所有权并未转移,这就使所有权的转移与风险的转移分割开来。

我国立法采纳了交付主义的立法例。《合同法》第142条规定:"标的物毁损、灭失的风险,在标的物交付之前由出卖人承担,交付之后由买受人承担,但法律另有规定或者当事人另有约定的除外。"这是《合同法》确定的一般规则。此外,《合同法》还规定了各种不同情形下风险的负担规则:

(1) 买受人承担风险。买受人承担风险的有以下几种情形:一是买受人违约的。

[①] 《法国民法典》第1138条规定:"……交付标的物之债,自应交付之日起,债权人即成为物的所有人,并承担物的风险,即使尚未进行物的移交,亦同……"

[②] Sale of Goods Act 1979 Section 20(Passing of Risk) (1) Unless otherwise agreed, the goods remain at the seller's risk until the property in them is transferred to the buyer, but when the property in them is transferred to the buyer the goods are at the buyer's risk whether delivery has been made or not. (2) But where delivery has been delayed through the fault of either buyer or seller the goods are at the risk of the party at fault as regards any loss which might not have occurred but for such fault.

[③] 《德国民法典》第446条规定:"自出卖的物交付时起,意外灭失和意外减损的风险移转于买受人。"

[④] 《统一商法典》对风险转移有几项规定:一是双方可以协议承担风险界限,也可以通过采用FOB、CIF、C&F等贸易术语来确定各方承担的风险。二是双方在合同中没有约定,在没有违约的正常状况下,按照货物是否需要运输等情形来确定风险转移的时间;在违约情况下,则按是买方还是卖方违约来确定风险转移的时间。

[⑤] Article 69 (1) In cases not within articles 67 and 68, the risk passes to the buyer when he takes over the goods or, if he does not do so in due time, from the time when the goods are placed at his disposal and he commits a breach of contract by failing to take delivery. (2) However, if the buyer is bound to take over the goods at a place other than a place of business of the seller, the risk passes when delivery is due and the buyer is aware of the fact that the goods are placed at his disposal at that place. (3) If the contract relates to goods not then identified, the goods are considered not to be placed at the disposal of the buyer until they are clearly identified to the contract.

买受人违约有两种情形:第一,因买受人的原因致使标的物不能按照约定的期限交付的,买受人应当自违反约定之日起承担标的物毁损、灭失的风险。① 第二,出卖人按照约定或者法律的规定将标的物置于交付地点,买受人违反约定没有收取的,标的物毁损、灭失的风险自违反约定之日起由买受人承担。② 二是运输中货物的买卖。出卖人出卖交由承运人运输的在途标的物,除当事人另有约定以外,毁损、灭失的风险自合同成立时起由买受人承担。③ 三是交付地点未约定或者约定不明的。当事人没有约定交付地点或者约定不明确,标的物需要运输的,出卖人将标的物交付给第一承运人后,标的物毁损、灭失的风险由买受人承担。④ 四是买受人已经受领标的物或者提单的。出卖人未按照约定交付提取标的物单证以外的有关单证和资料,但已交付了标的物或提取标的物的单证的,仍发生风险负担的转移。⑤

(2)出卖人承担风险。因标的物的质量不符合要求,导致合同目的落空的,买受人可以拒绝接受标的物或者解除合同。买受人拒绝接受标的物或者解除合同的,标的物毁损、灭失的风险由出卖人承担。

(二)买卖合同中的利益承受

利益承受,是指标的物在买卖合同订立后所产生的孳息的归属。标的物在合同订立后所产生孳息的归属与风险的负担,是密切相连的,二者遵循同一原则。在利益承受上,通常采取交付主义,《合同法》第163条规定:"标的物在交付之前产生的孳息,归出卖人所有,交付之后产生的孳息,归买受人所有。"合同另有约定的,依其约定。

第三节　特种买卖合同

在我国《合同法》上,特种买卖合同包括:

一、分期付款买卖合同

分期付款买卖合同(installment contract)是一种特殊的合同形式,是买受人将其应付的总价款按照一定期限分批向出卖人支付的买卖合同。分期付款买卖合同在我国常常用于房屋、汽车等高档生活消费品的买卖。由于买受人的分期支付影响了出卖

---

① 《合同法》第143条规定:"因买受人的原因致使标的物不能按照约定的期限交付的,买受人应当自违反约定之日起承担标的物毁损、灭失的风险。"

② 《合同法》第146条规定:"出卖人按照约定或者依照本法第一百四十一条第二款第二项的规定将标的物置于交付地点,买受人违反约定没有收取的,标的物毁损、灭失的风险自违反约定之日起由买受人承担。"

③ 《合同法》第144条规定:"出卖人出卖交由承运人运输的在途标的物,除当事人另有约定以外,毁损、灭失的风险自合同成立时起由买受人承担。"

④ 《合同法》第145条规定:"当事人没有约定交付地点或者约定不明确,依照本法第一百四十一条第二款第一项的规定标的物需要运输的,出卖人将标的物交付给第一承运人后,标的物毁损、灭失的风险由买受人承担。"

⑤ 《合同法》第147条规定:"出卖人按照约定未交付有关标的物的单证和资料的,不影响标的物毁损、灭失风险的转移。"

人的资金周转,分期付款的总价款通常略高于一次性付款的价款。在分期付款买卖合同中,为保护买受人的利益,只有当买受人未支付到期价款的金额达到全部价款 1/5 的,出卖人方可要求买受人支付全部价款或者解除合同。出卖人解除合同的,可以向买受人要求支付该标的物的使用费。因为分期付款买卖合同中,出卖人须先交付标的物,买受人于受领标的物后分若干次付款,出卖人有收不到价款的风险。在交易实践中,分期付款买卖合同常有以下几种情形:

(一) 所有权保留的合同

所有权保留(title retention),是指买卖合同当事人约定在买受人付清全部价款之前,买卖标的物虽已交付并由买受人占有和使用,但出卖人仍保留其所有权,买受人仅享有标的物所有权的期待权。只有在买受人支付全部价款后才取得所有权。买受人如果不根据合同约定偿还价款,完成特定条件或者将标的物处分,以致妨害出卖人权益,出卖人即可取回标的物。所有权保留也是一种非典型担保方式,作为一种新兴的担保制度,同样具有传统担保制度的安全价值;标的物虽为买受人占有、使用和收益,但所有权仍控制在出卖人手中,只要买受人不按约定履行债务,出卖人就可取回标的物。

伴随市场经济的飞速发展,传统担保制度的缺陷日益凸现,具体表现为无法协调市场交易主体的融资需求与担保用益需求之间的冲突和矛盾,以及不能适应现代市场经济所蕴涵的极力减低交易成本或制度成本之趋向。所有权保留制度体现了市场经济发展的内在要求:买受人占有、使用、收益标的物,出卖人又通过金融机构融通了资金。此外,所有权保留使得作为担保物的标的物仅进行一次转移就完成了担保及物权的转移,提高了物的效用。因此,所有权保留制度是安全价值与效率价值的完美结合。

所有权保留制度较好地解决了买受人资金不足和如何保障债权人价金债权实现的问题,从 19 世纪末期开始,《德国民法典》《意大利民法典》、日本的《分期付款买卖法》和我国台湾地区的"动产担保交易法"均对其作了系统规定,法国从 20 世纪 80 年代起普遍承认所有权保留条款。英美法系国家也承认所有权保留制度,所有权保留制度已经成为买卖合同中的一项基本制度。我国法律也承认所有权保留制度,《合同法》第 134 条规定:"当事人可以在买卖合同中约定买受人未履行支付价款或者其他义务的,标的物的所有权属于出卖人。"

所有权保留是一种通过延缓所有权移转来担保出卖人货款债权实现的担保方式。在所有权保留中,标的物所有权人不占有标的物,买受人占有标的物却并不享有所有权,这种权利构造模式使得标的物的实际权属状态与其表象不尽一致,从而容易引发利害关系人之间的权利冲突。对于所有权保留的公示,世界各国或地区的立法例有意思表示主义、登记要件主义、登记对抗主义三种:

(1) 意思表示主义。意思表示主义认为,仅凭当事人双方的意思表示一致即可成立所有权的保留,无须履行其他任何特定的形式。

(2) 登记要件主义。登记要件主义认为,所有权保留的设定,除了合同双方当事人之间达成一致的意思表示之外,还应到登记机构办理登记手续。

(3) 登记对抗主义。登记对抗主义认为,所有权保留的设定仅须在当事人之间进行书面记载即可,但未在有关登记机构办理登记手续,则不得对抗善意第三人。

无论采取何种立法模式,所有权保留制度最根本的目的就是安全性与效率性的取舍与平衡,以及实践中的可操作性。

所有权保留的效力,是指所有权保留的对内和对外效力问题。所有权保留的对内效力就是期待权与取回权的效力问题。在所有权保留买卖合同中,买受人虽然占有买卖的标的物,但在买受人没有履行合同规定的义务之前,不能取得标的物的所有权。民法理论将买受人对买卖标的物的所有权称为期待权,从而为所有权保留合同中出卖人取回权制度的创设奠定了基础。出卖人的取回权,是指在所有权保留买卖中,买受人没有履行合同的规定,导致出卖人合法权益受到损害的,出卖人依法可以从买受人处取回标的物的权利。但是,为保护买受人的利益不会受到出卖人的肆意侵害,在出卖人行使标的物取回权时,法律又赋予了买受人享有回赎权和再出卖的请求权。回赎权,是指出卖人取回标的物后,买受人负担取回费用,回赎标的物,从而使买受人回到买卖合同的正常状态。买受人的再出卖请求权,是指买受人在出卖人取回标的物一定期限内,以书面方式请求出卖人将标的物再出卖给买受人。

(二) 解除合同的损害赔偿金的约定

解除合同的损害赔偿金,是指买卖合同当事人约定,一方要求解除合同时应向另一方支付的赔偿金的数额。在解除合同时,当事人双方应各自返还对方的财产,有过错的一方当事人应赔偿无过错方的损失。在分期付款买卖合同中,由于买受人的过错而导致出卖人行使合同解除权的,为保护出卖人的利益,当事人通常约定,出卖人在解除合同时可以扣留其已受领的价款或者请求买受人履行支付一定数额赔偿金的约定。

为平衡买受人和出卖人之间的利益,世界各国或地区的法律通常对出卖人解除合同时可扣留价款或者请求支付价款的约定进行一定限制:因买受人的过错而导致出卖人解除合同的,出卖人应向买受人请求支付或者扣留的金额,不得超过相当于该标的物的通常使用费的金额;如果标的物有毁损的,则应再加上相当的损害赔偿金额;如果当事人约定的金额超过以上限额,则其超过部分的约定无效。

二、样品买卖合同

样品买卖(sales by sample),又称为"货样买卖",是指买卖双方约定特定的样品,出卖人交付的标的物应与样品具有相同品质的买卖。样品,是指买卖合同双方共同选定的用以决定标的物品质的货物。样品买卖合同是一种特殊的买卖合同,与普通买卖合同的区别是在订立合同时样品就存在,而且双方当事人在合同中明确约定"标的物的质量应与样品的质量保持一致"。如果当事人没有在合同中约定凭样品买卖,即使出卖人向买受人提交了样品,也不构成样品买卖。

在订立样品买卖合同时,双方当事人应封存样品并对样品质量予以说明。[1] 按照传统的合同法理论,出卖人交付的标的物符合样品的质量标准,出卖人就对标的物不再承担任何质量瑕疵担保责任。但是,由于现代社会中的产品越来越复杂,高科技含量越来越高,越来越难以识别其品质、功能和瑕疵,同时现代各国法律更加强调对消费者利益的保护,强调出卖人的社会责任,因此在样品买卖合同中,出卖人同样要承担标的物的质量瑕疵默示担保责任。《合同法》第169条规定:"凭样品买卖的买受人不知道样品有隐蔽瑕疵的,即使交付的标的物与样品相同,出卖人交付的标的物的质量仍然应当符合同种物的通常标准。"这是关于样品买卖中的样品有隐蔽瑕疵时处理原则的规定,是为保护买受人的利益而作出的特别规定。样品买卖虽以样品为交付标的物的品质标准,但在样品存在隐蔽瑕疵而买受人又不知道的情况下,出卖人交付的标的物的品质就不能以此样品为标准。在当事人封存了含有隐蔽瑕疵的样品的情况下,出卖人交付的标的物的品质担保义务不能以该样品为准,而应以同种物所具有的通常品质为标准,即该标的物的质量应当符合同种物的通常标准。

三、拍卖合同

1. 拍卖的概念

拍卖(auction),是指以公开竞价的方式将特定物品或者财产权利转让给最高应价者的一种特殊买卖方式。拍卖作为一种有一定适用范围及特殊规则的市场交易方式,具有悠久历史。早期的拍卖一般用于特殊商品的交易,如奴隶、古董、艺术品乃至赃物等,通常这些商品的供给是缺乏弹性的,并且对于供者来说估价较为困难。此外,拍卖方式的运用也有助于克服买方中的"串谋"(collusion)。随着社会经济的发展,拍卖不断扩展到其他商品的交易中,如烟草、皮革、鱼类、花卉等,乃至农产品、金块及政府债权等标准化产品。在现代社会中,拍卖的适用范围越来越广,并且在制度规则上具有多样性。拍卖的最早分类有四种:英式拍卖(English auction)[2]、荷式拍卖(Dutch auction)[3]、

---

[1] 《合同法》第168条规定:"凭样品买卖的当事人应当封存样品,并可以对样品质量予以说明。出卖人交付的标的物应当与样品及其说明的质量相同。"

[2] 英式拍卖是一种"开放式"拍卖,其制度特征是:拍卖商向众多的竞拍者(买方)公开征询拍卖品价格,该价格在一个底价(通常由卖方预定,也可以是第一个竞拍者的出价)的基础上,由众多购买者的连续出价(make a bid)而逐次提升,直至最终成交。任何出价,一旦为拍卖商认可,即成为不可回撤的"立定出价"(a standing bid),而任何新的出价均须高出前次出价,方可获得认可;当再也没有新的出价出现时,拍卖品即由最后一次出价的唯一一个买者以该次出价所形成的价格获取。在该种方式的拍卖中,拍卖品可以是单件商品,也可以是多单位同质商品的组合。无疑,英式拍卖是最为常见的一种拍卖方式,其历史也最为悠久。

[3] 荷式拍卖也是一种开放式拍卖,其特征与英式拍卖相反:拍卖商首先宣布一个绝对高的初始价格,在该要价水平下一般无人购买;然后拍卖商逐次减价,直至要价被买方中的某个所接受;接受要价的买者将在该要价水平上获得商品。该拍卖方式同样也适合多单位同质商品的拍卖。之所以称其为荷式拍卖,是因为它广泛运用在荷兰的鲜花或农产品交易中。荷式拍卖在实施中常常有一电子钟装置,钟的指针指向刻度代表一定的价格水平,并以反时针方向运动表示价格水平的递减,买方通过按钮停止指针的运动即表示接受指针所指的拍卖价格。

第一价格拍卖(first-price auction)①及第二价格拍卖(second-price auction)。②

2. 拍卖的分类

根据适用法律的不同,拍卖可分为任意拍卖和强制拍卖两大类。任意拍卖,是指委托人和拍卖人依照《民法通则》和《拍卖法》的规定,将特定物品或者财产权利交出,由竞买人公开竞价后,卖与最高应价者的拍卖活动。强制拍卖,是指国家机关(通常指法院)按照法律规定,对被查封、扣押的债务人的财产,由竞买人公开竞争出价,当即确定买卖关系,并以卖得价款清偿债权人的拍卖活动。合同法所调整的拍卖仅指任意拍卖,强制拍卖则属于公法行为。强制拍卖与任意拍卖具有如下不同点:

(1) 性质不同。任意拍卖是委托人按照自己的意思对特定物品或者财产权利的处分行为,完全基于当事人之间的合意,是一种私法行为;强制拍卖是国家机关依职权所为的行政行为或者司法行为,表现为国家对私法关系的干预,不考虑所有权人的意思,是一种公法行为。

(2) 拍卖标的的范围不同。任意拍卖除法律、行政法规规定禁止买卖的物品和财产权利外,标的的范围非常广泛;强制拍卖的标的仅限于抵押、质押、留置的物品和财产权利,或者强制执行中依法查封、扣押的物品和财产权利。

(3) 拍卖的原则不同。任意拍卖体现诚实信用、合法合意的原则,体现了意思自治原则;强制拍卖体现国家强制债务人清偿债务的原则,体现了公权对私权的干预。

(4) 权利移转的规则不同。任意拍卖中的动产一般因交付而发生权利移转,不动产因登记而发生权利移转;强制拍卖中的拍卖标的通过买受人全额交付价金,以及国家机关发放权利移转证书而产生权利移转效果。

3.《拍卖法》对拍卖的规定

尽管任意拍卖与强制拍卖存在上述区别,但在实践中,两者拍卖的程序与原则基本相同。在任意拍卖中,涉及的当事人有拍卖人、委托人、竞买人、买受人。拍卖人,是指依法设立的从事拍卖活动的企业法人。拍卖企业应依法设立,即应符合《拍卖法》的规定。③ 委托人,是指委托拍卖人拍卖物品或者财产权利的自然人、法人或者其他组织。根据《拍卖法》第6条的规定,委托人应当是对拍卖的物品或者财产权利享有所

---

① 第一价格拍卖是一种"密封"(sealed)式拍卖,并且买方出价是"同时性"(simultaneously)而不是英式或者荷式中的"序贯性"(sequentially);众多买方以书面投标方式竞买拍卖品,出价最高者将以其出价水平获取拍卖品。第一价格拍卖的多单位同质商品的拍卖,称作"歧视性拍卖"(discriminative auction),即不同单位的拍卖品由该单位的最高出价者以最高出价购买。

② 第二价格拍卖也是一种同时出价的密封式拍卖,它与第一价格拍卖的区别在于:出价最高者获取商品,但其支付价格并非自身出价,而是所有出价者中仅次于该出价水平的第二高出价。第二价格拍卖的多单位同质商品的拍卖,又称"统一价格"或"不二价格"(uniform-price)拍卖,即所有的拍卖品均以第二高出价出售。第二价格拍卖虽在伦敦的邮市中有类似情形,但很少适用。

③ 《拍卖法》第12条规定:"设立拍卖企业,应当具备下列条件:(一)有一百万元人民币以上的注册资本;(二)有自己的名称、组织机构、住所和章程;(三)有与从事拍卖业务相适应的拍卖师和其他工作人员;(四)有符合本法和其他有关法律规定的拍卖业务规则;(五)符合国务院有关拍卖业发展的规定;(六)法律、行政法规规定的其他条件。"

权或者处分权的人。为保证拍卖的公正性,拍卖人不得在自己组织的拍卖活动中拍卖自己的物品或者财产权利。竞买人,是指参加竞购拍卖标的的公民、法人或者其他组织。拍卖作为一种特殊的买卖方式,如果拍卖人、委托人与竞买人为同一人,买卖合同是不能成立的。《拍卖法》规定,拍卖人及其工作人员不得以竞买人的身份参与自己组织的拍卖活动,并不得委托他人代为竞买;委托人不得参与竞买,也不得委托他人代为竞买。买受人,是指以最高应价购得拍卖标的的竞买人。在任意拍卖法律关系中,拍卖标的必须具有合法性。《拍卖法》对拍卖标的作了原则规定:

(1) 拍卖标的应当是委托人所有或者依法可以处分的物品或者财产权利。否则,不得进入拍卖市场。

(2) 禁止流通物不得拍卖。法律、行政法规规定禁止买卖的物品或者财产权利,不得作为拍卖标的。根据《宪法》,矿藏、水流、国有森林和其他海陆资源均属于国家专有的财产,不得用于拍卖;军用枪支、弹药等均属于国家禁止流通的物品,也不得成为拍卖标的。

(3) 拍卖前需审批的物品或者财产权利。根据法律、行政法规规定,需经审批才能转让的物品或者财产权利,在拍卖前,应当依法办理审批手续。例如,国有土地使用权拍卖,应符合国有土地使用权的有关法律、行政法规规定;国有资产的拍卖,应经国有资产管理部门批准。委托拍卖文物,在拍卖前,应当经拍卖人住所地的文物行政管理部门依法鉴定、许可。

4. 拍卖的程序

拍卖应经过如下程序:委托拍卖、拍卖人核实、订立委托拍卖合同、拍卖公告发布与展示、咨询服务、竞买人办理竞买手续、举办拍卖会、签订成交拍卖确认书、交付拍卖标的物。

在拍卖时,由参加购买的应买人竞争,由出价最高者购买。参加竞争的应买人为竞买人,其提出的价格即为应价。竞买人一经应价,不得撤回,当其他竞买人有更高应价时,其应价即丧失约束力。在一般情况下,拍卖的表示属于要约邀请,竞买人的应价为要约,竞买人应受其约束,但在其他人有更高应价时,其应价即丧失效力。在拍卖人说明拍卖标的无保留价时,拍卖的表示即属于要约,竞买人的应价为承诺,竞买人一经应价买卖合同即告成立并且生效;如果有其他竞买人的更高应价,则条件不成就。拍卖人关于卖定的表示应属于承诺,但应以规定的方式公开表示。① 经拍卖人确认的出最高应价的竞买人即为买受人。拍卖经拍板成交后,买受人和拍卖人应当签署成交确认书。② 签署成交确认书并不是订立合同,而是对经拍卖成立的买卖合同的一种确认。

---

① 《拍卖法》第51条规定:"竞买人的最高应价经拍卖师落槌或者以其他公开表示买定的方式确认后,拍卖成交。"

② 《拍卖法》第52条规定:"拍卖成交后,买受人和拍卖人应当签署成交确认书。"

5. 拍卖与变卖、招标的区别

拍卖是一种特殊的买卖方式,拍卖与变卖和招标存在重大的差异。变卖,是指出卖财物,换取现款。与拍卖相比较,两者都是出卖财物的交易行为,但两者在交易的程序、方式、范围等方面存在差异。拍卖和变卖虽均可以作为对到期不履行债务的债务人的财产采取的一种强制执行措施,但拍卖在公开性与竞争性方面不同于变卖,从而使拍卖严格区别于变卖。拍卖与变卖的区别主要体现在以下几个方面:

(1) 两者的程序和期限不同。拍卖必须先期公告,并通知有关人员到场,变卖则无此规定。拍卖对物品的公告拍卖时间,有明确的期限规定;变卖则不受时间的限制。

(2) 两者确定标的物价值的方法和形式不同。拍卖时须对拍卖标的物进行估价,确定底价,然后通过竞价,确定拍卖标的价值;变卖则无此程序。拍卖采取公开的形式,以竞争的方式当场成交;而变卖则可直接交商业部门收购或代为出售。

(3) 两者的标的范围和强制执行的范围不同。拍卖的财产既适用于动产又适用于不动产,既适用于普通财产又适用于特殊价值的财产。对不动产的变卖和具有特殊价值财产的变卖,多数国家均有一定的限制。在强制拍卖中,拍卖的范围比变卖更广,其地位也比变卖更重要。在民事诉讼程序中,对于拍卖和变卖强制执行的范围不同。拍卖的物品在拍卖之前应采取查封、扣押措施,一方面禁止债务人或所有人随意处分,另一方面也便于实施拍卖。换言之,凡没有被查封、扣押的财产,不能拍卖。变卖的范围更广一些,不仅包括查封、扣押的财产,也包括未经查封、扣押的被执行人的财产。

拍卖也不同于招标。招标是根据招标人的招标条件及所列举的商品,在规定期限内,由投标人向其报价、争取中标,从而形成买卖关系的一种行为。虽然拍卖和招标都是使竞买人或投标人各自提出条件选择对自己最有利的条件而与委托人或卖方订立契约,但两者存在重大差异,具体表现如下:

(1) 两者的方式和形式不同。在拍卖中,竞买人公开出价,相互知道其他竞买人的价格;在投标中,各应买人秘密提出条件,彼此均不知道对方的底细,有可能出现两人以上提出相同承诺条件的情况。一般拍卖用口头语表示,而投标必须用书面形式表达。

(2) 两者的程序和法律效果不同。拍卖中各竞买人均有再次出价的机会,即别人的出价比自己高以后,还可以再次出价;但投标人不能多次出价,只有一次出价的机会。从订立合同的角度看,拍卖人的叫价,只是为诸多竞买人提供一个信息,供竞买人参考;但招标人的表示,除另有约定保留外,均具有承诺的法律效力。

(3) 先后出价的法律约束力不同。在拍卖中,前一竞买人的应价在后一竞买人又有更高应价时,即失去约束力,不发生法律上的后果;但在招标中,在规定期限内投标的,能否中标不取决投标先后,即使前投标人提出比后投标人在某些方面更令招标者满意的方案,但在全面衡量后,仍可选择后投标人中标。

四、招标投标买卖合同

招标投标买卖合同,是指由招标人向不特定的公众发出招标公告,投标人参加投标竞争,招标人与选定的中标人签订的买卖合同。招标分为竞争性招标、有限竞争性招标和竞争性谈判三种方式。《合同法》对招投标仅有原则性的规定,[①]1999年8月30日通过的《招标投标法》主要是规定建筑工程项目的招标和投标活动,[②]但也适用于其他招标投标活动。[③] 2002年6月29日通过的《政府采购法》主要规范政府采购行为,仅适用于政府采购领域。一般而言,招标投标买卖应按照如下程序进行:

(1)招标。招标,是指招标人以招标公告的形式向不特定的公众发出的投标邀请。招标属于要约邀请而不是要约,其目的是邀请投标人投标,即发出要约,投标人的投标文件属于要约。

(2)投标。投标,是指投标人按照招标文件的要求,在规定的期间内向招标人提出报价的行为。投标人必须在招标公告规定的期限内,到指定地点购买招标文件,按照文件的规定和要求,编制各种投标文件,准备各项投标工作。投标书编制后密封,在规定的期限送达招标人。

(3)开标、验标。开标,是指招标人在投标截止后召开的投标人会议上,在所有投标人面前开启密封的标书,公开标书的报价。验标是验证标书的效力,对不具备投标资格的标书、不符合招标文件规定的标书以及超过截止日期送达的标书,招标人可宣布标书无效。

(4)评标、定标。招标人成立评标委员会,评标委员会由招标人的代表和有关技术、经济等方面的专家组成,成员人数为五人以上单数,其中技术、经济等方面的专家不得少于成员总数的2/3。评标委员会成员的名单在中标结果确定前应当保密。评标委员会完成评标后,应当向招标人提出书面评标报告,并推荐合格的中标候选人。招标人根据评标委员会提出的书面评标报告和推荐的中标候选人确定中标人。招标人也可以授权评标委员会直接确定中标人。中标人确定后,招标人应当向中标人发出中标通知书,并同时将中标结果通知所有未中标的投标人。

(5)签订合同。招标人和中标人应当从中标通知书发出之日起30日内,按照招标文件和中标人的投标文件订立书面合同。招标人和中标人不得再行订立背离合同实质性内容的其他协议。招标文件要求中标人提交履约保证金的,中标人应当提交。

---

① 《合同法》第172条规定:"招标投标买卖的当事人的权利和义务以及招标投标程序等,依照有关法律、行政法规的规定。"

② 《招标投标法》第3条规定:"在中华人民共和国境内进行下列工程建设项目包括项目的勘察、设计、施工、监理以及与工程建设有关的重要设备、材料等的采购,必须进行招标:(一)大型基础设施、公用事业等关系社会公共利益、公众安全的项目;(二)全部或者部分使用国有资金投资或者国家融资的项目;(三)使用国际组织或者外国政府贷款、援助资金的项目。前款所列项目的具体范围和规模标准,由国务院发展计划部门会同国务院有关部门制订,报国务院批准。法律或者国务院对必须进行招标的其他项目的范围有规定的,依照其规定。"

③ 《招标投标法》第2条规定:"在中华人民共和国境内进行招标投标活动,适用本法。"

招标人与中标人签订合同是对已成立的合同关系的确认。

五、买回买卖合同

买回买卖合同,是指双方当事人在订立买卖合同时约定由出卖人将来买回标的物的买卖合同。买回买卖合同是一种特殊的买卖合同,《德国民法典》《法国民法典》《日本民法典》及我国台湾地区"民法典"均有规定。买回,是指出卖人保留再买回其已出卖标的物的权利,即订立以出卖人为买回的意思表示为停止条件的再买卖合同。出卖人买回原标的物的权利,称为"买回权"。[①]

买回买卖合同主要是解决出卖人的资金周转问题,但由于出卖人还可能买回标的物的所有权,买回买卖合同限制了买受人对标的物的处分权,不利于物的流通。买回买卖通常有一些限制性措施:一是买回应有期间限制。买回买卖合同当事人可约定出卖人行使买回权的期限,但最高期限不得超过5年。二是出卖人在行使买回权时,不仅要支付原价金,而且如果买受人因改善标的物而增加费用的,出卖人还要支付相应的增加费用。买回买卖的当事人可以约定买回标的物的价款。对买回标的物的价款没有约定或者约定不明确的,双方可以协议补充;不能达成补充协议的,买回标的物的价款等同于出卖该标的物时的价款。三是买受人在约定的买回期限内,不得自由处分标的物。

由于买回买卖合同规定出卖人可以再买回标的物,因此买受人的主要义务是将标的物的所有权交还给出卖人,不得自由处分标的物。但是,买受人可以合理使用标的物。如果买受人因过错导致标的物灭失而不能返还标的物,则应承担违约责任;如果标的物非因买受人的过错而意外毁损、灭失的,则买受人不承担违约责任。

《合同法》对买回买卖合同没有明文规定,但根据合同自由原则,合同双方当事人可以订立买回买卖合同。

六、试用买卖合同

试用买卖合同,是指当事人双方约定在合同成立时,出卖人将标的物交付买受人试用,买受人在约定期限内使用后购买标的物的合同。试用买卖合同是一种附条件的买卖合同,即买受人经过一定时间的使用后承认购买标的物,买卖合同才宣告生效。

---

① 关于买回权的性质,各国或地区立法例与学说大致有以下三种观点:
(1)解除权说。该说否认买回是一种特殊买卖而认为买回只是对买卖合同的解除。出卖人的买回权只是合同的解除权。《法国民法典》第1659条和《日本民法典》第579条采纳了这种学说。
(2)债权说。该说认为买回是一种特殊买卖,买回虽建立在原买卖的基础上,但却属于原买卖之外的另一买卖而不是原买卖的一部分。出卖人行使买回权,是以当事人约定的以出卖人为买回意思表示使再买卖发生效力的停止条件,即出卖人为买回意思表示的为条件成就,再买卖发生效力;出卖人在一定期限内不为买回意思表示,则条件不成就,再买卖不发生效力。《德国民法典》第497条采纳了这种学说。
(3)物权取得说。《奥地利民法典》采纳了这种学说。根据《奥地利民法典》第1067、1068条的规定,买回权之保留以不动产之买卖为限,未经登记者,仅有债权的效力,但根据法典第1070条及第1079条的规定,对已经登记的买回权有物权的效力,即因出卖人买回的意思表示,而得对第三人请求交出标的物。

在买受人承认购买标的物之前,买卖合同成立但未生效,因而不发生所有权转移的效力。

试用买卖合同是以买受人对标的物的认可为生效条件的买卖合同。试用买卖合同的当事人可以约定标的物的试用期间,对试用期间没有约定或约定不明确的,可以协议补充;不能达成补充协议的,按照合同有关条款或者交易习惯确定;如仍不能确定,由出卖人确定。① 买受人在试用期内可以购买标的物,也可以拒绝购买。试用期间届满,买受人对是否购买标的物未作表示的,视为同意购买。②

---

① 《合同法》第170条规定:"试用买卖的当事人可以约定标的物的试用期间。对试用期间没有约定或者约定不明确,依照本法第六十一条的规定仍不能确定的,由出卖人确定。"
② 《合同法》第171条规定:"试用买卖的买受人在试用期内可以购买标的物,也可以拒绝购买。试用期间届满,买受人对是否购买标的物未作表示的,视为购买。"

第十四章　供用电、水、气、热力合同

第一节　供用电、水、气、热力合同概述

供用电、水、气、热力合同，是指提供电、水、气、热力的一方当事人与使用电、水、气、热力一方当事人之间，对提供电、水、气、热力及使用方如何支付相关的费用而订立的协议。[①]《合同法》第十章的章名为"供用电、水、气、热力合同"，但其内容仅规定了供用电合同（power supply contract），水、气、热力合同参照适用[②]。

电、水、气、热力合同是四种不同的买卖合同，但其标的特殊，与人们的日常生活密切相关。供用电、水、气、热力涉及千家万户的日常生活，与其他标的的买卖合同具有较大的差异，主要具有如下三个方面的特征：

(1) 公用性。供用电、水、气、热力合同的公用性，是指电、水、气、热力的消费对象不是社会中的某些特殊阶层而是普通社会公众。电、水、气、热力的供应方对于提出供应要求的使用方，不得拒绝，除非这种供应对供应方来说成本过高，或者不符合安全条件。供应方有强制缔约义务，不得拒绝使用方通常、合理的供应要求。该合同目的在于使一切人都可以平等地享有与供应人订立合同，使用电、气、水、热力资源的权利。

(2) 公益性。供用电、水、气、热力合同的公益性，是指这类公共供用合同的目的，不仅仅是使供应方从中得到利益，更主要的是满足人民生活的需要，提高人民生活质量。公共供用企业并非纯粹是以营利为目的的企业，而是以促进公共生活水平提高等公益事业为重要目标的企业。国家对于这类供用合同的收费标准都有一定的限制，供应方不得随意将收费标准提高。

(3) 继续性。供用电、水、气、热力合同的继续性表现在对于供应方和使用方双方来说该合同不是一次性的而是持续性的。对供应方而言，为向使用方供电、水、气以及热力资源，需要花费相当的费用，铺设管道或架设电线；对于使用方而言，也是为了长期生活的便利，利用这些管网设施提供的电、水、气以及热力资源。作为继续性合同，即使其供给或收取费用为分期的，但这些各次分开的给付或费用支付，并不作为各个

[①] 《合同法》第176条规定："供用电合同是供电人向用电人供电，用电人支付电费的合同。"
[②] 《合同法》第184条规定："供用水、供用气、供用热力合同，参照供用电合同的有关规定。"

独立的合同,而仍为一个合同。

第二节　供用电、水、气、热力合同的效力

由于供用电、水、气、热力合同的共同特点,《合同法》仅规定了供用电合同,其他合同参照供用电合同的规定适用,本书也以供用电合同为例,论述供用电、水、气、热力合同的效力。由于供用电合同是双务合同,双方当事人的权利义务对等,一方的权利表现为另一方的义务,因而从当事人义务的角度论述供用电合同的效力。

一、供电方的义务

根据《合同法》的规定,供电方的义务表现为安全供电、中断供电的通知义务以及意外断电时的抢修义务三个方面:

(1) 安全供电义务。安全供电义务是供电方的主要义务,《合同法》第 179 条规定:"供电人应当按照国家规定的供电质量标准和约定安全供电。供电人未按照国家规定的供电质量标准和约定安全供电,造成用电人损失的,应当承担损害赔偿责任。"安全供电体现在以下两个方面:第一,供电方的供电应达到国家规定的供电质量标准。双方当事人对供电的性质和标准有约定的,从其约定;没有约定的,则按照法定的质量标准供电。第二,供电方应按照合同规定的时间为使用方供电;当事人对供电时间没有约定的,则按照供电的性质与用途确定供电的时间。供电方未能提供约定或者法定标准的供电,对使用方造成损失的,应当承担赔偿责任。

(2) 中断供电的通知义务。供电方在中断供电时,应事先通知使用方,如果供电方事先没有通知使用人而中断供电,对使用方造成损失的,应承担损害赔偿责任。① 这是法律规定的强制性义务,供电方不得在合同中免除其中断供电时的通知义务。根据《合同法》的规定,中断供电的事由有以下四种情形:第一,供电设施计划检修。供电方为保障供电安全,保证其正常履行供用电合同,应对供电设施进行计划检修。第二,供电设施临时检修。供电方为保障供电安全,除了对供电设施进行计划检修之外,在某些情形下,还须对供电设施进行临时检修。第三,依法限电。由于我国能源较为紧张,电力供应不能满足人们生活和社会生产的需要,供电方可以采取限电措施,限制电量的供应。第四,使用方违法用电。在使用方违法用电时,供电方可以中断供电。在以上四种情形中的任何一种情形下,供电方有权中断供电,但供电方在中断供电前,应向使用方发出中断供电通知,告知其中断供电时间,以便使用方做好准备,避免造成不必要的损失。

---

① 《合同法》第 180 条规定:"供电人因供电设施计划检修、临时检修、依法限电或者用电人违法用电等原因,需要中断供电时,应当按照国家有关规定事先通知用电人。未事先通知用电人中断供电,造成用电人损失的,应当承担损害赔偿责任。"

（3）意外断电时的抢修义务。在发生意外中断供电时，供电方应及时抢修，尽早恢复供电。如果供电方没有及时抢修，给使用方造成损失的，应承担损害赔偿责任。《合同法》第181条规定："因自然灾害等原因断电，供电人应当按照国家有关规定及时抢修。未及时抢修，造成用电人损失的，应当承担损害赔偿责任。"

二、使用方的义务

根据《合同法》的规定，使用方的义务表现为及时支付电费和安全用电两个方面：

（1）支付电费的义务。《合同法》第176条规定："供用电合同是供电人向用电人供电，用电人支付电费的合同。"支付电费是使用方的主要义务，使用方应按照供电合同的规定，及时支付电费；使用方逾期不支付电费的，经催告，供电方可以中断供电。《合同法》第182条规定："用电人应当按照国家有关规定和当事人的约定及时交付电费。用电人逾期不交付电费的，应当按照约定支付违约金。经催告用电人在合理期限内仍不交付电费和违约金的，供电人可以按照国家规定的程序中止供电。"

（2）安全用电的义务。安全用电不仅涉及使用方的财产和生命安全，而且还涉及整个供电网的安全以及其他人的财产和生命的安全，即社会公共安全。《合同法》第183条规定："用电人应当按照国家有关规定和当事人的约定安全用电。用电人未按照国家有关规定和当事人的约定安全用电，造成供电人损失的，应当承担损害赔偿责任。"

第十五章 赠 与 合 同

第一节 赠与合同概述

赠与合同(donation contract),是指赠与人将自己的财产无偿给予受赠人,受赠人表示接受赠与的合同。在赠与合同中,赠与财产的一方为赠与人,接受赠与的一方为受赠人。在赠与合同关系中,赠与人将其财产无偿给予受赠人。受赠人的财产因赠与人的赠与行为而增加,可以是受赠人财产积极的增加,即受赠人财产权利的增加或者义务的减少、财产范围的扩大;也可以是受赠人财产的消极增加,即财产本应减少却因一定的事由而未减少。此外,赠与合同是一种双方法律行为,[①]仅有赠与人的赠与意思表示,而没有受赠人受领的意思表示,赠与合同不成立。赠与合同具有以下特征:

(1) 赠与合同为单务、无偿合同。在赠与合同中,赠与人单方负有将自己拥有所有权的财产交付受赠人的义务,而受赠人并无对待给付义务,即受赠人取得赠与物时无须支付任何对价。虽然《合同法》规定,赠与可以附义务,并且受赠人应当按照约定履行义务,[②]但这不等同于受赠人向赠与人为对待给付的履行行为。在附义务的赠与中,赠与人负有将其财产给付受赠人的义务,受赠人按照合同约定负担某种义务,但受赠人所负担的义务并非赠与人所负义务的对价,其义务并不是相互对应的,因此赠与合同为单务合同。赠与合同中,赠与人不享有双务合同当事人可享有的合同履行抗辩权,也不要求受赠人具有行为能力,无行为能力人同样可以成为赠与合同的受赠人,赠与人不得以受赠人无行为能力为由,主张赠与合同无效。此外,在赠与合同中,仅由赠与人无偿地将自己的财产给予受赠人,而受赠人取得赠与的财产时无须向赠与人支付相应的对价,这是赠与合同与买卖等有偿合同的主要区别所在。

(2) 赠与合同为诺成合同。赠与合同是诺成合同还是实践合同,各国立法和理论历来存在争议。世界各国有两种不同的立法例:一是诺成合同的立法例,如《德国民法典》第 516 条、《日本民法典》第 549 条、《意大利民法典》第 769 条以及我国《合同法》第

[①] 赠与属典型有名合同而非单方法律行为。赠与合同与遗赠不同,遗赠是被继承人在死亡前作出的将其财产在其死亡后赠与他人的单方意思表示,遗赠一般由继承法加以调整。

[②] 《合同法》第 190 条规定:"赠与可以附义务。赠与附义务的,受赠人应当按照约定履行义务。"

186 条规定赠与合同为诺成合同;①二是实践合同的立法例,如苏联、东欧国家民法典以及我国的司法解释将赠与合同规定为实践合同。②《合同法》的规定表明,赠与合同为诺成合同,当事人意思表示一致,赠与合同即告成立,而无论其是以口头形式还是书面形式订立的,也无论赠与的财产是否交付。但是,为平衡赠与合同双方当事人的权利和义务,《合同法》赋予赠与人任意撤销权。

第二节 赠与合同的效力

由于赠与合同是诺成合同,赠与人与受赠人双方意思表示一致,赠与合同即告成立,而且赠与合同在成立的同时生效。赠与合同的效力表现为赠与人与受赠人的权利义务。由于赠与合同为单务合同,仅由赠与人一方承担合同义务,受赠人不承担合同义务。赠与合同的效力主要表现为赠与合同对赠与人的效力。赠与人的义务主要表现在两个方面,即给付赠与标的物并转移标的物的所有权义务和瑕疵担保义务。

(1) 给付赠与标的物并转移标的物的所有权义务。给付赠与标的物是赠与合同中赠与人的主要义务。赠与人按照赠与合同的规定,将赠与标的物给付受赠人,并将赠与财产的权利转移给受赠人,赠与合同才履行完毕,赠与人的主要义务也履行完毕。赠与人应当按照赠与合同约定的时间、地点、方式等将赠与的财产交付给受赠人。如果赠与人未能在赠与合同规定的期间内交付赠与的财产,并符合《合同法》第 188 条规定的情形,③受赠人可以请求赠与人向其交付赠与的财产。但在一般情形下,赠与人未能在规定期间内交付赠与财产的,受赠人不得强制要求赠与人交付赠与财产。④

(2) 瑕疵担保义务。这里的瑕疵包括权利瑕疵和品质瑕疵。赠与人应对赠与的财产承担权利瑕疵担保义务。但是,由于赠与合同是无偿合同,在通常情形下,赠与人无须承担品质瑕疵担保义务。在以下两种情形中,赠与人应承担品质瑕疵担保义务:一是附义务赠与合同。⑤ 在附义务赠与合同中,赠与的财产有品质瑕疵的,赠与人在附义务的限度内承担与出卖人相同的违约责任。⑥ 附义务赠与是一种特殊赠与,所附

---

① 有观点认为,《合同法》第 185 条、第 188 条、第 189 条、第 195 条的规定说明赠与合同是诺成合同,而《合同法》第 186 条的规定说明赠与合同是实践合同。参见孙晓编著:《合同法各论》,中国法制出版社 2002 年版,第 59 页。实际上,上述观点值得商榷,根据《合同法》第 186 条的规定,赠与人在赠与财产的权利转移之前可以撤销赠与,这恰好说明了赠与合同的诺成性。如果赠与合同是实践性合同,就不存在撤销的问题。

② 《民法通则司法解释》第 128 条规定:"公民之间赠与关系的成立,以赠与物的交付为准。赠与房屋,如根据书面赠与合同办理了过户手续的,应当认定赠与关系成立;未办理过户手续,但赠与人根据书面赠与合同已将产权证书交与受赠人,受赠人根据赠与合同已占有、使用该房屋的,可以认定赠与有效,但应令其补办过户手续。"

③ 《合同法》第 188 条规定:"具有救灾、扶贫等社会公益、道德义务性质的赠与合同或者经过公证的赠与合同,赠与人不交付赠与的财产的,受赠人可以要求交付。"

④ 《合同法》第 186 条第 1 款规定:"赠与人在赠与财产的权利转移之前可以撤销赠与。"

⑤ 附义务赠与,是指赠与人在赠与时要求受赠人负担一定义务的赠与。

⑥ 《合同法》第 191 条第 1 款规定:"赠与的财产有瑕疵的,赠与人不承担责任。附义务的赠与,赠与的财产有瑕疵的,赠与人在附义务的限度内承担与出卖人相同的责任。"

的义务不是另一个合同的内容,而是赠与合同的一部分。在附义务赠与合同中,因受赠人按照合同约定向赠与人或者第三人履行了义务,如果赠与人不承担品质瑕疵担保义务,则有违公平原则。二是加害给付。加害给付,是指赠与人交付给受赠人的财产有品质瑕疵,从而导致受赠人的人身或者财产受到损害。加害给付导致受赠人人身或者财产受到损害的,赠与人应承担损害赔偿责任。[①] 换言之,赠与人在明知赠与的财产具有品质瑕疵而未履行告知义务,造成受赠人损失的,导致违约责任和侵权责任的竞合。受赠人既可要求赠与人承担违约责任,也可要求赠与人承担侵权责任,但在实务中,通常要求赠与人承担侵权责任。

第三节　赠与合同的撤销

赠与是财产转移的一种方式,与人类社会生活紧密相关,具有社会性和交换性双重属性。赠与虽然不可能成为社会中财产移转的主要形式,但在现代社会生活中,赠与仍具有重要的社会意义。一方面,赠与可以在一定程度上平衡社会财富分配;另一方面,赠与可以沟通赠与双方当事人的感情,进而融洽社会气氛,减少社会矛盾。赠与合同是典型的无偿合同和单务合同,即赠与人无对价而支付利益,受赠人无须负担任何对待给付义务即可获得利益,这种合同关系严重违反公平和等价有偿的交易原则。为平衡赠与人与受赠人之间的权利和义务,在赠与合同的立法中,立法者尽可能采取措施保护赠与人的利益。赠与人的撤销权是法律为保护赠与人的权利而设定的保障措施。赠与人的撤销权有任意撤销权和法定撤销权之分。

一、赠与人的任意撤销权

赠与人的任意撤销权,是指在赠与合同生效之后、赠与物交付之前,赠与人可以任意撤销赠与的权利。根据《合同法》第186条的规定,赠与人享有任意撤销权,即赠与人在赠与财产的权利转移之前可以撤销赠与。法律赋予赠与人任意撤销权的目的在于,赠与人与受赠人达成赠与合意后在财产所有权转移之前,使赠与人不致因一时冲动贸然应允将不动产等价值较高的财产无偿给予他人而受到法律上的约束,遭受财产上的不利益。

(一)任意撤销权产生的理论基础

《合同法》将赠与合同定位于诺成合同,即赠与人与受赠人一旦意思表示一致,赠与合同即告成立并生效,对双方当事人具有约束力,受赠人可以请求赠与人履行赠与义务。在通常情形下,诺成合同禁止合同的一方当事人行使任意撤销权。但是,由于赠与合同为无偿单务合同,受赠人为纯获利益者,赠与人并不能从受赠人处取得任何

[①] 《合同法》第191条第2款规定:"赠与人故意不告知瑕疵或者保证无瑕疵,造成受赠人损失的,应当承担损害赔偿责任。"

对价。① 在赠与合同成立后,如果不赋予赠与人任意撤销权,对赠与人因一时冲动而作出赠与的意思表示,也要求其履行赠与合同义务,可能过于苛刻、有失公允。有鉴于此,将赠与合同规定为诺成合同的立法,通常赋予赠与人以任意撤销权,以保护赠与人的利益。

(二) 行使任意撤销权的条件

《合同法》规定了赠与人行使任意撤销权的时间和范围。《合同法》第186条第1款规定了赠与人行使任意撤销权的时间,即赠与人在转移财产所有权之前可以撤销赠与。动产和不动产所有权转移的时间不同,赠与人行使撤销权的时间也不同。动产是以交付占有为其所有权转移的时间,动产的赠与人在交付动产之前,可以行使撤销权;不动产是以登记为所有权转移的时间,不动产的赠与人在办理所有权转移登记之前,可以行使撤销权。

《合同法》第186条第2款规定,具有救灾、扶贫等社会公益、道德义务性质的赠与合同或者经过公证的赠与合同,赠与人不得行使撤销权。除了上述赠与之外的其他赠与合同,赠与人可以行使任意撤销权。由于具有社会公益、道德义务性质的赠与合同的赠与人,不仅承担履行赠与的法律上的义务,而且承担赈灾扶贫帮困道德上的义务,为维护社会公益和道德义务性质赠与法律关系的稳定以及社会的和谐,法律明确规定对于具有社会公益和道德义务性质的赠与合同,赠与人不得行使任意撤销权。另外,经公证的赠与合同,赠与人也不享有任意撤销权,这主要基于两个方面的理由:一是公证赠与合同具有严肃性。经过公证的赠与合同,赠与人通常经过公证人员的解释和说明,应当已经有了充分考虑,如果再授予赠与人以任意撤销权,既有失合同的严肃性,又使受赠人处于明显不利的地位。二是公证赠与具有强制执行力。就公证的效力而言,具有债权性质的赠与合同经公证机关的公证,直接具有申请法院执行的效力。因此,经公证的赠与合同,赠与人不得行使撤销权。

二、赠与人的法定撤销权

赠与人不仅享有任意撤销权,而且还享有法定撤销权。赠与人的法定撤销权,是指在法定事由出现时,赠与人可以撤销其赠与的权利。法定撤销权与任意撤销权的区别在于,一旦出现法定事由,不论赠与合同的内容和形式,动产是否履行交付,不动产是否办理登记手续,赠与人均可以行使撤销权。《合同法》第192条和第193条规定了赠与人行使法定撤销权的时间和条件:

(1) 一年期限的撤销权。根据《合同法》第192条的规定,赠与人在以下三种情形下,应从知道或者应当知道撤销原因之日起一年内行使撤销权:一是严重侵害赠与人或者赠与人的近亲属;二是对赠与人有扶养义务而不履行;三是不履行赠与合同约定的义务。

---

① 即使是附义务的赠与,所附的义务也不是赠与合同的对价义务。

（2）六个月期限的撤销权。根据《合同法》第193条的规定,因受赠人的违法行为,造成赠与人死亡或者丧失民事行为能力的,赠与人的继承人或者法定代理人,在知道或者应当知道撤销原因之日起六个月内,可以撤销赠与。

《合同法》规定的赠与人行使撤销权的期间,属于除斥期间,是不变期间。赠与人行使撤销权的除斥期间有两种:一是《合同法》第192条第2款规定的一年期间;二是《合同法》第193条第2款规定的六个月的期间。一旦法律规定的行使撤销权期间届满,赠与人的撤销权消灭,赠与合同继续有效,赠与人仍须履行赠与义务。

第十六章　借　款　合　同

第一节　借款合同概述

一、借款合同的概念和特征

（一）借款合同的概念

借款合同（loan contract）是社会经济中最为常见的一种合同。根据《合同法》第196条的规定，借款合同是借款人向贷款人借款，到期返还借款并支付利息的合同。《合同法》所规定的借款合同概念，既不同于传统民法理论上的借贷合同，也不同于《经济合同法》中的借款合同。

在民法理论上，借贷包括使用借贷和消费借贷，使用借贷是当事人约定一方以物无偿贷与他方使用，他方于使用后返还其物；消费借贷是当事人约定一方移转金钱或其他替代物之所有权于他方，而他方以种类、品质、数量相同之物返还。[①] 借贷的标的包括货币与非货币两种类型。一般认为使用借贷合同与消费借贷合同为两类不同的合同，使用借贷合同一般称为"借用合同"，而将消费借贷合同称为"借贷合同"。[②] 但是，在我国实体法上，"借贷"的概念并不是非常明确。《民法通则》只是在第90条非常简单地规定合法的借贷关系受法律保护，但是并未说明所使用的"借贷"的具体含义，而《民法通则司法解释》对此条款的解释基本上都是针对借款。在一些行政法规、规范性文件，甚至一些学术研究文章中，"借贷"与"借款"经常是通用的概念，是将借贷标的限制在货币的一种情况。

《经济合同法》虽然规定了"借款合同"，[③]但是该法仅适用于平等民事主体的法人、其他经济组织、个体工商户、农村承包经营户相互之间，为实现一定经济目的，明确相互权利义务关系而订立的合同。该法所调整的借款合同的范围比较窄，并不适用于自然人之间的借款合同，自然人之间的借款合同应适用《民法通则》的相关规定。《合同法》基本采用了《经济合同法》中的借款合同概念，但是将其适用范围扩大到自然人

---

　　① 参见史尚宽：《债法各论》，中国政法大学出版社2000年版，第261、275页。
　　② 参见魏振瀛主编：《民法》，北京大学出版社2000年版，第458页。
　　③ 《经济合同法》第24条规定："借款合同，根据国家批准的信贷计划和有关规定签订。合同中，应明确规定贷款的数额、用途、期限、利率、结算办法和违约责任等条款。"

之间的借款合同,不过,还是以调整金融机构与自然人、法人和其他组织的借款法律关系为主,而以调整自然人之间的借款法律关系为辅。

(二)借款合同的特征

当贷款人是金融机构、一般企业或者自然人时,这些主体身份的差异对借款合同的特征有很大的影响。但是,一般而言,借款合同的特征主要是:

(1)借款合同的标的物为货币。根据传统民法理论的观点,借款合同只是借贷合同的一种,而借款合同区别于其他借贷合同的关键要素就是其标的物为货币。

(2)借款合同目的是转移货币的所有权。在传统民法理论上,借贷合同(消费借贷)本身即以转让标的物的所有权为目的,借款合同当然也不例外。《法国民法典》第1893条明确规定,(消费借贷)由于借贷的结果,借用人成为借用物的所有人,借用物不论以任何方式发生的损失,均由借用人负担。《德国民法典》第607条规定,受领金钱或其他代替物作为借贷的人,有义务以同种类、品质和数量的物向出借人偿还受领物。

(3)借款合同以书面形式合同为原则,以非书面形式为例外。《合同法》第197条规定:"借款合同采用书面形式,但自然人之间借款另有约定的除外。"只要借款合同的当事人一方不是自然人,即应采取书面形式,特别是当金融机构作为贷款人时。例如,《商业银行法》第37条规定:"商业银行贷款,应当与借款人订立书面合同。"自然人之间的借款合同只要当事人双方同意,可以采用书面形式,也可以采用口头形式等其他形式。

(4)借款合同以诺成合同、双务合同为原则,以实践合同、单务合同为例外。在传统民法理论上,借贷合同(消费借贷)为实践合同、单务合同。标的物交付后借贷合同才产生效力,只有借用人负有返还标的物的义务。但是,实践合同的特性不利于借贷交易的稳定,特别是随着经济活动的快速发展与频繁变化,各国逐渐放弃了延续自罗马法的传统,减少借贷合同的实践性特征,甚至直接规定为诺成合同,特别是对于银行发放贷款为内容的借贷合同,不以贷款实际发放为生效要件。在借款合同为诺成合同的特征下,借款合同生效之时,贷款人还没有发放贷款,贷款人与借款人都必须履行合同中规定的各自义务,如发放借款、返还借款等。因此,借款合同主要为双务合同。

但是,根据《合同法》第210条的规定,自然人之间的借款合同,自贷款人提供借款时生效。《合同法》将自然人之间的借款合同作为实践合同,而非诺成合同,自然人双方之间存在借款的合意,甚至书面合同本身,并不能使自然人之间的借款合同生效,而必须要有借款的实际交付行为,即贷款人实际向借款人提供了借款而借款人实际也收取了借款,借款合同才生效。因此,自然人之间的借款合同为单务合同。

(5)借款合同以有偿合同为原则,以无偿合同为例外。根据《合同法》第204条的规定,办理贷款业务的金融机构贷款的利率,应当按照中国人民银行规定的贷款利率的上下限确定。金融机构办理贷款业务,必须按照国家规定确定利率,从而借款人必须为获得贷款支付对价。

根据《合同法》第 211 条的规定,自然人之间的借款合同对支付利息没有约定或者约定不明确的,视为不支付利息。自然人之间的借款合同可以是无偿合同。自然人之间也可以约定利息,使得借款合同成为有偿合同。自然人之间的借款合同约定支付利息的,借款的利率不得违反国家有关限制借款利率的规定。

二、借款合同的当事人

《合同法》对借款合同的主体有一定的限制,特别是对贷款人的资格,法律和行政法规进行了严格的限制,而且不同主体参与借款,法律关系将会产生不同的法律后果,存在不同的权利义务。借款合同的当事人为贷款人和借款人。

（一）贷款人

在我国的金融管理政策和司法实践中,只有经过批准的金融机构才可以作为贷款人从事贷款业务。中国人民银行 1996 年《贷款通则》（中国人民银行令 1996 年 2 号）规定,贷款人必须经中国人民银行批准经营贷款业务,持有中国人民银行颁发的《金融机构法人许可证》或《金融机构营业许可证》,并经工商行政管理部门核准登记。各级行政部门和企事业单位、供销合作社等合作经济组织、农村合作基金会和其他基金会,不得经营存贷款等金融业务。企业之间不得违反国家规定办理借贷或者变相借贷融资业务。国家对违反这些规定擅自从事贷款业务的行为作出了处罚规定:行政部门、企事业单位、股份合作经济组织、供销合作社、农村合作基金会和其他基金会擅自发放贷款的;企业之间擅自办理借贷或者变相借贷的,由中国人民银行对出借方按违规收入处以 1 倍以上至 5 倍以下罚款,并由中国人民银行予以取缔。

《合同法》第 52 条规定,违反法律、行政法规的强制性规定的合同无效。违反法律和行政法规,是指违反法律和国务院制定的行政法规中的强制性规定,不包含违反法律和行政法规之外其他规定的情形,也不能依据地方性法规、行政规章进行认定。非金融机构能否在具体的借款合同中作为贷款人,则需要看在该项合同中,非金融机构是否违反了法律法规的强制性规定。

在实践中,经常根据借贷(借款)合同主体的不同,区分"银行借贷"与"民间借贷",银行借贷实际上是包含了各种金融机构作为一方的借款,不过这两个概念并不是《合同法》上的概念。《合同法》没有采纳民间借贷与银行借贷的区分,只是对单纯自然人之间的借款合同关系作出了一些特别规定,而没有涉及自然人与非金融机构之间的借款合同。

1999 年《最高人民法院关于如何确认公民与企业之间借贷行为效力问题的批复》对一些情况下自然人与非金融机构之间借款合同的主体资格的合法性作出了解释。最高人民法院认为,公民与非金融企业之间的借贷属于民间借贷,只要双方当事人意思表示真实即可认定有效。但是,具有下列情形之一的,应当认定无效:(1) 非金融企业以借贷名义向职工非法集资;(2) 非金融企业以借贷名义非法向社会集资;(3) 非金融企业以借贷名义向社会公众发放贷款;(4) 其他违反法律、行政法规的行为。

（二）借款人

为保障国家金融体系稳定、贷款安全，有关法律法规对借款合同中的借款人也规定了一定的资格限制，但贷款人应承担审定借款人资格的责任。例如，《商业银行法》第 35 条规定："商业银行贷款，应当对借款人的借款用途、偿还能力、还款方式等情况进行严格审查。"《贷款通则》详细规定了贷款人应进行审查的、借款人应符合的条件。借款人申请贷款，应当具备产品有市场、生产经营有效益、不挤占挪用信贷资金、恪守信用等基本条件，并且应当符合以下要求：

（1）有按期还本付息的能力。原应付贷款利息和到期贷款已清偿；没有清偿的，已经作了贷款人认可的偿还计划。

（2）具有权利主体资格。除自然人和不需要经工商部门核准登记的事业法人外，应当经过工商部门办理年检手续。

（3）净资产总额和资产负债率符合要求。除国务院规定外，有限责任公司和股份有限公司对外股本权益性投资累计额未超过其净资产总额的 50%。借款人的资产负债率符合贷款人的要求。

一旦贷款人签署了借款合同，将不能简单地根据借款人没有完全符合上述条件而认定借款合同无效，而只能按照《合同法》关于合同无效、可撤销的规定具体办理。在特定借款合同类型中，如果有关法律对特定借款人的特殊规定构成法律的强制性要求，该规定将不能被违反。例如，《商业银行法》第 40 条规定："商业银行不得向关系人发放信用贷款；向关系人发放担保贷款的条件不得优于其他借款人同类贷款的条件。"

三、借款合同的主要内容

借款合同的主要内容包括借款种类、币种、用途、数额、利率、期限和还款方式等。

（一）种类

金融机构作为贷款人从事贷款业务之时，会根据借款人的法律资格、性质、借款用途、期限等确定贷款（借款）的种类。《贷款通则》根据不同的分类标准，将贷款分为以下几种类型：

（1）根据贷款资金来源分为自营贷款、委托贷款和特定贷款。自营贷款，是指贷款人以合法方式筹集的资金自主发放的贷款，其风险由贷款人承担，并由贷款人收回本金和利息。委托贷款，是指由政府部门、企事业单位及个人等委托人提供资金，由贷款人（即受托人）根据委托人确定的贷款对象、用途、金额、期限、利率等代为发放、监督使用并协助收回的贷款。贷款人（受托人）只收取手续费，不承担贷款风险。特定贷款，是指经国务院批准并对贷款可能造成的损失采取相应补救措施后责成国有独资商业银行发放的贷款。

（2）根据贷款期限的长短分为短期贷款、中期贷款和长期贷款。短期贷款，是指贷款期限在 1 年以内（含 1 年）的贷款。中期贷款，是指贷款期限在 1 年以上（不含 1 年）5 年以下（含 5 年）的贷款。长期贷款，是指贷款期限在 5 年（不含 5 年）以上的贷款。

(3) 根据担保方式的不同分为信用贷款、担保贷款和票据贴现。信用贷款，是指以借款人的信誉发放的贷款。担保贷款，是指按照《担保法》规定的不同担保方式而发放的贷款，包括保证贷款、抵押贷款、质押贷款。保证贷款，是指按《担保法》规定的保证方式在第三人承诺在借款人不能偿还贷款时，按约定承担一般保证责任或者连带责任而发放的贷款。抵押贷款，是指按《担保法》规定的抵押方式以借款人或第三人的财产作为抵押物发放的贷款。质押贷款，是指按《担保法》规定的质押方式以借款人或第三人的动产或权利作为质物发放的贷款。票据贴现，是指贷款人以购买借款人未到期商业票据的方式发放的贷款。

除此之外，还可以按照其他分类标准（如借款用途）进行分类，如固定资产投资项目贷款、流动资金贷款等。

（二）币种

币种，是指贷款人根据借款合同向借款人发放的货币币种，分为人民币与外币。外币主要包括美元、港币、日元、欧元等。

（三）用途

币种的用途主要是指借款人意图将借款用作何种目的，如用作流动性资金、购买原材料或机器设备、进行工程建设等。借款人需要严格按照借款合同中的约定用途使用借款，否则将构成违约。

（四）数额

借款合同的当事人需要约定借款的资金数量。如果贷款人是分批次向借款人支付资金，还应包括借款的总金额以及每一次支付借款的金额。

（五）利率

利率，是指借款人和贷款人根据约定的利率来计算借款的利息，在某种意义上利率可以说是资金的价格。利率包括年利率、月利率、日利率。

《合同法》第204条规定，办理贷款业务的金融机构贷款的利率，应当按照中国人民银行规定的贷款利率的上下限确定。也就是说，金融机构只能在中国人民银行规定的利率上下限内，根据借款人的资信情况约定具体借款合同中的利率。

民间借贷的利率可以高出中国人民银行规定的界限，但也不能无限制地任意收取而成为"高利贷"。《民法通则司法解释》第122条规定，公民之间的生产经营性借贷的利率，可以适当高于生活性借贷利率。如因利率发生纠纷，应本着保护合法借贷关系，考虑当地实际情况，有利于生产和稳定经济秩序的原则处理。

1991年《最高人民法院关于人民法院审理借贷案件的若干意见》规定，民间借贷的利率可以适当高于银行的利率，各地人民法院可根据本地区的实际情况具体掌握，但最高不得超过银行同类贷款利率的四倍（包含利率本数）。超出此限度的，超出部分的利息不予保护。

（六）期限

期限，是指借款人与贷款人约定的使用借款的期间。中国人民银行对金融机构贷款的期限有相应的规定，要求贷款人根据借款人的生产经营周期、还款能力和贷款人的资金供给能力，商议确定借款期限。根据中国人民银行1996年《贷款通则》的规定，自营贷款期限最长一般不超过10年，超过10年的应当报中国人民银行备案。票据贴现期限最长不得超过6个月，贴现期限为从贴现之日起到票据到期日止。民间借贷一般可以由当事人自主确定期限长短。

（七）还款方式

还款方式，是指借款到期后，借款人向贷款人偿还借款本息的结算方式。双方当事人应对此作出相应的约定。

第二节 借款合同的效力

借款合同的效力表现为借款合同双方当事人的权利义务，即贷款人的权利义务和借款人的权利义务。

一、贷款人的主要权利义务

1. 贷款人的主要权利

贷款人的主要权利表现为收取利息、到期收回借款、对借款人使用借款的检查与监督，以及要求借款人提供担保。

（1）收取利息。按照借款合同约定收取利息，是贷款人在借款合同中的一项基本权利。通过收取利息，贷款人实现了借款合同的目的。

（2）到期收回借款。在借款合同到期后，贷款人有权完整地收回借款，这也是贷款人在借款合同中的一项基本权利。

（3）对借款人使用借款的检查与监督。为确保借款人按照约定使用借款、维护贷款安全，根据《合同法》第202条的规定，贷款人按照约定可以检查、监督借款的使用情况。借款人应当按照约定向贷款人定期提供有关财务会计报表等资料。这是贷款人保障其债权安全的必要手段，如果借款人拒绝接受贷款人对其使用信贷资金情况和有关生产经营、财务活动监督，将构成违约情形，根据《贷款通则》的规定，贷款人有权责令借款人改正；情节特别严重或逾期不改正的，由贷款人停止支付借款人尚未使用的贷款，并提前收回部分或全部贷款。

（4）要求借款人提供担保。贷款人要求借款人提供担保的，需要依照《担保法》的规定确定担保的具体方式。对于金融机构贷款，金融机构需要按照国家有关法律法规要求借款人提供担保。根据《商业银行法》的有关规定，对于商业银行贷款，借款人应当提供担保。《贷款通则》则有更具体的规定，即贷款人应对借款人进行信用等级评估和贷款调查,根据借款人的领导者素质、经济实力、资金结构、履约情况、经营效益和发展前景等因素,评定借款人的信用等级;应当对借款人的信用等级以及借款的合法性、安全性、盈利性等情况进行调查,核实抵押物、质物、保证人情况,测定贷款的风险度。除委托贷款以外,贷款人发放贷款前,借款人应当提供担保。贷款人还应当对保证人的偿还能力,抵押物、质物的权属和价值,以及实现抵押权、质权的可行性进行严格审查。只有经过了贷款人的贷款审查、评估,确认借款人资信良好,确能偿还贷款的,借款人才可以不提供担保。对于自然人之间借款的,当事人则可以自主协商确定是否需要担保,以及担保的具体方式。

2. 贷款人的主要义务

贷款人的主要义务表现为提供借款和不得预先扣除利息两个方面:

(1) 提供借款。贷款人按照借款合同约定向借款人提供、发放借款是贷款人的基本义务。《合同法》第201条明确规定,贷款人应按约定提供借款。贷款人未按照借款合同约定的日期、数额向借款人提供借款,造成借款人损失的,应当向借款人赔偿损失。但是,由于自然人之间借款合同的生效是以贷款人交付借款为条件,因此不适用《合同法》第201条的规定。

(2) 不得预先扣除利息。根据《合同法》第200条的规定,借款的利息不得预先在本金中扣除。利息预先在本金中扣除的,应当按照实际借款数额返还借款并计算利息。实践中可能存在两种情况:一是在借款合同中有预先从本金中扣除利息的约定,这种约定本身就因违法而无效,本金应按照实际数额计算。二是贷款人在提供借款之时,预先从本金中扣除应收利息,实际上是减少了借款数额,改变了借款合同中的借款数量,对借款人不利,损害了借款人的合法权益。

二、借款人的主要权利义务

1. 借款人的主要权利

借款人的主要权利表现为获得借款、自主使用借款以及申请展期:

(1) 获得借款。借款人按照借款合同的约定获得借款,是借款人的一项基本权利,贷款人未按照借款合同约定提供借款,借款人有权要求贷款人承担违约责任。

(2) 自主使用借款。一旦贷款人向借款人实际发放了借款,借款人即拥有借款款项的所有权,只要借款人按照借款合同的约定用途使用借款,贷款人不能干涉借款人对借款的使用。

(3) 申请展期。对于借款人而言,可能会存在一时资金紧张问题,不能及时按照约定偿还借款。《合同法》第209条规定,借款人可以在还款期限届满之前向贷款人申请展期。贷款人同意的,借款可以展期。这实际上是对原合同履行期限的变更,应当以贷款人同意为前提。贷款人不同意展期,借款人没有按期偿还借款,即构成违约。不过,《贷款通则》对金融机构借款的展期存在一些限制性规定:除非国家另有规定,短期贷款展期期限累计不得超过原贷款期限;中期贷款展期期限累计不得超过原贷款期限的一半;长期贷款展期期限累计不得超过三年。借款人未申请展期或申请展期未得到批准的,其贷款从到期日次日起,转入逾期贷款账户。

2. 借款人的主要义务

借款人的主要义务表现为支取借款、按照合同约定用途使用借款以及信息披露等:

(1) 支取借款。《合同法》第201条规定,借款人应当按照约定收取借款。借款人未按照借款合同约定的日期、数额从贷款人收取借款的,仍然应当按照借款合同约定的日期、数额支付利息。自然人之间的借款是实践合同,并不适用该项规定。

(2) 按照合同约定用途使用借款。借款人应当严格按照借款合同中的约定用途使用借款,否则将构成违约。《合同法》第203条规定,借款人未按照约定的借款用途使用借款的,贷款人可以停止发放借款、提前收回借款或者解除合同。

(3) 信息披露。《合同法》第199条规定,订立借款合同,借款人应当按照贷款人的要求提供与借款有关的业务活动和财务状况的真实情况。只有建立在真实业务活动和财务状况资料的基础上,贷款人审查评估的借款人信用等级才具备可靠性。如果在订立借款合同之时贷款人发现借款人提供了虚假资料,可以拒绝订立合同。如果在提供贷款之后发现这样的情形,根据《贷款通则》的规定,借款人向贷款人提供虚假或者隐瞒重要事实的资产负债表、损益表等资料,不如实向贷款人提供所有开户行、账号及存贷款余额等资料的,贷款人有权责令借款人改正;情节特别严重或逾期不改正的,由贷款人停止支付借款人尚未使用的贷款,并提前收回部分或全部贷款。在借款期限内,当贷款人监督检查借款使用情况时,借款人也应向贷款人披露相应的信息,应当按照约定向贷款人定期提供有关财务会计报表等资料。

(4) 支付利息。《合同法》第205条规定,借款人应当按照约定的期限支付利息。这是借款人的基本义务之一。如果双方对支付利息的期限没有约定或者约定不明确,需要依照《合同法》第61条的规定进行确定,即首先双方对此进行协商确定,达成补充协议;如果不能达成补充协议的,按照合同有关条款或者交易习惯确定。如果按照第61条规定仍不能确定的,则按照《合同法》第205条的规定办理,即借款期间不满一年的,应当在返还借款时一并支付;借款期间一年以上的,应当在每届满一年时支付,剩余期间不满一年的,应当在返还借款时一并支付。

(5) 返还借款。《合同法》第206条规定,借款人应当按照约定的期限返还借款。这是借款人的基本义务之一。如果借款合同对借款期限没有约定或者约定不明确,需要依照《合同法》第61条的规定进行确定,即首先双方对此进行协商确定,达成补充协议;如果不能达成补充协议的,按照合同有关条款或者交易习惯确定。如果按照第61条规定仍不能确定的,则按照《合同法》第206条的规定办理,即借款人可以随时返还;贷款人可以催告借款人在合理期限内返还,但是"合理期限"则需要视具体情况进行确定。如果发生借款人没有按照借款合同约定的期限返还借款,即对逾期或者提前返还借款情形的处理,《合同法》也有相应的规定。

《合同法》第 207 条规定，借款人未按照借款合同约定的期限返还借款的，应当按照约定或者国家有关规定向贷款人支付逾期利息。《贷款通则》也有类似规定，贷款人对不能按借款合同约定期限归还的贷款，应当按规定加罚利息；对不能归还或者不能落实还本付息事宜的，应当督促归还或者依法起诉。对借款合同中没有约定逾期利息的，根据中国人民银行的有关规定，金融机构可以在日利率万分之四至万分之六的幅度内向借款人计收利息。

《合同法》第 208 条规定，借款人提前偿还借款的，除当事人另有约定的以外，应当按照实际借款的期间计算利息。由于借款合同中要对借款期限作出约定，借款人提前偿还借款，严格讲也是一种没有按照合同履行义务的情形，需要贷款人和借款人协商解决提前归还贷款的相关事宜，主要包括是否可以提前以及利息如何计算问题。《贷款通则》只是简单规定，借款人提前归还贷款应当与贷款人协商。一般而言，如果在借款合同中贷款人与借款人原本对此有约定的，则按照约定办理即可。如果原本对提前还款没有约定，并且提前还款损害贷款人利益的，贷款人有权拒绝借款人提前还款的要求。当然，提前还款不损害贷款人利益的情况下，贷款人是否有权拒绝提前还款存在争议，不过在操作上，如果贷款人不同意提前还款，借款人实现提前还款的手段将非常有限；如果贷款人同意借款人提前还款，实际上是贷款人与借款人协商同意变更偿还借款的履行期限以及利息的计算，按照实际用款期限计算利息是公平的，而不应按照原来约定的期限计算。不过，如果贷款人因借款人提前还款而增加了成本，要求借款人支付相应的费用（有证据支持），也有一定的合理性。

第十七章 租 赁 合 同

第一节 租赁合同概述

一、租赁合同的概念和特征

（一）租赁合同的概念

租赁是一种非常古老的交易活动，一方暂时将其物交于他方使用，他方需返还原物，并支付一定的对价。租赁合同（leasing contract）是一种转移租赁物使用权、收益权的合同，从而不同于转移所有权的买卖合同或者赠与合同；同时，租赁物应是有体物、非消耗物，在租赁合同到期后，承租人需要返还原物，从而也不同于民法理论上的消费借贷；承租人对租赁物进行使用并且因此收益，这样也不同于民法理论上的寄托。有些国家的民法将租赁分为"使用租赁""用益租赁"，仅以使用为目的者，称为使用租赁；以使用及收益为目的者，称为"用益租赁"。[①]

在罗马法上，广义的租赁，是指当事人约定一方把物品提供给他方使用、收益，或对他方提供劳役，或为他人完成一定的工作，他方给付金钱报酬的契约关系。[②] 劳务上的租赁即为近现代意义上的雇佣与承揽。在近代，《法国民法典》仍使用罗马法的这种分类方法，在"取得财产的各种方法"中规定的租赁契约就包括物的租赁、劳动力与技艺的租赁。《德国民法典》则将租赁合同与劳务合同、承揽合同进行了区分，成为各自独立的法律制度。

我国立法使用类似德国的分类方式，将租赁与承揽确定为不同的法律制度。根据《合同法》第212条的规定，租赁合同，是指出租人将租赁物交付承租人使用、收益，承租人支付租金的合同。但是，《合同法》中租赁合同不包括所谓的"企业租赁经营合同"或者"企业租赁"。企业租赁是我国国有企业改革过程中出现的实现企业所有权与经营权分离的一种创新方法。1988年国务院制定了《全民所有制小型工业企业租赁经营暂行条例》，根据该条例，租赁经营，是指在不改变企业的全民所有制性质的条件下，

[①] 参见史尚宽：《债法各论》，中国政法大学出版社2000年版，第145页。
[②] 参见谢邦宇主编：《罗马法》，北京大学出版社1990年版，第292页。也有学者将罗马法上的租赁翻译为"赁借贷"，参见〔意〕桑德罗·斯奇巴尼选编：《民法大全选译·债·契约之债》，丁玫译，中国政法大学出版社1998年版，第61页。

实行所有权与经营权的分离,国家授权单位为出租方将企业有期限地交给承租方经营,承租方向出租方交付租金并依照合同规定对企业实行自主经营的方式。实行租赁经营,必须订立租赁经营合同。企业租赁经营合同重点在"经营",而非"租赁",同时承租人是以原企业的名义从事经营活动,因此主要属于企业法、公司法及国有资产管理等相关法律法规规范的内容。企业租赁经营合同并不是《合同法》上的租赁合同。当然,如果一方仅仅租赁了另一企业的机器设备,以自身名义开展经营,就不属于企业租赁经营,而是财产租赁。

另外,在传统民法理论上,不动产租赁包括土地租赁与房屋租赁合同的重要种类。不过,我国的土地管理制度、土地权利体系比较复杂,仍然处在不断变化的过程中。1988年的《宪法修正案》取消了土地不得出租的条文,允许土地使用权按照法律规定的方式转让。在实践上,土地使用权转让方式除了土地使用权的出让、农村土地承包之外,还存在国有土地租赁、国有土地使用权租赁、以出租形式将土地承包经营权流转等,后者是否应属于《合同法》上租赁合同的范围,目前还是一个比较复杂的问题。[①]

(二)租赁合同的特征

租赁合同具有如下特征:

(1)租赁合同以转让财产使用权为目的。承租人与出租人订立租赁合同,其目的在于获得租赁物的使用权,而不以获得所有权为目的。"使用"应是承租人自主使用。例如乘客叫了一辆出租车,尽管被称为"出租车",但是此时乘客与出租车之间的法律关系并不是出租、承租,而是运送服务,因为不是乘客在驾驶汽车;而当汽车公司将汽车交由某人直接驾驶时,才成立租赁关系。

对于出租人是否有租赁物的所有权,不是租赁合同的要件。只要出租人有出租租赁物的权利即可,典型的情况就是转租。另外,即使出租人拥有租赁物的所有权,但是

---

① 1990年《城镇国有土地使用权出让和转让暂行条例》第28条规定:"土地使用权出租是指土地使用者作为出租人将土地使用权随同地上建筑物、其他附着物租赁给承租人使用,由承租人向出租人支付租金的行为。"1992年《划拨土地使用权管理暂行办法》第9条规定:"土地使用权出租,是指土地使用者将土地使用权单独或者随同地上建筑物、其他附着物租赁给他人使用,由他人向其支付租金的行为。"1999年8月1日国土资源部《规范国有土地租赁若干意见》规定:"国有土地租赁是指国家将国有土地出租给使用者使用,由使用者与县级以上人民政府土地主管部门签订一定年期的土地租赁合同,并支付租金的行为。""国有土地租赁,承租人取得承租土地使用权。承租人在按规定支付土地租金并完成开发建设后,经土地行政主管部门同意或根据租赁合同约定,可将承租土地使用权转租、转让和抵押,必须依法登记。"

上述土地使用权租赁、土地租赁、出租土地承包经营权是否适用《合同法》中租赁合同的规定,在法律上和理论上难以确定,主要是因为相关法律法规的规定缺乏系统性,不过实践上基本还是按照土地法律法规处理,《合同法》在此方面适用性不强。关于租赁期限问题,《规范国有土地租赁若干意见》规定:"国有土地租赁可以根据具体情况实行短期租赁和长期租赁。……对需要进行地上建筑物、构筑物建设后长期使用的土地,应实行长期租赁,具体租赁期限由租赁合同约定,但最长租赁期限不得超过法律规定的同类用途土地出让最高年期。"也就是说,不是按照《合同法》最长期限为20年来限定的,关于土地使用权的租赁期限没有直接规定。有些企业则根据《合同法》中租赁期限不能超过20年的规定,修改原来的土地使用权租赁合同。例如,深圳证券交易所上市公司石家庄东方热电股份有限公司2004年2月18日发布公告称:《合同法》第214条规定:"租赁期限不得超过二十年。超过二十年的,超过部分无效。"本公司与公司控股股东——石家庄东方热电集团公司签订的《国有土地使用权租赁协议》中将承租的土地使用权期限由约定的50年,在补充协议中修改为20年。

存在冻结、抵押的情形,也是无权自行出租的。我国台湾地区法院曾作出判决,"查出租人固负有使承租人就租赁物为使用收益之义务,惟此项义务之履行,并不以移转租赁物所有权为必要,故出租人对其租赁物是否有所有权或其他权利,概非租赁之成立要件"。我国台湾地区学者王泽鉴认为,该项"判决结论虽属正确,但理由构成具有疑问"。[①] 我国大陆地区学者亦认为,"租赁合同的出租人应为租赁物的所有人或使用权人。但出租人是否为租赁物的所有人或使用权人,不应影响租赁合同的效力。以他人之物出租的,租赁合同仍为有效。……承租人不得以出租人不享有租赁的所有权或使用权为由而拒绝支付租金"[②]。当然,如果出租人无权出租租赁物而进行出租,侵犯了他人权利,则应承担相应的法律责任。

(2)租赁物应为有体物、非消费物。由于租赁期限届满之时,承租人需要返还原物,因此租赁物必须是能够特定化的有体物,同时能够在使用之后维持一定的原状。

(3)承租人应支付租金。承租人支付租金,也是租赁合同的一个重要特征,这一点构成了租赁与使用借贷的区分。租金的支付方式不限于资金,可以是现物。

(4)租赁合同为非要式合同。在传统民法理论上,租赁是非要式的。根据《合同法》第215条的规定,租赁期限六个月以上的,应当采用书面形式。当事人未采用书面形式的,视为不定期租赁。《合同法》只要求租赁期限在六个月以上的租赁合同应采取书面形式,当然,期限六个月内的租赁合同也可以采取书面形式。如果双方口头约定了租赁期限在六个月以上,并不会导致口头的租赁合同无效,只是租赁期限条款对当事人没有约束力,被法律推定为不定期租赁,这样,当事人双方可以随时解除合同。即使一方可以证明当时双方口头约定了租赁期限,该约定仍然没有法律约束力。

另外,根据我国有关法律法规,有些租赁物的租赁需要进行登记备案,如房屋、船舶等。合同双方当事人应当按照有关法律法规的规定,办理租赁登记备案。1995年《城市房屋租赁管理办法》规定,房屋租赁实行登记备案制度。签订、变更、终止租赁合同的,当事人应当向房屋所在地市、县人民政府房地产管理部门登记备案。房屋租赁申请经市、县人民政府房地产管理部门审查合格后,颁发《房屋租赁证》。《房屋租赁证》是租赁行为合法有效的凭证。申请房屋租赁登记备案应当提交下列文件:书面租赁合同、房屋所有权证书、当事人的合法证件、城市人民政府规定的其他文件。出租共有房屋,还须提交其他共有人同意出租的证明。

1995年1月1日实施的《船舶登记条例》(国务院令第155号)规定,光船租赁权的设定、转移和消灭,应当向船舶登记机关登记;未经登记的,不得对抗第三人。

二、租赁合同的主要内容

租赁合同的主要内容包括:租赁物的名称、数量、用途、租赁期限、租金及其支付期限和方式、租赁物维修等条款。

---

① 参见王泽鉴:《民法学说与判例研究》(第五册),中国政法大学出版社1998年版,第79页。
② 魏振瀛主编:《民法》,北京大学出版社2007年版,第466页。

1. 租赁物

租赁合同关于租赁物的约定内容主要是租赁物的名称与数量。租赁物是租赁合同的标的物,是租赁合同当事人双方的权利义务指向的对象。在租赁合同中对租赁物的约定必须是明确的、特定化的,能够清晰地具体区分出来。租赁物可以是房屋、汽车、机器设备等等,但仅仅指明这些名称可能是不够的,还应说明租赁物的个体信息,如房屋坐落、地址、面积,汽车牌号,机器设备的型号、编号等等。

当然,有些物品无法在租赁合同中以文字表述的方式完全特定化,如没有编号的机器设备,或者像建筑工地使用的脚手架这类大批量的种类物,约定了租赁物的名称、型号以及数量基本就可以了。不过,在交付租赁物之时,应对租赁物进行特定化,以明确划定出租人向承租人交付的租赁物是哪些。

租赁物必须是依法可以自由转移流通,禁止流通物不能作为租赁物;限制流通物的承租人必须具备可以承租该等限制流通物的合法资格。

2. 用途

同样的租赁物可以有不同的用途,不同的用途对租赁物的损耗也是不同的。例如,汽车既可以载客,也可以载货;房屋可以居住,也可以商用,而承租人由此获得的收益也是不同的。为平衡出租人与出租人的权益,避免日后发生争议,双方事先对租赁用途作出约定是必要的。

3. 租赁期限

租赁合同当事人可以根据需要自主约定租赁期限,但是不能超过法定最长期限。根据《合同法》第 214 条的规定,租赁期限不得超过 20 年;超过 20 年的,超过部分无效。许多国家的法律都有类似的规定。需要注意的是,如果法律法规对特定租赁物的使用年限作出了规定,那么,相应的租赁合同期限不应超过租赁物法定的使用年限。例如,法律规定了机动车的强制报废制度,一般情况下只能使用十余年,因此双方当事人不可能约定 20 年期的汽车租赁合同。

如果双方事先没有约定租赁期限,那么可以根据《合同法》第 61 条的规定明确,即双方再行协商确定,如果不能达成一致,则可以按照租赁合同有关条款或者交易习惯确定;如果还不能确定,那么根据《合同法》第 232 条的规定,应被视为不定期租赁,当事人可以随时解除合同,但出租人解除合同应当在合理期限之前通知承租人。提前多长时间是合理期限,则需要视具体情况根据交易背景、交易习惯等具体确定,不过一般而言,如果该租赁物对承租人的生活、生产经营的影响大,出租人提前通知的期限应较长一些,如承租人用以居住的房屋,对企业生产经营重要的、大型的机器设备等。

如果双方在租赁合同中约定的租赁期限届满之后,承租人继续使用租赁物,而出租人对此没有提出异议,那么,根据《合同法》第 236 条的规定,原租赁合同继续有效,但租赁期限为不定期。当然,这种情况是适用于双方对续订合同没有正式协商的情况。如果双方就期限延长达成一致,续订租赁合同,那么,将形成一个新的租赁期限,只是同样不能超过法定最长期限,即续订租赁合同约定的租赁期限自续订之日起不得超过 20 年。

4. 租金

租金条款是租赁合同中非常重要的内容,它规定了承租人使用租赁物应向出租人支付的对价。双方不仅需要约定租金的数量,也应约定支付租金的时间和方式。承租人不按照约定缴纳租金,应承担违约责任。

5. 租赁物维修

承租人在租赁期间使用租赁物,租赁物难免没有损耗、不发生故障,甚至会出现损坏而不能使用。双方有必要事先约定租赁期限内在哪些情况下由哪一方承担维修责任,避免日后争议。

如果有关法律法规针对特定租赁物规定了租赁期间的维修责任承担方式,那么,双方应按照法律法规承担相应的维修责任。例如,《海商法》规定,光船租赁由承租人负责维修、保养。

第二节 租赁合同的效力

租赁合同的效力表现为对内效力和对外效力两个方面,对内效力表现为出租人和承租人的权利义务。

一、租赁合同的对内效力

租赁合同的对内效力表现为出租人的权利义务和承租人的权利义务两个方面。

(一)出租人的主要权利义务

1. 出租人的主要权利

(1)收取租金。这是出租人的最基本权利。承租人无正当理由未支付或者迟延支付租金的,出租人可以要求承租人在合理期限内支付。承租人逾期不支付的,出租人可以解除合同。

(2)到期收回租赁物。由于租赁合同仅仅转移租赁物的使用权,因此在租赁期限届满之后,出租人收回租赁物是其作为所有权人的必然权利。

(3)关于承租人对租赁物进行改善或者增设的同意权。《合同法》第 223 条规定,承租人经出租人同意,可以对租赁物进行改善或者增设他物。对租赁物进行改善或者增设他物,可能增加了租赁物的价值,同时也可能对租赁物造成一定的改变,因此承租人需要取得出租人的同意。承租人未经出租人同意,对租赁物进行改善或者增设他物的,就是一种违约行为,出租人可以要求承租人恢复原状或者赔偿损失。

(4)转租同意权。根据《合同法》第 224 条的规定,承租人经出租人同意,可以将租赁物转租给第三人。转租不同于租赁合同主体的变更。在主体变更的情况下,原承租人退出,而出租人与新的承租人形成租赁法律关系。转租是在原租赁关系不变的前提下,承租人将全部或者部分租赁物出租给次承租人的行为。有时由于客观情况的变化,如租赁房屋的企业由于生产经营的变化,原来约定的房屋面积数量闲置,为了避免损失,可能需要将闲置的面积转租出去。由于租赁物并非是承租人所有的财产,其占有租赁物的权利来源于出租人,因此未经出租人同意,承租人不能以租赁合同约定方法、用途之外的方式使用租赁物。承租人未经出租人同意转租的,将构成违约情形,出租人可以解除租赁合同。

2. 出租人的主要义务

(1) 交付义务。根据《合同法》第 216 条的规定,出租人应当按照约定将租赁物交付承租人。交付义务是出租人最基本的义务,含义相当清楚,即承租人应按照约定的时间和地点将租赁物交付给承租人,将租赁物转由承租人占有、使用。

(2) 瑕疵保证义务。这是出租人的重要义务之一。根据《合同法》第 216 条的规定,出租人应当在租赁期间保持租赁物符合约定的用途。瑕疵保证义务具有两个方面的内容,即对权利的瑕疵保证和对物的瑕疵保证,从对物的瑕疵保证延伸出租赁物的维修。出租人在交付租赁物之时和租赁期限内都应承担瑕疵保证义务。对权利的瑕疵保证,就是出租人应有完整的、合法的权利拥有租赁物,并且能够出租,如汽车应拥有合法的牌照,从而能够合法地上路行使。在租赁期间,承租人应能够不受第三人的权利影响,正常地、合法地使用租赁物。如果租赁物存在权利瑕疵,根据《合同法》第 228 条的规定,因第三人主张权利,致使承租人不能对租赁物使用、收益的,承租人可以要求减少租金或者不支付租金。第三人主张权利的,承租人应当及时通知出租人。对物的瑕疵保证,就是出租人应确保租赁物在使用价值上能够实现该租赁物正常情况下应有的用途以及双方约定的用途,如汽车能够安全驾驶、机器设备能够生产合格的产品、房屋能够居住等等。如果承租人事先与出租人约定了特殊用途,那么,出租人也应保持租赁物符合该等特殊用途。

(3) 出卖租赁房屋的通知义务。由于房屋对出租人的生活具有重要的意义,《合同法》第 230 条规定,出租人出卖租赁房屋的,应当在出卖之前的合理期限内通知承租人。《民法通则司法解释》第 118 条规定,出租人出卖出租房屋,应提前三个月通知承租人。《合同法》没有规定具体的提前期限,只是要求应在合理期限内提前通知,因此可以由双方协商约定提前通知的时间,而不一定必须是三个月。

(4) 对租赁物的维修。出租人对租赁物的维修义务是从其对物的瑕疵保证义务中延伸出的一种义务。由于出租人承担了瑕疵保证义务,因此除非当事人约定或者法律法规另有规定,在租赁期间应由出租人承担租赁物的维修责任。相应的,承租人在租赁物需要维修时可以要求出租人在合理期限内维修。出租人未履行维修义务的,承租人可以自行维修,维修费用由出租人负担。因维修租赁物影响承租人使用的,出租人应当相应减少租金或者延长租期。1995 年《城市房屋租赁管理办法》还按照租赁房屋的目的是居住还是经营,区分了维修责任的不同。该办法规定,出租住宅用房的自然损坏或合同约定由出租人修缮的,由出租人负责修复;租用房屋从事生产、经营活动的,修缮责任由双方当事人在租赁合同中约定。在特定情况下,租赁物危及承租人的安全或者健康的,即使承租人订立合同时明知该租赁物质量不合格,承租人仍然可以随时解除合同。维修的前提是租赁物可以维修,如果租赁物损坏严重致使不能维修或者维修成本太高,双方也可以有其他选择对租赁事宜进行处理。

(二)承租人的主要权利义务

1. 承租人的主要权利

(1) 对租赁物的使用、收益。承租人对租赁物的使用与收益权是内含在租赁合同的定义之中的。根据《合同法》第 225 条的规定,在租赁期间因占有、使用租赁物获得的收益,归承租人所有,但当事人另有约定的除外。

租赁是转移租赁物占有、使用、收益权利的法律行为,有时承租人租赁占有租赁物的直接目的就是通过使用而获利,所以除非另有约定,租赁期间获得收益应归承租人所有,这种收益必须是按照租赁合同约定的使用方法、符合租赁合同约定的目的而合法产生的收益。另外,如果承租人在占用、使用租赁物期间非因出租人的原因遭受损失,或者存在违法的行为,也应自行承担损失或者违法的法律后果。例如,汽车的承租者应当对租赁期间发生的交通违章、交通责任事故的行为承担法律后果,如果这些行为造成汽车损害,也应由承租人承担赔偿的责任。

(2) 租赁物毁损、灭失时的合同解除权。根据《合同法》第 231 条的规定,因不可归责于承租人的事由,致使租赁物部分或者全部毁损、灭失的,承租人可以要求减少租金或者不支付租金;因租赁物部分或者全部毁损、灭失,致使不能实现合同目的的,承租人可以解除合同。

租赁物的毁损、灭失是一种物理上的表现,而在法律上却使得租赁合同不能实现目的,承租人无法实现或者充分实现对租赁物的使用、收益。在这种意义上,即使租赁物在物理上没有毁损、灭失,如果存在其他原因导致承租人不能实现使用的目的,同时属于不可归责于承租人的事由,如房屋附近的环境遭到严重污染、危害人体健康的时候,承租人也具有要求减少租金或者不支付租金、解除合同的权利。例如,《德国民法典》第 544 条规定:"住房或其他供人居住的房屋处在严重危害使用承租人健康的状况的,使用承租人即使在合同订立时明知此种可能带来危险的状况或已经抛弃主张其因此种状况而享有的权利,仍可以不遵照终止期间而终止使用租赁关系。"

(3) 对租赁物进行改善、增设他物的权利。根据《合同法》第 223 条的规定,承租人经出租人同意,可以对租赁物进行改善或者增设他物。但是,承租人对租赁物进行改善或者增设他物的前提是必须经出租人同意,该项权利的存在必须有出租人的特别授予,可以在租赁合同中事先约定,也可以在事后由出租人赋予承租人。

(4) 转租权。转租包括两种情形:一是双方在租赁合同中事先已经明确约定承租人有权出租租赁物;二是在租赁期间出租人另行同意承租人将租赁物转租。在转租的情况下,根据《合同法》的规定,承租人与出租人之间的租赁合同继续有效,第三人对租赁物造成损失的,承租人应当赔偿损失。转租构成了三方当事人之间的、相对独立又有关联的、两层的租赁法律关系,一层是出租人与承租人之间的法律关系,另外一层是承租人(转租人)与次承租人之间的法律关系。次承租人与出租人之间并没有法律关系,承租人(转租人)对次承租人之间的行为向出租人负责。承租人向次承租人收取的租金可能与原租赁合同规定的租金不同,这也是合法的。1995年《城市房屋租赁管理办法》规定,出租人可以从转租中获得收益。但是,承租人(转租人)与次承租人之间的法律关系依赖于承租人与出租人之间的法律关系,原租赁合同解除或者终止,转租也应随之解除或者终止。当然,出租人可以与承租人(转租人)、次承租人约定其他的期限。

(5) 房屋承租人的优先购买权。根据《合同法》第230条的规定,出租人出卖租赁房屋的,承租人享有以同等条件优先购买的权利。该优先购买权仅限于房屋租赁,同时是一种法定权利,并不因当事人没有在租赁合同约定而丧失。《民法通则司法解释》第118条就规定,承租人在同等条件下,享有优先购买权;出租人未按此规定出卖房屋的,承租人可以请求人民法院宣告该房屋买卖无效。如果出租人在合理期限内通知了承租人,而承租人在合理期限内没有告知出租人是否行使优先购买权,则优先购买权丧失。也就是说,承租人享有的优先购买权并不能导致出租人不能转让租赁房屋的所有权。当然,在所有权转移之后,其租赁合同继续有效。

2. 承租人的主要义务

(1) 支付租金。支付租金是承租人的核心义务之一,根据《合同法》第226条的规定,承租人应当按照约定的期限支付租金。双方对支付期限没有约定或者约定不明确的,则应依照《合同法》第61条确定,即双方再行协商确定,如果不能达成一致,则可以按照租赁合同有关条款或者交易习惯确定;如果仍然不能确定,根据《合同法》,租赁期间不满一年的,应当在租赁期间届满时支付;租赁期间一年以上的,应当在每届满一年时支付,剩余期间不满一年的,应当在租赁期间届满时支付。

(2) 依约使用租赁物。租赁用途是租赁合同的重要内容之一,不同的用途可能有不同的使用方法。承租人不按照约定的方法使用租赁物,可能对租赁物造成损坏,也可能侵害出租人的合法权益。如果双方事先对租赁物的使用方法没有约定或者约定不明确,应依照《合同法》第61条确定,即双方再行协商确定,如果不能达成一致,则可以按照租赁合同有关条款或者交易习惯确定;如果仍然不能确定,则应当按照租赁物的性质使用。也就是说,在这样的情况下,只要使用方法是租赁物通常的使用方法,都是符合合同要求的。例如,出租房屋用作居住,如果没有限定房屋只能由承租人居住,那么承租人的亲属同样可以居住,甚至也可以饲养宠物。

只要承租人按照约定的方法或者租赁物的性质使用租赁物,即使致使租赁物受到损耗的,承租人也不承担损害赔偿责任。这是因为租金中已经包含了这种损耗的成本。如果损耗导致租赁物需要维修,则应按照租赁合同的约定,承租人有权要求出租人进行维修。如果承租人未按照约定的方法或者租赁物的性质使用租赁物,致使租赁物受到损失的,承租人应承担相应的违约责任,出租人可以解除合同并要求赔偿损失。

(3) 妥善保管租赁物。承租人应当妥善保管租赁物,因保管不善造成租赁物毁损、灭失的,应当承担损害赔偿责任。有些租赁物在使用过程中需要进行日常维护,给汽车轮胎充气、给机器设备添加润滑油等,这些都属于按照租赁物的性质使用租赁物应有的行为,因此应由承租人承担相应的费用。

(4) 返还租赁物。承租人仅仅拥有租赁物的使用权,因此在租赁期间届满之后,必须返还原租赁物,并不能以相同的种类物返还。《合同法》第 235 条规定,租赁期间届满,承租人应当返还租赁物。返还的租赁物应当符合按照约定或者租赁物的性质使用后的状态。如果未经出租人同意,承租人擅自进行改善或者增设他物,是一种违约行为,出租人可以要求承租人恢复原状或者赔偿损失。如果得到出租人同意,由于《合同法》没有规定处理方法,应由当事人自行协商处理。一般而言,增设的他物可以拆除的,承租人需要将其拆除,但是拆除不应影响租赁物的应有状态。难以拆除的或者仅是对租赁物的改善,承租人可以要求出租人弥补其改善或者增设他物所导致的租赁物价值增加的部分费用,但仅限于租赁合同终止时租赁物增加的价值部分,而不能以承租人进行改善或者增设他物当时实际支付的数额来计算。

实际上,承租人返还的租赁物应当符合按照约定或者租赁物的性质使用后的状态,并不限于租赁期间届满的情况下。例如,租赁合同因一方当事人严重违约而被解除之时,返还租赁物也应如此。不过,非因承租人的原因造成租赁物灭失的,承租人没有返还的义务。

二、租赁合同的对外效力

一般而言,合同只对当事人双方具有约束力,既不能为当事人之外的第三人设定义务,第三人也不能直接依据合同取得权利。但是,为了保障承租人的利益,各国或地区法律逐渐赋予了承租人在租赁合同上的债权权益可具有一定的物权因素,立法上的这种现象被称为"租赁权之物权化"①。因此,租赁合同可对第三人产生一定的效力,这种效力依据法律而产生,并非依据当事人的约定而产生。

(一) 买卖不破租赁规则

习惯上常说的"买卖不破租赁规则",并不限于买卖,实际上包含了所有权变动的各种情况,更准确地说是"所有权变动不破租赁原则",这种原则的实施使得承租人因租赁合同而对租赁物享有的债权上的占有、使用、收益的权利,向物权上的权利转化。《合同法》第 229 条体现了这个原则,该条规定,租赁物在租赁期间发生所有权变动的,

---

① "债权物权化的典型是租赁权的物权化。租赁原是基于租赁合同而发生的债权,根据传统法上物权优于债权的理论,租赁物的所有权应优于租赁权。换言之,所有人对租赁物的任何处分可以对抗承租人,即'买卖破租赁'规则。然而,这对租赁关系中本就处于弱者地位的承租人来说是极不公平的,也与现代物权法'以利用为中心'的主旨不符,特别是在农地及住房等租赁关系中由于农地、住房是承租人必需的生存条件之一,如果仍然坚持所有人的绝对优先地位,就会危及承租人的生存权这一基本人权,现代各国物权法均不断强化租赁权,这体现在赋予租赁权以对抗第三人的效力、延长租赁权的存续期间,其中最重要的是在租赁与买卖的关系上确认原租赁合同对于新的所有人即买受人仍然有效,从而在承租人与新的所有人之间基于法律的直接规定而当然形成新的租赁关系,即'买卖不破租赁'规则。"郑云瑞:《民法物权论》,北京大学出版社 2006 年版,第 27—28 页。

不影响租赁合同的效力。当然,承租人可以自主选择是否继续租赁。

该原则有以下方面的内容:(1)只要是导致所有权发生变动的任何方式,都不能影响租赁合同的效力,因此除了买卖,还包括赠与、继承、作为公司设立的出资等。甚至物权变动,亦是如此。我国台湾地区"民法典"在明确规定了"出租人于租赁物交付后,纵将其所有权让与第三人,其租赁契约,对于受让人,仍继续存在"之后,又规定:"出租人就租赁物设定物权,致妨碍承租人之使用收益者,准用前条之规定。"(2)租赁合同必须有效,且仍然在租赁期限之内。(3)所有权变动必须发生在租赁期限之内,如果是在租赁合同订立之前发生,出租人将承担导致合同无效的责任。(4)如果发生所有权变动,在法律上只是构成租赁合同一方主体的变更,租赁物所有权的受让人自动成为新的出租人,自动承受了原出租人在租赁合同项下享有的权利义务,同时无权单方面要求承租人同意修改原租赁合同的其他内容。

(二)房屋租赁同居人的租赁权

在法律上,居住权是一种基本人权,同时,由于房屋对承租人及其共同居住人的生活有重大影响,因此承租人在房屋租赁期间死亡的,为了保障其生前共同居住人的基本生活,《合同法》赋予了共同居住人继续租赁该房屋的权利。《合同法》第234条规定,承租人在房屋租赁期间死亡的,与其生前共同居住的人可以按照原租赁合同租赁该房屋。需要注意的是,这里的共同居住的人与承租人的亲属是两个概念。只要共同居住,是不是亲属没有关系;是亲属,但没有共同在租赁房屋内居住,也不能行使租赁权。同时,如果承租人生前与出租人有其他安排,或者共同居住的人与出租人达成其他协议,则应按照其他安排或者协议办理。

另外,与承租人生前共同居住的人按照原租赁合同租赁该房屋的时候,承租人生前产生的权利义务也应正当地得到处理。《德国民法典》的规定可以作为参考,该法第569a条"家属加入使用租赁关系"规定:"配偶或家属加入使用租赁关系的,对于至使用承租人死亡时止发生的债务,配偶或家属在继承人之外作为连带债务人负责任。""使用承租人已对其死亡后的一定期间预先支付使用租金,并且其配偶或家属加入使用租赁关系的,其配偶或家属有义务向继承人返还其因预先支付使用租金而节省或取得的利益。"

第十八章 融资租赁合同

第一节 融资租赁合同概述

一、融资租赁合同的概念和特征

(一) 融资租赁合同的概念

融资租赁(financial leasing)是在传统租赁交易的基础上,从 20 世纪 50 年代发展起来的一种比较复杂的商业交易行为,结合了贸易、信贷、租赁等商业交易因素。在不同的国家和地区,由于各自的法律制度、商业环境不同,融资租赁存在很多不同的表现形式,如直接租赁、转租赁、回租赁、杠杆租赁、委托租赁、联合租赁等。为便利国际交往,国际统一私法协会《国际融资租赁公约》(UNIDROIT Convention on International Financial Leasing)对标准类型的融资租赁进行了规范。公约主要是为消除各国在经营国际融资租赁业务方面的法律障碍,及发生纠纷后适用统一的国际规则,鼓励更多人利用国际融资租赁方式,促进国际贸易的发展,维护各方正当权益,而不能因为有了国际公约而使融资租赁受到限制。公约主要调整特定的三方关系:出租人、承租人和供货商之间的关系。

在改革开放初期,我国便引入了融资租赁,但国家没有将融资租赁作为金融业务进行管理。直到 20 世纪 80 年代中期的金融体制改革,国家才允许一些租赁公司成为非银行金融机构,并按照金融业务对它们进行管理。由于各个部门对融资租赁的认识都不足,也不可能制定完善的法律法规作为依据,随着租赁公司的业务越来越大,在风险逐渐演变为现时危机之后,基本法律概念的重要性显现出来了。甚至一些法院认为融资租赁是变相贷款从而不合法,并判决融资租赁合同无效,竟而对融资租赁行业造成很大打击。1996 年的《关于审理融资租赁合同纠纷案件若干问题的规定》基本统一了案件审理标准。

《合同法》最终确定了我国法律上的融资租赁合同概念,与《国际融资租赁公约》管辖融资租赁交易的定义基本一致。《合同法》第 237 条规定,融资租赁合同是出租人根据承租人对出卖人、租赁物的选择,向出卖人购买租赁物,提供给承租人使用,承租人支付租金的合同。

融资租赁交易包括三方参与人——出卖人、出租人(购买人)、承租人;包括两个相互联系又相互独立的交易行为——出卖人与购买人（出租人）之间的买卖行为，出租人（购买人）与承租人之间的租赁行为。但是，融资租赁合同并不是指融资租赁交易中的所有合同，而是特指出租人与承租人之间签署的合同，但内容不同于传统租赁合同的内容，而是约定出租人按照承租人的选择购买租赁物再提供给承租人使用。实践上，为了商业交易的方便，出卖人、出租人（购买人）、承租人三方共同签署同一份契约文件，将买卖合同与融资租赁合同结合在一起，但这样的契约文件不是纯粹意义上的融资租赁合同或者买卖合同。

（二）融资租赁合同的特征

融资租赁合同具有如下特征：

(1) 融资与融物相结合。承租人进行融资租赁，其经济目的在于以较小的资金获得所需的租赁物的使用权，并利用其进行获利，以避免一次性的大额资本投入。同时，出租人购买租赁物纯粹是为了出租给承租人，自身并不会使用租赁物，所得收益只是租金。在经济意义上基本类似于出租人向承租人提供了一笔贷款，但是表现形式则是融物而非融资。

在法律上，融资租赁合同的融资性并不意味着它必须是一种金融活动。《合同法》也没有这样界定，虽然目前我国的融资租赁业务尚未完全放开，但是从行政管理上还是能区分出来一般性融资租赁与金融租赁。金融租赁按照《金融租赁公司管理办法》进行管理，而一般性融资租赁业务则按照《关于从事融资租赁业务有关问题的通知》进行管理。

(2) 转移租赁物的使用权。融资租赁合同仅仅转移租赁物的使用权，在租赁期间，出租人仍然享有租赁物的所有权，而承租人享有租赁物的占有、使用和收益权。

(3) 融资租赁合同主体特殊。尽管《合同法》对融资租赁合同的当事人主体资格并没有特殊要求，但是融资租赁具有融资因素，根据现行法律法规，成为融资租赁合同的出租人必须是经批准从事融资租赁业务的企业，《商务部、国家税务总局关于从事融资租赁业务有关问题的通知》与《金融租赁公司管理办法》分别作出了具体规定。

《最高人民法院关于审理融资租赁合同纠纷案件若干问题的规定》明确指出，出租人不具有从事融资租赁经营范围的，应认定融资租赁合同为无效合同。但是，在国际上，融资租赁合同的主体并无特殊性，这主要取决于特定国家的行政管理制度。

融资租赁合同的主体与融资租赁交易的参与人不是同一个概念，融资租赁合同的主体仅包括出租人与承租人，而出卖人尽管是融资租赁交易的重要参与方，但只是出租人履行融资租赁合同义务之时必须要涉及的一方，而不是融资租赁合同的直接权利义务主体。如果三方签署了同一份契约文件，那么这一份文件涉及了两种法律关系，即融资租赁法律关系与买卖法律关系。所以，在审理融资租赁合同纠纷案件中，根据1996年《最高人民法院关于审理融资租赁合同纠纷案件若干问题的规定》，融资租赁合同纠纷案件的当事人应包括出租人、承租人，出卖人是否需要列为当事人，由法院根据案件的具体情况决定。

(4)承租人选择租赁物、卖方。这是融资租赁合同与普通租赁合同相比而言的一个重要特征。在普通租赁合同中,出租人出租的租赁物是根据自己的判断购买的或者所有的,事先并没有意图出租给某特定的承租人。在融资租赁合同中,租赁物、卖方是由承租人选择的,承租人为了实现融资的目的而采用了融资租赁交易模式,由出租人购买特定的租赁物,再出租给承租人。

(5)租赁物为特定化的有体物、非消耗品、可流通物。在法律上,融资租赁合同中的租赁物应该是可以特定化的有体物、非消耗品、可流通物。在《合同法》中,并没有针对租赁物作出特殊规定,但是在融资租赁交易上,并不是所有的物品都适合作为融资租赁的标的。目前,根据商务部、国家税务总局的通知从事融资租赁业务的试点企业,主要从事各种先进或适用的生产、通信、医疗、环保、科研等设备,工程机械及交通运输工具(包括飞机、轮船、汽车等)的租赁业务。

二、融资租赁合同的主要内容

根据《合同法》第238条的规定,融资租赁合同的内容包括租赁物名称、数量、规格、技术性能、检验方法、租赁期限、租金构成及其支付期限和方式、币种、租赁期间届满租赁物的归属等条款。

(一)租赁物

融资租赁合同对租赁物的约定应包含租赁物名称、数量、规格、技术性能、检验方法等。适合融资租赁的租赁物范围要少于一般性的租赁合同,通常是企业生产经营所需要的固定资产,《金融租赁公司管理办法》规定,适用于融资租赁交易的租赁物为固定资产,而《商务部、国家税务总局关于从事融资租赁业务有关问题的通知》规定,试点的企业主要是从事各种先进或适用的生产、通信、医疗、环保、科研等设备,工程机械及交通运输工具(包括飞机、轮船、汽车等)的租赁业务。最高人民法院曾以租赁物标的不适当,而认定某些企业以融资租赁的形式掩盖买卖的实质。例如,1990年《最高人民法院关于中国东方租赁有限公司诉河南登封少林出租旅游汽车公司等融资租赁合同纠纷一案的复函》((90)法经函字第61号)认为,在中信实业银行诉海南省海吉电子工业联合公司、海南省经济计划厅的租赁合同纠纷一案中,由于租赁物是彩色电视机的关键散件,并允许承租方将散件组装成整机出售,不具备国际融资租赁合同的特征,应认定为买卖合同纠纷,有关支付租金条款,适用《经济合同法》的有关规定。

通常在融资租赁交易中,承租人先告知出租人所需的租赁物具体要求,出租人再向出卖人洽谈购买租赁物事宜,在融资租赁合同中,对租赁物进行详细、严格的界定是非常必要的。关于租赁物的内容一般包括租赁物的名称、数量、规格、技术性能、检验方法等等,其中特别需要注意检验方法的约定。由于出租人可能在签署融资租赁合同之时尚未占有租赁物、出卖人尚未向出租人交付,甚至买卖合同也尚未签署,承租人作为提出具体要求的一方,作为租赁物的实际使用人,如何检验租赁物符合自己的要求就成为融资租赁合同中需要明确的重要内容。另外,承租人应按照合同约定、交易性质承担检验的责任。这方面不仅包括合同当事人对租赁物的检验,也应包括国家有关部门依法进行的检验。

(二) 租金

融资租赁合同对租金的约定可以包括租金总额、租金构成、租金支付方式、支付地点和次数、租金支付期限、每期租金额、租金计算方法、租金币种等。融资租赁合同中的租金与一般性租赁合同中的租金最大区别在于,由于融资租赁合同具有信贷因素,其租金并非仅仅是承租人对租赁物进行使用、收益的对价,而是包含了出租人向承租人融资的代价,一般而言要高于一般性租赁合同中的租金。

《合同法》第 243 条规定,融资租赁合同的租金,除当事人另有约定的以外,应当根据购买租赁物的大部分或者全部成本以及出租人的合理利润确定。购买租赁物的成本可以包括价款、运输费用、安装费用、保险、财务费用等等。

在国际上,融资租赁合同的租金计算方法比较复杂,一般有附加率法和年金法两种,而年金法又分为等额年金法与变额年金法。

(三) 租赁期间届满租赁物的归属

在融资租赁中,由于租赁物是按照承租人的要求而购买的,出租人更关注融资租赁交易中的融资性交易因素带来的收益,即租金的信贷成分带来的收益,而不是租赁物的实际使用价值。融资租赁的当事人可以就租赁期间届满之后租赁物的归属进行约定,而一般性租赁届满之后租赁物应返还出租人。

融资租赁期间届满之后,承租人一般对租赁物有三种选择:留购、续租或退租。其中,留购是融资租赁特有的方式,即承租人向出租人支付一笔双方约定的设备残值,从而取得租赁物的所有权。《合同法》第 250 条规定,出租人和承租人可以约定租赁期间届满租赁物的归属。对租赁物的归属没有约定或者约定不明确,依照本法第 61 条的规定仍不能确定的,租赁物的所有权归出租人享有。

如果双方约定租赁期间届满之时租赁物归承租人所有,那么对租赁期间双方的权利义务将产生一些影响,此时承租人所缴纳的租金相对较高,因为包含了租赁期满之后的残值部分。《合同法》第 249 条规定,当事人约定租赁期间届满租赁物归承租人所有,承租人已经支付大部分租金,但无力支付剩余租金,出租人因此解除合同收回租赁物的,收回的租赁物的价值超过承租人欠付的租金以及其他费用的,承租人可以要求部分返还。

第二节 融资租赁合同的效力

融资租赁合同的效力表现为出租人的权利义务和承租人的权利义务。

一、出租人的主要权利义务

1. 出租人的主要权利

出租人的主要权利表现为租赁物所有权、收取租金的权利以及收回租赁物的权利：

（1）租赁物所有权。《合同法》第 242 条规定，出租人享有租赁物的所有权。承租人破产的，租赁物不属于破产财产。该条规定表明了融资租赁合同的租赁特性，即在租赁期限出租人享有租赁物的所有权。租赁物不属于承租人的自有财产，即使双方可能约定在租赁期间届满之后承租人取得租赁物的所有权，但是在租赁期间承租人没有所有权。

（2）收取租金的权利。出租人按照融资租赁合同收取租金是其基本权利。《合同法》第 248 条规定，承租人经催告后在合理期限内仍不支付租金的，出租人可以要求其支付全部租金，也可以解除合同，收回租赁物。在此需要注意的是，出租人不仅可以要求承租人支付到期而未支付的租金，也有权要求承租人支付未到期的租金，还有权解除合同。

（3）收回租赁物的权利。如果双方明确约定租赁期间届满之后租赁物由出租人收回，出租人按照约定拥有收回租赁物的权利。如果双方对租赁物的归属没有约定或者约定不明确，并且依照《合同法》第 61 条的规定仍不能确定的，《合同法》规定租赁物的所有权归出租人，此时出租人按照法律规定拥有收回租赁物的权利。

2. 出租人的主要义务

出租人的主要义务表现为保证承租人对租赁物的占有和使用、不得变更买卖合同相关内容以及协助承租人行使索赔权利等：

（1）保证承租人对租赁物的占有和使用。尽管出租人拥有租赁物的所有权，但是在租赁期间，出租人并不能妨碍承租人对租赁物的占有和使用，同时也应保证第三方的行为不对承租人造成影响。《合同法》第 245 条规定，出租人应当保证承租人对租赁物的占有和使用。出租人不能进行将租赁物擅自转让等行为。根据 1996 年《最高人民法院关于审理融资租赁合同纠纷案件若干问题的规定》，在融资租赁合同有效期间内，出租人非法干预承租人对租赁物的正常使用或者擅自取回租赁物，造成承租人损失的，出租人应承担赔偿责任。

（2）不得变更买卖合同相关内容。融资租赁包括两个相互联系又相互独立的交易行为，即出卖人与购买人（出租人）之间的买卖行为、出租人（购买人）与承租人之间的租赁行为。买卖合同的内容及其履行对融资租赁合同的内容及其履行具有实质性影响，如果出租人按照承租人对出卖人、租赁物的选择与出卖人订立买卖合同之后，能够自行与出卖人变更买卖合同的内容，那么承租人的要求显然将难以实现。买卖合同的有关变更涉及承租人时，实际上与承租人有重大利害关系。《合同法》第 241 条规定，出租人根据承租人对出卖人、租赁物的选择订立的买卖合同，未经承租人同意，出租人不得变更与承租人有关的合同内容。

需要注意的是,并非买卖合同所有内容的变更都需要承租人的同意,只有与承租人有关的合同内容变更才需要其同意,主要包括:出卖人、租赁物及租赁物交付的地点、方式等方面的变更;另外,由于承租人享有与受领标的物有关的买受人的权利、经三方约定承租人行使索赔的权利,因此买卖合同中涉及买受人的其他权利、违约责任、索赔方式等变更,一般也需要承租人的同意。

(3) 协助承租人行使索赔权利。出租人、出卖人、承租人可以约定,出卖人不履行买卖合同义务的,由承租人行使索赔的权利。在这种情况下,承租人行使索赔权利的,出租人应当协助。出租人协助义务的前提是承租人有向出卖人进行索赔的权利。

(4) 租赁物瑕疵保证。在一般性租赁交易中,出租人对其所有的租赁物承担瑕疵保证责任,但是在融资租赁交易中,由于是按照承租人的要求选择出卖人与租赁物,一般情况下出租人不承担相应的瑕疵保证责任,而由承租人直接享有买受人的权利,向出卖人索赔。《合同法》第244条规定,租赁物不符合约定或者不符合使用目的的,出租人不承担责任,但承租人依赖出租人的技能确定租赁物或者出租人干预选择租赁物的除外。该规定是融资租赁与一般性租赁的重大区别之一,也是一种国际惯例,如《国际融资租赁公约》规定,除本公约或租赁协议另有规定外,出租人不应对承租人承担设备方面的任何责任,除非承租人由于依赖出租人的技能和判断,以及出租人干预选择供应商或设备规格而受到损失。

另外,出租人明知租赁物有重大瑕疵而不告知,或者因重大过失而造成不知有瑕疵的、出租人与出卖人之间的关系对承租人造成不利影响的、承租人无法或者不能直接向出卖人索赔的,出租人也应该承担相应的瑕疵保证责任。

二、承租人的主要权利义务

1. 承租人的主要权利

承租人的主要权利表现为选择出卖人与租赁物、对租赁物的使用收益以及索赔权等:

(1) 选择出卖人与租赁物。融资租赁合同的定义内含了承租人在融资租赁交易过程中对出卖人、租赁物的选择权。在实践中,承租人行使该项选择权的方式可以有所不同,除了在融资租赁合同中明确约定出卖人、租赁物以外,还可以由承租人直接与出卖人协商买卖合同的重要条款,但是由出租人与出卖人签署买卖合同。

(2) 对租赁物的使用收益。承租人签署融资租赁合同的目的就是要获得对租赁物的占有和使用,并利用其获得收益,对租赁物使用收益的权利是承租人的基本权利之一。

(3) 承租人享有与受领标的物有关的买受人的权利。这也是融资租赁与一般性租赁的重要区别之一。《合同法》第239条规定,出租人根据承租人对出卖人、租赁物的选择订立的买卖合同,出卖人应当按照约定向承租人交付标的物,承租人享有与受领标的物有关的买受人的权利。在一般性租赁中,是由出租人将现有的租赁物交付予承租人,而在融资租赁中,出租人根据承租人的要求与出卖人签署买卖合同,承租人更了解租赁物的特性,更便利对租赁物进行检验,由出卖人按照约定向承租人交付标的物是适当的。尽管承租人不是买卖合同的当事人,但是承租人享有与受领标的物有关的买受人的权利,包括对租赁物的接收、检验等。这实际是买卖合同与融资租赁合同履行过程中标的物交付安排问题,并不导致承租人成为买卖合同的直接当事人。

《国际融资租赁公约》也有类似的规定,供应商根据供应协议所承担的义务亦应及于承租人,如同承租人是该协议的当事人而且设备是直接交付给承租人一样。但是,供应商不因为同一损害同时对出租人和承租人负责。

(4)对出卖人的索赔权。根据法律规定,承租人享有与受领标的物有关的买受人的权利,当这种权利受到侵犯的时候,可以享有索赔的权利,但毕竟承租人不是买卖合同的直接当事人,对索赔权利的行使还应作出相应的安排,主要有两种方式:一是承租人可以向出租人(法律上的买受人)提出,由出租人再向出卖人提出;二是承租人可以直接向出卖人提出。《合同法》第240条规定,出租人、出卖人、承租人可以约定,出卖人不履行买卖合同义务的,由承租人行使索赔的权利。承租人行使索赔权利的,出租人应当协助。

在1996年《最高人民法院关于审理融资租赁合同纠纷案件若干问题的规定》中,对上述两种索赔方式均有具体规定:在供货人有迟延交货或交付的租赁物质量、数量存在问题以及其他违反供货合同约定的行为时,对其进行索赔应区别不同情形予以处理:第一,供货合同或租赁合同中未约定转让索赔权的,对供货人的索赔应由出租人享有和行使,承租人应提供有关证据;第二,在供货合同和租赁合同中均约定转让索赔权的,应由承租人直接向供货人索赔。显然后一种方法是最简便的,可以降低索赔成本。根据《合同法》的规定,承租人向出卖人直接提出索赔的,需要出租人、出卖人、承租人事先约定。

2. 承租人的主要义务

承租人的义务主要表现在缴纳租金、不得危害出租人的所有权以及妥善保管与维修租赁物:

(1)缴纳租金。承租人按照租赁合同的约定按期、按量支付租金,是其基本义务之一。

(2)不得危害出租人的所有权。承租人对租赁物不得从事危及出租人所有权的行为,如未经出租人同意将其转让、抵押、赠与或者作破坏性使用等。1996年《最高人民法院关于审理融资租赁合同纠纷案件若干问题的规定》指出,在租赁合同履行完毕之前,承租人未经出租人同意,将租赁物进行抵押、转让、转租或投资入股的,其行为无效,出租人有权收回租赁物,并要求承租人赔偿损失。因承租人的无效行为给第三人造成损失的,第三人有权要求承租人赔偿。

(3)妥善保管与维修租赁物。融资租赁合同中对租赁物的维修责任规定与一般性租赁中通常由出租人承担维修义务不同。《合同法》第247条规定,承租人应当妥善保管、使用租赁物,承租人应当履行占有租赁物期间的维修义务。

《国际融资租赁公约》中存在类似的规定,即出租人保证承租人的平静占有不受享有优先所有权、权利或者要求优先所有权、权利并根据法院授权行为的人的侵扰,如果这一所有权、权利或要求不是由于承租人的行为或不行为所产生的话。如果该优先所有权、权利或要求是因为出租人的故意或严重过失的行为或不行为所造成的,当事人不得减损前述规定或变更其效力。

基于承租人对租赁物的妥善保管义务,在租赁期间,租赁物如果造成第三人的人身伤害或者财产损害的,根据《合同法》第246条的规定,出租人对此不承担责任。这里所说的租赁物造成第三人的人身伤害或者财产损害,包括租赁物自身造成的(如因质量不合格而造成操作人员受伤)、承租人使用租赁物造成的(如驾驶交通工具出现交通事故)等等。在这种情况下,应按照其他法律法规确定承租人或者其他应承担责任之人的责任。

第十九章 承揽合同

第一节 承揽合同概述

一、承揽合同的概念和特征

1. 承揽合同的概念

承揽合同(undertaking contract)是一种非常古老的合同类型,在社会生活中的应用也非常广泛。在罗马法时代,承揽是租赁的一种,《德国民法典》将承揽与租赁区分为独立的合同类型。《德国民法典》第631条规定:"根据承揽合同,承揽人有义务完成约定工作,定作人有义务支付约定报酬。承揽合同的标的既可以是物的制作或变更,也可以是其他应通过劳动或提供劳务促成的成果。"

我国的立法和理论将承揽合同视为与租赁合同相互独立的合同类型。根据《合同法》第251条的规定,承揽合同是承揽人按照定作人的要求完成工作,交付工作成果,定作人给付报酬的合同。承揽包括加工、定作、修理、复制、测试、检验等工作。承揽合同在社会生活中非常广泛,种类繁多。《合同法》概括列举了加工、定作、修理、复制、测试、检验等工作。除此之外,洗衣、速记、打字、翻译、拍照、冲洗照片等均属于《合同法》所规范的承揽工作。不过,特定承揽工作存在不同的特殊性,特别是建设工程承揽特殊性更大,因而我国立法上将建设工程合同从承揽合同中独立出来,单独规范。

2. 承揽合同的特征

承揽合同具有如下特征:

(1)承揽合同以完成一定工作为目的。承揽人应按照定作人的要求完成工作并交付工作成果。这种工作有可能主要是脑力劳动,如对机器设备的调试,也有可能主要是体力劳动,如打造家具。同时,定作人更关心的不是工作过程而是工作成果,工作以及工作成果必须是特定化的,核心要素是要符合定作人的要求。

(2)承揽合同是诺成合同、双务合同、有偿合同。承揽合同双方当事人达成合意即可生效,不需要额外的实际交付,因而是一种诺成合同,此时双方都有相应的权利义务需要承担和享有。同时,在承揽合同的定义中就有支付报酬的规定,承揽合同成为有偿合同确是题中应有之义。

(3)承揽人独立完成主要工作内容。定作人是出于对承揽人的信任而要求承揽人完成一定的工作,看重的是承揽人的素质、技能、资质等。承揽人应自行完成工作,在一般情况下,不应将工作交予他人完成。

二、承揽合同的主要内容

承揽合同的内容包括承揽的标的数量、质量,报酬,承揽方式,材料的提供,履行期限,验收标准和方法等。

1. 承揽标的

承揽标的即当事人双方在承揽合同中约定的工作。双方关于承揽标的的约定必须特定化,能够明确双方权利义务指向的对象,实现双方的目的,特别是定作人的要求。需要明确约定工作成果的名称、数量、规格、型号、性能、质量标准等。

2. 报酬

报酬是承揽人完成定作人要求的工作所应得到的回报,根据不同的承揽方式、材料的提供等的不同,报酬的数量、计算方法等也会有不同的标准。如果国家法律法规对某些工作规定了价格标准,双方应按照国家的价格标准确定报酬。在实践中,如果是由承揽人提供材料,有些承揽业务是将材料费与承揽人的劳务报酬总计为最终产品的价款一起结算,有些则是将材料费与劳务报酬分开计算。这些差异很可能会影响到双方的权利义务、违约责任认定,也需要双方在合同中认真考虑。

3. 承揽方式

定作人是基于对承揽人能力的信任,才会要求承揽人完成一定的工作;而承揽人接受承揽业务,也应具备相应的能力并且独立完成工作。但是,如果工作内容比较复杂,也可能需要他人的协助。《合同法》对此按照主要工作与辅助工作的不同,规定了不同的方式。

对于辅助工作,承揽人可以按照《合同法》的规定将其交由其他人完成;对于部分主要工作,经承揽合同约定也可以交予其他人完成,此二者都为转承揽,只是依据不同。承揽人将其承揽的部分工作交由第三人完成的,应当就该第三人完成的工作成果向定作人负责。实践中还存在共同承揽的方式,根据《合同法》第267条的规定,共同承揽人对定作人承担连带责任,但当事人另有约定的除外。共同承揽不同于《合同法》规定的转承揽。在转承揽中,承接部分工作的第三人,无论是否经过定作人同意,都不是承揽合同的当事人,而只是转承揽中的当事人,该第三人对承揽人负责。在共同承揽中,多个承揽人都直接与定作人存在承揽法律关系,多个承揽人之间共同对定作人承担连带责任,当然当事人可以约定多个承揽人各自承担相应的责任,或者由其中一个承揽人承担。

4. 材料的提供

材料是承揽人完成承揽工作所必需的,可以由承揽人提供,也可以由定作人提供,这取决于双方的约定。所需材料由哪一方提供,对双方的权利义务界定有重大影响。承揽人提供材料的,承揽合同一般被称为"定作合同"。如果当事人未事先在承揽合同中约定由哪一方提供材料或者约定不明的,当事人可以事后对此事项另行协商;如果不能协商一致的,则按照承揽合同有关条款或者交易习惯确定;如果仍然不能确定的,则一般应由承揽人提供所需材料。

材料提供还包括提供的期限、交付地点、数量及质量标准等。如果未明确材料提供的时间,由承揽人提供材料的,承揽人则应自行根据履行期限准备材料,只要能够按时完成工作;如果由定作人提供材料,承揽人可以根据履行期限,要求定作人及时提供。交付材料地点不明确的,一般应在承揽人的工作地点交付。材料数量不明确的,由当事人根据承揽工作的要求合理提供。材料质量不明确的,由当事人根据承揽工作的性质确定。

如果双方约定由承揽人提供材料,承揽人应当按照约定及时选用材料,并接受定作人检验,以确定是否符合定作人的要求。此时,承揽合同容易与买卖合同混淆,二者的重大区别在于,买卖合同中的标的物是为一般流通而生产的,而承揽合同中的标的物是按照定作人的要求而生产的,在签署承揽合同之时,标的物并不存在;在买卖合同中,如果标的物仍然在生产过程中,买方也不能对生产过程进行检验,而定作人在承揽工作期间有权对标的物进行检验。

如果双方约定由定作人提供材料,定作人应当按照约定及时提供材料。承揽人对定作人提供的材料,应当及时检验,发现不符合约定时,应当及时通知定作人更换、补齐或者采取其他补救措施。承揽人不得擅自更换定作人提供的材料,不得更换不需要修理的零部件。此时,承揽合同容易与劳动合同混淆,二者的重大区别在于,劳动合同中的劳动者与用人单位存在管理关系,劳动者应遵守用人单位的管理制度,而承揽合同中承揽人与定作人之间是相互独立的,承揽人按照自己的意志独立完成约定的承揽工作;在劳动合同中约定的工资和福利待遇需要符合国家有关劳动法律法规的规定,而承揽合同中约定的酬金则应根据工作成果来确定。

5. 履行期限

履行期限也就是承揽人完成工作的期限,还包括交付工作成果的时间、交付报酬的时间等等。

6. 验收

验收不仅包括对工作成果的验收,也包括对承揽所需材料的检验,双方需要约定验收的标准、方法、时间、地点等。检验、验收,是指承揽人与定作人在承揽合同中的检验、验收,只要符合定作人的要求,承揽人的义务应被认为已经完成。如果存在相应的国家标准或者依法进行的质量检验,应以国家标准为准;如果双方并未约定以国家标准或者依法进行的质量检验为准,应以定作人的要求和验收为准。

第二节　承揽合同的效力

一、承揽人的主要权利义务

1. 承揽人的主要权利

承揽人的主要权利表现为收取报酬权和留置权：

(1) 收取报酬权。承揽人按照承揽合同约定收取报酬，是其一项基本权利。

(2) 留置权。《合同法》第264条规定，定作人未向承揽人支付报酬或者材料费等价款的，承揽人对完成的工作成果享有留置权，但当事人另有约定的除外。留置权是《担保法》规定的一种担保方式，债权人按照合同约定占有债务人的动产，债务人不按照合同约定的期限履行债务的，债权人有权依照《担保法》的规定留置该财产，以该财产折价或者以拍卖、变卖该财产的价款优先受偿。由于《担保法》制定较早，将债权人享有留置权的合同限定为加工承揽合同、保管合同、运输合同，在《合同法》制定以后，"承揽合同"应取代"加工承揽合同"。

承揽人享有的留置权以及行使留置权都应符合《担保法》的规定。如果工作成果不能成为留置标的，如承揽工作是进行建筑物维修，承揽人则不能对该建筑物行使留置权。如果留置的财产（承揽工作成果）为可分物，留置物的价值应当相当于债务的金额。承揽人作为留置权人负有妥善保管留置物的义务，因保管不善致使留置物灭失或者毁损的，承揽人应当承担民事责任。承揽人行使留置权的前提必须是定作人未付到期应付的报酬或者材料费等价款。承揽人留置工作成果后，应当依照约定或者《担保法》的规定确定一定期限通知定作人在该期限内履行债务。定作人逾期仍不履行的，承揽人可以将作为留置物的工作成果折价，也可以依法拍卖、变卖，折价或者拍卖、变卖后，其价款超过债权数额的部分归定作人所有，不足部分仍应由定作人清偿。

2. 承揽人的主要义务

承揽人的主要义务表现为独立完成主要工作、工作成果的交付、对工作成果的瑕疵担保、对材料与工作成果的保管以及技术与保密：

(1) 独立完成主要工作。承揽人独立完成主要工作乃是其核心义务。《合同法》第253条规定，承揽人应当以自己的设备、技术和劳力，完成主要工作，但当事人另有约定的除外。承揽人将其承揽的主要工作交由第三人完成的，应当就该第三人完成的工作成果向定作人负责；未经定作人同意的，定作人可以解除合同。

《合同法》对于"主要工作"并没有明确界定，通常是指对工作成果的按时、按质完成起到决定性作用的工作。例如，加工服装时的裁剪、缝制等可以认为是主要工作，而钉扣子则可以认为是辅助工作。根据《合同法》的规定，未经定作人同意，承揽人擅自将主要工作交由第三人完成的，构成严重违约行为，定作人有权解除承揽合同。

对于辅助性工作，承揽人可以交由第三人完成。承揽人将其承揽的辅助工作交由第三人完成的,应当就该第三人完成的工作成果向定作人负责。当然,如果定作人事先明确约定辅助性工作不得转承揽,那么承揽人就必须独立完成辅助性工作。

(2) 工作成果的交付。承揽人应按照合同约定的时间和地点向定作人交付工作成果,同时还应提交必要的技术资料和质量证明,如果由定作人提供的材料有剩余,应返还定作人。交付的方式可以包括承揽人送货、定作人提货、委托运输方运送等。

(3) 对工作成果的瑕疵担保。承揽人应对工作成果符合双方约定的质量要求承担瑕疵担保责任。如果工作成果被确认不符合定作人的要求,根据《合同法》第262条的规定,承揽人交付的工作成果不符合质量要求的,定作人可以要求承揽人承担修理、重作、减少报酬、赔偿损失等违约责任。有些瑕疵在验收过程中可以发现,而有些瑕疵可能在使用一段时间之后才会显现出来。双方可以约定一个期限,在此期限承揽人承担质量保证责任;如果没有约定,则应按照法律法规或者交易惯例确定合理期限。

(4) 对材料与工作成果的保管。承揽人对定作人提供的材料不拥有所有权,对完成的工作成果应按时交付定作人,在交付之前应承担妥善保管的义务。除此之外,承揽人对其占有的由定作人为协助承揽工作而提供的图纸、设备等,也应承担妥善保管的义务。因保管不善造成毁损、灭失的,根据《合同法》第265条的规定,应当承担损害赔偿责任。

(5) 技术与保密。在完成承揽工作过程中,承揽人会从定作人那里获得图纸、技术数据等信息,而这些信息可能是定作人的商业秘密,也可能是定作人的知识产权。承揽人仅仅是完成定作人要求的工作,不能利用这些商业秘密或者知识产权谋取利益。《合同法》第266条规定,承揽人应当按照定作人的要求保守秘密,未经定作人许可,不得留存复制品或者技术资料。

二、定作人的主要权利义务

1. 定作人的主要权利

定作人的主要权利表现为获得工作成果、变更要求、随时解除承揽合同、工作期间的监督检验:

(1) 获得工作成果。在承揽完成以后,定作人获得工作成果乃是其必然的一项权利。

(2) 变更要求。承揽合同的重要特征之一就是承揽人是按照定作人的要求完成一定的工作并交付工作成果,根据《合同法》第258条的规定,定作人中途变更承揽工作的要求,造成承揽人损失的,应当赔偿损失。该条实际上赋予了定作人单方权利,可以在承揽期间变更工作要求。这一点不同于一般意义上的合同变更,因为合同变更需要当事人双方的同意。承揽人与定作人也可以事先在承揽合同中明确约定,在承揽期间或者承揽工作开始一定阶段之后,定作人不得再行变更要求。定作人的这种变更必须公平合理,不能给承揽人造成损失,如果造成了损失,如材料费用、劳务费用等,定作人应给予赔偿。如果定作人不予赔偿,并且执意要求变更,承揽人也不得按照原来的要求继续进行工作,但是有权要求解除合同。

《合同法》第257条规定,承揽人发现定作人提供的图纸或者技术要求不合理的,应当及时通知定作人。未经定作人同意,承揽人也不能以自己认为图纸或者技术要求不合理为由擅自修改图纸、变更技术要求。这是因为承揽合同本来就是要满足定作人自身的特定需要,而不是通用产品,是否合理则应由定作人决定。同时,定作人也不能拖延给予答复,因定作人怠于答复等原因造成承揽人损失的,应当赔偿损失。如果定作人认为图纸或者技术要求是合理的,那么,即使工作成果存在瑕疵,承揽人也不承担责任。

(3) 随时解除承揽合同。《合同法》第268条规定,定作人可以随时解除承揽合同,造成承揽人损失的,应当赔偿损失。该条实际上赋予了定作人单方权利,可以随时解除承揽合同,撤销对承揽人的工作要求。这项权利不同于一般意义上的合同解除,因为只有在重大违约等特定情形下,一方当事人才可以单方面解除合同。定作人行使该项权利,不能侵犯承揽人的权利,如果造成承揽人损失的,应当赔偿损失。

(4) 工作期间的监督检验。由于承揽人是按照定作人的要求进行承揽工作的,定作人在承揽期间对工作进行监督检验是必然的,也是合理的。《合同法》第260条规定,承揽人在工作期间,应当接受定作人必要的监督检验。定作人不得因监督检验妨碍承揽人的正常工作。但是,定作人的监督检验也必须是必要的,而不能是随意的,不得因监督检验妨碍承揽人的正常工作。关于是否"必要"的界定,则需要根据双方的约定以及承揽工作的性质来具体确定。如果双方没有约定,那么"必要的监督检验"可以包括对工作进度、材料的使用、具体操作人员的技能、阶段性成果等的检验,而承揽人不得阻碍定作人的监督检验,也不能提供虚假信息。

2. 定作人的主要义务

定作人的主要义务表现为支付报酬、验收工作成果以及提供协助:

(1) 报酬支付。定作人应当按照承揽合同约定的期限向承揽人支付报酬,这是内含在承揽合同定义中的一项义务。对支付报酬的期限没有约定或者约定不明确的,当事人应再行协商,协商不妥的按照合同条款、交易习惯确定;仍不能确定的,定作人应当在承揽人交付工作成果时支付报酬;工作成果部分交付的,定作人应当相应支付该部分的报酬。

(2) 验收工作成果。定作人对承揽人交付的工作成果应及时接收并进行验收。如果双方对验收结果有争议,也可以委托第三方进行检验。如果验收中发现问题,定作人应及时向承揽人通报工作成果不符合要求的结论,并及时提出要求承担违约责任的请求。

(3) 提供协助。由于承揽人完成的工作是由定作人要求的,具有特定性,有些事项的完成需要定作人提供协助。这种义务的产生需要根据承揽合同的约定、承揽工作的性质或者交易习惯来确定。这种协助主要包括提供工作场所、设备、材料、图纸等。定作人不履行协助义务致使承揽工作不能完成的,根据《合同法》第259条的规定,承揽人可以催告定作人在合理期限内履行义务,并可以顺延履行期限;定作人逾期不履行的,承揽人可以解除合同。

第二十章 建设工程合同

第一节 建设工程合同概述

一、建设工程合同的概念、特征和种类

1. 建设工程合同的概念

建设工程合同(engineering construction contract),是指承包人进行工程建设,发包人支付价款的合同。建设工程合同通常包括建设工程勘察、设计、施工合同。在传统民法上,建设工程合同属于承揽合同的一种,德国、日本、法国及我国台湾地区"民法典"均将对建设工程合同的规定纳入承揽合同。建设工程合同的标的物基本是不动产,而承揽合同的标的物基本是动产,但是二者在权利义务的内容上具有基本的相似性。《合同法》第287条规定,"建设工程合同"一章没有规定的,适用承揽合同的有关规定。

2. 建设工程合同的特征

建设工程合同的特征主要有以下两个方面:

(1) 建设工程合同是以完成特定不动产的工程建设为主要内容的合同。建设工程合同与承揽合同一样,在性质上属于以完成特定工作任务为目的的合同,但工作任务是工程建设而不是一般的动产承揽,当事人权利义务所指向的工作物是建设工程项目,包括工程项目的勘察、设计和施工成果,这也是我国建设工程合同不同于承揽合同的主要特征。建设工程合同就是以建设工程的勘察、设计或施工为内容的承揽合同。从双方权利义务的内容看,承包人主要提供的是专业的建设工程勘察、设计及施工等劳务,而不同于买卖合同出卖人的转移特定标的物的所有权,这是承揽合同与买卖合同的主要区别。

(2) 建设工程合同的订立和履行各环节均体现了国家较强的干预。我国大量的建设工程的投资主体是国家或者国有资本,表现为国家对建设工程合同较为严格的干预。在立法上除《合同法》外还有大量的单行法律和法规,如《建筑法》《城市规划法》《招标投标法》及大量的行政法规和规章,对建设工程合同的订立和履行诸环节进行规制。立法对建设工程合同的干预体现在:一是对缔约主体的限制。自然人基本上被排除在建设工程合同承包人的主体之外,只有具备法定资质的单位才能成为建设工程合同的承包主体。《建筑法》第12条明确规定了从事建筑活动的建筑施工企业、勘察单

位、设计单位和工程监理单位应具备的条件,并将其划分为不同的资质等级,只有取得相应等级的资质证书后,才可在其资质等级许可的范围内从事建筑活动。二是建筑工程质量和安全的强制性标准。建设工程的质量涉及民众生命财产安全,为确保建设工程质量监控的可操作性,在建设工程质量的监控过程中需要适用大量的标准。《建筑法》第 3 条规定,建筑活动应当确保建筑工程质量和安全,符合国家的建筑工程安全标准。建筑活动从勘测、设计到施工、验收的各个环节,均存在大量的国家强制性标准的适用。三是合同责任的法定性。建设工程合同的立法中强制性规范占了相当的比例,相当部分的合同责任成为法定责任,使得建设工程合同的主体责任呈现出较强的法定性。

3. 建设工程合同的分类

根据不同的分类标准,建设工程合同有以下不同的分类:

(1) 根据工程的建设阶段进行分类,建设工程合同包括工程勘察、设计、施工合同

建设工程勘察合同是承包方进行工程勘察,发包人支付价款的合同。建设工程勘察单位称为"承包方",建设单位或者有关单位称为"发包方"。建设工程勘察合同的标的是为建设工程需要而作的勘察成果。工程勘察是工程建设的第一个环节,也是保证建设工程质量的基础环节。为确保工程勘察的质量,勘察合同的承包方必须是经国家或省级主管机关批准,持有勘察许可证并具有法人资格的勘察单位。建设工程勘察合同必须符合国家规定的基本建设程序,勘察合同由建设单位或有关单位提出委托,经与勘察部门协商,双方协商一致后成立。

建设工程设计合同是承包方进行工程设计,委托方支付价款的合同。建设单位或有关单位为委托方,建设工程设计单位为承包方。建设工程设计是为建设工程需要而作的设计成果。工程设计是工程建设的第二个环节,是保证建设工程质量的重要环节。工程设计合同的承包方必须是经国家或省级主要机关批准,持有设计许可证并具有法人资格的设计单位。在不同阶段,发包人需要不同的设计,主要分为方案设计、初步设计、施工图设计。

建设工程施工合同是工程建设单位与施工单位,即发包方与承包方以完成商定的建设工程为目的,明确双方权利义务的协议。建设工程施工合同的发包方可以是法人,也可以是依法成立的其他组织或公民,而承包方必须是法人施工单位。建设工程施工合同主要包括建筑合同和安装合同两种类型。

(2) 按照当事人权利义务的不同,建筑工程合同可以分为直接承包合同、分包合同

直接承包指发包人直接将工程发包给承包人的合同。直接承包有三种类型:一是单项工程承包,只有一个承包人,没有其他承包人;二是工程总承包,同时存在其他承包人即分包人,但对于总承包而言是直接承包;三是联合共同承包,多个承包人都是直接承包,即大型建筑工程或者结构复杂的建筑工程,可以由两个以上的承包单位联合共同承包,共同承包的各方对承包合同的履行承担连带责任。《合同法》第 272 条规

定,发包人可以与总承包人订立建设工程合同,也可以分别与勘察人、设计人、施工人订立勘察、设计、施工承包合同。这里的与总承包人订立的建设工程合同,分别与勘察人、设计人、施工人订立的勘察、设计、施工承包合同都是直接承包合同。《建筑法》第24条规定,提倡对建筑工程实行总承包,禁止将建筑工程肢解发包。建筑工程的发包单位可以将建筑工程的勘察、设计、施工、设备采购一并发包给一个工程总承包单位,也可以将建筑工程勘察、设计、施工、设备采购的一项或者多项发包给一个工程总承包单位;但是,不得将应当由一个承包单位完成的建筑工程肢解成若干部分发包给几个承包单位。

分包,是指总承包人或者勘察、设计、施工承包人经发包人同意将自己承包的部分工作交由第三人完成的承包形式。在分包合同中,直接承包合同中的承包人即总承包人或者勘察、设计、施工承包人就是发包人,而完成该等部分工作的第三人就是分承包人。但是,根据《合同法》的规定,第三人就其完成的工作成果与总承包人或者勘察、设计、施工承包人向发包人承担连带责任。承包人不得将其承包的全部建设工程转包给第三人,或者将其承包的全部建设工程肢解以后以分包的名义分别转包给第三人。承担连带责任的含义是,如果分包的工程出现质量问题,发包人既可以要求总承包人及勘察、设计、施工承包人承担责任,也可以直接要求分包人承担责任。分包工程的第三人也必须具有相应的承包资质,即禁止承包人将工程分包给不具备相应资质条件的单位,同时分包人不得再进行分包。

二、建设工程合同的当事人

建设工程合同的当事人是建设工程的发包人和承包人,法律对建设工程合同的当事人有资格上的限制,该当事人的资格直接影响建设工程合同的效力。

(1)发包人。发包人是工程的建设单位、投资单位。在实践中,许多大型建设项目的实际投资单位会成立一个项目公司来直接进行工程建设,特别是在有多个投资人的情况下。在这种情况下,项目公司就是发包人。1996年的《关于实行建设项目法人责任制的暂行规定》则要求,国有单位投资的经营性基本建设大中型建设项目,在建设阶段必须组建项目法人,实行项目法人责任制,由项目法人对项目的策划、资金筹措、建设实施、生产经营、偿还债和资产的保值增值,实行全过程负责。这主要是针对以往国家投资的建设项目无人负责的弊端而作出的规定,如果由原有企业负责建设的基建大中型项目,需新设立子公司的,则要重新设立项目法人,如果只设分公司或分厂的,原企业法人即项目法人。该文件对项目法人的成立时间作出了严格规定,有关单位在申报项目可行性研究报告时,必须同时提出项目法人的组建方案;在项目建议书批准后,就应及时组建项目法人筹备组,具体负责项目法人的筹建工作,项目法人筹备组应主要由项目的投资方派代表组成;在项目可行性研究报告经批准后,正式成立项目法人,并按有关规定确保资本金按时到位,同时办理公司设立登记。

(2)承包人。根据我国法律法规,勘察人、设计人和施工人必须具备相应的资质,否则不能承包相应的工程。不仅承包单位需要不同的资质,其工程技术人员也必须具有相应的资质。承包建筑工程的单位只能在其资质等级许可的业务范围内承揽工程。根据有关规定,承包人未取得建筑施工企业资质或者超越资质等级的、没有资质的实际施工人借用有资质的建筑施工企业名义的、建设工程必须进行招标而未招标或者中标无效的,签署的建设工程施工合同应被认为无效。

《建筑法》第12条规定,从事建筑活动的建筑施工企业、勘察单位、设计单位和工程监理单位,应当具备以下条件:有符合国家规定的注册资本;有与其从事的建筑活动相适应的具有法定执业资格的专业技术人员;有从事相关建筑活动所应有的技术装备;法律、行政法规规定的其他条件。

从事建筑活动的建筑施工企业、勘察单位、设计单位和工程监理单位,按照其拥有的注册资本、专业技术人员、技术装备和已完成的建筑工程业绩等资质条件,划分为不同的资质等级,经资质审查合格,取得相应等级的资质证书后,方可在其资质等级许可的范围内从事建筑活动。[①]

第二节 建设工程合同的订立

建设工程合同的订立与其他合同不同,通常采取招标的方式。发包人与中标的竞标人通过竞标方式签订建设工程合同。由于建设工程合同通常标的较大,单一的中标人可能无法完成建设工程合同,还要通过分包合同将部分建设工程合同转包给其他承包人。

《建筑法》第19条规定,建筑工程依法实行招标发包,对不适于招标发包的可以直接发包。建设工程合同的订立以招标发包为原则,以直接发包为例外情形。根据《招

[①] 建设部2001年颁布的《建设工程勘察设计企业资质管理规定》对建筑设计企业的资质管理作出了详细规定,工程勘察资质分为工程勘察综合资质、工程勘察专业资质、工程勘察劳务资质。工程设计资质分为工程设计综合资质、工程设计行业资质、工程设计专项资质。

工程勘察综合资质只设甲级;工程勘察专业资质根据工程性质和技术特点设立类别和级别;工程勘察劳务资质不分级别。取得工程勘察综合资质的企业,承接工程勘察业务范围不受限制;取得工程勘察专业资质的企业,可以承接同级别相应专业的工程勘察业务;取得工程勘察劳务资质的企业,可以承接岩土工程治理、工程钻探、凿井工程勘察劳务工作。

工程设计综合资质只设甲级;工程设计行业资质和工程设计专项资质根据工程性质和技术特点设立类别和级别。取得工程设计综合资质的企业,其承接工程设计业务范围不受限制;取得工程设计行业资质的企业,可以承接同级别相应行业的工程设计业务;取得工程设计专项资质的企业,可以承接同级别相应的专项工程设计业务。

根据建设部2001年《建筑业企业资质管理规定》,建筑业企业资质分为施工总承包、专业承包和劳务分包三个序列。获得施工总承包资质的企业,可以对工程实行施工总承包或者对主体工程实行施工承包。承担施工总承包的企业可以对所承接的工程全部自行施工,也可以将非主体工程或者劳务作业分包给具有相应专业承包资质或者劳务分包资质的其他建筑业企业。获得专业承包资质的企业,可以承接施工总承包企业分包的专业工程或者建设单位按照规定发包的专业工程。专业承包企业可以对所承接的工程全部自行施工,也可以将劳务作业分包给具有相应劳务分包资质的劳务分包企业。获得劳务分包资质的企业,可以承接施工总承包企业或者专业承包企业分包的劳务作业。

标投标法》的规定,涉及国家安全、国家秘密、抢险救灾或者属于利用扶贫资金实行以工代赈、需要使用农民工等特殊情况,不适宜进行招标的项目,按照国家有关规定可以不进行招标。根据2000年的《工程建设项目招标范围和规模标准规定》,建设项目的勘察、设计,采用特定专利或者专有技术的,或者其建筑艺术造型有特殊要求的,经项目主管部门批准,可以不进行招标。

招标的意义在于通过引入竞争机制,以降低工程建设的成本、遏制工程建设中的腐败。《合同法》第271条规定,建设工程的招标投标活动应当依照有关法律的规定公开、公平、公正进行;《建筑法》第16条规定,建筑工程发包与承包的招标投标活动应当遵循公开、公正、平等竞争的原则,择优选择承包单位。

一、招标范围

根据《招标投标法》和《工程建设项目招标范围和规模标准规定》,在我国境内进行下列工程建设项目,包括项目的勘察、设计、施工、监理以及与工程建设有关的重要设备、材料等的采购,必须进行公开招标:

(1) 大型基础设施、公用事业等关系社会公共利益、公众安全的项目;①
(2) 全部或者部分使用国有资金投资或者国家融资的项目;②
(3) 使用国际组织或者外国政府贷款、援助资金的项目。③

二、招标程序

根据《建筑法》与《招标投标法》的规定,建设工程的招标投标应遵循以下程序:

(1) 招标。招标,是指招标人按照法定程序和要求,发布招标文件。如果招标项目按照国家有关规定需要履行项目审批手续的,应当先履行审批手续,取得批准,然后进行招标。招标投标活动不受地区、部门的限制,不得对潜在投标人实行歧视待遇。招标分为公开招标和邀请招标。

公开招标,是指招标人以招标公告的方式邀请不特定的法人或者其他组织投标,

---

① 关系社会公共利益、公众安全的基础设施项目的范围包括:(a) 煤炭、石油、天然气、电力、新能源等能源项目;(b) 铁路、公路、管道、水运、航空以及其他交通运输业等交通运输项目;(c) 邮政、电信枢纽、通信、信息网络等邮电通讯项目;(d) 防洪、灌溉、排涝、引(供)水、滩涂治理、水土保持、水利枢纽等水利项目;(e) 道路、桥梁、地铁和轻轨交通、污水排放及处理、垃圾处理、地下管道、公共停车场等城市设施项目;(f) 生态环境保护项目;(g) 其他基础设施项目。关系社会公共利益、公众安全的公用事业项目的范围包括:(a) 供水、供电、供气、供热等市政工程项目;(b) 科技、教育、文化等项目;(c) 体育、旅游等项目;(d) 卫生、社会福利等项目;(e) 商品住宅,包括经济适用住房;(f) 其他公用事业项目。
② 使用国有资金投资项目的范围包括:(a) 使用各级财政预算资金的项目;(b) 使用纳入财政管理的各种政府性专项建设基金的项目;(c) 使用国有企业事业单位自有资金,并且国有资产投资者实际拥有控制权的项目。国家融资项目的范围包括:(a) 使用国家发行债券所筹资金的项目;(b) 使用国家对外借款或者担保所筹资金的项目;(c) 使用国家政策性贷款的项目;(d) 国家授权投资主体融资的项目;(e) 国家特许的融资项目。
③ 使用国际组织或者外国政府贷款、援助资金的项目的范围包括:(a) 使用世界银行、亚洲开发银行等国际组织贷款资金的项目;(b) 使用外国政府及其机构贷款资金的项目;(c) 使用国际组织或者外国政府援助资金的项目。

招标公告应当载明招标人的名称和地址,招标项目的性质、数量、实施地点和时间,以及获取招标文件的办法等事项。招标文件的主要内容包括招标工程的主要技术要求、主要合同条款、评标的标准和方法以及投标、开标、评标、定标的程序等。按照国家有关法律法规,依法必须进行招标的项目,如果全部使用国有资金投资或者国有资金投资占控股或者主导地位的,则应当公开招标。依法必须进行招标的项目的招标公告,应当通过国家指定的报刊、信息网络或者其他媒介发布。

邀请招标,是指招标人以投标邀请书的方式邀请特定的法人或者其他组织投标,投标邀请书的内容与招标公告相同。采用邀请招标方式,应当向三个以上具备承担招标项目的能力、资信良好的特定的法人或者其他组织发出投标邀请书。

(2) 投标。投标,是指投标人在招标文件规定的期限内响应招标、参加投标竞争。投标人应当按照招标文件的要求编制投标文件,对招标文件提出的实质性要求和条件作出响应。对于建设施工的招标项目,投标文件的内容应当包括拟派出的项目负责人与主要技术人员的简历、业绩和拟用于完成招标项目的机械设备等。

(3) 开标。开标,是指招标人在招标文件规定的投标截止日期届满后,在预先规定的时间内、在预先规定的地点将收到的投标文件全部启封打开。开标由招标人主持,邀请所有投标人参加。开标时,由投标人或者其推选的代表检查投标文件的密封情况,也可以由招标人委托的公证机构检查并公证;经确认无误后,由工作人员当众拆封,宣读投标人名称、投标价格和投标文件的其他主要内容。招标人对在招标文件要求提交投标文件的截止时间前收到的所有投标文件开标时,应当当众予以拆封、宣读。

(4) 评标。评标,是指在开标后,由招标人依法组建的评标委员会按照招标文件规定的评标标准和程序对投标文件进行审查、评估,择优选定中标者。按照国家有关规定依法必须进行招标的项目,其评标委员会由招标人的代表和有关技术、经济等方面的专家组成,成员人数为五人以上单数,其中技术、经济等方面的专家不得少于成员总数的 2/3。招标人应当采取必要的措施,保证评标在严格保密的情况下进行。评标委员会应当按照招标文件确定的评标标准和方法,对投标文件进行评审和比较;设有标底的,应当参考标底。任何单位和个人不得非法干预、影响评标的过程和结果。评标委员会完成评标后,应当向招标人提出书面评标报告,并推荐合格的中标候选人。

(5) 定标。定标,是指招标人最终确定某个投标人作为中标人,从而招标人以发包人的身份、中标人以承包人的身份就投标价格、投标方案等实质性内容进行谈判,最终签署承包合同。招标人可以根据评标委员会提出的书面评标报告和推荐的中标候选人确定中标人,也可以授权评标委员会直接确定中标人。评标委员会经评审,认为所有投标都不符合招标文件要求的,可以否决所有投标。依法必须进行招标的项目的所有投标被否决的,招标人应当依法重新招标。

建设工程的发包人与中标人在招标文件确定的时间内签订建设工程合同。发包人的招标文件和中标人的投标文件,也是建设工程合同的重要组成部分。

第三节 建设工程合同的效力

一、勘察、设计合同当事人的主要权利义务

勘察、设计合同包括提交有关基础资料和文件（包括概预算）的期限、质量要求、费用以及其他协作条件等条款。当事人的主要权利义务体现在以下合同条款中：

(1) 发包人提供勘察、设计的基础资料、文件。在勘察合同中，发包人一般应向承包人提供如下资料：本工程批准文件（复印件），以及用地（附红线范围）、施工、勘察许可等批件（复印件）；工程勘察任务委托书、技术要求和工作范围的地形图、建筑总平面布置图；勘察工作范围已有的技术资料及工程所需的坐标与标高资料；勘察工作范围地下已有埋藏物的资料（如电力、电讯电缆、各种管道、人防设施、洞室等）及具体位置分布图。发包人不能提供上述资料，由勘察人收集的，发包人需向勘察人支付相应费用。

在设计合同中，发包人一般应向承包人提供如下资料：经批准的设计任务书、工程选址报告，以及原料（或经过批准的资源报告）、燃料、水、电、运输等方面的协议文件和能满足初步设计要求的勘察资料、经过科研取得的技术资料；经过批准的初步设计文件和能满足施工图设计要求的勘察资料、施工的条件，以及有关设备的技术资料。

《合同法》第285条规定，因发包人变更计划，提供的资料不准确，或者未按照期限提供必需的勘察、设计工作条件而造成勘察、设计的返工、停工或者修改设计，发包人应当按照勘察人、设计人实际消耗的工作量增付费用。

(2) 承包人提供勘察、设计文件。在勘察合同中，承包人（勘察人）应当提交建设工程勘察文件，建设工程勘察文件应当满足建设工程规划、选址、设计、岩土治理和施工的需要。

在设计合同中，承包人（设计人）应当提供工程设计文件。不同的设计文件还需要具备不同的内容：方案设计文件应当满足编制初步设计文件和控制概算的需要；初步设计文件应当满足编制施工招标文件、主要设备材料订货和编制施工图设计文件的需要；制施工图设计文件应当满足设备材料采购、非标准设备制作和施工的需要。

《合同法》第280条规定，勘察、设计的质量不符合要求或者未按照期限提交勘察、设计文件拖延工期，造成发包人损失的，勘察人、设计人应当继续完善勘察、设计，减收或者免收勘察、设计费并赔偿损失。

(3) 质量要求。质量要求，是指发包人对承包人实施勘察、设计工作提出的具体质量标准，是确定勘察人、设计人工作责任的重要依据。勘察、设计文件质量要求分为三个层次：《建筑法》《土地管理法》《城市规划法》《环境保护法》等有关法律、行政法规的规定；《工程建设标准强制性条文》等规定的建筑工程质量、安全标准，建筑工程勘察、设计技术规范；承包合同的约定。

(4) 其他协作条件。为使勘察、设计顺利进行,确保工程质量,发包人与承包人应当相互合作,相互提供一些协作条件。除了已经说明的协助之外,其他协作条件主要包括:发包人应为派赴现场处理有关勘察、设计问题的承包人的工作人员提供必要的工作、生活及交通等方便条件以及必要的劳动保护装备;勘察人配合工程建设的设计、施工,进行技术交底,参加验收等;设计人交付设计资料及文件后,按规定参加有关的设计审查,并根据审查结论负责对不超出原定范围的内容作必要调整补充,向发包人及施工单位进行设计交底,处理施工中的有关设计问题,负责设计变更和修改预算,以及参加隐蔽工程验收、竣工验收。

二、施工合同当事人的主要权利义务

施工合同包括工程范围、建设工期、中间交工工程的开工和竣工时间、工程质量、工程造价、技术资料交付时间、材料和设备供应责任、拨款和结算、竣工验收、质量保修范围和质量保证期、双方相互协作等条款,这些条款体现了合同当事人的主要权利义务。

(1) 工程质量。《建筑法》第58条规定,建筑施工企业对工程的施工质量负责。工程质量必须符合国家有关建设工程安全标准的要求,工程质量主要是通过施工设计图纸及其说明书、技术标准加以确定。建筑施工企业必须按照工程设计图纸和施工技术标准施工,不得擅自修改工程设计,在施工过程中发现设计文件和图纸有差错的,应当及时提出意见和建议;必须按照工程设计要求、施工技术标准和合同的约定,对建筑材料、建筑构配件和设备进行检验,不合格的不得使用,不得偷工减料;必须建立、健全施工质量的检验制度,严格工序管理,对涉及结构安全的试块、试件以及有关材料,应当在建设单位或者工程监理单位监督下现场取样,并送具有相应资质等级的质量检测单位进行检测。发包人不得要求施工人在施工中违反法律、行政法规以及建设工程质量、安全标准,降低工程质量。

《合同法》第281条规定,因施工人的原因致使建设工程质量不符合约定的,发包人有权要求施工人在合理期限内无偿修理或者返工、改建。经过修理或者返工、改建后,造成逾期交付的,施工人应当承担违约责任。

(2) 工程造价。工程造价,是指施工建设工程所需的各种费用,包括材料费、施工成本等。它在施工合同中表现为合同价款。建筑工程施工发包与承包价在政府宏观调控下,由市场竞争形成。工程发承包计价应当遵循公平、合法和诚实信用的原则。施工图预算、招标标底和投标报价由成本(直接费、间接费)、利润和税金构成。[①] 根据

[①] 在实践中,具体建设工程合同中主要有三种方式计算合同价款:(1)固定价格。双方约定合同价款是固定的,同时约定固定价款中所包含的风险范围和风险费用的计算方法,在约定的风险范围内合同价款不再调整。风险范围以外的合同价款调整方法,则另外通过专用条款约定。(2)可调价格。约定合同价款可根据双方约定的调整方法而调整。(3)成本加酬金。双方约定合同价款包括成本和酬金两部分,对成本的构成和酬金的计算方法分别专门约定。

《建设工程施工合同纠纷司法解释》的规定,当事人对建设工程的计价标准或者计价方法有约定的,按照约定结算工程价款。因设计变更导致建设工程的工程量或者质量标准发生变化,当事人对该部分工程价款不能协商一致的,可以参照签订建设工程施工合同时当地建设行政主管部门发布的计价方法或者计价标准结算工程价款。如果当事人约定按照固定价结算工程价款,而一方当事人请求对建设工程造价进行鉴定的,则不予支持。

除合同价款的计算方法以外,当事人还应约定价款结算方面的内容,主要包括:预付工程款的数额、支付时限及抵扣方式;工程进度款的支付方式、数额及时限;工程施工中发生变更时,工程价款的调整方法、索赔方式、时限要求及金额支付方式;发生工程价款纠纷的解决方法;约定承担风险的范围、幅度以及超出约定范围和幅度的调整办法;工程竣工价款的结算与支付方式、数额及时限;工程质量保证(保修)金的数额、预扣方式及时限;安全措施和意外伤害保险费用;工期及工期提前或延后的奖惩办法;与履行合同、支付价款相关的担保事项。

(3) 拨款和结算。拨款,是指在施工过程中,发包人按照阶段向承包人划拨工程款(实践中还称为"进度款")。工程进度款可实行按时间结算与支付、分工程进度结算与支付两种方法。结算,是指计算工程的实际造价与已经拨付的工程款之间的差额。如果发包人不按合同约定支付工程款,双方又不能达成延期付款协议,导致施工无法进行,承包人可停止施工,由发包人承担违约责任。在实践中,一些发包人往往要求施工企业垫款施工,不及时拨款或者结算,严重侵犯施工企业的合法权益,而施工企业不能向工人支付工资,从而造成许多社会问题。《建设工程施工合同纠纷司法解释》第6条规定,当事人对垫资和垫资利息有约定,承包人请求按照约定返还垫资及其利息的,应予支持,但是约定的利息计算标准高于中国人民银行发布的同期同类贷款利率的部分除外。当事人对垫资没有约定的,按照工程欠款处理。当事人对垫资利息没有约定,承包人请求支付利息的,不予支持。

在工程竣工验收后,承包人应向发包人递交竣工结算报告及完整的结算资料,双方按照约定的合同价款及合同价款调整方法进行工程竣工结算。

(4) 竣工验收。竣工验收是工程建设整个过程中的最后一道程序。《合同法》第279条规定,建设工程竣工后,发包人应当根据施工图纸及说明书、国家颁发的施工验收规范和质量检验标准及时进行验收。验收合格的,发包人应当按照约定支付价款,并接收该建设工程。建设工程竣工经验收合格后,方可交付使用;未经验收或者验收不合格的,不得交付使用。《建设工程施工合同纠纷司法解释》第13条规定,建设工程未经竣工验收,发包人擅自使用后,又以使用部分质量不符合约定为由主张权利的,不予支持。但是,承包人应当在建设工程的合理使用寿命内对地基基础工程和主体结构质量承担民事责任。

根据国家有关规定,工程使用前必须进行竣工验收,交付竣工验收的建筑工程必须符合规定的建筑工程质量标准,并具备以下条件:完成建设工程设计和合同约定的各项内容,有完整的技术档案和施工管理资料,有工程使用的主要建筑材料、建筑构配件和设备的进场试验报告,有勘察、设计、施工、工程监理等单位分别签署的质量合格文件,有施工单位签署的工程保修书。未经竣工验收或竣工验收未通过的,发包人不得使用,发包人强行使用时,由此发生的质量问题及其他问题,由发包人承担责任。

双方应在合同中约定竣工验收的条件、时间、方式等内容。工程具备竣工验收条件后,承包人应按国家工程竣工验收有关规定,向发包人提供完整竣工资料及竣工验收报告。发包人收到承包人送交的竣工验收报告后组织验收。如果当事人对建设工程实际竣工日期有争议,《建设工程施工合同纠纷司法解释》第14条规定,应按照以下情形分别处理:建设工程经竣工验收合格的,以竣工验收合格之日为竣工日期;承包人已经提交竣工验收报告,发包人拖延验收的,以承包人提交验收报告之日为竣工日期;建设工程未经竣工验收,发包人擅自使用的,以转移占有建设工程之日为竣工日期。因特殊原因,发包人要求部分单位工程或工程部位甩项竣工的,双方应另行签订甩项竣工协议,明确双方责任和工程价款的支付方法。

(5) 质量保修范围和质量保证期。根据《建筑法》的有关规定,建筑工程实行质量保修制度。建筑工程的保修范围应当包括地基基础工程、主体结构工程、屋面防水工程和其他土建工程,电气管线、上下水管线的安装工程,以及供热、供冷系统工程等项目;保修的期限应当按照保证建筑物合理寿命年限内正常使用,维护使用者合法权益的原则确定。建筑物在合理使用寿命内,必须确保地基基础工程和主体结构的质量。建筑工程竣工时,屋顶、墙面不得留有渗漏、开裂等质量缺陷;对已发现的质量缺陷,建筑施工企业应当修复。

建设工程承包单位在向建设单位提交工程竣工验收报告时,应当向建设单位出具质量保修书。质量保修书中应当明确建设工程的保修范围、保修期限和保修责任等。① 建设工程的保修期,自竣工验收合格之日起计算。建设工程在保修范围和保修期限内发生质量问题的,施工单位应当履行保修义务,并对造成的损失承担赔偿责任。《合同法》第282条规定,因承包人的原因致使建设工程在合理使用期限内造成人身和财产损害的,承包人应当承担损害赔偿责任。

(6) 相互协作。由于工程建设是一个非常复杂的系统事项,发包人与承包人应在许多方面相互提供协助,在实践中一般包括以下两方面的内容:一是发包人提供的协助:使施工场地具备施工条件,保证施工期间的水电等需要、道路畅通,提供施工场地的工程地质和地下管线资料,办理施工许可证等申请批准手续,组织承包人和设计单位进行图纸会审和设计交底,协调处理施工场地周围地下管线和邻近建筑物、构筑物、古树名木的保护工作等。二是承包人提供的协助:提供工程进度计划及相应进度统计

---

① 在正常使用条件下,建设工程的最低保修期限为:(a) 基础设施工程、房屋建筑的地基基础工程和主体结构工程,为设计文件规定的该工程的合理使用年限;(b) 屋面防水工程、有防水要求的卫生间、房间和外墙面的防渗漏,为五年;(c) 供热与供冷系统,为两个采暖期、供冷期;(d) 电气管线、给排水管道、设备安装和装修工程,为两年。其他项目的保修期限由发包方与承包方约定。

报表,遵守主管部门对施工场地交通、施工噪音以及环境保护和安全生产等的管理规定,负责已竣工未交付发包人的工程的保护工作,施工场地地下管线和邻近建筑物、构筑物、古树名木的保护工作,保证施工场地清洁符合环境卫生管理的有关规定。

第四节 其他相关问题

建设工程合同的特殊性产生了其他一些问题,如承包人的优先受偿权、建设工程监理以及承揽合同规定的适用等问题。

一、承包人的优先受偿权

优先受偿权是《合同法》确立的承包人的权利。《合同法》第286条规定,发包人未按照约定支付价款的,承包人可以催告发包人在合理期限内支付价款。发包人逾期不支付的,除按照建设工程的性质不宜折价、拍卖的以外,承包人可以与发包人协议将该工程折价,也可以申请人民法院将该工程依法拍卖。建设工程的价款就该工程折价或者拍卖的价款优先受偿。

《合同法》第286条规定的是在发包人不支付合同价款之时承包人的一项重要权利,但是在法学理论上,这种权利的性质是什么,在学界引起了许多争论。有些学者将其解释为承包人的优先权。有学者则认为,结合立法过程,应将其解释为法定抵押权,早期的《合同法》(草案)都使用"法定抵押权"这个术语,但是这种法定抵押权的定性没有被司法机关所接受。2002年的《最高人民法院关于建设工程价款优先受偿权问题的批复》规定,人民法院在审理房地产纠纷案件和办理执行案件中,应当依照《合同法》第286条的规定,认定建筑工程的承包人的优先受偿权优于抵押权和其他债权。

二、建设工程监理

建设工程监理,是指由具有法定资质条件的工程监理单位,根据发包人的委托,依照法律、行政法规及有关的建设工程技术标准、设计文件和建设工程合同,对承包人在施工质量、建设工期和建设资金使用等方面,代表发包人对工程建设过程实施监督的专门活动。实施工程监理的,发包人应当在进行工程监理前将委托的监理人的名称、资质等级、监理人员、监理内容及监理权限,书面通知被监理的建设工程的承包人。工程监理单位应派出具有相应资质的人员实施监理,监理工程师应当按照工程监理规范的要求,采取旁站、巡视和平行检验等形式,对建设工程实施监理。工程监理人员认为工程施工不符合工程设计要求、施工技术标准和合同约定的,有权要求建筑施工企业改正;发现工程设计不符合建筑工程质量标准或者合同约定的质量要求的,应当报告建设单位要求设计单位改正;未经监理工程师签字,建筑材料、建筑构配件和设备不得在工程上使用或者安装,施工单位不得进行下一道工序的施工;未经总监理工程师签字,建设单位不拨付工程款,不进行竣工验收。

根据《建设工程质量管理条例》的规定，必须实行监理的工程包括：国家重点建设工程，大中型公用事业工程，成片开发建设的住宅小区工程，利用外国政府或者国际组织贷款、援助资金的工程，国家规定必须实行监理的其他工程。

《合同法》第 276 条规定，建设工程实行监理，发包人应与监理人订立书面的委托监理合同。发包人与监理人的权利和义务以及法律责任，依照委托合同以及其他有关法律、行政法规的规定。

第二十一章 运输合同

第一节 运输合同

一、运输合同的概念和特征

运输合同(transportation contract),又称"运送合同"(contract of carriage),是指承运人在约定期限内将旅客或者货物送到约定地点,旅客、托运人按规定或约定支付运输费的协议。《合同法》第288条规定:"运输合同是承运人将旅客或者货物从起运地点运输到约定地点,旅客、托运人或者收货人支付票款或者运输费用的合同。"

运输合同具有如下特征:

(1) 运输合同是诺成、双务、有偿合同。运输合同仅须双方当事人意思表示一致,合同即告成立,无须交付标的物。旅客乘坐交通工具和托运人交付货物的行为是合同的履行行为,而不是合同的成立要件。在运输合同中,一方面,承运人负有将旅客或者货物运送到目的地的义务,同时又享有收取票款或者运费的权利;另一方面,旅客或者托运人享有接受运输服务的权利,同时又负有支付票款或者运费的义务。运输合同当事人既享有权利,又承担义务,而且双方的权利义务互为对价关系。

(2) 运输合同的标的是运输服务。运输合同是以运送旅客或者货物为目的,属于提供服务合同。运输合同的标的是运输服务,而不是旅客的人身或者货物。运输服务的完成须借助一定的交通运输工具。旅客或者托运人与承运人签订运输合同的目的,是利用承运人的运输工具将旅客或者货物运送到目的地。

(3) 运输合同通常表现为格式条款。运输合同通常采取格式条款,合同的条款事先由承运人拟订,旅客或者托运人通常无权变更合同条款。双方当事人在订立合同时无须协商,只要按照固定式样中预先留下的空项填写,在双方确认后,合同即告成立。旅客的车票、行李票、包裹票、货运单都是标准合同。运输合同涉及的范围广泛,为简便手续,各国基本上都采用标准格式合同。

二、运输合同的分类

运输合同根据不同的分类标准,可以有以下不同的种类:

(一) 根据运送对象的分类

根据运输对象的不同,运输合同可以分为旅客运输合同和货物运输合同。旅客运输合同是以自然人作为运送的对象而成立的运输合同,简称"客运合同"。货物运输合同是以货物为运送对象而成立的运输合同,简称"货运合同"。货运合同还可以根据货物的不同,进一步分为普通货物运输合同、特种货物运输合同和危险货物运输合同。此外,客运合同和货运合同还有交叉,如旅客行李包裹托运合同。

(二) 根据运输方式的分类

根据运输方式的不同,运输合同可以分为铁路运输合同、公路运输合同、水路运输合同、海上运输合同、航空运输合同以及管道运输合同六大类:

(1) 铁路运输合同。铁路运输合同(railway transportation contract)是确定铁路运输企业与旅客、托运人之间权利义务关系的协议。旅客车票、行李票、包裹票和货物运单即合同或者合同的组成部分。铁路运输合同的一方当事人是铁路运输企业,即承运人;另一方是旅客、托运人。铁路运输合同的形式包括:旅客运输合同是旅客的车票;行李运输合同是行李票;包裹运输合同是包裹票;货物运输合同是货物运单。以上这四种票证分别代表铁路运输的四种不同的运输合同形式。大宗货物、旅游团体也可以签订详细的书面合同来明确双方的权利义务。大宗货物运输必须以双方当事人签订的长期运输计划作为铁路运输合同,在运输每一批货物时,托运人都要填写运单。货物运单是合同的一个组成部分。

(2) 公路运输合同。公路运输合同(highway transportation contract)是以公路运输企业或者个人作为承运人的运输合同,公路运输承运人是经过批准取得公路运输经营权的企业或者个体经营者。公路运输合同的基本形式是公路承运人提供的货物运单、货票、客票。当事人通过协商签订的书面合同,也可以作为公路运输合同形式。公路运输与铁路运输相比,市场化程度高,当事人协商的余地较大。公路运输具有快捷、方便、门对门运输的特点,是现代交通的重要方式。

(3) 水路运输合同。水路运输合同(waterway transportation contract)是以水路运输经营者作为承运人的运输合同。水路运输承运人包括企业和自然人,水路运输是利用水资源进行生产活动,是最古老的交通运输方式,价格便宜。在现代社会中,在适合航运的河流地区,水路运输依然是人们经常使用的方式。水路运输合同的形式也是以船票、货物运单、托运单等单据为表现形式。

(4) 海上运输合同。海上运输合同(marine transportation contract)是指承运人收取运费,负责将托运人托运的货物经海路由一港口运至另一港口的合同。海运在国际贸易活动中的地位和作用十分重要。海上运输主要是涉外运输,世界经济贸易组织通过协调,缔结国际公约来调整海上运输及贸易关系。这些公约都是从事海上运输应当遵守的基本准则。海上运输合同形式一般都是要式合同,而提单是船东签发的具有很强法律约束力的提货凭证,当事人必须按照提单的有关规则,履行各自的义务。

(5) 航空运输合同。航空运输合同(air transportation contract)是指承运人通过航空工具将旅客或者货物运送到目的地的运输合同。航空运输只能是经过国家批准的航空运输企业才能从事的运输活动。航空运输合同形式是要式合同,客运方面以航空客票作为合同的基本凭证;货运方面以航空货物运单作为合同的初步证据,与运输的其他单据一起构成合同的全部内容。航空运输合同当事人的权利义务主要由法律规定,当事人也可以约定其权利义务,但不得违反法律的强制性规定。

(6) 管道运输合同。管道运输(pipeline transportation)是利用管道输送气体、液体和粉状固体的一种运输方式。[①] 管道运输形式是靠物体在管道内顺着压力方向循序移动实现的,是一种特殊的运输方式,与普通货物的运输形态完全不同。普通货物运输是货物随着运输工具的移动,被运送到目的地。管道运输的工具本身是管道,是固定不动的,只是货物本身在管道内移动。换言之,管道运输是运输通道和运输工具合二为一的一种专门运输方式。管道运输按照铺设方式可分为架空管道、地面管道和地下管道三种,其中以地下管道应用最为普遍。管道运输按照地理范围可分为:从油矿至聚油塔或炼油厂,称为"原油管道"(crude oil pipeline);从炼油厂至海港或集散中心,称为"成品油管道"(product oil pipeline);从海港至海上浮筒,称为"系泊管道"(buoy oil pipeline)。管道运输按照运输对象又可分为液体管道(fluid pipeline)、气体管道(gas pipeline)、水浆管道(slurry pipeline)。

第二节 客 运 合 同

一、客运合同的概念

客运合同(passenger transportation contract),即旅客运输合同,是承运人与旅客关于承运人将旅客及其行李安全运输到目的地,旅客支付票款或者运费的协议。客运合同是以旅客为运送对象的运输合同,旅客是合同的一方当事人,承运人是合同的另一方当事人。按照运输方式的不同,客运合同可以分为铁路客运合同、公路客运合同、水路客运合同、航空客运合同以及多式联运客运合同。客运合同的形式表现为火车票、汽车票、船票和机票等。承运人向旅客出售客票,客运合同即告成立。

客运合同从承运人向旅客交付客票时成立。由于客运合同是诺成合同,旅客和承运人意思表示一致,客运合同即成立。承运人向旅客交付客票的行为应解释为承运人的承诺,而并非物的交付,即实践合同。但在一些特殊情况下,旅客运输合同非自承运人向旅客交付客票时起成立,而是按照当事人约定或者交易习惯确定合同成立时间。例如,在旅客先乘上运输工具后再购票的情况下,承运人向旅客交付客票的行为,不再是合同成立的标志。其实,从旅客乘上运输工具之时起,合同即告成立,只不过当事人之间的旅客运输合同并非书面形式。此外,承运人负有强制缔约的义务。

[①] 现代管道运输起源于美国,1861 年美国宾夕法尼亚州最初使用木制油槽,从油矿把原油输送至聚油塔,因木制油槽阻力大,易渗漏,随后改以铁制管道代替。直至 20 世纪初,管道运输得到了迅速的发展。为增加运量,加速周转,现代管道管径和气压泵功率都有很大增加,管道里程愈来愈长,最长达数千公里。现代管道不仅可以输送原油、各种石油成品、化学品、天然气等液体和气体物品,而且可以输送矿砂、碎煤浆等。

二、客运合同的效力

客运合同的效力表现为旅客和承运人的权利义务。客运合同是双务合同,旅客和承运人双方互为权利义务关系,旅客和承运人的义务能够充分说明客运合同的效力。

(一)旅客的义务

旅客的义务表现为承运人的权利,旅客的义务有购买客票、限量携带行李和禁止携带或者夹带违禁物品:

(1)购买客票的义务。旅客接受承运人的运送服务应当事先购买作为运送费用的客票,购买客票是旅客的主要义务。客票为表示承运人有运送其持有人义务的书面凭证,是收到旅客承运费用的收据。客票是旅客运输合同的凭证,也是旅客乘运的证明。无论哪种运输方式,旅客均须持有效客票乘运。《合同法》第294条规定:"旅客应当持有效客票乘运。旅客无票乘运、超程乘运、越级乘运或者持失效客票乘运的,应当补交票款,承运人可以按照规定加收票款。旅客不交付票款的,承运人可以拒绝运输。"

(2)限量携带行李的义务。旅客合同不仅约定将旅客送达目的地,而且要约定将旅客行李随同旅客送达的内容。旅客在乘坐运输工具时,有权按照与承运人之约定,免费携带一定量的行李。在运送旅客的同时,承运人必须按照其公告的规定,随同运送旅客一定数量的行李。《合同法》第296条规定:"旅客在运输中应当按照约定的限量携带行李。超过限量携带行李的,应当办理托运手续。"

(3)禁止携带或者夹带违禁物品的义务。为保证运输安全,法律禁止旅客随身携带或者在行李中夹带危险品或者其他违禁品。《合同法》第297条规定:"旅客不得随身携带或者在行李中夹带易燃、易爆、有毒、有腐蚀性、有放射性以及有可能危及运输工具上人身和财产安全的危险物品或者其他违禁物品。旅客违反前款规定的,承运人可以将违禁物品卸下、销毁或者送交有关部门。旅客坚持携带或者夹带违禁物品的,承运人应当拒绝运输。"旅客随身携带或在行李中夹带违禁品的,还应承担相应行政责任,情节严重的,还需承担刑事责任。

(二)承运人的义务

承运人的义务表现为旅客的权利,承运人承担的义务有:

(1)告知义务。根据《合同法》的规定,承运人的告知义务包括向旅客及时告知有关不能正常运输的重要事由和安全运输应当注意的事项两个方面的内容。[①] 因承运人的原因或天气原因等使运输时间迟延,或者运输合同所约定的车次、航班取消等影响旅客按约定时间到达目的地的事项,属于有关不能正常运输的重要事项,承运人应

---

① 《合同法》第298条规定:"承运人应当向旅客及时告知有关不能正常运输的重要事由和安全运输应当注意的事项。"

及时告知旅客。在运输过程中,为保障旅客的人身、财产安全,需要提醒旅客注意的事项,属于安全运输应当注意的事项,承运人也应告知旅客。承运人未能履行告知义务的,将承担违约责任。

(2) 应安全、及时将旅客运送到目的地义务。承运人完成运送任务应当符合合同的规定,应按照合同规定的时间、运输工具和服务标准完成运送任务:一是承运人应在规定的时间内完成运送。承运人应当按照客票载明的时间和班次运输旅客;承运人运送迟延的,应根据旅客的要求,安排改乘其他班次或者退票。《合同法》第299条规定:"承运人应当按照客票载明的时间和班次运输旅客。承运人迟延运输的,应当根据旅客的要求安排改乘其他班次或者退票。"二是承运人应按照约定的运输工具和服务标准完成运送。承运人变更运输工具而降低服务标准的,旅客可以要求退票或者减收票款;但提高服务标准的,承运人不得要求增加票款。《合同法》第300条规定:"承运人擅自变更运输工具而降低服务标准的,应当根据旅客的要求退票或者减收票款;提高服务标准的,不应当加收票款。"

(3) 救助义务。根据《合同法》的规定,在运送过程中,旅客发生疾病或者其他意外情形,承运人承担救助义务。① 承运人对在运输途中患有急病、分娩、遇险的旅客所承担的救助义务是一种附随义务。《合同法》的规定加重了承运人的责任,强化了对旅客的保护,如果承运人对患有急病、分娩、遇险的旅客不予救助,因其不作为,可被要求承担法律责任。

(4) 赔偿责任。承运人的赔偿责任,根据《合同法》的规定,主要体现在以下两个方面:一是运输过程中旅客的伤亡。承运人承担将旅客安全送达目的地的义务,应对旅客的人身伤亡承担无过错责任。承运人对旅客伤亡的赔偿责任及其免责事由的适用,不仅限于正常购票乘车的旅客,也适用于按照规定免票、持优待票或者经承运人许可搭乘的无票旅客。② 但对于无票乘车又未经承运人许可的人员的伤亡,由于不存在合法有效的合同关系,承运人不承担赔偿责任。二是运输过程中的行李毁损。对运输过程中旅客行李的毁损、灭失,承运人承担损害赔偿责任。根据《合同法》第303条的规定,行李毁损有两种情形:其一,旅客自带行李毁损、灭失。旅客自带行李毁损、灭失,承运人有过错的,应当承担损害赔偿责任。在运输过程中旅客自带物品毁损、灭失,承运人承担损害赔偿责任的根据在于其负有安全运输义务。其二,旅客托运行李毁损、灭失。旅客托运行李毁损、灭失的,按照货物运输的相关规定处理。

---

① 《合同法》第301条规定:"承运人在运输过程中,应当尽力救助患有急病、分娩、遇险的旅客。"
② 《合同法》第302条规定:"承运人应当对运输过程中旅客的伤亡承担损害赔偿责任,但伤亡是旅客自身健康原因造成的或者承运人证明伤亡是旅客故意、重大过失造成的除外。前款规定适用于按照规定免票、持优待票或者经承运人许可搭乘的无票旅客。"

第三节 货运合同

一、货运合同的概念

货运合同(contract of freightment),又称为"货物运输合同"(cargo transportation contract),是指承运人根据托运人的具体要求,将货物安全、及时、完整地运到指定的地点,并交付给托运人指定的收货人,托运人按约定付给运输费用的协议。根据运输工具的不同,可以将货物运输合同分为铁路运输合同、水路运输合同、公路运输合同、航空运输合同和管道运输合同。

货物运输主要有三种方式:一是大宗货物运输,即在较长时间内的整批货物运输,有较强的计划性。签订大宗货运合同,应遵循优先运输国家指令性计划产品,兼顾指导性计划和其他物质的原则。二是零担货物运输,即托运人临时性地将零星货物交付承运人,由承运人运输至目的地。这种运输合同的订立,由托运人和承运人协商,一般不受国家计划的约束。三是集装箱货物运输,这种运输合同须由有经营集装箱运输业务的车站、码头或航空港办理,所用的集装箱均应符合一定的规格要求。

货运合同按照运输方式不同,有不同的订立方式。大宗货物运输,可按年度、半年度或季度签订货运合同,也可以签订更长期限的货运合同。其他整车、整批货物运输,应按月签订货运合同。这种货运合同经双方当事人签字盖章后,即告成立。托运人在交付货物时,还应向承运人按批提出货物运单,作为运输合同的组成部分。按月签订的运输合同,批准的月度要车计划本身,即可代替运输合同。零担货物和集装箱运输以货物运单作为运输合同。合同订立的程序是,先由托运人向承运人提出运输货物的要求,领取货物运单;然后由托运人正确如实填写货物运单,交给承运人;最后承运人对托运人在货物运单上所写的内容审核、查验后,在货物运单上加盖承运人带有日戳的公章,并开给承运凭证,合同即告成立。

二、货运合同的效力

货运合同的效力表现为托运人、承运人和收货人的权利义务。货运合同是双务合同,双方当事人的权利义务对等,托运人的权利表现为承运人或者收货人的义务,而承运人或者收货人的权利表现为托运人的义务。

(一)托运人的权利义务

1. 托运人的权利

(1)请求承运人按照合同约定的时间和地点发运货物并将货物运送到目的地。《合同法》第 290 条规定:"承运人应当在约定期间或者合理期间内将旅客、货物安全运输到约定地点。"承运人为保证托运人货物的安全、准时地运送到目的地,应当按照合同约定的运输路线或者因合同中没有约定或约定不明确时,按通常的运输路线将货物运到目的地。承运人延迟运到,要承担违约责任和延迟期间货物毁损、灭失的风险。

(2) 合同变更和解除权。在承运人发运货物前,除规定不得变更的情况外,托运人可以解除或变更合同,取回托运的全部或部分货物,但应赔偿承运人的损失。《合同法》第308条规定:"在承运人将货物交付收货人之前,托运人可以要求承运人中止运输、返还货物、变更到达地或者将货物交给其他收货人,但应当赔偿承运人因此受到的损失。"

2. 托运人的义务

(1) 托运人有向承运人告知有关货物运输必要情况的义务。《合同法》第304条规定,托运人办理货物运输,应当向承运人准确表明收货人的名称或者姓名或者凭指示的收货人,货物的名称、性质、重量、数量,收货地点等有关货物运输的必要情况。因托运人申报不实或者遗漏重要情况,造成承运人损失的,托运人应当承担损害赔偿责任。

(2) 托运人有办理相关审批、检验手续的义务。《合同法》第305条规定,货物运输需要办理审批、检验等手续的,托运人应当将办理完有关手续的文件提交承运人。托运人应根据货物的性质,按照国家有关法律的规定,办理相应的审批、检验手续。

(3) 托运人对托运货物的包装义务。托运人的包装义务有两种情形:一是普通货物的包装义务。《合同法》第306条规定,托运人应当按照约定的方式包装货物。对包装方式没有约定或者约定不明确的,可以由托运人与承运人就托运货物的包装方式进行协商,达成有关包装方式的补充协议;如果双方无法达成补充协议的,应当按照合同中的有关条款确定包装方式,或者按照托运货物的习惯做法确定包装方式;如果按照合同中的有关条款或者交易习惯仍不能确定包装方式的,则应当按照通用的方式对托运货物进行包装;如果没有通用方式的,则应当采取足以保护托运货物的包装方式进行包装。二是危险品的包装标识义务。《合同法》第307条规定,托运人托运易燃、易爆、有毒、有腐蚀性、有放射性等危险物品的,应当按照有关危险物品运输的规定对危险物品妥善包装,作出危险物品标志和标签,并将有关危险物品的名称、性质和防范措施的书面材料提交承运人。

(4) 按照合同约定支付运费。支付运费是托运人获得运输服务的代价,因而是托运人的基本义务。《合同法》第292条规定:"旅客、托运人或者收货人应当支付票款或者运输费用。承运人未按照约定路线或者通常路线运输增加票款或者运输费用的,旅客、托运人或者收货人可以拒绝支付增加部分的票款或者运输费用。"

(二) 承运人的权利义务

1. 承运人的权利

(1) 收取运费的权利。承运人有权向托运人或者收货人收取运费,这是承运人最基本的权利。在实践中,运费通常是预先支付的,托运人将货物交付给承运人时,应同时支付运费。但因不可抗力导致货物灭失的,承运人不得收取运费。《合同法》第314条规定:"货物在运输过程中因不可抗力灭失,未收取运费的,承运人不得要求支付运费;已收取运费的,托运人可以要求返还。"

(2) 对运输的货物有留置的权利。在托运人或者收货人不支付运费、保管费以及其他运输费用时,承运人对相应的运输货物享有留置权。《合同法》第315条规定:"托运人或者收货人不支付运费、保管费以及其他运输费用的,承运人对相应的运输货物享有留置权,但当事人另有约定的除外。"承运人留置货物后,对于留置物的天然或法定孳息,可以收取充抵债权。因留置标的物而支出的费用可以请求托运人支付。托运人经催告仍不履行义务的,留置权人可拍卖、变卖留置物,就所得价款受偿。但承运人对留置货物应尽善良管理人的注意保管义务。

(3) 对托运货物有依法提存的权利。在收货人不明或者无正当理由拒绝受领货物的,承运人可以依法将货物交提存部门提存,并应当及时通知托运人或者收货人。《合同法》第316条规定:"收货人不明或者收货人无正当理由拒绝受领货物的,依照本法第一百零一条的规定,承运人可以提存货物。"自货物提存之日起,承运人的债务归于消灭,货物运输合同归于终止。对不宜提存的货物,承运人可以依法拍卖或变卖,在扣除其应受偿的债权额后,将剩余的拍卖价款提存。

2. 承运人的义务

(1) 承运人有按照约定的时间将运送的货物安全送达目的地的义务。承运人未在规定时间内将货物交付收货人的,应当负违约责任。超过规定的一定期限,承运人仍未能将货物运到并交付的,托运人或者收货人有权要求承运人按照货物灭失予以赔偿。承运人在运送货物的途中应当妥善保管货物,使货物安全送达。承运人错发到货地点和错交收货人的,应当无偿地将货物运至规定的地点并交付收货人。

(2) 承运人有及时通知收货人提货的义务。《合同法》第309条规定:"货物运输到达后,承运人知道收货人的,应当及时通知收货人,收货人应当及时提货。"如果承运人没有及时履行通知义务,造成损失的,应承担损害赔偿责任。

在收货人不明或者收货人拒绝受领运送的货物时,承运人应当请求托运人在相当的期限就运送货物的处分给以指示。只有在托运人未在相当的期限内给以指示或者其指示事实上不能实行时,承运人才可以将货物予以提存。

(三) 收货人的权利义务

在货物运到指定地点后,收货人有以凭证领取货物的权利;在货物送达目的地之前,收货人有权提出变更到站或变更收货人。

收货人的义务主要表现在以下两个方面:

(1) 及时提货的义务。收货人在接到承运人关于托运货物已经到达的通知后,应当及时提货。[①] 在提货时,收货人应当向承运人出示有关的提货单证,经承运人核对无误后,由承运人将托运货物交付收货人。收货人逾期提货的,应当向承运人支付保

[①] 《合同法》第309条规定:"货物运输到达后,承运人知道收货人的,应当及时通知收货人,收货人应当及时提货。收货人逾期提货的,应当向承运人支付保管费等费用。"

管费等费用。

（2）及时检验货物的义务。① 检验货物需要一定的时间，一般需要双方在合同中事先约定，如果双方对检验货物的期限没有约定或者约定不明确的，可以协议补充；不能达成补充协议的，按照合同有关条款或者交易习惯确定；既不能达成补充协议，又不能按照合同有关条款或者交易习惯确定检验期限的，则应当在合理的期限内检验货物。

---

① 《合同法》第310条规定："收货人提货时应当按照约定的期限检验货物。对检验货物的期限没有约定或者约定不明确，依照本法第六十一条的规定仍不能确定的，应当在合理期限内检验货物。收货人在约定的期限或者合理期限内对货物的数量、毁损等未提出异议的，视为承运人已经按照运输单证的记载交付的初步证据。"

第二十二章 技 术 合 同

技术合同,是指当事人之间就技术开发、转让、咨询或者服务所订立的确立相互之间权利义务的合同的总称。技术合同包括技术开发合同、技术转让合同、技术咨询合同和技术服务合同四种具体的合同形式。技术开发合同,是指当事人之间就新技术、新产品、新工艺、新材料及其系统的研究开发所订立的合同,其包括委托开发与合作开发两种合同类型。技术转让合同,是指当事人就专利权转让、专利申请权转让、技术秘密转让和专利实施许可所订立的合同。技术咨询合同包括就特定技术项目提供可行性论证、技术预测、专题技术调查、分析报告等所订立的合同。技术服务合同,是指当事人一方以技术知识为另一方解决特定技术问题所订立的合同。

第一节 技 术 合 同

一、技术合同的概念与特征

1. 技术合同的概念

技术合同(technology contract),是指当事人之间就技术开发、转让、咨询或者服务所订立的确立相互之间权利义务的合同的总称。① 技术合同是社会生活中非常重要的一类合同,其与其他合同的重要区别在于技术合同的客体涉及特殊的商品——技术。技术是人类在认识自然和改选自然的反复实践过程中积累起来的有关生产劳动的经验、技能和知识的总称,包括工业、农业、医疗卫生、交通运输、环境保护和国民经济各部门适用的技术。广义的技术包括专有技术与公有技术。专有技术为权利人享有专有权的技术。凡专有技术,他人未经权利人许可不得擅自使用。公有技术为进入公有领域的技术,其由两部分构成:一部分是自始即属于公有的技术;另一部分则是最初专有嗣后变为公有的技术,如保护期限届满的专利技术。凡公有技术,任何人都可以自由使用。技术合同中的"技术",通常为专有技术,但在技术咨询和技术服务合同中,有时也可以为公有技术。

---

① 《合同法》第322条规定:"技术合同是当事人就技术开发、转让、咨询或者服务订立的确立相互之间权利和义务的合同。"

2. 技术合同的特征

由于技术合同标的的特殊性,技术合同具有以下特征:

(1) 技术合同的标的物是技术成果。技术成果是人类智慧的创造性劳动成果。但是,技术成果具体应当包括哪些内容?《合同法》之前的立法没有对技术成果予以明确,只是把技术成果分为专利和非专利技术;《合同法》也仅提到了专利和技术秘密这两种技术成果。对于新出现的一些知识产权类型,如植物新品种、计算机软件、集成电路布图设计等,显然也应属于技术成果范畴,而且不排除将来再出现新的可以作为技术成果的知识产权类型;对于已经申请专利但尚未获得授权的技术,特别是处于专利临时保护期的技术,既不属于技术秘密又不是专利,是一种处于特定阶段的有特殊法律意义的技术成果。《技术合同司法解释》第1条规定:"技术成果,是指利用科学技术知识、信息和经验作出的涉及产品、工艺、材料及其改进等的技术方案,包括专利、专利申请、技术秘密、计算机软件、集成电路布图设计、植物新品种等"。司法解释以开放、列举的方式规定了技术成果。

《技术合同司法解释》列举的六种技术成果的具体概念和内涵,在有关专门法律、行政法规中都已有规定。我国《反不正当竞争法》关于商业秘密构成要件的法律规定与 TRIPS 协议的规定不完全一样,《技术合同司法解释》第1条重新对技术秘密的概念作了界定,即"技术秘密,是指不为公众所知悉、具有商业价值并经权利人采取保密措施的技术信息"。这一规定,将我国《反不正当竞争法》规定的商业秘密"能为权利人带来经济利益、具有实用性"的要求,统一规定为"具有商业价值"。这一表述更符合国际标准和惯例,有利于按照我国加入世界贸易组织的承诺,加强对包括技术秘密在内的商业秘密的法律保护。另外,需要注意的是,《合同法》所称的技术秘密成果与技术秘密应属同义语;《合同法》对技术秘密成果的权利界定为使用权和转让权两种,其中的技术秘密使用权,是指以生产经营为目的,自己使用或者许可他人使用技术秘密成果的权利,技术秘密转让权则是指向他人让与技术秘密成果的权利。

技术成果与知识产权是两个既有联系而又不能等同的概念,许多技术成果享有知识产权,但并不要求技术成果必须能够或者已经取得知识产权,在一定条件下,已经进入公有领域的技术成果也可以成为技术合同的交易内容,如技术服务合同的标的技术就可能是公知技术。享有知识产权的智力成果内容也并不必然能作为技术合同的标的内容,如就一般作品(不包括计算机软件)和商标等的创作和许可、转让等达成的协议,虽属于知识产权合同,但不是技术合同。

(2) 技术合同的法律调整具有多样性。技术合同规定的是因技术成果的开发、转让及其他形式的利用而产生的债之关系,技术合同首先应当遵循民法中关于债的一般规定;其次,由于技术合同是合同的重要组成部分,基于技术的开发、转让、服务或咨询而产生的合同关系,显然受合同法的调整。但是,由于技术合同的标的——技术成果大多同时为知识产权法调整的对象,因而在许多方面,尤其是技术成果权利归属方面,技术合同还要受知识产权法律制度的调整。显然,调整技术合同的法律具有多样性。

二、技术合同的一般条款内容

技术合同条款集中载明了当事人双方的权利和义务,也是双方履行合同和判明责任的主要依据。《合同法》第 324 条规定,技术合同的内容由当事人约定,但一般应当包括以下条款内容:

(1) 项目名称。技术合同应当用简明、规范的专业技术用语准确给出合同项目的名称,力求在项目名称中反映出其技术特征和法律特征。项目名称可以作为区分不同类型技术合同的标志。

(2) 标的内容、范围和要求。这是技术合同最核心的条款,是确定当事人权利、义务的依据。技术开发合同的该项条款应载明所属技术领域和项目内容,技术构成、科技水平和经济效益的目标以及提交技术开发成果的方式;技术转让合同的该项条款应载明技术成果所属领域和内容、实质性特征和实施效果,工业化开发程度,以及知识产权的权属关系;技术咨询合同的该项条款应载明咨询项目的内容、咨询报告和意见的要求;技术服务合同的该项条款应载明技术服务合同的内容、工作成果和技术要求。

(3) 履行的计划、进度、期限、地点、地域和方式。履行的计划、进度是技术合同履行的具体安排,如技术开发合同的开发规划、工作进度等;履行的期限是当事人履行技术合同的时间,即当事人应在什么时间内履行合同义务;履行的地点是履行技术合同的具体地点和场所;履行的地域是履行技术合同所涉及的地区范围,如技术转让合同中技术成果的使用区域;履行的方式是当事人履行技术合同,以达到技术合同所要求的技术指标和经济指标的具体方法。

(4) 技术情报和资料的保密。内容涉及国家安全和重大利益需要保密的技术合同,应载明国家秘密事项的范围、密级和保密期限以及各方的责任。当事人一方要求对方承担保密义务的事项,应列出涉及技术秘密的资料、样品、信息、数据和其他秘密事项的清单以及保密期限等。

(5) 风险责任的承担。在技术开发合同履行的过程中,有可能会因为无法克服的技术困难等原因使当事人订立合同的目的无法实现,这就是技术合同中的风险。如何分配此类风险,就是风险责任的承担问题,当事人可以在平等协商的基础上作出约定。

(6) 技术成果的归属和收益的分成办法。在技术合同履行的过程中,会涉及原有技术成果或新开发出的技术成果如何确定权利归属,以及如何进行收益分配的问题,当事人应当遵循精神权利不可侵犯、经济权益合理分享的原则,在平等协商的基础上作出约定。

(7) 验收标准和方法。技术合同的履行是否符合合同的约定或法律的规定,即技术成果或提供的技术咨询和服务是否符合特定的标准,是否合格应以验收标准和方法为依据。为明确当事人的责任,合同中应约定验收标准和方法。

(8) 价款、报酬或者使用费及其支付方式。技术合同属于有偿合同,合同中应对价款、报酬或者使用费及其支付方式作出明确约定。根据《技术合同司法解释》第 14

条的规定,对技术合同的价款、报酬和使用费,当事人没有约定或者约定不明确的,可以按以下原则处理:对于技术开发合同和技术转让合同,根据技术成果的研究开发成本、先进性、实施转化和应用程度,当事人享有的权益和承担的责任,以及技术成果的经济效益等因素合理确定;对于技术咨询合同和技术服务合同,根据有关咨询、服务工作的技术含量、质量和数量,以及已经产生和预期产生的经济效益等合理确定。技术合同价款、报酬、使用中包含非技术款项的,应当分项计算。

(9) 违约金或者损失赔偿的计算方法。技术合同可以约定违约金,也可以约定损失赔偿的计算办法。在当事人违约,应承担违约责任时,可以按照约定的违约金或者约定的损失赔偿计算方法承担违约责任。

(10) 解决争议的方法。解决争议的具体途径包括协商、调解、仲裁、诉讼等。当事人可以在技术合同中约定解决争议的方法,特别是选择用仲裁方法解决的,必须订立明确的仲裁条款。

(11) 名词和术语的解释。技术合同具有很强的专业性,常常包含有不少专业名词和术语。为避免当事人对名词和术语的理解产生分歧,合同中应对名词和术语作出解释。

在当事人有明确约定的情况下,与履行合同有关的技术背景资料、可行性论证和技术评价报告、项目任务书和计划书、技术标准、技术规范、原始设计和工艺文件,以及其他技术文档如图纸、表格、数据和照片等,可以作为合同的组成部分。在当事人就此没有约定时,以上内容仅能成为履行合同的参考。

技术合同涉及专利权的,应当注明发明创造的名称、专利申请人和专利权人、申请日期、申请号、专利号以及专利权的有效期限。《合同法》作此要求,最主要的目的是方便与专利权人相对的合同当事人向有关机关查询合同标的的真实情况,同时也便于专利管理机关的管理。

三、技术合同的几个特殊问题

(一) 技术合同价款、报酬和使用费的支付

对于技术合同价款、报酬和使用费的支付方式,根据《合同法》第325条的规定,可由当事人自由约定。当事人既可以采取一次总算一次总付或者一次总算分期支付的方式支付技术合同价款、报酬和使用费,也可以采取提成支付或者提成支付附加预付入门费的方式支付上述费用。

(1) 一次总算。一次总算是在当事人签订合同时,将所有合同价款一次算清,该价款除了支付技术商品的价格外,通常还包含技术指导、人员培训、服务费以及其他技术服务报酬。一次总算并不一定一次总付。一次总算,可以一次总付,也可以分期支付。以技术转让合同为例,一次总付的支付方式,通常是在技术转让方的技术资料交付完毕,受让方核对验收后一次支付完毕;而分期支付则是把合同的价款总额按照技术合同履行的顺序分期分批地支付给转让方。采取一次总付的方式还是采取分期支

付的方式,取决于技术转让方履行了多少合同义务,即受让方只应当支付与其所获利益相当的合同价款。

(2) 提成支付。提成支付是指技术合同执行后,受让方将其依此产生的经济效益按一定的比例和期限支付给技术转让方,作为对转让方出让技术的价款和报酬。按照提成价款的来源,提成支付通常有产值提成法、利润提成法和销售额提成法三种方式。[①] 除去以上方式,当事人也可以按照约定的其他方式计算提成费用。

对于提成支付的比例,当事人可以约定采取固定比例、逐年递增比例或者逐年递减比例。同时,为克服信息不对称可能给合同当事人利益带来的不利影响,当技术合同的双方当事人约定采用提成支付方式时,转让方、开发方或提供服务、咨询的一方(一般情况下是转让方),有权查核受让方或委托方的账目。双方当事人应当在合同中约定查阅有关会计账目的办法。

提成支付的情况下,受让方只在产品正式销售之后才有向转让方支付费用的义务,在此之前,受让方无须向转让方进行任何支付。这种方式对受让方来说风险较小,而且该支付发生在受让方获得收益之后,没有预先支付而带来的资金负担。在国内外技术贸易活动中,单纯提成的支付方式并不常用,其主要适用于合同履行期限短、技术比较成熟、市场前景稳定的技术交易项目。

(3) 提成支付附加预付入门费。提成支付附加预付入门费的支付方式,实质上是一次总付和提成支付的结合。在提成支付附加预付入门费情况下,合同价款分为固定价款和提成价款两部分。固定价款部分的支付方法与一次总算的支付方法相同,即在合同生效后的一段时间内一次或者分期付清。这部分固定价款称为"入门费"。其主要内容包括:复制图纸和准备资料的工本费;针对受让方的具体需要的改进设计、改进描图、改进资料的工本费;转让方人员前往受让方进行考察的差旅费;转让方提供的产品样本费;技术培训费;在该技术交易中,转让方支付的咨询费、谈判费、律师费、行政管理费等。提成部分的价款,其支付的方法与一般的提成支付相同,即在项目投产后,根据合同执行的情况提成支付。

提成支付附加预付入门费的支付方式,使合同双方共担风险,共享收益,有利于加强双方的密切合作及技术商品价值的尽快实现。这种支付方式按实际产生的费用为基础,比较合理,易于为合同当事人双方所接受,是目前国内技术交易活动中应用得最普遍的一种计价办法。

[①] (1) 产值提成法,是指在合同约定的提成期限内以实施技术所创造的合同产品的产值为提成基数的付款方法。这种提成方法的特点是不管销售状况如何,也不管是否有利润,只要有产值,就要在一定的期限内提成支付。

(2) 利润提成法,是指在合同约定的提成期限内从实施技术后获得的合同产品销售利润中提取合同价款的方式。这种提成方法的特点是不产生利润,就不提成支付。

(3) 销售额提成法,是指在合同约定的提成期限内以实施技术所制造的产品的销售额为提成基数的付款方法。这种提成法的特点是只要有销售,不管盈亏,就要在一定的期限内提成支付。

(二)职务技术成果与非职务技术成果的界定与归属

根据《合同法》的规定,技术成果分为职务技术成果与非职务技术成果两类。职务技术成果是执行法人或者其他组织的任务,或者主要是利用法人或者其他组织的物质技术条件所完成的技术成果;非职务技术成果则是职务技术成果以外的其他技术成果。准确界定职务技术成果与非职务技术成果的范围、科学确认职务技术成果与非职务技术成果的权益归属,对保护单位的技术权益,同时鼓励发明人发明创造的积极性,以实现二者利益之间的平衡十分重要。

1. 职务技术成果

确认职务技术成果的标准有两条:一是执行法人或者其他组织的工作任务;二是主要利用法人或者其他组织的物质技术条件。这两个标准并不要求同时具备,只要具备其中之一即可界定为职务技术成果。

(1)执行法人或者其他组织的工作任务。根据《技术合同司法解释》的规定,"执行法人或者其他组织的工作任务",包括以下两种情形[①]:一是履行法人或者其他组织的岗位职责或者承担其交付的其他技术开发任务。岗位职责,是指根据法人或者其他组织的规定,职工所在岗位的工作任务和责任范围,并非指本单位内的各种工作岗位。如果职工的岗位职责与某项技术成果的研究开发没有直接关系,在其完成本职工作的情况下,利用专业知识、经验和信息完成的该项技术成果就不属于履行岗位职责。交付的其他技术开发任务,是指通过任务书、项目计划、工作决定等书面或者实际行动等作为方式,就解决特定技术问题或者研发特定技术所作出的明确意思表示,并有具体的工作目标和要求。有关技术问题或者完成的技术成果一般会与单位的经营范围或工作业务有关,但并不要求职工完成的职务技术成果必须是与单位业务有关的技术内容。从鼓励科技创新的角度讲,任何单位和个人均可以自主决定开发任何领域的新技术。至于在本单位内非本职岗位完成的技术成果,只要是属于完成单位交付的任务或者属于主要利用本单位物质技术条件,不论年限长短,当事人没有特别约定的,就应当认定为职务技术成果。上述情况下,在职人员技术成果的取得与其所属单位提供的帮助分不开,此类技术成果应属于职务技术成果,为职工所属的法人或者其他组织所有和持有。二是离职后一年内继续从事与其原所在法人或者其他组织的岗位职责或者交付的任务有关的技术开发工作。这种情况主要是指退职、退休、停薪留职、开除或者辞退等各种原因离开原单位后一年内,继续承担与职工在职时所具体从事的科学研究项目或技术开发课题直接相关的工作或者是对原项目或者课题的合理延续。把此类技术成果归入职务技术成果的范畴,可防止个别不能正确处理国家集体和个人权益关

---

① 《技术合同司法解释》第 2 条规定:"合同法第三百二十六条第二款所称'执行法人或者其他组织的工作任务',包括:(一)履行法人或者其他组织的岗位职责或者承担其交付的其他技术开发任务;(二)离职后一年内继续从事与其原所在法人或者其他组织的岗位职责或者交付的任务有关的技术开发工作,但法律、行政法规另有规定的除外。法人或者其他组织与其职工就职工在职期间或者离职以后所完成的技术成果的权益有约定的,人民法院应当依约定确认。"

系的人借退休、离休、停薪留职、调动工作之机侵占国家、集体财产,使国家、集体的技术成果不至于随科技人员的正常流动而遭受不合理的损失和不法侵犯。

(2) 主要利用法人或者其他组织的物质技术条件。根据《技术合同司法解释》的规定,"物质技术条件",包括资金、设备、器材、原材料、未公开的技术信息和资料等;① "主要利用法人或者其他组织的物质技术条件",包括职工在技术成果的研究开发过程中,全部或者大部分利用了法人或者其他组织的资金、设备、器材或者原材料等物质条件,并且这些物质条件对形成技术成果具有实质性影响,同时还包括该技术成果实质性内容是在法人或者其他组织尚未公开的技术成果、阶段性技术成果基础上完成的情形。② 这样规定的理由在于,在不少情况下,科技人员完成的技术成果并非其本职工作,也不是法人或者其他组织分配给他的任务,而是他主动进行的,但这种技术成果主要是利用了法人或者其他组织提供的资金、设备、零部件、原材料或者不向社会公开的技术资料。如果没有这些来自本单位物质、技术上的各种条件,该发明创造是不可能成功的。这类技术成果也应属于职务技术成果。但是,相对于物质因素而言,人的智力创造才是形成技术成果最关键的因素,而物质性因素虽然是基础性的,且其往往可以通过返还资金等经济手段予以补偿,同时有些情况下,虽然技术成果的获得主要是利用法人或者其他组织的物质技术条件,但这些物质条件对形成该技术成果并不具有实质性影响。对利用法人或者其他组织提供的物质技术条件,约定返还资金或者交纳使用费的,以及在技术成果完成后利用法人或者其他组织的物质技术条件对技术方案进行验证、测试的,不能被认定为职务技术成果。

职务技术成果凝聚了法人或者其他组织的科学决策、群众智慧和集体经验,包含着法人或者其他组织长期人力、物力和智力投入,是法人或其他组织的无形财产,所以职务技术成果的使用权、转让权属于法人或者其他组织。法人或者其他组织有权就该成果订立技术合同或决定以其他方式实施,法人或者其他组织使用或转让职务技术成果所获得的收益归法人或者其他组织所有。为合理兼顾职务技术成果所涉及的法人或者其他组织以及完成成果人的利益,鼓励科技发明和技术创新,调动各方的积极性,《合同法》一方面确认职务技术成果的使用权、转让权属于法人或者其他组织;另一方面又规定法人或者其他组织应当从使用和转让该项职务技术成果所取得的收益中提取一定比例,对完成该项职务技术成果的个人给予奖励或者向其支付报酬。完成技术成果的"个人",包括对技术成果单独或者共同作出创造性贡献的人,也即技术成果的

---

① 《技术合同司法解释》第 3 条规定:"合同法第三百二十六条第二款所称'物质技术条件',包括资金、设备、器材、原材料、未公开的技术信息和资料等。"

② 《技术合同司法解释》第 4 条规定:"合同法第三百二十六条第二款所称'主要利用法人或者其他组织的物质技术条件',包括职工在技术成果的研究开发过程中,全部或者大部分利用了法人或者其他组织的资金、设备、器材或者原材料等物质条件,并且这些物质条件对形成该技术成果具有实质性的影响;还包括该技术成果实质性内容是在法人或者其他组织尚未公开的技术成果、阶段性技术成果基础上完成的情形。但下列情况除外:(一)对利用法人或者其他组织提供的物质技术条件,约定返还资金或者交纳使用费的;(二)在技术成果完成后利用法人或者其他组织的物质技术条件对技术方案进行验证、测试的。"

发明人或者设计人。提供资金、设备、材料、试验条件，进行组织管理，协助绘制图纸、整理资料、翻译文献等人员，不属于完成技术成果的个人。① 个人如未经单位同意，擅自以生产经营为目的使用、转让法人或者其他组织的职务技术成果，是侵犯法人或者其他组织技术权益的侵权行为。《合同法》还确认了职务技术成果的完成人享有优先受让权，即当法人或者其他组织订立技术合同转让职务技术成果时，职务技术成果的完成人享有优先受让的权利。职务技术成果的完成人只有在同等条件下，方可享有并行使该项优先受让权。该项优先受让权属形成权，限制了转让方的合同自由。

2. 非职务技术成果

非职务技术成果是指职务技术成果以外的，由科研人员自行研究开发的或者受法人或者其他组织委托研究开发的，并主要不是利用法人或者其他组织的物质技术条件所完成的技术成果。非职务技术成果必须同时具备以下两个条件才能成立：

（1）该技术成果不是完成人在所在法人或者其他组织承担科学研究和技术开发课题或者履行本岗位职责完成的技术成果，而是完成人自行研究开发的。

（2）完成该技术成果的资金、设备、材料等物质条件主要不是由法人或者其他组织所提供的，项目研究开发的全过程中没有采用法人或者其他组织未公开的技术情报资料。②

非职务技术成果的范围非常广泛，只要不符合职务技术成果规定的技术成果，均属于非职务技术成果。非职务技术成果的使用权、转让权属于完成技术成果的个人。《国务院关于技术转让的暂行规定》指出，职工在做好本职工作，不侵犯本单位技术权益的前提下自行研究、开发的技术，其转让收入归职工本人或课题组，使用了本单位器材、设备的，应当按照事先同本单位达成的协议，支付使用费。这样规定，有利于保护科技人员的合法权利，有利于发挥现有科技队伍的潜力，鼓励科技人员利用自己长期积累和掌握的知识、技术、信息和经验为社会服务，有利于保护科技人员在完成本职工作和不侵犯法人或者其他组织技术、经济权益的前提下从事业余兼职的权利，有利于促进科学技术为经济建设服务。

至于非职务技术成果，其使用权和转让权属于技术成果的完成人，该完成人可以就该项非职务技术成果订立相应的技术合同。

（三）完成技术成果人的署名权和取得荣誉权

《合同法》规定了完成技术成果人的署名权和取得荣誉权。《合同法》第328条规定："完成技术成果的个人有在有关技术成果文件上写明自己是技术成果完成者的权

---

① 《技术合同司法解释》第6条规定："合同法第三百二十六条、第三百二十七条所称完成技术成果的'个人'，包括对技术成果单独或者共同作出创造性贡献的人，也即技术成果的发明人或者设计人。人民法院在对创造性贡献进行认定时，应当分解所涉及技术成果的实质性技术构成。提出实质性技术构成并由此实现技术方案的人，是作出创造性贡献的人。提供资金、设备、材料、试验条件，进行组织管理，协助绘制图纸、整理资料、翻译文献等人员，不属于完成技术成果的个人。"

② 参见全国人大法工委研究室编写组：《中华人民共和国合同法释义》，人民法院出版社1999年版，第479页。

利和取得荣誉证书、奖励的权利。"完成技术成果的民事主体,享有相应的人身权利。法律对完成技术成果人的人身权利的确认,根本目的是鼓励创新。

四、技术合同的特别规定

由于技术合同对国民经济及可持续发展具有重大影响,《合同法》对技术合同作了以下两点特别规定:一是规定订立技术合同,应当有利于科学技术的进步,加速科学技术成果的转化、应用和推广;二是规定非法垄断技术、妨碍技术进步或者侵害他人技术成果的技术合同无效。将科技成果迅速转化为生产力,是我国科技体制改革的根本目标,也是生产力发展的重要因素。《合同法》第323条规定:"订立技术合同,应当有利于科学技术的进步,加速科学技术成果的转化、应用和推广。"在科学技术已成为现代经济发展主要动力的背景下,《合同法》将有利于科学技术进步、加速科学技术成果应用和推广作为一个基本原则来加以规定,其目的在于鼓励和引导当事人正确地运用技术合同这一法律形式,在科研与生产之间架起一座桥梁,促使科技成果尽快向生产领域转移,形成新的生产力。为有利于科技成果的转化、应用和推广,《合同法》第329条明确规定,非法垄断技术、妨碍技术进步的技术合同无效。

第二节 技术开发合同

一、技术开发合同的概念

技术开发合同,是指当事人之间就新技术、新产品、新工艺和新材料及其系统的研究开发所订立的合同。《技术合同司法解释》第17条规定,新技术、新产品、新工艺、新材料及其系统包括当事人在订立技术合同时尚未掌握的产品、工艺、材料及其系统等技术方案,但对技术上没有创新的现有产品的改型、工艺变更、材料配方调整以及对技术成果的验证、测试和使用除外。

《合同法》第330条第2款将技术开发合同区分为委托开发合同与合作开发合同两种。委托开发合同,是指当事人一方委托另一方进行技术研究开发所订立的合同。委托他人进行研究开发的一方为委托方,接受他人委托进行研究开发的一方为研究开发方。合作开发合同,是指当事人各方就共同进行技术研究开发所订立的合同。但是,《合同法》第330条第4款又规定:"当事人之间就具有产业应用价值的科技成果实施转化订立的合同,参照技术开发合同的规定。"该款所称的合同依《技术合同司法解释》第18条的规定,为技术转化合同。其虽不属于技术开发合同,但根据《合同法》上述规定,参照技术开发合同的规定。

二、技术开发合同的效力

技术开发合同的效力体现为委托开发合同效力和合作开发合同效力两种形式。

1. 委托开发合同的效力

委托开发合同的效力体现为委托方和受托方的义务,从委托方和受托方的义务可以看出各自的权利。根据《合同法》第331、333条的规定,委托开发合同中委托方主要有以下义务:

(1) 按照合同约定支付研究开发费用和报酬。研究开发费用,是指完成研究开发工作所必需的成本。除合同另有约定外,委托方应当提供全部研究开发费。研究开发费用一般是在合同订立后,研究开发工作进行前支付,也可以根据情况分期支付。当事人在合同中约定研究开发费用按照实际需要支付的,委托方支付的研究开发费用不足时,应当补充支付;研究开发费用剩余时,由研究开发方如数返还。如合同中约定研究开发费用包干使用或未约定结算办法的,对于不足的费用,委托方无补充的义务;对结余的费用委托方也无权要求返还。研究开发报酬,是指研究开发成果的使用费和研究开发人员的科研补贴,委托方应按合同约定按时支付报酬,如合同约定研究开发经费的一定比例作为使用费和科研补贴的,可以不单列报酬。委托方迟延支付研究开发经费,造成研究工作停滞、延误的,研究开发方不承担迟延责任。委托方逾期经催告于合理期限内仍不支付研究开发费用或者报酬的,研究开发方有权解除合同,请求委托方返还技术资料、补交应付的报酬、赔偿由此所造成的损失。

(2) 按照约定提供技术资料、原始数据完成协作事项。委托方应依合同的约定,向研究开发方提供研究开发所需要的技术资料、原始数据,并完成其他协作事项。在研究开发中,应研究开发方的要求,委托人应补充必要的背景材料和数据,但只以研究开发方为履行合同所必需的范围为限。委托方不依合同的约定及时提供技术资料、原始数据和完成协作事项或者所提供的技术资料、原始数据或协作事项有重大缺陷,导致研究开发工作停滞、延误、失败的,委托方应当承担责任;委托方逾期经催告于合理的期限内仍不提供技术资料、原始数据和完成协作事项的,研究开发方有权解除合同,并请求损害赔偿。

(3) 接受研究开发成果。委托方应当按期接受研究开发方完成的研究开发成果,包括组织技术成果的鉴定和验收工作。委托方不及时接受研究开发方交付的已完成的成果时,应承担违约责任并支付保管费用。经研究开发方催告于合理期限内委托方仍拒绝接受的,研究开发方有权处分研究开发成果,从所得收益中扣除约定的报酬、违约金和保管费;如所得收益不足以抵偿上述款项,研究开发方有权请求委托方赔偿损失。

根据《合同法》第332、334条的规定,委托开发合同的研究开发方主要应负担以下合同义务:

(1) 依约制订和实施研究开发计划。制订研究开发计划本是委托开发合同的组成部分,但它只是一个总体规划,研究开发方还应当制订具体的实施计划和工作进度,包括研究开发的总体目标、研究方法、攻关项目和内容、研究开发达到的技术水平、研究开发的试验方法等,以确保可以按合同约定完成研究开发任务。在此基础上,开发方应当按约、按计划进行技术开发工作,以保证合同目的的实现。

(2) 合理使用研究开发费用。研究开发方在完成研究开发工作中应当依合同的约定合理使用研究开发费用;研究开发方将研发费用用于履行合同以外的目的的,委托方有权制止并要求其退还,由此而造成研究开发工作停滞、延误或失败的,研究开发方应赔偿损失;经委托方催告并经合理的期间,研究开发方仍不退还费用以用于研究开发工作的,委托方有权解除合同,并请求损害赔偿。

(3) 按期完成研究开发工作并交付成果。研究开发方应当按照合同约定的条件按期完成研究开发工作,及时组织验收并将工作成果交付委托方。研究开发方在完成研究开发工作中不得擅自变更标的内容、形式和要求。由于研究开发方的过错,致使研究开发成果不符合合同约定条件的,研究开发方应当赔偿损失;致使研究开发工作失败的,应当返还部分或全部研究开发费用并赔偿损失。

(4) 研究开发方交付工作成果时,还应当提供有关的技术资料,并给予必要的技术指导,帮助委托方掌握该项技术成果,以确保研究开发成果能够得以实施,使委托方在使用技术成果过程中能取得应有的技术效益。

研究开发方违反约定造成研究开发工作停滞、延误或者失败的,应当承担相应的违约责任。

2. 合作开发合同的效力

根据《合同法》第335、336条的规定,合作开发合同的双方当事人均应负担以下义务:

(1) 依照合同约定进行投资。合作开发合同当事人各方应依合同的约定投入资金,以保证合作开发项目能按期启动并顺利进行。当事人的投资,可以是资金、设备、材料、场地、试验条件的投入,也可以是技术情报资料、专利权、非专利技术成果等方式的投资。以资金以外的形式投资的,应当折算成相应的金额,明确当事人在投资中所占的比例。

(2) 分工参与研究开发工作。合作开发合同的各方应当按照约定的计划和分工共同进行或者分别承担设计、工艺、试验、试制等研究开发工作。在分工参与研究开发工作中,合作开发各方均应通过提出技术构思、完成技术方案或者成果,对研究开发课题作出实质性贡献。如果一方当事人仅提供资金、设备、材料等物质条件,或者承担辅助协作事项,则不能成为合作开发合同的当事人。

(3) 相互协作配合研究开发工作。在研究开发工作中共同的协作配合是完成研究开发工作的重要保证,当事人各方除应按照合同约定分工参与实际研究开发工作外,还应在开发工作中相互协作,互相配合。当事人可以成立由双方代表组成的指导机构,对研究开发工作中的重大问题进行决策、协调和组织,以保证研究开发工作的顺利进行。

合作开发合同履行过程中,任何一方违反合同,造成研究开发工作停滞、延误或者失败的,均应当承担违约责任。

三、技术开发合同的几个特别问题

（一）技术开发合同的解除问题

技术开发合同是就新技术、新产品、新工艺或者新材料及其系统的研究开发所订立的合同。这表明当事人试图通过开发新的项目而在技术、工艺等方面取得较他人领先的竞争优势，以此创造更高的经济价值和社会价值。如果在技术开发过程中，作为技术合同标的的技术已经被公开，致使技术开发工作想要获得的竞争优势不可能实现，则技术开发合同继续履行已失去意义。在这种情况下，如果继续进行重复开发，就会造成人力、财力、物力、智力和时间的无谓浪费。《合同法》第337条规定，因作为合同标的的技术已经由他人公开，致使技术开发合同的履行没有意义的，当事人可以解除合同。

在技术开发合同履行中发生的解除，因当事人已经作了一定的前期投入，如已购置了必需的设备，已进行了多次试验、论证等，合同解除势必会给当事人各方造成一定的损失。但这一损失并非因当事人的违约行为所致，不存在单独由哪一方当事人承担违约责任问题，因而应由当事人合理分担。

（二）技术开发合同的风险负担问题

技术开发合同中的风险主要是指在履行技术开发合同过程中，遭遇人类目前尚无法克服的技术难关，导致开发工作全部或部分失败。因为技术开发合同的成果是创造性的新成果，这种成果的取得本身就具有相当的难度，潜藏着开发失败的危险。如果开发方尽了自己最大的努力，仍因技术上的困难而未能取得合同约定的预期成果时，就应按照风险负担规则确定由何方负担风险。根据《合同法》第338条的规定，当事人双方对风险责任有约定的，依其约定；没有约定或者约定不明确的，依照《合同法》第61条确定的规则解决；如果仍不能确定的，由当事人双方合理分担风险。

当事人一方在技术开发合同履行过程中发现可能导致研究开发失败或者部分失败的情况时，应当及时通知另一方并采取适当措施减少损失。如向委托方提供咨询报告和意见、建议改变研究开发内容或者全部放弃研究开发工作等。与此同时，研究开发方亦应主动停止研究开发工作。如果当事人一方没有及时通知另一方并采取适当措施，致使损失扩大的，应当就扩大的损失承担责任。

（三）技术开发合同取得的技术成果权益的归属问题

根据《合同法》第339、340条的规定，履行技术开发合同而获得的技术成果权益的归属，应当依据技术成果的性质分别确定：

(1) 技术成果为发明创造的。在技术成果为发明创造的情况下，如果是委托开发完成的发明创造，除当事人另有约定的以外，申请专利的权利在一般情况下归研究开发人。研究开发人取得专利权的，委托人可以免费实施该专利。研究开发人转让专利申请权的，委托人享有以同等条件优先受让的权利；如果是合作开发所完成的发明创造,除当事人另有约定的以外,申请专利的权利属于合作开发的当事人共有。当事人一方转让专利申请权的,其他各方当事人在同等条件下享有优先受让权。合作开发的当事人一方声明放弃其所共有的专利申请权的,该专利申请权由其他当事人单独或共同享有并行使。经申请取得专利权的,声明放弃专利申请权的一方可以免费实施该专利。在合作开发的当事人一方不同意申请专利的情况下,另一方或其他各方不得申请专利。

(2)技术成果为技术秘密的。委托开发所完成的技术成果,如属技术秘密成果,通常情况下,该技术秘密成果的使用权、转让权以及利益的分配办法,由当事人约定。没有约定或者约定不明确,依照《合同法》第61条的规定仍不能确定的,当事人均有使用和转让的权利。所谓"当事人均有使用和转让的权利",依《技术合同司法解释》第20条的规定,包括当事人均有不经对方同意而自己使用或者以普通使用许可的方式许可他人使用技术秘密,并独占由此所获利益的权利。当事人一方将技术秘密成果的转让权让与他人,或者以独占或者排他使用许可的方式许可他人使用技术秘密,未经对方当事人同意或者追认的,该让与或者许可行为无效。

委托开发的研究开发人不得在向委托人交付研究开发成果之前,将研究开发成果转让给第三人。违反此项义务,应承担相应的违约责任。

第三节 技术转让合同

一、技术转让合同的概念和特征

技术转让合同,是指合法拥有技术的权利人,包括其他有权对外转让技术的人,将现有特定的专利、专利申请、技术秘密的相关权利让与他人,或者许可他人实施、使用所订立的合同。[①] 技术转让合同有广义与狭义之分。广义的技术转让合同,是指当事人就专利权转让、专利申请权转让、技术秘密转让和专利实施许可所订立的合同。狭义的技术转让合同不包括专利实施许可合同。《合同法》采用的是广义的技术转让合同概念。[②] 根据《合同法》的规定,技术转让合同包括专利权转让、专利申请权转让、技

[①] 《技术合同司法解释》第22条规定:"合同法第三百四十二条规定的'技术转让合同',是指合法拥有技术的权利人,包括其他有权对外转让技术的人,将现有特定的专利、专利申请、技术秘密的相关权利让与他人,或者许可他人实施、使用所订立的合同。但就尚待研究开发的技术成果或者不涉及专利、专利申请或者技术秘密的知识、技术、经验和信息所订立的合同除外。技术转让合同中关于让与人向受让人提供实施技术的专用设备、原材料或者提供有关的技术咨询、技术服务的约定,属于技术转让合同的组成部分。因此发生的纠纷,按照技术转让合同处理。当事人以技术入股方式订立联营合同,但技术入股人不参与联营体的经营管理,并且以保底条款形式约定联营体或者联营对方支付其技术价款或者使用费的,视为技术转让合同。"

[②] 《合同法》第342条规定:"技术转让合同包括专利权转让、专利申请权转让、技术秘密转让、专利实施许可合同。"

术秘密转让、专利实施许可合同四种类型。①

技术转让合同除具有一般技术合同的特征外,还具有以下特征:

(1) 技术转让合同以转让特定和现有专利权、专利申请权、专利实施权、技术秘密为内容。技术转让合同中的技术有两类:一是已经获得专利权的发明、实用新型和外观设计;二是技术秘密或者专有技术。尚待开发的技术成果或者不涉及专利或者技术秘密权属的知识、技术、经验和信息,不能成为技术转让合同的标的。

(2) 技术转让合同的履行往往表现为技术权益的转移。技术转让合同通常是技术成果使用权的转移,在一般情况下,让与人将技术成果交付受让人之后,并不丧失对该技术成果的所有,而受让人只取得对此项技术的使用权。

二、技术转让合同的内容要求

技术转让合同的实质在于技术使用权和独占权在不同法律主体间的移动或扩展。技术转让合同中,转让技术的人为让与人,接受他人转让的技术权利的人为受让人。让与人可以与受让人在技术转让合同中约定实施专利或者使用技术秘密的范围。受让人实施专利或者使用技术秘密的范围,主要是指技术让与人和受让人在合同中约定的对受让人实施专利技术和使用技术秘密的合理限制,限制主要表现在以下三个方面:

(1) 实施专利期限的限制。关于实施期限的约定仅适合于专利实施许可合同。让与人可以许可受让人在整个专利权存续期间实施专利,也可以约定受让人在专利权存续期间的某一段时间实施专利,但无权在专利权存续期间届满或者专利权宣布无效以后限制受让人使用该项技术的权利。专利实施许可合同只在该项专利权的存续期间内有效。② 在合同有效期内,专利权被终止,合同同时终止,当事人可以自由地使用该技术,而不受原订立的合同的限制。对于技术秘密转让合同,让与人是将拥有的技术秘密提供给受让人,而技术秘密没有专门的法律对其提供保护,所以对拥有技术的当事人必须使其技术处于保密状态,并通过保密措施来维护其对技术的实际控制。当事人不应通过合同约定对方使用期限,即不得限制受让人在合同终止后继续使用技术。但是,为维护技术转让方的权益,可以约定受让人在合同终止后继续承担保密义务。

---

① (1) 专利权转让合同,是指专利权人作为让与人将其发明创造专利的所有权或持有权移交受让人,受让人支付约定价款的合同。
(2) 专利申请权转让合同,是指让与人将其就特定的发明创造申请专利的权利移交受让人,受让人支付约定价款的合同。
(3) 技术秘密转让合同,是指让与人将其拥有的技术秘密提供给受让人,明确相互之间技术秘密使用权、转让权以及受让人支付约定使用费的合同。
(4) 专利实施许可合同,是指专利权人或者授权的人作为让与人许可受让人在约定的范围内实施其专利、受让人支付约定使用费的合同。
② 《合同法》第344条规定:"专利实施许可合同只在该专利权的存续期间内有效。专利权有效期限届满或者专利权被宣布无效的,专利权人不得就该专利与他人订立专利实施许可合同。"

(2) 实施专利和使用技术秘密的地区限制。让与人可以限制受让人在一定地域范围内实施专利,即在其取得专利权的国家境内实施专利技术或在合同中规定受让人使用专利技术的地理范围,其中包括产品制造、使用和销售的地区。

(3) 实施方式的限制。专利实施许可的方式主要包括许可受让人制造、使用或者销售专利产品或使用专利方法;技术秘密实施的方式是当事人可以约定受让人以任何目的使用技术秘密,也可以约定受让人只能将标的技术用于特定的目的或用途。此外,在专利实施许可合同和技术秘密转让合同中还应当明确受让人取得的是普通实施许可、排他实施许可还是独占实施许可。

技术转让合同可以约定让与人和受让人实施专利和使用技术秘密的范围,在合同中约定一定的限制性条款,但这并不意味着当事人可以滥用权利,以不合理的条款限制技术竞争和技术发展。

三、技术转让合同的效力

技术转让合同的让与人的义务和受让人的义务可以说明技术转让合同的效力。《合同法》第349条和第351条规定,技术转让合同让与人的义务表现在两个方面:

(1) 让与人应当保证自己是所提供技术的合法拥有者。在专利权转让合同中,让与人对转让的专利权应当拥有合法的所有权;在专利申请权转让合同中,让与人应当是具有专利申请权的自然人、法人或其他组织;在专利实施许可合同中,让与人必须是具有专利权的人或者是专利权人授权的人;在技术秘密转让合同中,让与人必须是该技术秘密的所有人。

(2) 让与人应当保证所提供的技术完整、无误、有效并能够达到约定的目标。作为技术转让合同的让与人,应当保证其转让技术的真实性、有效性,并将该技术的完整资料交付受让人,以使受让人的合同目的获得实现。

让与人未按照约定转让技术的,应当返还部分或者全部使用费,并且应当承担违约责任。

《合同法》第350条和第352条规定,受让人的义务主要表现在以下两个方面:

(1) 受让人对受让技术的保密义务。技术转让合同的受让人应当按照约定的范围和期限,对让与人提供的技术中尚未公开的秘密部分承担保密义务。保密义务是技术转让合同受让人的主要义务。

(2) 受让人应当依约支付技术使用费。受让人应按照技术转让合同约定的数额和时间向转让人支付技术使用费。

如果受让人违反保密义务,应当承担违约责任。如果受让人未按照约定支付使用费的,应当补交使用费并按照约定支付违约金;不补交使用费或者支付违约金的,应当停止实施专利、使用技术秘密,交还技术资料,承担违约责任。

四、专利实施许可合同的效力

基于专利实施许可合同不同于一般技术转让合同的特殊性,《合同法》第345、346

条对专利实施许可合同中许可人与受让人于一般技术转让合同之外的义务及违反这些义务的违约责任作了单独规定。

许可人的义务主要表现在以下三个方面：

(1) 依合同约定许可受让人在约定的范围、期限内实施专利技术。专利实施许可包括三种方式：一是独占实施许可，即许可人在约定许可实施专利的范围内，将该专利仅许可一个受让人实施，许可人依约定不得实施该专利；二是排他实施许可，即许可人在约定许可实施专利的范围内，将该专利仅许可一个受让人实施，但许可人依约定可以自行实施该专利；三是普通实施许可，即许可人在约定许可实施专利的范围内许可他人实施该专利，并且可以自行实施该专利。专利实施许可合同的当事人可以根据客观情况和自己的需要，约定专利实施许可的形式。专利实施许可合同的许可人还可以给予受让人再许可的权利，通过受让人将专利实施权移交给第三人，但是，专利实施许可合同给受让人再许可必须经许可人同意，再许可的形式应当是普通实施许可。如果在合同中未约定受让人有再许可权利，受让人不得擅自许可他人实施专利技术。

(2) 交付实施专利有关的技术资料并提供必要的技术指导。许可人应当交付受让人实施专利有关的技术资料，同时对受让人进行必要的技术指导。所谓必要的技术指导，是指许可人应当依照合同约定协助受让人实施被转让的专利技术，帮助受让人解决专利技术实施过程中可能会出现的各种问题，并为其培训技术人员，协助其进行设备的使用等。因为这是受让人实施专利的必要条件，专利技术转让的完成依赖于受让人对技术的掌握。

(3) 在合同有效期内维持其专利的有效性。专利实施许可合同的基础在于专利权的有效性，作为专利实施许可合同的许可人应当在合同有效期内维持专利权的有效性。

受让人的义务主要表现在以下两个方面：

(1) 依约使用技术。按照合同约定的范围、方式使用技术，未经许可人同意，不得允许第三人使用该专利技术。受让人必须严格按照合同约定的范围实施专利技术，不得随意扩大专利实施的范围或者缩小专利保护范围，更不能擅自允许合同以外的第三人实施专利技术，以免造成对专利许可人利益的损害。

(2) 按照约定支付使用费。使用费是受让人对专利权人转让其专利使用权的报酬。许可人将自己所拥有的专利使用权转让给受让人的，受让人应当向许可人支付使用该专利技术的报酬。

在实践中，有的专利实施许可合同往往要求受让人承担实施专利的义务，这在合同价款采取提成支付的情况下比较多见。通过受让人履行实施专利的义务，可以使许可人获得对方实施其专利的最大利润。受让人的实施义务包括：在一定时间内将专利产品投入生产；行使合同所约定的权利；在一定范围内生产专利产品并作相应的推销工作。许可人如果想使受让人承担实施义务，应当与受让人在合同中达成明确的协议。

五、技术秘密转让合同的效力

技术秘密转让合同又称为"非专利技术转让合同"或"专有技术许可合同",是指双方当事人约定让与人将其拥有的技术秘密(非专利技术或专有技术)提供给受让人,明确相互之间对技术秘密的使用权、转让权,受让人支付约定使用费的合同。与《合同法》单独对专利实施许可合同的有关问题作了规定一样,基于技术秘密转让合同不同于一般技术转让合同的特殊性,《合同法》第347、348条也对技术秘密转让合同中让与人与受让人于一般技术转让合同之外的义务及违反这些义务的违约责任作了单独规定。

让与人的义务主要表现在以下三个方面:

(1) 保证技术的实用性和可靠性。让与人向受让人转让的技术秘密应当是适于受让人的合同目的,并具有实用性与可靠性。所谓实用性,即指所转让的技术秘密可在合同约定的行业或者领域内应用;所谓可靠性,是指重复合同约定的试验、生产条件即可达到约定的技术经济指标。

(2) 让与人应按照合同约定提供技术资料、进行技术指导。按照合同约定的期限让与人提供约定的技术资料,进行必要的技术指导,这不仅是技术秘密转让合同让与人的主要义务,同时也是受让人能够实施非专利技术的前提条件。这项义务要求让与人在履行合同时,做到技术资料齐全,技术指导适当,即按照合同所附技术资料清单提供设计、工艺文件,完成各项技术任务。让与人向受让人提供技术资料,必须保证受让人能够实施该技术的程度,还应当提供受让人实施该技术所必要的技术指导。

(3) 承担合同约定的保密义务。技术秘密转让合同的让与人承担保密义务主要是为维护技术的竞争性,如果让与人将其技术内容公开,该技术即为公知技术,任何人都会有可能无偿使用该标的技术,从而使受让人失去竞争优势和市场利益,因此让与人必须按照约定的期限承担保密义务。

让与人未按照合同约定转让技术的,如让与人不按合同约定向受让人提供技术资料,或不按照合同约定向受让人提供技术指导的,除返还部分或全部使用费外,还应当赔偿损失。让与人超过一定期限未提供合同约定的非专利技术成果的,受让人有权解除合同,让与人应当返还使用费,并赔偿损失。让与人违反合同约定的保密义务,泄露技术秘密,使受让人遭受损失的,受让人有权解除合同,让与人应当赔偿损失。

受让人的义务主要表现在以下三个方面:

(1) 在合同约定的范围内使用技术。按照受让人使用技术秘密的范围不同,技术秘密转让合同可以采取普通实施许可、排他实施许可和独占实施许可几种转让方式,但都必须按照约定使用该秘密技术,因为技术秘密不像专利那样具有法律上的独占权,只能靠保密来维护它事实上的独占权,所以技术秘密转让合同的受让人应当在合同约定的地区内,以约定的方式实施标的技术。

(2) 按照合同约定支付使用费。受让人应在合同约定的期限内向让与人支付约定的使用费,这是受让人应当承担的一项主要义务。

(3) 承担合同约定的保密义务。由于技术秘密只能靠保密来维护它事实上的独占权,技术秘密拥有者与使用者必须使该技术处于保密状态。通过约定保密义务使技术秘密不致泄露是技术秘密转让合同的一个重要内容。

技术秘密转让合同的受让人违反保密义务,公开或向他方泄露技术内容,或者不按合同约定的范围使用技术、不按约定支付使用费的,应当承担相应的违约责任。

六、技术转让合同的几个特殊问题

(一) 后续改进技术成果的权益分配

后续改进的技术,是指在技术转让合同有效期内,一方或双方对作为合同标的的专利技术或者技术秘密所作的革新和改良。后续改进技术离不开原有技术,技术转让合同当事人双方可以按照互利的原则,在技术转让合同中约定实施专利或者使用技术秘密产生的后续改进技术成果的分成办法。例如,双方可以约定彼此向对方提供对合同标的技术所作的新的技术改进,并按照优惠条件相互许可对方使用后续改进的技术。这种约定,有利于科学技术进步,加速了科学技术成果的应用和推广,不仅符合当事人的实际利益,同时也有利于提高经济效益和社会效益。对此,《合同法》第354条明确规定,当事人可以按照互利的原则,在技术转让合同中约定实施专利、使用技术秘密后续改进的技术成果的分享办法。没有约定或者约定不明确,依照《合同法》第61条的规定仍不能确定的,一方后续改进的技术成果,其他各方无权分享。

(二) 技术进出口合同及专利、专利申请合同的法律适用问题

《合同法》第355条规定,技术进出口合同及专利、专利申请合同原则上适用《合同法》关于技术转让合同的规定,但是,法律、行政法规对技术进出口合同或者专利、专利申请合同另有规定的,依照其规定。

第四节 技术咨询合同

一、技术咨询合同的概念

技术咨询合同包括就特定技术项目提供可行性论证、技术预测、专题技术调查、分析评价报告等咨询内容的合同。所谓"特定技术项目",依《技术合同司法解释》第30条的规定,包括有关科学技术与经济社会协调发展的软科学项目,促进科技进步和管理现代化、提高经济效益和社会效益等运用科学知识和技术手段进行调查、分析、论证、评价、预测的专业性技术项目。

在技术咨询合同中,受托人根据委托人的要求,对其进行科学研究、技术开发、成果推广、技术改造、工程建设、科技管理等方面的咨询服务,供委托人在技术决策时参考,从而使科学技术的决策和选择真正建立在民主化和科学化的基础之上。由于技术

咨询合同标的的这种特殊性,一般来说,技术咨询合同的受托人应当是具有相关技术知识和经验、能够满足委托人咨询要求的专门机构和技术人才。

技术咨询合同主要包括重大工程建设项目的技术可行性论证合同,建立中外合资、中外合作企业或者国内各类经济联合体的技术可行性分析合同,企业技术改造计划、方案和规划的论证合同,对新技术、新产品受托评估、鉴定合同,管理技术咨询或对企业的经营进行诊断的合同,技术及设备的引进策略、方案以及可行性论证合同,专项技术问题咨询合同,国家或地区的经济发展规划咨询论证合同,行业发展规划咨询合同,新产品开发和市场预测合同,技术和产品开发专利检索咨询合同等。

二、技术咨询合同的效力

《合同法》第357、359条规定,技术咨询合同中委托人的主要义务有:

(1) 按照约定阐明咨询的问题并向受托人提供技术背景资料及有关技术资料、数据。委托人履行这一义务是受托人进行分析论证的出发点。委托人应及时按合同约定向受托人详细提供项目的技术内容、技术经济目标、比较方案的内容和有关背景材料,以保证受托人能全面、准确理解委托人咨询的意图,并在充分掌握信息的基础上,满足委托人的咨询要求。如果委托人提供的资料、数据有明显错误及缺陷的,委托人应接受受托人建议,及时补充、修改。在必要时,委托人还应为受托人完成咨询任务所进行的现场调查、论证、测试提供必要的工作条件。

(2) 及时接受受托人的工作成果并按约定支付报酬。受托人利用自己的技术知识和掌握的经验、信息,按照合同的约定期限完成咨询任务后,委托人应当及时接受受托人的工作成果并按约定支付报酬。

《合同法》第359条第1款规定,技术咨询合同的委托人未按照约定提供必要的资料和数据,影响工作进度和质量,不接受或者逾期接受工作成果的,支付的报酬不得追回,未支付的报酬应当支付。委托人迟延支付报酬的,应当承担迟延履行的违约责任。

《合同法》第358、359条规定,技术咨询合同中受托人的主要义务有:

(1) 应当按照合同约定的期限完成咨询报告或者解答问题。受托人作出的咨询报告或解答可以采取多种形式,既可以由受托人在完成咨询课题后提交一次性报告,也可以由受托人针对咨询的问题,逐一提出建议;也可以由受托人在进行第一步调查研究和分析论证后先提交初步报告,在进一步开展工作之后,提交中期报告,在听取委托人要求和专家评析意见的基础上完成最终报告,并交委托人验收。但不管完成方式如何,受托人均应按期完成。超过约定的履行期限的,受托人应当承担相应的违约责任。

(2) 提出的咨询报告或解答应达到约定的要求。合同到期后,受托人提交的咨询报告或者解答的问题应当符合合同约定的要求。

《合同法》第359条规定,技术咨询合同的受托人未按期提出咨询报告或者所提出的咨询报告不符合合同约定的,应当承担减收或者免收报酬等违约责任。

三、技术咨询合同特殊风险责任负担

《合同法》第 359 条第 3 款规定,技术咨询合同的委托人按照受托人符合约定要求的咨询报告和意见作出决策所造成的损失,由委托人承担,但当事人另有约定的除外。这是由于,在技术咨询合同中,受托人的义务就是利用自己所掌握的知识、技术、经验等,对委托项目进行可行性论证,提供咨询报告,并保证所提出的咨询报告和意见符合合同的约定。受托人为委托人完成的咨询建议、设计方案、分析调查结论和可行性论证只是决策建议,仅供委托人作技术决策时参考,至于是否实施该技术项目、如何实施等,由该咨询项目的委托人决定,委托人具有评价分析并最后决定是否采纳的权利。委托人实施咨询报告而造成的风险损失,除合同另有约定外,受托人可免予承担责任,而由委托人自己承担。

四、技术咨询合同履行过程中新创技术成果的归属

技术咨询合同的履行过程,事实上也是一个当事人之间互通技术信息、交流工作成果的过程,这一过程为双方当事人创造出更新的技术成果提供了条件和机会。对在技术咨询合同履行过程中产生的新技术成果的归属问题,根据《合同法》第 363 条的规定,当事人在合同中没有事先约定的,受托人利用委托人提供的技术资料和工作条件完成的新技术成果,属于受托人;委托人利用受托人的工作成果完成的新的技术成果,属于委托人。如果当事人另有约定的,新技术成果按合同约定的办法享有。通常情况下,双方的特别约定包括:在委托人提供的技术背景资料、数据等涉及其技术秘密和竞争优势的情况下,当事人可以在合同中约定受托人利用委托人提供的技术资料和工作条件完成的新技术成果归委托人所有,也可约定归双方共有;在受托人所提供的咨询报告或技术成果涉及其技术秘密的情况下,当事人可在合同中约定委托人利用其所提供的技术成果完成的新技术成果归受托人所有,也可归双方共有;如果合同当事人任何一方的新创技术成果涉对方的重大利益,双方可以相互提供新技术成果,按互利互惠的原则许可对方使用。

第五节　技术服务合同

一、技术服务合同的概念

技术服务合同是指当事人一方以技术知识为另一方解决特定技术问题所订立的合同,不包括建设工程合同和承揽合同。《技术合同司法解释》第 33 条规定,特定技术问题包括需要运用专业技术知识、经验和信息解决的有关改进产品结构、改良工艺流程、提高产品质量、降低产品成本、节约资源能耗、保护资源环境、实现安全操作、提高经济效益和社会效益等专业技术问题。这一特定问题是生产、科研活动中现实存在

的,必须依赖技术人员运用其掌握的技术知识和实践经验来解决。技术服务合同中所称的技术服务是解决特定技术问题的活动。

技术服务合同根据其内容可分为普通技术服务合同和特殊技术服务合同。普通技术服务合同,是指当事人一方利用科技知识为另一方解决特定专业技术问题所订立的合同。特殊技术服务合同包括技术中介合同和技术培训合同。技术中介合同,是指一方当事人为另一方当事人提供订立技术合同的机会,或者作为订立技术合同的媒介的合同。技术培训合同,是指一方当事人为另一方当事人所指定的人员进行特定技术培养和训练的合同。由于技术中介合同和技术培训合同不同于普通技术服务合同,除《合同法》第十八章外,该法第364条规定,法律、行政法规对中介合同、技术培训合同另有规定的,依照其规定。

二、技术服务合同的效力

技术服务合同的效力体现为委托人和受托人的义务。《合同法》第360、362条规定,技术服务合同中委托人的义务主要有:

(1) 委托人应按照约定提供工作条件完成配合事项。委托人应按照合同约定为服务方提供工作条件,不仅要向服务方阐明所要解决的技术问题的要点,还应提供有关的背景资料、数据。委托人提供的背景资料和数据应全面、详尽、及时,这样才有利于服务方解决技术问题,达到预期的效果。委托人为保证合同的顺利进行还应完成一些配合事项,其中包括:提出技术问题的内容、目标;提供有关的数据、图纸和其他资料;为服务方对现有产品、工艺设计、改造项目方面进行调查提供方便,有时还应提供试验场地和条件;告知已经进行的试验进度;提供设备的性能等资料;提供人员的组织、安排情况;有关技术调查的安排;提供样品、样机及必要的材料、经费;有关的计划和安排的资料等。如服务方发现委托人提供的技术资料、数据、样品、材料或者工作条件不符合合同约定的,应当及时通知委托人。委托人应当在约定的期限内补充、修改或者更换。

(2) 委托人应当按照合同的约定按期接受受托方的工作成果并给付报酬。接受服务方的工作成果是委托人的权利,按期接受工作成果是委托人应尽的义务。委托人在接受服务方的工作成果并组织验收合格后还应当及时支付报酬。

技术服务合同的委托人不履行合同义务或者未按照合同约定履行义务,影响工作进度和质量,不接受或者逾期接受工作成果的,根据《合同法》第362条的规定,委托人支付的报酬不得追回,未支付的报酬应当支付。

《合同法》第361、362条规定,技术服务合同中受托人的义务主要有:

(1) 按期完成合同约定的服务项目、解决技术问题、保证工作质量。受托人应该按时按质按量地完成专业技术工作,使委托人所提出的技术问题得到解决。如果技术服务合同对工作成果的数量和质量有明确规定,应按照合同的约定处理;如果技术服务合同没有明确规定,当事人可在验收时协商决定;协商不成的,可根据《合同法》的相关规定确定。①

（2）传授解决技术问题的知识。技术服务合同的受托人不仅要向委托人提交工作成果，而且要向委托人传授解决有关技术问题的知识、技术和经验，以使委托人能准确理解该技术问题并在技术问题解决后顺利进行生产、科研。

技术服务合同的受托人未按照合同约定完成服务工作的，应当承担免收报酬等违约责任。

三、技术服务合同履行过程中产生的新技术成果的归属

技术服务合同的履行过程，与技术咨询合同一样，既是一个当事人之间互通技术信息、交流工作成果的过程，也为双方当事人创造出更新的技术成果提供了条件和机会。《合同法》第363条规定，在履行技术服务合同过程中，受托人利用委托人提供的技术资料和工作条件所完成的新的技术成果，属于受托人；委托人利用受托人的工作成果所完成的新的技术成果，属于委托人。当事人另有约定的，按照其约定。

---

① 《合同法》第62条第1项规定："质量要求不明确的，按照国家标准、行业标准履行；没有国家标准、行业标准的，按照通常标准或者符合合同目的的特定标准履行"。

第二十三章 保管合同

保管合同,是指双方当事人约定一方当事人保管另一方当事人交付的物品,并返还该物的合同。保管合同以物品的保管为目的,一般须移转标的物的占有。保管合同为实践合同、无偿合同、不要式合同和双务合同。保管合同中,寄存人应负担支付保管报酬和偿还必要费用义务以及特定情形下的告知义务、声明义务;保管人应负担给付保管凭证、妥善保管保管物、不得使用或许可他人使用保管物、危险通知义务以及返还保管物的义务。

第一节 保管合同概述

一、保管合同的概念

保管合同(contract of deposit)是保管人保管寄存人交付的保管物,并返还该物的合同。保管合同中,保管物品的一方为保管人,所保管的物品为保管物,交付物品保管的一方为寄存人。

保管合同制度起源于罗马法。在罗马法和近代西方国家的民法典中,通常将保管称为"寄托"。罗马法上的寄托分为通常寄托与变例寄托。通常寄托,是指受寄人应于合同期满后将受托保管的原物返还寄托人;而变例寄托,是指受寄人得返还同种类、品质、数量之物,包括金钱寄托、讼争物寄托及危难寄托。法国民法基本沿袭了罗马法的规定。《法国民法典》将寄托分为通常寄托与争讼寄托。争讼寄托指因逃避不可抗力、灾害等不可预见的事故而为的寄托。德国法、日本法则与罗马法的规定不同。德国法上将寄托分为一般寄托和不规则寄托,并规定了旅店主人对旅客在旅店中保管携带物品的责任,即法定寄托。日本民法中规定了一般寄托和消费寄托,商法中对商事寄托另有规定。《日本民法典》中规定,一般寄托的标的物包括动产和不动产,这是日本法的一个特点。

在《合同法》之前,我国法律并没有规定保管合同,只在原《经济合同法》中规定了仓储保管合同。但无论在理论上还是在实践中,我国是承认保管合同的。由于《合同法》采取的是民商合一的立法体例,《合同法》在规定仓储合同的同时,也对保管合同作了明确规定。由此,保管合同成为独立的有名合同。

二、保管合同的特征

(1) 保管合同为实践合同。《合同法》第 367 条规定:"保管合同自保管物交付时成立,但当事人另有约定的除外。"依此规定,保管合同的成立,除当事人另有约定外,不仅须有当事人双方的意思表示一致,而且须有寄存人将保管物交付于保管人的行为,寄存人交付保管物是保管合同成立的要件。除当事人另有特别约定外,保管合同为实践合同,而非诺成合同。

保管合同为实践合同,源于"寄托仅依寄托人与受寄人间之合意不能成立,于合意之外,尚须寄托人以物交付与受寄人,而始成立"[①]的民法理论,同时也符合社会习惯。如果当事人仅有物品保管的一致意思表示,但并无寄存人将物品交保管人保管或者保管人对寄存人交存之物有不接受的行为或者事实,则保管合同不成立。任何一方当事人均不能根据双方保管物品的一致意思表示主张权利。

(2) 保管合同既可有偿也可无偿。在罗马法上,保管合同为无偿合同;及至近现代西方国家的民事立法,一般也规定保管合同以无偿为原则,以有偿为补充。我国保管合同是社会成员相互提供帮助或服务部门为公民提供服务的一种形式,原则上保管合同为无偿合同。当事人约定对保管行为支付报酬的,此保管合同为有偿合同。

(3) 保管合同既可是双务合同也可是单务合同。区分双务合同与单务合同的标准并不在于合同是否有偿,而在于合同的当事人在享有合同权利的同时,是否也负担一定的合同义务。在有偿的保管合同中,保管合同为双务合同;在无偿的保管合同中,保管合同为单务合同。

第二节 保管合同的效力

一、寄存人的义务

《合同法》第 366 条、第 370 条和第 375 条规定了寄存人的义务。寄存人的主要义务有支付保管报酬、偿还必要费用、告知义务和声明义务等。

(1) 支付保管报酬的义务。保管合同经当事人约定为有偿时,寄存人应当按照约定向保管人支付保管费,该保管费为保管人为保管行为的报酬。在一般情况下,保管人得依合同的约定请求报酬全额。若保管合同因不可归责于保管人的事由而终止时,除合同另有约定外,保管人仍得就其已为的保管部分请求报酬。作为其反对解释,保管合同因可归责于保管人的事由而终止的,除非当事人另有约定,保管人不得就其已为保管的部分请求报酬,但仍可请求偿还费用。保管合同中的报酬给付采报酬后付原则,保管人不得就报酬的未付与保管物的保管,主张同时履行抗辩权,但保管人得就报

[①] 史尚宽:《债法各论》,中国政法大学出版社 2000 年版,第 515 页。

酬的给付与保管物的返还主张同时履行抗辩权。当事人对保管费没有约定的,保管合同为无偿合同。在无偿保管中,寄存人无给付报酬的义务。

在寄存人和保管人没有就是否支付报酬作出约定,或者约定不明确的情况下,双方可以协议补充;不能达成补充协议的,按照合同有关条款或者交易习惯确定。所谓按照合同有关条款或者交易习惯确定,要考虑的问题主要有以下两项:一是保管人是否从事保管这个职业。如果双方没有约定报酬或者约定不明确,但是能够确定保管人就是从事保管这个职业的,如保管人是小件寄存的业主,依此应当推定该合同是有偿合同。二是依其他情形应当推定保管是有偿的。如就保管物的性质及保管的时间、地点和方式而言,一般人的判断都是有偿的,则应推定保管是有偿的。如果推定保管是有偿的,寄存人应当向保管人支付报酬。

(2) 偿还必要费用的义务。就保管人因保管保管物所支出的必要费用,寄存人应当予以偿还。当事人另有约定的,依其约定。必要费用,是指以能维持保管物原状为准,包括重新包装、防腐防火等项费用。寄存人承担此项义务,不因保管合同有偿无偿而有所不同。对于保管费的支付义务以及必要费用的偿还义务,寄存人应及时履行。有偿的保管合同下保管费用的支付期限问题,寄存人应当按照保管合同中的约定;保管合同未明确支付期限,且依《合同法》第61条的规定仍不能确定的,寄存人应当在领取保管物之时同时支付。必要费用的偿还期限,原则上应由双方协商确定,并最迟在寄存人领取保管物时同时支付。

寄存人违反约定不支付保管费以及其他必要费用的,保管人对保管物享有留置权,即有以该财产折价或者以拍卖、变卖该财产的价款优先受偿的权利。这里需要注意的是,依照我国担保法的规定,保管人在留置保管物后,应当给予寄存人不少于两个月的期限履行债务。如果寄存人逾期仍不履行债务,才可以处理留置的财产。同时在这段时间内,保管人仍负有妥善保管留置物的义务,如果保管不善致使留置物毁损、灭失的,保管人应当承担民事责任。当事人另有约定的,也可以不行使留置权。因为保管合同发生的债权,债权人享有的留置权虽然是法定的留置权,但是当事人可以约定不行使留置权。① 例如,寄存人寄存的手表是寄存人祖传的,对寄存人具有特殊意义,寄存人可以与保管人在合同中约定:即使寄存人未按照约定支付保管费,保管人也不得对该手表进行留置。

(3) 告知义务。寄存人交付的保管物有瑕疵或者按照保管物的性质需要采取特殊保管措施的,寄存人应当将有关情况告知保管人。由于寄存人未履行告知义务致使保管物受损失的,保管人不承担损害赔偿责任。寄存人告知后,因保管人未采取适当的保管措施致使保管物受损失的,保管人应当承担损害赔偿责任。

由于保管物本身的性质或者瑕疵使保管人受到损害的,寄存人应当承担赔偿责任。保管物本身的性质,是指保管物为易燃、易爆、有毒、有放射性等危险物品或易腐

---

① 《担保法》第84条第3款规定:"当事人可以在合同中约定不得留置的物。"

物品的情形。保管物本身的瑕疵,是指保管物自身具有破坏性缺陷的情形。在保管人于合同成立时已知或应知保管物有发生危险的性质或瑕疵并且未采取补救措施的情况下,寄存人得免除损害赔偿责任。保管人因过失而不知上述情形时,寄存人仍不能免责,应适用过失相抵原则。寄存人以保管人于合同成立时知道或应当知道保管物有发生危险的性质或瑕疵并且未采取补救措施而主张免责的,应负举证责任。因保管物的性质或瑕疵而给第三人造成损害的,寄存人也应负赔偿责任,此时寄存人所负的责任为侵权责任,而非合同责任。

(4) 声明义务。当寄存人寄存的物品为货币、有价证券或者其他贵重物品时,应向保管人履行告知义务,并经由保管人验收或封存。由于货币、有价证券或其他贵重物品或者价值相当大,或者为特定物,寄存人寄存此类物品时,应当就其保管物区别于一般物品的特殊性向保管人说明,以便保管人能够根据其特殊性决定是否保管、如何保管。如果寄存人未尽声明义务,在发生保管物毁损、灭失的情形时,其无权就保管物自身区别于其他物品的特殊性所受到的损失要求保管人赔偿,保管人亦不负有按寄存人所主张的物品价值进行赔偿的责任。但是,保管人可以按照一般物品的价值对寄存人予以赔偿。

二、保管人的义务

《合同法》第 368 条、第 369 条、第 371 条、第 372 条和第 378 条规定了保管人的义务。保管人的义务主要有给付保管凭证、亲自妥善保管保管物、不得使用或许可他人使用保管物以及返还保管物。

(1) 给付保管凭证的义务。除非当事人另有约定,保管人应当在寄存人向其交付保管物时给付保管凭证。寄存人在向保管人交付保管物后,有权要求保管人向其出具凭证,作为保管行为结束时寄存人向保管人索取保管物并行使权利的具体凭证。例如,在公共场所存车时,存车处向存车人提供的号牌就是这样一种保管凭证。给付保管凭证在现实社会生活和经济生活中具有重要意义。保管合同为不要式合同,一旦双方发生纠纷,如果没有保管凭证,很难直接证明寄存人与保管人之间是否存在真实的保管关系。此外,保管凭证对确定保管物的性质和数量、保管的时间和地点等也具有重要作用。

保管凭证的给付并非保管合同的成立要件。保管凭证仅是证明保管合同关系存在的证据。如果当事人另有约定或者依交易习惯无须给付保管凭证的,也可以不给付保管凭证,但这并不影响保管合同的成立。现实生活中,人们为了互相协助而发生的保管行为,多基于寄存人与保管人之间互相信任而无须给付保管凭证。即使保管行为发生于公民与专门从事保管业务的法人组织之间或者法人与法人之间,也可以按照交易习惯,不一定要出具保管凭证。[①]

[①] 参见全国人大法工委研究室编写组:《中华人民共和国合同法释义》,人民法院出版社 1999 年版,第 542 页。

(2) 亲自妥善保管保管物的义务。在保管合同中,保管保管物是保管人依保管合同应负的主要义务。保管人不仅应当妥善保管保管物,而且一般情况下应当亲自为保管行为。判断保管人对保管物的保管是否妥善,我国《合同法》并未明文规定。依民法理论,保管人保管保管物,"应与处理自己事务为同一注意。其受有报酬者,应以善良管理人之注意为之"①。即在保管合同为无偿时,保管人应当尽与保管自己的物品同样的注意;在保管合同为有偿时,保管人应尽善良管理人的义务。发生保管物毁损、灭失的情况下,也应根据保管人在不同合同中的相当注意要求来确定其责任的承担。在保管合同为无偿时,保管人有重大过失的应负赔偿责任;在保管合同为有偿时,保管人负抽象轻过失的责任,即保管人未尽善良管理人的义务致使保管物毁损、灭失的,应承担违约责任。如果损害是因不可抗力引起的,根据民法"所有者对所有物承担意外毁损灭失风险"的原则,其损害由寄存人自己承担。

为充分保护消费者的利益,应注意到特定场合下的保管合同所具有的间接有偿性,如商业经营场所对来此消费的顾客所寄存物品的保管。由于该保管行为服务于商业经营目的,不论该保管是有偿还是无偿(虽然大多数情况下是无偿的),保管人都应尽善良管理人的注意义务。如果保管人未尽善良管理人的义务致使保管物毁损、灭失的,保管人应承担损害赔偿责任。

保管人妥善保管保管物的义务还要求,对保管人保管物的方法和场所,当事人有约定的,应从其约定;无约定的,应依保管物的性质、合同的目的以及诚实信用原则确定。当事人约定了保管方法和场所的,保管人不得擅自更改。但为维护寄存人的利益,基于保管物自身的性质或者因紧急情况必须改变保管方法或场所的,保管人得予以改变。保管人变更保管方法的,基于诚实信用原则所产生的附随义务,保管人应当根据当时的实际情况,在变更保管方法前后,对寄存人负通知义务。

保管人违反保管合同中的妥善保管义务,致保管物毁损、灭失的,保管人应根据不同情况承担不同的责任。当保管物的毁损、灭失非出于保管人自身的侵权行为所致时,保管人仅负违约责任。当保管物的毁损、灭失是由于保管人自身的侵权行为所致时,保管人不仅负有违约责任,而且负有侵权责任,此时发生保管人侵权责任与违约责任的竞合,寄存人可择一向保管人主张。

(3) 不得使用或许可他人使用保管物的不作为义务。保管人有权占有保管物,但原则上不得使用保管物,也不能让第三人使用,但经寄存人同意或基于保管物的性质必须使用的情形除外。保管合同的目的是为寄存人保管保管物,一般要求是维持保管物的现状。保管人虽然没有使保管物升值的义务,但却负有尽量避免减损其价值的义务,而大多数物会因使用而损耗。保管人在合法占有保管物时,原则上不得使用保管物,也不得未经寄存人同意许可第三人使用。但是,按照交易习惯,基于保管物性质的必要使用,即保管物的使用是保管方法的组成部分的,保管人可以使用保管物。例如,

---

① 史尚宽:《债法各论》,中国政法大学出版社2000年版,第521页。

为保持奶牛的出奶量,保管人可以为奶牛挤奶。如果保管人在未经寄存人同意的情况下自己使用或许可第三人使用保管物,或者未经寄存人同意且对保管物的使用也不为保管物的性质所必要,则无论保管人主观上有无过错,均应向寄存人支付相应的使用费以作补偿。使用费的数额可比照租金标准计算,保管物为金钱的,保管人应自使用之日起支付相应利息。

(4)返还保管物的义务。在保管合同期限届满或者寄存人要求领取保管物时,保管人应及时返还保管物。也就是说,保管人得应寄存人的请求,随时返还保管物,此为保管人返还保管物的义务。保管合同未约定保管期间的,寄存人可以随时领取保管物。即使保管合同约定了保管期间的,寄存人也可以随时领取保管物。因为保管的目的是为寄存人保管财物,当寄存人认为保管的目的已经实现时,尽管约定的保管期间还未届满,为了寄存人的利益,寄存人可以提前领取保管物。另外,寄存人随时领取保管物,也不管保管为有偿或无偿。保管是无偿的,寄存人提前领取保管物可以提早解除保管人的义务,对保管人实为有利;保管是有偿的,只要寄存人认为已实现保管目的而要求提前领取的,保管人也无阻碍之理。

如果保管合同规定有返还期限,则保管人非因不得已的事由不得提前返还,如保管人患病、丧失行为能力等。当然,这并不排斥寄存人可以在期限届满前随时要求返还,但因此给保管人造成损失的,寄存人应予以补偿。

保管人返还的物品应为原物,原物生有孳息(包括法定孳息和自然孳息)的,保管人还应返还保管期间的孳息,当事人另有约定的除外。因为在保管合同中,保管人并不享有保管物的所有权,所有权仍归寄存人享有,在保管期间,保管物所产生的利益应归寄存人所有。在消费保管合同①中,由于保管物为种类物,保管人仅负以种类、品质、数量相同的物返还寄存人的义务。《合同法》第378条明确规定:"保管人保管货币的,可以返还相同种类、数量的货币。保管其他可替代物的,可以返还相同种类、品质、数量的物品。"消费保管合同虽不用返还原物,但若当事人约定有利息的,还应支付相应利息。当然,在保管人按约定支付利息的情况下,寄存人应就保管物的瑕疵负瑕疵担保责任。

保管人返还保管物的地点一般应为保管地。在保管物为不动产的情形下,保管人应在不动产所在地返还;在保管物为动产的情况下,返还地点应为保管地。一般情况下,保管人并无送交保管物的义务,除非当事人另有约定。

基于合同相对性原理,保管人应向保管合同的寄存人返还保管物。在第三人对保管物主张权利时,《合同法》第373条规定,除非有关机关已经对保管物采取了保全或者执行措施,保管人仍应向寄存人履行返还保管物的义务。

基于保管人返还保管物的义务,保管人在保管物出现因第三人或自然原因可能失去的危险情形时,还负有通知当事人的附随义务。因为放任危险的发生可能导致保管

---

① 消费保管合同,又称"不规则保管合同",是指保管物为种类物,双方约定保管人取得保管物的所有权或处分权,而仅负以种类、数量、品质相同的物返还寄存人的义务的合同。

物在返还前非正常地灭失,从而使保管人无法返还保管物。出现上述情形时,保管人应当通知寄存人。保管人的此项义务在一些国家和地区的立法中有规定。① 我国《合同法》第373条第2款也规定,第三人对保管人提起诉讼或者对保管物申请扣押的,保管人应当及时通知寄存人。通知的目的在于使寄存人及时参加诉讼,以维护自己的合法权益。保管人可以请求法院更换寄存人为被告,因为保管人不是所有权人,这是第三人与寄存人之间的争议。如果第三人向法院申请对保管物采取财产保全措施,如第三人在诉讼前向法院申请财产保全,请求扣押保管物。法院在扣押保管物后,保管人应当及时通知寄存人,以便寄存人及时向法院交涉,或者提供担保以解除保全措施。依据诚实信用原则,在保管物受到意外毁损、灭失或者保管物的危险程度增大时,保管人也应及时将有关情况通知寄存人。

---

① 《日本民法典》第660条规定:"就受寄物主张权利的第三人,对受寄人提起诉讼或为扣押时,受寄人应急速将其事实通知寄托人。"

第二十四章 仓 储 合 同

仓储合同为诺成合同、双务有偿合同和不要式合同。仓储合同的保管人须为有仓储设备并专事仓储保管业务的权利主体,其保管对象为动产。仓储合同中,存货人应负担特定情形下的说明义务以及提取仓储物的义务;保管人应负担给付仓单、验收仓储物、特定情形下的通知义务以及妥善保管仓储物的义务。

第一节 仓储合同概述

一、仓储合同的概念和特征

仓储合同(warehousing contract)是保管人储存存货人交付的仓储物,存货人支付仓储费的合同。在仓储合同中,交付仓储物的人称为"存货人",接受仓储物的人称为"保管人"。仓储业作为一种专为他人储藏、保管货物的商业营业活动,是随着商品经济的发展,从保管业中逐渐发展、壮大起来的特殊营业。仓储业首先发端于中世纪西方的一些沿海城市,随着国际和地区贸易的不断发展,仓储营业的作用日渐重要。商品的储存、运输及原材料的采购、中转等几乎都离不开仓库营业服务,仓储营业已经成为现代社会化大生产和国际、国内商品流转中一个不可或缺的环节。仓储业务对于加速物资流通,减少仓储保管的货物的损耗,节省仓库基建投资,提高仓库的利用率,增强经济效益,正发挥着不可替代的重要作用。

仓储合同的立法体例大致有以下三种:一是商法典。日本、德国等采纳民商分立立法体例的国家将仓储合同规定在商法典中。二是民法典。瑞士等采纳民商合一立法体例的国家将仓储合同规定在民法典中。三是单行法。英美法系国家采用此种立法体例。我国民事立法采用民商合一的立法体例,将仓储合同规定在归属于民事一般法的《合同法》中。

仓储合同具有如下法律特征:

(1)保管人须为有仓储设备并专门从事仓储保管业务的权利主体。在仓储合同中,保管人只能是从事仓储保管业务的人,这是仓储合同在主体上的特征,也是仓储合同与保管合同的重要区别之一。仓储合同的保管人可以是法人,也可以是个体工商户、合伙组织或其他组织,但必须具备一定的资格,即具有仓储设备、专门从事仓储保管业务。所谓仓储设备,是指能够满足储藏和保管物品需要的设施,既包括有房屋、有锁之门等外在表征的设施，也包括可供堆放木材、石料等原材料的地面。所谓专事仓储保管业务，是指经国家有关部门核准登记专营或兼营仓储保管业务。

(2) 仓储合同的保管对象为动产。根据仓储合同的性质，存货人交付保管人保管的只能是动产。仓储合同是因保管人储存存货人交付的仓储物而订立的合同，存货人交付的对象只能是动产，不动产无法交付；保管人利用自己的场地进行的存储行为也只能在仓储物为动产的情况下进行。因此，仓储合同只能以动产为保管对象。

(3) 仓储合同为诺成合同。只要双方当事人存储货物的意思表示一致，仓储合同就告成立并生效。保管合同则不仅须双方当事人达成保管物品的合意，还须有寄存人交付保管物的行为才告成立。这也是仓储合同与保管合同的另一重要区别。仓储合同为诺成合同，是由仓储合同的商事合同特性决定的。仓储合同的当事人一方——保管人是专门从事仓储保管业务的主体，营业目就是从仓储保管营业中获利。正因为保管人的专业性和营利性，在保管的物品入库前，保管人必然会为履行合同作一定准备，并支出一定费用。如果认定仓储合同为实践合同，一旦存货人在交付货物前改变交易的意愿，不向保管人交存货物，保管人就其所受到的损失只能依缔约过失责任向存货人主张损害赔偿，而这对保管人极为不利。在仓储合同中，存货人一般也为营利性法人，如果将仓储合同规定为实践合同，在存货人交存货物之前合同不能成立，在存货人交存货物时，如果保管人拒绝存储，存货人也不能依违约责任请求损害赔偿，这对存货人也十分不利。因此，承认仓储合同为诺成合同，有助于规范仓储行为，促进市场经济的发展。

(4) 仓储合同为双务合同、有偿合同、不要式合同。仓储合同的当事人双方于合同成立后互负给付义务。保管人须提供仓储服务，存货人须给付报酬和其他费用，双方的义务具有对应性和对价性，仓储合同为双务、有偿合同。仓储合同的有偿性和双务性，是由提供仓储服务的一方为专营仓储业务的保管人的性质所决定的。

仓储合同为不要式合同，既可以采用书面形式，又可以采用口头形式。无论采用何种形式，只要符合合同法中关于合同成立的要求，合同即告成立，而无须以交付仓储物为合同成立的要件。对于仓储合同是否为不要式合同，理论上存在不同的看法。一种观点认为仓储合同为要式合同，应当采取书面形式；另一种观点认为仓储合同并不要求具备特定的形式，因而为不要式合同。从现行法律规定看，并无仓储合同应当采用特定形式的法律规定。虽然仓储合同的保管人在接受储存的货物时应当给付存货人仓单或其他凭证，但仓单并非是仓储合同的书面形式，其也不能替代仓储合同。因此，仓储合同应为不要式合同。

二、仓储合同与保管合同在法律适用上的关系

仓储合同由一般的保管合同发展、演变而来，为保管合同的变种。[①] 虽然仓储合

[①] 参见史尚宽：《债法各论》，中国政法大学出版社2000年版，第554页。

同与保管合同在《合同法》上为两个相互独立的有名合同,但本质相同,即都是为他人提供保管服务,由此,二者在当事人的权利义务上也不可避免地存在许多相同之处。据此,作为特殊保管合同的仓储合同,在法律对其有特别规定时,应适用法律的特别规定;在法律对其未设特别规定时,应适用法律关于一般保管合同的规定。《合同法》第395条规定:"本章没有规定的,适用保管合同的有关规定。"例如,仓储合同中对保管人亲自为保管义务未作明确规定,从两种合同都是为他人提供保管服务、保管人的义务在本质上相通的基本理论出发,相关的仓储合同可适用保管合同中关于保管人不得将保管物转交第三人保管的规定。除此之外,《合同法》中关于保管合同的下列规定,也可适用于仓储合同①:

(1) 保管人妥善保管仓储物的义务。《合同法》第369条规定,保管人应当妥善保管保管物(仓储物)。当事人可以约定保管场所或者方法。除情况紧急或者为了维护寄存人(存货人)的利益外,保管人不得擅自改变保管场所或者方法。

(2) 存货人对有瑕疵的仓储物的告知义务。《合同法》第370条规定,寄存人(存货人)交付的保管物(仓储物)有瑕疵或者按照保管物(仓储物)的性质需要采取特殊保管措施的,寄存人(存货人)应当将有关情况告知保管人。寄存人(存货人)未告知,致使保管物(仓储物)受损失的,保管人不承担损害赔偿责任;保管人因此受损失的,除保管人知道或者应当知道并且未采取补救措施的以外,寄存人(存货人)应当承担损害赔偿责任。

(3) 第三人对仓储物主张权利时保管人的危险通知义务。《合同法》第373条规定,第三人对保管物(仓储物)主张权利的,除依法对保管物(仓储物)采取保全或者执行的以外,保管人应当履行向寄存人(存货人)返还保管物(仓储物)的义务。第三人对保管人提起诉讼或者对保管物(仓储物)申请扣押的,保管人应当及时通知寄存人(存货人)。

(4) 保管人对仓储物的留置权。《合同法》第380条规定,寄存人(存货人)未按约定支付保管费(仓储费)以及其他费用的,保管人对保管物(仓储物)享有留置权,但当事人另有约定的除外。

第二节 仓储合同的效力

仓储合同的效力体现为存货人的权利义务和保管人的权利义务。仓储合同是一种双务合同,存货人的权利义务与保管人的权利义务对等,存货人的权利表现为保管人的义务,而保管人的权利又表现为存货人的义务。

---

① 参见房绍坤、郭明瑞主编:《合同法要义与案例析解》(分则),中国人民大学出版社2001年版,第587页。

一、存货人的义务

存货人的义务表现为告知义务、及时提取仓储物义务以及支付仓储费及必要费用的义务三个方面:

(1) 告知义务。储存易燃、易爆等危险物品或者易变质物品,存货人应当向保管人说明货物的性质和预防危险、腐烂的方法,提供有关的保管、运输等技术资料,并采取相应的防范措施。《合同法》第 383 条第 1 款规定:"储存易燃、易爆、有毒、有腐蚀性、有放射性等危险物品或者易变质物品,存货人应当说明该物品的性质,提供有关资料。"

存货人储存上述货物的说明,应当是在合同订立时予以说明,并在合同中注明,这是诚实信用原则的必然要求。如果存货人在订立合同后或者在交付仓储物时才予以说明,那么保管人根据自身的保管条件和技术能力,认为不能保管的,则可以拒收仓储物或者解除合同。存货人没有说明所储存的货物是危险物品或易变质物品,也没有提供有关资料,保管人在入库验收时,发现是危险物品或易变质物品的,保管人可以拒收仓储物。保管人在接收仓储物后发现是危险物品或易变质物品的,除及时通知存货人外,也可以采取相应措施,以避免损害的发生,产生的费用由存货人承担。例如,将危险物品搬出仓库转移至安全地带,由此产生的费用由存货人承担。

如果存货人没有对危险物品的性质作出说明并提供有关资料,从而给保管人的财产或者其他存货人的货物造成损害的,存货人应当承担损害赔偿责任。如果存货人未说明所存货物是易变质物品而导致该物品变质损坏的,且保管人对此无过错的,保管人不承担赔偿责任。

不同的仓储物,其储存方法和要求并不完全一样。保管人储存易燃、易爆、有毒、有腐蚀性、有放射性等危险物品的,应当具备相应的保管条件。如果保管人不具备相应的保管条件,就对上述危险物品予以储存,对保管人因此而遭受的损害,存货人不负赔偿责任。

(2) 及时提取仓储物义务。合同约定的期限届满,或者未约定期限而收到保管人合理的货物出库通知时,存货人或仓单持有人应及时办理货物的提取,此为存货人及时提取仓储物的义务。根据存货人及时提取仓储物义务的要求,凡仓储合同中约定有储存期间的,存货人或仓单持有人应当按照合同的约定及时提取仓储物;储存期间届满,存货人或者仓单持有人不提取仓储物的,保管人可以催告其在合理期限内提取。当事人对储存期间没有约定或者约定不明确的,保管人可以根据自己的储存能力和业务需要,随时要求存货人或仓单持有人提取仓储物,但应当给予必要的准备时间。所谓"给予必要的准备时间",是指保管人预先通知提货,然后确定一个合理的期限,以给存货人或者仓单持有人留出必要的准备时间,在期限届至前提货即可,并不是在通知的当时就必须提取仓储物。

储存期间届满,存货人或者仓单持有人不提取仓储物且经保管人催告后在合理期限内仍不提取的,保管人可以提存仓储物。如果出现由于存货人或仓单持有人的原因不能使货物如期出库造成压库时,存货人或仓单持有人应负违约责任。

(3) 支付仓储费及必要费用的义务。仓储费是保管人提供仓储服务而应当得到的报酬。仓储作为一种商业活动,其目的是收取仓储费。存货人想要获得保管人提供的仓储服务,必须支付相应的仓储费用。仓储费的数额、支付方式、支付时间和地点,均由双方当事人约定。存货人应当按照双方当事人的约定支付仓储费。仓单是提货人有权提取仓储物的凭证。存货人或仓单持有人提取货物时须出示仓单并缴回仓单。存货人或仓单持有人逾期提取仓储物的,应当加收仓储费。提前提取的,不减收仓储费。

如果保管期限届满,存货人或者仓单持有人不支付仓储费的,保管人可行使留置权。必要费用是保管人为存储货物而支出的,除去已计入保管费的费用,一般包括运费、修缮费、保险费、转仓费等。存货人支付必要费用时,保管人应当出示有关单据或者证明。

请求支付仓储费的时间,一般应在存货人提取仓储物之时。分期约定保管费用的,应在每期届满时予以偿付。必要费用的请求支付,不受存货人是否提取货物、保管期间是否届满的影响,保管人可在费用发生后即时请求支付。[①]

储存期间未满,存货人或者仓单持有人可以要求提取仓储物,但不减交仓储费。严格地说,存货人或者仓单持有人提前提取仓储物也属于不适当履行的违约行为,因为对保管人来说,提前提取可能会打乱其营业计划,造成空仓。但是,如果不允许提前提取仓储物,又会影响存货人或者仓单持有人商业利益的实现。合同法既允许存货人或者仓单持有人提前提取仓储物,又规定不减少双方约定的仓储费,由此实现了双方利益的有效平衡。

二、保管人的义务

保管人的义务主要有验收仓储物的义务、给付仓单的义务、通知义务以及妥善保管义务四个方面:

(1) 验收仓储物的义务。保管人应按合同的约定,对存货人交付储存的仓储物进行验收。验收仓储物是保管人履行仓储合同的开始。仓储合同是保管人接受存货人储存的货物,待保管期届满返还货物给存货人的合同。保管人对存货人存入的货物应当验收,以明确货物的状况。进行验收的意义在于确定仓储物出现瑕疵时的责任承担。原则上,保管人只就入库后新出现的和扩大的仓储物的瑕疵承担违约责任。

保管人应当按照其与存货人在仓储合同中对入库货物的验收问题所作的约定进行验收。合同约定的验收内容主要应当有验收项目、验收方法、验收期限。实际验收时,保管人根据合同约定,应对货物的品名、规格、数量、外包装状况,以及无须开箱拆

---

① 参见史尚宽:《债法各论》,中国政法大学出版社 2000 年版,第 575 页。

捆即可直观可见可辨的质量情况等进行检查登记。保管物有包装的,验收时应以外包装或仓储物标记为准;无标记的,以存货人提供的验收资料为准。保管人验收时发现入库仓储物与约定不符合的,应当及时通知存货人,以便双方对验收结果及时查证、分清责任。保管人未按规定的项目、方法、期限进行验收或验收不准确的,应负责承担由此造成的实际损失。

仓储物验收时保管人未提出异议的,视为存货人交付的仓储物符合合同约定的条件。保管人验收后,发生仓储物的品种、数量、质量不符合约定的,保管人应当承担损害赔偿责任。不符合约定的情形包括新出现的问题和原存问题的扩大。品种数量不符合约定,承担责任较为明确;对于质量问题,可依交易习惯和当事人的特别约定来确定;对于因仓储物的性质而发生的灭失、损坏或短缺的,保管人可不负赔偿责任。

(2) 给付仓单的义务。仓储物经验收合格后,保管人向存货人开具仓单,此为保管人的另一项合同义务。仓单是保管人收到仓储物后给存货人开付的提取仓储物的凭证,以便存货人取回或处分其仓储物,仓单也可以证明保管人已收到仓储物以及保管人和存货人之间仓储关系的存在。《合同法》第386条规定了仓单应记载的事项。尽管仓单中记载了仓储合同中的主要内容,但仓单不是仓储合同,仅作为仓储合同的凭证。仓单与仓储合同的关系如同提单与海上货物运输合同的关系一样。仓单是权利的凭证,持有仓单的存货人或者他人如果要求检查仓储物或者提取样品,保管人应当同意。仓单也是提取仓储物的凭证,仓单的转让意味着仓储物所有权的转移。存货人或者仓单持有人在仓单上背书并经保管人签字或者盖章的,可以转让提取仓储物的权利。

(3) 通知义务。《合同法》第389、390条规定了保管人的通知义务。保管人的通知义务主要有两个方面:一是在储存的仓储物有变质或有其他损坏时,保管人有义务及时通知存货人或者仓单持有人。例如,发现仓储物出现异状,仓储物发生减少或价值减少的变化。对于外包装或仓储物标记上标明或者合同中申明了有效期的仓储物,保管人应当提前通知失效日期。遇有第三人对保管人提起诉讼或者对保管物申请扣押时,保管人也应及时通知存货人或者仓单持有人。二是发现入库仓储物有变质或者其他损坏,危及其他仓储物的安全和正常保管的,保管人应当催告存货人或者仓单持有人作出必要的处置。因为变质或损坏的仓储物可能会危及其他仓储物的安全和正常保管。如果存货人不作必要处置,由此给其他仓储物或者保管人的财产造成损害的,存货人应当承担损害赔偿责任。情况紧急时,保管人可以作出必要的处置,但事后应当将该情况及时通知存货人或仓单持有人。保管人对变质货物的紧急处置权,类似于对危险货物的紧急处置权。在发现存货人储存危险货物没有向保管人说明,也未提供有关资料的情况下,保管人可以对该仓储物进行紧急处置,由此产生的费用由存货人承担。同理,保管人紧急处置变质仓储物而产生的费用也应该由存货人承担。但是,保管人的紧急处置权不是随意行使的,而是为了其他仓储物的安全和正常的保管秩序,在不得已的情况下才能行使。无论是危险货物还是变质货物,都必须满足该货物危及其他仓储物的安全和正常保管,保管人已来不及通知存货人或者仓单持有人进行处置,或者存货人对保管人的通知置之不理的条件,保管人才可以对该仓储物进行紧急处置,并且在事后应当将该情况及时通知存货人或者仓单持有人。

(4)妥善保管义务。保管人应当按照合同约定的储存条件和保管要求,妥善保管仓储物。妥善保管主要应当是按照仓储合同中约定的保管条件和保管要求进行保管。大多数情况下,保管条件和保管要求是存货人依据货物的性质、状况提出的条件和要求而约定的。只要是双方约定,保管人就应当按照约定的保管条件和保管要求进行保管。保管人没有按照约定的保管条件和保管要求对仓储物进行妥善保管,造成仓储物毁损、灭失的,保管人应当承担损害赔偿责任。例如,保管人储存易燃、易爆、有毒、有腐蚀性、有放射性等危险物品的,应当具备相应的保管条件,应当按照国家或合同规定的要求操作和储存;在储存保管过程中不得损坏货物的包装物。

仓储合同的保管人对仓储物负有较一般保管合同的保管人要重的保管责任。凡因保管人保管不善而非因不可抗力、自然因素或货物(包括包装)本身的性质而发生储存的仓储物灭失、短少、变质、损坏、污染的,保管人均应承担损害赔偿责任。《合同法》第 394 条第 2 款规定,因仓储物的性质、包装不符合约定或者超过有效储存期造成仓储物变质、损坏的,保管人不承担损害赔偿责任。例如,合同约定用冷藏库储存水果,但冷藏库的制冷设施发生故障,保管人不采取及时修理等补救措施,致使水果腐烂变质的,保管人应承担赔偿责任。

第二十五章 委托合同

第一节 委托合同概述

一、委托合同的概念和特征

委托合同(authorization contract),又称"委任合同",是指委托人和受托人约定,由受托人处理委托人事务的合同。委托合同关系中,委托他方处理事务的人为委托人,接受他方委托并处理其事务的人为受托人。委托合同生效后,受托人以委托人的名义或者自己的名义为委托人办理委托的事务,而委托人则应对受托人所进行的合法委托事务的法律后果承担责任。委托合同具有广泛的适用性,委托合同的双方当事人可以是自然人,也可以是法人。

古巴比伦的《汉谟拉比法典》中就有关于委托合同的专门规定,而古罗马法由于强调法律行为的形式主义,并无委托合同的规定。到了罗马帝政时期,伴随商品经济的发达,罗马法才出现了委托和代理。但是,在罗马法中,委托与代理并没有区别,直到1900年的《德国民法典》才对委托和代理进行了区分。

委托合同具有以下特征:

(1) 委托合同是基于双方当事人的相互信任而产生的。委托人在了解受托人能力和信誉的基础上,选定受托人为其处理事务,并以信任的态度将对某一或者某些事务的处理权交由受托人行使;同样,受托人基于对委托人的了解和信任,接受委托人的委托。委托合同的当事人如果缺乏双方的信任和自愿,委托合同关系无从建立。可见,委托关系有很强的人身属性,如果当事人彼此之间的信任关系发生了变化,任何一方当事人均可要求终止合同关系。《合同法》规定委托人或者受托人可以随时解除委托合同关系。[①] 由于委托合同是基于信赖关系而产生的,受托人应亲自实施委托事务,在未经委托人同意的情况下,不得委托第三人实施委托事务。[②]

[①] 《合同法》第410条规定:"委托人或者受托人可以随时解除委托合同。因解除合同给对方造成损失的,除不可归责于该当事人的事由以外,应当赔偿损失。"

[②] 《合同法》第400条规定:"受托人应当亲自处理委托事务。经委托人同意,受托人可以转委托。转委托经同意的,委托人可以就委托事务直接指示转委托的第三人,受托人仅就第三人的选任及其对第三人的指示承担责任。转委托未经同意的,受托人应当对转委托的第三人的行为承担责任,但在紧急情况下受托人为维护委托人的利益需要转委托的除外。"

(2)委托合同既可是有偿合同,也可是无偿合同。罗马法上的委托合同以无偿为原则,但由于现代社会关系的复杂化,被委托的事务往往需要受托人投入相当的人力、物力和财力,《合同法》明确规定委托合同可以是有偿的。[①] 在现实生活中,大量的委托合同是自然人之间建立的合同关系,而委托人与受托人之间通常是亲友或者熟人,这种特殊的关系决定了有些委托合同是无偿的。[②] 至于委托有偿与否,完全由当事人自由协商而定,法律原则上不予干预。

(3)委托合同为诺成、不要式合同。只要委托人和受托人就委托事务达成一致,委托合同关系即告成立,而且法律未对委托合同的形式有强制性规定,委托合同在宣告成立的同时即告生效。

二、委托合同的种类

(一)特别委托合同和概括委托合同

以委托权限范围为标准,委托合同可分为特别委托合同和概括委托合同。[③] 特别委托合同,是指双方当事人约定,由受托人为委托人处理一项或者数项事务的合同;概括委托合同,是指双方当事人约定,由受托人为委托人处理一切事务的合同。区分特别委托合同与概括委托合同的意义在于,受托人的权利、义务范围是否明确。在特别委托合同中,受托人仅须处理委托人指定的事务。如果受托人超出委托事务范围的行为,给委托人造成损害的,应承担赔偿责任;如果受托人超出委托事务范围的行为,给委托人带来收益的,则构成无因管理。

(二)无偿委托合同与有偿委托合同

以委托人是否向受托人支付报酬为标准,委托合同可以分为无偿委托合同与有偿委托合同。委托合同以有偿为原则,以无偿为例外。如果委托合同没有明文约定报酬,委托人应按照习惯向受托人支付报酬。区分有偿委托合同与无偿委托合同的意义在于,受托人在处理委托事务时的注意义务存在差异。在有偿委托合同中,受托人应负谨慎注意义务。一旦违反该注意义务给委托人造成损害的,受托人应承担赔偿责任。在无偿委托合同中,受托人的注意义务要求较低,只有在故意或者过失的情形下,对委托人造成损害的,才承担赔偿责任。

(三)原委托合同与转委托合同

以委托产生的不同为标准,委托合同可以分为原委托合同与转委托合同。转委托

[①] 《合同法》第405条规定:"受托人完成委托事务的,委托人应当向其支付报酬。因不可归责于受托人的事由,委托合同解除或者委托事务不能完成的,委托人应当向受托人支付相应的报酬。当事人另有约定的,按照其约定。"

[②] 《合同法》第406条规定:"有偿的委托合同,因受托人的过错给委托人造成损失的,委托人可以要求赔偿损失。无偿的委托合同,因受托人的故意或者重大过失给委托人造成损失的,委托人可以要求赔偿损失。受托人超越权限给委托人造成损失的,应当赔偿损失。"从该条的规定可以推出,委托合同可以是无偿的。

[③] 《合同法》第397条规定:"委托人可以特别委托受托人处理一项或者数项事务,也可以概括委托受托人处理一切事务。"

合同,是指受托人将委托人所委托的事务委托于第三人处理的委托合同。委托人与受托人之间的委托合同,则称为"原委托合同"。由于委托合同是基于委托人与受托人之间的信赖关系而订立的,转委托合同的订立应获得委托人的同意,否则受托人应为转委托行为承担法律责任,但情况紧急的情形除外。①

三、委托合同与代理

代理(agent),是指代理人在代理权限范围内,以被代理人的名义向第三人为意思表示或者受领意思表示,而直接对被代理人产生法律效力的法律行为。② 代理人通常是基于委托合同而产生的,而且受托人通常以代理人的身份办理委托事务,委托和代理有密切的联系。但在有些情形下,代理不一定以委托合同为基础,如售货员或者售票员基于雇佣合同而不是委托合同产生的代理权。可见,委托和代理既有联系,又有区别。

代理与委托合同的区别主要表现在:第一,"代理是一种根据代理人的独立的意思表示而对被代理人产生法律效果的制度"③。换言之,代理是代理人单方面的意思表示;而委托合同则是委托人和受托人双方的意思表示,即双方当事人之间的合意。第二,委托体现委托人与受托人之间的内部关系,当事人是委托人和受托人,反映了双方关系;而代理则体现交易的外部关系,即被代理人与代理人同第三人之间的关系,④当事人是被代理人、代理人和相对人,反映了三方关系。第三,委托合同并不必然包含授予代理权的行为,在委托处理非法律行为的事务时,则无授予代理权的必要;而代理行为仅限于法律行为,不包括事实行为。

第二节 委托合同的效力

委托合同的效力表现为委托人和受托人的权利义务,委托合同是双务合同,委托人的权利通常表现为受托人的义务,反之亦然。

一、委托人的主要义务

(1)承担受托人所为法律行为的后果。委托人承担受托人办理委托事务行为所

---

① 《合同法》第 399 条规定:"受托人应当按照委托人的指示处理委托事务。需要变更委托人指示的,应当经委托人同意;因情况紧急,难以和委托人取得联系的,受托人应当妥善处理委托事务,但事后应当将该情况及时报告委托人。"
② 《民法通则》第 63 条第 2 款规定:"代理人在代理权限内,以被代理人的名义实施民事法律行为。被代理人对代理人的代理行为,承担民事责任。"
③ 郑云瑞:《民法总论》,北京大学出版社 2011 年版,第 321 页。
④ 区别论将作为委托的内部关系与作为代理的外部关系区别开来,不得以内部关系来对抗外部关系,即被代理人不得以代理人的权限为由拒绝承担代理责任,从而保护了交易安全,维护了正常的交易秩序。参见郑云瑞:《民法总论》,北京大学出版社 2011 年版,第 322—323 页。

产生的法律后果,但是委托人并非无条件地接受受托人办理委托事务的一切后果,仅对受托人在委托权限内办理委托事务的法律后果承担责任;对于受托人在委托权限之外所进行的活动,只有经过委托人事后认可,委托人才承担后果。

(2) 支付偿还费用的义务。《合同法》第 398 条规定:"委托人应当预付处理委托事务的费用。受托人为处理委托事务垫付的必要费用,委托人应当偿还该费用及其利息。"不论委托合同是否有偿,委托人应当支付受托人处理委托事务所支出的必要费用。必要费用,是指受托人为处理受托事务所支出的必要费用,如交通费、住宿费、手续费等。双方在确定必要费用的范围时,应充分考虑委托事务的性质、受托人的注意义务及支出费用当时的具体情况。支付费用的方式有两种:一是预先支付。受托人在完成委托事务后,如果委托人所预付费用有剩余,受托人应当将其与委托事务的处理结果一并交还委托人。二是补偿垫付。如果委托人没有预先支付费用,则委托人有义务偿还受托人为处理委托事务而支付的必要费用,并应支付该费用的利息。

(3) 支付报酬的义务。《合同法》第 405 条规定:"受托人完成委托事务的,委托人应当向其支付报酬。因不可归责于受托人的事由,委托合同解除或者委托事务不能完成的,委托人应当向受托人支付相应的报酬。当事人另有约定的,按照其约定。"在有偿委托合同中,在受托人完成受托事务后,委托人应当按约定向受托人支付报酬。但在现代经济生活中,委托合同的当事人之间一般都约定报酬,即使是委托合同中并无报酬的约定,但根据习惯或委托事务的性质或受托人所尽义务的具体情况,按照公平原则或商业惯例,委托人仍应负担给付报酬的义务。因不可归责于受托人的事由,委托合同解除或委托事务不能完成的,委托人仍有义务就受托人已履行部分支付报酬。

二、受托人的主要义务

(1) 按照约定亲自处理委托事务。按照约定亲自处理委托事务,是受托人的核心义务。《合同法》第 400 条规定:"受托人应当亲自处理委托事务。"按照约定亲自办理委托事务包含两个方面内容:一是受托人应按委托人的指示和要求,忠实地在授权范围内办理委托事务,不得擅自变更委托人的指示和要求,超越权限办理委托事务。在情况紧急的情形下,为维护委托人的利益,受托人可以出于善意变更委托人的指示,但应当将变更情况及时报告委托人。二是委托关系是基于相互信任而产生的,受托人应亲自处理委托事务。只有在委托人特别授权或者情况危急,为了保护委托人的利益时,受托人才可实施转委托。未经委托人同意的转委托,受托人应对转委托的第三人的行为承担责任。[①]

(2) 报告义务和注意义务。受托人是为委托人处理委托事务,因而有义务让委托

[①] 《合同法》第 400 条规定:"转委托未经同意的,受托人应当对转委托的第三人的行为承担责任,但在紧急情况下受托人为维护委托人的利益需要转委托的除外。"

人及时了解委托事务处理的情况。受托人的报告义务有法定义务和约定义务之分,[①]前者是指根据法律规定受托人应向委托人履行的报告义务,如受托人在处理委托事务终了时的报告义务;后者是指受托人根据委托合同的约定向委托人履行的报告义务。受托人应按委托人的要求,及时报告受托事务的进展情况;委托合同终止时,受托人应将处理受托事务的经过和处理结果报告委托人,并提交必要的证明文件。特别是在委托合同解除或者委托事务终了时,对委托事务结果的报告是受托人的法定报告义务,不论委托人是否请求,受托人不及时报告的,都要承担违约责任。

由于委托合同是以委托人与受托人之间的信任关系为基础的,受托人应谨慎、妥善地处理委托事务,避免委托人的利益受到损害。受托人的注意义务与委托合同的有偿与无偿密切相关,在有偿合同中,受托人应尽善良管理人的注意义务,谨慎处理委托事务;在无偿合同中,受托人应尽一般注意义务,没有故意或者重大过失,即使对委托人的利益造成损害,也不承担赔偿责任。

(3) 转交财产的义务。受托人处理委托事务所得到的财产,包括金钱、实物及孳息,应及时转交给委托人。《合同法》第404条规定:"受托人处理委托事务取得的财产,应当转交给委托人。"关于交付的时间、地点和方式,委托合同有约定的,受托人应按照合同约定的时间、地点和方式转交给委托人;委托合同没有约定的,受托人应及时将财产转交给委托人。受托人以委托人的名义从第三人处取得的利益,直接归属委托人;而受托人以自己的名义从第三人处获得的利益,也应归属委托人。

---

① 《合同法》第401条规定:"受托人应当按照委托人的要求,报告委托事务的处理情况。委托合同终止时,受托人应当报告委托事务的结果。"

第二十六章 行纪合同

第一节 行纪合同概述

一、行纪合同的概念和特征

行纪合同(contract of commission),是指行纪人以自己的名义为委托人从事贸易活动,委托人支付报酬的合同。接受委托以自己的名义从事一定贸易活动的一方当事人为行纪人;[①]委托他人为自己从事一定贸易活动并给付报酬的当事人为委托人。

行纪,又称"经纪""牙行",是指以自己的名义为他人从事动产和有价证券买卖或者其他商业交易而收取报酬的经营活动。行纪组织是商品经济发展到一定阶段的产物,欧洲中世纪就已经出现了行纪组织,伴随国际交易的兴起,又出现了专门受他人的委托办理商品买卖或者其他交易事务并收取一定佣金的行纪人,进而形成了完整的行纪制度。我国从改革开放以来,随着商品经济的恢复和发展,尤其是社会主义市场经济的逐步建立和发展,行纪也不断发展完善,《合同法》更专章规定了行纪合同。

行纪合同的特征有:

(1) 行纪合同主体的特殊性。对于行纪合同的委托人法律没有作特定的限制,自然人和法人均可,而行纪人仅限于根据法律规定获得行纪资格的自然人和法人。[②]《合同法》对行纪人的资格没有规定,但行政规章对经纪人的资格有明确的规定,1995年国家工商行政管理局颁布了《经纪人管理办法》,1998年对该办法进行了修订,2004年国家工商行政管理总局对其又进行修订。此外,还有一系列具体的有关经纪人管理的行政规章,对经纪人的执业资格进行限定。

(2) 行纪人以自己的名义为委托人办理所受委托的事务。行纪合同履行时,行纪

[①] 《经纪人管理办法》第2条规定:"本办法所称经纪人,是指在经济活动中,以收取佣金为目的,为促成他人交易而从事居间、行纪或者代理等经纪业务的自然人、法人和其他经济组织。"

[②] 《经纪人管理办法》第6条规定:"符合《城乡个体工商户管理暂行条例》规定条件的人员,应当向工商行政管理机关申请领取个体工商户营业执照,成为个体经纪人。"第7条规定:"符合《中华人民共和国个人独资企业法》规定条件的人员,应当向工商行政管理机关申请,设立个人独资经纪企业。"第8条规定:"符合《中华人民共和国合伙企业法》规定条件的人员,应当向工商行政管理机关申请,设立合伙经纪企业。"第9条规定:"符合《中华人民共和国公司法》规定条件的,应当向工商行政管理机关申请,设立经纪公司。"第10条规定:"经营经纪业务的各类经济组织应当具备有关法律法规规定的条件。法律、行政法规规定经纪执业人员执业资格的,经纪执业人员应当取得资格。"

人以自己的名义办理行纪事务,如代购、代销、寄售等。行纪人与第三人之间的权利义务由行纪人自己享有或者承担。委托人与第三人之间不存在直接的权利义务关系,委托人也不对行纪人的行为承担法律责任。这是行纪合同和委托合同的主要区别。行纪合同与委托合同的共同点在于,行纪人在与第三人实施行为时是为了委托人的利益。行纪合同的行纪人在办理行纪业务时,虽然是与第三人直接发生法律关系,但该法律关系所产生的权利和义务,最终应归属于委托人,因而行纪人在与第三人实施行为时,应考虑委托人的利益,并将其结果归属于委托人。

(3) 行纪合同是有偿合同、诺成合同和不要式合同。行纪人负有为委托人办理买卖或其他商事交易的义务,而委托人则负有给付报酬的义务。一方当事人的权利,是另一方当事人的义务,双方当事人的权利义务是对等的。行纪人完成事务即收取报酬,换言之,行纪人的服务是有偿服务,行纪合同是双务有偿合同。行纪合同仅需双方当事人之间的合意即告成立,法律并未要求委托合同需采取特定的形式,因而行纪合同是诺成合同和不要式合同。

二、行纪合同与委托合同

行纪合同与委托合同存在较大的差异,主要表现在以下四个方面:第一,行纪合同的标的以法律行为为限,而且仅限于特定的法律行为,如买卖、寄售等法律行为;委托合同的标的既可以是法律行为,也可以是事实行为。第二,行纪合同中的行纪人只能以自己的名义进行活动,行纪人与第三人所实施的法律行为,不能直接对委托人产生法律效力;①委托合同中的受托人既可以自己的名义,也可以委托人的名义处理委托事务,受托人与第三人所实施的法律行为可以直接对委托人产生法律效力。第三,行纪合同以有偿为限,行纪人为委托人从事贸易事务应收取报酬;委托合同既可是有偿的,也可是无偿的。第四,行纪人处理委托事务应自己负担相关的费用;②受托人处理委托事务的费用应由委托人承担。

第二节 行纪合同的效力

行纪合同的效力表现为行纪人和委托人之间的权利义务,下面从行纪人和委托人两个方面论述行纪合同的效力。

一、行纪人的权利义务

(一) 行纪人的权利

(1) 报酬费用请求权。行纪合同是有偿合同,行纪人完成义务后,可根据合同约

---

① 《合同法》第 421 条规定:"行纪人与第三人订立合同的,行纪人对该合同直接享有权利、承担义务。"
② 《合同法》第 415 条规定:"行纪人处理委托事务支出的费用,由行纪人负担,但当事人另有约定的除外。"

定或者习惯请求给付报酬。① 委托人逾期不支付报酬,当事人又没有其他的约定,行纪人有权留置委托物,变卖委托物,②所得价款扣除报酬部分后归委托人所有。此外,行纪人还可以向委托人请求支付寄存费用及运送费用,并可以请求委托人偿还其为委托人的利益而支出的相关费用及利息。

(2) 对物品的处置权。根据《合同法》的规定,行纪人对物品的处置权包含以下两个方面:一是委托人将委托物交付给行纪人时,有瑕疵或者容易腐烂、变质的,经委托人同意,行纪人可以处分该物;如果不能及时与委托人取得联系的,行纪人可以合理处分该物。③ 二是行纪人根据委托人的指示为委托人利益买入物品,如果委托人拒绝领受的,行纪人可以在规定的期限内催告委托人受领;委托人逾期仍拒绝受领的,行纪人可通过拍卖、提存等方式对该物品进行处置。如果物品为易腐烂、易变质的物品,行纪人可以不催告而直接处置。委托人委托行纪人出卖的物品,不能卖出或者委托人撤回委托时没有取回其物或另行处分,经行纪人催告而委托人不取回该物或处分的,行纪人同样享有处置该物品的权利。④

(3) 介入权。行纪人的介入权,是指行纪人卖出或者买入具有市场定价的商品,除委托人有相反的意思表示外,行纪人自己可以作为买受人或者出卖人。换言之,行纪人接受委托出卖或者买入有价证券或者其他有公示价格的物品时,有权以自己的名义充当买受人或者出卖人。⑤ 介入权的行使必须满足两个条件:第一,必须是具有市场定价的商品,即交易的商品在市场上有公开的市场价格,如股票、外币等。第二,委托人没有相反的意思表示,即在订立合同时,行纪人履行合同前,委托人没有禁止行纪人作为买受人或者出卖人的意思表示。

(二) 行纪人的义务

(1) 亲自完成受托的法律行为。《合同法》明确规定,行纪人必须以自己的名义完成委托人所委托的法律行为,而且必须忠实地完成受托的法律行为,严格遵守委托人的指定价格,在价格发生变动时应及时协商。⑥

---

① 《合同法》第 422 条规定:"行纪人完成或者部分完成委托事务的,委托人应当向其支付相应的报酬。"
② 《合同法》第 422 条规定:"委托人逾期不支付报酬的,行纪人对委托物享有留置权,但当事人另有约定的除外。"
③ 《合同法》第 417 条规定:"委托物交付给行纪人时有瑕疵或者容易腐烂、变质的,经委托人同意,行纪人可以处分该物;和委托人不能及时取得联系的,行纪人可以合理处分。"
④ 《合同法》第 420 条规定:"行纪人按照约定买入委托物,委托人应当及时受领。经行纪人催告,委托人无正当理由拒绝受领的,行纪人依照本法第一百零一条的规定可以提存委托物。委托物不能卖出或者委托人撤回出卖,经行纪人催告,委托人不取回或者不处分该物的,行纪人依照本法第一百零一条的规定可以提存委托物。"
⑤ 《合同法》第 419 条规定:"行纪人卖出或买入具有市场定价的商品,除委托人有相反的意思表示的以外,行纪人自己可以作为买受人或者出卖人。行纪人有前款规定情形的,仍然可以要求委托人支付报酬。"
⑥ 《合同法》第 418 条规定:"行纪人低于委托人指定的价格卖出或者高于委托人指定的价格买入的,应当经委托人同意。未经委托人同意,行纪人补偿其差额的,该买卖对委托人发生效力。行纪人高于委托人指定的价格卖出或者低于委托人指定的价格买入的,可以按照约定增加报酬。没有约定或者约定不明确,依照本法第六十一条的规定仍不能确定的,该利益属于委托人。委托人对价格有特别指示的,行纪人不得违背该指示卖出或者买入。"

(2) 负担处理委托事物费用。由于行纪合同是商事合同,是有偿的,处理受托事务所发生的费用应由行纪人承担。这与委托合同不同,委托合同的费用原则上应由委托人承担。

(3) 妥善保管委托物。委托物,是指行纪人根据合同规定占有的代委托人指示进行交易所买入的物品或者将要卖出的物品。《合同法》第416条规定,行纪人占有委托物的,应当妥善保管占有的委托物。

二、委托人的权利与义务

(一) 委托人的权利

委托人享有请求行纪人按照自己的指示进行交易的权利;要求行纪人忠实勤勉地履行其义务的权利;接受行纪人转交财产的权利;要求行纪人报告、说明、保密的权利。

(二) 委托人的义务

支付报酬是委托人的基本义务。在委托事务全部完成时,委托人应按照合同约定向行纪人支付报酬;行纪人完成部分委托事务的,委托人也应支付相应的报酬。《合同法》第419条规定,行纪人卖出或者买入具有市场定价的商品,在委托人没有相反的意思表示,行纪人自己作为买受人或者出卖人时,也可以请求委托人支付报酬。

第二十七章 居间合同

第一节 居间合同概述

一、居间合同的概念和特征

居间合同(contract of brokerage),是指合同双方当事人约定一方接受他方的委托,并按照他方的指示要求,为他方报告订立合同的机会或者为订约提供媒介服务,委托人给付报酬的合同。① 根据《合同法》第424条的规定,居间有报告居间和媒介居间两种方式。报告居间,是指居间人寻觅、搜索信息报告委托人,从而提供订立合同的机会。媒介居间,是指居间人在委托人与第三人之间互寻、介绍、撮合,不但报告订立合同的机会,而且还促使委托人与第三人订立合同。

早在古希腊罗马时期就出现了居间活动,但到了欧洲中世纪,居间活动受到了一定的限制,从自由经营主义转为国家干涉主义。到了近代,随着社会的进步及商品生产与流通领域的飞速发展,居间活动又开始发展,很多国家都采用了完全自由经营主义来调整居间活动的法律关系。《德国民法典》就把居间行为视为一种普通法律行为。我国早在秦汉时期就出现了作为牲畜买卖的居间人"驵侩",居间活动已经相当活跃。② 到了唐朝,各种买卖均有牙商,且有"牙人""牙子""牙郎"及"牙侩"等称谓。20世纪80年代开始,我国居间业得以迅速发展,并以其特有的方式为各种交易提供信息和媒介服务,从而促进了交易的发生和市场的繁荣。为此,《合同法》设专章规定了居间合同。

在居间合同中,接受委托报告订立合同机会或者提供交易媒介的一方当事人为居间人,给付报酬的一方当事人为委托人。居间人可以是自然人,也可以是法人。居间作为中介的一种方式,其目的在于把同一商品的买卖双方撮合在一起,在促成交易后收取合理的佣金。无论居间的方式如何,居间人均不是委托人的代理人,而仅仅是居于交易双方当事人之间起介绍、协助作用的中间人。因此,居间合同具有如下几个方面的特点:

---

① 《合同法》第424条规定:"居间合同是居间人向委托人报告订立合同的机会或者提供订立合同的媒介服务,委托人支付报酬的合同。"

② 参见叶孝信:《中国民法史》,上海人民出版社1993年版,第134页。

(1)居间合同是一方当事人为另一方当事人报告订约机会或者为订约提供媒介服务的合同。在居间合同中,居间人是为委托人提供服务的,但这种服务表现为报告订约的机会或者为订约的媒介。报告订约机会,是指受委托人的委托,寻找并报告可与委托人订立合同的相对人,从而为委托人订约提供机会。订约媒介,是指介绍双方当事人订立合同,即在交易双方当事人之间斡旋,从而促成双方当事人的交易成功。居间人虽然也是受委托人的委托为委托人促成交易服务的,但居间人在交易中仅是起到居间、中介的作用,既不是交易的一方当事人或者其代理人,也不直接参与交易双方当事人的谈判、商洽活动。

(2)居间合同是有偿合同、诺成合同、不要式合同。居间合同中的委托人需向居间人给付报酬,作为对居间人活动的报酬。居间人从事居间活动的目的就在于向委托人收取报酬,因此居间合同都是有偿的。居间合同只要双方当事人意思表示一致,即告成立,并不以当事人交付特定的物作为合同成立的要件。换言之,只要当事人双方意思表示一致,居间人就负有依委托人的指示进行居间的义务,而一旦居间人的活动取得结果,委托人就应向居间人支付报酬。此外,居间合同没有形式上的要求,当事人可以采用口头、书面形式。如果当事人没有约定,应按照有关惯例或者当事人以前合作时所形成的习惯进行。

(3)居间人在合同关系中处于介绍人的地位。居间合同的客体是居间人依照合同的约定实施中介服务的行为。无论是报告居间,还是媒介居间,居间人均不是委托人的代理人或者一方当事人,居间人仅按照委托人的指示,为委托人报告有关可以与委托人订立合同的第三人,为委托人提供订立合同的机会,或者在当事人之间充当媒介作用,促进委托人与第三人之间合同的订立,并不参加委托人与第三人之间具体的订立合同的过程,仅为中介服务人,起介绍、协助作用。

二、居间合同与委托合同、行纪合同

居间合同与委托合同、行纪合同既有联系,又有区别。三种合同均是一方当事人受另一方委托为该另一方办理一定事务的合同,均属于提供服务的合同。三种合同的主要区别如下:

(1)居间人仅为委托人报告订约机会,或者为订约媒介,并不与委托人与相对人形成其他的权利义务关系。在委托合同中,受托人以委托人的名义活动,代委托人与第三人订立合同,可以决定委托人与第三人之间的权利义务关系;在行纪合同中,行纪人以自己的名义为委托人办理交易事务,与第三人形成直接的权利义务关系。

(2)居间人所办理的报告订约机会或者为订约媒介事务本身不具有法律意义。委托合同受托人处理的事务一般是法律意义的事务;行纪合同的行纪人受托的事务只能是法律事务。

(3)居间合同是有偿合同,但居间人仅在居间成功时才能请求报酬,在为订约媒介居间成功时,可以从委托人和相对人双方获得报酬。委托合同可以是无偿合同,也可以是有偿的;行纪合同虽然是有偿合同,但行纪人仅可从委托人一方取得报酬。

第二节 居间合同的效力

居间合同的效力体现为居间人的权利义务和委托人的权利义务。

一、居间人的权利义务

(一) 居间人的权利

(1) 居间人的报酬请求权。居间合同是有偿合同,居间人因其居间活动而促成委托人与第三人订立合同的,居间人有权请求委托人支付报酬。① 报酬请求权是居间人的主要权利。居间合同的双方当事人对居间报酬有约定的,从其约定;当事人没有约定或者约定不明确的,按照有关规定仍然不能确定的,则以居间人的劳务合理确定。②

(2) 居间人的费用偿还请求权。居间人所需费用,通常包括在报酬内,居间活动的费用一般由居间人承担。③ 在未促成合同订立的情况下,居间人为居间活动所支出的相关必要的费用,可以请求委托人偿还。《合同法》第 427 条明确规定:"居间人未促成合同成立的,不得要求支付报酬,但可以要求委托人支付从事居间活动支出的必要费用。"居间人的费用偿还请求权仅在未能促成合同订立时行使,而不能与报酬请求权同时行使。

(二) 居间人的义务

(1) 居间人的报告义务。《合同法》第 425 条明确规定了居间人的报告义务。④ 居间人的报告义务,是居间人在居间合同中承担的主要义务。居间人的报告义务包括以下三个方面内容:第一,居间人应如实向委托人报告有关订立合同的情况,即居间人促进订立合同的有关情况,如相对人的资信、订立合同的意向、经营状况、订立合同的条件等。第二,居间人不得故意隐瞒与订立合同有关的重要事项。居间人应如实向委托人报告其所了解掌握的与订立合同相关的情况,不得故意隐瞒可能影响合同订立的重要情况。换言之,居间人应根据诚实信用原则履行报告义务。第三,居间人应当就有关订立合同的情况如实向委托人报告,应忠实、勤勉地履行报告义务。

(2) 损害赔偿责任。居间人应忠实、勤勉地履行如实报告的义务,如果居间人故意隐瞒与订立合同有关的重要事实或者提供虚假情况,造成委托人利益损害的,应当

---

① 《合同法》第 426 条第 1 款规定:"居间人促成合同成立的,委托人应当按照约定支付报酬。"
② 《合同法》第 426 条第 1 款规定:"对居间人的报酬没有约定或者约定不明确,依照本法第六十一条的规定仍不能确定的,根据居间人的劳务合理确定。因居间人提供订立合同的媒介服务而促成合同成立的,由该合同的当事人平均负担居间人的报酬。"
③ 《合同法》第 426 条第 2 款规定:"居间人促成合同成立的,居间活动的费用,由居间人负担。"
④ 《合同法》第 425 条第 1 款规定:"居间人应当就有关订立合同的事项向委托人如实报告。"

承担损害赔偿责任。① 诚实信用原则应是居间人履行合同义务的基本原则。居间合同的履行过程中,居间人必须如实地就自己所实际掌握的信息向委托人报告,向委托人提供最方便、最有利、最有价值、最及时的订约渠道,并保证提供的信息真实和可靠,不得有任何隐瞒欺骗,不得弄虚作假,从中盘剥渔利,不得与第三人恶意串通损害委托人的利益,也不得恶意促成委托人与第三人订立合同。

二、委托人的权利义务

(一) 委托人的权利

委托人有权请求居间人勤勉地为其从事居间活动,提供订立合同服务,并要求居间人如实报告、保守秘密等。

(二) 委托人的义务

(1) 支付报酬的义务。委托人的主要义务是支付居间人的报酬,即委托人在居间人为其促成合同订立时,应向居间人支付报酬。根据《合同法》第 426 条的规定,居间人在促成合同订立时,不论居间合同对报酬是否有明确的约定,委托人均应向居间人支付报酬。

(2) 支付必要的费用。根据《合同法》的规定,委托人不承担居间人从事居间活动的费用,但居间人在未能促成合同订立,却为居间活动支付了必要费用的情况下,委托人应向居间人支付这些费用。

---

① 《合同法》第 425 条规定:"居间人故意隐瞒与订立合同有关的重要事实或者提供虚假情况,损害委托人利益的,不得要求支付报酬并应当承担损害赔偿责任。"

案例索引表

1. 安徽省福利彩票发行中心营销协议纠纷案(〔2008〕民提字第 61 号)
2. 巴菲特投资有限公司股权转让纠纷案(〔2009〕沪高民二(商)终字第 22 号)
3. 北海华洋海运有限责任公司船舶保险合同纠纷案(〔2013〕厦海法商初字第 255 号)
4. 北海市威豪房地产开发公司土地使用权转让合同纠纷案(〔2005〕民一终字第 104 号)
5. 北海市高德农村信用合作社虾塘租赁合同纠纷案(〔2005〕桂民四终字第 27 号)
6. 北京博创英诺威科技有限公司合同纠纷案(〔2013〕民提字第 73 号)
7. 北京长富投资基金委托贷款合同纠纷案(〔2016〕最高法民终 124 号)
8. 北京东方宝鑫投资有限公司股权转让纠纷案(〔2014〕二中民(商)再终字第 10675 号)
9. 包利英劳动合同纠纷案(〔2014〕沪一中民三(民)终字第 1258 号)
10. 长沙银行股份有限公司麓山支行股东出资纠纷案(〔2015〕湘高法民二终字第 17 号)
11. 长治市华茂副食果品有限公司合作开发房地产合同纠纷案(〔2005〕民一终字第 60 号)
12. 成都市国土资源局武侯分局债权人代位权纠纷案(〔2011〕民提字第 210 号)
13. 成都讯捷通讯连锁有限公司房屋买卖合同纠纷案(〔2013〕民提字第 90 号)
14. 成都鹏伟实业有限公司采矿权纠纷案(〔2011〕民再字第 2 号)
15. 成路教学合同纠纷案(〔2000〕锡民终 55 号)
16. 陈呈浴合同纠纷案(〔2014〕民提字第 178 号)
17. 陈明、徐炎芳、陈洁旅游合同纠纷案(〔2014〕沪一中民一(民)终字第 2510 号)
18. 重庆索特盐化股份有限公司土地使用权转让合同纠纷案(〔2008〕民一终字第 122 号)
19. 甘肃省科技风险投资有限公司委托理财合同纠纷案(〔2009〕民二终字第 83 号)
20. 大连羽田钢管有限公司物权确认纠纷案(〔2011〕民提字第 29 号)
21. 大连渤海建筑工程总公司建设工程施工合同纠纷案(〔2007〕民一终字第 39 号)

22. 大庆凯明风电塔筒制造有限公司买卖合同纠纷案（〔2013〕民一终字第181号）
23. 大宗集团有限公司、宗锡晋股权转让纠纷案（〔2015〕民二终字第236号）
24. 大竹县农村信用合作联社保证合同纠纷案（〔2011〕民申字第429号）
25. 戴雪飞商品房订购协议定金纠纷案（〔2005〕苏中民一终字第0068号）
26. 丁启章交通事故损害赔偿纠纷案（〔2013〕扬民终字第0132号）
27. 董先平民间借贷纠纷案（〔2011〕浙台商终字第376号）
28. 东风汽车贸易公司、内蒙古汽车制造厂侵权纠纷案（〔2008〕民申字第461号）
29. 段天国保险合同纠纷案（〔2010〕江宁商初字第5号）
30. 范有孚期货交易合同纠纷案（〔2010〕民提字第111号）
31. 佛山市人民政府担保纠纷案（〔2004〕民四终字第5号）
32. 佛山市顺德区太保投资管理有限公司债权转让合同纠纷案（〔2004〕民二终字第212号）
33. 甘肃省石油供销总公司以资抵债协议纠纷案（〔2007〕民二终字第148号）
34. 顾骏储蓄合同纠纷案（〔2004〕沪二中民一（民）初字第19号）
35. 广东达宝物业管理有限公司股权转让合作纠纷案（〔2010〕民提字第153号）
36. 广东达宝物业管理有限公司股权转让合作纠纷案（〔2010〕民提字第153号）
37. 广州珠江铜厂有限公司加工合同纠纷案（〔2012〕民提字第153号）
38. 广州市仙源房地产股份有限公司股权转让纠纷案（〔2009〕民申字第1068号）
39. 广西桂冠电力股份有限公司房屋买卖合同纠纷案（〔2009〕民一终字第23号）
40. 国家开发银行借款合同、撤销权纠纷案（〔2008〕民二终字第23号）
41. 国际华侨公司影片发行权许可合同纠纷案（〔2001〕民三终字第3号）
42. 国美电器控股有限公司合同纠纷案（〔2016〕京民终297号）
43. 海南丰海粮油工业有限公司海运货物保险合同纠纷案（〔2003〕民四提字第5号）
44. 海南海联工贸有限公司合作开发房地产合同纠纷案（〔2015〕民提字第64号）
45. 韩龙梅保险合同纠纷案（〔2009〕鼓民二初字第1079号）
46. 何荣兰清偿债务纠纷案（〔2003〕民一终字第46号）
47. 湖南全洲药业有限公司总经销合同纠纷案（〔2004〕民二终字第67号）
48. 洪秀凤买卖合同纠纷案（〔2015〕民一终字第78号）
49. 华泰财产保险有限公司北京分公司保险人代位求偿权纠纷案（〔2012〕东民初字第13663号）
50. 吉林省东润房地产开发有限公司合资、合作开发房地产合同纠纷案（（2010）民一终字第109号）
51. 江北中行信用证垫款纠纷案（〔2005〕民四终字第21号）
52. 江苏南大高科技风险投资有限公司股权转让纠纷案（〔2009〕民提字第51号）

53. 江苏南通二建集团有限公司建设工程施工合同纠纷案（〔2012〕苏民终字第0238号）

54. 江苏省南京新宇房产开发有限公司买卖合同纠纷案（〔2004〕宁民四终字第470号）

55. 江西日景置业发展有限公司土地使用权出让合同纠纷案（〔2011〕赣民一终字第77号）

56. 交通运输部南海救助局海滩救助合同纠纷案（〔2016〕最高法民再61号）

57. 荆州市大兴建设集团有限公司租赁合同纠纷抗诉案（〔2011〕民抗字第86号）

58. 肯考帝亚农产品贸易（上海）有限公司所有权确认纠纷案（〔2010〕民四终字第20号）

59. 来云鹏服务合同纠纷案（〔2001〕海民初字第11606号）

60. 兰州滩尖子永昶商贸有限责任公司合作开发房地产合同纠纷案（〔2012〕民一终字第126号）

61. 兰州市商业银行借款合同纠纷案（〔2004〕民二终字第209号）

62. 李杏英存包损害赔偿案（〔2002〕沪二中民一（民）初字第60号）

63. 李德勇储蓄存款合同纠纷案（〔2013〕民提字第95号）

64. 李萍、龚念人身伤害赔偿纠纷案（〔2000〕粤高法民终字第265号）

65. 李彦东居间合同纠纷案（〔2013〕沪二中民二（民）终字第578号）

66. 李占江、朱丽敏民间借贷纠纷案（〔2014〕民一终字第38号）

67. 梁清泉委托合同及撤销权纠纷案（〔2009〕民二终字第97号）

68. 辽宁金利房屋实业公司等国有土地使用权转让合同纠纷案（〔2005〕民一终字第95号）

69. 刘超捷电信服务合同纠纷案（〔2011〕泉商初字第240号）

70. 刘向前保险合同纠纷案（〔2011〕宿中商终字第0344号）

71. 刘裕俊买卖合同纠纷案（〔2005〕民一提字第11号）

72. 鲁瑞庚悬赏广告纠纷案（〔2002〕辽民一终字第38号）

73. 吕斌彩票纠纷案（〔2009〕荆民二终字第00004号）

74. 孟元旅游合同纠纷案（〔2004〕宜民初字第3100号）

75. 莫志华、深圳市东深工程有限公司建设工程合同纠纷案（〔2011〕民提字第235号）

76. 梅州市梅江区农村信用合作联社江南信用社储蓄合同纠纷案（〔2009〕梅中法民二终字第75号）

77. 南宁桂馨源房地产有限公司土地使用权转让合同纠纷案（〔2004〕民一终字第46号）

78. 青岛南太置业有限公司国有土地使用权出让合同纠纷案（〔2004〕民一终字第106号）

79. 青海方升建筑安装工程有限责任公司建设工程施工合同纠纷案(〔2014〕民一终字第 69 号)

80. 瑞士嘉吉国际公司买卖合同纠纷案(〔2012〕民四终字第 1 号)

81. 上海存亮贸易有限公司买卖合同纠纷案(〔2010〕沪一中民四(商)终字第 1302 号)

82. 上海兰翔商务服务有限公司股权转让纠纷案(〔2015〕沪二中民四(商)终字第 657 号)

83. 上海市弘正律师事务所服务合同纠纷案(〔2009〕沪二中民四〔商〕终字第 450 号)

84. 上海克梦妮贸易有限公司房屋租赁合同纠纷案(〔2009〕沪一中民二(民)终字第 1 号)

85. 上海闽路润贸易有限公司买卖合同纠纷案(〔2015〕民申字第 956 号)

86. 上海盘起贸易有限公司委托合同纠纷案(〔2005〕民二终字第 143 号)

87. 上海申合进出口有限公司国际货物买卖合同纠纷抗诉案(〔2001〕苏民再终字第 027 号)

88. 上海中原物业顾问有限公司居间合同纠纷案(〔2009〕沪二中民二(民)终字第 1508 号)

89. 上海万顺房地产开发公司合作开发协议纠纷案(〔2003〕民一终字第 47 号)

90. 沈海星房屋买卖合同纠纷案(〔2010〕二中民终字第 05439 号)

91. 沈阳银胜天成投资管理有限公司债权转让合同纠纷案(〔2009〕民提字第 125 号)

92. 深圳富山宝实业有限公司合作开发房地产合同纠纷案(〔2010〕民一终字第 45 号)

93. 深圳市启迪信息技术有限公司股权确认纠纷案(〔2011〕民提字第 6 号)

94. 时间房地产建设集团有限公司土地使用权出让合同纠纷案(〔2003〕民一终字第 82 号)

95. 史文培互易合同纠纷案(〔2007〕民二终字第 139 号)

96. 石艳春等股权转让纠纷案(〔2013〕民二终字第 40 号)

97. 苏州工业园区海富投资有限公司增资纠纷案(〔2012〕民提字第 11 号)

98. 苏州工业园区广程通信技术有限公司股权转让合同纠纷案(〔2009〕民二终字第 15 号)

99. 孙宝静服务合同纠纷案(〔2012〕沪二中民一(民)终字第 879 号)

100. 泰安市商业银行股份有限公司返还票据垫付款纠纷案(〔2005〕民二终字第 171 号)

101. 太原东方铝业有限公司清算委员会定作与租赁电解槽合同欠款纠纷案(〔2006〕民二终字第 43 号)

102. 太原重型机械(集团)有限公司土地使用权转让合同纠纷案(〔2007〕民一终字第 62 号)

103. 汤长龙股权转让纠纷案(〔2015〕民申字第 2532 号)

104. 汤龙、刘新龙、马忠太、王洪刚商品房买卖合同纠纷案(〔2015〕民一终字第 180 号)

105. 天津开发区家园房地产营销有限公司特许经营合同纠纷案(〔2006〕二中民二终字第 179 号)

106. 王强、崔连娜、大连丰利达科技发展有限公司股权转让纠纷案(〔2013〕民提字第 88 号)

107. 王剑平债权人撤销权纠纷案(〔2009〕浙甬商终字第 1103 号)

108. 王永胜储蓄存款合同纠纷案(〔2008〕鼓刑初字第 241 号)

109. 温州信托公司清算组债权债务转让合同纠纷案(〔2002〕民二终字第 67 号)

110. 温州银行股份有限公司宁波分行金融借款合同纠纷案(〔2014〕浙甬商终字第 369 号)

111. 武汉市煤气公司煤气表装配线技术转让合同、煤气表散件购销合同纠纷案(〔1992〕武民商(经)初字第 00048 号)

112. 武汉绕城公路建设指挥部建设工程施工合同纠纷案(〔2007〕民一终字第 81 号)

113. 吴国军民间借贷、担保合同纠纷案(〔2009〕浙湖商终字第 276 号)

114. 西安市商业银行借款担保合同纠纷案(〔2005〕民二终字第 150 号)

115. 西安市碑林区北沙坡村村委会拖欠征地款纠纷案(〔2003〕民一终字第 40 号)

116. 厦门东方设计装修工程有限公司商品房包销合同纠纷案(〔2005〕民一终字第 51 号)

117. 厦门象屿集团有限公司确认仲裁条款效力案(〔2004〕厦民认字第 81 号)

118. 厦门瀛海实业发展有限公司国际海上货运代理经营权损害赔偿纠纷案(〔2010〕民提字第 213 号)

119. 信达公司石家庄办事处借款担保合同纠纷案(〔2005〕民二终字第 200 号)

120. 新华信托股份有限公司等破产债权确认纠纷案(〔2016〕浙 0502 民初 1671 号)

121. 新疆亚坤商贸有限公司买卖合同纠纷案(〔2006〕民二终字第 111 号)

122. 香港锦程投资有限公司中外合资经营企业合同纠纷案(〔2010〕民四终字第 3 号)

123. 香港上海汇丰银行有限公司上海分行金融借款合同纠纷案(〔2010〕民四终字第 12 号)

124. 湘财证券有限责任公司借款合同代位权纠纷案(〔2006〕民二终字第 90 号)

125. 徐州大舜房地产开发有限公司商品房预售合同纠纷案（徐民诉终字第 0006 号）

126. 徐赤卫人寿保险合同纠纷案（〔2008〕西民四终字第 029 号）

127. 许尚龙、吴娟玲股权转让纠纷案（〔2013〕民二终字第 52 号）

128. 亚洲证券有限责任公司委托理财合同纠纷案（〔2009〕民二终字第 1 号）

129. 杨树岭保险合同纠纷案（〔2006〕一中民二终字第 527 号）

130. 杨艳辉客运合同纠纷案（〔2003〕徐民一（民）初字第 1258 号）

131. 俞财新商品房买卖（预约）合同纠纷案（〔2010〕民一终字第 13 号）

132. 云南福运物流有限公司财产损失保险合同纠纷案（〔2013〕民申字第 1567 号）

133. 枣庄矿业（集团）有限公司柴里煤矿联营合同纠纷案（〔2009〕民提字第 137 号）

134. 曾意龙拍卖纠纷案（〔2005〕民一终字第 43 号）

135. 张莉买卖合同纠纷案（〔2008〕二中民终字第 00453 号）

136. 张励商品房预售合同纠纷案（〔2010〕泉民初字第 2427 号）

137. 张琴撤销监护人资格纠纷案（〔2014〕镇经民初字第 0744 号）

138. 招商银行股份有限公司无锡分行委托合同纠纷管辖权异议案（〔2015〕民二终字第 428 号）

139. 中国东方资产管理公司大连办事处借款担保纠纷案（〔2003〕民二终字第 93 号）

140. 中国光大银行长沙新华支行借款合同代位权纠纷案（〔2006〕民二终字第 90 号）

141. 中国光大银行股份有限公司上海青浦支行保证合同纠纷案（〔2012〕青民二（商）初字第 457 号）

142. 中国工商银行长沙市司门口支行欠款纠纷案（〔2005〕民二终字第 167 号）

143. 中国工商银行福州市五四支行借款担保纠纷案（〔2004〕民二终字第 262 号）

144. 中国工商银行福州市闽都支行借款担保纠纷案件（〔2001〕民二终字第 109 号）

145. 中国工商银行股份有限公司三门峡车站支行借款担保合同纠纷案（〔2008〕民二终字第 81 号）

146. 中国工商银行长沙市司门口支行欠款纠纷案（〔2005〕民二终字第 167 号）

147. 中国工商银行股份有限公司义乌分行租赁合同纠纷（（2015）浙金商终字第 1965 号）

148. 中国建设银行股份有限公司广州荔湾支行信用证开证纠纷案（〔2015〕民提字第 126 号）

149. 中国建设银行上海市浦东分行借款合同纠纷案（〔2001〕民二终字第 155 号）

150. 中国进出口银行借款担保合同纠纷案(〔2006〕民二终字第 49 号)

151. 中国民主同盟新疆实业发展总公司房屋租赁纠纷案(〔2000〕民终字第 115 号)

152. 中国农业银行哈尔滨市汇金支行代位权纠纷案(〔2001〕苏民二终字第 299 号)

153. 中国平安财产保险股份有限公司江苏分公司保险人代位求偿权纠纷案(〔2012〕苏商再提字第 0035 号)

154. 中国人民财产保险股份有限公司广州市分公司保险人代位求偿权纠纷案(〔2013〕穗中法金民终字第 57 号)

155. 中国人民财产保险股份有限公司佳木斯市永红支公司保险代位求偿权纠纷案(〔2007〕民二终字第 67 号)

156. 中国信达资产管理公司成都办事处借款担保合同纠纷案(〔2008〕民二终字第 55 号)

157. 中国信达资产管理公司贵阳办事处借款合同纠纷案(〔2008〕民二终字第 106 号)

158. 中国信达资产管理公司西安办事处借款担保合同纠纷案(〔2007〕民二终字第 222 号)

159. 中国银行股份有限公司淄博博山支行借款担保合同纠纷管辖权异议案(〔2007〕民二终字第 99 号)

160. 中国银行股份有限公司汕头分行代位权纠纷案(〔2011〕民提字第 7 号)

161. 中国银行(香港)有限公司担保合同纠纷案(〔2002〕民四终字第 6 号)

162. 中国远大集团有限公司公司合并纠纷案(〔2005〕民二终字第 38 号)

163. 中化国际(新加坡)有限公司国际货物买卖合同纠纷案(〔2013〕民四终字第 35 号)

164. 中建材集团进出口公司进出口代理合同纠纷案(〔2009〕高民终字第 1730 号)

165. 中建集团有限公司股权转让纠纷案(〔2013〕民申字第 431 号)

166. 中山市昌生物业管理有限公司物业服务合同纠纷案(〔2012〕中中法民一终字第 835 号)

167. 中土工程(香港)有限公司房屋买卖纠纷案(〔2000〕民终字第 129 号)

168. 中信银行股份有限公司天津分行借款担保合同纠纷案(〔2007〕民二终字第 36 号)

169. 中远集装箱运输有限公司海上货物运输合同纠纷案(〔2010〕青海法海商初字第 166 号)

170. 周培栋储蓄合同纠纷案(〔2004〕衡中法民二终字第 67 号)

171. 周显治、俞美芳商品房销售合同纠纷案(〔2014〕浙甬民二终字第 470 号)

172. 周晓梅建筑设备租赁合同纠纷案(〔2014〕渝一中法民终字第05823号)
173. 周益民股权转让纠纷案(〔2010〕沪二中民四(商)终字第842号)
174. 仲崇清合同纠纷案(〔2007〕沪二中民二(民)终字第1125号)
175. 朱俊芳商品房买卖合同纠纷案(〔2011〕民提字第344号)
176. 淄博万杰医院借款担保合同纠纷管辖权异议案(〔2007〕民二终字第99号)